教育部高等学校航空航天类专业教学指导委员会推荐教材
航空航天类专业应用型人才培养教材

工程结构有限元法
——理论、编程及应用

祁武超　田素梅　编著

北京航空航天大学出版社

内 容 简 介

随着高性能计算机的普及和发展，有限元法的求解呈现蓬勃发展之势，现已在众多工程领域得到广泛应用。本书力求贴合时代特色，强调有限元法在理论基础、MATLAB编程和工程实践三个方面的融会贯通，重点介绍了有限元分析理论基础、有限元分析常用单元类型、静力学分析、动力学分析、热力学分析、微分刚度和屈曲分析、不确定性分析及气动弹性分析8个方面。本书内容不仅为初学者深入理解有限元基本理论在工程中的应用奠定基础，更可为研究人员提出新类型单元及拓展有限元分析的应用领域提供可能。

本书可作为力学、机械工程、航空航天工程、土木工程、水利工程、生物工程等专业的本科生和研究生教材，也可作为上述专业教师、工程师和科研人员的参考用书。

图书在版编目(CIP)数据

工程结构有限元法 ：理论、编程及应用 / 祁武超，田素梅编著. -- 北京 ：北京航空航天大学出版社，2025. 8. -- ISBN 978-7-5124-4491-1

Ⅰ. TU311.4

中国国家版本馆 CIP 数据核字第 20247BR104 号

工程结构有限元法——理论、编程及应用

祁武超　田素梅　编著

策划编辑　李　慧　　责任编辑　董　瑞

*

北京航空航天大学出版社出版发行

北京市海淀区学院路37号(邮编100191)　http://www.buaapress.com.cn

发行部电话：(010)82317024　传真：(010)82328026

读者信箱：goodtextbook@126.com　邮购电话：(010)82316936

北京时代华都印刷有限公司印装　各地书店经销

*

开本：787×1 092　1/16　印张：24　字数：614千字

2025年8月第1版　2025年8月第1次印刷　印数：2 000册

ISBN 978-7-5124-4491-1　定价：79.00元

前　言

有限元法通过将连续介质进行离散化，从而将场在连续介质上定义的微分方程求解问题转化为易于求解的线性代数方程组求解问题。随着电子计算机的普及和发展，其求解能力呈现蓬勃发展之势，现已在航空航天工程、机械工程、土木工程、电子电气工程、冶金与成形工程、生物工程等众多领域得到广泛应用。近年来，随着相关商业有限元软件的推广和普及，有限元分析已从过去的只有少数专业人员掌握的理论和方法，变为学生、科技工作者、工程技术人员普遍使用的仿真分析工具。但值得注意的是，拥有了先进的和完全自动化的有限元分析软硬件平台，并不意味着就掌握了有限元分析方法也不意味着能够得到正确的分析结果。所以，如何正确地使用有限元分析程序，至今仍然是分析工程师要认真对待的问题。首先，分析工程师要有扎实的力学基础，能够透彻地了解典型问题的理论解并能够进行拓展。其次，需要深入地了解有限单元法的基本理论，包括单元离散的理论基础，解的稳定性、可靠性和有效性，能通过已有考题或自行设定考题检查模型的正确性，能对工程问题的力学本质准确地抽象或概括等。再者，需要对待解决的问题进行反复论证，对大多数工程问题，要有可靠的实验数据，勤于查阅相关文献，吸取他人的经验。最后，还要能熟练地驾驭分析程序，要准确判断分析结果的正误，随时修正已有模型，最终给出准确的分析报告。除此，对设计工程师所提供的几何模型，还要能够快速地进行简化和修改，甚至重建。以上诸多要求是保证准确迅速地获取有限元分析结果的条件。

目前，市面上已有大量介绍有限元方法的书籍，这些书籍大致可以分为两类。一类侧重于介绍有限元基本理论，另一类则侧重于讲解商用有限元分析软件。然而，这两者之间的联系是缺失的。学习了有限元基本理论并不能很快地运用到工程实际中，同样，熟练应用了有限元分析软件也只是做了有限元分析的前处理工作。作者针对这一现状，力求提供一本符合时代特色的实用教程，强调有限单元法在理论基础、MATLAB 编程和工程实践三个方面的融会贯通。作为理论基础和工程实践之间的桥梁，学会编制具有自身特色的有限元程序是有必要的。这不但可为深入理解有限元基本理论在工程中的应用奠定基础，更为诞生新类型的单元类型及拓展有限元分析的应用领域提供了可能。本书紧跟有限元法在工程结构领域中发展的前沿技术，以常用有限单元类型及不同有限元分析类型为主要内容，结合课题组近年来的教学与科学研究情况编撰而成。

本书力求遵循由浅入深、由易到难、由简到繁、循序渐进的教学规律，共分为 9 章，在使用过程中可分为 3 个阶段。其中，第 1 阶段包括第 1 章至第 4 章，可用于较少学时的本科生教学，相关内容如下：

第 1 章为绪论，简要介绍有限单元法的发展历史、基本思想、概念和特点。

第 2 章为有限元分析理论基础。介绍了变形体的三大类变量描述、三大类基本方程、边界条件等，讨论了微分方程的等效积分解法，给出基于最小势能原理的有限元分析流程。以 MATLAB 作为编程语言，搭建了分析程序的设计架构。

第 3 章为有限元分析常用单元类型。将常用的单元类型按照维度特征进行了分类，介绍了约20种不同的单元类型，详细地讨论了刚度矩阵和质量矩阵的形成过程，并基于符号变量分别编写了求解单元系统矩阵的MATLAB程序。

第4章为有限元静力学分析。给出了一种基于Excel文件的前处理过程，讨论了系统矩阵的组装、边界条件的处理、节点位移的求解和其他力学量的计算。基于MATLAB编制了静力学通用分析程序，并通过桁架、梁、平面问题、板和空间问题对分析程序进行了校验。

第2阶段包括第5章至第7章，可用于后续的研究生教学，相关内容如下：

第5章为有限元动力学分析。介绍了结构动力特性分析方法，并给出了5种数值积分方法和2种振型叠加法求解时域动力响应。通过对阻尼进行分类，分别引入实模态分析和复模态理论对结构进行频响函数分析。

第6章为热力学分析。在引入传热问题基本方程的基础上，分别讨论了稳态传热、瞬态传热和热应力问题。

第7章为微分刚度和屈曲分析。介绍了结构屈曲的基本概念和类型，通过引入大位移公式和非线性应变位移关系，讨论了棱形杆和板弯曲的几何刚度矩阵。之后，给出了线性屈曲分析的流程。

第3阶段包括第8章和第9章，为有限元分析的拓展部分，供研究生和科技工作者查阅，相关内容如下：

第8章为不确定性分析在有限单元法中的扩展。分别基于Taylor展开的随机传播分析方法和区间传播分析方法发展了相应的配点型有限元方法，并讨论区间参数结构在随机过程激励下的传播分析。

第9章为气动弹性分析。基于弯扭组合梁元构建了大展弦比机翼的动力学模型，并基于片条理论得到气动力，分别在多种工况下进行了颤振计算和突风响应分析。

本书编写分工为：祁武超编写了本书第1、4、5、7、8、9章的内容，田素梅编写了第2、3、6章的内容，并仔细校审了初稿、程序和例题。硕士生高展通、俞浩洋、吴诗淼、张梓浩、李亚东、翟梦琦、陈德明在本书的编写过程中付出了许多辛勤的劳动，作者在此表示衷心地感谢！感谢本教材编写所参考书目的作者，书中如有漏引之处，还请见谅！

由于作者水平所限，书中存在的某些不妥和需要修改之处，敬请读者批评指正。

作　者
2023年7月16日沈阳

目　　录

第1章 绪 论

1.1 有限元法的发展历史

有限元法是求解工程中一些复杂问题的有力工具,现已广泛应用于航空航天、机械工程、桥梁建筑、汽车工程等领域。其基本思想是将复杂的连续场域划分为有限数目的单元体,同时将求解连续场函数的微分方程问题转化为求解代数方程组的问题进行解决。有限元法的出现,使得多种科学问题的解决在技术上成为可能,极大地推动了人类社会的发展,是从事 CAE (Computer Aided Engineering)领域的广大工程技术人员所需要掌握的技术手段。

在 200 多年前,工程师就已经开始利用直觉的方式使用“试函数”解决一些简单的工程问题。直到 1870 年,Rayleigh 方法的出现,才奠定了变分方法的基础。Ritz 于 1909 年也发展了相应的变分方法,因此,Rayleigh 方法和 Ritz 方法共同成为了变形体力学分析的基础。随后,Hrenikoff、Mchenry 和 Newmark 等人于 20 世纪 40 年代分别提出了相似结构置换的概念。同期,Courant 于 1943 年完整地研究了连续试函数,提出了 Cournat 最小值原理。1955 年,Argyris 提出了一种能量原理,证明了所有结构分析方法可以归结为位移法(以结点位移为基本未知量)或力法(以结点力为基本未知量),对有限元方法的形成和发展起到了重要的推动作用。之后,Zienkiewicz 于 1964 年完整地提出了一系列基于连续试函数的方法,成为现代有限元法的基础。1967 年,有限元领域的第一本专著问世,标志着有限元法蓬勃发展的开始。

另外,在微分方程近似计算方法领域,数学家主要从如何控制求解误差的角度发展了一系列的方法。Gauss 和 Galerkin 分别于 1795 年和 1915 年提出了加权残值法,而 Richardson、Liebman 和 Southwell 提出的有限差值法被 Varga 于 1962 年发展为可变的有限差值方法。而现代的有限元方法则是在汲取了直接连续单元方法、连续试函数方法和可变的有限差值方法的基础上形成雏形并渐趋完善的。

所以,有限元法的发展离不开数代数学人和力学人孜孜不倦的努力。

当然,有限元法的兴起和计算机领域的发展也是密不可分的。20 世纪 50 至 60 年代,计算机的发展开始取得长足的进步,有限元法成为计算机技术发展的典型应用领域之一。1965 年,ASKA 软件应运而生。1966 年,NASTRAN 软件被研发出来,开始成为美国 NASA 指定的有限元分析软件,几乎所有涉及航空航天领域的飞行器均须通过 NASTRAN 软件的分析计算。1969 年,在非线性计算领域独树一帜的 MARC 软件诞生。1970 年,ANSYS 软件出现,其在结构分析、传热分析、磁场分析等领域均具有很强的能力,并开始在全世界普及。1975 年,ADINA 软件被研发用于非线性问题的研究,在接触、碰撞等领域具有明显的优势。1978 年,DYNA 软件被创立用于解决动态碰撞等较为复杂问题的分析。ABAQUS 软件创立于 1979 年,作为研究来讲,特别是处理非线性问题,ABAQUS 软件具有鲜明的特色,是研究生和学者的首选有限元分析软件之一。从最开始仅针对结构领域进行分析,到后来的可针对热场、流场、磁场、电场、声场等及其耦合领域进行仿真计算,现今,真正在工程中应用的大型商业有限元软件已不下百种，所能够研究的科学领域也在不断拓展。

可以看出，目前有限元法已可充分采用现代的计算机技术，较为完整地获取复杂工程问题和科学研究中的信息。

在国内，胡海昌于1954年提出了广义变分原理，钱伟长最先研究了拉格朗日乘子法与广义变分原理之间的关系。1965年，冯康发表了《基于变分原理的差分格式》，研究了有限元分析的精度和收敛性问题，几乎和西方科学家同时建立了有限元法的理论基础。1971年，徐芝纶科研组开始系统地开展有限元法的研究和应用，并于1972年完成了风滩空腹重力拱坝的温度场与温度应力的有限元计算分析工作，是我国最早的有限元应用成果。之后，其撰写的《弹性力学问题的有限元法》为我国推广和普及有限元法做了开创性的工作。80年代，袁明武等根据当时计算机计算能力较弱的特点，力求用小型计算机解算大型题目，推出了SAP84，为有限元法的普及和实际应用做出了贡献。在新型单元类型的研发方面，国内许多高校也进行了长期探索性的工作，并取得了丰硕的成果。但在大型通用商业有限元软件的研发方面，国内与国外发达国家差距明显，目前可使用的高水平有限元分析软件很少。随着国际形势的变幻和知识产权问题的日益突出，我国在先进有限元软件研发方面仍需大量的投入。

有限元法发展至今，其基本理论已相对成熟。从90年代开始，随着非线性、不确定性力学领域的出现和兴起，传统有限元方法开始向这些领域发展。以不确定性问题为例，目前，已涌现出随机有限元、区间有限元、模糊有限元等多种处理不确定性问题的有限元方法。通常，对不确定性的考察是以单次确定性有限元分析过程为基础的，以蒙特卡罗方法为例，通常所需的样本数目达到10^6量级或更高，进行一次不确定性分析是相当耗时的。所以，不确定性量的引入使得有限元法对计算机的计算能力再次提出了更高的要求。

1.2 有限元法的基本思想及概念

有限元法是求解微分方程的一种近似数值方法。

有限元法的基本思想是将微分方程连续的求解域离散为一组有限数目且相互联结在一起的单元组合体，利用在每一个单元内假设的近似函数来分片地表示全求解域上待求的未知场函数。单元内的近似函数通常由未知场函数或其导数在单元的各个节点的数值和其插值函数来表达。这样，未知场函数或其导数在各个节点上的数值就成为新的未知量，从而使连续的无限自由度问题转变为离散的有限自由度问题。一经求解出这些未知量，就可以通过插值函数计算出各个单元内场函数的近似值，从而得到整个求解域上的近似解。显然，随着单元数目的增加，即单元尺寸的缩小，或者随着单元自由度的增加及插值函数精度的提高，解的近似程度将不断改进。如果单元是满足收敛性要求的，近似解最后将收敛于精确解。

所以，在实施有限元法的过程中，首先需要假想地把连续系统分割成数目有限的单元，单元之间仅在数目有限的指定点(称为节点)处相互连接。之后，使用得到的单元集合体来代替原来的连续系统，如图1.1所示。这里将单元和节点共同组成的离散系统称为有限元网格。图1.1从左到右分别给出了二维平面结构三角形网格离散和四边形网格离散形式，以及三维实体结构的四面体网格离散和六面体网格离散形式。

从理论上来说，结构域内单元的分割具有任意性，但单元形状的不同、大小的差异及数目的多寡等因素将直接影响到求解过程中刚度矩阵及质量矩阵的性质，进而影响到求解问题的

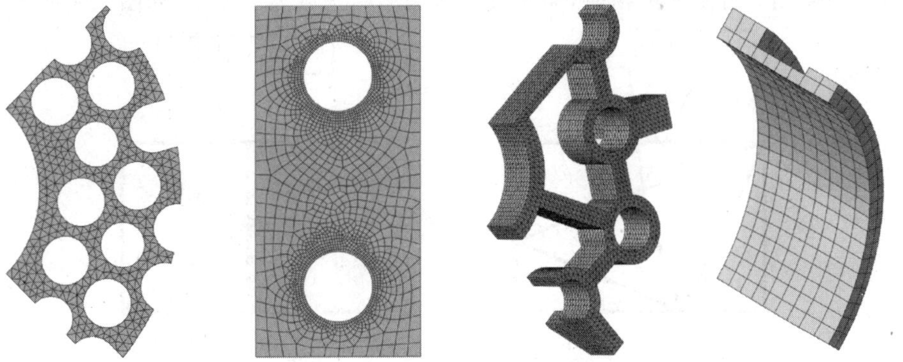

(a) 平面三角形网格 (b) 平面四边形网格 (c) 空间四面体网格 (d) 空间六面体网格

图 1.1 不同形状结构的有限元离散图

精度。并且,若使用了一些性质较差的单元(例如三角形单元内角过大或过小、四边形单元纵横比太大等),可能会导致系统性能矩阵的条件数过高而求解失败。所以在实际工程计算中,需要根据研究对象的特点,使单元分割既能满足力学分析要求(局部加密),又尽量使单元集均匀化以提升计算精度和效率。

在有限元法中,实际连续体被看成了仅在节点处相互连接的单元集组成的离散系统,从而可方便地使用计算机处理简化后的力学模型。但这同时忽略了两个相邻单元在交界处的相互连接和作用,是不符合工程实际的。所以,在有限元分析中通常要求两相邻单元在公共边上满足变形协调条件(即达到 C^0 类的连续性条件),并将边界上的相互作用力按某种等效原则移置到该边界两端节点上,实践表明这种假设是合理的,且可使复杂问题得以简化。

通常,将结构域的离散过程称为有限元建模,也称为有限元分析的前处理过程。主要包括4个部分:

① 几何建模及清理。按照实际结构形式建立结构几何模型,通常可借助3D几何建模软件实现,或使用有限元分析软件前处理中的几何建模功能实现。之后按照分析类型及精度要求对几何进行清理,例如一些不必要的倒角、不规则几何、可简化为薄壳的体等。

② 划分网格。把结构域按照一定算法和规则分割成有限数目的单元,统计节点位置信息及各单元节点的连接信息,指定单元类型,调整单元性能参数,同时检查网格质量是否满足要求。

③ 施加边界条件。把作用于结构边界上的约束和载荷处理为节点约束和节点载荷。对于体载荷,通常使用改变结构体承受的加速度值实现。

④ 赋予单元属性。主要是定义不同类型单元的各种性质,包括材料参数的定义、杆元面积和梁元截面的定义、壳元厚度及偏置的定义等。

在以上有限元分析的前处理过程中,包含两点要求,一是离散结构必须与原始结构保形,二是单个单元内的物理特性必须相同。需要注意的是,上述4个步骤中第1个步骤不是必须的,第2个步骤也可通过直接建立节点和单元实现,但这往往仅适用于简单网格的构建。

经过有限元分析的前处理过程,离散后的结构模型称为有限元模型。在有限元模型中,单元之间通过节点传递的相互作用力称为节点力,而作用在节点上的外载称为节点载荷。需要注意的是,相邻单元的相互作用仅通过节点传递,而单元边界是不传递力的,这是有限元离散模型与实际结构的重大差别。

在对结构域划分有限元网格时，需要避免非法的结构域离散方式，如图 1.2 所示。

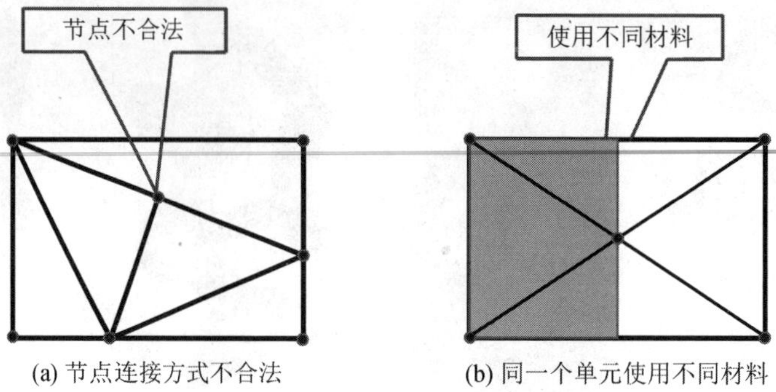

图 1.2　非法的结构域离散方式

在图 1.2 中，(a)图中所示的节点没有与相邻单元的节点相连接，不能够有效地传递节点力，相邻单元边界将被认为是自由边界，这可能与实际情况不符。(b)图中同一个单元内部使用了两种不同的材料，这与单个单元内的物理特性必须相同这一要求相悖。另外，还存在一些情形需要在划分网格时注意，例如集中载荷的施加位置，最好作为一个单独的节点出现。当然，工程中往往会存在一些特殊的问题需要解决，例如，在图 1.2(a)中，若右上方的三角形域与下方由 4 个三角形单元形成的梯形域分属于不同的物体，并考虑它们之间的接触问题，则该图的网格划分方式是合理的，只不过此时还需要定义接触面的相互作用以实现接触面上的力和位移的传递。

在得到了有限元模型后，需要进一步定义求解条件，通常包括 3 个部分：

① 指定分析类型。需要根据问题的实际需求定义合理的分析类型，常使用到的分析类型包括静力分析、模态分析、屈曲分析、瞬态响应分析、热传导分析、随机响应分析等。在分析类型设置里面往往还需要定义场的输出需求，例如位移场、应力场、应变场、温度场、模态阶数等。

② 定义载荷工况。根据使用环境的不同，实际工程结构往往存在多种边界条件和载荷条件的组合情况。在每次分析时，仅需考虑本次计算需要的约束和载荷条件，即为分析过程指定相应的载荷工况。

③ 提交分析任务。在定义了合适的求解条件后，即可将有限元模型提交给相应的解算器，解算器返回最终计算结果。

在解算器返回的结果中，可能包含两种情形：

① 抛出错误信息，终止计算。这意味着模型可能是存在问题的，此时可根据错误信息的提示找到问题根源，修改后可再次提交。

② 计算顺利完成，得到相应的结果文件。此时可读取相应的结果文件，进入有限元分析的后处理过程。

在有限元分析的后处理过程中，可得到结构域上不同响应量（例如位移响应、应力响应、应变响应、温度响应等）的仿真分析结果。在此需要特别注意的是，工程师和研究学者需要根据变形体的理论知识和工程结构实际情况认真判读仿真分析结果的正确性和合理性。一些初学者往往没有经验去做出这样的判断，只是简单地罗列分析结果，这可能会导致所得的有限元分析结果不能正确地指导工程实践。

在整个有限元分析过程中，有限元前处理过程会占用研究人员大部分时间和精力，通常在 70%左右。所以，现在的商业有限元软件的目标为提升前处理过程界面的友好性和建模的高效性，并开始与CAD软件无缝集成，面向用户开放底层程序等。

在使用有限元法时，要正确理解解析解与数值计算的关系、逼近的思想、抽象与具体的关系以及局部与整体的关系等。要解决整体问题，需要先研究局部问题，研究清楚局部问题后，还要研究局部之间的相互作用关系，然后将各个局部在一个统一的坐标尺度下综合，还要考虑整个系统和外部的关系，最后得到全局的特征。这种思想是自然的，符合人类的思维规律，与企图用公理化或者纯解析化的思想来解决问题是不同的。有限元法虽然不能解决全部的力学问题，但这种局部与整体的思想加上计算机技术将这种工具的作用发挥得淋漓尽致。

总之，有限元分析过程体现了一种化繁为简、再积简为繁的思想，这是符合人类认识世界的认知规律的。虽然有限元分析是对客观世界的一种近似描述，但其却让人们对复杂工程问题的定量认知成为可能，科学家们将它称为20世纪力学的最伟大成就之一。

1.3 有限元法的特点

有限元法是一门学科交叉课程，其综合运用了高等数学、线性代数、数值分析、泛函分析、理论力学、材料力学、弹性力学、振动力学等多学科理论与知识，并涉及软件应用和工程问题，具有较多的概念理论及公式推导。

由于有限元法是一种数值分析方法，难免会存在计算误差，因此需要研究人员基于理论基础和经验对仿真分析结果的正确性进行判断。这些数值误差除了来自计算机的舍入精度，更多的是与几何模型的力学简化、单元类型的选择、网格形状及密度、载荷和边界条件的近似程度有关。

有限元法作为一种通用的求解微分方程的方法，其具有广泛的应用范围。有限元法的基础是对复杂域进行离散，可根据不同的问题设置相应的单元类型，现已开发出多种适用于不同工程问题的单元类型。在划分网格时，单元的大小及形状具有一定的随意性，可以用来求解工程中的复杂问题。目前，有限元法在应用上已不满足于原来的范围，开始或已经由平衡问题扩展到稳定性问题与动力学问题，由弹性问题扩展到弹塑性、疲劳、断裂、大变形、非均质、接触与碰撞等问题，由结构领域扩展到热传导、流体、电磁、声等及其耦合问题领域。在掌握了基本的有限元分析过程后，对新型问题的推广应用更便捷。

另外，对有限元法的学习和使用可以是多层次的：

① 学习并掌握有限元法的基本思想和理论，概念清晰明确，了解有限元法的具体实施过程，可以对简单结构件进行有限元分析；

② 应用某种有限元分析软件解决实际工程问题，将理论基础与工程结构特点相结合，准确判断仿真分析结果的正确性；

③ 对特殊工程问题会使用编程实现，或者能够对软件进行二次开发(例如特殊材料的本构关系)，拓展软件应用功能；

④ 能够掌握有限元法存在的前沿科学问题，并了解相关问题的国内外发展现状，深入研究新型单元或开发新算法(先进的网格划分算法、高效高精度的矩阵求解算法等)。

⑤ 将有限元法的解题思想“创新”地融入其他复杂工程问题的求解过程，不断拓展有限元法的解题范围及适用领域。

在学习有限元法的过程中，要避免只学其“形”，即简单地认为学习有限元就是学习如何对结构画网格，而忽略或轻视其蕴含的科学理论，因为这样或许可以达到“知其然”，但却很难达到“知其所以然”的程度。只有坚持既学其“形”，又得其“法”，才能真正做到知行合一。

第 2 章　有限元分析理论基础

在经典牛顿力学中，质点和刚体作为两个重要的研究对象，均是对实际物体的一种科学抽象。若物体在受力或运动过程中，可以只考虑其质量大小，忽略形状和尺寸带来的附加效应，则可将物体简化为质点。而刚体模型可在计及质量大小的同时，还考虑质量分布带来的转动效应，但因为其仍没有考虑物体在受力后的变形情况，所以，其内部各点的相对位置保持不变。然而，绝对的刚体是不存在的。工程构件通常由固体材料制成，在外界条件作用下（外力、温度、位移约束等），固体材料会发生相应的形变，而即使是微小的形变也可在结构件内部产生较大的应力，且这种应力状态通常是复杂的。此时，欲研究物体在外力和约束条件下的变形情况，则需要引入变形体的概念。

在外界条件的作用下，若物体内任意两点之间发生相对移动，这样的物体称为变形体，其变形量通常与组成该物体的材料性质密切相关。按照几何形状的复杂程度，变形体可分为简单几何形状变形体和复杂几何形状变形体。简单几何形状变形体属于材料力学和结构力学的研究范畴，如杆、梁、轴、柱等，复杂几何形状的变形体则属于弹性力学的研究范畴。有限元法的研究对象为任意几何形状的变形体，所以，弹性力学中有关变量和方程的描述将是有限元方法的理论基础。

当变形体受到外界条件作用时，可以通过观察或测量得到物体内部和表面各点空间位置的变化，因此可通过物体各点的位移变量直观地描述物体的变形状态。但若需要进一步描述物体中各点的变形程度和受力状态，则还需要引入组成物体的材料性能参数。因此，在材料确定的情况下，描述变形体的基本力学变量应该有：位移（displacement）、应变（strain）和应力（stress）。其中，位移变量用来描述物体变形前后的位置变化，应变变量用来描述物体的变形程度，而应力变量则用来描述物体的受力状态。

受外界条件作用的具有任意几何形状的变形体，在研究时需在其内部取微元体（微小杆元 dx、微小面元 dxdy、微小体元 dxdydz），基于位移、应变、应力这三大类变量，可以建立以下三大类方程：

① 平衡方程（equilibrium equation）。用来描述物体内部微元体的受力情况，通常以微分方程的形式出现，也称为控制微分方程。

② 几何方程（strain-displacement relationship）。用来描述物体内部微元体的变形程度。

③ 物理方程（stress-strain relationship）。用来描述应力与应变之间的关系，这主要与材料性能有关，也称为本构方程（constitutive equation）。

2.1　弹性力学基本理论

2.1.1　基本假设

有限元法以弹性力学的描述方法为基础，所以，在处理线弹性小变形的结构力学问题时，应遵循弹性力学的基本假设。在弹性力学中，为突出所处理问题的本质，并使问题得以简单化和抽象化，做出了若干基本假设，忽略一些次要因素，使得平衡方程、几何方程和物理方程的求解成为可能。

① 物质连续性假定。假定整个物体的体积都被组成这个物体的物质所填满，即认为物质中无空隙。此时，描述弹性体的三大类变量（位移、应变、应力）才可能被看作是连续的，进而可使用坐标的连续函数表达其变化规律。

② 物质均匀性假定。假定整个物体是由同一种材料组成的，物体内各个位置的物质具有相同特性。此时，描述物体材料性质的参数不随位置坐标发生变化，对物体内任意取出的微元体的研究结果将可推广应用于整个物体。

③ 物质各向同性假定。假定物体内同一位置的物质在各个方向上具有相同特性。此时，组成物体的材料参数将不随方向发生改变。

④ 线弹性假定。假定物体的变形与外力作用的关系呈线性变化，外力去除后，物体可恢复原状且内部没有残余形变。此时，组成物体的材料参数完全服从胡克定律，即应变与引起该应变的应力分量呈线性关系。

⑤ 小变形假定。假定物体各点变形量均远小于物体的几何尺寸。则在建立物体变形后的平衡方程时，可使用变形前的尺寸代替而不致引起大的误差。并且，在考察物体的形变及位移时，可忽略转角和应变的二阶以上小量。

以上 5 个基本假定和真实情况是有一定差别的，但从宏观尺度上来看，特别是对于工程问题，大多数情况下还是比较接近实际情况的。当然，在使用有限元法解决的一些工程问题中，往往存在需要研究不满足上述 5 个假定的情形。例如，若考虑物体材料进入塑性状态下的变形情况，则第 4 条假定不再满足，且材料塑性状态的出现往往还伴随着结构的大变形，此时第 5 条假定也不再满足，要得到满足工程精度的分析结果，还需要往有限元法基本理论中注入塑性理论和非线性理论的相关概念。

2.1.2　基本变量

(1) 位　移

位移即变形体内部各点的位移变化量，通常包含两个部分，刚体位移和弹性位移。刚体位移是由于物体整体在空间做刚体运动而引起的位置改变，物体内部各点之间仍保持初始状态的相对位置不发生变化；弹性位移是物体在外界条件作用下发生形状变化而产生的各点相对位置的改变。工程结构大多是用来承受载荷的，通常具有足够多的约束使得结构体系具有静定或超静定的性质，此时结构体系不具有刚体位移，只有弹性位移量。当然，如果问题是研究自由体的变形情况，如导弹升空后爆炸，则需要同时考虑刚体位移和弹性位移。在三维问题中，弹性体内各点位移为矢量，这里记为 $\boldsymbol{q}$。将其沿 x、y、z 坐标轴方向进行投影可得到位移分量，分别记为 u、v、w。位移分量与坐标轴方向一致为正，反之为负，记为

$$\boldsymbol{q}=(u,\ v,\ w)^{\mathrm{T}} \tag{2.1}$$

(2) 应　变

应变用来描述物体受力后发生形变的相对力学量。在三维问题中，物体的形变程度可用

微元体的三条相互垂直的棱边的伸缩程度和棱边之间的夹角来描述。棱边的相对伸长量称为正应变，也称为线应变，使用ε_x、ε_y、ε_z表示，正应变以伸长为正，缩短为负。棱边之间所夹直角的改变量称为剪应变，记为γ_{xy}、γ_{yz}、γ_{zx}，剪应变以所夹直角变小为正，增大为负。所以，描述空间问题一点的形变需要6个应变分量，记为

$$\boldsymbol{\varepsilon}=(\varepsilon_x,\varepsilon_y,\varepsilon_z,\gamma_{xy},\gamma_{yz},\gamma_{zx})^{\mathrm{T}} \tag{2.2}$$

(3) 应　力

物体受外因影响(受力、湿度、温度场变化等)而变形时，在物体内各部分之间产生相互作用的内力，以抵抗这种外因的作用，并试图使物体从变形后的位置恢复到变形前的位置。在所考察的截面某一点单位面积上的内力称为应力。垂直于所考察截面的应力分量称为正应力或法向应力，与所考察截面相切的应力分量称为剪应力或切应力。物体中一点在所有可能方向上的应力称为该点的应力状态。但过一点可作无数个平面，是否要用无数个平面上的应力才能描述点的应力状态呢？其实不然，实际上只需用过一点的任意一组相互垂直的三个平面上的应力就可代表点的应力状态，而其他截面上的应力都可用这组应力与需考察的截面的方位关系来表示。应力分量需要使用两个下标进行表示，规定第1个下标表示作用面，第2个下标表示作用方向。应力分量包含两种，即正应力分量和剪应力分量。

正应力分量记为：σ_{xx}、σ_{yy}、σ_{zz}。由于两个下标相同，通常也写作σ_x、σ_y、σ_z。

剪应力分量记为：τ_{xy}、τ_{xz}、τ_{yx}、τ_{yz}、τ_{zx}、τ_{zy}。根据剪应力互等定理，6个剪应力分量存在关系$\tau_{xy}=\tau_{yx}$、$\tau_{xz}=\tau_{zx}$、$\tau_{yz}=\tau_{zy}$。所以，6个剪应力分量只有3个是独立的。

应力符号规定为：正面上应力方向与坐标轴正向一致的为正；负面上应力方向与坐标轴负向一致的为正。总之，物体内任意一点的应力状态可使用6个应力分量进行描述，记为

$$\boldsymbol{\sigma}=(\sigma_x,\sigma_y,\sigma_z,\tau_{xy},\tau_{yz},\tau_{zx})^{\mathrm{T}} \tag{2.3}$$

(4) 载　荷

作用于物体上的外力称为载荷，通常分为体载荷和面载荷。体载荷用于描述作用于物体整个体积内部的力，例如重力、电磁力等，可用来描述物体在承受某个方向加速度载荷时的情形，记为

$$\bar{\boldsymbol{b}}=(\bar{b}_x,\bar{b}_y,\bar{b}_z) \tag{2.4}$$

面载荷用于描述分布在物体表面上的载荷，例如风载、静水压力、物体之间的接触力等，记为

$$\bar{\boldsymbol{p}}=(\bar{p}_x,\bar{p}_y,\bar{p}_z) \tag{2.5}$$

值得指出的是，在工程中往往会使用到集中载荷的概念。集中载荷用于描述作用于物体某一点的力，这通常是一种近似形式，例如在物体表面很小的区域上悬挂重物，车轮对铁轨的作用力等。集中载荷的作用位置也是在物体表面，可使用面载荷的表示方法代替。

载荷的符号规定为，方向与坐标轴正向一致为正，与坐标轴负向一致为负。

2.1.3 基本方程

(1) 平衡方程

平衡方程描述了微元体应力分量与体载荷分量之间的关系。在物体内取出微元体

$dxdydz$，对该微元体进行受力分析，由力的平衡方程$\sum F_x=0$、$\sum F_y=0$、$\sum F_z=0$，可得

$$\left.\begin{aligned}\frac{\partial\sigma_x}{\partial x}+\frac{\partial\tau_{yx}}{\partial y}+\frac{\partial\tau_{zx}}{\partial z}+\tilde{b}_x=0\\\frac{\partial\tau_{xy}}{\partial x}+\frac{\partial\sigma_y}{\partial y}+\frac{\partial\tau_{zy}}{\partial z}+\tilde{b}_y=0\\\frac{\partial\tau_{xz}}{\partial x}+\frac{\partial\tau_{yz}}{\partial y}+\frac{\partial\sigma_z}{\partial z}+\tilde{b}_z=0\end{aligned}\right\}\tag{2.6}$$

由力矩平衡方程，可得

$$\tau_{xy}=\tau_{yx},\qquad \tau_{xz}=\tau_{zx},\qquad \tau_{yz}=\tau_{zy}\tag{2.7}$$

式(2.6)即为空间问题的平衡方程描述，而式(2.7)即为剪应力互等定理。

平衡微分方程用矩阵表示为

$$\boldsymbol{L}^{\mathrm{T}}\boldsymbol{\sigma}+\bar{\boldsymbol{b}}=\boldsymbol{0}\tag{2.8}$$

式中，$\boldsymbol{L}$ 为微分算子矩阵，可表示为

$$\boldsymbol{L}^{\mathrm{T}}=\begin{bmatrix}\frac{\partial}{\partial x}&0&0&\frac{\partial}{\partial y}&0&\frac{\partial}{\partial z}\\0&\frac{\partial}{\partial y}&0&\frac{\partial}{\partial x}&\frac{\partial}{\partial z}&0\\0&0&\frac{\partial}{\partial z}&0&\frac{\partial}{\partial y}&\frac{\partial}{\partial x}\end{bmatrix}\tag{2.9}$$

(2) 几何方程

在小变形情形下，几何方程为

$$\left.\begin{aligned}\varepsilon_x=\frac{\partial u}{\partial x},\qquad \gamma_{xy}=\frac{\partial u}{\partial y}+\frac{\partial v}{\partial x}\\\varepsilon_y=\frac{\partial v}{\partial y},\qquad \gamma_{yz}=\frac{\partial v}{\partial z}+\frac{\partial w}{\partial y}\\\varepsilon_z=\frac{\partial w}{\partial z},\qquad \gamma_{zx}=\frac{\partial w}{\partial x}+\frac{\partial u}{\partial z}\end{aligned}\right\}\tag{2.10}$$

几何方程描述了弹性体内任意一点的应变与位移之间的关系，是弹性力学的基本方程之一。由式(2.10)可知，当物体的位移分量完全确定时(可表示为 x 和 y 的确定函数)，应变分量也就完全确定。反之，当应变分量完全确定时，位移分量却不能完全确定，位移分量仍保持为坐标的一阶微分方程形式，还需引入相应的边界条件才能进一步确定。

几何方程也可写成矩阵形式，记为

$$\boldsymbol{\varepsilon}=\boldsymbol{Lq}\tag{2.11}$$

(3) 物理方程

物理方程描述了弹性体内任意一点的应变分量与应力分量之间的关系。在完全弹性和各向同性的情况下，物理方程即为材料力学中的广义胡克定律，为

$$\left.\begin{aligned}\varepsilon_x&=\frac{1}{E}[\sigma_x-\mu(\sigma_y+\sigma_z)]\\\varepsilon_y&=\frac{1}{E}[\sigma_y-\mu(\sigma_z+\sigma_x)]\\\varepsilon_z&=\frac{1}{E}[\sigma_z-\mu(\sigma_x+\sigma_y)]\\\gamma_{yz}&=\frac{1}{G}\tau_{yz},\quad\gamma_{zx}=\frac{1}{G}\tau_{zx},\quad\gamma_{xy}=\frac{1}{G}\tau_{xy}\end{aligned}\right\}\tag{2.12}$$

式中，E 为各向同性材料的弹性模量，G 为剪切模量，μ 为泊松比。三个方向的正应变和正应力之间存在耦合关系，其影响量为泊松比 μ，而剪应变和剪应力之间不存在耦合关系。所以，上述三个弹性常数并不是完全独立的，存在关系式

$$G=\frac{E}{2(1+\mu)}\tag{2.13}$$

因此，在各向同性弹性问题的计算中，往往只使用到两个弹性常数，即弹性模量 E 和泊松比 μ。物理方程还经常使用到逆形式，以便通过位移变量计算出应变变量后，再计算相应的应力分量。物理方程的逆形式为

$$\left.\begin{aligned}\sigma_x&=\frac{E(1-\mu)}{(1+\mu)(1-2\mu)}\left[\varepsilon_x+\frac{\mu}{1-\mu}(\varepsilon_y+\varepsilon_z)\right]\\\sigma_y&=\frac{E(1-\mu)}{(1+\mu)(1-2\mu)}\left[\varepsilon_y+\frac{\mu}{1-\mu}(\varepsilon_x+\varepsilon_z)\right]\\\sigma_z&=\frac{E(1-\mu)}{(1+\mu)(1-2\mu)}\left[\varepsilon_z+\frac{\mu}{1-\mu}(\varepsilon_x+\varepsilon_y)\right]\\\tau_{xy}&=G\gamma_{xy},\quad\tau_{yz}=G\gamma_{yz},\quad\tau_{zx}=G\gamma_{zx}\end{aligned}\right\}\tag{2.14}$$

写成矩阵形式，可简写为

$$\boldsymbol{\sigma}=\boldsymbol{D\varepsilon}\tag{2.15}$$

其中

$$\boldsymbol{D}=\frac{E(1-\mu)}{(1+\mu)(1-2\mu)}\begin{bmatrix}1&&&&&\\\frac{\mu}{1-\mu}&1&\text{对}&&&\\\frac{\mu}{1-\mu}&\frac{\mu}{1-\mu}&1&&&\\0&0&0&\frac{1-2\mu}{2(1-\mu)}&\text{称}&\\0&0&0&0&\frac{1-2\mu}{2(1-\mu)}&\\0&0&0&0&0&\frac{1-2\mu}{2(1-\mu)}\end{bmatrix}\tag{2.16}$$

称为弹性矩阵，其完全决定于弹性常数 E 和 μ。

2.1.4 变形协调条件

由几何方程可以看出，已知 3 个位移分量可唯一确定 6 个应变分量，但反之却不可行，即

通过 6 个应变分量不一定能够唯一确定 3 个位移分量，除非这 6 个应变分量满足一定的关系，这个关系就是变形协调条件。其物理意义是，材料在变形过程中应是整体连续的，不应出现"撕裂"和"重叠"现象。将几何方程中的位移分量消去，可推导出应变分量之间的内在关系，这将是 6 个应变分量必须满足的约束条件。变形协调条件也称相容方程，为

$$\left.\begin{aligned}&\frac{\partial^2\varepsilon_x}{\partial y^2}+\frac{\partial^2\varepsilon_y}{\partial x^2}=\frac{\partial^2\gamma_{xy}}{\partial x\partial y},\quad \frac{\partial}{\partial x}\left(-\frac{\partial\gamma_{yz}}{\partial x}+\frac{\partial\gamma_{zx}}{\partial y}+\frac{\partial\gamma_{xy}}{\partial z}\right)=2\frac{\partial^2\varepsilon_x}{\partial y\partial z}\\&\frac{\partial^2\varepsilon_y}{\partial z^2}+\frac{\partial^2\varepsilon_z}{\partial y^2}=\frac{\partial^2\gamma_{yz}}{\partial z\partial y},\quad \frac{\partial}{\partial y}\left(\frac{\partial\gamma_{yz}}{\partial x}-\frac{\partial\gamma_{zx}}{\partial y}+\frac{\partial\gamma_{xy}}{\partial z}\right)=2\frac{\partial^2\varepsilon_y}{\partial z\partial x}\\&\frac{\partial^2\varepsilon_z}{\partial x^2}+\frac{\partial^2\varepsilon_x}{\partial y^2}=\frac{\partial^2\gamma_{xz}}{\partial z\partial x},\quad \frac{\partial}{\partial z}\left(\frac{\partial\gamma_{yz}}{\partial x}+\frac{\partial\gamma_{zx}}{\partial y}-\frac{\partial\gamma_{xy}}{\partial z}\right)=2\frac{\partial^2\varepsilon_z}{\partial x\partial y}\end{aligned}\right\}\tag{2.17}$$

只有满足了变形协调条件(2.17)的应变分量和应力分量，才能唯一确定变形体的连续位移场。该方程虽不作为基本方程，但在应力解法中具有十分重要的作用。

2.1.5　边界条件

弹性力学的基本方程共有 15 个，即平衡方程 3 个、几何方程 6 个、物理方程 6 个。而基本的未知量也是 15 个，即位移分量 3 个、应变分量 6 个、应力分量 6 个。基本未知量的数目与基本方程的数目相等。但由于平衡方程和几何方程均为微分方程，故需施加适当的边界条件，才有可能从基本方程中求解这些基本未知量。

边界条件描述了物体边界上的物理量与内部物理量之间的关系。按照边界条件施加方式的不同，通常可分为位移边界条件，应力约束条件和混合约束条件。对于弹性体所占据的几何空间 Ω，其外表面将被位移边界条件和应力边界条件完全不重叠地包围，即有

$$\Gamma=S_u+S_\sigma\tag{2.18}$$

式中，Γ 为几何空间 Ω 的外表面，S_u 为给定的位移边界，S_σ 为给定的应力边界。对于在 Γ 上既没有位移约束，又没有外载荷作用的位置，可将其归纳为外力为 0 的应力边界条件。

① 位移边界条件。弹性体在边界上的位移分量为已知量，即在边界上存在

$$\left.\begin{aligned}u&=\bar{u}\\v&=\bar{v}\\w&=\bar{w}\end{aligned}\right\},\quad \text{在 } S_u \text{ 上}\tag{2.19}$$

其中 $\bar{u}$ 和 $\bar{v}$ 为在 S_u 上沿 x 方向和 y 方向的位移。在工程中，通常会使用到固定约束的边界条件，即 $\bar{u}=\bar{v}=\bar{w}=0$。

② 应力边界条件。通过在应力边界 S_σ 上取微元体进行受力分析，可得到

$$\left.\begin{aligned}\sigma_x n_x+\tau_{yx}n_y+\tau_{zx}n_z&=\bar{p}_x\\\tau_{xy}n_x+\sigma_y n_y+\tau_{zy}n_z&=\bar{p}_y\\\tau_{xz}n_x+\tau_{yz}n_y+\sigma_z n_z&=\bar{p}_z\end{aligned}\right\},\quad \text{在 } S_\sigma \text{ 上}\tag{2.20}$$

其中 n_x、n_y、n_z 分别为边界 S_σ 上一点外法线方向与坐标轴方向的夹角余弦。

③ 混合边界条件。当弹性体在一部分边界上的位移分量已知，同时在另一部分边界上的应力分量已知时，称弹性体受到混合边界条件的约束。

值得注意的是，应用有限元法分析工程问题时，在边界上施加位移约束条件和混合约束条

件，一般均可获得良好的分析结果。但若物体表面只存在应力边界条件，有限元法程序将无法求解，因为应力边界条件只满足力的平衡关系，而对物体的刚体位移没有限制，致使刚度矩阵奇异而无法求解。

2.1.6 圣维南原理

在求解弹性力学问题时，要使位移、应变和应力变量完全满足三大基本方程并不困难，但若要使得边界条件也得到完全满足，却往往很困难。其实，在很多的工程结构计算中，都会遇到这样的情况：在物体的一部分边界上，仅仅知道物体所受面力的合成，而这个面力的分布方式却并不明确，因而无从考虑这部分边界上的边界条件。在上述两种情况下，圣维南原理的提出可使得人们不再纠结此类问题。

圣维南原理的描述是：如果把物体一部分边界上的面力，变换为分布不同但静力等效的面力（主失相同，对同一点的主矩也相同），那么，虽然边界附近的应力分布会有显著的改变，但在离这一边界稍远处，其影响可以忽略不计。

圣维南原理对弹性力学在工程中的应用有着重要的意义。因为工程结构中的边界条件往往并不精确，有些约束形式和加载形式很难给出明确的界定，因此只要给出基于静力等效的约束和载荷类型，则得到的解答对于结构中绝大部分区域的解都是足够准确的，而只有约束附近和施加载荷位置附近的计算结果可能不够精确。

2.2 微分方程的等效积分解法

2.2.1 数值分析方法

对于许多力学和物理问题，人们已经得到了物质运动应遵循的规律（例如 Navier-Stokes 方程、Laplace 方程、波动方程等）和相应的定解条件。但由于这些规律通常以常微分方程、偏微分方程甚至非线性偏微分方程的形式出现，人们在使用解析方法求精确解的过程中遇到相当大的困难。能够使用解析方法求出精确解的只是少数方程性质简单且几何形状相当规则的问题，对于大多数稍复杂一些的问题，以现在的技术手段暂难以给出解析解。这类问题的解决通常有两种途径。一种是引入简化假设，将方程和几何边界简化为能够处理的情况，从而得到问题在简化状态下的解答，通常的做法是对（偏）微分方程作线性化处理。但是这种方法只在有限的情况下可行，因为引入过多的假设可能导致误差过大甚至导致解答错误。因此人们开始寻求和发展另一种求解途径和方法，即数值解法。尤其是随着电子计算机的飞速发展和广泛应用，人类的计算能力大为提高，这使得数值分析方法成为了求解现代科学技术问题的主要工具。

已经发展的数值分析方法可以分为两大类。一类以有限差分法为代表，其特点是直接求解基本方程和相应定解条件的近似解。求解步骤为首先将求解域划分网格，然后在网格节点上用差分方程近似微分方程。当采用较多的节点时，近似解的精度可以得到改进。借助于有限差分法，可以求解一些相当复杂的问题。特别是求解建立于空间坐标系的流体流动问题，有限差分法有自己的优势。因此在流体力学领域内，它至今仍占支配地位。但用于几何形状复杂的问题时，它的计算精度将降低。

另一类数值分析方法是首先建立和原问题基本方程及相应定解条件相等效的积分提法，然后据之建立近似解法。例如配点法、最小二乘法、Galerkin 法、力矩法等都属于这一类数值方法。如果原问题的方程具有某些特定的性质，则它的等效积分提法可以归结为某个泛函的变分。相应的近似解法实际上是求解泛函的驻值问题，比如里兹法就属于这一类近似方法。上述不同方法在不同领域或类型的问题中得到成功的应用，但是也只能限于对于几何形状规则的问题。其基本原因是：他们都是在整个求解域上假设近似函数。因此，对于几何形状复杂的问题，不可能建立合乎要求的近似函数。而有限元法的出现，是数值分析研究领域内突破性的进展。

2.2.2 微分方程的等效积分形式

通常，需要定解的场函数应满足微分方程

$$\boldsymbol{A}(\boldsymbol{q})+\boldsymbol{f}=\begin{Bmatrix}A_1(\boldsymbol{q})\\A_2(\boldsymbol{q})\\\vdots\end{Bmatrix}+\begin{Bmatrix}f_1\\f_2\\\vdots\end{Bmatrix}=\boldsymbol{0},\quad 在\ \Omega\ 内 \tag{2.21}$$

和边界条件

$$\boldsymbol{B}(\boldsymbol{q})+\boldsymbol{g}=\begin{Bmatrix}B_1(\boldsymbol{q})\\B_2(\boldsymbol{q})\\\vdots\end{Bmatrix}+\begin{Bmatrix}g_1\\g_2\\\vdots\end{Bmatrix}=\boldsymbol{0},\quad 在\ \Gamma\ 上 \tag{2.22}$$

式中，$\boldsymbol{A}$ 和 $\boldsymbol{B}$ 表示对于独立变量(例如空间坐标、时间坐标等)的微分算子，$\boldsymbol{f}$ 和 $\boldsymbol{g}$ 表示不显含场函数 $\boldsymbol{q}$ 的算子。场函数 $\boldsymbol{q}$ 既可以是标量场(例如温度)，也可以是向量场(例如位移、应变、应力等)。

由于式(2.21)在域 Ω 内严格成立，因此，对于任意的一个与微分方程个数相等的函数向量 $\boldsymbol{W}=(W_1,W_2,W_3,\cdots)^{\mathrm{T}}$，有

$$\int_\Omega \boldsymbol{W}^{\mathrm{T}}(\boldsymbol{A}(\boldsymbol{q})+\boldsymbol{f})\,\mathrm{d}\Omega\equiv\int_\Omega(W_1(A_1(\boldsymbol{q})+f_1)+W_2(A_2(\boldsymbol{q})+f_2)+\cdots)\,\mathrm{d}\Omega\equiv 0 \tag{2.23}$$

式(2.23)是与微分方程组式(2.21)完全等效的积分形式。同理，若边界条件式(2.22)同时在边界上每一点得到满足，则对于一个任意函数向量 $\overline{\boldsymbol{W}}=(\overline{W}_1,\overline{W}_2,\cdots)^{\mathrm{T}}$，有

$$\int_\Gamma \overline{\boldsymbol{W}}^{\mathrm{T}}(\boldsymbol{B}(\boldsymbol{q})+\boldsymbol{g})\,\mathrm{d}\Gamma\equiv\int_\Gamma(\overline{W}_1(B_1(\boldsymbol{q})+g_1)+\overline{W}_2(B_2(\boldsymbol{q})+g_2)+\cdots)\,\mathrm{d}\Gamma\equiv 0 \tag{2.24}$$

因此，积分形式

$$\int_\Omega \boldsymbol{W}^{\mathrm{T}}(\boldsymbol{A}(\boldsymbol{q})+\boldsymbol{f})\,\mathrm{d}\Omega+\int_\Gamma \overline{\boldsymbol{W}}^{\mathrm{T}}(\boldsymbol{B}(\boldsymbol{q})+\boldsymbol{g})\,\mathrm{d}\Gamma=0 \tag{2.25}$$

对于所有的 $\boldsymbol{W}$ 和 $\overline{\boldsymbol{W}}$ 都成立，这一条件等效于满足微分方程式(2.21)和边界条件式(2.22)。我们称式(2.25)为微分方程的等效积分形式。

在上述讨论中，隐含地假定了式(2.25)是能够计算的。这就对函数向量 $\boldsymbol{W}$ 和 $\overline{\boldsymbol{W}}$ 以及场函数 $\boldsymbol{u}$ 所能够选取的函数族提出了一定的要求和限制，以避免积分中出现无穷大的情况。在积分式(2.25)中，$\boldsymbol{W}$ 和 $\overline{\boldsymbol{W}}$ 只以函数自身的形式出现在积分中，因此对 $\boldsymbol{W}$ 和 $\overline{\boldsymbol{W}}$ 的选择可以尽量地简单，只须是单值的且在 Ω 和 Γ 上可积就可以，且这种限制并不影响微分方程等效积分形

式提法的有效性。场函数 $\boldsymbol{q}$ 在积分中还将以导数和偏导数形式出现，它的选择将取决于微分算子 $\boldsymbol{A}$ 和 $\boldsymbol{B}$ 中微分运算的最高阶次。通常，如果微分算子 $\boldsymbol{A}$ 出现的最高阶导数为 n 阶，则要求函数 $\boldsymbol{q}$ 必须具有连续的 $n-1$ 阶导数，即场函数 $\boldsymbol{q}$ 应具有 C_{n-1} 连续性。

2.2.3 等效积分的“弱”形式

对式(2.25)进行分部积分，得到

$$\int_{\Omega}\boldsymbol{C}^{\mathrm{T}}(\boldsymbol{W})\boldsymbol{D}(\boldsymbol{q})\mathrm{d}\Omega+\int_{\Gamma}\boldsymbol{E}^{\mathrm{T}}(\overline{\boldsymbol{W}})\boldsymbol{F}(\boldsymbol{q})\mathrm{d}\Gamma=0 \tag{2.26}$$

其中，$\boldsymbol{C}$，$\boldsymbol{D}$，$\boldsymbol{E}$，$\boldsymbol{F}$ 均为微分算子，所包含的导数阶数低于 $\boldsymbol{A}$，这样就降低了对场函数 $\boldsymbol{q}$ 的连续性要求。当然，这是以提高 $\boldsymbol{W}$ 和 $\overline{\boldsymbol{W}}$ 的连续性要求为代价的。但由于之前对 $\boldsymbol{W}$ 和 $\overline{\boldsymbol{W}}$ 并无连续性要求，适当提高其连续性要求并不困难，因为它们是可以选择的已知函数。这种降低对场函数 $\boldsymbol{q}$ 连续性要求的做法在近似计算中具有重要意义，因为低阶场函数的确定是相对容易的。式(2.26)被称为微分方程(2.21)和边界条件(2.22)的等效积分“弱”形式。

值得指出的是，从形式上看“弱”形式对场函数 $\boldsymbol{q}$ 的连续性要求降低了，但对实际的物理问题却常常较原始的微分方程更逼近精确解，这是因为原始微分方程往往对解提出了过分“平滑”的要求。

以受均布载荷作用的平面弯曲简支梁为例，如图 2.1 所示。

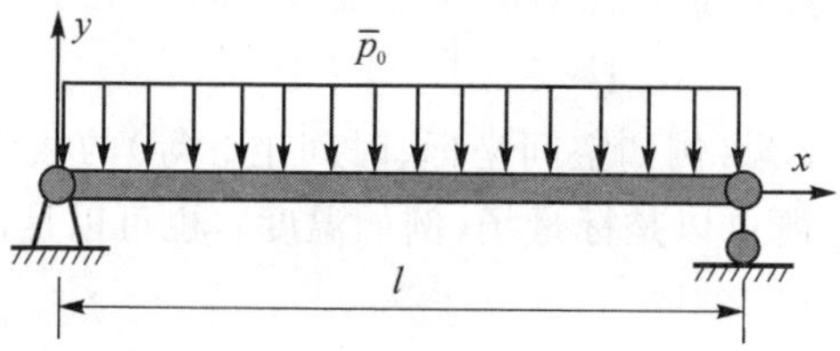

图 2.1 受均布载荷作用的平面弯曲简支梁

其控制方程为

$$EI\frac{\mathrm{d}^4 v}{\mathrm{d}x^4}=\bar{p}_0,\quad x\in(0,l) \tag{2.27}$$

其中，$v(x)$为梁的挠度函数，E 为材料弹性模量，I 为梁截面惯性矩，$\bar{p}_0$ 为均布载荷集度。则对任意的函数 $W(x)$，均应有

$$\int_0^l W(x)\left(EI\frac{\mathrm{d}^4 v}{\mathrm{d}x^4}-\bar{p}_0\right)\mathrm{d}x=0,\quad x\in(0,l) \tag{2.28}$$

成立。对式(2.28)进行分部积分，可得

$$\int_0^l \frac{\mathrm{d}^2 W}{\mathrm{d}x^2}EI\frac{\mathrm{d}^2 v}{\mathrm{d}x^2}\mathrm{d}x-\int_0^l Wq\,\mathrm{d}x+WEI\frac{\mathrm{d}^3 v}{\mathrm{d}x^3}\bigg|_0^l-\frac{\mathrm{d}W}{\mathrm{d}x}EI\frac{\mathrm{d}^2 v}{\mathrm{d}x^2}\bigg|_0^l=0 \tag{2.29}$$

式(2.28)为式(2.27)的等效积分形式，而式(2.29)为式(2.28)的等效积分“弱”形式。由式(2.29)可知，挠度函数 $v(x)$的连续性要求降低了两阶。

2.2.4 加权残值法

若场函数 q 是精确解，则其在域 Ω 和边界 Γ 上任一点均分别满足式(2.21)和式(2.22)，此时，相应的等效积分形式(2.25)或等效积分“弱”形式(2.26)必然严格得到满足。但对于复杂的实际问题,这样的精确解往往是很难找到的,因此需要尽可能地找到具有一定精度的近似解。若使用一族带有待定参数的已知函数来近似地描述场函数 $\boldsymbol{q}$,则通常使用线性组合的形式进行描述,有

$$\boldsymbol{q} \approx \hat{\boldsymbol{q}} = \sum_{i=1}^{n} N_i a_i = \boldsymbol{N}\boldsymbol{a} \tag{2.30}$$

其中,a 为待定参数向量,N_i 称之为试探函数(或基函数、形函数)。N_i 为已知函数,可取为线性独立的完全函数序列,例如幂级数序列、傅里叶级数序列等。为方便处理边界条件,近似解通常选择使之满足强制边界条件和连续性的要求。

显然,在 n 取有限项时近似解,即式(2.30),是不能精确满足微分方程式(2.21)和全部边界条件式(2.22)的,将近似解式(2.30)代入微分方程式(2.21)和边界条件式(2.22),将分别产生残差向量

$$\boldsymbol{R} = \boldsymbol{A}(\boldsymbol{N}\boldsymbol{a}) + \boldsymbol{f}, \quad \bar{\boldsymbol{R}} = \boldsymbol{B}(\boldsymbol{N}\boldsymbol{a}) + \boldsymbol{g} \tag{2.31}$$

这里将 $\boldsymbol{R}$ 和 $\bar{\boldsymbol{R}}$ 称为残值(余量、残量)。若使用 n 个规定的函数来代替式(2.25)中的 $\boldsymbol{W}$ 和 $\bar{\boldsymbol{W}}$,则可得到等效积分形式的近似表达

$$\int_{\Omega} W_j^{\mathrm{T}} (\boldsymbol{A}(\boldsymbol{N}\boldsymbol{a}) + \boldsymbol{f})\,\mathrm{d}\Omega + \int_{\Gamma} \bar{W}_j^{\mathrm{T}} (\boldsymbol{B}(\boldsymbol{N}\boldsymbol{a}) + \boldsymbol{g})\,\mathrm{d}\Gamma = 0, \quad j = 1, \cdots, n \tag{2.32}$$

也可写成残值形式

$$\int_{\Omega} W_j^{\mathrm{T}} \boldsymbol{R}\,\mathrm{d}\Omega + \int_{\Gamma} \bar{W}_j^{\mathrm{T}} \bar{\boldsymbol{R}}\,\mathrm{d}\Gamma = 0, \quad j = 1, \cdots, n \tag{2.33}$$

式(2.32)和式(2.33)的意义是通过选择待定系数 a_i,强迫残值在某种平均意义上等于0。W_j 和 $\bar{W}_j$ 称为权函数。令残值的加权积分为0可得到一组求解方程,用以确定待定系数 a_i,从而得到原问题的近似解答。通常,当近似函数所选取的试探函数项数越多,近似解的精度越高,并将收敛于精确解。

这种迫使残值的加权积分为0来求得微分方程近似解的方法称为加权残值法。显然,任何独立的完全函数集都可以用来作为权函数。按照对权函数的不同选择可得到不同的加权余量的计算方法。

① 配点法。即强迫残值在域内 n 个点上的值分别为0。

② 子域法。即强迫残值在 n 个子域 Ω_j 上的积分值分别为0。

③ 最小二乘法。即强迫残值的平方在域 Ω 内的积分取最小值。

④ 矩法。即强迫残值的各阶矩等于0。

⑤ 伽辽金(Galerkin)法。即利用近似解的试探函数序列作为权函数,即取 $W_j = N_j$。如此,采用伽辽金法得到的求解方程的系数矩阵将是对称的。这也是在用加权残值法建立有限元求解格式时采用伽辽金法的主要原因。

下面以受均布载荷作用的平面弯曲简支梁为例,简单介绍上述5种方法的应用,并将结果进行比较。

如图2.1所示,简支梁的边界条件为

$$\left.\begin{aligned} v(0) = 0, \quad v''(0) = 0 \\ v(l) = 0, \quad v''(l) = 0 \end{aligned}\right\} \tag{2.34}$$

取近似解

$$\hat{v}(x)=\sum_{i=1}^{n}a_i \cdot \sin\frac{(2i-1)\pi x}{l} \tag{2.35}$$

不难验证，近似解(2.35)满足边界条件(2.34)，但不一定满足微分方程(2.27)，在域内将产生残值 R。加权残值法的目的是令余量的加权积分为 0，即

$$\int_0^l W_i R \mathrm{d}x=0 \tag{2.36}$$

近似解可取式(2.35)中的一项、两项或更多项。为方便起见，这里仅讨论一项和二项近似解。

一项近似解：$n=1$

$$\hat{v}_1(x)=a_1 \cdot \sin\frac{\pi x}{l} \tag{2.37}$$

代入式(2.27)，残值为

$$R_1(x)=EI\frac{\mathrm{d}^4\hat{v}_1(x)}{\mathrm{d}x^4}-\bar{p}_0=EIa_1\frac{\pi^4}{l^4}\sin\frac{\pi x}{l}-\bar{p}_0 \tag{2.38}$$

两项近似解：$n=2$

$$\hat{v}_2(x)=a_1 \cdot \sin\frac{\pi x}{l}+a_2 \cdot \sin\frac{3\pi x}{l} \tag{2.39}$$

代入式(2.27)，残值为

$$R_2(x)=EI\frac{\mathrm{d}^4\hat{v}_2(x)}{\mathrm{d}x^4}-\bar{p}_0=EI\frac{\pi^4}{l^4}\left(a_1\sin\frac{\pi x}{l}+a_2 \cdot 81\sin\frac{3\pi x}{l}\right)-\bar{p}_0 \tag{2.40}$$

下面分别使用配点法、子域法、最小二乘法、矩法和伽辽金法进行求解。

(1) 配点法

一项近似解：可取 $x=l/2$ 作为配点

$$R_1\left(\frac{l}{2}\right)=EIa_1\frac{\pi^4}{l^4}-\bar{p}_0=0$$

解得

$$a_1=\frac{1}{\pi^4}\frac{\bar{p}_0 l^4}{EI}$$

所以，一项近似解为 $\hat{v}_1(x)=\frac{1}{\pi^4}\frac{\bar{p}_0 l^4}{EI} \cdot \sin\frac{\pi x}{l}$。

两项近似解：可取三分点 $x=l/3$ 及 $x=2l/3$ 作为配点，得到

$$R_2\left(\frac{l}{3}\right)=EI\frac{\pi^4}{l^4}\left(a_1\sin\frac{\pi}{3}+a_2 \cdot 81\sin\pi\right)-\bar{p}_0=0$$

$$R_2\left(\frac{2l}{3}\right)=EI\frac{\pi^4}{l^4}\left(a_1\sin\frac{2\pi}{3}+a_2 \cdot 81\sin 2\pi\right)-\bar{p}_0=0$$

解得

$$a_1=\frac{2}{\sqrt{3}\pi^4} \cdot \frac{\bar{p}_0 l^4}{EI},\quad a_2=?$$

从上式可以看出，使用三分点 $x=l/3$ 及 $x=2l/3$ 作为配点不能准确给出 a_2 的定解，这是因为 $x=l/3$ 及 $x=2l/3$ 正好为基函数 $\sin 3\pi x/l$ 上的不动点。所以，使用配点法时要注意避开这种类型的点集。由于配点法并不严格要求配点的位置，因此，理论上域 Ω 上的任意一点均可被选作配点。

取二分点 $x=l/2$ 和三分点 $x=l/3$ 作为配点，得到

$$R_2\left(\frac{l}{2}\right)=EI\ \frac{\pi^4}{l^4}\left(a_1\sin\frac{\pi}{2}+a_2\cdot 81\sin\frac{3\pi}{2}\right)-\bar{p}_0=0$$

$$R_2\left(\frac{l}{3}\right)=EI\ \frac{\pi^4}{l^4}\left(a_1\sin\frac{\pi}{3}+a_2\cdot 81\sin\pi\right)-\bar{p}_0=0$$

解得

$$a_1=\frac{2}{\sqrt{3}\pi^4}\cdot\frac{\bar{p}_0 l^4}{EI},\quad a_2=\frac{(-3+2\sqrt{3})}{243\pi^4}\cdot\frac{\bar{p}_0 l^4}{EI}$$

所以，两项近似解为

$$\hat{v}_2(x)=\frac{2}{\sqrt{3}\pi^4}\cdot\frac{\bar{p}_0 l^4}{EI}\cdot\sin\frac{\pi x}{l}+\frac{(-3+2\sqrt{3})}{243\pi^4}\cdot\frac{\bar{p}_0 l^4}{EI}\cdot\sin\frac{3\pi x}{l}$$

(2) 子域法

一项近似解：子域取全域，即当 $0\leqslant x\leqslant l$ 时，$W_1=1$。由式(2.36)可得

$$\int_0^l 1\cdot R_1(x)\mathrm{d}x=\int_0^l\left(EIa_1\frac{\pi^4}{l^4}\sin\frac{\pi x}{l}-\bar{p}_0\right)\mathrm{d}x=a_1\cdot\frac{2EI\pi^3}{l^3}-l\cdot\bar{p}_0=0$$

解得

$$a_1=\frac{1}{2\pi^3}\ \frac{\bar{p}_0 l^4}{EI}$$

求得一项近似解为

$$\hat{v}_1(x)=\frac{1}{2\pi^3}\ \frac{\bar{p}_0 l^4}{EI}\cdot\sin\frac{\pi x}{l}$$

两项近似解：当 $0\leqslant x\leqslant l/2$ 时，取 $W_1=1$；当 $l/2<x\leqslant l$ 时，取 $W_2=1$，同样由式(2.36)可得

$$\int_0^{l/2}1\cdot R_2(x)\mathrm{d}x=\int_0^{l/2}\left(EI\ \frac{\pi^4}{l^4}\left(a_1\sin\frac{\pi x}{l}+a_2\cdot 81\sin\frac{3\pi x}{l}\right)-\bar{p}_0\right)\mathrm{d}x$$

$$=(a_1+27a_2)\cdot\frac{EI\pi^3}{l^3}-\frac{1}{2}l\cdot\bar{p}_0=0$$

$$\int_{l/2}^{l}1\cdot R_2(x)\mathrm{d}x=\int_{l/2}^{l}\left(EI\ \frac{\pi^4}{l^4}\left(a_1\sin\frac{\pi x}{l}+a_2\cdot 81\sin\frac{3\pi x}{l}\right)-\bar{p}_0\right)\mathrm{d}x$$

$$=(a_1+27a_2)\cdot\frac{EI\pi^3}{l^3}-\frac{1}{2}l\cdot\bar{p}_0=0$$

可见，两个子域上的积分得到了同样的结果，无法定解。为此，可适当调整子域积分范围，当 $0\leqslant x\leqslant l/3$，取 $W_1=1$；当 $l/3<x\leqslant l$，取 $W_2=1$，由式(2.36)可得

$$\int_0^{l/3}1\cdot R_2(x)\mathrm{d}x=\int_0^{l/3}\left(EI\ \frac{\pi^4}{l^4}\left(a_1\sin\frac{\pi x}{l}+a_2\cdot 81\sin\frac{3\pi x}{l}\right)-\bar{p}_0\right)\mathrm{d}x$$

$$=\frac{(a_1+108a_2)}{2}\cdot\frac{EI\pi^3}{l^3}-\frac{1}{3}l\cdot\bar{p}_0=0$$

$$\int_{l/3}^{l}1\cdot R_2(x)\mathrm{d}x=\int_{l/3}^{l}\left(EI\ \frac{\pi^4}{l^4}\left(a_1\sin\frac{\pi x}{l}+a_2\cdot 81\sin\frac{3\pi x}{l}\right)-\bar{p}_0\right)\mathrm{d}x$$

$$=\frac{3a_1}{2}\cdot\frac{EI\pi^3}{l^3}-\frac{2}{3}l\cdot\bar{p}_0=0$$

解得

$$a_1=\frac{4}{9\pi^3}\cdot\frac{\bar{p}_0 l^4}{EI},\quad a_2=\frac{1}{486\pi^3}\cdot\frac{\bar{p}_0 l^4}{EI}$$

所以，两项近似解为

$$\hat{v}_2(x)=\frac{4}{9\pi^3}\cdot\frac{\bar{p}_0 l^4}{EI}\cdot\sin\frac{\pi x}{l}+\frac{1}{486\pi^3}\cdot\frac{\bar{p}_0 l^4}{EI}\cdot\sin\frac{3\pi x}{l}$$

(3) 最小二乘法

将残值的二次方 R^2 在域 Ω 中积分，记为

$$\hat{I}=\int_\Omega R^2\,\mathrm{d}\Omega \tag{2.41}$$

选择近似解的待定系数 a_i 使得残值在全域的积分值 I 达到极小。为此必须有

$$\frac{\partial \hat{I}}{\partial a_i}=0,\quad i=1,2,3,\cdots,n \tag{2.42}$$

将式(2.41)对 a_i 进行求导，可得

$$\int_\Omega R\frac{\partial R}{\partial a_i}\mathrm{d}\Omega=0,\quad i=1,2,3,\cdots,n \tag{2.43}$$

由此可以得到 n 个方程，用以求解 n 个待定参数 a_i。比较式(2.43)和式(2.36)可知，最小二乘法的权函数选择为

$$W_i=\frac{\partial R}{\partial a_i},\quad i=1,2,3,\cdots,n \tag{2.44}$$

一项近似解：

$$R_1(x)=EIa_1\frac{\pi^4}{l^4}\sin\frac{\pi x}{l}-\bar{p}_0$$

$$W_1=\frac{\partial R_1}{\partial a_1}=\frac{EI\pi^4}{l^4}\sin\frac{\pi x}{l}$$

代入式(2.43)得

$$\int_0^l R_1\frac{\partial R_1}{\partial a_1}\mathrm{d}x=\frac{EI\pi^3}{2l^7}(-4l^4\bar{p}_0+a_1EI\pi^5)=0$$

求解得

$$a_1=\frac{4}{\pi^5}\frac{\bar{p}_0 l^4}{EI}$$

所以，一项近似解为

$$\hat{v}_1(x)=\frac{4}{\pi^5}\frac{\bar{p}_0 l^4}{EI}\cdot\sin\frac{\pi x}{l}$$

两项近似解：

$$R_2(x)=EI\frac{\pi^4}{l^4}\left(a_1\sin\frac{\pi x}{l}+a_2\cdot 81\sin\frac{3\pi x}{l}\right)-\bar{p}_0$$

$$W_1=\frac{\partial R_2}{\partial a_1}=\frac{EI\pi^4}{l^4}\sin\frac{\pi x}{l}$$

$$W_2 = \frac{\partial R_2}{\partial a_2} = \frac{81EI\pi^4}{l^4}\sin\frac{3\pi x}{l}$$

代入式(2.43)得到两个方程

$$\int_0^l R_2 \frac{\partial R_2}{\partial a_1}\mathrm{d}x = \frac{EI\pi^3}{2l^7}(-4l^4\bar{p}_0 + a_1 EI\pi^5) = 0$$

$$\int_0^l R_2 \frac{\partial R_2}{\partial a_2}\mathrm{d}x = \frac{27EI\pi^3}{2l^7}(-4l^4\bar{p}_0 + 243a_2 EI\pi^5) = 0$$

解得

$$a_1 = \frac{4}{\pi^5}\cdot\frac{\bar{p}_0 l^4}{EI},\quad a_2 = \frac{4}{243\pi^5}\cdot\frac{\bar{p}_0 l^4}{EI}$$

所以，两项近似解为

$$\hat{v}_2(x) = \frac{4}{\pi^5}\cdot\frac{\bar{p}_0 l^4}{EI}\cdot\sin\frac{\pi x}{l} + \frac{4}{243\pi^5}\cdot\frac{\bar{p}_0 l^4}{EI}\cdot\sin\frac{3\pi x}{l}$$

(4) 矩法

一项近似解：取 $W_1 = 1$，由式(2.36)可得

$$\int_0^l 1\cdot R_1(x)\mathrm{d}x = \int_0^l \left(EIa_1\frac{\pi^4}{l^4}\sin\frac{\pi x}{l} - \bar{p}_0\right)\mathrm{d}x = 0$$

求得

$$a_1 = \frac{1}{2\pi^3}\frac{\bar{p}_0 l^4}{EI}$$

求得一项近似解为

$$\hat{v}_1(x) = \frac{1}{2\pi^3}\frac{\bar{p}_0 l^4}{EI}\cdot\sin\frac{\pi x}{l}$$

这与子域法所得结果一致。

两项近似解：取 $W_1 = 1, W_2 = x$，代入式(2.36)可得

$$\int_0^l 1\cdot R_2(x)\mathrm{d}x = \int_0^l \left(EI\frac{\pi^4}{l^4}\left(a_1\sin\frac{\pi x}{l} + a_2\cdot 81\sin\frac{3\pi x}{l}\right) - \bar{p}_0\right)\mathrm{d}x$$

$$= \frac{2(a_1 + 27a_2)EI\pi^3}{l^3} - \bar{p}_0 l = 0$$

$$\int_0^l x\cdot R_2(x)\mathrm{d}x = \int_0^l x\left(EI\frac{\pi^4}{l^4}\left(a_1\sin\frac{\pi x}{l} + a_2\cdot 81\sin\frac{3\pi x}{l}\right) - \bar{p}_0\right)\mathrm{d}x$$

$$= \frac{(a_1 + 27a_2)EI\pi^3}{l^3} - \frac{\bar{p}_0 l}{2} = 0$$

很容易看到，上面两式是线性相关的，无法定解。当然可取更高阶矩使得方程组是可解的，为此，可尝试取 $W_2 = x^2$，有

$$\int_0^l x^2\cdot R_2(x)\mathrm{d}x = \int_0^l x^2\left(EI\frac{\pi^4}{l^4}\left(a_1\sin\frac{\pi x}{l} + a_2\cdot 81\sin\frac{3\pi x}{l}\right) - \bar{p}_0\right)\mathrm{d}x$$

$$= \frac{EI\pi}{l}(a_1(-4+\pi^2) + 3a_2(-4+9\pi^2)) - \frac{\bar{p}_0 l^3}{3} = 0$$

可解得

$$a_1=\frac{-4+3\pi^2}{64\pi^3}\frac{\bar{p}_0 l^4}{EI},\quad a_2=\frac{12-\pi^2}{576\pi^3}\frac{\bar{p}_0 l^4}{EI}$$

所以，两项近似解为

$$\hat{v}_2(x)=\frac{-4+3\pi^2}{64\pi^3}\cdot\frac{\bar{p}_0 l^4}{EI}\cdot\sin\frac{\pi x}{l}+\frac{12-\pi^2}{576\pi^3}\cdot\frac{\bar{p}_0 l^4}{EI}\cdot\sin\frac{3\pi x}{l}$$

(5) 伽辽金法

取近似函数作为权函数，即 $W_1=\sin(\pi x/l)$，$W_2=\sin(3\pi x/l)$。

一项近似解：

$$\int_0^l \sin\frac{\pi x}{l}\cdot R_1(x)\mathrm{d}x=\int_0^l \sin\frac{\pi x}{l}\cdot\left(EIa_1\frac{\pi^4}{l^4}\sin\frac{\pi x}{l}-\bar{p}_0\right)\mathrm{d}x=\frac{a_1 EI\pi^4}{2l^3}-\frac{2\bar{p}_0 l}{\pi}=0$$

可得

$$a_1=\frac{4}{\pi^5}\frac{\bar{p}_0 l^4}{EI}$$

求得一项近似解为

$$\hat{v}_1(x)=\frac{4}{\pi^5}\frac{\bar{p}_0 l^4}{EI}\cdot\sin\frac{\pi x}{l}$$

两项近似解：

$$\int_0^l \sin\frac{\pi x}{l}\cdot R_2(x)\mathrm{d}x=\int_0^l \sin\frac{\pi x}{l}\cdot\left(EI\frac{\pi^4}{l^4}\left(a_1\sin\frac{\pi x}{l}+a_2\cdot 81\sin\frac{3\pi x}{l}\right)-\bar{p}_0\right)\mathrm{d}x$$

$$=\frac{a_1 EI\pi^4}{2l^3}-\frac{2\bar{p}_0 l}{\pi}=0$$

$$\int_0^l \sin\frac{3\pi x}{l}\cdot R_2(x)\mathrm{d}x=\int_0^l \sin\frac{3\pi x}{l}\cdot\left(EI\frac{\pi^4}{l^4}\left(a_1\sin\frac{\pi x}{l}+a_2\cdot 81\sin\frac{3\pi x}{l}\right)-\bar{p}_0\right)\mathrm{d}x$$

$$=\frac{81a_2 EI\pi^4}{2l^3}-\frac{2\bar{p}_0 l}{3\pi}=0$$

可解得

$$a_1=\frac{4}{\pi^5}\frac{\bar{p}_0 l^4}{EI},\quad a_2=\frac{4}{243\pi^5}\frac{\bar{p}_0 l^4}{EI}$$

所以，两项近似解为

$$\hat{v}_2(x)=\frac{4}{\pi^5}\cdot\frac{\bar{p}_0 l^4}{EI}\cdot\sin\frac{\pi x}{l}+\frac{4}{243\pi^5}\cdot\frac{\bar{p}_0 l^4}{EI}\cdot\sin\frac{3\pi x}{l}$$

从以上的求解过程可以看出，配点法、子域法和矩法并不能总是得到两项近似解。其方法本身对基函数的选择依赖性较强。尤其是对于一些具有对称变形特性的问题，可能需要人为干预才能够给出近似解。这对于开发大规模的机器计算程序是不利的。

为比较使用加权残值的几种方法得到的近似解与精确解之间的关系，将各种方法在梁中心处 $x=l/2$ 的计算结果列于表 2.1。图 2.1 所示简支梁挠曲线的精确解是

$$v(x)=\frac{\bar{p}_0 x}{24EI}(l^3-2lx^2+x^3)\tag{2.45}$$

在梁中心 $x=l/2$ 处的挠度值为

$$v_c=\frac{5}{384}\frac{\bar{p}_0 l^4}{EI}=0.0130208\frac{\bar{p}_0 l^4}{EI}$$

表 2.1　近似解与精确解结果比较（$\times\bar{p}_0 l^4/EI$）

<table>
<tr><th colspan="3" rowspan="2">比较项目</th><th colspan="2">结　果</th></tr>
<tr><th>值</th><th>误　差</th></tr>
<tr><td colspan="3">精确解</td><td colspan="2">0.013 020 8（当 $x=l/2$ 时）</td></tr>
<tr><td rowspan="10">近似解</td><td rowspan="5">一项近似解</td><td>① 配点：$\frac{1}{\pi^4}\cdot\sin\frac{\pi x}{l}$</td><td>0.010 266</td><td>−21.156 9%</td></tr>
<tr><td>② 子域：$\frac{1}{2\pi^3}\cdot\sin\frac{\pi x}{l}$</td><td>0.016 125 8</td><td>23.846 5%</td></tr>
<tr><td>③ 最小二乘：$\frac{4}{\pi^5}\cdot\sin\frac{\pi x}{l}$</td><td>0.013 071 1</td><td>0.386 305%</td></tr>
<tr><td>④ 矩法：$\frac{1}{2\pi^3}\cdot\sin\frac{\pi x}{l}$</td><td>0.016 125 8</td><td>23.846 5%</td></tr>
<tr><td>⑤ 伽辽金：$\frac{4}{\pi^5}\cdot\sin\frac{\pi x}{l}$</td><td>0.013 071 1</td><td>0.386 305%</td></tr>
<tr><td rowspan="5">两项近似解</td><td>① 配点：$\frac{2}{\sqrt{3}\pi^4}\cdot\sin\frac{\pi x}{l}+\frac{(-3+2\sqrt{3})}{243\pi^4}\cdot\sin\frac{3\pi x}{l}$</td><td>0.011 834 5</td><td>−9.110 81%</td></tr>
<tr><td>② 子域：$\frac{4}{9\pi^3}\cdot\sin\frac{\pi x}{l}+\frac{1}{486\pi^3}\cdot\sin\frac{3\pi x}{l}$</td><td>0.014 267 7</td><td>9.576 22%</td></tr>
<tr><td>③ 最小二乘：$\frac{4}{\pi^5}\cdot\sin\frac{\pi x}{l}+\frac{4}{243\pi^5}\cdot\sin\frac{3\pi x}{l}$</td><td>0.013 017 3</td><td>−0.026 880 1%</td></tr>
<tr><td>④ 矩法：$\frac{-4+3\pi^2}{64\pi^3}\cdot\sin\frac{\pi x}{l}+\frac{12-\pi^2}{576\pi^3}\cdot\sin\frac{3\pi x}{l}$</td><td>0.012 785 8</td><td>−1.804 8%</td></tr>
<tr><td>⑤ 伽辽金：$\frac{4}{\pi^5}\cdot\sin\frac{\pi x}{l}+\frac{4}{243\pi^5}\cdot\sin\frac{3\pi x}{l}$</td><td>0.013 017 3</td><td>−0.026 880 1%</td></tr>
</table>

由表 2.1 可知，在具体问题中，各种方法的精度随着近似解项数的增加而提高。其中，配点法和子域法求解精度较差，不过在取两项近似时也能够将误差控制在 10%以内。而最小二乘法和伽辽金法的精度最高，误差小于 0.03%。在本例中，使用最小二乘法和使用伽辽金法得到的结果相同。

从几种方法的实现过程来看，加权残值法具有以下特点：

① 试函数要满足所有边界条件；

② 积分过程中，试函数的最高阶导数较高，因此对试函数的连续性要求很高；

③ 计算全域的积分，得到整个求解域上的误差；

④ 通过求积分问题的最小值，将原问题化为线性代数方程组进行求解；

⑤ 方法处理流程较为规范。

所以，其技术难点为如何在全域内寻找同时满足所有边界条件的具有较高连续性的试函数。

2.3 基于最小势能原理的有限元分析流程

2.3.1 最小势能原理

基于试函数的加权残值法，对试函数的选取提出了较高的要求，有

① 该试函数要定义在整个域上；

② 该试函数要满足所有位移边界条件；

③ 该试函数要满足所有应力边界条件；

④ 该试函数要具有较高的连续性。

选取能满足上述要求的试函数往往是比较困难的，所以加权残值法只能用于求解一些比较简单的问题。若能够放松对试函数的要求，使试函数只需满足条件②，即只要求其满足位移边界条件，并降低对函数的连续性要求，这将有效地降低试函数的选取难度。

物体受外力作用发生变形，在变形过程中，为克服变形而产生内力，且其方向总是与变形的方向相反。这样在变形体内部开始积蓄能量，称为应变能。在小变形情况下，去除外力作用后，该变形体若能在内力作用下完全恢复原状，则称这部分能量为弹性应变能。

在弹性体中，若初始时各部分材料均处于自然伸展状态，则可认为此时弹性体内部应变能为 0。对该物体施加载荷，迫使其发生位移场为 $\boldsymbol{q}$ 的变形，记此过程中外力功为 $W(\boldsymbol{q})$，而系统积蓄的应变能为 $U(\boldsymbol{q})$，不计其他能量消耗，则应有

$$U(\boldsymbol{q})-W(\boldsymbol{q})=0 \tag{2.46}$$

式(2.46)的含义为外力功完全转化为弹性体内部应变能，并使其真实发生位移场为 $\boldsymbol{q}$ 的变形。但遗憾的是，包含真实位移场的解集通常是难以给出的，而只能给出一个近似的位移场 $\hat{\boldsymbol{q}}$，将 $\hat{\boldsymbol{q}}$ 代入式(2.46)，显然等式将不再成立。这是因为在将位移场 $\boldsymbol{q}$ 转变为 $\hat{\boldsymbol{q}}$ 的过程中，是需要施加一组新的外力才能实现的。记这部分外力作的功为 $\widetilde{W}$，则应有关系式

$$U(\hat{\boldsymbol{q}})-[W(\boldsymbol{q})+\widetilde{W}]=0 \tag{2.47}$$

成立。若记

$$\Pi=U(\hat{\boldsymbol{q}})-W(\boldsymbol{q}) \tag{2.48}$$

为系统的总势能，则只有当 $\hat{\boldsymbol{q}}=\boldsymbol{q}$ 时，才有 $\Pi=0$，否则 $\Pi>0$。通常，由于制造加工、温度、湿度等因素的影响，弹性体内可能存在残余的初始应力，致使弹性体内部有初始应变能，这样，系统的总势能最小值可能为大于 0 的常值。

下面给出一般弹性问题的最小势能原理。

设有许可位移场 $\hat{\boldsymbol{q}}$ 满足位移边界条件，那么真实的一组 $\hat{\boldsymbol{q}}$ 使得该系统的势能取极小值，即

$$\min_{\hat{u}\in \mathrm{BC}(u)} \Pi \tag{2.49}$$

其中

$$\Pi=U-W=\frac{1}{2}\int_{\Omega}\boldsymbol{\varepsilon}^{\mathrm{T}}\sigma\,\mathrm{d}\Omega-\left(\int_{\Omega}\boldsymbol{q}^{\mathrm{T}}\widetilde{\boldsymbol{b}}\,\mathrm{d}\Omega+\int_{\Gamma}\boldsymbol{q}^{\mathrm{T}}\widetilde{\boldsymbol{p}}\,\mathrm{d}\Gamma\right) \tag{2.50}$$

为系统势能泛函。根据弹性力学解的唯一性，系统势能泛函的极小值即为最小值。

根据最小势能原理的描述，一般能找到满足位移边界条件的试函数(即许可位移场)，在满

足几何方程和物理方程的前提下，当势能取最小时，其结果可精确满足所剩下的平衡方程以及力边界条件。但实际上，由于在选择许可位移场时具有相当的局限性和盲目性，一般很难将真正精确的位移场包含在许可位移场中。因此，就不可能由最小势能原理求出精确解，只能在所选取的试函数范围内，通过最小势能原理求出最好的一组解。这组解是在加权残值最小的意义下，对平衡方程以及力边界条件进行最佳逼近。所以，弹性问题的最小势能原理的特点为：

① 试函数为许可位移场，即只需要满足位移边界条件，而不必满足应力边界条件；

② 积分中试函数的最高阶导数较低；

③ 需要计算一个几何域上的积分以获得结构域的能量；

④ 可将求解势能的最小值问题转化为线性代数方程组的求解；

⑤ 整个方法的处理流程比较规范。

下面将仍以图 2.1 所示的受均布载荷作用的平面弯曲简支梁为例，使用最小势能原理求位移场的近似表达。

一项近似解：取满足位移边界条件的许可位移场

$$\hat{v}(x)=a_1\cdot\sin\frac{\pi x}{l}$$

计算应变能 U 为

$$U=\frac{1}{2}\int_{\Omega}\sigma_x\varepsilon_x\mathrm{d}\Omega=\frac{1}{2}\int_0^l EI\cdot\left(\frac{\mathrm{d}^2\hat{v}}{\mathrm{d}x^2}\right)^2\mathrm{d}x=\frac{a_1^2EI\pi^4}{4l^3}$$

相应的外力功 W 为

$$W=\int_0^l\bar{p}_0\cdot a_1\sin\frac{\pi x}{l}\mathrm{d}x=\frac{2a_1\bar{p}_0l}{\pi}$$

则总势能为 $\Pi=U-W$，为使 Π 取极小值，则有

$$\frac{\partial\Pi}{\partial a_1}=0$$

求得

$$a_1=\frac{4}{\pi^5}\cdot\frac{\bar{p}_0l^4}{EI}$$

所以一项近似解为

$$\hat{v}_1(x)=\frac{4}{\pi^5}\frac{\bar{p}_0l^4}{EI}\cdot\sin\frac{\pi x}{l}$$

两项近似解：取满足位移边界条件的许可位移场

$$\hat{v}(x)=a_1\cdot\sin\frac{\pi x}{l}+a_2\cdot\sin\frac{3\pi x}{l}$$

计算应变能 U 为

$$U=\frac{1}{2}\int_{\Omega}\sigma_x\varepsilon_x\mathrm{d}\Omega=\frac{1}{2}\int_0^l EI\cdot\left(\frac{\mathrm{d}^2\hat{v}}{\mathrm{d}x^2}\right)^2\mathrm{d}x=\frac{(a_1^2+81a_2^2)EI\pi^4}{4l^3}$$

相应的外力功 W 为

$$W=\int_0^l\bar{p}_0\cdot\left(a_1\sin\frac{\pi x}{l}+a_3\sin\frac{3\pi x}{l}\right)\mathrm{d}x=\frac{2(3a_1+a_2)\bar{p}_0l}{3\pi}$$

则总势能为$\Pi=U-W$，为使Π取极小值，则有

$$\frac{\partial \Pi}{\partial a_1}=0, \quad \frac{\partial \Pi}{\partial a2}=0$$

求得

$$a_1=\frac{4}{\pi^5}\cdot\frac{\bar{p}_0 l^4}{EI}, \quad a_2=\frac{4}{243\pi^5}\cdot\frac{\bar{p}_0 l^4}{EI}$$

所以，两项近似解为

$$\hat{v}_2(x)=\frac{4}{\pi^5}\cdot\frac{\bar{p}_0 l^4}{EI}\cdot\sin\frac{\pi x}{l}+\frac{4}{243\pi^5}\cdot\frac{\bar{p}_0 l^4}{EI}\cdot\sin\frac{3\pi x}{l}$$

可以看出，使用最小势能原理求解出来的结果与使用伽辽金法和最小二乘法相同，这是因为选取了相同的试函数。

由加权残值法和最小势能原理的求解过程可以看出，加权残值法是一种数学提法，它基于试函数来求取对原始方程的最佳逼近。而最小势能原理的提法为物理提法，有相应的物理量表达和物理意义。在某种意义上，两者是可以相互转换的，其本质是相同的。当能够写出系统的泛函时，一般可直接采用最小势能原理，若不能写出系统的泛函，可以采用针对原始方程的加权残值法，但对试函数的连续性要求也要苛刻一些。

另外，求解微分方程的积分形式解法与微分形式解法有着本质上的不同，正是引入了试函数，使得积分形式解法的求解难度大大降低。由于工程问题非常复杂，要求所采用的方法具有较好的规范性、较低的难度、较低的函数连续性要求、较明确的物理概念、较好的通用性。由于基于最小势能原理的求解方法具有较明显的综合优势，因此，可以在该原理的基础上发展出能广泛适用于工程中任意复杂问题的求解方法。

在推导有限元法时，除了最小势能原理，还可以根据虚功原理(虚位移原理)、最小余能原理和虚余功原理等得到相应的有限元求解格式，它们的数学基础都是变分方法，在某种意义上是等价的。若给予变分方法的泛函极值表达式相应的物理意义，就是最小势能原理，而虚功原理实际上是加权残值意义下对平衡方程和力边界条件的逼近。

2.3.2 有限元分析步骤

对于描述弹性体的三大类变量和三大类方程，采用试函数解法可以大大地降低求解难度，并且具有很好的规范性和可操作性。加权残值法对试函数的性能要求较高，既要满足所有边界条件，又具有较高的连续性要求，但其不需要定义新的能量泛函，可直接对原控制方程进行加权残值的处理。而最小势能原理只要求试函数满足位移边界条件，对函数连续性要求相对较低，但需要定义一个描述其系统的能量泛函。对于弹性力学问题，该能量泛函就是系统的势能。

加权残值法和最小势能原理很早就有学者提出，但都局限于较为简单问题的求解，不能真正用来求解复杂的实际问题，其根本原因就在于难以寻找定义在整个域上的试函数。直到20世纪50年代，现代航空事业的发展需求将复杂结构的精确设计和分析问题推向前沿。人们开始尝试将复杂结构进行离散，并研究其相应的力学表达，这实际上就形成了有限元法的雏形。

目前，有限元法使用的基本原理就是最小势能原理，但其技术核心为：

① 采用分段离散的方式来组合出全域上的试函数，而不是直接在全域上寻找满足条件的

试函数；

② 采用分段表达的简单试函数，将在全域上寻找试函数的技术难题转化为庞大计算量上的困难。

在有限元法发展之初，由于计算机能力的限制，对于实际工程问题仅能给出较为粗糙的解决方案。但随着计算机技术的发展，百万自由度的工程问题已能轻松在 PC 上实现，所以，有限元法的真正发展和应用是和现代计算机技术的发展密切相关的。

下面根据最小势能原理推导有限元法的求解步骤。

① 离散化几何区域

将物体几何区域离散化为

$$\Omega = \sum \Omega^e$$

式中，Ω^e 为具有某种特征的单元。

② 在单元内描述三大类物理量

在某个单元内，由式(2.30)，可假设单元位移场函数为

$$\boldsymbol{q} = \boldsymbol{N}\boldsymbol{q}^e \tag{2.51}$$

其中，$\boldsymbol{N}$ 为插值函数(或称形函数)，$\boldsymbol{q}^e$ 为待定的节点位移向量。将其代入几何方程式(2.11)，得到单元内的应变场函数 $\boldsymbol{\varepsilon}$ 为

$$\boldsymbol{\varepsilon} = \boldsymbol{L}\boldsymbol{q} = \boldsymbol{L}\boldsymbol{N}\boldsymbol{q}^e = \boldsymbol{B}\boldsymbol{q}^e \tag{2.52}$$

其中，$\boldsymbol{B}=\boldsymbol{L}\boldsymbol{N}$ 称为单元应变矩阵或几何矩阵。将式(2.52)代入物理方程式(2.15)，可得应力场函数 $\boldsymbol{\sigma}$ 为

$$\boldsymbol{\sigma} = \boldsymbol{D}\boldsymbol{\varepsilon} = \boldsymbol{D}\boldsymbol{B}\boldsymbol{q}^e = \boldsymbol{S}\boldsymbol{q}^e \tag{2.53}$$

式中，$\boldsymbol{S}=\boldsymbol{D}\boldsymbol{B}$ 称为单元应力矩阵。

③ 基于最小势能原理生成单元刚度方程

将使用结点位移向量单元 $\boldsymbol{q}^e$ 表示的位移场函数 $\boldsymbol{q}$、应变场函数 ε 和应力场函数 $\boldsymbol{\sigma}$ 代入势能泛函式(2.50)，有

$$\Pi = \frac{1}{2}\boldsymbol{q}^{e\mathrm{T}}\left(\int_{\Omega^e}\boldsymbol{B}^{\mathrm{T}}\boldsymbol{D}\boldsymbol{B}\,\mathrm{d}\Omega\right)\boldsymbol{q}^e - \boldsymbol{q}^{e\mathrm{T}}\left(\int_{\Omega^e}\boldsymbol{N}^{\mathrm{T}}\bar{\boldsymbol{b}}\,\mathrm{d}\Omega\right) - \boldsymbol{q}^{e\mathrm{T}}\left(\int_{\Gamma^e}\boldsymbol{N}^{\mathrm{T}}\bar{\boldsymbol{p}}\,\mathrm{d}\Gamma\right) \tag{2.54}$$

根据最小势能原理，势能泛函取驻值的必要条件为

$$\frac{\partial \Pi}{\partial \boldsymbol{q}^e} = \left(\int_{\Omega^e}\boldsymbol{B}^{\mathrm{T}}\boldsymbol{D}\boldsymbol{B}\,\mathrm{d}\Omega\right)\boldsymbol{q}^e - \left(\int_{\Omega^e}\boldsymbol{N}^{\mathrm{T}}\bar{\boldsymbol{b}}\,\mathrm{d}\Omega\right) - \left(\int_{\Gamma^e}\boldsymbol{N}^{\mathrm{T}}\bar{\boldsymbol{p}}\,\mathrm{d}\Gamma\right) = 0 \tag{2.55}$$

上式可写成

$$\boldsymbol{K}^e\boldsymbol{q}^e = \boldsymbol{P}^e \tag{2.56}$$

称为单元刚度方程，其中

$$\boldsymbol{K}^e = \int_{\Omega^e}\boldsymbol{B}^{\mathrm{T}}\boldsymbol{D}\boldsymbol{B}\,\mathrm{d}\Omega \tag{2.57}$$

称为单元刚度矩阵，而

$$\boldsymbol{P}^e = \int_{\Omega^e}\boldsymbol{N}^{\mathrm{T}}\bar{\boldsymbol{b}}\,\mathrm{d}\Omega + \int_{\Gamma^e}\boldsymbol{N}^{\mathrm{T}}\bar{p}\,\mathrm{d}\Gamma \tag{2.58}$$

称为单元等效节点载荷列阵(向量)。

④ 装配集成

集合所有单元的平衡方程，建立整体结构的平衡方程为

$$\boldsymbol{Kq}=\boldsymbol{P}=\boldsymbol{F}+\bar{\boldsymbol{R}} \tag{2.59}$$

式中，节点力列阵 $\boldsymbol{P}$ 由施加在结构上的外载荷列阵 $\boldsymbol{F}$ 和约束处的支反力向量 $\bar{\boldsymbol{R}}$ 组成。

⑤ 施加边界条件，求解节点位移

式(2.59)所表达的整体刚度方程没有施加外部的约束条件，结构存在刚体位移，总体刚度矩阵 $\boldsymbol{K}$ 具有奇异性，需要施加合适的边界条件以给出满足位移边界条件的许可位移场。所施加的边界条件应确保与原结构的约束条件相同或在某种意义上等效，并保证结构具有静定或超静定特征。

⑥ 求解其他力学量

在得到域内各节点的位移向量之后，可分别由以下公式计算各单元内的位移场、应变场和应力场：

$$\boldsymbol{q}=\boldsymbol{N}\boldsymbol{q}^{e} \tag{2.60}$$

$$\boldsymbol{\varepsilon}=\boldsymbol{B}\boldsymbol{q}^{e} \tag{2.61}$$

$$\boldsymbol{\sigma}=\boldsymbol{S}\boldsymbol{q}^{e} \tag{2.62}$$

以上是由最小势能原理求解结构静力平衡问题的有限元法基本步骤。由此可见，相比于加权残值法，基于最小势能原理的求解方法具有明显的优势，可在该原理的基础上发展出能广泛适用于工程中任意复杂问题的求解方法。

2.3.3 位移函数构造的一般原则

由有限元分析流程可以看出，式(2.51)中位移函数 $\boldsymbol{q}$ 的构造对有限元分析解答具有重要影响。在具体使用过程中，需要规范化试函数的选取与确定方法。单元中的位移模式一般采用设有待定系数的有限多项式作为近似函数，有限多项式的选取原则为

① 待定系数由节点位移条件确定，因此它的个数应与节点位移自由度数目相等。

② 在选取多项式时，必须要选择常数项和完备的一次项。位移模式中的常数项和一次项分别反映单元刚体位移和常应变的特性。这是因为当划分的单元数目趋于无穷，即单元不断缩小趋于一点时，此时单元应变应趋于常数。

③ 选取多项式应由低阶到高阶，尽量选取完全多项式以提高单元的精度。若由于项数限制不能选取完全多项式，则选取的多项式应具有坐标对称性，并且一个坐标方向的次数不应超过完全多项式的次数。

除此，在有限元分析中，当节点数目或单元插值位移的项数趋于无穷大时，自然希望最后的解答也能够无限逼近精确解，此时我们称所选取的位移函数是收敛的。以下两个有关单元内部以及单元之间的函数构造准则可以保证单元的收敛性。

④ 如果在系统势能中所出现的位移函数的最高阶导数是 m 阶，则所选取的位移场函数至少是 m 阶完全多项式。

⑤ 如果在系统势能中位移函数出现的最高阶导数是 m 阶，则位移函数在单元交界面上必须具有直至$(m-1)$阶的连续导数，即 C_{m-1} 连续性。

当单元的位移函数满足选取原则④时，称单元是完备的(一般都较容易满足)。当单元的位移函数满足选取原则⑤时，称单元是协调的(在单元与单元之间的公共边界上对于高阶连续性要求较难满足)。

当单元的位移函数既完备又协调时，有限元分析的解答是收敛的，此时称这种单元为协调单元。在某些情况下，可以适当放松对协调性的要求，此时有限元分析的解答仍然可以收敛于正确的解答，这种单元称为非协调元。

2.3.4　误差来源

影响有限元分析结果精度的主要因素包括：

① 离散误差。在划分有限元网格时，在求解域边界上以直线代曲线导致离散化模型与实际物体形状之间存在差异。通常，这种离散误差可通过对边界网格进行加密减小，但这同时会增加整体模型的计算量，因此需要在单元数目和计算量之间取得权衡。

② 位移函数误差。一般情况下，所选取的单元位移函数不可能与实际单元的位移场一致。这是有限元方法“固有”的问题，难以通过加密网格得以消除。通常，可将位移函数选为高次多项式以获得真实位移场函数的更好逼近，但这同时可能会导致数值不稳定性问题的出现。

③ 计算机舍入误差。计算机字长的限制、相差悬殊的数值加减运算等操作都会引入舍入误差，而有限元分析通常需要借助高性能计算机完成。

2.3.5　共用节点的应力均化

在多个单元共用的节点上，由于单元离散和位移函数近似，由各个单元计算得到的共用节点上的应力一般是不相同的。作为一种后处理手段，可以将各个单元在共用节点上的不同应力值进行一定的平均或加权平均处理，即进行应力磨平，以得到较好的结果。

(1) 共用节点上应力的算术平均

设各单元计算所得到的在共用节点 i 上的应力为 $\sigma^e(i)$，对其进行直接算术平均处理，有

$$\hat{\sigma}^e(i)=\frac{1}{r}\sum_{e=1}^{r}\sigma^e(i) \tag{2.63}$$

式中，r 代表共用节点周围共 r 个单元，e 为围绕该共用节点中的第 e 个单元。

(2) 共用节点上应力的直接平均

由于围绕共用节点周围的各个单元的形状和大小都不一定相同，因此对节点应力进行加权平均是一种更为合理的处理方法，如果按照单元的面积或者体积进行加权，则有以下计算公式：

$$\hat{\sigma}^e(i)=\frac{1}{r}\sum_{e=1}^{r}\eta^e\sigma^e(i) \tag{2.64}$$

式中

$$\left.\begin{aligned}\eta^e&=\frac{A^e}{\sum\limits_{e=1}^{r}A^e},\quad \text{2D 情形}\\ \eta^e&=\frac{V^e}{\sum\limits_{e=1}^{r}V^e},\quad \text{3D 情形}\end{aligned}\right\} \tag{2.65}$$

这里 A^e 和 V^e 分别为单元的面积和体积。值得注意的是，经过平均化处理的节点应力结果只是计算结果后处理的一种局部改善，并不能从根本上解决节点应力精度的问题。

2.4 MATLAB 数据结构

有限元分析需要进行大量的矩阵运算，仅靠人力计算难以完成。幸运的是，当今计算机技术已取得高度发展，人们已具备大规模计算的能力。因此有限元法在工程中已得到了广泛的应用，并已开发出相当规模的具有完善功能的有限元分析商业化软件，如 ANSYS、MARC、ABAQUS、ADINA、NASTRAN、LS-DYNA3D 等。这些软件各有所长，并在其专长领域中发挥着重要的作用。例如 NASTRAN 是 1966 年美国国家航空航天局(NASA)为了满足当时航空航天工业对结构分析的迫切需求主持开发的大型应用有限元程序，其一直以来都是航空航天界的标杆产品。

然而，我们要清晰地认识到，现有有限元分析产品是依据成熟知识模块开发的，其应用范围也限于研究学者已探索的领域。要想使用有限元法解决新的工程问题或者提升软件的使用体验(提高计算精度、提升计算效率等)，还需要从有限元方法本身进行深入探索。这就要求研究学者不仅要具备使用现有软件解决实际工程问题的能力，还要兼具拓展现有有限元方法适用性的任务。前者重在考察学者对有限元分析软件前后处理过程的熟练程度，而后者才是对有限元方法实质性的创新推动。

通常，在研究有限元分析理论或开发有限元分析软件时，学者们需要运用一门计算机语言去事先计算、分析并验证所提出理论的正确性。而 MATLAB 作为一门简单易学且功能强大的计算机编程语言，已逐渐成为高等学校诸多课程(线性代数、微积分、自动控制理论、数字信号处理、时间序列分析、动态系统仿真、图像处理等)的基本教学工具，成为本科生、硕士生和博士生所必须掌握的基本技能，成为设计研究单位和工业部门广泛用于研究和解决各种具体工程问题的利器。可以预见，MATLAB 将在我国科学研究和工程应用中发挥越来越大的作用。基于此，本书将基于 MATLAB 编程语言对有限元的不同分析过程做简要介绍，并给出相应的分析代码。

根据需要，本书在本节介绍 MATLAB 的数据结构，其他关于 MATLAB 语言的基础知识，请读者自行参考关于 MATLAB 程序设计的书籍。MATLAB 程序设计以变量为基础，基本上包含 3 种数据结构，分别为数组(array)、元胞(cell)和结构(struct)。

2.4.1 变　量

变量是 MATLAB 语言的基本单位。与一些程序设计语言不同的是，MATLAB 语言不要求事先对所使用变量进行声明，也不需要指定变量类型，MATLAB 语言自动依据变量值或对变量的操作来识别变量类型。在赋值过程中，如果赋值变量已存在时，MATLAB 语言将使用新值代替旧值，并以新值类型代替旧值类型。在 MATLAB 语言中变量的命名规则如下：

① 变量名区分大小写；

② 变量名长度不得超过 31 位，超过的部分将被忽略；

③ 变量名以英文字母开始，第一个字母后可以使用字母、数字和下划线，但不能使用空格和标点符号；

④ 变量名应简洁明了，通过变量名可以直观地看出变量所表示的物理意义；

⑤ 某些 MATLAB 预置的特殊常量也可以作为变量使用，如 i，j 在 MATLAB 中表示虚

数单位，但也可以作为变量使用。为了不引起歧义，尽量不使用 MATLAB 预置的特殊常量。这些常量包括：ans(用于显示结果的默认变量名)、π(圆周率)、inf(无穷大)、NaN(不定值)、tic(秒表开始)、toc(秒表终止)、i，j(虚数单位)、date(日历)、clock(挂钟)等。

MATLAB 语言中也存在变量作用域的问题。在未加特殊说明的情况下，MATLAB 语言将所识别的一切变量视为局部变量，即仅在其所使用的 m 文件内有效。要将变量定义为全局变量，应当对变量进行说明(在该变量前加关键字 global)。一般来说，全局变量字符用大写英文字母表示。

2.4.2 数　组

数组是 MATLAB 语言中较为简单的数据组织形式，在数值计算中应用广泛。常用的矩阵可以视为二维数组，是数组的一种特殊表现形式。除此之外，还存在更高维的数组，例如三维数组。其特点为同一个数组的数据元素类型必须相同。

(1) 创　建

可以使用以下几种方法创建一维数组：

① 直接赋值法：x=[1,2,3,4]；元素间可以通过逗号和空格间隔。

② 冒号生成法：x=a : step : b；a 为数组起始元素，step 为间距值，b 为数组元素的上界值，但不一定是数组最后一个元素，例如 x=[1,1.5,5]将返回 x=[1,2.5,4]。

③ 等距函数生成法：x=linspace(a,b,n)；a 为数组元素起始值，b 为终止值，n 为等分后的数组元素个数，例如 x=linspace(1,4,3)将返回 x=[1,2.5,4]。

④ 对数函数生成法：x=logspace(a,b,n)；用法同 linspace，区别为等间距变为对数间距，例如 x=logspace(1,2,3)将返回 x=[10,31.6228,100]。

当数组为二维或更高维时，可以采用直接赋值法，也可以将一维数组赋值给二维数组的某一行或者列。同样，二维数组也可以用来赋值三维数组的“页”。当然，MATLAB 还有一些专用函数用来创建一些特殊的数组或矩阵，例如：函数 ones (生成全 1 矩阵)、zeros (生成全 0 矩阵)。另外，还可以使用 reshape()函数对数组的维数进行重新定义，例如可以将一个矩阵压缩为一个列向量等。

(2) 访　问

数组可以通过元素位置、元素位置数组，冒号，关键字 end 等手段对其内容进行访问，例如，对于一维数组：

```
>>a = linspace(1,10,5)
a =
    1.0000    3.2500    5.5000    7.7500    10.0000
>>a(3)          % 寻访 a 的第 3 个元素
ans =
    5.5000
>>a([1 2 5])    % 寻访 a 的第 1、2、5 个元素组成的子数组
ans =
    1.0000    3.2500   10.0000
>>a(1:3)      % 寻访前 3 个元素组成的子数组
ans =
    1.0000    3.2500    5.5000
>>a(3: - 1:1)   % 由前 3 个元素倒序构成的子数组
```

```
ans =
    5.5000    3.2500    1.0000
>>a(3:end)   % 第 3 个及其后所有元素构成的子数组
ans =
    5.5000    7.7500   10.0000
>>a(3:end-1)   % 函数 end 作为参数使用,返回最后一个元素的下标
ans =
    5.5000    7.7500
```

对二维数组进行访问时,可以使用单下标或多下标方式,例如:

```
>>a_2 = zeros(2, 4) % 创建 2×4 的全 0 数组
a_2 =
     0     0     0     0
     0     0     0     0
>>a_2(:) = 1:8   % 元素按列排序
a_2 =
     1     3     5     7
     2     4     6     8
>>a_2([2 5 8])      % 单下标方式寻访多个元素
ans =
     2     5     8
>>a_2([2 5 8]) = [10 20 30]
a_2 =
     1     3    20     7
    10     4     6    30
>>a_2(:,[2 3]) = ones(2)   % 双下标方式寻访并修改
a_2 =
     1     1     1     7
    10     1     1    30
```

二维数组可以"单下标"方式或"全下标"方式访问、赋值。"单下标"方式赋值时,等号两边涉及的元素个数必须相等;"全下标"方式赋值时,等号右边数组的大小必须等于原数组中涉及元素构成的子数组的大小。

2.4.3 元 胞

元胞数组是一种特殊的数据类型,可以在一个数组中存放各种不同类型的数据。元胞数组是以单元为元素的数组,每个单元相当于一个"盒子",每个"盒子"可存储各种不同类型的 MATLAB 数据。

(1) 创 建

元胞数组通常由{}创建,常用创建方式有两种,一种是通过赋值语句创建,另一种是通过 cell 函数实现。

通过赋值语句创建元胞数组时,可以通过元胞索引方式创建,也可以通过元胞内容索引方式创建。

通过元胞索引方式创建:

```
>>a(1,1) = {[1 4 3; 0 5 8; 7 2 9]};
>>a(1,2) = {'Anne Smith'};
>>a(2,1) = {3+7i};
>>a(2,2) = {-pi:pi/10:pi};
```

通过元胞内容索引方式创建：

```
>>b{1,1} = 'James Bond' ;
>>b{1,2} = [1 2;3 4;5 6];
>>b{2,1} = pi;
>>b{2,2} = zeros(5);
```

通过 cell 函数创建元胞数组，例如：

```
>>b = cell(2, 3);
```

(2) 访　问

元胞数组在访问时通常使用内容下标索引显示指定元胞的数据，例如：

```
>>a{1, 2};   % 读取 a 元胞数组的第 1 行、第 2 列元胞的内容
>>a{:}       % 一次显示 a 的全部数据
```

读取元胞数组元胞内部分数据时，使用元胞数组内容索引，再加上一般数组的索引，例如：

```
>>e = b{1,2}(3,1) % 读取 b{1, 2}的第 3 行、第 1 列的数据
```

需要指出的是，虽然元胞数组可以存储不同类型的数据，但其整体上也需要满足方阵的要求。

2.4.4 结　构

MATLAB 中的结构或结构体由字段（或域，fields）组成，每个字段可以是任一种 MATLAB 数据类型的数据或变量，这与 C 语言的结构类型相似。多个结构可以构成结构数组（structure array），结构数组的元素就是一个结构。

(1) 创　建

可以通过两种方式生成结构数组，一种是直接键入，另一种是通过 struct 函数。

直接键入时，符号 '.' 用来分隔不同的域，例如，在创建一个关于学生信息的结构数组时，每个结构包含学生姓名（name）、学号（id）、成绩（scores），可以输入：

```
>>clear student                          % 清除 student 变量
>>student.name = '张三';                 % 加入 name 字段
>>student.id = 'sau12345678';            % 加入 id 字段
>>student.scores = [98, 75, 62];         % 加入 scores 字段
>>student                                % 显示结构变量的数据
student =
      name: '张三'
        id: 'sau12345678'
    scores: [98,75,62]
```

此时，MATLAB 视 student 为一个 1×1 结构数组。当建立第二个学生的信息时，输入：

```
>>student(2).name = '李四';              % 加入 name 字段
>>student(2).id = 'sau87654321';         % 加入 id 字段
>>student(2).scores = [86, 85, 93];      % 加入 scores 字段
>>student                                % 显示变量信息
student =
1x2 struct array with fields:
    name
    id
    scores
```

此时，student 变量已成为一个 1×2 的结构数组，只是简单输入变量名 student 的话，MATLAB 不再显示其所有的数据信息，只是给出结构。要显示结构数组变量 student 的数据，可以使用 student(1)或 student(1). name。

使用 struct 函数创建时，格式为 var_name = struct(field1, value1, field2, value2, …)。例如：

```
>>clear student
>>student = struct('name', '张听说', 'scores', [50 60]);
>>student(2) = struct('name', '张听话', 'scores', [60 70]);
>>student(1), student(2)    % 显示 student(1),student(2)
ans =
      name: '张听说'
    scores: [50 60]
ans =
      name: '张听话'
    scores: [60 70]
```

也可以使用 struct 创建结构数组一次建立多个元素，例如：

```
>>clear student
>>student = struct('name', {'张听说', '张听话'}, 'scores', {[50 60], [60 70]});
>>student(1), student(2)    % 显示 student(1), …
ans =
      name: '张听说'
    scores: [50 60]
ans =
      name: '张听话'
    scores: [60 70]
```

(2) 访　问

可以使用 struc_array_varname. field_name 对结构数组进行访问，例如：

```
>>student_name = student(1). name
student_name =
张听说
```

还可以使用 cat 函数排列结构数组某字段的值。访问格式为：cat(dim, structurefield)，dim=1，竖排；dim=2，横排。例如：

```
>>cat(1, student. scores)
ans =
    55    60
    65    80
>>cat(2, student. scores)
ans =
    55    60    65    80
```

另外，结构数组中结构的字段还可以是结构。本书主要使用结构数组表示有限元分析中的物理量。

2.4.5 MATLAB 有限元分析程序设计架构

基于 MATLAB 进行有限元分析的主程序包括：

① FEA_S：静力学分析；

② FEA_D：动力学分析；

③ FEA_B:屈曲分析;

④ FEA_T:热力学分析;

⑤ FEA_A:气动弹性分析;

⑥ FEA_U:不确定性分析;

⑦ FEA_N:非线性分析。

在程序的编制中,将主要使用 3 个全局变量用于程序的前处理、计算和后处理过程,这 3 个全局变量均为结构数组,记为

global Node Elem TOT

以有限元静力学分析为例,第 1 个全局变量 Node 处理与节点相关的信息,主要包括:

① Node. geom:节点几何坐标信息;

② Node. load:节点处载荷信息;

③ Node. BC:节点处边界条件信息;

④ Node. number:节点总数;

⑤ Node. Coord_number:节点坐标数目,用于判断维度;

⑥ Node. DOF_number:每个节点自由度数目。

第 2 个全局变量 Elem 处理与单元相关的信息,主要包括:

① Elem. conn:单元连接信息;

② Elem. prop:单元属性信息;

③ Elem. number:单元总数;

④ Elem. Node_number:每个单元的节点数;

⑤ Elem. Prop_number:每个单元的属性参数个数。

第 3 个全局变量 TOT 处理与系统矩阵相关的信息,主要包括:

① TOT. K:整体刚度矩阵;

② TOT. U:整体位移列阵;

③ TOT. F:整体节点力列阵;

④ TOT. BC:系统边界条件矩阵;

⑤ TOT. K_BC:施加了边界条件的整体刚度矩阵;

⑥ TOT. F_BC:施加了边界条件的整体载荷列阵;

⑦ TOT. Res:后处理相应矩阵;

⑧ TOT. DOF:系统总自由度数目。

在使用 MATLAB 程序进行有限元分析之前,需要基于 Excel 文件进行模型的前处理,即将有限元模型的节点信息、单元连接信息及属性信息分别放置在不同的 Sheet 中,并将文件命名为 FEA_model. xlsx。主程序开始后,将按照以下流程进行:

① 从 FEA_model. xlsx 文件中读取相应的前处理信息;

② 通过子函数 Assembly()将单元刚度矩阵和载荷列阵装配到整体刚度矩阵和整体载荷列阵中;

③ 通过子函数 Add_BC()将边界条件信息添加到整体刚度矩阵和整体载荷列阵中;

④ 求解节点位移列阵;

⑤ 调用后处理函数 Postprocessing()对结果进行后处理,输出单元位移、应变、应力等;

⑥ 调用输出函数 Print_model()和 Print_results()对有限元模型和计算结果进行格式化输出。

习　题

2-1　分别对一维情形、二维情形和三维情形写出所有基本变量、基本方程和边界条件。

2-2　举例说明圣维南原理的应用。

2-3　设某一类 1D 物理问题的微分方程为

$$\frac{\mathrm{d}^2\varphi}{\mathrm{d}x^2}-\varphi-x=0 \quad (0\leqslant x\leqslant 1)$$

边界条件为 $\varphi(0)=\varphi(1)=0$。请分别应用加权残值法中的配点法和 Galerkin 方法求解该问题的一次近似解。

2-4　设某一类 1D 物理问题的微分方程为

$$\frac{\mathrm{d}^2\varphi}{\mathrm{d}x^2}+\varphi+x=0 \quad (0\leqslant x\leqslant 1)$$

边界条件为 $\varphi(0)=\varphi(1)=0$。

请采用试函数：$\varphi(x)=c_1\varphi_1(x)+c_2\varphi_2(x)$，其中 $\varphi_1(x)=x(1-x)$，$\varphi_2(x)=x^2(1-x)$.分别应用加权残值法中的 Galerkin 方法和最小二乘法求解该问题。

2-5　如图 2.2 所示为一端固定，另一端弹性支承的梁，其跨度为 l，抗弯刚度为 EI，弹簧刚度系数为 k，承受分布载荷 $\bar{q}(x)$ 的作用。试用最小势能原理推导出以挠度表示的平衡微分方程和静力边界条件。

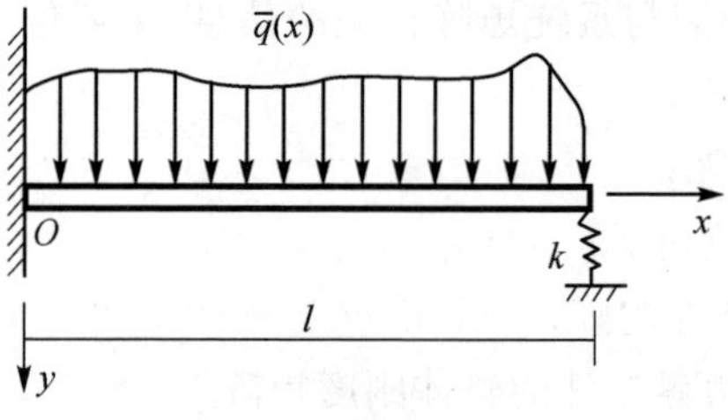

图 2.2　弹性支承梁

2-6　请简述一般弹性问题的最小势能原理。

2-7　请简述有限元分析的步骤。

2-8　请简述位移函数构造的一般原则。

2-9　请简述有限元分析的误差来源。

第3章　有限元分析常用单元类型

本章将基于最小势能原理和构建的位移场函数推导常用单元类型的刚度矩阵、质量矩阵及等效节点载荷列阵等。按照所分析结构的几何维度特征将其分类为一维单元、二维单元、三维单元。

一维单元包括拉压杆单元、扭转杆单元、Euler - Bernoulli 直梁单元、考虑剪切变形的 Euler - Bernoulli 梁单元和 Timoshenko 梁单元。

二维单元包括弹性力学平面问题中的平面应力单元和空间问题中的平板单元。平面应力单元包括平面 3 节点三角形常应变单元、平面 3 节点三角形常应变等参单元、平面 6 节点三角形二次单元、平面 4 节点矩形双线性单元、平面 4 节点四边形等参单元、平面 8 节点四边形 Serendipity 等参单元、平面 4 节点矩形 Kirchhoff 板单元和平面 4 节点矩形 Mindlin 板单元。

三维单元包括空间 4 节点四面体常应变单元、空间 4 节点四面体等参单元、空间 8 节点直六面体单元和空间 8 节点六面体等参单元。

针对上述单元类型，均基于 MATLAB 符号运算功能编制了程序用以计算相应的系统矩阵(包括单元刚度矩阵、单元质量矩阵、应变矩阵和应力矩阵)。其中，单元刚度矩阵和单元质量矩阵可以被用来组装进整体刚度矩阵和整体质量矩阵以得到系统位移列阵(包括静力响应和动态响应中的位移列阵)和固有属性信息。应变矩阵和应力矩阵则可被用于后处理过程以获取单元内部的应变、应力、支反力等响应信息。这里列出所编制 MATLAB 程序的命名规则以方便查阅，包括 8 种一维单元、8 种二维单元和 4 种三维单元，如下：

一维单元：

ElemKMS_T1　一维 2 节点拉压杆单元
ElemKMS_T2　平面 2 节点拉压杆单元
ElemKMS_T3　空间 2 节点拉压杆单元
ElemKMS_B1　平面 2 节点纯弯曲直梁单元
ElemKMS_B2　平面 2 节点一般直梁单元
ElemKMS_B3　空间 2 节点一般直梁单元
ElemKMS_B4　平面 2 节点剪切梁单元
ElemKMS_B5　平面 2 节点 Timoshenko 梁单元

二维单元：

ElemKMS_P31　平面 3 节点三角形常应变单元
ElemKMS_P32　平面 3 节点三角形常应变等参单元
ElemKE_P33　平面 6 节点三角形等参单元
ElemKMS_P41　平面 4 节点矩形双线性单元
ElemKMS_P42　平面 4 节点四边形等参单元
ElemKE_P43　平面 8 节点四边形等参单元(Serendipity element)
ElemKMS_S41　平面 4 节点矩形 Kirchhoff 板单元

ElemKMS_S42　　平面 4 节点矩形 Mindlin 板单元

三维单元：

ElemKMS_C41　　空间 4 节点四面体常应变单元

ElemKMS_C42　　空间 4 节点四面体常应变等参单元

ElemKMS_C61　　空间 8 节点正六面体单元

ElemKMS_C62　　空间 8 节点六面体等参单元

这些程序是基于符号变量编写的，用来给出系统矩阵的符号表达式。在实际使用时，为提高计算效率，应直接调用系统矩阵的显示表达式，而不用将每个单元的系统矩阵重新计算。

程序输入包括：材料属性信息（包括弹性模量、剪切模量、泊松比、密度等）、构件几何信息（包括杆梁单元的横截面积、截面惯性矩、极惯性矩、平面应力单元的厚度等）、节点坐标值信息等。程序输出包括：单元刚度矩阵、单元质量矩阵、应变矩阵和应力矩阵等。在编制程序时，从假设的位移模式出发，给出形函数矩阵，并逐步推导应变矩阵、应力矩阵、单元刚度矩阵和单元质量矩阵。这种推导方法层次清晰明确，不以追求高的计算效率为目标，而力求与理论分析过程同步，增强程序的易读性。

在每一种单元类型中，都增加了两个测试段。一个是用来对变量进行赋值的测试段，通常放在对符号变量进行向量化字段后和生成形函数字段之前。另一个是用来查看刚度阵、质量阵等数值计算结果的。若想得到符号计算结果，需要将这两个测试段隐去。

3.1　一维单元

一维单元主要用来模拟工程中常见的杆梁结构，这种结构的特点是横截面的特征尺寸远小于长度方向的尺寸。若杆件只承受轴线方向载荷，可使用拉压杆单元进行模拟；若杆件只承受扭转方向载荷，可使用扭转杆单元进行模拟；若杆件上分布有横向载荷，则应视为梁单元进行求解。本节所考虑的单元类型主要包括拉压杆单元、扭转杆单元、直梁单元和剪切梁单元。

3.1.1　拉压杆单元

3.1.1.1　拉压杆与桁架结构

工程中有许多以轴向拉压变形为主的杆件。例如，组成桁架的杆件、气缸或液压缸中的活塞杆、起重机的吊索、连接螺栓、拉床的拉刀等。虽然这些杆件横截面的形状和加载方式等并不相同，但它们通常都是直杆，所受外力或其合力的作用线与杆轴线重合，其沿轴线方向将发生伸长或缩短变形，这种杆件称之为拉压杆，如图 3.1 所示。

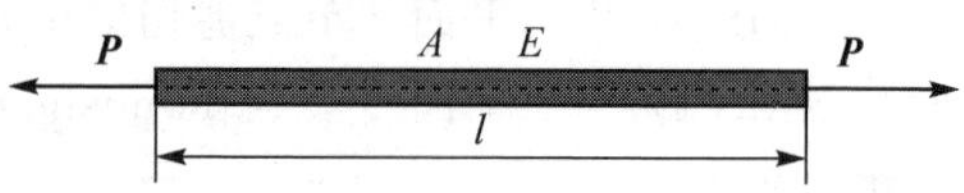

图 3.1　拉压杆

桁架结构是充分发挥拉压杆优良性能（主要承受拉力或压力，可以充分发挥材料的作用，节约材料，减轻结构的重量）的工程结构之一，其主要特征表现为杆件的长度尺寸要远大于横截面特征尺寸。为了简化桁架的计算，工程实际中采用以下几个假设：

① 桁架结构中的各杆件均是直杆，各杆件轴线位于同一个平面内（称为桁架的几何平面），且各杆轴线通过铰链（节点）中心。

② 桁架中的各杆件两端均由光滑铰链连接。

③ 桁架所受的力(载荷)都作用在节点上,而且在桁架的几何平面内。

④ 桁架杆件的重量略去不计,或平均分配在杆件两端的节点上,也位于桁架的几何平面内。

实际的桁架,当然与上述假设有差别,如桁架的节点不是铰接的,杆件的中心线也不可能是绝对直的。但上述假设能够抓取其主要特征,简化计算,所得结果符合工程实际的需要。在对桁架结构进行单元离散时,只须沿着杆件轴线方向将杆件在铰链处进行分割离散,而在截面内不再进行离散,这种离散方式称为自然离散。划分好的杆件每一段为一个拉压杆单元,每个单元有且只有两个节点。这里需要注意的是,一般不再对拉压杆件沿轴线方向进行细分,一方面由于拉压杆件上的轴力在各处是相同的,进一步的细分在计算精度上没有意义,且可能会造成刚度矩阵奇异而无法进行整体解算;另一方面由于拉压杆元通常认为是铰链连接,细分后的拉压杆将被认为是由多个铰链连接的杆元组成的,这与实际的约束情况是不符的。

3.1.1.2　局部坐标系中的拉压杆单元

由于拉压杆只考虑其在轴线方向上发生的变形,所以,对单根拉压杆来言,可沿轴线方向建立一个一维坐标系 Ox,该坐标系称为拉压杆单元的局部坐标系。在局部坐标系中,每个杆单元由两个节点组成,每个节点有一个沿轴线方向的自由度。假定拉压杆单元两端节点编号分别为 i 和 j,节点 i 的坐标为 x_i,节点 j 的坐标为 x_j,且有 $|x_j - x_i| = l$。

则记单元节点位移向量 $\boldsymbol{q}^e$、节点力向量 $\boldsymbol{P}^e$ 和等效节点载荷向量 $\boldsymbol{F}^e$ 分别为

$$\boldsymbol{q}^e = [u_i \quad u_j]^{\mathrm{T}} \tag{3.1}$$

$$\boldsymbol{P}^e = [P_i \quad P_j]^{\mathrm{T}} \tag{3.2}$$

$$\boldsymbol{F}^e = [F_i \quad F_j]^{\mathrm{T}} \tag{3.3}$$

需要说明的是,若杆单元受到沿轴向的分布载荷,需要将其等效到节点上,也就是说,在有限元法中,所有的载荷最终都需要等效施加在单元节点上。这里假定所取出杆单元的横截面积为 A,材料弹性模量为 E,泊松比为 μ,单元长度为 l,如图 3.2 所示。

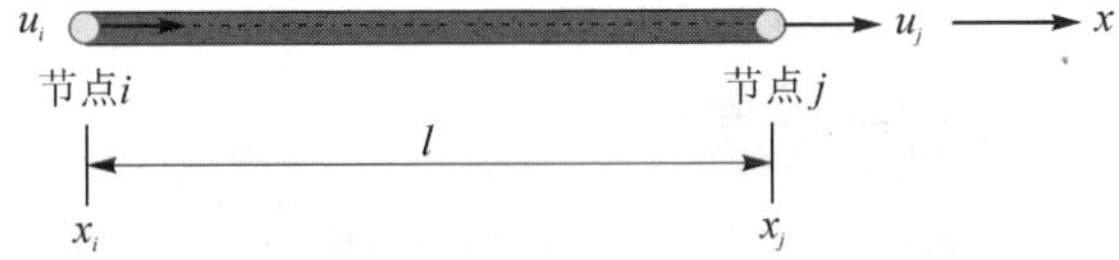

图 3.2　局部坐标系中的拉压杆单元

(1) 位移场函数

将拉压杆单元的位移场函数取为多项式

$$u(x) = a_0 + a_1 x + a_2 x^2 + \cdots \tag{3.4}$$

其中,$a_0, a_1, a_2 \cdots$ 为待定系数。要确定这些待定系数,需要将待定系数的个数与节点位移值的个数形成一定的关系。在拉压杆单元中,有两个节点自由度,按照选取位移模式的两个原则,确定拉压杆单元位移场函数中应包含两个待定系数,即

$$u(x) = a_0 + a_1 x \tag{3.5}$$

又因为单元节点位移条件为

$$u(x)\big|_{x=x_i} = u_i, \quad u(x)\big|_{x=x_j} = u_j \tag{3.6}$$

将式(3.6)代入式(3.5),可解得

$$a_0 = u_i - \frac{u_j - u_i}{l}x_1, \quad a_1 = \frac{u_j - u_i}{l} \tag{3.7}$$

将式(3.7)代入式(3.5),可获得位移场函数为

$$u(x) = u_i - \frac{u_j - u_i}{l}x_1 + \frac{u_j - u_i}{l}x = \left(1 + \frac{x_i}{l} - \frac{x}{l}\right)u_i + \left(-\frac{x_i}{l} + \frac{x}{l}\right)u_j \tag{3.8}$$

记 $\boldsymbol{N}(x) = \begin{bmatrix} 1+\frac{x_i}{l}-\frac{x}{l} & -\frac{x_i}{l}+\frac{x}{l} \end{bmatrix}$,则有

$$u(x) = \boldsymbol{N}(x) \cdot \boldsymbol{q}^e \tag{3.9}$$

这里称 $\boldsymbol{N}(x)$为单元形状函数矩阵或形函数矩阵。特别地,当节点 i 的坐标取局部坐标系的原点时,则 $x_i = 0$,此时

$$\boldsymbol{N}(x) = \begin{bmatrix} 1 - \frac{x}{l} & \frac{x}{l} \end{bmatrix} \tag{3.10}$$

(2) 应变矩阵

在得到了位移场函数之后,可用几何方程求应变场。对于一维问题,应变函数为对位移函数求一阶导数,如下:

$$\varepsilon(x) = \frac{\mathrm{d}u(x)}{\mathrm{d}x} = -\frac{1}{l}u_i + \frac{1}{l}u_j = \begin{bmatrix} -\frac{1}{l} & \frac{1}{l} \end{bmatrix} \begin{bmatrix} u_i \\ u_j \end{bmatrix} \tag{3.11}$$

同样可将其写成矩阵形式为

$$\varepsilon(x) = \begin{bmatrix} -\frac{1}{l} & \frac{1}{l} \end{bmatrix} \begin{bmatrix} u_i \\ u_j \end{bmatrix} \tag{3.12}$$

记

$$\boldsymbol{B}(x) = \frac{\mathrm{d}}{\mathrm{d}x}\boldsymbol{N}(x) = \begin{bmatrix} -\frac{1}{l} & \frac{1}{l} \end{bmatrix} \tag{3.13}$$

则有

$$\varepsilon(x) = \boldsymbol{B}(x) \cdot \boldsymbol{q}^e \tag{3.14}$$

这里称矩阵 $\boldsymbol{B}(x)$为应变矩阵或几何矩阵。

(3) 应力矩阵

在得到了应变场函数之后,可继续由物理方程得到应力场函数。对于一维拉压杆单元问题,材料的弹性矩阵为

$$\boldsymbol{D} = [E] \tag{3.15}$$

应力函数为弹性矩阵乘以应变函数,有

$$\sigma(x) = \boldsymbol{D}\varepsilon(x) = E \cdot \boldsymbol{B}(x) \cdot \boldsymbol{q}^e = \begin{bmatrix} -\frac{E}{l} & \frac{E}{l} \end{bmatrix} \begin{bmatrix} u_i \\ u_j \end{bmatrix} \tag{3.16}$$

记

$$\boldsymbol{S}(x) = E \cdot \boldsymbol{B}(x) = \begin{bmatrix} -\frac{E}{l} & \frac{E}{l} \end{bmatrix} \tag{3.17}$$

则有

$$\sigma(x) = \boldsymbol{S}(x) \cdot \boldsymbol{q}^e \tag{3.18}$$

这里称矩阵 $\boldsymbol{S}(x)$ 为应力矩阵。

(4) 单元刚度矩阵

由式(3.13)和式(3.17)可知，拉压杆单元的应变矩阵 $\boldsymbol{B}$ 和应力矩阵 $\boldsymbol{S}$ 均为常量矩阵，这意味着单元内部各点的应变和应力均为相同的数值，这种单元通常称为常应变单元。常应变单元的刚度矩阵通常也能够表示为显式形式。

针对拉压杆单元，由最小势能原理可以得到单元刚度矩阵

$$\boldsymbol{K}^e=\int_{\Omega^e}\boldsymbol{B}^{\mathrm{T}}\boldsymbol{S}\,\mathrm{d}\Omega=\int_{x_i}^{x_j}\boldsymbol{B}^{\mathrm{T}}\boldsymbol{S}A\,\mathrm{d}x=\int_{x_i}^{x_j}\boldsymbol{B}^{\mathrm{T}}\boldsymbol{DB}A\,\mathrm{d}x=\boldsymbol{B}^{\mathrm{T}}\boldsymbol{DB}A\int_{x_i}^{x_j}\mathrm{d}x=\boldsymbol{B}^{\mathrm{T}}\boldsymbol{DB}Al \tag{3.19}$$

将式(3.13)、式(3.15)代入式(3.19)，可以得到局部坐标系中杆单元刚度矩阵的具体表达式为

$$\boldsymbol{K}^e=\frac{EA}{l}\begin{bmatrix}1 & -1\\ -1 & 1\end{bmatrix} \tag{3.20}$$

(5) 单元质量矩阵

由最小势能原理可知，单元质量矩阵的计算公式为

$$\boldsymbol{M}^e=\int_{\Omega^e}\rho\boldsymbol{N}^{\mathrm{T}}\boldsymbol{N}\,\mathrm{d}\Omega \tag{3.21}$$

式中，ρ 为材料密度，$\boldsymbol{N}$ 为形函数矩阵。由式(3.21)可知，对于一种单元，只要得到它的形函数矩阵，可以容易地计算出相应的质量矩阵。例如，当使用形函数式(3.10)计算单元质量矩阵时，有

$$\boldsymbol{M}^e=\rho A\int_0^l\boldsymbol{N}^{\mathrm{T}}\boldsymbol{N}\,\mathrm{d}x=\frac{\rho Al}{6}\begin{bmatrix}2 & 1\\ 1 & 2\end{bmatrix} \tag{3.22}$$

通常，将由形函数矩阵推导出的质量矩阵称为一致质量矩阵，所谓“一致”是指推导质量矩阵时所使用的形状函数矩阵与推导刚度矩阵时所使用的形函数矩阵相“一致”。

在工程中，还常使用集中质量矩阵。将 2 节点杆单元的质量直接对半平分，集中到两个节点上，就可以得到拉压杆单元的集中质量矩阵

$$\boldsymbol{M}^e=\frac{\rho Al}{2}\begin{bmatrix}1 & 0\\ 0 & 1\end{bmatrix} \tag{3.23}$$

比较式(3.22)和式(3.23)可以看出，集中质量矩阵的系数都集中在矩阵的对角线上，即对应于各个自由度的质量系数相互独立，相互之间无耦合，这会给动力学方程的求解带来很大的好处。

(6) 等效节点载荷

由于拉压杆单元只能承受轴向载荷，所以作用在其上的载荷类型主要分为沿轴向的体积力和分布力。由于有限元法的载荷只能作用在节点上，所以需要将单元上的载荷在某种意义上转化为等效节点载荷。

① 体积力

体积力是指分布在物体内部的力，通常指重力、惯性力、离心力等。一般来说，工程中的杆元是很少考虑体积力的影响的。因为如果该体积力有不可忽略的横向分量的话，就不再满足关于杆元的定义，此时需要使用梁元进行模拟。当然，如果所考虑的杆元只有沿杆长方向的体积力的话，也可以将其等效到节点上加以考虑。

对于如图 3.3 所示的杆元，体积力作用下的等效节点载荷列阵为

$$\boldsymbol{F}_b^e=\int_{\Omega^e}\boldsymbol{N}^{\mathrm{T}}\bar{\boldsymbol{b}}\,\mathrm{d}\Omega=A\int_0^l\boldsymbol{N}^{\mathrm{T}}\cdot\bar{b}\,\mathrm{d}x=\frac{1}{2}\bar{b}lA\begin{bmatrix}1\\1\end{bmatrix}\tag{3.24}$$

即当杆元上作用有均布体积力时，体载荷向两节点等效后，两节点各占一半的载荷。

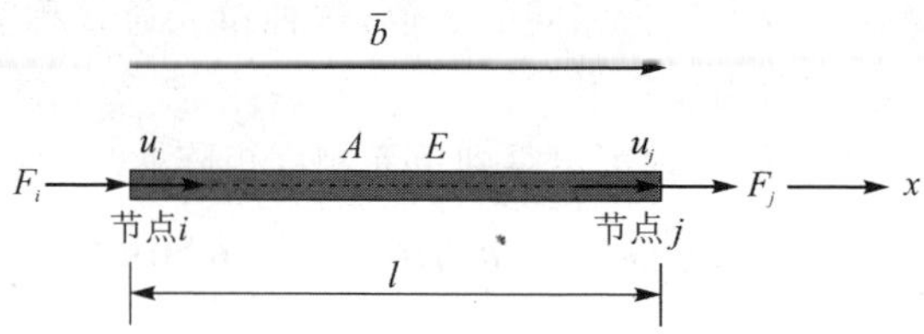

图 3.3 体积力作用下的杆单元

② 分布轴力

分布轴力是指作用在杆件表面的力。当杆单元上作用有如图 3.4 所示的轴力 $\bar{p}$ 时，则分布轴力作用下的等效节点载荷向量为

$$\boldsymbol{F}_p^e=\int_{\Gamma^e}\boldsymbol{N}^{\mathrm{T}}\bar{\boldsymbol{p}}\,\mathrm{d}\Gamma=\int_0^l\boldsymbol{N}^{\mathrm{T}}\cdot\bar{p}\,\mathrm{d}x=\frac{1}{2}\bar{p}l\begin{bmatrix}1\\1\end{bmatrix}\tag{3.25}$$

即当杆元上作用有均布轴力时，等效后的两节点各占一半的载荷。

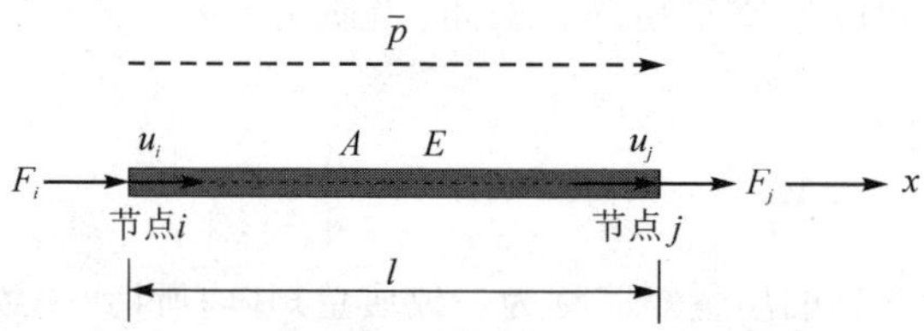

图 3.4 分布轴力作用下的杆单元

③ 集中力

建立杆元模型时，可能存在两种形式的集中力。

第 1 种是集中力作用点为杆件节点。当集中力作用在杆件单元节点上时，这个节点可能是多个单元的共用节点。由于有限元分析最终考虑的是所有单元的集成，所以不必考虑集中力在单元之间的分配问题。且由于即使进行了单元之间的分配，在组装成整体载荷列阵时，各分量也将再次叠加到总的载荷列阵中。

第 2 种是存在沿杆件轴线方向的集中力。此时可重新修改集中力的定义域，将其变为定义在整个杆上的分布力，之后将其代入式(3.25)进行积分即可得到集中力在单元两端节点上的等效载荷。

3.1.1.3 平面桁架单元

在实际工程中，拉压杆通常需要与别的杆件进行组装，共同完成承载功能。若作用在拉压杆上的力的作用线都在同一平面内，则将所形成的结构称为平面桁架。在平面问题中，每根杆件的轴线方向并不一致，所以需要进行坐标变换，将局部坐标系中单元的刚度方程变换到整体坐标系下。由于每个节点在平面内有两个自由度，所以，平面问题中杆单元将共有 4 个节点位移坐标，记为 $\boldsymbol{q}^e=[u_i\quad v_i\quad u_j\quad v_j]^{\mathrm{T}}$。

如图 3.5 所示，在节点 i，整体坐标系下的节点位移为 $\bar{u}_i$ 和 $\bar{v}_i$，其合成的结果应完全等效

于局部坐标系中的 u_i。在节点 j，节点位移 $\bar{u}_j$ 和 $\bar{v}_j$ 合成的结果应完全等效于局部坐标系中的 u_j。为此，引入局部坐标系与整体坐标系之间的变换关系是必要的。

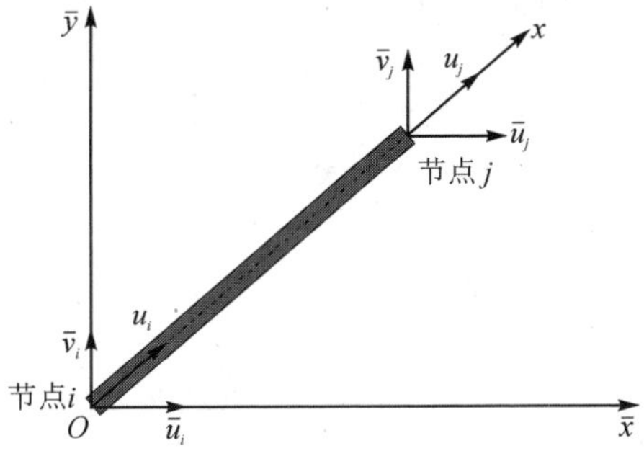

图 3.5　平面桁架单元的坐标变换

(1) 单元坐标变换矩阵

由于拉压杆轴线方向即为局部坐标系 x 轴，这个矢量可由节点 i 和节点 j 的坐标值 (x_i, y_i)、(x_j, y_j) 确定为

$$\boldsymbol{e}_1 = [x_j - x_i \quad y_j - y_i]^{\mathrm{T}}/l \tag{3.26}$$

局部坐标系中 y 轴的单位矢量 $\boldsymbol{e}_2$ 需要满足与 $\boldsymbol{e}_1$ 的正交性，可取为

$$\boldsymbol{e}_2 = [-(y_j - y_i) \quad x_j - x_i]^{\mathrm{T}}/l \tag{3.27}$$

令全局坐标系中 $\bar{x}$ 轴和 $\bar{y}$ 轴的单位矢量分别为 $\bar{\boldsymbol{e}}_1 = [1 \quad 0]^{\mathrm{T}}$ 和 $\bar{\boldsymbol{e}}_2 = [0 \quad 1]^{\mathrm{T}}$，则有坐标变换关系

$$\begin{bmatrix} x \\ y \end{bmatrix} = \begin{bmatrix} \boldsymbol{e}_1 \cdot \bar{\boldsymbol{e}}_1 & \boldsymbol{e}_1 \cdot \bar{\boldsymbol{e}}_2 \\ \boldsymbol{e}_2 \cdot \bar{\boldsymbol{e}}_1 & \boldsymbol{e}_2 \cdot \bar{\boldsymbol{e}}_2 \end{bmatrix} \begin{bmatrix} \bar{x} \\ \bar{y} \end{bmatrix} = \boldsymbol{\lambda} \begin{bmatrix} \bar{x} \\ \bar{y} \end{bmatrix} \tag{3.28}$$

成立，这里

$$\boldsymbol{\lambda} = \begin{bmatrix} \boldsymbol{e}_1 \cdot \bar{\boldsymbol{e}}_1 & \boldsymbol{e}_1 \cdot \bar{\boldsymbol{e}}_2 \\ \boldsymbol{e}_2 \cdot \bar{\boldsymbol{e}}_1 & \boldsymbol{e}_2 \cdot \bar{\boldsymbol{e}}_2 \end{bmatrix} \tag{3.29}$$

称为节点变换矩阵。在得到了坐标旋转变换矩阵 $\boldsymbol{\lambda}$ 后，可知局部坐标系下的单元位移向量 $\boldsymbol{q}^e$ 与系统整体坐标系下的单元位移向量 $\bar{\boldsymbol{q}}^e$ 的关系为

$$\boldsymbol{q}^e = \begin{bmatrix} u_i \\ v_i \\ u_j \\ v_j \end{bmatrix} = \begin{bmatrix} \boldsymbol{\lambda} & 0 \\ 0 & \boldsymbol{\lambda} \end{bmatrix} \begin{bmatrix} \bar{u}_i \\ \bar{v}_i \\ \bar{u}_j \\ \bar{v}_j \end{bmatrix} = \boldsymbol{T}^{e\mathrm{T}} \cdot \bar{\boldsymbol{q}}^e \tag{3.30}$$

式中，$\boldsymbol{T}^e$ 称为单元坐标变换矩阵。

(2) 位移场函数

将平面桁架单元的位移场函数在局部坐标系下进行扩充，记为

$$\boldsymbol{d} = \begin{bmatrix} u(x) \\ v(x) \end{bmatrix} \tag{3.31}$$

这里强迫 $v(x) \equiv 0$。根据局部坐标系中形函数的表达式(3.10)，可知平面桁架单元的形函数

也需要被扩充，可写为

$$\boldsymbol{N}(x)=\begin{bmatrix}1-\frac{x}{l} & 0 & \frac{x}{l} & 0\\ 0 & 0 & 0 & 0\end{bmatrix} \tag{3.32}$$

满足

$$\boldsymbol{d}(x)=\boldsymbol{N}(x)\cdot\boldsymbol{q}^{e} \tag{3.33}$$

(3) 应变矩阵

在得到了位移场函数之后，可由几何方程求应变场。记

$$\boldsymbol{B}(x)=\frac{\mathrm{d}}{\mathrm{d}x}\boldsymbol{N}(x)=\begin{bmatrix}-\frac{1}{l} & 0 & \frac{1}{l} & 0\\ 0 & 0 & 0 & 0\end{bmatrix} \tag{3.34}$$

则有

$$\varepsilon(x)=\boldsymbol{B}(x)\cdot\boldsymbol{q}^{e} \tag{3.35}$$

这里矩阵 $\boldsymbol{B}(x)$ 为平面桁架单元的应变矩阵或几何矩阵。

(4) 应力矩阵

应力函数为弹性矩阵乘以应变函数，有

$$\sigma(x)=\boldsymbol{D}\varepsilon(x)=E\cdot\boldsymbol{B}(x)\cdot\boldsymbol{q}^{e} \tag{3.36}$$

记

$$\boldsymbol{S}(x)=E\cdot\boldsymbol{B}(x)=\begin{bmatrix}-\frac{E}{l} & 0 & \frac{E}{l} & 0\\ 0 & 0 & 0 & 0\end{bmatrix} \tag{3.37}$$

则有

$$\sigma(x)=\boldsymbol{S}(x)\cdot\boldsymbol{q}^{e} \tag{3.38}$$

这里称矩阵 $\boldsymbol{S}(x)$ 为平面桁架单元的应力矩阵。

(5) 单元刚度矩阵

对于平面桁架单元，由最小势能原理可以得到单元刚度矩阵

$$\boldsymbol{K}^{e}=\int_{\Omega^{e}}\boldsymbol{B}^{\mathrm{T}}\boldsymbol{S}\,\mathrm{d}\Omega=\int_{x_i}^{x_j}\boldsymbol{B}^{\mathrm{T}}\boldsymbol{S}A\,\mathrm{d}x=\int_{x_i}^{x_j}\boldsymbol{B}^{\mathrm{T}}\boldsymbol{DB}A\,\mathrm{d}x=\boldsymbol{B}^{\mathrm{T}}\boldsymbol{DB}A\int_{x_i}^{x_j}\mathrm{d}x=\boldsymbol{B}^{\mathrm{T}}\boldsymbol{DB}Al \tag{3.39}$$

可以得到局部坐标系中杆单元刚度矩阵的具体表达为

$$\boldsymbol{K}^{e}=\frac{EA}{l}\begin{bmatrix}1 & 0 & -1 & 0\\ 0 & 0 & 0 & 0\\ -1 & 0 & 1 & 0\\ 0 & 0 & 0 & 0\end{bmatrix} \tag{3.40}$$

下面推导全局坐标系下的刚度方程。由于单元的势能是一个标量，不会因为坐标系的不同而改变，因此，可将节点位移的坐标变换关系式代入原来基于局部坐标系的势能表达式中，可得

$$\begin{aligned}\Pi(\tilde{\boldsymbol{u}}^{e})&=U-W=\frac{1}{2}\boldsymbol{u}^{e\mathrm{T}}\cdot\boldsymbol{K}^{e}\cdot\boldsymbol{u}^{e}-\boldsymbol{P}^{e\mathrm{T}}\cdot\boldsymbol{u}^{e}=\frac{1}{2}(\boldsymbol{T}^{e}\cdot\bar{\boldsymbol{u}}^{e})^{\mathrm{T}}\cdot\boldsymbol{K}^{e}\cdot\boldsymbol{T}^{e}\cdot\bar{\boldsymbol{u}}^{e}-(\boldsymbol{T}^{e}\cdot\bar{\boldsymbol{P}}^{e})^{\mathrm{T}}\cdot\boldsymbol{u}^{e}\\&=\frac{1}{2}\bar{\boldsymbol{u}}^{e\mathrm{T}}\cdot\boldsymbol{T}^{e\mathrm{T}}\cdot\boldsymbol{K}^{e}\cdot\boldsymbol{T}^{e}\cdot\bar{\boldsymbol{u}}^{e}-\bar{\boldsymbol{P}}^{e\mathrm{T}}\cdot\bar{\boldsymbol{u}}^{e}=\frac{1}{2}\bar{\boldsymbol{u}}^{e\mathrm{T}}\bar{\boldsymbol{K}}^{e}\bar{\boldsymbol{u}}^{e}-\bar{\boldsymbol{P}}^{e\mathrm{T}}\bar{\boldsymbol{u}}^{e}\end{aligned} \tag{3.41}$$

其中，$\bar{\boldsymbol{K}}^e$ 为全局坐标系下的单元刚度矩阵，$\bar{\boldsymbol{P}}^e$ 为全局坐标系下的节点力列阵，有

$$\bar{\boldsymbol{K}}^e = \boldsymbol{T}^{e\mathrm{T}} \cdot \boldsymbol{K}^e \cdot \boldsymbol{T}^e \tag{3.42}$$

$$\bar{\boldsymbol{P}}^e = \boldsymbol{T}^{e\mathrm{T}} \cdot \boldsymbol{P}^e \tag{3.43}$$

(6) 单元质量矩阵

在推导平面桁架单元的刚度矩阵时，使用的形函数施加了强迫位移条件

$$v(x) \equiv 0 \tag{3.44}$$

这意味着杆件在局部坐标系中 y 方向的刚度属性为 0，但这并不意味着在 y 方向的质量属性也为 0。所以，在计算平面桁架单元质量矩阵时，需要修改形函数式(3.32)为

$$\boldsymbol{N}_M(x) = \begin{bmatrix} 1-\dfrac{x}{l} & 0 & \dfrac{x}{l} & 0 \\ 0 & 1-\dfrac{x}{l} & 0 & \dfrac{x}{l} \end{bmatrix} \tag{3.45}$$

由最小势能原理可知，单元质量矩阵的计算公式为

$$\boldsymbol{M}^e = \int_{\Omega^e} \rho \boldsymbol{N}_M^{\mathrm{T}} \boldsymbol{N}_M \mathrm{d}\Omega \tag{3.46}$$

式中，ρ 为材料密度，$\boldsymbol{N}_M$ 为 y 方向惯性力的形函数矩阵。具体地，可以得到一致质量矩阵的表达式为

$$\boldsymbol{M}^e = \frac{\rho A l}{4} \begin{bmatrix} 2 & 0 & 1 & 0 \\ 0 & 2 & 0 & 1 \\ 1 & 0 & 2 & 0 \\ 0 & 1 & 0 & 2 \end{bmatrix} \tag{3.47}$$

相应的集中质量矩阵为

$$\boldsymbol{M}^e = \frac{\rho A l}{2} \begin{bmatrix} 1 & 0 & 0 & 0 \\ 0 & 1 & 0 & 0 \\ 0 & 0 & 1 & 0 \\ 0 & 0 & 0 & 1 \end{bmatrix} \tag{3.48}$$

同样的，全局坐标系下的单元质量矩阵也需要通过坐标变换得到，即

$$\boldsymbol{M}^e = \boldsymbol{T}^{e\mathrm{T}} \cdot \boldsymbol{M}^e \cdot \boldsymbol{T}^e \tag{3.49}$$

3.1.1.4　空间桁架单元

对于空间桁架结构，应使用三维杆单元。在推导三维杆单元性能矩阵的过程中，继续使用从单元局部坐标系中推导出的结果是有利的。由于杆单元本身的一维特点，在使用杆件轴线作为单元局部坐标系 x 轴的情况下，三维杆单元与二维杆单元是基本相同的。空间问题中的杆单元如图 3.6 所示。

该杆单元在局部坐标系下的节点位移列阵为

$$\boldsymbol{q}^e = [u_i \quad v_i \quad w_i \quad u_j \quad v_j \quad w_j]^{\mathrm{T}} \tag{3.50}$$

其中，$v_i = w_i = v_j = w_j = 0$。而在整体坐标系($O\bar{x}\bar{y}\bar{z}$)中的节点位移列阵为

$$\bar{\boldsymbol{q}}^e = [\bar{u}_i \quad \bar{v}_i \quad \bar{w}_i \quad \bar{u}_j \quad \bar{v}_j \quad \bar{w}_j]^{\mathrm{T}} \tag{3.51}$$

(1) 单元坐标变换矩阵

与平面杆元情况类似，由于拉压杆轴线方向即为局部坐标系 x 轴，因此这个矢量可由节

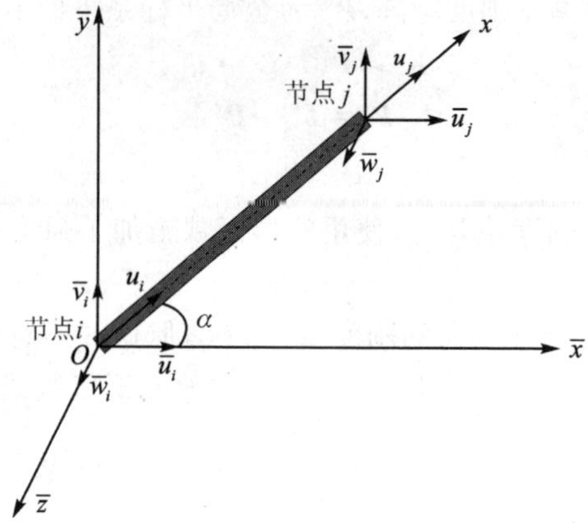

图 3.6　空间桁架单元的坐标变换

点 i 和节点 j 的坐标值(x_i,y_i,z_i)、(x_j,y_j,z_j)确定，即

$$\boldsymbol{e}_1=[x_j-x_i \quad y_j-y_i \quad z_j-z_i]^{\mathrm{T}}/l \tag{3.52}$$

局部坐标系中 y 轴的单位矢量$\boldsymbol{e}_2$ 需要满足与$\boldsymbol{e}_1$ 的正交性，可取为

$$\boldsymbol{e}_2=[-(y_j-y_i) \quad x_j-x_i \quad 0]^{\mathrm{T}}/\sqrt{(y_j-y_i)^2+(x_j-x_i)^2} \tag{3.53}$$

这里，$\boldsymbol{e}_2$ 的取法并不是唯一的。局部坐标系 z 轴的单位矢量$\boldsymbol{e}_3$ 由叉积确定为

$$\boldsymbol{e}_3=\boldsymbol{e}_1\times\boldsymbol{e}_2 \tag{3.54}$$

令全局坐标系的 $\bar{x}$ 轴和 $\bar{y}$ 轴的单位矢量分别为$\bar{\boldsymbol{e}}_1=[1 \quad 0 \quad 0]^{\mathrm{T}}$、$\bar{\boldsymbol{e}}_2=[0 \quad 1 \quad 0]^{\mathrm{T}}$ 和 $\bar{\boldsymbol{e}}_3=[0 \quad 0 \quad 1]^{\mathrm{T}}$，则有坐标变换关系

$$\begin{bmatrix} x \\ y \\ z \end{bmatrix}=\begin{bmatrix} \boldsymbol{e}_1\cdot\bar{\boldsymbol{e}}_1 & \boldsymbol{e}_1\cdot\bar{\boldsymbol{e}}_2 & \boldsymbol{e}_1\cdot\bar{\boldsymbol{e}}_3 \\ \boldsymbol{e}_2\cdot\bar{\boldsymbol{e}}_1 & \boldsymbol{e}_2\cdot\bar{\boldsymbol{e}}_2 & \boldsymbol{e}_2\cdot\bar{\boldsymbol{e}}_3 \\ \boldsymbol{e}_3\cdot\bar{\boldsymbol{e}}_1 & \boldsymbol{e}_3\cdot\bar{\boldsymbol{e}}_2 & \boldsymbol{e}_3\cdot\bar{\boldsymbol{e}}_3 \end{bmatrix}\begin{bmatrix} \bar{x} \\ \bar{y} \\ \bar{z} \end{bmatrix}=\boldsymbol{\lambda}\begin{bmatrix} \bar{x} \\ \bar{y} \\ \bar{z} \end{bmatrix} \tag{3.55}$$

成立，这里

$$\boldsymbol{\lambda}=\begin{bmatrix} \boldsymbol{e}_1\cdot\bar{\boldsymbol{e}}_1 & \boldsymbol{e}_1\cdot\bar{\boldsymbol{e}}_2 & \boldsymbol{e}_1\cdot\bar{\boldsymbol{e}}_3 \\ \boldsymbol{e}_2\cdot\bar{\boldsymbol{e}}_1 & \boldsymbol{e}_2\cdot\bar{\boldsymbol{e}}_2 & \boldsymbol{e}_2\cdot\bar{\boldsymbol{e}}_3 \\ \boldsymbol{e}_3\cdot\bar{\boldsymbol{e}}_1 & \boldsymbol{e}_3\cdot\bar{\boldsymbol{e}}_2 & \boldsymbol{e}_3\cdot\bar{\boldsymbol{e}}_3 \end{bmatrix} \tag{3.56}$$

称为节点变换矩阵。在得到了坐标旋转变换矩阵$\boldsymbol{\lambda}$ 后，可知局部坐标系下的单元位移向量$\boldsymbol{q}^e$ 与系统整体坐标系下的单元位移向量$\bar{\boldsymbol{q}}^e$ 的关系为

$$\boldsymbol{q}^e=\begin{bmatrix} u_i \\ v_i \\ w_i \\ u_j \\ v_j \\ w_j \end{bmatrix}=\begin{bmatrix} \boldsymbol{\lambda} & 0 \\ 0 & \boldsymbol{\lambda} \end{bmatrix}\begin{bmatrix} \bar{u}_i \\ \bar{v}_i \\ \bar{w}_i \\ \bar{u}_j \\ \bar{v}_j \\ \bar{w}_j \end{bmatrix}=\boldsymbol{T}^{e\mathrm{T}}\cdot\bar{\boldsymbol{q}}^e \tag{3.57}$$

式中，$\boldsymbol{T}^e$ 称为单元坐标变换矩阵。

(2) 位移场函数

将空间桁架单元的位移场函数在局部坐标系下进行扩充，记为

$$\boldsymbol{d}=\begin{bmatrix}u(x)\\v(x)\\w(x)\end{bmatrix} \tag{3.58}$$

这里强迫 $v(x)\equiv 0$，$w(x)\equiv 0$，则空间桁架单元的形函数被扩充为

$$\boldsymbol{N}(x)=\begin{bmatrix}1-\dfrac{x}{l} & 0 & 0 & \dfrac{x}{l} & 0 & 0\\ 0 & 0 & 0 & 0 & 0 & 0\\ 0 & 0 & 0 & 0 & 0 & 0\end{bmatrix} \tag{3.59}$$

满足

$$\boldsymbol{d}(x)=\boldsymbol{N}(x)\cdot\boldsymbol{q}^e \tag{3.60}$$

(3) 应变矩阵

在得到了位移场函数之后，可由几何方程求应变场。记为

$$\boldsymbol{B}(x)=\frac{\mathrm{d}}{\mathrm{d}x}\boldsymbol{N}(x)=\begin{bmatrix}-\dfrac{1}{l} & 0 & 0 & \dfrac{1}{l} & 0 & 0\\ 0 & 0 & 0 & 0 & 0 & 0\\ 0 & 0 & 0 & 0 & 0 & 0\end{bmatrix} \tag{3.61}$$

则有

$$\varepsilon(x)=\boldsymbol{B}(x)\cdot\boldsymbol{q}^e \tag{3.62}$$

这里矩阵 $\boldsymbol{B}(x)$ 为空间桁架单元的应变矩阵。

(4) 应力矩阵

应力函数为弹性矩阵乘以应变函数，即

$$\sigma(x)=\boldsymbol{D}\varepsilon(x)=E\cdot\boldsymbol{B}(x)\cdot\boldsymbol{q}^e \tag{3.63}$$

记

$$\boldsymbol{S}(x)=E\cdot\boldsymbol{B}(x)=\begin{bmatrix}-\dfrac{E}{l} & 0 & 0 & \dfrac{E}{l} & 0 & 0\\ 0 & 0 & 0 & 0 & 0 & 0\\ 0 & 0 & 0 & 0 & 0 & 0\end{bmatrix} \tag{3.64}$$

则有

$$\sigma(x)=\boldsymbol{S}(x)\cdot\boldsymbol{q}^e \tag{3.65}$$

这里 $\boldsymbol{S}(x)$ 为空间桁架单元的应力矩阵。

(5) 单元刚度矩阵

对于空间桁架单元，同样可以得到局部坐标系中杆单元刚度矩阵的具体表达式为

$$\boldsymbol{K}^e=\frac{EA}{l}\begin{bmatrix}1 & 0 & 0 & -1 & 0 & 0\\ 0 & 0 & 0 & 0 & 0 & 0\\ 0 & 0 & 0 & 0 & 0 & 0\\ -1 & 0 & 0 & 1 & 0 & 0\\ 0 & 0 & 0 & 0 & 0 & 0\\ 0 & 0 & 0 & 0 & 0 & 0\end{bmatrix} \tag{3.66}$$

在全局坐标系下的单元刚度矩阵为

$$\bar{\boldsymbol{K}}^e = \boldsymbol{T}^{e\mathrm{T}} \cdot \boldsymbol{K}^e \cdot \boldsymbol{T}^e \tag{3.67}$$

(6) 单元质量矩阵

在推导空间桁架单元的刚度矩阵时，使用的形函数施加了强迫位移条件

$$v(x) \equiv 0, \quad w(x) \equiv 0 \tag{3.68}$$

但在计算单元质量矩阵时，需要将形函数矩阵修改为

$$\boldsymbol{N}_M(x) = \begin{bmatrix} 1-\dfrac{x}{l} & 0 & 0 & \dfrac{x}{l} & 0 & 0 \\ 0 & 1-\dfrac{x}{l} & 0 & 0 & \dfrac{x}{l} & 0 \\ 0 & 0 & 1-\dfrac{x}{l} & 0 & 0 & \dfrac{x}{l} \end{bmatrix} \tag{3.69}$$

单元质量矩阵的计算公式为

$$\boldsymbol{M}^e = \int_{\Omega^e} \rho \boldsymbol{N}_M^{\mathrm{T}} \boldsymbol{N}_M \, \mathrm{d}\Omega \tag{3.70}$$

式中，ρ 为材料密度，$\boldsymbol{N}_M$ 为计及 y 方向和 z 方向惯性力的形函数矩阵。具体地，可以得到一致质量矩阵的表达式为

$$\boldsymbol{M}^e = \frac{\rho A l}{6} \begin{bmatrix} 2 & 0 & 0 & 1 & 0 & 0 \\ 0 & 2 & 0 & 0 & 1 & 0 \\ 0 & 0 & 2 & 0 & 0 & 1 \\ 1 & 0 & 0 & 2 & 0 & 0 \\ 0 & 1 & 0 & 0 & 2 & 0 \\ 0 & 0 & 1 & 0 & 0 & 2 \end{bmatrix} \tag{3.71}$$

相应的集中质量矩阵为

$$\boldsymbol{M}^e = \frac{\rho A l}{2} \begin{bmatrix} 1 & 0 & 0 & 0 & 0 & 0 \\ 0 & 1 & 0 & 0 & 0 & 0 \\ 0 & 0 & 1 & 0 & 0 & 0 \\ 0 & 0 & 0 & 1 & 0 & 0 \\ 0 & 0 & 0 & 0 & 1 & 0 \\ 0 & 0 & 0 & 0 & 0 & 1 \end{bmatrix} \tag{3.72}$$

同样的，全局坐标系下的单元质量矩阵也需要通过坐标变换得到，即

$$\bar{\boldsymbol{M}}^e = \boldsymbol{T}^{e\mathrm{T}} \cdot \boldsymbol{M}^e \cdot \boldsymbol{T}^e \tag{3.73}$$

3.1.1.5 MATLAB 编程——桁架单元

➢ 局部坐标系中的拉压杆单元：ElemKMS_T1

基于 MATLAB 编写了程序 ElemKMS_T1，以获得局部坐标系中拉压杆单元的系统矩阵信息。这个程序是基于符号变量编写的，用来给出系统矩阵的符号表达。在实际使用时，为提高计算效率，应直接调用系统矩阵的显示表达，而不用将每个单元的系统矩阵重新计算。

程序输入包括：材料属性信息、杆件截面信息、节点坐标值信息等。

程序输出包括：单元刚度矩阵、单元质量矩阵、应变矩阵和应力矩阵等。

```
% ---------------------------------------------------------
% ElemKMS_T1     一维 2 节点拉压杆单元
% K：单元刚度矩阵
% M：单元一致质量矩阵
% B：应变矩阵
% S：应力矩阵
% -------------------
% E：材料弹性模量
% rou：材料密度
% A：杆元横截面积
% xi，xj：节点坐标值
% x：拉压杆单元物理坐标
% ---------------------------------------------------------
%声明符号变量
syms E rou A real
syms xi xj real
syms x real
% -------------------
%向量化
P = [E rou A];
xp = [xi xj];
% -------------------
%测试段 - 赋值
P = subs(P,[E rou A],[70000,2.7e-9,1]);
E = P(1);rou = P(2);A = P(3);
xp = subs(xp,[xi,xj],[0,100]);
% -------------------
%生成形函数矩阵
L = norm(xp(2) - xp(1));
N = [1 - x/L,x/L];                          %形函数矩阵
% -------------------
%生成应变矩阵
B = diff(N,x);                              %应变矩阵
% -------------------
%生成应力矩阵
D = [E];
S = D * B;                                  %应力矩阵
% -------------------
%生成单元刚度矩阵
K = B' * E * B * A * L;                     %刚度矩阵
% -------------------
%生成单元质量矩阵
M = int(rou * N' * N,x,0,L) * A;            %质量矩阵
% -------------------
%测试段 - 结果
K = double(K)
M = double(M)
freq = sqrt(eig(K,M))/2/pi
% ---------------------------------------------------------
```

使用铝制杆件进行了测试，弹性模量为 70 000 MPa，密度为 2.7×10^{-9} t/mm^3，横截面积为 1 mm^2，杆件长度为 100 mm，得到的单元刚度矩阵、单元质量矩阵和固有频率信息如下：

```
K =
    700   - 700
  - 700    700
M =
   1.0e - 07 *
     0.9000    0.4500
     0.4500    0.9000
freq =
   1.0e + 04 *
   0.0000 + 0.0000i
   2.8072 + 0.0000i
```

➢ **平面 2 节点拉压杆单元：ElemKMS_T2**

程序输入包括：材料属性信息、杆件截面信息、节点坐标值信息等。

程序输出包括：单元刚度矩阵、单元质量矩阵、应变矩阵和应力矩阵等。

```
% ----------------------------------------------
% ElemKMS_T2    平面 2 节点拉压杆单元
% K：单元刚度矩阵
% M：单元一致质量矩阵
% B：应变矩阵
% S：应力矩阵
% -------------------
% E：材料弹性模量
% rou：材料密度
% A：杆元横截面积
% xi, xj：节点 x 向坐标值
% yi, yj：节点 y 向坐标值
% x, y：拉压杆单元物理坐标
% ----------------------------------------------
%声明符号变量
syms E rou A real
syms xi xj real
syms yi yj real
syms x y real
% -------------------
%向量化
P = [E rou A];
xp = [xi xj];
yp = [yi yj];
% -------------------
%测试段 - 赋值
P = subs(P,[E rou A],[70000,2.7e - 9,1]);
E = P(1);rou = P(2);A = P(3);
xp = subs(xp,[xi,xj],[0,100]);
yp = subs(yp,[yi,yj],[0,0]);
% -------------------
%生成坐标变换矩阵
L = sqrt((xp(2) - xp(1))^2 + (yp(2) - yp(1))^2); %杆件长度
% --------------------
e1 = [xp(2) - xp(1),yp(2) - yp(1)]; %杆件方向的矢量
e2 = [ - e1(2),e1(1)]; %垂直于杆件方向的矢量,保持与 e1 点积为 0 即可,不唯一
% --------------------
e1 = e1/norm(e1);
```

```
e2 = e2/norm(e2); % 归一化
% --------------------
e10 = [1,0];
e20 = [0,1]; % 全局坐标系 3 个坐标轴矢量
% --------------------
lamda = [dot(e1,e10),dot(e1,e20);...
    dot(e2,e10),dot(e2,e20)]; % 节点坐标变换矩阵
T = [lamda,zeros(2);zeros(2),lamda]; % 单元坐标变换矩阵
% ------------------
% 生成形函数矩阵
NK = [1 - x/L,0,x/L,0;0,0,0,0];              % 刚度矩阵形函数,只有 1 个方向有刚度
NM = [1 - x/L,0,x/L,0;0,1 - x/L,0,x/L];      % 质量矩阵形函数,3 个方向均分配质量
% ------------------
% 生成应变矩阵
B = diff(NK,x);                               % 应变矩阵
% ------------------
% 生成应力矩阵
D - [E];
S = D * B;                                    % 应力矩阵
% ------------------
% 生成单元刚度矩阵
Ke = B' * E * B * A * L;
K = T' * Ke * T;                              % 刚度矩阵
% ------------------
% 生成单元质量矩阵
M = int(rou * NM' * NM,x,0,L) * A;
M = T' * M * T;                               % 质量矩阵
% ------------------
% 测试段 - 结果
K = double(K)
M = double(M)
freq = sqrt(eig(K,M))/2/pi
% ----------------------------------------------
```

对同样的铝制杆件进行了测试,得到的单元刚度矩阵、单元质量矩阵和固有频率信息如下:

```
K =
     700      0    - 700      0
       0      0        0      0
   - 700      0      700      0
       0      0        0      0
M =
   1.0e - 07 *
     0.9000          0     0.4500          0
          0     0.9000          0     0.4500
     0.4500          0     0.9000          0
          0     0.4500          0     0.9000
freq =
   1.0e + 04 *
   0.0000 + 0.0000i
   0.0000 + 0.0000i
   0.0000 + 0.0000i
   2.8072 + 0.0000i
```

➢ **空间 2 节点拉压杆单元:ElemKMS_T3**

程序输入包括:材料属性信息、杆件截面信息、节点坐标值信息等。

程序输出包括:单元刚度矩阵、单元质量矩阵、应变矩阵和应力矩阵等。

```
% -----------------------------------------------
% ElemKMS_T3    空间 2 节点拉压杆单元
% K：单元刚度矩阵
% M：单元一致质量矩阵
% B：应变矩阵
% S：应力矩阵
% -------------------
% E：材料弹性模量
% rou：材料密度
% A：杆元横截面积
% xi，xj：节点 x 向坐标值
% yi，yj：节点 y 向坐标值
% zi，zj：节点 z 向坐标值
% x，y，z：拉压杆单元物理坐标
% -----------------------------------------------
%声明符号变量
syms E rou A real
syms xi xj real
syms yi yj real
syms zi zj real
syms x y z real
% -------------------
%向量化
P = [E rou A];
xp = [xi xj];
yp = [yi yj];
zp = [zi zj];
% -------------------
%测试段 - 赋值
P = subs(P,[E rou A],[70000,2.7e - 9,1]);
E = P(1);rou = P(2);A = P(3);
xp = subs(xp,[xi,xj],[0,100]);
yp = subs(yp,[yi,yj],[0,0]);
zp = subs(zp,[zi,zj],[0,0]);
% -------------------
%生成坐标变换矩阵
L = sqrt((xp(2) - xp(1))^2 + (yp(2) - yp(1))^2 + (zp(2) - zp(1))^2); %杆件长度
% --------------------
e1 = [xp(2) - xp(1),yp(2) - yp(1),zp(2) - zp(1)]; %杆件方向的矢量
e2 = [ - e1(2),e1(1),0]; %垂直于杆件方向的矢量,保持与 e1 点积为 0 即可,不唯一
e3 = cross(e1,e2); %通过叉积生成右手坐标系中的第 3 个矢量
% --------------------
e1 = e1/norm(e1);
e2 = e2/norm(e2);
e3 = e3/norm(e3); %归一化
% --------------------
e10 = [1,0,0];
e20 = [0,1,0];
e30 = [0,0,1]; %全局坐标系 3 个坐标轴矢量
```

```
% --------------------
lamda = [dot(e1,e10),dot(e1,e20),dot(e1,e30);...
    dot(e2,e10),dot(e2,e20),dot(e2,e30);...
    dot(e3,e10),dot(e3,e20),dot(e3,e30)]; % 节点坐标变换矩阵
T = [lamda,zeros(3);zeros(3),lamda]; % 单元坐标变换矩阵
% -------------------
% 生成形函数矩阵
NK = [1 - x/L,0,0,x/L,0,0;...
    0 0 0 0 0 0;...
    0 0 0 0 0 0];                       % 刚度矩阵形函数,只有 1 个方向有刚度
NM = [1 - x/L,0,0,x/L,0,0;...
    0,1 - x/L,0,0,x/L,0;...
    0,0,1 - x/L,0,0,x/L];               % 质量矩阵形函数,3 个方向均分配质量
% -------------------
% 生成应变矩阵
B = diff(NK,x);                         % 应变矩阵
% -------------------
% 生成应力矩阵
D = [E];
S = D * B;                              % 应力矩阵
% -------------------
% 生成单元刚度矩阵
K = B' * E * B * A * L;
K = T' * K * T;                         % 刚度矩阵
% -------------------
% 生成单元质量矩阵
M = int(rou * NM' * NM,x,0,L) * A;
M = T' * M * T;                         % 质量矩阵
% -------------------
% 测试段 - 结果
K = double(K)
M = double(M)
freq = sqrt(eig(K,M))/2/pi
% ---------------------------------------------
```

依然对同样的铝制杆件进行了测试,得到的单元刚度矩阵、单元质量矩阵和固有频率信息如下:

```
K =
   700     0     0  - 700     0     0
     0     0     0     0     0     0
     0     0     0     0     0     0
 - 700     0     0   700     0     0
     0     0     0     0     0     0
     0     0     0     0     0     0
M =
  1.0e - 07 *
   0.9000         0         0    0.4500         0         0
        0    0.9000         0         0    0.4500         0
        0         0    0.9000         0         0    0.4500
   0.4500         0         0    0.9000         0         0
        0    0.4500         0         0    0.9000         0
        0         0    0.4500         0         0    0.9000
freq =
```

```
1.0e+04 *
0.0000 + 0.0000i
0.0000 + 0.0000i
0.0000 + 0.0000i
0.0000 + 0.0000i
0.0000 + 0.0000i
2.8072 + 0.0000i
```

上述三个程序中的杆件的摆放方向均沿 x 轴方向，由三个程序的计算结果可以看出：自由杆件的固有频率均为 28 072 Hz，单元刚度矩阵和单元质量矩阵均与理论推导相符。在实际使用时，只需要改变程序中节点坐标向量的赋值和材料属性向量的值即可。

3.1.2 扭转杆单元

3.1.2.1 扭转杆与轴

工程上承受扭转变形的杆件称为轴。轴的受力特点：在杆件两端垂直于杆轴线的平面内作用一对大小相等、方向相反的外力偶，其相应内力分量称为扭矩。轴的变形特点是任意两个横截面绕轴线发生相对转动，这一运动过程称为扭转变形，如图 3.7 所示。

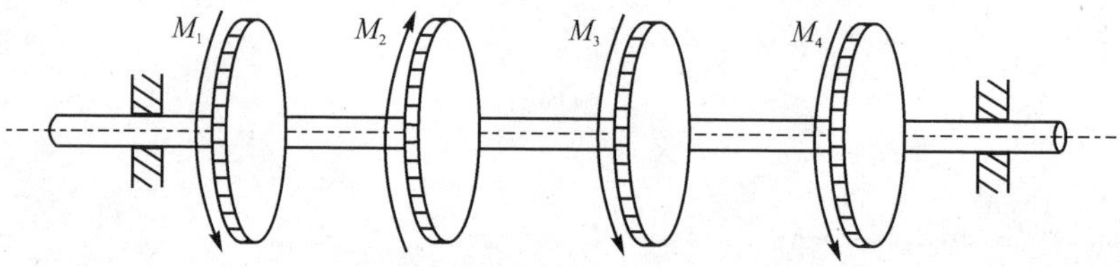

图 3.7 力偶作用下的传动轴

3.1.2.2 单元刚度矩阵

图 3.8 所示为一扭转杆单元。杆件发生自由扭转时，待求物理量应是剖面的扭转角 $\theta(x)$。

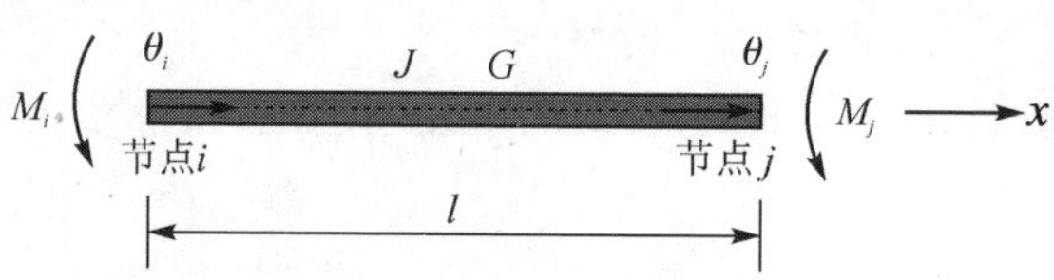

图 3.8 物理坐标系下的扭转杆单元

在物理坐标系下，扭转杆单元由两个节点组成，每个节点有一个绕轴线旋转方向的自由度。单元节点位移向量为

$$\boldsymbol{q}^e = [\theta_i \quad \theta_j]^{\mathrm{T}} \tag{3.74}$$

这里假定材料剪切模量为 G，扭转杆单元的横截面惯性矩为 J。对于实心圆轴，$J=\pi D^4/32$；对于空心圆轴，$J=\pi D^4(1-\alpha^4)/32$。其中，D 为圆轴直径，α 为空心圆轴内外径之比。

(1) 位移场函数

在物理坐标系中，不失一般性，将节点 i 的坐标设置为 $x=0$，则节点 j 的坐标为 $x=l$。扭转杆单元的位移函数可取为

$$\theta(x)=c_0+c_1x \tag{3.75}$$

与分析拉(压)杆单元一样，对扭转杆单元进行分析，其中的待定常数可以用两端节点的扭转角

θ_i 和 θ_j 表示，从而任意截面的扭转角可由节点位移表示为

$$\theta(x) = N_i\theta_i + N_j\theta_j \tag{3.76}$$

其中，$N_i = 1 - \dfrac{x}{l}$ 和 $N_j = \dfrac{x}{l}$ 为形函数。

(2) 应变矩阵

由几何方程可以得到应变矩阵

$$\boldsymbol{B} = \frac{\mathrm{d}\boldsymbol{N}}{\mathrm{d}x} = \begin{bmatrix} -\dfrac{1}{l} & \dfrac{1}{l} \end{bmatrix} \tag{3.77}$$

(3) 应力矩阵

由物理方程可以得到应力矩阵

$$\boldsymbol{S} = \boldsymbol{DB} = G\boldsymbol{B} = G\begin{bmatrix} -\dfrac{1}{l} & \dfrac{1}{l} \end{bmatrix} \tag{3.78}$$

(4) 刚度矩阵

由最小势能原理可以得到单元刚度矩阵

$$\boldsymbol{K}^e = \int_{\Omega^e} \boldsymbol{B}^{\mathrm{T}}\boldsymbol{S}\,\mathrm{d}\Omega = GJ\int_0^l \boldsymbol{B}^{\mathrm{T}}\boldsymbol{B}\,\mathrm{d}x = GJl\boldsymbol{B}^{\mathrm{T}}\boldsymbol{B} = \frac{GJ}{l}\begin{bmatrix} 1 & -1 \\ -1 & 1 \end{bmatrix} \tag{3.79}$$

(5) 等效节点载荷

如图 3.9 所示，当扭转杆单元承受杆件表面上的分布力偶 $\bar{m}_x(x)$时，相应的等效节点载荷列阵为

$$\boldsymbol{F}_p^e = \int_{\Gamma^e} \boldsymbol{N}^{\mathrm{T}}\bar{\boldsymbol{p}}\,\mathrm{d}\Gamma = \int_0^l \boldsymbol{N}^{\mathrm{T}} \cdot \bar{m}_x\,\mathrm{d}x = \int_0^l \begin{bmatrix} 1 - x/l \\ x/l \end{bmatrix} \cdot \bar{m}_x\,\mathrm{d}x \tag{3.80}$$

若分布力偶矩为均匀分布，则

$$\boldsymbol{F}_p = \begin{bmatrix} l/2 \\ l/2 \end{bmatrix} \bar{m}_x \tag{3.81}$$

即当扭转杆元上作用有均匀分布力偶时，载荷向两节点等效后，两节点各占一半的载荷。

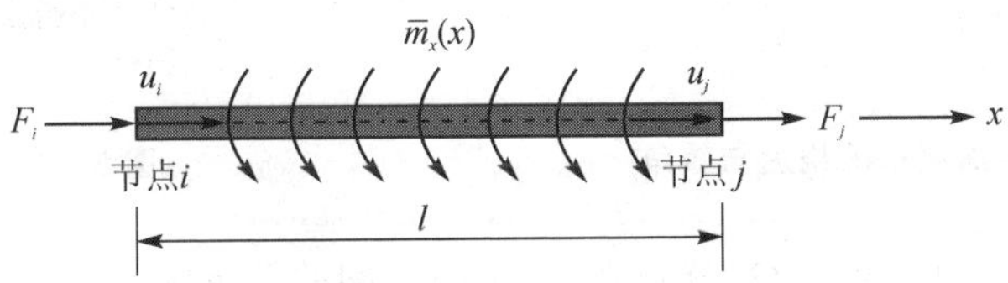

图 3.9　分布力偶作用下的扭转杆单元

从形式上来看，扭转杆单元的系统矩阵和等效节点载荷的分配方式与拉压杆的完全类似，所以求取扭转杆单元系统矩阵信息的程序与拉压杆单元的也完全类似，这里不再赘述。

3.1.3　直梁单元

3.1.3.1　直梁和刚架结构

在工程中，以弯曲为主要变形的杆件称为梁。目前多种梁理论可描述梁单元的载荷-变形行为，其中基于弯曲变形的直梁理论最为常用，工程中又将其称为工程梁理论，或欧拉-伯努利

(Euler-Bernoulli)梁理论。直梁的弯曲变形用挠度和转角度量来表达。挠度是直梁的轴线上任一点沿竖直方向的位移,用 v 表示;转角是挠度曲线上某点的切线与 x 轴的夹角,用 θ 表示。基于线弹性和小变形假设,直梁的位移与载荷呈线性关系,因此可以使用叠加原理求解直梁的位移。此时梁在横向力作用时将产生平面弯曲,梁轴线由原来的直线变为纵向对称面内的一条连续光滑的曲线,这条曲线称为梁的挠曲线,用 $v(x)$表示。在小变形情况下,梁轴线上各点在梁变形后沿轴线方向的位移,由于可以证明是横向位移的高阶小量,因此可以忽略不计。挠度的正负号规定:挠度沿 y 轴的正向为正,反之为负。转角的正负号规定:逆时针转动时为正,反之为负。一般地,在梁的不同横截面处,转角是不同的。因此称转角 θ 随梁轴线变化的函数 $\theta=\theta(x)$为转角方程。

工程中常使用的刚架结构,是以梁和柱组成的多层多跨刚架,用来承受竖向荷载和水平荷载。这种结构在水平荷载作用下,既有作为悬臂梁的整体侧向位移,又有层间剪力引起的局部侧向位移,且其每一根杆件都需要将其视作梁元进行处理。另外,即使相互连接的杆件只在节点处承受载荷,但如果接头处的连接关系不满足铰接条件(例如焊接),则杆件之间也将存在弯矩传递,此时若仍将杆件视作拉压杆来对待将会产生较大计算误差,此时应将杆件考虑为梁元进行处理。

下面简单讨论直梁理论中挠度 $v(x)$、转角 $\theta(x)$、弯矩 M、剪力 Q、分布载荷 $q(x)$之间的关系。由图 3.10 可以看出,转角实质上就是挠曲线的切线与梁轴线坐标轴 x 轴正向之间的夹角,所以有 $\tan\theta=\mathrm{d}v/\mathrm{d}x$。在线弹性小变形条件下,梁的挠度和转角都很小,$\theta$ 和 $\tan\theta$ 属于同阶小量,即 $\theta\approx\tan\theta$,于是有挠度和转角的关系:

$$\theta(x)=v'(x) \tag{3.82}$$

从梁中取长度为 $\mathrm{d}x$ 的微元为研究对象,如图 3.11 所示。

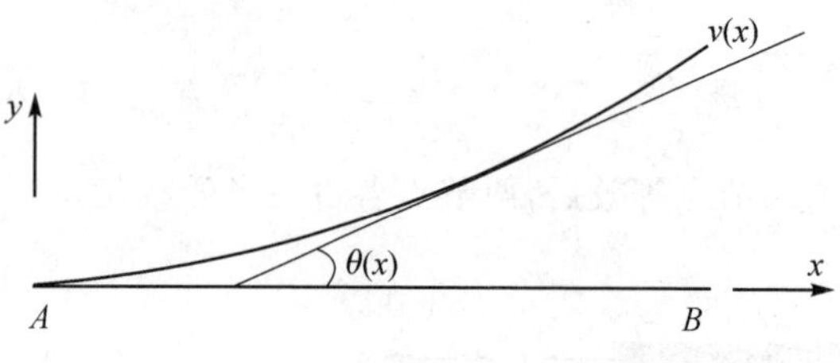

图 3.10 梁弯曲变形的挠度与转角

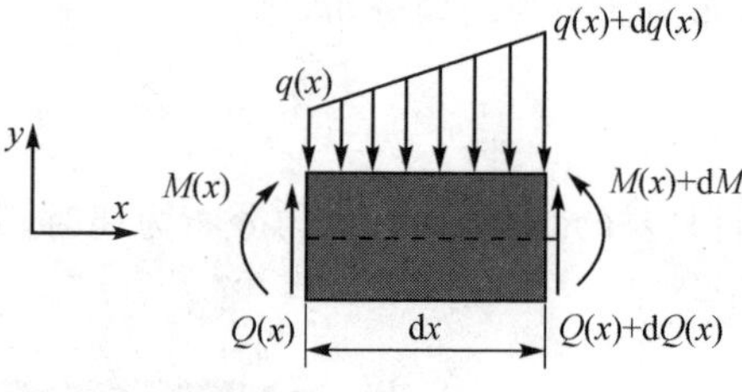

图 3.11 梁微元

其挠度 $v(x)$、弯矩 M、剪力 Q、分布载荷 $q(x)$之间的关系为

$$\frac{\mathrm{d}^2 v(x)}{\mathrm{d}x^2}=\frac{M(x)}{EI_z} \tag{3.83}$$

$$\frac{\mathrm{d}^3 v(x)}{\mathrm{d}x^3}=\frac{1}{EI_z}\frac{\mathrm{d}M(x)}{\mathrm{d}x}=\frac{Q(x)}{EI_z} \tag{3.84}$$

$$\frac{\mathrm{d}^4 v(x)}{\mathrm{d}x^4}=\frac{1}{EI_z}\frac{\mathrm{d}Q(x)}{\mathrm{d}x}=\frac{q(x)}{EI_z} \tag{3.85}$$

其中,I_z 为截面对于中心轴的惯性矩。

3.1.3.2 纯弯曲梁单元

对于平面纯弯曲梁,首先研究其在局部坐标系中的单元构建。图 3.12 所示为一局部坐标系中的纯弯曲梁单元，其长度为 l，弹性模量为 E，横截面积为 A，截面惯性矩为 I_z。不失一般性，令节点 i 的坐标为 $x=0$，节点 j 的坐标为 $x=l$。

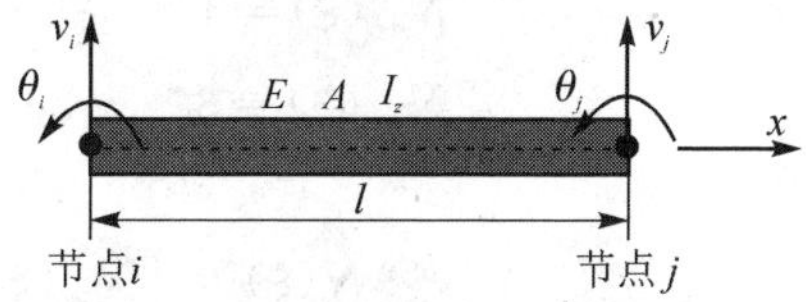

图 3.12　局部坐标系中的纯弯曲梁单元

梁单元的节点自由度除了挠度 v 外，还有转角 θ，所以一个梁单元在局部坐标系中共有 4 个自由度，节点位移列阵 $\boldsymbol{q}^e$ 可记为

$$\boldsymbol{q}^e=[v_i \quad \theta_i \quad v_j \quad \theta_j]^{\mathrm{T}} \tag{3.86}$$

节点力列阵 $\boldsymbol{P}^e$ 为

$$\boldsymbol{P}^e=[P_{vi} \quad P_{\theta i} \quad P_{vj} \quad P_{\theta j}]^{\mathrm{T}} \tag{3.87}$$

若该单元承受有分布外载，可以将其等效到节点上，其对应的等效节点载荷列阵 $\boldsymbol{F}^e$ 为

$$\boldsymbol{F}^e=[F_{vi} \quad F_{\theta i} \quad F_{vj} \quad F_{\theta j}]^{\mathrm{T}} \tag{3.88}$$

和前面推导杆单元系统矩阵的情形类似，利用函数插值、几何方程、物理方程以及最小势能原理计算公式，可以将单元的所有力学参量用节点位移列阵 $\boldsymbol{q}^e$ 及相关插值函数来表示。

(1) 位移场函数

由于有 4 个节点位移条件，因此可将纯弯梁单元的位移场（挠度）函数取为 3 次多项式

$$v(x)=a_0+a_1x+a_2x^2+a_3x^3 \tag{3.89}$$

其中，a_0,a_1,a_2,a_3 为待定系数。代入单元的节点位移条件

$$\left.\begin{aligned} v(0)=v_i, \quad v'(0)=\theta_i \\ v(l)=v_j, \quad v'(l)=\theta_j \end{aligned}\right\} \tag{3.90}$$

可求出 4 个待定系数，分别为

$$\left.\begin{aligned} a_0&=v_i \\ a_1&=\theta_i \\ a_2&=\frac{1}{l^2}(-3v_i-2\theta_i l+3v_j-\theta_j l) \\ a_3&=\frac{1}{l^3}(2v_i+\theta_i l-2v_j+\theta_j l) \end{aligned}\right\} \tag{3.91}$$

将式(3.91)代入式(3.89)，整理成关于节点位移的模式，有

$$\begin{aligned} v(x)&=(1-3\xi^2+2\xi^3)v_i+l(\xi-2\xi^2+\xi^3)\theta_i+(3\xi^2-2\xi^3)v_j+l(\xi^3-\xi^2)\theta_j \\ &=\boldsymbol{N}(\xi)\cdot\boldsymbol{q}^e \end{aligned} \tag{3.92}$$

式中，ξ 为梁单元的自然坐标，有

$$\xi=x/l \tag{3.93}$$

Jacobian 矩阵为

$$\boldsymbol{J}=\left[\frac{\mathrm{d}x}{\mathrm{d}\xi}\right]=l \tag{3.94}$$

$\boldsymbol{N}(\xi)$为自然坐标系下直梁单元的形状函数矩阵，即

$$\boldsymbol{N}(\xi)=[(1-3\xi^2+2\xi^3) \quad l(\xi-2\xi^2+\xi^3) \quad (3\xi^2-2\xi^3) \quad l(\xi^3-\xi^2)] \tag{3.95}$$

这里 $\boldsymbol{N}(\xi)$的 4 个元素分别与 i 节点挠度、i 节点转角、j 节点挠度和 j 节点转角有关，可将其分别记为

$$\left.\begin{aligned}N_{vi}(\xi)&=1-3\xi^2+2\xi^3\text{；}\quad N_{\theta i}(\xi)=l(\xi-2\xi^2+\xi^3)\\N_{vj}(\xi)&=3\xi^2-2\xi^3\text{；}\qquad N_{\theta j}(\xi)=l(\xi^3-\xi^2)\end{aligned}\right\}\tag{3.96}$$

则有

$$\boldsymbol{N}(\xi)=[N_{vi}(\xi)\quad N_{\theta i}(\xi)\quad N_{vj}(\xi)\quad N_{\theta j}(\xi)]\tag{3.97}$$

(2) 应变矩阵

在得到了位移场函数之后，可由几何方程求应变场。由纯弯梁的几何方程，可以得到梁的应变表达式为

$$\begin{aligned}\varepsilon(x,\hat{y})&=-\hat{y}\,\frac{\mathrm{d}^2v(x)}{\mathrm{d}x^2}\\&=-\hat{y}\left[\frac{1}{l^2}(12\xi-6)\quad\frac{1}{l}(6\xi-4)\quad-\frac{1}{l^2}(12\xi-6)\quad\frac{1}{l}(6\xi-2)\right]\cdot\boldsymbol{u}^e\\&=\boldsymbol{B}(\xi)\cdot\boldsymbol{q}^e\end{aligned}\tag{3.98}$$

其中，$\hat{y}$ 是以中性层为起点的 y 轴方向坐标，$\boldsymbol{B}(\xi)$为直梁单元的应变矩阵，可表示为

$$\boldsymbol{B}(\xi)=-\hat{y}\,[B_1\quad B_2\quad B_3\quad B_4]\tag{3.99}$$

其中

$$B_1=\frac{1}{l^2}(12\xi-6)\quad B_2=\frac{1}{l}(6\xi-4)\quad B_3=-\frac{1}{l^2}(12\xi-6)\quad B_4=\frac{1}{l}(6\xi-2)\tag{3.100}$$

记

$$\boldsymbol{B}_0=[B_1\quad B_2\quad B_3\quad B_4]\tag{3.101}$$

则有

$$\boldsymbol{B}(\xi)=-\hat{y}\boldsymbol{B}_0\tag{3.102}$$

(3) 应力矩阵

由直梁的物理方程可得应力矩阵为

$$\sigma(x,\hat{y})=E\cdot\varepsilon(x,\hat{y})=E\cdot\boldsymbol{B}(x,\hat{y})\cdot\boldsymbol{q}^e=\boldsymbol{S}(x,\hat{y})\cdot\boldsymbol{q}^e\tag{3.103}$$

其中，E 为材料弹性模量，$\boldsymbol{S}(x,\hat{y})$为单元的应力矩阵，可表示为

$$\boldsymbol{S}(x,\hat{y})=\boldsymbol{S}(\xi)=-\hat{y}E\,[B_1\quad B_2\quad B_3\quad B_4]=-\hat{y}E\boldsymbol{B}_0\tag{3.104}$$

(4) 单元刚度矩阵

由最小势能原理可以得到单元刚度矩阵

$$\boldsymbol{K}^e=\int_{\Omega^e}\boldsymbol{B}^{\mathrm{T}}\boldsymbol{D}\boldsymbol{B}\,\mathrm{d}\Omega=\int_A\hat{y}^2\mathrm{d}A\int_0^l(\boldsymbol{B}^{\mathrm{T}}E\boldsymbol{B})\,\mathrm{d}x=\frac{EI_z}{l^3}\begin{bmatrix}12&6l&-12&6l\\6l&4l^2&-6l&2l^2\\-12&-6l&12&-6l\\6l&2l^2&-6l&4l^2\end{bmatrix}\tag{3.105}$$

式中

$$I_z=\int_A\hat{y}^2\mathrm{d}A\tag{3.106}$$

为梁截面惯性矩，与梁截面的具体形状有关。

(5) 单元质量矩阵

将自然坐标系下的纯弯曲梁单元的形函数表达式(3.95)代入单元质量矩阵计算公式，可得

$$\boldsymbol{M}^e=\int_{\Omega^e}\rho\boldsymbol{N}^{\mathrm{T}}\boldsymbol{N}\mathrm{d}\Omega=\rho A\int_0^1\boldsymbol{N}^{\mathrm{T}}\boldsymbol{N}\,|\boldsymbol{J}|\,\mathrm{d}\xi=\frac{\rho Al}{420}\begin{bmatrix}156 & 22l & 54 & -13l\\ 22l & 4l^2 & 13l & -3l^2\\ 54 & 13l & 156 & -22l\\ -13l & -3l^2 & -22l & 4l^2\end{bmatrix}\tag{3.107}$$

式中，ρ 为材料密度，A 为梁单元的横截面积，l 为梁单元的长度。

相应的集中质量矩阵为

$$\boldsymbol{M}^e=\frac{\rho Al}{2}\begin{bmatrix}1 & 0 & 0 & 0\\ 0 & 0 & 0 & 0\\ 0 & 0 & 1 & 0\\ 0 & 0 & 0 & 0\end{bmatrix}\tag{3.108}$$

式(3.108)中略去了包含转动的节点参数。集中质量矩阵的一种简单计算方法是对一致质量矩阵式(3.107)中的每一行元素求和并置于矩阵的对角线位置，该方法需要排除掉相应的转动自由度。

(6) 等效节点载荷

空间梁单元的节点有 6 个自由度，所以其能承受来自各个位移方向上的载荷。在集成梁单元的整体载荷列阵时，如果有集中力或者集中弯矩作用在某节点的自由度上，则将该集中力或集中弯矩直接填入整体载荷列阵相应的自由度上即可，不用进行等效处理；如果集中力或者集中弯矩作用在划分好的梁段中间，则需要按照等效原理将其分配到两端节点上；若梁段上作用有分布载荷，也需要按照等效原理将其转化至两端节点上。在进行节点等效操作时，通常将梁元放在局部坐标系中进行，之后再通过类似于组装整体刚度矩阵的方式将其集成，得到整体载荷列阵。

另外，梁单元上可以承受轴向载荷、体载荷、扭转载荷，但这些载荷的等效规则已在杆单元中进行了研究，不再赘述。这里只研究梁单元在承受横向载荷发生弯曲时的情形。下面通过功的互等原理来研究外力的等效节点载荷，当载荷为分布力时，等效原理为

$$W^e=\int_0^l\bar{p}(x)\cdot v(x)\mathrm{d}x=\left[\int_0^l\bar{p}(x)\cdot\boldsymbol{N}(x)\mathrm{d}x\right]\cdot\boldsymbol{u}^e=[Q_i\quad M_i\quad Q_j\quad M_j]\cdot\boldsymbol{u}^e\tag{3.109}$$

当载荷为弯矩时，等效原理为

$$W^e=\int_0^l\bar{m}(x)\cdot v'(x)\mathrm{d}x=\left[\int_0^l\bar{m}(x)\cdot\boldsymbol{N}'(x)\mathrm{d}x\right]\cdot\boldsymbol{u}^e=[Q_i\quad M_i\quad Q_j\quad M_j]\cdot\boldsymbol{u}^e\tag{3.110}$$

这样的变更，对整体结构的计算不会带来明显的误差，但对载荷区域单元的应力分布，将有较大的影响。下面将分情况进行讨论：

① 梁元上作用有集中力的情形

等效节点载荷为

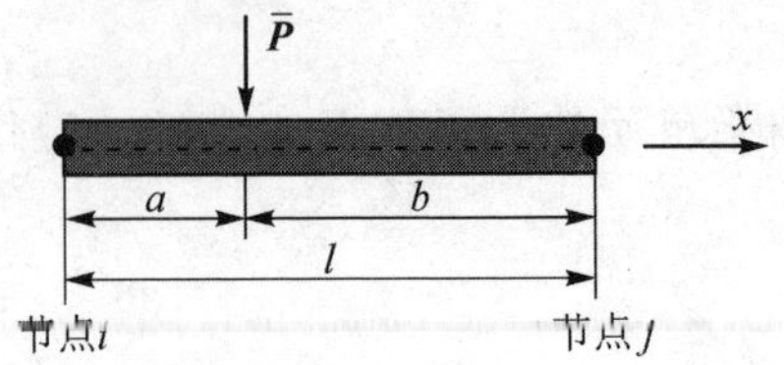

图 3.13 梁元上作用集中力的情形

$$\left.\begin{array}{ll}Q_i=-(\bar{P}b^2/l^3)(3a+b), & M_i=-\bar{P}ab^2/l^2\\ Q_j=-(\bar{P}a^2/l^3)(a+3b), & M_j=\bar{P}a^2b/l^2\end{array}\right\}\tag{3.111}$$

特别地，当 $a=b=l/2$ 时，有

$$\left.\begin{array}{ll}Q_i=-\bar{P}/2, & M_i=-\bar{P}l/8\\ Q_j=-\bar{P}/2, & M_j=\bar{P}l/8\end{array}\right\}\tag{3.112}$$

② 梁元上作用有均布载荷的情形

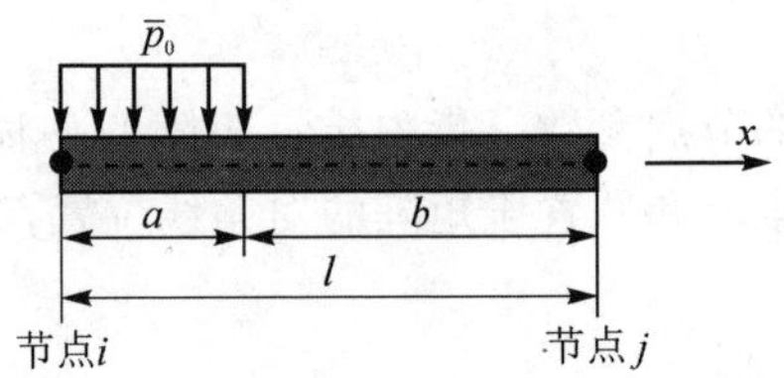

图 3.14 梁元上作用均布载荷的情形

对于此种情况，建议在划分梁元时，在中段载荷变化处设置节点，将梁元分为两个不同的单元进行处理。若只使用 1 个单元，则其等效节点载荷为

$$\left.\begin{array}{ll}Q_i=-(\bar{p}_0a/2l^3)(a^3-2a^2l+2l^3), & M_i=-(\bar{p}_0a^3/2l^3)(2l-a)\\ Q_j=-(\bar{p}_0a^2/12l^2)(3a^2-8al+6l^2), & M_j=(\bar{p}_0a^3/12l^2)(4l-3a)\end{array}\right\}\tag{3.113}$$

特别地，当 $a=l$ 时，有

$$\left.\begin{array}{ll}Q_i=-\bar{p}_0l/2, & M_i=-\bar{p}_0l^2/12\\ Q_j=-\bar{p}_0l/2, & M_j=\bar{p}_0l^2/12\end{array}\right\}\tag{3.114}$$

③ 梁元上作用有三角形载荷的情形

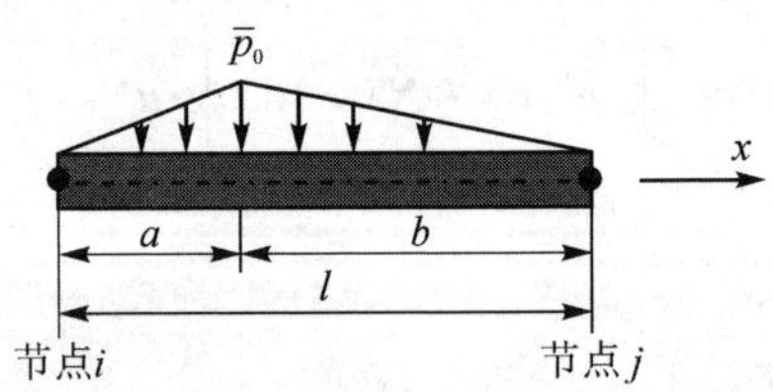

图 3.15 梁元上作用三角形载荷的情形

等效节点载荷为

$$\left.\begin{array}{ll}Q_i=\bar{p}_0(-2a^3+3a^2l+3al^2-7l^3)/20l^2, & M_i=-\bar{p}_0(3a^3-7a^2l+3al^2+3l^3)/60l\\ Q_j=-\bar{p}_0(-2a^3+3a^2l+3al^2+3l^3)/20l^2, & M_j=\bar{p}_0(-3a^3+2a^2l+2al^2+2l^3)/60l\end{array}\right\}\tag{3.115}$$

特别地，当 $a=l$ 时，有

$$\left.\begin{aligned}Q_i&=-3\bar{p}_0 l/20, \quad M_i=-\bar{p}_0 l^2/30\\ Q_j&=-7\bar{p}_0 l/20, \quad M_j=\bar{p}_0 l^2/20\end{aligned}\right\} \tag{3.116}$$

当 $a=0$ 时，有

$$\left.\begin{aligned}Q_i&=-7\bar{p}_0 l/20, \quad M_i=-\bar{p}_0 l^2/20\\ Q_j&=-3\bar{p}_0 l/20, \quad M_j=\bar{p}_0 l^2/30\end{aligned}\right\} \tag{3.117}$$

当 $a=l/2$ 时，有

$$\left.\begin{aligned}Q_i&=-\bar{p}_0 l/4, \quad M_i=-5\bar{p}_0 l^2/96\\ Q_j&=-\bar{p}_0 l/4, \quad M_j=5\bar{p}_0 l^2/96\end{aligned}\right\} \tag{3.118}$$

④ 梁元上作用有集中弯矩的情形

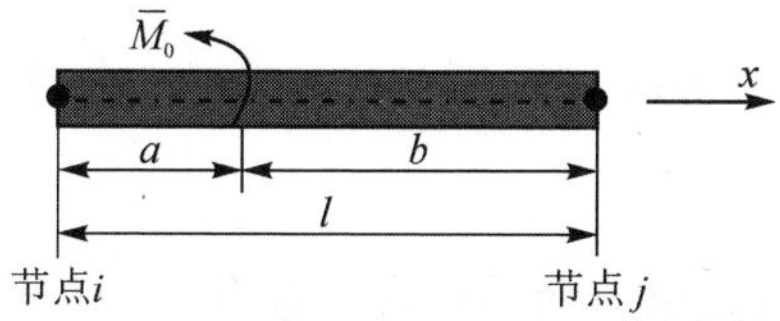

图 3.16　梁元上作用集中弯矩的情形

等效节点载荷为

$$\left.\begin{aligned}Q_i&=-6M_0 ab/l^3, \quad M_i=-(M_0 b/l^2)(3a-l)\\ Q_j&=6M_0 ab/l^3, \quad M_j=-(M_0 a/l^2)(3b-l)\end{aligned}\right\} \tag{3.119}$$

特别地，当 $a=b=l/2$ 时，有

$$\left.\begin{aligned}Q_i&=-3M_0/2l, \quad M_i=-M_0/4\\ Q_j&=3M_0/2l, \quad M_j=-M_0/4\end{aligned}\right\} \tag{3.120}$$

⑤ 梁元上作用有分布弯矩的情形

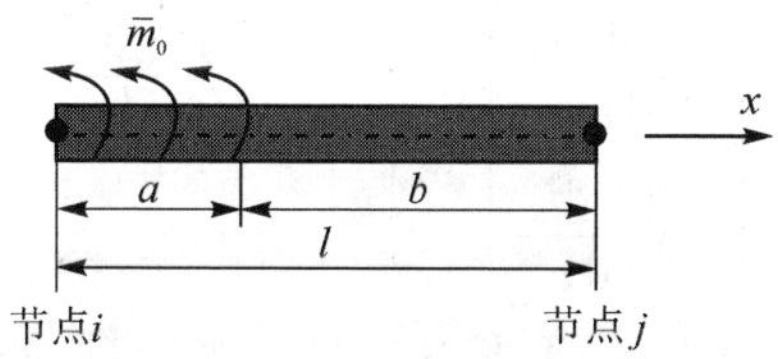

图 3.17　梁元上作用分布弯矩的情形

等效节点载荷为

$$\left.\begin{aligned}Q_i&=m_0 a^2(2a-3l)/l^3, \quad M_i=m_0 ab^2/l^2\\ Q_j&=-m_0 a^2(2a-3l)/l^3, \quad M_j=-m_0 a^2 b/l^2\end{aligned}\right\} \tag{3.121}$$

特别地，当 $a=l$ 时，有

$$\left.\begin{aligned}Q_i&=-m_0, \quad M_i=0\\ Q_j&=m_0, \quad M_j=0\end{aligned}\right\} \tag{3.122}$$

当然，在实际工程中，还可能会碰到其他类型的载荷，此时只要按照式(3.109)或式(3.110)代入积分即可得到梁端节点的等效载荷。

3.1.3.3 平面一般直梁单元

为推导局部坐标系中的平面一般直梁单元,需要在纯弯曲梁单元上叠加轴向位移,这时每个节点的自由度有3个,梁单元的节点位移条件共有6个,如图3.18所示。如此,平面梁单元的节点位移列阵$\boldsymbol{q}^e$、节点力列阵$\boldsymbol{P}^e$和等效节点载荷列阵$\boldsymbol{F}^e$分别写为

$$\boldsymbol{q}^e=\begin{bmatrix}u_i & v_i & \theta_i & u_j & v_j & \theta_j\end{bmatrix}^{\mathrm{T}} \tag{3.123}$$

$$\boldsymbol{P}^e=\begin{bmatrix}P_{ui} & P_{vi} & P_{\theta i} & P_{uj} & P_{vj} & P_{\theta j}\end{bmatrix}^{\mathrm{T}} \tag{3.124}$$

$$\boldsymbol{F}^e=\begin{bmatrix}F_{ui} & F_{vi} & F_{\theta i} & F_{uj} & F_{vj} & F_{\theta j}\end{bmatrix}^{\mathrm{T}} \tag{3.125}$$

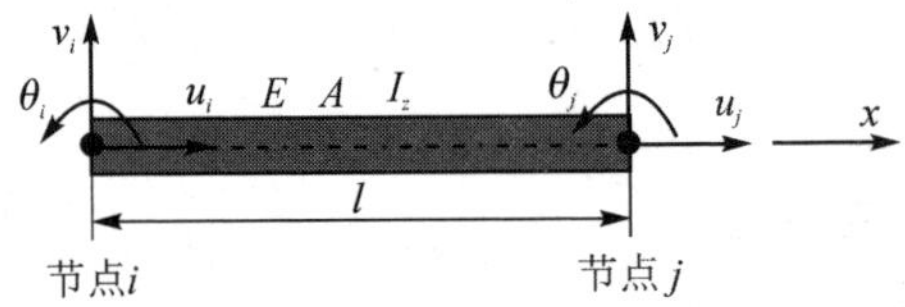

图3.18 叠加了轴向位移的直梁单元

(1) 位移场函数

根据线性系统叠加原理,将直梁单元的轴向位移和横向位移进行叠加,得

$$\boldsymbol{d}(x)=\begin{bmatrix}u(x)\\ v(x)\end{bmatrix}=\boldsymbol{N}\boldsymbol{q}^e \tag{3.126}$$

由式(3.95)可知,局部坐标系中叠加了轴向位移的一般直梁单元的形函数矩阵可写为

$$\boldsymbol{N}=\begin{bmatrix}\boldsymbol{N}_u\\ \boldsymbol{N}_v\end{bmatrix}=\begin{bmatrix}1-\xi & 0 & 0 & \xi & 0 & 0\\ 0 & (1-3\xi^2+2\xi^3) & l(\xi-2\xi^2+\xi^3) & 0 & (3\xi^2-2\xi^3) & l(\xi^3-\xi^2)\end{bmatrix} \tag{3.127}$$

(2) 应变矩阵

位移函数求得后,可通过几何方程得到应变的表达式。忽略剪切影响,记ε_u为轴向应变,ε_v为弯曲应变,则有

$$\varepsilon=\begin{bmatrix}\varepsilon_u\\ \varepsilon_v\end{bmatrix}=\begin{bmatrix}\dfrac{\mathrm{d}u}{\mathrm{d}x}\\ -\hat{y}\dfrac{\mathrm{d}^2v}{\mathrm{d}x^2}\end{bmatrix}=\begin{bmatrix}\dfrac{\mathrm{d}}{\mathrm{d}x}\\ -\hat{y}\dfrac{\mathrm{d}^2}{\mathrm{d}x^2}\end{bmatrix}\odot\begin{bmatrix}u\\ v\end{bmatrix}=\begin{bmatrix}\dfrac{\mathrm{d}}{\mathrm{d}x}\\ -\hat{y}\dfrac{\mathrm{d}^2}{\mathrm{d}x^2}\end{bmatrix}\odot\begin{bmatrix}\boldsymbol{N}_u\\ \boldsymbol{N}_v\end{bmatrix}\boldsymbol{q}^e=\boldsymbol{B}\boldsymbol{q}^e \tag{3.128}$$

这里定义$\odot$为向量的元素乘。例如,若$\boldsymbol{A}$和$\boldsymbol{B}$为两个列向量,$\boldsymbol{A}\odot\boldsymbol{B}$代表这两个向量的对应元素相乘,乘积仍为1个列向量。若$\boldsymbol{A}$为列向量,$\boldsymbol{B}$为矩阵,则$\boldsymbol{A}\odot\boldsymbol{B}$代表$\boldsymbol{A}$向量与$\boldsymbol{B}$矩阵的每一列作元素乘。行向量的运算规则与此类似。

于是,相应的应变矩阵为

$$\boldsymbol{B}(\xi,\hat{y})=\begin{bmatrix}-\dfrac{1}{l} & 0 & 0 & \dfrac{1}{l} & 0 & 0\\ 0 & -\dfrac{\hat{y}}{l^2}(12\xi-6) & -\dfrac{\hat{y}}{l}(6\xi-4) & 0 & \dfrac{\hat{y}}{l^2}(12\xi-6) & -\dfrac{\hat{y}}{l}(6\xi-2)\end{bmatrix} \tag{3.129}$$

(3) 应力矩阵

应力矩阵为

$$S(\xi,\hat{y})=E\cdot B(\xi,\hat{y}) \tag{3.130}$$

(4) 单元刚度矩阵

由最小势能原理可以得到单元刚度矩阵为

$$K^e=\int_{\Omega^e}B^{\mathrm{T}}DB\,\mathrm{d}\Omega \tag{3.131}$$

要对式(3.131)进行积分,需要将应变矩阵按照位移模式的不同分成两个子块,即

$$B(\xi,\hat{y})=\begin{bmatrix}-\frac{1}{l} & 0 & 0 & \frac{1}{l} & 0 & 0\\ 0 & -\frac{\hat{y}}{l^2}(12\xi-6) & -\frac{\hat{y}}{l}(6\xi-4) & 0 & \frac{\hat{y}}{l^2}(12\xi-6) & -\frac{\hat{y}}{l}(6\xi-2)\end{bmatrix}=\begin{bmatrix}B_u\\ B_v\end{bmatrix} \tag{3.132}$$

将式(3.132)代入式(3.131),得

$$K^e=\int_{\Omega^e}B^{\mathrm{T}}DB\,\mathrm{d}\Omega=\int_{\Omega^e}\begin{bmatrix}B_u^{\mathrm{T}} & B_v^{\mathrm{T}}\end{bmatrix}D\begin{bmatrix}B_u\\ B_v\end{bmatrix}\mathrm{d}\Omega=\int_{\Omega^e}B_u^{\mathrm{T}}DB_u\,\mathrm{d}\Omega+\int_{\Omega^e}B_v^{\mathrm{T}}DB_v\,\mathrm{d}\Omega \tag{3.133}$$

式(3.133)中的两个积分将被分别计算,并分别记为

$$K_u^e=\int_{\Omega^e}B_u^{\mathrm{T}}DB_u\,\mathrm{d}\Omega=lEAB_u^{\mathrm{T}}B_u \tag{3.134}$$

$$K_v^e=\int_{\Omega^e}B_v^{\mathrm{T}}DB_v\,\mathrm{d}\Omega=\int_A\hat{y}^2\,\mathrm{d}A\int_0^l(B_v^{\mathrm{T}}EB_v)\,\mathrm{d}x \tag{3.135}$$

相应的刚度矩阵为

$$K^e=\begin{bmatrix}\frac{EA}{l} & 0 & 0 & -\frac{EA}{l} & 0 & 0\\ 0 & \frac{12EI_z}{l^3} & \frac{6EI_z}{l^2} & 0 & -\frac{12EI_z}{l^3} & \frac{6EI_z}{l^2}\\ 0 & \frac{6EI_z}{l^2} & \frac{4EI_z}{l} & 0 & -\frac{6EI_z}{l^2} & \frac{2EI_z}{l}\\ -\frac{EA}{l} & 0 & 0 & \frac{EA}{l} & 0 & 0\\ 0 & -\frac{12EI_z}{l^3} & -\frac{6EI_z}{l^2} & 0 & \frac{12EI_z}{l^3} & -\frac{6EI_z}{l^2}\\ 0 & \frac{6EI_z}{l^2} & \frac{2EI_z}{l} & 0 & -\frac{6EI_z}{l^2} & \frac{4EI_z}{l}\end{bmatrix} \tag{3.136}$$

(5) 单元质量矩阵

将形函数表达式(3.127)代入单元质量矩阵计算公式,得到

$$M^e=\int_{\Omega^e}\rho N^{\mathrm{T}}N\,\mathrm{d}\Omega=\int_{\Omega^e}\rho\begin{bmatrix}N_u^{\mathrm{T}} & N_v^{\mathrm{T}}\end{bmatrix}\begin{bmatrix}N_u\\ N_v\end{bmatrix}\mathrm{d}\Omega=\int_{\Omega^e}\rho N_u^{\mathrm{T}}N_u\,\mathrm{d}\Omega+\int_{\Omega^e}\rho N_v^{\mathrm{T}}N_v\,\mathrm{d}\Omega \tag{3.137}$$

记

$$M_u^e=\int_{\Omega^e}\rho N_u^{\mathrm{T}}N_u\,\mathrm{d}\Omega=\rho AL\int_0^1N_u^{\mathrm{T}}N_u\,\mathrm{d}\xi \tag{3.138}$$

$$\boldsymbol{M}_v^e = \int_{\Omega^e} \rho \boldsymbol{N}_v^{\mathrm{T}} \boldsymbol{N}_v \mathrm{d}\Omega = \rho AL \int_0^1 \boldsymbol{N}_v^{\mathrm{T}} \boldsymbol{N}_v \mathrm{d}\xi \tag{3.139}$$

接着,分别计算两个积分式,并进行求和,可得平面一般直梁单元的一致质量矩阵为

$$\boldsymbol{M}^e = \frac{\rho Al}{420}\begin{bmatrix} 140 & 0 & 0 & 70 & 0 & 0 \\ 0 & 156 & 22l & 0 & 54 & -13l \\ 0 & 22l & 4l^2 & 0 & 13l & -3l^2 \\ 70 & 0 & 0 & 140 & 0 & 0 \\ 0 & 54 & 13l & 0 & 156 & -22l \\ 0 & -13l & -3l^2 & 0 & -22l & 4l^2 \end{bmatrix} \tag{3.140}$$

排除掉相应的转动自由度,将一致质量矩阵中的每一行元素求和并置于矩阵的对角线位置,可得到相应的集中质量矩阵为

$$\boldsymbol{M}^e = \frac{\rho Al}{2}\begin{bmatrix} 1 & 0 & 0 & 0 & 0 & 0 \\ 0 & 1 & 0 & 0 & 0 & 0 \\ 0 & 0 & 0 & 0 & 0 & 0 \\ 0 & 0 & 0 & 1 & 0 & 0 \\ 0 & 0 & 0 & 0 & 1 & 0 \\ 0 & 0 & 0 & 0 & 0 & 0 \end{bmatrix} \tag{3.141}$$

(6) 坐标变换矩阵

图 3.19 所示为全局坐标系中的一个平面直梁单元,梁单元长度为 l,弹性模量为 E,横截面积为 A,截面惯性矩为 I_z。其在局部坐标系下的节点位移列阵为

$$\boldsymbol{u}^e = [u_i \quad v_i \quad \theta_i \quad u_j \quad v_j \quad \theta_j]^{\mathrm{T}} \tag{3.142}$$

在全局坐标系中的节点位移列阵为

$$\bar{\boldsymbol{u}}^e = [\bar{u}_i \quad \bar{v}_i \quad \bar{\theta}_i \quad \bar{u}_j \quad \bar{v}_j \quad \bar{\theta}_j]^{\mathrm{T}} \tag{3.143}$$

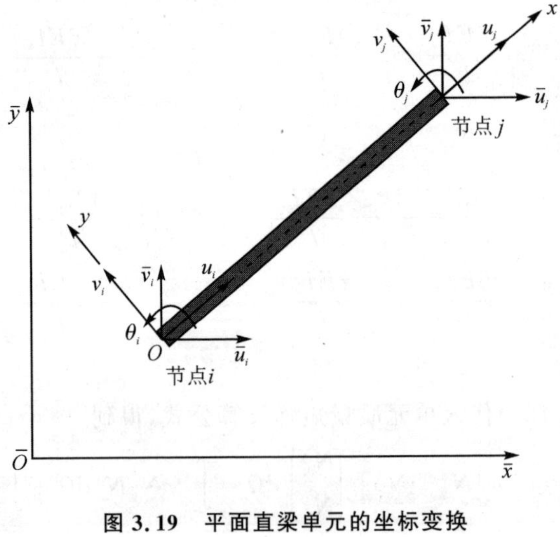

图 3.19 平面直梁单元的坐标变换

按照两个坐标系中的位移向量相等效的原则,可得到以下的变换关系:

$$\left.\begin{aligned}
u_i &= \bar{u}_i\cos(x,\bar{x}) + \bar{v}_i\cos(x,\bar{y})\\
v_i &= \bar{u}_i\cos(y,\bar{x}) + \bar{v}_i\cos(y,\bar{y})\\
\theta_i &= \bar{\theta}_i\\
u_j &= \bar{u}_j\cos(x,\bar{x}) + \bar{v}_j\cos(x,\bar{y})\\
v_j &= \bar{u}_j\cos(y,\bar{x}) + \bar{v}_j\cos(y,\bar{y})\\
\theta_j &= \bar{\theta}_j
\end{aligned}\right\}\tag{3.144}$$

写成矩阵形式有

$$\boldsymbol{u}^e = \boldsymbol{T}^e \cdot \bar{\boldsymbol{u}}^e \tag{3.145}$$

其中，$\boldsymbol{T}^e$ 为单元的坐标变换阵，表达式为

$$\boldsymbol{T}^e = \begin{bmatrix}
\cos(x,\bar{x}) & \cos(x,\bar{y}) & 0 & 0 & 0 & 0\\
\cos(y,\bar{x}) & \cos(y,\bar{y}) & 0 & 0 & 0 & 0\\
0 & 0 & 1 & 0 & 0 & 0\\
0 & 0 & 0 & \cos(x,\bar{x}) & \cos(x,\bar{y}) & 0\\
0 & 0 & 0 & \cos(y,\bar{x}) & \cos(y,\bar{y}) & 0\\
0 & 0 & 0 & 0 & 0 & 1
\end{bmatrix} \tag{3.146}$$

式中，$\cos(x,\bar{x})$和 $\cos(x,\bar{y})$分别为梁单元轴线在整体坐标系中的方向余弦，且有

$$\cos(x,\bar{x}) = \cos(y,\bar{y}) = \frac{\bar{x}_j - \bar{x}_i}{l},\quad \cos(x,\bar{y}) = -\cos(y,\bar{x}) = \frac{\bar{y}_j - \bar{y}_i}{l} \tag{3.147}$$

则梁单元在整体坐标系中的刚度方程为

$$\bar{\boldsymbol{K}}^e \cdot \bar{\boldsymbol{u}}^e = \bar{\boldsymbol{F}}^e \tag{3.148}$$

其中，

$$\bar{\boldsymbol{K}}^e = \boldsymbol{T}^{e\mathrm{T}} \cdot \boldsymbol{K}^e \cdot \boldsymbol{T}^e \tag{3.149}$$

$$\bar{\boldsymbol{F}}^e = \boldsymbol{T}^{e\mathrm{T}} \cdot \boldsymbol{F}^e \tag{3.150}$$

质量矩阵也可以通过坐标变换得到，即

$$\bar{\boldsymbol{M}}^e = \boldsymbol{T}^{e\mathrm{T}} \cdot \boldsymbol{M}^e \cdot \boldsymbol{T}^e \tag{3.151}$$

3.1.3.4　空间一般直梁单元

空间梁单元除承受轴力和弯矩的作用外，还可能承受扭矩的作用，而且其弯矩可能同时在两个坐标面内存在。图 3.20 所示为一局部坐标系中的空间直梁单元，其长度为 l，横截面积

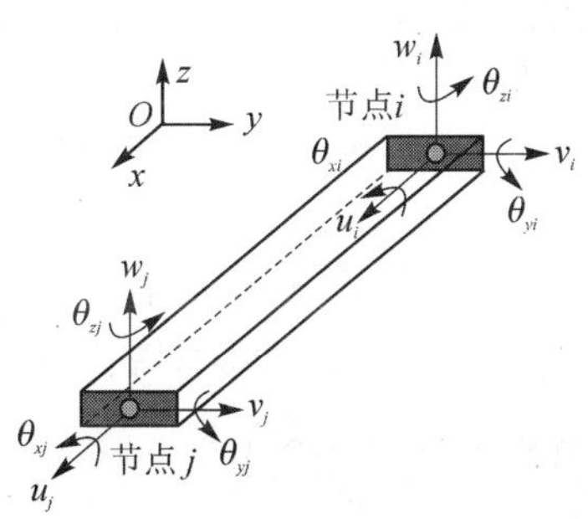

图 3.20　局部坐标系中的空间直梁单元

为 A，弹性模量为 E，剪切模量为 G，xy 平面内的截面惯性矩为 I_z，xz 平面内的截面惯性矩为 I_y，单元的扭转惯性矩为 J。该梁单元有两个节点，每个节点有 6 个位移自由度，整个单元共有 12 个自由度，其局部坐标系中的节点位移列阵 $\boldsymbol{q}^e$、节点力列阵 $\boldsymbol{P}^e$ 和等效节点载荷列阵 $\boldsymbol{F}^e$ 为

$$\boldsymbol{q}^e = [u_i \quad v_i \quad w_i \quad \theta_{xi} \quad \theta_{yi} \quad \theta_{zi} \quad u_j \quad v_j \quad w_j \quad \theta_{xj} \quad \theta_{yj} \quad \theta_{zj}]^{\mathrm{T}} \tag{3.152}$$

$$\boldsymbol{P}^e = [P_{ui} \quad P_{vi} \quad P_{wi} \quad P_{\theta xi} \quad P_{\theta yi} \quad P_{\theta zi} \quad P_{uj} \quad P_{vj} \quad P_{wj} \quad P_{\theta xj} \quad P_{\theta yj} \quad P_{\theta zj}]^{\mathrm{T}} \tag{3.153}$$

$$\boldsymbol{F}^e = [F_{ui} \quad F_{vi} \quad F_{wi} \quad F_{\theta xi} \quad F_{\theta yi} \quad F_{\theta zi} \quad F_{uj} \quad F_{vj} \quad F_{wj} \quad F_{\theta xj} \quad F_{\theta yj} \quad F_{\theta zj}]^{\mathrm{T}} \tag{3.154}$$

式中 u_i，v_i，w_i 为节点 i 在局部坐标系中三个方向的线位移；θ_{xi}、θ_{yi}、θ_{zi} 为节点 i 在节点处绕三个坐标轴的转动角度；θ_{xi} 代表截面的扭转，θ_{yi}、θ_{zi} 分别代表截面在 xz 和 xy 坐标面内的转动；P_{ui} 为节点 i 的轴向力，P_{vi}、P_{wi} 分别是节点 i 在 xy 和 xz 面内的剪力；$P_{\theta xi}$ 是节点 i 的扭矩，$P_{\theta yi}$，$P_{\theta zi}$ 分别是节点 i 在 xz 和 xy 面内的弯矩。节点 j 的情况与节点 i 类似。

根据线弹性力学的叠加原理，可将该空间梁单元的受载情况进行分解，针对不同的位移模式给出相应的单元刚度矩阵，之后再将所有情况进行组合以形成完整的刚度矩阵。

(1) 轴向位移

对于轴向节点位移 u_i 和 u_j，其对应杆单元的刚度矩阵为

$$\underset{(2\times 2)}{\boldsymbol{K}_{\mathrm{A}}^e} = \frac{EA}{l}\begin{bmatrix} 1 & -1 \\ -1 & 1 \end{bmatrix} \tag{3.155}$$

(2) 扭转角

绕轴向的转角 θ_{xi} 和 θ_{xj} 对应于杆件受扭转时的情形。由材料力学知识可知，如果将扭转角类比于拉压杆的轴向位移，则扭转杆的分析结果与拉压杆类似，其所推导出来的单元刚度矩阵也类似，不同的是弹性模量 E 应被置换为剪切模量 G，而横截面积 A 应被置换为横截面的扭转惯性矩 J，即

$$\underset{(2\times 2)}{\boldsymbol{K}_{\mathrm{T}}^e} = \frac{GJ}{l}\begin{bmatrix} 1 & -1 \\ -1 & 1 \end{bmatrix} \tag{3.156}$$

(3) Oxy 平面内的节点位移

Oxy 平面内的节点位移 v_i、θ_{zi}、v_j 和 θ_{zj} 对应于梁在 Oxy 平面内的纯弯曲情形，其对应的刚度矩阵为

$$\underset{(4\times 4)}{\boldsymbol{K}_{\mathrm{BZ}}^e} = \frac{E \cdot I_z}{l^3}\begin{bmatrix} 12 & 6l & -12 & 6l \\ 6l & 4l^2 & -6l & 2l^2 \\ -12 & -6l & 12 & -6l \\ 6l & 2l^2 & -6l & 4l^2 \end{bmatrix} \tag{3.157}$$

(4) Oxz 平面内的节点位移

Oxz 平面内的节点位移 w_i、θ_{yi}、w_j 和 θ_{yj} 对应于梁在 Oxz 平面内的纯弯曲情形。需要注意的是，在 Oxy 平面内，转角 θ_z 与挠度 v 的正向增量方向一致。但在 Oxz 平面内，θ_y 与位移 w 的正向增量方向相反，即转角与位移之间的关系为

$$\theta_y = -\frac{\mathrm{d}w}{\mathrm{d}x}, \quad \theta_z = \frac{\mathrm{d}v}{\mathrm{d}x} \tag{3.158}$$

所以，得到的单元刚度矩阵为

$$\underset{(4\times4)}{\boldsymbol{K}^e_{\mathrm{BY}}}=\frac{E\cdot I_y}{l^3}\begin{bmatrix}12 & -6l & -12 & -6l\\ -6l & 4l^2 & 6l & 2l^2\\ -12 & 6l & 12 & 6l\\ -6l & 2l^2 & 6l & 4l^2\end{bmatrix}\tag{3.159}$$

通过对应于式(3.152)中的节点位移次序，可以将各部分刚度矩阵进行组合从而形成局部坐标系中空间梁单元完整的单元刚度矩阵，即

$$\underset{(12\times12)}{\boldsymbol{K}^e}=\begin{bmatrix}
\frac{EA}{l} & 0 & 0 & 0 & 0 & 0 & -\frac{EA}{l} & 0 & 0 & 0 & 0 & 0\\
 & \frac{12EI_z}{l^3} & 0 & 0 & 0 & \frac{6EI_z}{l^2} & 0 & -\frac{12EI_z}{l^3} & 0 & 0 & 0 & \frac{6EI_z}{l^2}\\
 & & \frac{12EI_y}{l^3} & 0 & -\frac{6EI_y}{l^2} & 0 & 0 & 0 & -\frac{12EI_y}{l^3} & 0 & -\frac{6EI_y}{l^2} & 0\\
 & & & \frac{GJ}{l} & 0 & 0 & 0 & 0 & 0 & -\frac{GJ}{l} & 0 & 0\\
 & & & & \frac{4EI_y}{l} & 0 & 0 & 0 & \frac{6EI_y}{l^2} & 0 & \frac{2EI_y}{l} & 0\\
 & & & & & \frac{4EI_z}{l} & 0 & -\frac{6EI_z}{l^2} & 0 & 0 & 0 & \frac{2EI_z}{l}\\
 & \text{对} & & & & & \frac{EA}{l} & 0 & 0 & 0 & 0 & 0\\
 & & & & & & & \frac{12EI_z}{l^3} & 0 & 0 & 0 & -\frac{6EI_z}{l^2}\\
 & & & & & & & & \frac{12EI_y}{l^3} & 0 & \frac{6EI_y}{l^2} & 0\\
 & & & & \text{称} & & & & & \frac{GJ}{l} & 0 & 0\\
 & & & & & & & & & & \frac{4EI_y}{l} & 0\\
 & & & & & & & & & & & \frac{4EI_z}{l}
\end{bmatrix}\tag{3.160}$$

为方便后续处理，对于空间一般直梁单元也应写出其位移模式，以及相应的应变矩阵和应力矩阵。

(1) 位移场函数

空间梁单元有 4 个独立位移分量，包括轴向位移 $u(x)$、y 向挠度 $v(x)$、z 向挠度 $w(x)$ 和扭转角 $\theta_x(x)$。由线性系统叠加原理，将直梁单元在各个方向上的位移进行叠加，得到

$$\boldsymbol{d}(x)=\begin{bmatrix}u(x)\\ v(x)\\ w(x)\\ \theta_x(x)\end{bmatrix}=\boldsymbol{N}\boldsymbol{q}^e\tag{3.161}$$

其中，形函数矩阵 $\boldsymbol{N}$ 可写为

$$\boldsymbol{N}=\begin{bmatrix}\boldsymbol{N}_u\\ \boldsymbol{N}_v\\ \boldsymbol{N}_w\\ \boldsymbol{N}_{\theta x}\end{bmatrix}=[\boldsymbol{N}_i \quad \boldsymbol{N}_j] \tag{3.162}$$

这里

$$\boldsymbol{N}_i=\begin{bmatrix}N_{ui} & 0 & 0 & 0 & 0 & 0\\ 0 & N_{vi} & 0 & 0 & 0 & N_{\theta zi}\\ 0 & 0 & N_{wi} & 0 & N_{\theta yi} & 0\\ 0 & 0 & 0 & N_{\theta xi} & 0 & 0\end{bmatrix} \tag{3.163}$$

$$\boldsymbol{N}_j=\begin{bmatrix}N_{uj} & 0 & 0 & 0 & 0 & 0\\ 0 & N_{vj} & 0 & 0 & 0 & N_{\theta zj}\\ 0 & 0 & N_{wj} & 0 & N_{\theta yj} & 0\\ 0 & 0 & 0 & N_{\theta xj} & 0 & 0\end{bmatrix} \tag{3.164}$$

其中，N_{ui}、N_{uj} 与拉压杆单元的形函数相同，$N_{\theta xi}$、$N_{\theta xj}$ 与扭转杆单元的形函数相同，其余形函数可参考纯弯曲梁单元的形函数，但需要注意 $N_{\theta yi}$ 与 $N_{\theta zj}$ 的符号问题。各形函数的表达式如下：

$$\left.\begin{array}{ll}N_{ui}=N_{\theta xi}=1-\xi, & N_{uj}=N_{\theta xj}=\xi\\ N_{vi}=N_{wi}=1-3\xi^2+2\xi^3, & N_{vj}=N_{wj}=\xi^2(3-2\xi)\\ N_{\theta zi}=-N_{\theta yi}=l\xi(1-\xi)^2, & N_{\theta zj}=-N_{\theta yj}=-l\xi^2(1-\xi)\end{array}\right\} \tag{3.165}$$

其中，$\xi=x/l$。

(2) 应变矩阵

求得位移函数后，可通过几何方程得到应变的表达式。忽略剪切影响，记 ε_u 为轴向应变，ε_v 为 y 向弯曲应变，ε_w 为 w 向弯曲应变，$\varepsilon_{\theta x}$ 为扭转应变，则有

$$\boldsymbol{\varepsilon}=\begin{bmatrix}\varepsilon_u\\ \varepsilon_v\\ \varepsilon_w\\ \varepsilon_{\theta x}\end{bmatrix}=\begin{bmatrix}\dfrac{\mathrm{d}u}{\mathrm{d}x}\\ -\hat{y}\dfrac{\mathrm{d}^2 v}{\mathrm{d}x^2}\\ -\hat{z}\dfrac{\mathrm{d}^2 w}{\mathrm{d}x^2}\\ \dfrac{\mathrm{d}\theta_x}{\mathrm{d}x}\end{bmatrix}=\begin{bmatrix}\dfrac{\mathrm{d}}{\mathrm{d}x}\\ -\hat{y}\dfrac{\mathrm{d}^2}{\mathrm{d}x^2}\\ -\hat{z}\dfrac{\mathrm{d}^2}{\mathrm{d}x^2}\\ \dfrac{\mathrm{d}}{\mathrm{d}x}\end{bmatrix}\odot\begin{bmatrix}\boldsymbol{N}_u\\ \boldsymbol{N}_v\\ \boldsymbol{N}_w\\ \boldsymbol{N}_{\theta x}\end{bmatrix}\boldsymbol{q}^e=\boldsymbol{B}\boldsymbol{q}^e \tag{3.166}$$

相应的应变矩阵为

$$\boldsymbol{B}(\xi,\hat{y},\hat{z})=\left[\dfrac{\mathrm{d}}{\mathrm{d}x}\quad -\hat{y}\dfrac{\mathrm{d}^2}{\mathrm{d}x^2}\quad -\hat{z}\dfrac{\mathrm{d}^2}{\mathrm{d}x^2}\quad \dfrac{\mathrm{d}}{\mathrm{d}x}\right]^{\mathrm{T}}\odot[\boldsymbol{N}_u^{\mathrm{T}}\quad \boldsymbol{N}_u^{\mathrm{T}}\quad \boldsymbol{N}_u^{\mathrm{T}}\quad \boldsymbol{N}_u^{\mathrm{T}}]^{\mathrm{T}} \tag{3.167}$$

(3) 应力矩阵

应力矩阵为

$$\boldsymbol{S}(\xi,\hat{y},\hat{z})=E\cdot\boldsymbol{B}(\xi,\hat{y},\hat{z}) \tag{3.168}$$

(4) 单元刚度矩阵

由最小势能原理可以得到单元刚度矩阵

$$\boldsymbol{K}^e = \int_{\Omega^e} \boldsymbol{B}^{\mathrm{T}} \boldsymbol{D} \boldsymbol{B} \mathrm{d}\Omega \tag{3.169}$$

要对上式进行积分,需要将应变矩阵按照位移模式的不同分成 4 个子块,即

$$\boldsymbol{B}(\xi, \hat{y}, \hat{z}) = \begin{bmatrix} \boldsymbol{B}_u \\ \boldsymbol{B}_v \\ \boldsymbol{B}_w \\ \boldsymbol{B}_{\theta x} \end{bmatrix} \tag{3.170}$$

将式(3.132)代入式(3.133),可得

$$\boldsymbol{K}^e = \int_{\Omega^e} \boldsymbol{B}_u^{\mathrm{T}} \boldsymbol{D} \boldsymbol{B}_u \mathrm{d}\Omega + \int_{\Omega^e} \boldsymbol{B}_v^{\mathrm{T}} \boldsymbol{D} \boldsymbol{B}_v \mathrm{d}\Omega + \int_{\Omega^e} \boldsymbol{B}_w^{\mathrm{T}} \boldsymbol{D} \boldsymbol{B}_w \mathrm{d}\Omega + \int_{\Omega^e} \boldsymbol{B}_{\theta x}^{\mathrm{T}} \boldsymbol{D} \boldsymbol{B}_{\theta x} \mathrm{d}\Omega \tag{3.171}$$

式(3.171)中的 4 个积分将被分别计算,得到如式(3.160)所示的单元刚度矩阵。

(5) 单元质量矩阵

将形函数表达式(3.162)代入单元质量矩阵计算公式,得到

$$\begin{aligned} \boldsymbol{M}^e &= \int_{\Omega^e} \rho \boldsymbol{N}^{\mathrm{T}} \boldsymbol{N} \mathrm{d}\Omega \\ &= \int_{\Omega^e} \rho \boldsymbol{N}_u^{\mathrm{T}} \boldsymbol{N}_u \mathrm{d}\Omega + \int_{\Omega^e} \rho \boldsymbol{N}_v^{\mathrm{T}} \boldsymbol{N}_v \mathrm{d}\Omega + \int_{\Omega^e} \rho \boldsymbol{N}_w^{\mathrm{T}} \boldsymbol{N}_w \mathrm{d}\Omega + \int_{\Omega^e} \rho \boldsymbol{N}_{\theta x}^{\mathrm{T}} \boldsymbol{N}_{\theta x} \mathrm{d}\Omega \end{aligned} \tag{3.172}$$

分别计算上述 4 个积分式,并进行求和,可得空间一般直梁单元的一致质量矩阵为

$$\underset{(12\times12)}{\boldsymbol{M}^e} = \frac{\rho A l}{420} \begin{bmatrix} 140 & 0 & 0 & 0 & 0 & 0 & 70 & 0 & 0 & 0 & 0 & 0 \\ & 156 & 0 & 0 & 0 & 22l & 0 & 54 & 0 & 0 & 0 & -13l \\ & & 156 & 0 & -22l & 0 & 0 & 0 & 54 & 0 & 13l & 0 \\ & & & \frac{140}{A}J & 0 & 0 & 0 & 0 & 0 & \frac{70}{A}J & 0 & 0 \\ & & & & 4l^2 & 0 & 0 & 0 & -13l & 0 & -3l^2 & 0 \\ & & & & & 4l^2 & 0 & 13l & 0 & 0 & 0 & -3l^2 \\ & \text{对} & & & & & 140 & 0 & 0 & 0 & 0 & 0 \\ & & & & & & & 156 & 0 & 0 & 0 & -22l \\ & & & & & & & & 156 & 0 & 22l & 0 \\ & & & & \text{称} & & & & & \frac{140}{A}J & 0 & 0 \\ & & & & & & & & & & 4l^2 & 0 \\ & & & & & & & & & & & 4l^2 \end{bmatrix} \tag{3.173}$$

相应的集中质量矩阵为

$$\underset{(12\times12)}{\boldsymbol{M}^e}=\frac{\rho Al}{2}\begin{bmatrix}1&0&0&0&0&0&0&0&0&0&0&0\\&1&0&0&0&0&0&0&0&0&0&0\\&&1&0&0&0&0&0&0&0&0&0\\&&&\frac{J}{A}&0&0&0&0&0&0&0&0\\&&&&0&0&0&0&0&0&0&0\\&&&&&0&0&0&0&0&0&0\\&\text{对}&&&&&1&0&0&0&0&0\\&&&&&&&1&0&0&0&0\\&&&&&&&&1&0&0&0\\&&&&\text{称}&&&&&\frac{J}{A}&0&0\\&&&&&&&&&&0&0\\&&&&&&&&&&&0\end{bmatrix} \tag{3.174}$$

(6) 坐标变换矩阵

空间梁单元坐标变换的原理和方法与平面梁单元的坐标变换相同，只需要分别写出两个坐标系中的位移向量的等效关系即可得到坐标变换矩阵。假设局部坐标系中空间梁单元的节点位移列阵为

$$\underset{(12\times1)}{\boldsymbol{u}^e}=[u_i\quad v_i\quad w_i\quad \theta_{xi}\quad \theta_{yi}\quad \theta_{zi}\quad u_j\quad v_j\quad w_j\quad \theta_{xj}\quad \theta_{yj}\quad \theta_{zj}]^{\mathrm{T}} \tag{3.175}$$

整体坐标系中的节点位移列阵为

$$\underset{(12\times1)}{\bar{\boldsymbol{u}}^e}=[\bar{u}_i\quad \bar{v}_i\quad \bar{w}_i\quad \bar{\theta}_{xi}\quad \bar{\theta}_{yi}\quad \bar{\theta}_{zi}\quad \bar{u}_j\quad \bar{v}_j\quad \bar{w}_j\quad \bar{\theta}_{xj}\quad \bar{\theta}_{yj}\quad \bar{\theta}_{zj}]^{\mathrm{T}} \tag{3.176}$$

对应于式(3.175)中各组位移分量，可分别推导相应的坐标变换关系。

具体地，对于节点 i，有

$$\begin{bmatrix}u_i\\v_i\\w_i\end{bmatrix}=\begin{bmatrix}\bar{u}_i\cos(x,\bar{x})+\bar{v}_i\cos(x,\bar{y})+\bar{w}_i\cos(x,\bar{z})\\\bar{u}_i\cos(y,\bar{x})+\bar{v}_i\cos(y,\bar{y})+\bar{w}_i\cos(y,\bar{z})\\\bar{u}_i\cos(z,\bar{x})+\bar{v}_i\cos(z,\bar{y})+\bar{w}_i\cos(z,\bar{z})\end{bmatrix}=\underset{(3\times3)}{\lambda}\cdot\begin{bmatrix}\bar{u}_i\\\bar{v}_i\\\bar{w}_i\end{bmatrix} \tag{3.177}$$

$$\begin{bmatrix}\theta_{xi}\\\theta_{yi}\\\theta_{zi}\end{bmatrix}=\begin{bmatrix}\bar{\theta}_{xi}\cos(x,\bar{x})+\bar{\theta}_{yi}\cos(x,\bar{y})+\bar{\theta}_{zi}\cos(x,\bar{z})\\\bar{\theta}_{xi}\cos(y,\bar{x})+\bar{\theta}_{yi}\cos(y,\bar{y})+\bar{\theta}_{zi}\cos(y,\bar{z})\\\bar{\theta}_{xi}\cos(z,\bar{x})+\bar{\theta}_{yi}\cos(z,\bar{y})+\bar{\theta}_{zi}\cos(z,\bar{z})\end{bmatrix}=\underset{(3\times3)}{\lambda}\cdot\begin{bmatrix}\bar{\theta}_{xi}\\\bar{\theta}_{yi}\\\bar{\theta}_{zi}\end{bmatrix} \tag{3.178}$$

同样，对于节点 j，有类似的坐标变换关系存在，如

$$\begin{bmatrix}u_j\\v_j\\w_j\end{bmatrix}=\begin{bmatrix}\bar{u}_j\cos(x,\bar{x})+\bar{v}_j\cos(x,\bar{y})+\bar{w}_j\cos(x,\bar{z})\\\bar{u}_j\cos(y,\bar{x})+\bar{v}_j\cos(y,\bar{y})+\bar{w}_j\cos(y,\bar{z})\\\bar{u}_j\cos(z,\bar{x})+\bar{v}_j\cos(z,\bar{y})+\bar{w}_j\cos(z,\bar{z})\end{bmatrix}=\underset{(3\times3)}{\lambda}\cdot\begin{bmatrix}\bar{u}_j\\\bar{v}_j\\\bar{w}_j\end{bmatrix} \tag{3.179}$$

$$\begin{bmatrix}\theta_{xj}\\ \theta_{yj}\\ \theta_{zj}\end{bmatrix}=\begin{bmatrix}\bar{\theta}_{xj}\cos(x,\bar{x})+\bar{\theta}_{yj}\cos(x,\bar{y})+\bar{\theta}_{zj}\cos(x,\bar{z})\\ \bar{\theta}_{xj}\cos(y,\bar{x})+\bar{\theta}_{yj}\cos(y,\bar{y})+\bar{\theta}_{zj}\cos(y,\bar{z})\\ \bar{\theta}_{xj}\cos(z,\bar{x})+\bar{\theta}_{yj}\cos(z,\bar{y})+\bar{\theta}_{zj}\cos(z,\bar{z})\end{bmatrix}=\underset{(3\times3)}{\boldsymbol{\lambda}}\cdot\begin{bmatrix}\bar{\theta}_{xj}\\ \bar{\theta}_{yj}\\ \bar{\theta}_{zj}\end{bmatrix}\tag{3.180}$$

在式(3.177)～式(3.180)中，$\boldsymbol{\lambda}$ 称为节点坐标变换矩阵

$$\underset{(3\times3)}{\boldsymbol{\lambda}}=\begin{bmatrix}\cos(x,\bar{x}) & \cos(x,\bar{y}) & \cos(x,\bar{z})\\ \cos(y,\bar{x}) & \cos(y,\bar{y}) & \cos(y,\bar{z})\\ \cos(z,\bar{x}) & \cos(z,\bar{y}) & \cos(z,\bar{z})\end{bmatrix}\tag{3.181}$$

在式(3.181)中，要想计算各坐标轴之间的夹角余弦，需要知道各坐标轴在整体坐标系中的矢量表达，这里假定整体坐标系 $\bar{x}$ 轴、$\bar{y}$ 轴和 $\bar{z}$ 轴对应的单位矢量分别为$\bar{\boldsymbol{e}}_1$、$\bar{\boldsymbol{e}}_2$ 和$\bar{\boldsymbol{e}}_3$。在计算局部坐标系 x 轴、y 轴和 z 轴对应的单位矢量时，需要使用节点 i 和节点 j 在整体坐标系中的坐标值，分别为(x_i,y_i,z_i)和(x_j,y_j,z_j)，但这只能给出局部坐标系 x 轴的方向，即

$$\boldsymbol{e}_1=\left(\frac{x_j-x_i}{l},\frac{y_j-y_i}{l},\frac{z_j-z_i}{l}\right)\tag{3.182}$$

式中，l 为梁单元长度。此时，要想继续计算$\boldsymbol{e}_2$ 和$\boldsymbol{e}_3$，还需要知道梁的确切摆放方向，因为在梁的单元刚度矩阵中，截面惯性矩 I_y 和 I_z 是两个不同的量值。在实际使用时，通常需要再给定 Oxy 或 Oxz 平面内任意一点(x 轴上的点除外)在整体坐标系中的坐标值。假定给定的是 Oxy 平面中的一点，坐标为(x_k,y_k,z_k)，则

$$\boldsymbol{e}_3=\frac{(x_j-x_i,y_j-y_i,z_j-z_i)\times(x_k-x_i,y_k-y_i,z_k-z_i)}{\|(x_j-x_i;y_j-y_i,z_j-z_i)\times(x_k-x_i,y_k-y_i,z_k-z_i)\|}\tag{3.183}$$

式中，符号“×”代表向量叉乘运算，而“‖ ‖”为向量 2 模运算。在得到$\boldsymbol{e}_3$ 后，可以再次通过叉乘运算得到

$$\boldsymbol{e}_2=\boldsymbol{e}_3\times\boldsymbol{e}_1\tag{3.184}$$

这样，就得到了$\bar{\boldsymbol{e}}_1$、$\bar{\boldsymbol{e}}_2$、$\bar{\boldsymbol{e}}_3$ 和$\boldsymbol{e}_1$、$\boldsymbol{e}_2$、$\boldsymbol{e}_3$ 在整体坐标系中的确切表达。而式(3.181)给定的坐标变换矩阵也可写为

$$\underset{(3\times3)}{\boldsymbol{\lambda}}=\begin{bmatrix}\boldsymbol{e}_1\cdot\bar{\boldsymbol{e}}_1 & \boldsymbol{e}_1\cdot\bar{\boldsymbol{e}}_2 & \boldsymbol{e}_1\cdot\bar{\boldsymbol{e}}_3\\ \boldsymbol{e}_2\cdot\bar{\boldsymbol{e}}_1 & \boldsymbol{e}_2\cdot\bar{\boldsymbol{e}}_2 & \boldsymbol{e}_2\cdot\bar{\boldsymbol{e}}_3\\ \boldsymbol{e}_3\cdot\bar{\boldsymbol{e}}_1 & \boldsymbol{e}_3\cdot\bar{\boldsymbol{e}}_2 & \boldsymbol{e}_3\cdot\bar{\boldsymbol{e}}_3\end{bmatrix}\tag{3.185}$$

将式(3.177)～式(3.180)写在一起，有

$$\underset{(12\times1)}{\boldsymbol{u}^e}=\underset{(12\times12)}{\boldsymbol{T}^e}\cdot\underset{(12\times1)}{\bar{\boldsymbol{u}}^e}\tag{3.186}$$

其中$\boldsymbol{T}^e$ 为坐标变换阵，有

$$\underset{(12\times12)}{\boldsymbol{T}^e}=\begin{bmatrix}\underset{(3\times3)}{\boldsymbol{\lambda}} & \underset{(3\times3)}{0} & \underset{(3\times3)}{0} & \underset{(3\times3)}{0}\\ \underset{(3\times3)}{0} & \underset{(3\times3)}{\boldsymbol{\lambda}} & \underset{(3\times3)}{0} & \underset{(3\times3)}{0}\\ \underset{(3\times3)}{0} & \underset{(3\times3)}{0} & \underset{(3\times3)}{\boldsymbol{\lambda}} & \underset{(3\times3)}{0}\\ \underset{(3\times3)}{0} & \underset{(3\times3)}{0} & \underset{(3\times3)}{0} & \underset{(3\times3)}{\boldsymbol{\lambda}}\end{bmatrix}\tag{3.187}$$

如此，空间梁单元在全局坐标系中的单元刚度矩阵为

$$\bar{\boldsymbol{K}}^e = \boldsymbol{T}^{e\mathrm{T}} \cdot \boldsymbol{K}^e \cdot \boldsymbol{T}^e \tag{3.188}$$

单元质量矩阵为

$$\bar{\boldsymbol{M}}^e = \boldsymbol{T}^{e\mathrm{T}} \cdot \boldsymbol{M}^e \cdot \boldsymbol{T}^e \tag{3.189}$$

3.1.3.5 MATLAB 编程——直梁单元

➢ **纯弯曲直梁单元：ElemKMS_B1**

基于 MATLAB 编写了局部坐标系下纯弯曲梁的单元信息，下面的程序是基于符号变量编写的，能够给出系统矩阵的符号表达。通过简单的数值替换，也可以得到单元系统矩阵的数值表达。

程序输入包括：材料属性信息、杆件截面信息、节点坐标值信息等。

程序输出包括：单元刚度矩阵 $\boldsymbol{K}$、单元质量矩阵 $\boldsymbol{M}$、应变矩阵 $\boldsymbol{B}$ 和应力矩阵 $\boldsymbol{S}$ 等。

```
% ------------------------------------------------
% ElemKMS_B1    平面 2 节点纯弯曲直梁单元
% K：单元刚度矩阵
% M：单元一致质量矩阵
% B：应变矩阵
% S：应力矩阵
% ------------------
% E：材料弹性模量
% rou：材料密度
% A：横截面积
% xi, xj：节点 x 向坐标值
% yi, yj：节点 y 向坐标值
% yf：梁截面 y 向上的局部坐标值(中性面为原点)
% x, y：物理坐标
% ksi：自然坐标
% ------------------------------------------------
%声明符号变量
syms E rou A Iz real
syms xi xj real
syms yi yj real
syms yf
syms x y ksi real
% ------------------
%向量化
P = [E rou A Iz];
xp = [xi xj];
yp = [yi yj];
% ------------------
%测试段 - 赋值
P = subs(P,[E rou A,Iz],[70000,2.7e - 9,100,833]);
E = P(1);rou = P(2);A = P(3);Iz = P(4);
xp = subs(xp,[xi xj],[0,100]);
yp = subs(yp,[yi yj],[0,0]);
% ------------------
%生成形函数矩阵
L = sqrt((xp(2) - xp(1))^2 + (yp(2) - yp(1))^2);
N = [1 - 3 * ksi^2 + 2 * ksi^3,L * (ksi - 2 * ksi^2 + ksi^3),...
    3 * ksi^2 - 2 * ksi^3,L * (ksi^3 - ksi^2)];            %纯弯曲梁单元形函数
% ------------------
```

```
%生成应变矩阵
B0 = diff(N,ksi,2)/L/L;
B = - y * B0;                                          %应变矩阵
% -------------------
%生成应力矩阵
S = E * B;                                             %应力矩阵
% -------------------
%生成单元刚度矩阵
K = E * Iz * int(B0' * B0,ksi,0,1) * L;                %刚度矩阵
% -------------------
%生成单元质量矩阵
M = rou * A * int(N' * N,ksi,0,1) * L;                 %质量矩阵
% -------------------
%测试段 - 结果
K = double(K)
M = double(M)
freq = sqrt(eig(K,M))/2/pi
% ---------------------------------------------------
```

使用铝制矩形截面梁进行了测试，弹性模量为 70 000 MPa，密度为 2.7×10^{-9} t/mm^3，横截面积为 100 mm^2，截面惯性矩为 833 mm^4，杆件长度为 100 mm，得到的单元刚度矩阵、单元质量矩阵和固有频率信息如下：

```
K =
   1.0e+06 *
    0.0007     0.0350    -0.0007     0.0350
    0.0350     2.3324    -0.0350     1.1662
   -0.0007    -0.0350     0.0007    -0.0350
    0.0350     1.1662    -0.0350     2.3324
M =
    0.0000     0.0001     0.0000    -0.0001
    0.0001     0.0026     0.0001    -0.0019
    0.0000     0.0001     0.0000    -0.0001
   -0.0001    -0.0019    -0.0001     0.0026
freq =
   1.0e+04 *
   0.0000 + 0.0000i
   0.0000 + 0.0000i
   0.6276 + 0.0000i
   2.1436 + 0.0000i
```

➢ **平面 2 节点一般直梁单元：ElemKMS_B2()**

根据叠加原理，在纯弯曲梁的基础上叠加轴向位移，编写了局部坐标系中的一般平面直梁单元的系统矩阵信息。

程序输入包括：材料属性信息、杆件截面信息、节点坐标值信息等。

程序输出包括：单元刚度矩阵 ***K***、单元质量矩阵 ***M***、应变矩阵 ***B*** 和应力矩阵 ***S*** 等。

```
% ---------------------------------------------------
% ElemKMS_B2      平面 2 节点一般直梁单元
% K: 单元刚度矩阵
% M: 单元一致质量矩阵
% B: 应变矩阵
% S: 应力矩阵
% -------------------
```

```
% E：材料弹性模量
% rou：材料密度
% A：横截面积
% Iz：截面关于 z 轴的惯性矩
% xi，xj：节点 x 向坐标值
% yi，yj：节点 y 向坐标值
% yf：梁截面 y 向上的局部坐标值(中性面为原点)
% x，y：物理坐标
% ksi：自然坐标
% ----------------------------------------------
% 声明符号变量
syms E rou A Iz real
syms xi xj real
syms yi yj real
syms yf
syms x y ksi real
% ------------------
% 向量化
P = [E rou A Iz];
xp = [xi xj];
yp = [yi yj];
% ------------------
% 测试段 - 赋值
P = subs(P,[E rou A,Iz],[70000,2.7e-9,100,833]);
E = P(1);rou = P(2);A = P(3);Iz = P(4);
xp = subs(xp,[xi xj],[0,100]);
yp = subs(yp,[yi yj],[0,0]);
% ------------------
% 生成坐标变换矩阵
L = sqrt((xp(2) - xp(1))^2 + (yp(2) - yp(1))^2);
cxx = (xp(2) - xp(1))/L;
cxy = (yp(2) - yp(1))/L;
cyx = - cxy;
cyy = cxx;
T = [cxx,cxy,0,0,0,0;...
    cyx,cyy,0,0,0,0;...
    0,0,1,0,0,0;...
    0,0,0,cxx,cxy,0;...
    0,0,0,cyx,cyy,0;...
    0,0,0,0,0,1];                                    %坐标变换矩阵
% ------------------
%生成形函数矩阵
N = [1 - ksi,0,0,ksi,0,0;...
    0,1 - 3 * ksi^2 + 2 * ksi^3,L * (ksi - 2 * ksi^2 + ksi^3),...
    0,3 * ksi^2 - 2 * ksi^3,L * (ksi^3 - ksi^2)];    %纯弯曲梁单元形函数
N = N * T;                                           %全局坐标系中形函数矩阵
Nu = N(1,:);Nv = N(2,:);
% ------------------
%生成应变矩阵
Bu = diff(Nu,ksi)/L;
Bv0 = diff(Nv,ksi,2)/L/L;
Bv = - yf * Bv0;
B = [Bu;Bv] * T;                                     %应变矩阵
% ------------------
```

```
%生成应力矩阵
D=[E];
S=D*B;                                          %应力矩阵
% ------------------
%生成单元刚度矩阵
Ku=L*E*A*(Bu'*Bu);
Kv=E*Iz*int(Bv0'*Bv0,ksi,0,1)*L;
K=Ku+Kv;                                        %刚度矩阵
% ------------------
%生成单元质量矩阵
Mu=rou*A*int(Nu'*Nu,ksi,0,1)*L;
Mv=rou*A*int(Nv'*Nv,ksi,0,1)*L;
M=Mu+Mv;                                        %质量矩阵
% ------------------
%测试段-结果
K=double(K)
M=double(M)
freq=sqrt(eig(K,M))/2/pi
% --------------------------------------------------
```

使用铝制矩形截面梁进行了测试，弹性模量为 70 000 MPa，密度为 2.7×10^{-9} t/mm^3，横截面积为 100 mm^2，截面惯性矩为 833 mm^4，杆件长度为 100 mm，得到的单元刚度矩阵、单元质量矩阵和固有频率信息如下：

```
K =
   1.0e+06 *
    0.0700         0         0   -0.0700         0         0
         0    0.0007    0.0350         0   -0.0007    0.0350
         0    0.0350    2.3324         0   -0.0350    1.1662
   -0.0700         0         0    0.0700         0         0
         0   -0.0007   -0.0350         0    0.0007   -0.0350
         0    0.0350    1.1662         0   -0.0350    2.3324
M =
    0.0000         0         0    0.0000         0         0
         0    0.0000    0.0001         0    0.0000   -0.0001
         0    0.0001    0.0026         0    0.0001   -0.0019
    0.0000         0         0    0.0000         0         0
         0    0.0000    0.0001         0    0.0000   -0.0001
         0   -0.0001   -0.0019         0   -0.0001    0.0026
freq =
   1.0e+04 *
   0.0000 + 0.0000i
   0.0000 + 0.0000i
   0.0000 + 0.0000i
   0.6276 + 0.0000i
   2.1436 + 0.0000i
   2.8072 + 0.0000i
```

➢ **空间 2 节点一般直梁单元：ElemKMS_B3**

对于局部坐标系内的一般空间梁元，在平面一般直梁单元中的基础上，进一步叠加杆件关于轴线的扭转和在 Oxz 平面内的纯弯曲情形，得到其系统矩阵。

程序输入包括：材料属性信息、杆件截面信息、节点坐标值信息等。

程序输出包括：单元刚度矩阵 $\boldsymbol{K}$、单元质量矩阵 $\boldsymbol{M}$、应变矩阵 $\boldsymbol{B}$ 和应力矩阵 $\boldsymbol{S}$ 等。

```
% ------------------------------------------------
% ElemKMS_B3    空间 2 节点一般直梁单元
% K：单元刚度矩阵
% M：单元一致质量矩阵
% B：应变矩阵
% S：应力矩阵
% ------------------
% E：材料弹性模量
% G：材料剪切模量
% rou：材料密度
% A：横截面积
% Iz：截面关于 z 轴的惯性矩
% Iy：截面关于 y 轴的惯性矩
% J：截面极惯性矩
% xi，xj：节点 x 向坐标值
% yi，yj：节点 y 向坐标值
% zi，zj：节点 z 向坐标值
% yf：梁截面 y 向上的局部坐标值（中性面为原点）
% zf：梁截面 z 向上的局部坐标值（中性面为原点）
% x，y，z：物理坐标
% ksi：自然坐标
% ------------------------------------------------
%声明符号变量
syms E G rou A Iz Iy J real
syms xi xj real
syms yi yj real
syms zi zj real
syms yf zf
syms x y z ksi real
% ------------------
%向量化
P = [E G rou A Iz Iy J];
xp = [xi xj];
yp = [yi yj];
zp = [zi zj];
% ------------------
%测试段 - 赋值
P = subs(P,[E G rou A Iz Iy J],[70000,26923,2.7e - 9,100,833,833,1408]);
E = P(1);G = P(2);rou = P(3);A = P(4);Iz = P(5);Iy = P(6);J = P(7);
xp = subs(xp,[xi xj],[0,100]);
yp = subs(yp,[yi yj],[0,0]);
zp = subs(zp,[zi zj],[0,0]);
% ------------------
%人为指定一个向量，用以确定梁的摆放，不能与梁自身的 x 轴方向相同
Vec = [0 0 1];
% ------------------
%生成坐标变换矩阵
L = sqrt((xp(2) - xp(1))^2 + (yp(2) - yp(1))^2 + (zp(2) - zp(1))^2);
e1g = [1 0 0];e2g = [0 1 0];e3g = [0 0 1];
e1l = [xp(2) - xp(1),yp(2) - yp(1),zp(2) - zp(1)]/L;
eflap = [Vec(1) - xp(1),Vec(2) - yp(1),Vec(3) - zp(1)];
e3l = cross(e1l,eflap)/norm(cross(e1l,eflap));
e2l = cross(e3l,e1l);
lamda = [dot(e1l,e1g),dot(e1l,e2g),dot(e1l,e3g);...
```

```
    dot(e21,e1g),dot(e21,e2g),dot(e21,e3g);...
    dot(e31,e1g),dot(e31,e2g),dot(e31,e3g)];
T = [lamda,zeros(3),zeros(3),zeros(3);...
    zeros(3),lamda,zeros(3),zeros(3);...
    zeros(3),zeros(3),lamda,zeros(3);...
    zeros(3),zeros(3),zeros(3),lamda];
% -------------------
% 生成形函数矩阵
% 按照叠加法得到形函数矩阵
Nui = 1 - ksi;
Nuj = ksi;
% -------------------
Nrxi = 1 - ksi;
Nrxj = ksi;
% -------------------
Nvi = 1 - 3 * ksi * ksi + 2 * ksi^3;
Nrzi = L * ksi * (1 - ksi)^2;
Nvj = ksi * ksi * (3 - 2 * ksi);
Nrzj = - L * ksi * ksi * (1 - ksi);
% -------------------
Nwi = 1 - 3 * ksi * ksi + 2 * ksi^3;
Nryi = - L * ksi * (1 - ksi)^2;
Nwj = ksi * ksi * (3 - 2 * ksi);
Nryj = L * ksi * ksi * (1 - ksi);
% -------------------
Ni = [Nui 0 0 0 0 0;...
    0 Nvi 0 0 0 Nrzi;...
    0 0 Nwi 0 Nryi 0;...
    0 0 0 Nrxi 0 0];
Nj = [Nuj 0 0 0 0 0;...
    0 Nvj 0 0 0 Nrzj;...
    0 0 Nwj 0 Nryj 0;...
    0 0 0 Nrxj 0 0];
N = [Ni,Nj];                                         % 形函数矩阵
Nu = N(1,:);
Nv = N(2,:);
Nw = N(3,:);
Nrx = N(4,:);
% -------------------
% 生成应变矩阵
Bu = diff(Nu,ksi)/L;
Bu = Bu * T;
Bv0 = diff(Nv,ksi,2)/L/L;Bv = - y * Bv0;
Bv0 = Bv0 * T;
Bw0 = diff(Nw,ksi,2)/L/L;Bw = - z * Bw0;
Bw0 = Bw0 * T;
Brx = diff(Nrx,ksi)/L;
Brx = Brx * T;
B = [Bu;Bv;Bw;Brx];                                  % 应变矩阵
% -------------------
% 生成应力矩阵
D = [E];
S = D * B;                                           % 应力矩阵
% -------------------
```

```
%生成单元刚度矩阵
Ku = L * E * A * (Bu' * Bu);
Kv = E * Iz * int(Bv0' * Bv0,ksi,0,1) * L;
Kw = E * Iy * int(Bw0' * Bw0,ksi,0,1) * L;
Krx = L * G * J * (Brx' * Brx);
K = Ku + Kv + Kw + Krx;                                  %刚度矩阵
% ------------------
%生成单元质量矩阵
Mu = rou * A * int(Nu' * Nu,ksi,0,1) * L;
Mv = rou * A * int(Nv' * Nv,ksi,0,1) * L;
Mw = rou * A * int(Nw' * Nw,ksi,0,1) * L;
Mrx = rou * J * int(Nrx' * Nrx,ksi,0,1) * L;
M = Mu + Mv + Mw + Mrx;                                  %质量矩阵
% ------------------
%测试段 - 结果
K = double(K)
M = double(M)
freq = sqrt(eig(K,M))/2/pi
% ----------------------------------------------
```

同样使用铝制矩形截面梁进行了测试，弹性模量为 70 000 MPa，密度为 2.7×10^{-9} t/mm^3，横截面积为 100 mm^2，截面惯性矩 I_z 和 I_y 均为 833 mm^4，截面扭转惯性矩 J 为 1 408 mm^4，杆件长度为 100 mm，将该梁元依然放置于全局坐标系的 x 轴上，得到的单元刚度矩阵、单元质量矩阵和固有频率信息如下：

```
K =
  1.0e+06 *
   0.0700        0        0        0        0        0  -0.0700        0        0        0        0        0
        0   0.0007        0        0        0   0.0350        0  -0.0007        0        0        0   0.0350
        0        0   0.0007        0  -0.0350        0        0        0  -0.0007        0  -0.0350        0
        0        0        0   0.3791        0        0        0        0        0  -0.3791        0        0
        0        0  -0.0350        0   2.3324        0        0        0   0.0350        0   1.1662        0
        0   0.0350        0        0        0   2.3324        0  -0.0350        0        0        0   1.1662
  -0.0700        0        0        0        0        0   0.0700        0        0        0        0        0
        0  -0.0007        0        0        0  -0.0350        0   0.0007        0        0        0  -0.0350
        0        0  -0.0007        0   0.0350        0        0        0   0.0007        0   0.0350        0
        0        0        0  -0.3791        0        0        0        0        0   0.3791        0        0
        0        0  -0.0350        0   1.1662        0        0        0   0.0350        0   2.3324        0
        0   0.0350        0        0        0   1.1662        0  -0.0350        0        0        0   2.3324
M =
   0.0000        0        0        0        0        0   0.0000        0        0        0        0        0
        0   0.0000        0        0        0   0.0001        0   0.0000        0        0        0  -0.0001
        0        0   0.0000        0  -0.0001        0        0        0   0.0000        0   0.0001        0
        0        0        0   0.0001        0        0        0        0        0   0.0001        0        0
        0        0  -0.0001        0   0.0026        0        0        0  -0.0001        0  -0.0019        0
        0   0.0001        0        0        0   0.0026        0   0.0001        0        0        0  -0.0019
   0.0000        0        0        0        0        0   0.0000        0        0        0        0        0
        0   0.0000        0        0        0   0.0001        0   0.0000        0        0        0  -0.0001
        0        0   0.0000        0  -0.0001        0        0        0   0.0000        0   0.0001        0
        0        0        0   0.0001        0        0        0        0        0   0.0001        0        0
        0        0   0.0001        0  -0.0019        0        0        0   0.0001        0   0.0026        0
        0  -0.0001        0        0        0  -0.0019        0  -0.0001        0        0        0   0.0026
freq =
   1.0e+04 *
   0.0000 + 0.0000i
   0.0000 + 0.0000i
   0.0000 + 0.0000i
   0.0000 + 0.0000i
   0.0000 + 0.0000i
   0.0000 + 0.0000i
```

```
    0.6276 + 0.0000i
    0.6276 + 0.0000i
    1.7410 + 0.0000i
    2.1436 + 0.0000i
    2.1436 + 0.0000i
  %1.8072.0000i
```

3.1.4　剪切梁单元

3.1.4.1　剪切梁

直梁单元是基于 Kirchhoff 假设的，即变形前垂直于中性层的截面变形后仍保持垂直。通常所述的梁单元即是指这种单元。它在工程实际中得到了广泛的应用，一般情况下直梁单元也能得到满意的计算精度。但值得注意的是，直梁单元是以梁的高度远小于跨度为条件的。因为只有在此条件下，才能忽略横向剪切变形的影响。然而，在工程实际中，也常常会遇到需要考虑横向剪切变形影响的情况，例如高度相对跨度不太小的短梁。此时，梁内的横向剪切力 Q 所产生的剪切变形将引起梁的附加挠度，并使原来垂直于中面的截面变形后不再和中面垂直，且发生翘曲。为简化计算，在考虑剪切变形的梁弯曲理论中，仍假设原来垂直于中面的截面变形后仍保持为平面。如此，考虑剪切影响的梁的变形几何描述如图 3.21 所示。

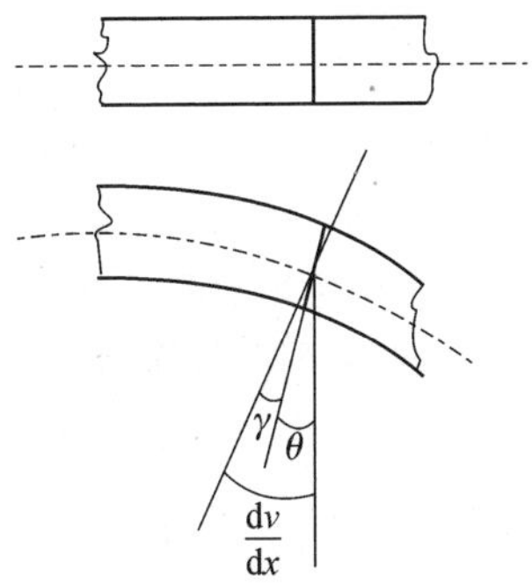

图 3.21　考虑剪切影响的梁的变形几何描述

图中 γ 表示截面和中面相交处的剪切应变，有

$$\gamma=\frac{\mathrm{d}v}{\mathrm{d}x}-\theta \tag{3.190}$$

其中，v 为梁的挠度，θ 为截面的转动角度。在经典梁弯曲理论中，忽略剪切应变，即认为 $\gamma=0$，则 $\mathrm{d}v/\mathrm{d}x=\theta$，即截面的转动角度等于挠曲线切线的斜率，从而使截面保持和中面垂直。

按照几何学定义，梁的曲率变化 κ 为

$$\kappa=-\frac{\mathrm{d}\theta}{\mathrm{d}x} \tag{3.191}$$

在考虑剪切变形影响以后，梁弯曲问题最小势能原理的泛函可表示为

$$\Pi=\int_0^l \frac{1}{2}EI\kappa^2\,\mathrm{d}x+\int_0^l \frac{1}{2}\frac{GA}{\lambda}\gamma^2\,\mathrm{d}x-\int_0^l \bar{p}v\,\mathrm{d}x \tag{3.192}$$

式中，λ 为截面剪切校正因子。在已有的研究工作中，有不同的修正方法。例如，一种理论认为 γ 应该取中面处的实际剪应变，据此，对于矩形截面，$\lambda=3/2$，对于圆形截面，$\lambda=4/3$。再如，另一种理论认为应使计算出的应变能等于按实际剪应力及剪应变分布计算出的应变能，据此，对于矩形截面，$\lambda=6/5$，对于圆形截面，$\lambda=10/9$。当然，还有其他的校正方法。在有限元分析中，较多的是采用能量等效的校正方法。

3.1.4.2　考虑剪切变形的直梁单元

下面基于直梁理论，引入剪切变形的影响，推导相应的有限元分析表达式。

考虑剪切变形影响时，梁的挠度可表示为两部分的叠加，即

$$v(x)=v^{\mathrm{b}}(x)+v^{\mathrm{s}}(x) \tag{3.193}$$

其中，$v^{\mathrm{b}}(x)$为弯曲引起的挠度，$v^{\mathrm{s}}(x)$为由剪切变形引起的附加挠度。那么截面由于弯曲引起的转动角度为

$$\theta^{\mathrm{b}}=\frac{\mathrm{d}v^{\mathrm{b}}}{\mathrm{d}x} \tag{3.194}$$

由 $v^{\mathrm{s}}(x)$引起的剪应变为

$$\gamma=\frac{\mathrm{d}v^{\mathrm{s}}(x)}{\mathrm{d}x} \tag{3.195}$$

以两节点梁单元为例，节点位移由两部分组成，即

$$\boldsymbol{u}^{\mathrm{b}}=[v_i^{\mathrm{b}}\quad \theta_i^{\mathrm{b}}\quad v_j^{\mathrm{b}}\quad \theta_j^{\mathrm{b}}]^{\mathrm{T}} \tag{3.196}$$

$$\boldsymbol{u}^{\mathrm{s}}=[v_i^{\mathrm{s}}\quad v_j^{\mathrm{s}}]^{\mathrm{T}} \tag{3.197}$$

其中，$\theta_i^{\mathrm{b}}=\left.\frac{\mathrm{d}v^{\mathrm{b}}}{\mathrm{d}x}\right|_{x=0}$，$\theta_j^{\mathrm{b}}=\left.\frac{\mathrm{d}v^{\mathrm{b}}}{\mathrm{d}x}\right|_{x=l}$。

对于弯曲引起的挠度 $v^{\mathrm{b}}(x)$，使用原来的三次函数插值模式，而对于剪切变形引起的附加挠度 $v^{\mathrm{s}}(x)$，则采用线性函数插值模式，两者所对应的位移函数表达式分别为

$$v^{\mathrm{b}}(x)=N_{vi}v_i^{\mathrm{b}}+N_{\theta i}\theta_i^{\mathrm{b}}+N_{vj}v_j^{\mathrm{b}}+N_{\theta j}\theta_j^{\mathrm{b}}=\boldsymbol{N}^{\mathrm{b}}(x)\cdot\boldsymbol{u}^{\mathrm{b}} \tag{3.198}$$

$$v^{\mathrm{s}}(x)=\left(1-\frac{x}{l}\right)v_i^{\mathrm{s}}+\left(\frac{x}{l}\right)v_j^{\mathrm{s}}=N_{si}v_i^{\mathrm{s}}+N_{sj}v_j^{\mathrm{s}}=\boldsymbol{N}^{\mathrm{s}}(x)\cdot\boldsymbol{u}^{\mathrm{s}} \tag{3.199}$$

将式(3.198)和式(3.199)代入式(3.192)，并求其极小值，可以分别建立各自独立的单元刚度方程，即

$$\boldsymbol{K}^{\mathrm{b}}\boldsymbol{u}^{\mathrm{b}}=\boldsymbol{F}^{\mathrm{b}} \tag{3.200}$$

$$\boldsymbol{K}^{\mathrm{s}}\boldsymbol{u}^{\mathrm{s}}=\boldsymbol{F}^{\mathrm{s}} \tag{3.201}$$

其中，$\boldsymbol{K}^{\mathrm{b}}$ 和 $\boldsymbol{F}^{\mathrm{b}}$ 与前面直梁的刚度矩阵和载荷列阵相同，而对应于剪切变形的 $\boldsymbol{K}^{\mathrm{s}}$ 和 $\boldsymbol{F}^{\mathrm{s}}$ 为

$$\boldsymbol{K}^{\mathrm{s}}=\frac{GA}{\lambda l}\begin{bmatrix}1 & -1\\ -1 & 1\end{bmatrix} \tag{3.202}$$

$$\boldsymbol{F}^{\mathrm{s}}=\int_l \boldsymbol{N}^{\mathrm{sT}}\cdot\bar{p}(x)\mathrm{d}(x) \tag{3.203}$$

式(3.200)和式(3.201)中的两组方程是非耦合的，每个节点有 3 个自由度，分别为 v_i^{b}，v_i^{s} 和 θ_i^{b}。需要通过一定的处理手段将其转化为 2 个独立自由度，v_i 和θ_i^{b}。由材料力学知识可知，梁的弯矩和剪力存在耦合关系，即

$$Q=\frac{\mathrm{d}M}{\mathrm{d}x} \tag{3.204}$$

其中，Q 和 M 分别为截面上的剪力和弯矩。截面上的剪力 Q 为

$$Q=\int_A\tau\mathrm{d}A=\frac{\tau A}{\lambda}=\frac{G\gamma A}{\lambda} \tag{3.205}$$

将式(3.195)代入式(3.205)，有

$$Q=\frac{GA}{\lambda}\frac{\mathrm{d}v^{\mathrm{s}}}{\mathrm{d}x}=\frac{GA}{\lambda}\left(\frac{\mathrm{d}N_{si}}{\mathrm{d}x}v_i^{\mathrm{s}}-\frac{\mathrm{d}N_{sj}}{\mathrm{d}x}v_j^{\mathrm{s}}\right)=\frac{GA}{\lambda l}(v_j^{\mathrm{s}}-v_i^{\mathrm{s}}) \tag{3.206}$$

而弯矩

$$\begin{aligned} M &= -EI\kappa = -EI\,\frac{\mathrm{d}^2 v^{\mathrm{b}}}{\mathrm{d}x^2} \\ &= -\frac{EI}{l^2}\left[\left(6-12\,\frac{x}{l}\right)(v_j^{\mathrm{b}}-v_i^{\mathrm{b}})+l\left(6\,\frac{x}{l}-4\right)\theta_i^{\mathrm{b}}+l\left(6\,\frac{x}{l}-2\right)\theta_j^{\mathrm{b}}\right] \end{aligned} \tag{3.207}$$

将式(3.206)和式(3.207)代入式(3.204)中，并考虑式(3.193)，可以将 v_i^{b}，v_i^{s} 都用 v_i 来表示，即

$$v_j^{\mathrm{b}}-v_i^{\mathrm{b}}=\frac{1}{1+c}(v_j-v_i)+\frac{lc}{2(1+c)}(\theta_i^{\mathrm{b}}+\theta_j^{\mathrm{b}}) \tag{3.208}$$

$$v_j^{\mathrm{s}}-v_i^{\mathrm{s}}=\frac{1}{1+c}(v_j-v_i)-\frac{lc}{2(1+c)}(\theta_i^{\mathrm{b}}+\theta_j^{\mathrm{b}}) \tag{3.209}$$

式中，$c=\dfrac{12EI\lambda}{GAl^2}$，将式(3.209)代入式(3.200)，并对第二个方程进行合并，可得到单元刚度方程 $\boldsymbol{Ku}=\boldsymbol{F}$，其中，

$$\boldsymbol{K}=\frac{EI}{(1+c)l^3}\begin{bmatrix} 12 & 6l & -12 & 6l \\ 6l & (4+c)l^2 & -6l & (2-c)l^2 \\ -12 & -6l & 12 & -6l \\ 6l & (2-c)l^2 & -6l & (4+c)l^2 \end{bmatrix} \tag{3.210}$$

$$\left.\begin{aligned} \boldsymbol{u} &= [v_i \quad \theta_i^{\mathrm{b}} \quad v_j \quad \theta_j^{b}]^{\mathrm{T}} \\ \boldsymbol{F} &= \int_0^l \overline{\boldsymbol{N}}^{\mathrm{T}}\bar{p}(x)\mathrm{d}x \\ \overline{\boldsymbol{N}} &= \left[\frac{1}{2}(N_{vi}+N_{si}) \quad N_{\theta i} \quad \frac{1}{2}(N_{vj}+N_{sj}) \quad N_{\theta j}\right] \end{aligned}\right\} \tag{3.211}$$

对比直梁单元刚度矩阵可以看出，剪切变形的影响通过系数 c 反映在刚度矩阵中，使得梁的刚度变小，如对于矩形截面有

$$c=\frac{6Eh^2}{5Gl^2} \tag{3.212}$$

当 $h \ll l$ 时，有 $c \to 0$，即在细长梁情形下，剪切变形的影响可以忽略。

由于弯曲状态下的形函数与纯弯曲梁一致，将纯弯曲梁单元的形函数表达式(3.95)代入单元质量矩阵计算公式，可得考虑剪切应变梁单元在弯曲变形下的一致质量矩阵

$$\boldsymbol{M}^{\mathrm{be}}=\int_{\Omega^e}\rho\boldsymbol{N}^{\mathrm{bT}}\boldsymbol{N}^{\mathrm{b}}\mathrm{d}\Omega=\frac{\rho Al}{420}\begin{bmatrix} 156 & 22l & 54 & -13l \\ 22l & 4l^2 & 13l & -3l^2 \\ 54 & 13l & 156 & -22l \\ -13l & -3l^2 & -22l & 4l^2 \end{bmatrix} \tag{3.213}$$

在剪切变形下的一致质量矩阵为

$$\boldsymbol{M}^{\mathrm{se}}=\int_{\Omega^e}\rho\boldsymbol{N}^{\mathrm{sT}}\boldsymbol{N}^{\mathrm{s}}\mathrm{d}\Omega=\frac{\rho Al}{420}\begin{bmatrix} 2 & 1 \\ 2 & 1 \end{bmatrix} \tag{3.214}$$

基于修正后的式(3.211)中的形函数计算得到的一致质量矩阵为

$$\boldsymbol{M}^e = \int_{\Omega^e} \rho \boldsymbol{N}^{\mathrm{T}} \boldsymbol{N} \mathrm{d}\Omega = \frac{\rho A l}{840} \begin{bmatrix} 295 & 43l & 125 & -27l \\ 43l & 8l^2 & 27l & -6l^2 \\ 125 & 27l & 295 & -43l \\ -27l & -6l^2 & -43l & 8l^2 \end{bmatrix} \tag{3.215}$$

排除掉转动自由度，将式(3.215)中的每一行进行求和，得到的集中质量矩阵为

$$\boldsymbol{M}^e = \frac{\rho A l}{2} \begin{bmatrix} 1 & 0 & 0 & 0 \\ 0 & 0 & 0 & 0 \\ 0 & 0 & 1 & 0 \\ 0 & 0 & 0 & 0 \end{bmatrix} \tag{3.216}$$

这与 Euler-Bernoulli 梁相同。

3.1.4.3 Timoshenko 梁单元

从前面的讨论可以看出，在经典梁理论的基础上引入剪切变形影响的梁单元要求 $v^{\mathrm{b}}(x)$ 的一阶导数连续，这类单元称为 C_1 型单元。这对梁单元来讲是可行的，但不便于推广到板壳单元，因为想要构造 C_1 型板壳单元是相当棘手的问题。为此引入另一种考虑剪切变形影响的梁单元，称为 Timoshenko 梁单元，属于 C_0 型单元，以便于推广应用于板壳情形。Timoshenko 梁单元的基本特点是对挠度函数 $v(x)$和转角函数 $\theta^{\mathrm{b}}(x)$进行独立插值，即

$$v(x) = N_i(x) v_i + N_j(x) v_j \tag{3.217}$$

$$\theta^{\mathrm{b}}(x) = N_i(x)\theta_i^{\mathrm{b}} + N_j(x)\theta_j^{\mathrm{b}} \tag{3.218}$$

形状函数为

$$N_i(x) = \left(1 - \frac{x}{l}\right), \quad N_j(x) = \frac{x}{l} \tag{3.219}$$

由式(3.190)可得

$$\gamma = \frac{\mathrm{d}v(x)}{\mathrm{d}x} - \theta^b(x) = \left(-\frac{1}{l}\right) v_i + \left(\frac{1}{l}\right) v_j - \left(1 - \frac{x}{l}\right)\theta_i^b - \left(\frac{x}{l}\right)\theta_j^b \tag{3.220}$$

而曲率为

$$\kappa = -\frac{\mathrm{d}\theta^b(x)}{\mathrm{d}x} = \left(\frac{1}{l}\right)\theta_i^b - \left(\frac{1}{l}\right)\theta_j^b \tag{3.221}$$

将节点位移列阵记为

$$\boldsymbol{u}^e = [v_i \quad \theta_i^{\mathrm{b}} \quad v_j \quad \theta_j^b]^{\mathrm{T}} \tag{3.222}$$

对应的形函数矩阵可写为

$$\boldsymbol{N} = [N_i \quad 0 \quad N_j \quad 0] \tag{3.223}$$

则式(3.220)可表示为

$$\gamma = \boldsymbol{B}^{\mathrm{s}}(x) \cdot \boldsymbol{u}^e \tag{3.224}$$

其中 $\boldsymbol{B}^{\mathrm{s}}$ 为剪切几何函数矩阵

$$\boldsymbol{B}^{\mathrm{s}} = \left[-\frac{1}{l} \quad \left(\frac{x}{l} - 1\right) \quad \frac{1}{l} \quad \left(-\frac{x}{l}\right)\right] \tag{3.225}$$

同样，弯曲曲率可以写为

$$\kappa = \boldsymbol{B}^{\mathrm{b}}(x) \cdot \boldsymbol{u}^e \tag{3.226}$$

其中 $\boldsymbol{B}^{\mathrm{b}}$ 为曲率几何矩阵

$$\boldsymbol{B}^{\mathrm{b}}=\begin{bmatrix}0 & \dfrac{1}{l} & 0 & -\dfrac{1}{l}\end{bmatrix} \tag{3.227}$$

将式(3.224)和式(3.226)代入考虑剪切变形的势能泛函式(3.192),得

$$\Pi^{e}=\frac{1}{2}\boldsymbol{u}^{e\mathrm{T}}\boldsymbol{K}^{\mathrm{b}}\boldsymbol{u}^{e}+\frac{1}{2}\boldsymbol{u}^{e\mathrm{T}}\boldsymbol{K}^{\mathrm{s}}\boldsymbol{u}^{e}-\boldsymbol{P}^{e\mathrm{T}}\boldsymbol{u}^{e}=\frac{1}{2}\boldsymbol{u}^{e\mathrm{T}}\boldsymbol{K}^{e}\boldsymbol{u}^{e}-\boldsymbol{P}^{e\mathrm{T}}\boldsymbol{u}^{e} \tag{3.228}$$

其中单元刚度矩阵$\boldsymbol{K}^{e}$由两部分组成

$$\boldsymbol{K}^{e}=\boldsymbol{K}^{\mathrm{b}}+\boldsymbol{K}^{\mathrm{s}} \tag{3.229}$$

$\boldsymbol{K}^{\mathrm{b}}$为弯曲矩阵

$$\boldsymbol{K}^{\mathrm{b}}=\int_{0}^{l}(\boldsymbol{B}^{\mathrm{b}})^{\mathrm{T}}\cdot EI\cdot\boldsymbol{B}^{b}\,\mathrm{d}x=\frac{EI}{l}\begin{bmatrix}0 & 0 & 0 & 0\\ 0 & 1 & 0 & -1\\ 0 & 0 & 0 & 0\\ 0 & -1 & 0 & 1\end{bmatrix} \tag{3.230}$$

而$\boldsymbol{K}^{\mathrm{s}}$为剪切变形刚度矩阵

$$\boldsymbol{K}^{\mathrm{s}}=\int_{0}^{l}(\boldsymbol{B}^{\mathrm{s}})^{\mathrm{T}}\cdot\frac{GA}{\lambda}\cdot\boldsymbol{B}^{\mathrm{s}}\,\mathrm{d}x=\frac{GA}{\lambda l}\begin{bmatrix}1 & l/2 & -1 & l/2\\ l/2 & l^{2}/3 & -l/2 & l^{2}/6\\ -1 & -l/2 & 1 & -l/2\\ l/2 & l^{2}/6 & -l/2 & l^{2}/3\end{bmatrix} \tag{3.231}$$

讨论1:当为薄梁时,即$l/h\rightarrow\infty$,希望此时的剪切应变为0,则由式(3.220)可知,若强行令其为0,则有

$$\gamma=\left(\frac{1}{l}\right)(v_{j}-v_{i})-\theta_{i}^{b}+\left(\frac{x}{l}\right)(\theta_{i}^{b}-\theta_{j}^{b}) \tag{3.232}$$

这是一个一次函数,要使该式在梁中处处满足,需要有

$$\left.\begin{aligned}\left(\frac{1}{l}\right)(v_{j}-v_{i})-\theta_{i}^{b}=0\\ \left(\frac{1}{l}\right)(\theta_{i}^{b}-\theta_{j}^{b})=0\end{aligned}\right\} \tag{3.233}$$

解式(3.233)所示的方程组,可得

$$\left.\begin{aligned}\theta_{i}^{b}=\theta_{j}^{b}\\ v_{i}=v_{j}\end{aligned}\right\} \tag{3.234}$$

这意味着梁不能发生弯曲,这与真实情况是相违背的,这种现象称为剪切自锁。其原因为在剪切应变γ的表达式中,$\mathrm{d}v/\mathrm{d}x$和$\theta^{\mathrm{b}}(x)$的函数表达阶次不同,因而不能恒满足$\gamma=\dfrac{\mathrm{d}v}{\mathrm{d}x}-\theta^{b}=0$这一细长梁的约束条件,即在梁(板)很薄时,不适当地夸大了剪切应变能的量级。

讨论2:从剪切应变能的表达式

$$U_{\gamma}=\frac{1}{2}\boldsymbol{u}^{e\mathrm{T}}\boldsymbol{K}^{\mathrm{s}}\boldsymbol{u}^{e} \tag{3.235}$$

可以看出,在细长梁(薄板)的情况下,希望能够得到$U_{\gamma}=0$。如果$\boldsymbol{u}^{e}$不恒为0,则一定要求矩阵$\boldsymbol{K}^{\mathrm{s}}$是奇异的。

要解决这个问题,可在计算式(3.231)的积分时,不采用精确积分,而用一点积分(取单元的中心)来计算,这样相当于将原来的$\theta^{\mathrm{b}}(x)$的线性变化关系改为常数(中点平均值),使得

$\mathrm{d}v/\mathrm{d}x$ 和 $\theta^{\mathrm{b}}(x)$保持同阶，就有可能做到 $U_r=0$。具体地，一点积分方法得到的 $\boldsymbol{K}^{\mathrm{s}}$ 为

$$\boldsymbol{K}^{\mathrm{s}}=\frac{GA}{\lambda l}\begin{bmatrix}1 & l/2 & -1 & l/2\\ l/2 & l^2/4 & -l/2 & l^2/4\\ -1 & -l/2 & 1 & -l/2\\ l/2 & l^2/4 & -l/2 & l^2/4\end{bmatrix} \tag{3.236}$$

可以检验，现在的$\boldsymbol{K}^{\mathrm{s}}$ 中的任意一个二阶子行列式均为 0。这种方法称为减缩积分。

将式(3.230)和式(3.236)相加可得基于减缩积分的 Timoshenko 梁单元刚度矩阵为

$$\boldsymbol{K}^{e}=\boldsymbol{K}^{\mathrm{b}}+\boldsymbol{K}^{\mathrm{s}}=\frac{EI}{l}\begin{bmatrix}0 & 0 & 0 & 0\\ 0 & 1 & 0 & -1\\ 0 & 0 & 0 & 0\\ 0 & -1 & 0 & 1\end{bmatrix}+\frac{GA}{\lambda l}\begin{bmatrix}1 & l/2 & -1 & l/2\\ l/2 & l^2/4 & -l/2 & l^2/4\\ -1 & -l/2 & 1 & -l/2\\ l/2 & l^2/4 & -l/2 & l^2/4\end{bmatrix} \tag{3.237}$$

将形函数表达式(3.223)代入单元质量矩阵计算公式，可得 Timoshenko 梁单元的一致质量矩阵为

$$\boldsymbol{M}^{e}=\int_{\Omega^e}\rho\boldsymbol{N}^{\mathrm{T}}\boldsymbol{N}\,\mathrm{d}\Omega=\frac{\rho Al}{6}\begin{bmatrix}2 & 0 & 1 & 0\\ 0 & 0 & 0 & 0\\ 1 & 0 & 2 & 0\\ 0 & 0 & 0 & 0\end{bmatrix} \tag{3.238}$$

相应的集中质量矩阵为

$$\boldsymbol{M}^{e}=\int_{\Omega^e}\rho\boldsymbol{N}^{\mathrm{T}}\boldsymbol{N}\,\mathrm{d}\Omega=\frac{\rho Al}{2}\begin{bmatrix}1 & 0 & 0 & 0\\ 0 & 0 & 0 & 0\\ 0 & 0 & 1 & 0\\ 0 & 0 & 0 & 0\end{bmatrix} \tag{3.239}$$

这与 Euler-Bernoulli 梁和考虑剪切应变的一般梁单元相同。

3.1.4.4 MATLAB 编程——剪切梁单元

➢ **考虑剪切变形的 Euler-Bernoulli 梁单元：ElemKMS_B24**

基于 MATLAB 编写了局部坐标系下考虑剪切应变梁元的单元信息。函数 ElemKMS_B24 是基于符号变量编写的，可以给出单元刚度矩阵和其他矩阵的符号表达，结合前处理文件可以给出单元刚度矩阵的具体数值。

程序输入包括：材料属性信息、梁截面信息、节点坐标值信息等。

程序输出包括：单元刚度矩阵 **K**、单元质量矩阵 **M**、应变矩阵 **B** 和应力矩阵 **S** 等。

```
% ------------------------------------------------
% ElemKMS_B4     平面 2 节点剪切梁单元
% K：单元刚度矩阵
% M：单元一致质量矩阵
% B：应变矩阵
% S：应力矩阵
% ------------------
% E：材料弹性模量
% rou：材料密度
% A：横截面积
% Iz：截面关于 z 轴的惯性矩
```

```
% lamda：截面剪切校正因子
% c：剪切变形影响系数
% xi，xj：节点 x 向坐标值
% yi，yj：节点 y 向坐标值
% yf：梁截面 y 向上的局部坐标值(中性面为原点)
% x，y：物理坐标
% ksi：自然坐标
% -------------------------------------------------
%声明符号变量
syms E G rou A Iz lamda c real
syms xi xj real
syms yi yj real
syms yf
syms x y ksi real
% ------------------
%向量化
P = [E G rou A Iz lamda c];
xp = [xi xj];
yp = [yi yj];
% ------------------
%测试段 - 赋值
%矩形截面，lamda = 6/5，c = 6Eh^2/5Gl^2
P = subs(P,[E G rou A Iz lamda c],[70000,26923,2.7e - 9,100,833,1.2,0.0312]);
E = P(1);G = P(2);rou = P(3);A = P(4);Iz = P(5);lamda = P(6);c = P(7);
xp = subs(xp,[xi xj],[0,100]);
yp = subs(yp,[yi yj],[0,0]);
% ------------------
%生成形函数矩阵
L = sqrt((xp(2) - xp(1))^2 + (yp(2) - yp(1))^2);
Nvi = 1 - 3 * ksi^2 + 2 * ksi^3;
Nri = L * (ksi - 2 * ksi^2 + ksi^3);
Nsi = 1 - ksi;
Nvj = 3 * ksi^2 - 2 * ksi^3;
Nrj = L * (ksi^3 - ksi^2);
Nsj = ksi;
Nb = [Nvi,Nri,Nvj,Nrj];                                  %弯曲变形形函数矩阵
Ns = [Nsi,Nsj];                                          %剪切变形形函数矩阵
N = [1/2 * (Nvi + Nsi),Nri,1/2 * (Nvj + Nsj),Nrj];       %修正后的形函数矩阵
% ------------------
%生成应变矩阵
B0 = diff(Nb,ksi,2)/L/L;
Bb = - y * B0;                                           %弯曲变形应变矩阵
Bs = diff(Ns,ksi)/L;                                     %剪切变形应变矩阵
% ------------------
%生成应力矩阵
Sb = E * Bb;                                             %弯曲变形应力矩阵
Ss = G/lamda * Bs;                                       %剪切变形应力矩阵
% ------------------
%生成单元刚度矩阵
Kb = E * Iz * int(B0' * B0,ksi,0,1) * L;                 %弯曲变形刚度矩阵
Ks = G * A/lamda * Bs' * Bs * L;                         %剪切变形刚度矩阵
K = E * Iz/(1 + c)/L^3 * ...
    [12,6 * L, - 12,6 * L;6 * L,(4 + c) * L^2, - 6 * L,(2 - c) * L^2;
    - 12, - 6 * L,12, - 6 * L;6 * L,(2 - c) * L^2, - 6 * L,(4 + c) * L^2]; %修正后的刚度矩阵
```

```
% ------------------
% 生成单元质量矩阵
Mb = rou * A * int(Nb' * Nb,ksi,0,1) * L;                    % 弯曲变形质量矩阵
Ms = rou * A * int(Ns' * Ns,ksi,0,1) * L;                    % 剪切变形质量矩阵
M = rou * A * int(N' * N,ksi,0,1) * L;                       % 剪切变形质量矩阵
% ------------------
% 测试段 - 结果
K = double(K)
M = double(M)
freq = sqrt(eig(K,M))/2/pi
% ---------------------------------------------------
```

对之前使用的铝制矩形截面梁进行了测试，弹性模量为 70 000 MPa，密度为 2.7×10^{-9} t/mm^3，横截面积为 100 mm^2，截面惯性矩为 833 mm^4，杆件长度为 100 mm，得到的单元刚度矩阵、单元质量矩阵和固有频率信息如下：

```
K =
   1.0e + 06 *
     0.0007     0.0339   - 0.0007     0.0339
     0.0339     2.2795   - 0.0339     1.1133
   - 0.0007   - 0.0339     0.0007   - 0.0339
     0.0339     1.1133   - 0.0339     2.2795
M =
     0.0000     0.0001     0.0000   - 0.0001
     0.0001     0.0026     0.0001   - 0.0019
     0.0000     0.0001     0.0000   - 0.0001
   - 0.0001   - 0.0019   - 0.0001     0.0026
freq =
   1.0e + 04 *

     0.0000
     0.0000
     0.6276
     1.9049
```

相比纯弯曲梁的结果可知，关于转角的固有频率信息发生了变化。

➢ **Timoshenko 梁单元：ElemKMS_B5**

基于 MATLAB 编写了局部坐标系下 Timoshenko 梁元的单元信息，返回值同样包括单元刚度矩阵 $\boldsymbol{K}$、单元质量矩阵 $\boldsymbol{M}$、单元应变矩阵 $\boldsymbol{B}$、单元应力矩阵 $\boldsymbol{S}$。

程序输入包括：材料属性信息、梁截面信息、节点坐标值信息等。

程序输出包括：单元刚度矩阵 $\boldsymbol{K}$、单元质量矩阵 $\boldsymbol{M}$、应变矩阵 $\boldsymbol{B}$ 和应力矩阵 $\boldsymbol{S}$ 等。

```
% ---------------------------------------------------
% ElemKMS_B5     平面 2 节点 Timoshenko 梁单元
% K：单元刚度矩阵
% M：单元一致质量矩阵
% B：应变矩阵
% S：应力矩阵
% ------------------
% E：材料弹性模量
% rou：材料密度
% A：横截面积
% Iz：截面关于 z 轴的惯性矩
```

```
% xi, xj: 节点 x 向坐标值
% yi, yj: 节点 y 向坐标值
% yf: 梁截面 y 向上的局部坐标值(中性面为原点)
% x, y: 物理坐标
% ksi: 自然坐标
% ----------------------------------------------------
%声明符号变量
syms E G rou A Iz lamda real
syms xi xj real
syms yi yj real
syms yf
syms x y ksi real
% -------------------
%向量化
P = [E G rou A Iz lamda];
xp = [xi xj];
yp = [yi yj];
% -------------------
%测试段 - 赋值
P = subs(P,[E G rou A Iz lamda],[70000,26923,2.7e - 9,100,833,1.2]);
E = P(1);G = P(2);rou = P(3);A = P(4);Iz = P(5);lamda = P(6);
xp = subs(xp,[xi xj],[0,100]);
yp = subs(yp,[yi yj],[0,0]);
% -------------------
%生成形函数矩阵
L = sqrt((xp(2) - xp(1))^2 + (yp(2) - yp(1))^2);
Ni = 1 - ksi;Nj = ksi;
N = [Ni,0,Nj,0];                                        %形函数矩阵
% -------------------
%生成应变矩阵
Bb = [0,1/L,0, - 1/L];                                  %弯曲变形应变矩阵
Bs = [ - 1/L,x/L - 1,1/L, - x/L];                       %剪切变形应变矩阵
B = [Bb;Bs];                                            %应变矩阵
% -------------------
%生成应力矩阵
Sb = E * Bb;                                            %弯曲变形应力矩阵
Ss = G/lamda * Bs;                                      %剪切变形应力矩阵
S = [Sb;Ss];                                            %应力矩阵
% -------------------
%生成单元刚度矩阵
Kb = E * Iz * (Bb' * Bb) * L;                           %弯曲变形刚度矩阵
Ks = G * A/lamda * int(Bs' * Bs,x,0,L);                 %剪切变形刚度矩阵
K = Kb + Ks;                                            %刚度矩阵
% -------------------
%生成单元质量矩阵
M = rou * A * int(N' * N,ksi,0,1) * L;                  %质量矩阵
% -------------------
%测试段 - 结果
K = double(K)
M = double(M)
freq = sqrt(eig(K,M))/2/pi
% ----------------------------------------------------
```

依然使用铝制矩形截面梁进行测试,已知材料的弹性模量为 70 000 MPa,密度为 2.7×

10^{-9} t/mm^3，横截面积为 100 mm^2，截面惯性矩为 833 mm^4，杆件长度为 100 mm，得到的单元刚度矩阵、单元质量矩阵和固有频率信息如下：

```
K =
   1.0e+07 *
    0.0022    0.1122   -0.0022    0.1122
    0.1122    7.5369   -0.1122    3.6810
   -0.0022   -0.1122    0.0022   -0.1122
    0.1122    3.6810   -0.1122    7.5369
M =
   1.0e-05 *
    0.9000         0    0.4500         0
         0         0         0         0
    0.4500         0    0.9000         0
         0         0         0         0
freq =
   1.0e-03 *
   0.0000 + 0.0850i
   0.0000 +    Infi
      Inf + 0.0000i
   0.0000 + 0.1041i
```

3.2 二维单元

二维单元主要用来分析弹性力学中的平面问题(包括平面应力问题和平面应变问题)。平面问题的特点是结构的某一个方向的特征尺寸远小于(平面应力状态)或远大于(平面应变状态)另外两个方向的特征尺寸。平面应力问题与平面应变问题的区别在形式上仅表现为弹性矩阵的不同，对于平面应力问题，有

$$\boldsymbol{D}=\frac{E}{1-\mu^2}\begin{bmatrix}1 & \mu & 0\\ \mu & 1 & 0\\ 0 & 0 & (1-\mu)/2\end{bmatrix} \tag{3.240}$$

而对于平面应变问题，有

$$\boldsymbol{D}=\frac{E(1-\mu)}{(1+\mu)(1-2\mu)}\begin{bmatrix}1 & \dfrac{\mu}{1-\mu} & 0\\ \dfrac{\mu}{1-\mu} & 1 & 0\\ 0 & 0 & \dfrac{1-2\mu}{2(1-\mu)}\end{bmatrix} \tag{3.241}$$

从以上两式可以看出，在式(3.240)中，用$\dfrac{E}{1-\mu^2}$代替 E，用$\dfrac{\mu}{1-\mu}$代替 μ 即可得到式(3.241)。因此，在本节的讨论中仅以平面应力问题来说明。

另外，本节还讨论薄板弯曲问题。薄板通常需要承载横向载荷，严格来说属于三维问题。但这类结构的特点是其在一个方向上的尺度比在其他两个方向上的尺度相对来说小很多。针对这个特点，可以将此类结构简化为二维问题，这样可以在保持足够精度的同时，有效降低该类问题的求解难度。一般的板壳结构在经过简化和空间离散化处理之后，在细分为单元后的

局部区域都可以认为是薄板弯曲问题，因此薄板结构单元一般都是基于薄板弯曲理论建立起来的。

由于结构形式的特征不同，二维单元所能承受的载荷也不一致。弹性力学平面问题只承受面内载荷，板壳结构和复合材料层合板结构既可以承受面内载荷也可以承受垂直于板面的载荷。

3.2.1 平面问题三角形单元

3.2.1.1 平面问题的三角形离散

杆梁结构因其自然的连接关系可进行自然离散，而对于连续体，由于其内部没有自然的连接节点，需要进行人工离散。所以，连续体的网格划分根据所使用的离散化规则不同，得到的网格也不尽相同，具有一定程度的随意性。对于弹性力学平面问题，最简单、最常见的离散方式是将其分割成有限多个三角形单元，单元与单元之间通过三角形的顶点相连，如图 3.22 所示，这种单元称为常应变三角形单元。当边界为曲线时则以直线代替，显然这样会带来误差，这种误差称为离散误差。要减少这个误差，通常可通过增加边界单元数量实现。

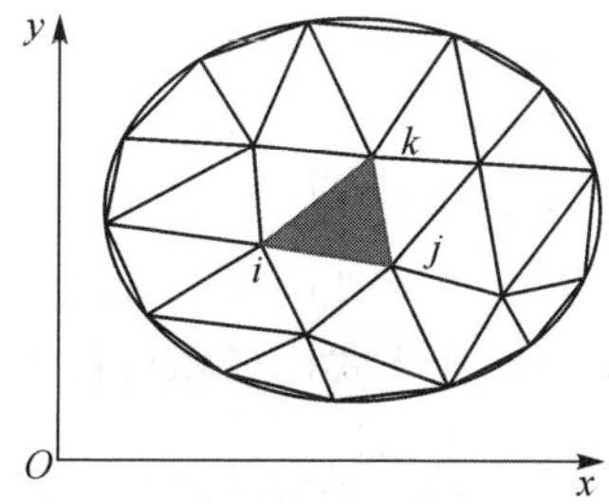

图 3.22 平面问题三角形离散

记单元节点位移向量 $\boldsymbol{q}^e$、节点力向量 $\boldsymbol{P}^e$ 和等效节点载荷向量 $\boldsymbol{F}^e$ 分别为

$$\boldsymbol{q}^e = [u_i \quad v_i \quad u_j \quad v_j \quad u_k \quad v_k]^{\mathrm{T}} \tag{3.242}$$

$$\boldsymbol{P}^e = [P_{ui} \quad P_{vi} \quad P_{uj} \quad P_{vj} \quad P_{uk} \quad P_{vk}]^{\mathrm{T}} \tag{3.243}$$

$$\boldsymbol{F}^e = [F_{ui} \quad F_{vi} \quad F_{uj} \quad F_{vj} \quad F_{uk} \quad F_{vk}]^{\mathrm{T}} \tag{3.244}$$

这里假定所取出三角形单元的面积为 A，厚度为 h，材料弹性模量为 E，泊松比为 μ，质量密度为 ρ，i、j、k 节点的坐标值分别为 (x_i, y_i)、(x_j, y_j) 和 (x_k, y_k)。

3.2.1.2 平面 3 节点三角形常应变单元

(1) 位移场函数

对于弹性力学平面问题，单元内任意一点的位移可用位移分量 u，v 描述，它们是位置坐标 x，y 的函数。假设 3 节点三角形单元的位移函数为 x，y 的线性函数，有

$$\left.\begin{aligned} u &= u(x, y) = \alpha_1 + \alpha_2 x + \alpha_3 y \\ v &= v(x, y) = \alpha_4 + \alpha_5 x + \alpha_6 y \end{aligned}\right\} \tag{3.245}$$

式中，$\alpha_1, \alpha_2, \cdots, \alpha_6$ 为待定系数，它不具有物理意义，这里可称为广义坐标，所以式(3.245)常称为位移函数的广义坐标表达式。因节点 i，j，k 也在单元上，其位移也满足位移函数式(3.245)。设 3 个节点的位移分别为 (u_i, v_i)，(u_j, v_j)，(u_k, v_k)，则有

$$\left.\begin{aligned} u_i &= \alpha_1 + \alpha_2 x_i + \alpha_3 y_i, \quad & v_i &= \alpha_4 + \alpha_5 x_i + \alpha_6 y_i \\ u_j &= \alpha_1 + \alpha_2 x_j + \alpha_3 y_j, \quad & v_j &= \alpha_4 + \alpha_5 x_j + \alpha_6 y_j \\ u_k &= \alpha_1 + \alpha_2 x_k + \alpha_3 y_k, \quad & v_k &= \alpha_4 + \alpha_5 x_k + \alpha_6 y_k \end{aligned}\right\} \tag{3.246}$$

式(3.246)中共有 6 个方程，恰好可以确定 6 个待定系数 $\alpha_1, \alpha_2, \cdots, \alpha_6$。求解以上方程，得

$$
\left.\begin{aligned}
\alpha_1 &= \frac{a_i u_i + a_j u_j + a_k u_k}{2\Delta}, \quad \alpha_2 = \frac{b_i u_i + b_j u_j + b_k u_k}{2\Delta} \\
\alpha_3 &= \frac{c_i u_i + c_j u_j + c_k u_k}{2\Delta}, \quad \alpha_4 = \frac{a_i v_i + a_j v_j + a_k v_k}{2\Delta} \\
\alpha_5 &= \frac{b_i v_i + b_j v_j + b_k v_k}{2\Delta}, \quad \alpha_6 = \frac{c_i v_i + c_j v_j + c_k v_k}{2\Delta}
\end{aligned}\right\} \tag{3.247}
$$

式中 Δ 为三角形单元的面积，且有

$$
\left.\begin{aligned}
a_i &= x_j y_k - x_k y_j, \quad b_i = y_j - y_k, \quad c_i = x_k - x_j \\
a_j &= x_k y_i - x_i y_k, \quad b_j = y_k - y_i, \quad c_j = x_i - x_k \\
a_k &= x_i y_j - x_j y_i, \quad b_k = y_i - y_j, \quad c_k = x_j - x_i
\end{aligned}\right\} \tag{3.248}
$$

因此，

$$
\Delta = \frac{1}{2}\begin{vmatrix} 1 & x_i & y_i \\ 1 & x_j & y_j \\ 1 & x_k & y_k \end{vmatrix} = \frac{1}{2}(x_i y_k + x_k y_i + x_i y_i - x_k y_j - x_i y_k - x_j y_i) \tag{3.249}
$$

将式(3.247)代入式(3.245)，有

$$
\left.\begin{aligned}
u(x,y) &= \frac{1}{2\Delta}[(a_i u_i + a_j u_j + a_k u_k) + (b_i u_i + b_j u_j + b_k u_k)x + (c_i u_i + c_j u_j + c_k u_k)y] \\
&= \frac{1}{2\Delta}[(a_i + b_i x + c_i y)u_i + (a_j + b_j x + c_j y)u_j + (a_k + b_k x + c_k y)u_k] \\
v(x,y) &= \frac{1}{2\Delta}[(a_i v_i + a_j v_j + a_k v_k) + (b_i v_i + b_j v_j + b_k v_k)x + (c_i v_i + c_j v_j + c_k v_k)y] \\
&= \frac{1}{2\Delta}[(a_i + b_i x + c_i y)v_i + (a_j + b_j x + c_j y)v_j + (a_k + b_k x + c_k y)v_k]
\end{aligned}\right\} \tag{3.250}
$$

为方便，引入符号

$$
\left.\begin{aligned}
N_i(x,y) &= \frac{a_i + b_i x + c_i y}{2\Delta} \\
N_j(x,y) &= \frac{a_j + b_j x + c_j y}{2\Delta} \\
N_k(x,y) &= \frac{a_k + b_k x + c_k y}{2\Delta}
\end{aligned}\right\} \tag{3.251}
$$

则位移函数式(3.245)可以记为

$$
u(x,y) = N_i u_i + N_j u_j + N_k u_k, \quad v(x,y) = N_i v_i + N_j v_j + N_k v_k \tag{3.252}
$$

这就是使用单元节点位移表示的单元位移函数，可用矩阵表示为

$$
\boldsymbol{q} = \begin{bmatrix} u(x,y) \\ v(x,y) \end{bmatrix} = \begin{bmatrix} N_i & 0 & N_j & 0 & N_k & 0 \\ 0 & N_i & 0 & N_j & 0 & N_k \end{bmatrix} \begin{bmatrix} u_i \\ v_i \\ u_j \\ v_j \\ u_k \\ v_k \end{bmatrix} \tag{3.253}
$$

简记为

$$\boldsymbol{q}=[\boldsymbol{I}N_i \quad \boldsymbol{I}N_j \quad \boldsymbol{I}N_k]\boldsymbol{q}^e=\boldsymbol{N}\boldsymbol{q}^e \tag{3.254}$$

$$\boldsymbol{N}=[\boldsymbol{I}N_i \quad \boldsymbol{I}N_j \quad \boldsymbol{I}N_k] \tag{3.255}$$

式中 N_i,N_j,N_k 为形函数，它们是坐标的函数，与节点坐标有关；$\boldsymbol{N}$ 为形函数矩阵；$\boldsymbol{I}$ 为 2×2 的单位矩阵；$\boldsymbol{q}$ 和 $\boldsymbol{q}^e$ 分别为单元位移函数向量和节点位移向量。由式(3.254)可知，形函数矩阵 $\boldsymbol{N}$ 完全由三角形单元节点坐标确定，所以一旦节点位移 $\boldsymbol{q}^e$ 已知，则单元上任意一点的位移 $\boldsymbol{q}$ 都可通过形函数插值得到，这表明单元上的位移分布完全由形函数的性质决定。

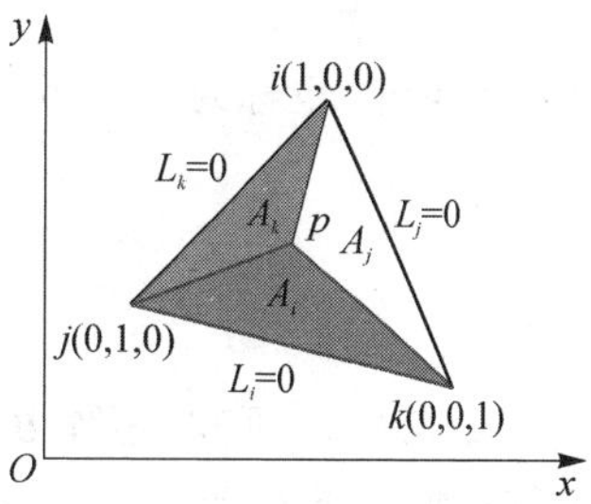

图 3.23　面积坐标示意图

另外，类似于杆系单元，若能够在局部坐标系内描述三角形单元，这对三角形单元的分析将具有许多优越性。这里引入面积坐标的定义。设 p 为三角形单元中的一点，与 3 个定点 i,j,k 相连，则可将三角形单元分隔为 3 小块，如图 3.23 所示。分别记这 3 个小三角形面积为

$$A_i=A_{pjk},\quad A_j=A_{pki},\quad A_k=A_{pij} \tag{3.256}$$

则存在以下恒等关系

$$A=A_i+A_j+A_k=A_{ijk} \tag{3.257}$$

p 点位置可由 3 个面积比值确定为

$$p(L_i,L_j,L_k) \tag{3.258}$$

其中

$$L_i=A_i/A,\quad L_j=A_j/A,\quad L_k=A_k/A \tag{3.259}$$

面积坐标可用直角坐标表示为

$$\begin{bmatrix}L_i\\L_j\\L_k\end{bmatrix}=\frac{1}{2A}\begin{bmatrix}a_i & b_i & c_i\\a_j & b_j & c_j\\a_k & b_k & c_k\end{bmatrix}\begin{bmatrix}1\\x\\y\end{bmatrix} \tag{3.260}$$

反之，直角坐标可用面积坐标表示为

$$\begin{bmatrix}1\\x\\y\end{bmatrix}=\begin{bmatrix}1 & 1 & 1\\x_i & x_j & x_k\\y_i & y_j & y_k\end{bmatrix}\begin{bmatrix}L_i\\L_j\\L_k\end{bmatrix} \tag{3.261}$$

由式(3.251)和式(3.259)可知

$$N_i=L_i,\quad N_j=L_j,\quad N_k=L_k \tag{3.262}$$

(2) 应变矩阵

由几何方程得

$$\boldsymbol{\varepsilon}=\begin{bmatrix}\dfrac{\partial u}{\partial x}\\[2mm]\dfrac{\partial v}{\partial y}\\[2mm]\dfrac{\partial u}{\partial y}+\dfrac{\partial v}{\partial x}\end{bmatrix}=\frac{1}{2\Delta}\begin{bmatrix}b_i & 0 & b_j & 0 & b_k & 0\\0 & c_i & 0 & c_j & 0 & c_k\\c_i & b_i & c_j & b_j & c_k & b_k\end{bmatrix}\begin{bmatrix}u_i\\v_i\\u_j\\v_j\\u_k\\v_k\end{bmatrix} \tag{3.263}$$

将式(3.263)记为

$$\boldsymbol{\varepsilon}=\boldsymbol{B}\boldsymbol{q}^e \tag{3.264}$$

这里

$$\boldsymbol{B}=\frac{1}{2\Delta}\begin{bmatrix} b_i & 0 & b_j & 0 & b_k & 0 \\ 0 & c_i & 0 & c_j & 0 & c_k \\ c_i & b_i & c_j & b_j & c_k & b_k \end{bmatrix}=[\boldsymbol{B}_i \quad \boldsymbol{B}_j \quad \boldsymbol{B}_k] \tag{3.265}$$

称为应变矩阵，也称为几何矩阵。其中子块为

$$\boldsymbol{B}_l=\frac{1}{2\Delta}\begin{bmatrix} b_l & 0 \\ 0 & c_l \\ c_l & b_l \end{bmatrix}, \quad l=i,j,k \tag{3.266}$$

由式(3.265)可知，矩阵 $\boldsymbol{B}$ 的元素都是常量，应变矩阵 $\boldsymbol{B}$ 为常量矩阵，所以通常称 3 节点三角形为常应变单元。

(3) 应力矩阵

由物理方程，可以得到单元的应力表达式

$$\boldsymbol{\sigma}=\boldsymbol{D}\boldsymbol{\varepsilon}=\boldsymbol{D}\boldsymbol{B}\boldsymbol{q}^e \tag{3.267}$$

其中，$\boldsymbol{D}$ 称为弹性矩阵，对于平面应力问题，

$$\boldsymbol{D}=\frac{E}{1-\mu^2}\begin{bmatrix} 1 & \mu & 0 \\ \mu & 1 & 0 \\ 0 & 0 & \dfrac{1-\mu}{2} \end{bmatrix} \tag{3.268}$$

记 $\boldsymbol{S}=\boldsymbol{D}\boldsymbol{B}$ 为应力矩阵，并将其表示为分块形式

$$\boldsymbol{S}=[\boldsymbol{S}_i \quad \boldsymbol{S}_j \quad \boldsymbol{S}_k] \tag{3.269}$$

式中，子块 $\boldsymbol{S}_i$、$\boldsymbol{S}_j$ 和 $\boldsymbol{S}_k$ 由循环指标确定如下：

$$\boldsymbol{S}_l=\frac{E}{2\Delta(1-\mu^2)}\begin{bmatrix} b_l & \mu c_l \\ \mu b_l & c_l \\ \dfrac{1-\mu}{2}c_l & \dfrac{1-\mu}{2}b_l \end{bmatrix}, \quad l=i,j,k \tag{3.270}$$

(4) 单元刚度矩阵

以上已将单元的三大基本变量 $\boldsymbol{u}$、$\boldsymbol{\varepsilon}$ 和 $\boldsymbol{\sigma}$ 用节点位移列阵 $\boldsymbol{q}^e$ 来进行表达，将 $\boldsymbol{u}$、$\boldsymbol{\varepsilon}$ 和 $\boldsymbol{\sigma}$ 代入单元刚度矩阵表达式中，有

$$\boldsymbol{K}^e=\int_A \boldsymbol{B}^{\mathrm{T}}\boldsymbol{D}\boldsymbol{B}t\,\mathrm{d}x\,\mathrm{d}y \tag{3.271}$$

对于 3 节点等厚度三角形单元，因为 $\boldsymbol{B}$ 和 $\boldsymbol{D}$ 的分量均为常量，则单元刚度矩阵可以表示为

$$\boldsymbol{K}^e=\boldsymbol{B}^{\mathrm{T}}\boldsymbol{D}\boldsymbol{B}hA \tag{3.272}$$

显然，3 节点三角形单元刚度矩阵 K^e 是 6×6 的矩阵，将其表示成分块矩阵形式为

$$\boldsymbol{K}^e=\begin{bmatrix} \boldsymbol{K}_{ii} & \boldsymbol{K}_{ij} & \boldsymbol{K}_{ik} \\ \boldsymbol{K}_{ji} & \boldsymbol{K}_{jj} & \boldsymbol{K}_{jk} \\ \boldsymbol{K}_{ki} & \boldsymbol{K}_{kj} & \boldsymbol{K}_{kk} \end{bmatrix} \tag{3.273}$$

式中 $\boldsymbol{K}_{rs}=\boldsymbol{B}_r^{\mathrm{T}}\boldsymbol{D}\boldsymbol{B}_s hA$ 为 2×2 的子矩阵，对于平面应力问题有

$$\boldsymbol{K}_{rs}=\frac{Eh}{4(1-\mu^2)A}\begin{bmatrix} b_r b_s+\dfrac{1-\mu}{2}c_r c_s & \mu b_r c_s+\dfrac{1-\mu}{2}c_r b_s \\ \mu c_r b_s+\dfrac{1-\mu}{2}b_r c_s & c_r c_s+\dfrac{1-\mu}{2}b_r b_s \end{bmatrix},\quad r,s=i,j,k \tag{3.274}$$

(5) 单元质量矩阵

常应变三角形单元一致质量矩阵的计算公式为

$$\boldsymbol{M}^e=\rho h\int_{A^e}\boldsymbol{N}^{\mathrm{T}}\boldsymbol{N}\mathrm{d}A \tag{3.275}$$

将形函数式(3.255)代入式(3.275)，可以得到

$$\boldsymbol{M}^e=\rho h\int_{A^e}\begin{bmatrix} N_i^2 & 0 & N_iN_j & 0 & N_iN_k & 0 \\ 0 & N_i^2 & 0 & N_iN_j & 0 & N_iN_k \\ N_jN_i & 0 & N_j^2 & 0 & N_jN_k & 0 \\ 0 & N_jN_i & 0 & N_j^2 & 0 & N_jN_k \\ N_kN_i & 0 & N_kN_j & 0 & N_k^2 & 0 \\ 0 & N_kN_i & 0 & N_kN_j & 0 & N_k^2 \end{bmatrix}\mathrm{d}A \tag{3.276}$$

利用三角形面积坐标的积分公式，有

$$\int_{A^e}N_rN_s\mathrm{d}A=\frac{1!1!0!}{(1+1+0+2)!}2A=\frac{1}{12}A,\quad r,s=i,j,k \tag{3.277}$$

$$\int_{A^e}N_r^2\mathrm{d}A=\frac{2!0!}{(2+0+0+2)!}2A=\frac{1}{6}A,\quad r,s=i,j,k \tag{3.278}$$

则基于式(3.277)和式(3.278)可得到平面问题常应变三角形单元的一致质量矩阵为

$$\boldsymbol{M}^e=\frac{\rho hA}{12}\begin{bmatrix} 2 & 0 & 1 & 0 & 1 & 0 \\ 0 & 2 & 0 & 1 & 0 & 1 \\ 1 & 0 & 2 & 0 & 1 & 0 \\ 0 & 1 & 0 & 2 & 0 & 1 \\ 1 & 0 & 1 & 0 & 2 & 0 \\ 0 & 1 & 0 & 1 & 0 & 2 \end{bmatrix} \tag{3.279}$$

相应的集中质量矩阵为

$$\boldsymbol{M}^e=\frac{\rho hA}{3}\begin{bmatrix} 1 & 0 & 0 & 0 & 0 & 0 \\ 0 & 1 & 0 & 0 & 0 & 0 \\ 0 & 0 & 1 & 0 & 0 & 0 \\ 0 & 0 & 0 & 1 & 0 & 0 \\ 0 & 0 & 0 & 0 & 1 & 0 \\ 0 & 0 & 0 & 0 & 0 & 1 \end{bmatrix} \tag{3.280}$$

(6) 等效节点载荷

基于最小势能原理得到的单元等效节点载荷式为

$$\boldsymbol{F}^e=\int_{\Omega^e}\boldsymbol{N}^{\mathrm{T}}\bar{\boldsymbol{b}}\,\mathrm{d}\Omega+\int_{\Gamma^e}\boldsymbol{N}^{\mathrm{T}}\bar{\boldsymbol{p}}\,\mathrm{d}\Gamma=\int_{A^e}\boldsymbol{N}^{\mathrm{T}}\bar{\boldsymbol{b}}h\,\mathrm{d}A+\int_{l_p^e}\boldsymbol{N}^{\mathrm{T}}\bar{\boldsymbol{p}}h\,\mathrm{d}l \tag{3.281}$$

其中 l_p^e 为单元上作用有外载荷的边，$\int\mathrm{d}l$ 为线积分。

下面将考虑几种典型载荷类型，并计算相应的等效节点载荷表达式。

① 单元自重

如图 3.24 设单元质量密度为 ρ，自重沿 y 轴负向，体积力向量可写为

$$\bar{\boldsymbol{b}}=\begin{bmatrix}0\\-\rho g\end{bmatrix} \tag{3.282}$$

则三角形单元的自重分配到节点上的等效节点载荷列阵为

$$\boldsymbol{F}^e=-\rho gh\int_{A^e}\begin{bmatrix}0 & N_i & 0 & N_j & 0 & N_k\end{bmatrix}^{\mathrm{T}}\mathrm{d}A=-\frac{1}{3}\rho ghA\begin{bmatrix}0 & 1 & 0 & 1 & 0 & 1\end{bmatrix}^{\mathrm{T}} \tag{3.283}$$

这意味着单元自重被平均分配到 3 个节点上。

② 均布侧压

若单元边界 ij 受如图 3.25 的均布侧压 $\bar{p}_0$，则以压为正。侧压 $\bar{p}_0$ 在 x 和 y 方向的分量 $\bar{p}_{0x}$ 和 $\bar{p}_{0y}$ 为

$$\bar{p}_{0x}=\frac{\bar{p}_0}{l}(y_i-y_j),\quad \bar{p}_{0y}=\frac{\bar{p}_0}{l}(x_j-x_i) \tag{3.284}$$

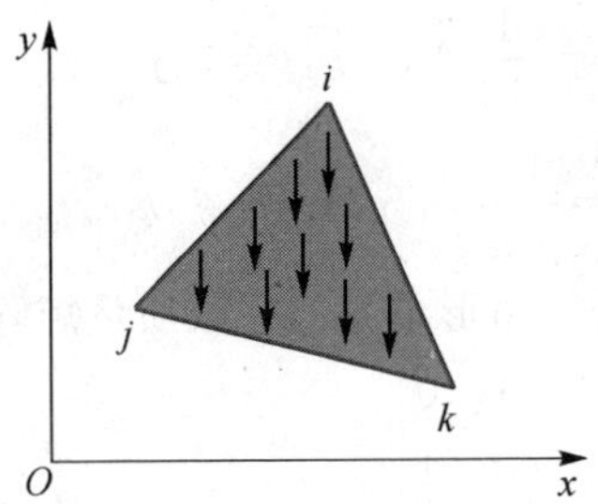

图 3.24 三角形单元作用体积力

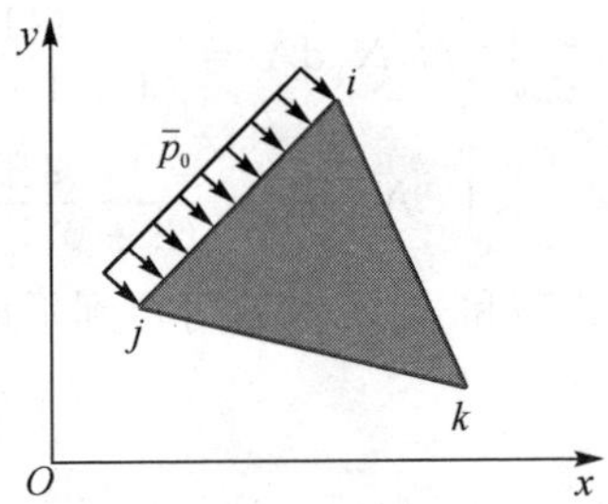

图 3.25 单元边上作用均布侧压

可依据式(3.281)求得侧压作用下的单元等效节点载荷列阵为

$$\boldsymbol{F}^e=\frac{1}{2}\bar{p}_0h\begin{bmatrix}(y_i-y_j) & (x_j-x_i) & (y_i-y_j) & (x_j-x_i) & 0 & 0\end{bmatrix}^{\mathrm{T}} \tag{3.285}$$

③ x 方向受均布侧压

若单元边界 ij 受如图 3.26 的 x 方向的均布载荷 $\bar{p}_0$，单元边界 ij 长为 l，可求得单元等效节点载荷列阵为

$$\boldsymbol{F}^e=\frac{1}{2}\bar{p}_0lh\begin{bmatrix}1 & 0 & 1 & 0 & 0 & 0\end{bmatrix}^{\mathrm{T}} \tag{3.286}$$

④ x 方向受三角形分布载荷

若单元边界 ij 受如图 3.27 的 x 方向的三角形分布载荷 $\bar{p}_0$，单元边界 ij 长为 l，可求得单元等效节点载荷列阵为

$$\boldsymbol{F}^e=\frac{1}{2}\bar{p}_0lh\begin{bmatrix}\frac{2}{3} & 0 & \frac{1}{3} & 0 & 0 & 0\end{bmatrix}^{\mathrm{T}} \tag{3.287}$$

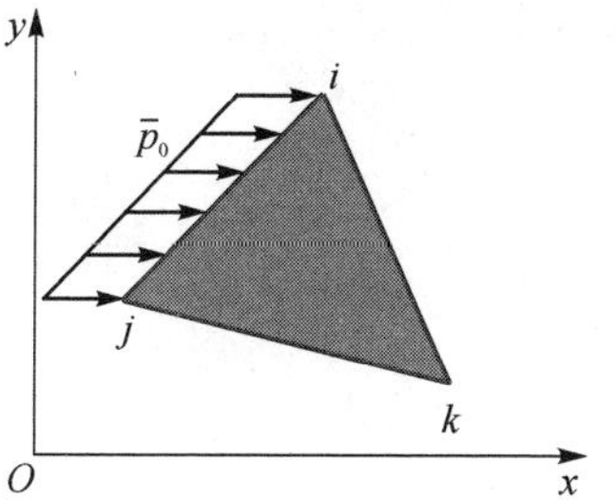

图3.26　单元边上作用x方向均布力

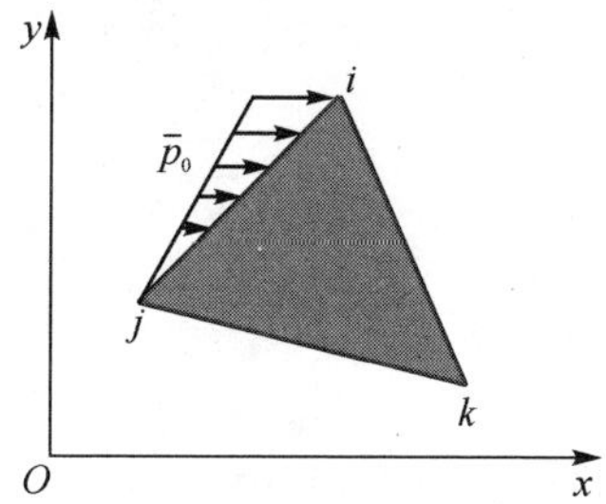

图3.27　单元边上作用x方向三角形分布载荷

3.2.1.3　平面3节点三角形常应变等参单元

由式(3.273)和式(3.276)可知，三角形单元在生成单元刚度矩阵和单元质量矩阵时需要在三角形域上进行积分得到。由于三角形单元的应变矩阵为常量矩阵，所以单元刚度矩阵在积分时得以简化处理，但在生成质量矩阵时需要计算不规则三角形域上的积分式，通常这是有难度的。式(3.276)是通过面积坐标的积分定理完成的，因为在处理高阶单元时，通过面积坐标完成三角形域上的积分相当复杂，所以有必要将不规则三角形域上的积分转换为规则三角形域上的积分来完成，这一过程可以通过等参变换来实现，如图3.28所示。

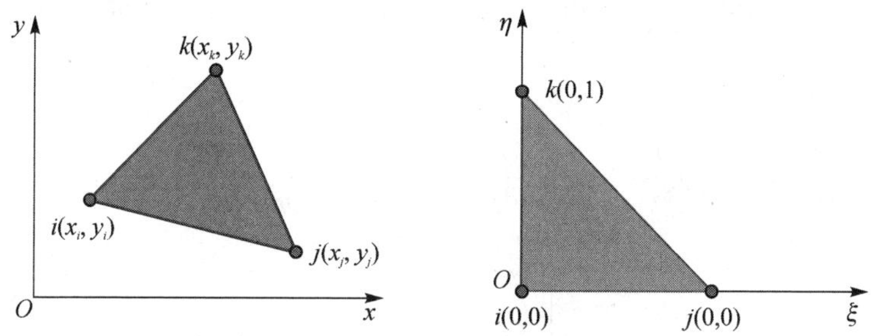

(a) 物理坐标系中的三角形单元　(b) 自然坐标系中的三角形单元

图3.28　3节点三角形单元等参变换

(1) 坐标映射

设图3.28所示的两个坐标系的坐标映射关系为

$$x=x(\xi,\eta),\quad y=y(\xi,\eta) \tag{3.288}$$

由于基准坐标系(ξ,η)中的一点对应于物理坐标系(x,y)中的一个相应点，因此对图3.28中的3个角点，有节点映射条件

$$x_r=x(\xi_r,\eta_r),\quad y_r=y(\xi_r,\eta_r),\quad r=i,j,k \tag{3.289}$$

这表明x方向和y方向各有3个节点条件，如果用多项式来写出式(3.289)中的映射函数关系，则x和y方向上可以分别写出各包含有3个待定系数的多项式，即

$$x=a_0+a_1\xi+a_2\eta,\quad y=b_0+b_1\xi+b_2\eta \tag{3.290}$$

其中待定系数$a_0,\cdots,a_2$和$b_0,\cdots,b_2$可由节点映射条件式(3.289)确定，解得

$$a_0=x_i,\quad a_1=x_j-x_i,\quad a_2=x_k-x_i,\quad b_0=y_i,\quad b_1=y_j-y_i,\quad b_2=y_k-y_i \tag{3.291}$$

代入式(3.290)可得

$$x = \widetilde{N}_i x_i + \widetilde{N}_j x_j + \widetilde{N}_k x_k, \quad y = \widetilde{N}_i y_i + \widetilde{N}_j y_j + \widetilde{N}_k y_k \tag{3.292}$$

其中

$$\widetilde{N}_i = 1 - \xi - \eta, \quad \widetilde{N}_j = \xi, \quad \widetilde{N}_k = \eta \tag{3.293}$$

记

$$\widetilde{\boldsymbol{N}} = [\widetilde{N}_i \boldsymbol{I} \quad \widetilde{N}_j \boldsymbol{I} \quad \widetilde{N}_k \boldsymbol{I}] \tag{3.294}$$

称为几何形状函数矩阵，其中 $\boldsymbol{I}$ 为 2 阶单位矩阵。

将物理坐标系中三角形单元的节点坐标值进行排列，写成列向量形式，有

$$\widetilde{\boldsymbol{q}}^e = [x_1 \quad y_1 \quad x_2 \quad y_2 \quad x_3 \quad y_3]^{\mathrm{T}} \tag{3.295}$$

则式(3.292)可进一步写为

$$\begin{bmatrix} x \\ y \end{bmatrix} = \begin{bmatrix} \widetilde{\boldsymbol{N}}_i & 0 & \widetilde{\boldsymbol{N}}_j & 0 & \widetilde{\boldsymbol{N}}_k & 0 \\ 0 & \widetilde{\boldsymbol{N}}_i & 0 & \widetilde{\boldsymbol{N}}_j & 0 & \widetilde{\boldsymbol{N}}_k \end{bmatrix} \widetilde{\boldsymbol{q}}^e \tag{3.296}$$

这样就可以实现两个坐标系的函数映射。

(2) 坐标的偏导数变换

对物理坐标系(x,y)中的任何一个函数 $\Phi(x,y)$，求它的偏导数，有

$$\frac{\partial \Phi}{\partial \xi} = \frac{\partial \Phi}{\partial x}\frac{\partial x}{\partial \xi} + \frac{\partial \Phi}{\partial y}\frac{\partial y}{\partial \xi}, \quad \frac{\partial \Phi}{\partial \eta} = \frac{\partial \Phi}{\partial x}\frac{\partial x}{\partial \eta} + \frac{\partial \Phi}{\partial y}\frac{\partial y}{\partial \eta} \tag{3.297}$$

则偏导数的变换关系为

$$\frac{\partial}{\partial \xi} = \frac{\partial x}{\partial \xi}\frac{\partial}{\partial x} + \frac{\partial y}{\partial \xi}\frac{\partial}{\partial y}, \quad \frac{\partial}{\partial \eta} = \frac{\partial x}{\partial \eta}\frac{\partial}{\partial x} + \frac{\partial y}{\partial \eta}\frac{\partial}{\partial y} \tag{3.298}$$

写成矩阵形式，有

$$\begin{bmatrix} \dfrac{\partial}{\partial \xi} \\ \dfrac{\partial}{\partial \eta} \end{bmatrix} = \boldsymbol{J} \begin{bmatrix} \dfrac{\partial}{\partial x} \\ \dfrac{\partial}{\partial y} \end{bmatrix} \tag{3.299}$$

其中

$$\boldsymbol{J} = \begin{bmatrix} \dfrac{\partial x}{\partial \xi} & \dfrac{\partial y}{\partial \xi} \\ \dfrac{\partial x}{\partial \eta} & \dfrac{\partial y}{\partial \eta} \end{bmatrix} \tag{3.300}$$

称为 Jacobian 矩阵。也可将(5.14)式写成以下逆形式：

$$\begin{bmatrix} \dfrac{\partial}{\partial x} \\ \dfrac{\partial}{\partial y} \end{bmatrix} = \boldsymbol{J}^{-1} \begin{bmatrix} \dfrac{\partial}{\partial \xi} \\ \dfrac{\partial}{\partial \eta} \end{bmatrix} = \frac{1}{|\boldsymbol{J}|} \begin{bmatrix} \dfrac{\partial y}{\partial \eta} & -\dfrac{\partial y}{\partial \xi} \\ -\dfrac{\partial x}{\partial \eta} & \dfrac{\partial x}{\partial \xi} \end{bmatrix} \begin{bmatrix} \dfrac{\partial}{\partial \xi} \\ \dfrac{\partial}{\partial \eta} \end{bmatrix} \tag{3.301}$$

其中 $|\boldsymbol{J}|$ 是矩阵 $\boldsymbol{J}$ 的行列式，即

$$|\boldsymbol{J}| = \frac{\partial x}{\partial \xi}\frac{\partial y}{\partial \eta} - \frac{\partial y}{\partial \xi}\frac{\partial x}{\partial \eta} \tag{3.302}$$

式(3.301)可以写成显式

$$\left.\begin{aligned}\frac{\partial}{\partial x}&=\frac{1}{|\boldsymbol{J}|}\left(\frac{\partial y}{\partial \eta}\frac{\partial}{\partial \xi}-\frac{\partial y}{\partial \xi}\frac{\partial}{\partial \eta}\right)\\ \frac{\partial}{\partial y}&=\frac{1}{|\boldsymbol{J}|}\left(-\frac{\partial x}{\partial \eta}\frac{\partial}{\partial \xi}+\frac{\partial x}{\partial \xi}\frac{\partial}{\partial \eta}\right)\end{aligned}\right\}\tag{3.303}$$

这就是两个坐标系的偏导数映射关系。

(3) 面积变换

在物理坐标系(x,y)中，由 $\mathrm{d}\boldsymbol{\xi}$ 和 $\mathrm{d}\boldsymbol{\eta}$ 所围成的微小平行四边形的面积为

$$\mathrm{d}A=|\mathrm{d}\boldsymbol{\xi}\times\mathrm{d}\boldsymbol{\eta}|\tag{3.304}$$

由于 $\mathrm{d}\boldsymbol{\xi}$ 和 $\mathrm{d}\boldsymbol{\eta}$ 在物理坐标系(x,y)中的分量为

$$\left.\begin{aligned}\mathrm{d}\boldsymbol{\xi}&=\frac{\partial x}{\partial \xi}\mathrm{d}\xi\cdot\boldsymbol{i}+\frac{\partial y}{\partial \xi}\mathrm{d}\xi\cdot\boldsymbol{j}\\ \mathrm{d}\boldsymbol{\eta}&=\frac{\partial x}{\partial \eta}\mathrm{d}\eta\cdot\boldsymbol{i}+\frac{\partial y}{\partial \eta}\mathrm{d}\eta\cdot\boldsymbol{j}\end{aligned}\right\}\tag{3.305}$$

其中 $\boldsymbol{i}$ 和 $\boldsymbol{j}$ 分别为物理坐标系(x,y)中的 x 方向和 y 方向的单位向量。则式(3.304)所示面积积分的变换计算可写为

$$\mathrm{d}A=\begin{vmatrix}\dfrac{\partial x}{\partial \xi}\mathrm{d}\xi & \dfrac{\partial y}{\partial \xi}\mathrm{d}\xi\\ \dfrac{\partial x}{\partial \eta}\mathrm{d}\eta & \dfrac{\partial y}{\partial \eta}\mathrm{d}\eta\end{vmatrix}=|\boldsymbol{J}|\,\mathrm{d}\xi\mathrm{d}\eta\tag{3.306}$$

式(3.306)给出了(x,y)坐标系中面积 $\mathrm{d}A$ 的变换公式。

(4) 位移场函数

用与几何形函数相同的形函数矩阵 $\boldsymbol{N}=\widetilde{\boldsymbol{N}}$ 对单元的位移变量 $\boldsymbol{d}=[u\quad v]^{\mathrm{T}}$ 进行插值，有

$$u=N_iu_i+N_ju_j+N_ku_k,\quad v=N_iv_i+N_jv_j+N_kv_k\tag{3.307}$$

则

$$\boldsymbol{q}=\begin{bmatrix}u\\ v\end{bmatrix}=[N_i\boldsymbol{I}\quad N_j\boldsymbol{I}\quad N_k\boldsymbol{I}]\boldsymbol{q}^e=\boldsymbol{N}(\xi,\eta)\boldsymbol{q}^e\tag{3.308}$$

这种采用相同的形函数进行坐标变换和节点变量插值且采用相同节点数的单元称为等参单元，这种变换称为等参变换。

(5) 应变矩阵

由弹性力学平面问题的几何方程和式(3.308)，可得

$$\varepsilon=\begin{bmatrix}\dfrac{\partial}{\partial x} & 0\\ 0 & \dfrac{\partial}{\partial y}\\ \dfrac{\partial}{\partial y} & \dfrac{\partial}{\partial x}\end{bmatrix}\begin{bmatrix}u\\ v\end{bmatrix}=\begin{bmatrix}\dfrac{\partial}{\partial x} & 0\\ 0 & \dfrac{\partial}{\partial y}\\ \dfrac{\partial}{\partial y} & \dfrac{\partial}{\partial x}\end{bmatrix}\boldsymbol{N}(\xi,\eta)\boldsymbol{q}^e\tag{3.309}$$

所以，基于等参变换的应变矩阵为

$$\boldsymbol{B}=\begin{bmatrix}\frac{\partial}{\partial x} & 0\\ 0 & \frac{\partial}{\partial y}\\ \frac{\partial}{\partial y} & \frac{\partial}{\partial x}\end{bmatrix}\mathbf{N}(\xi,\eta) \tag{3.310}$$

但由于形函数矩阵 $\mathbf{N}(\xi,\eta)$ 不是物理空间坐标 (x,y) 的显函数，因此需要借助之前讨论的偏导数变换进行计算。

由式(3.301)可知

$$\begin{bmatrix}\frac{\partial}{\partial x}\\ \frac{\partial}{\partial y}\end{bmatrix}=\boldsymbol{J}^{-1}\begin{bmatrix}\frac{\partial}{\partial \xi}\\ \frac{\partial}{\partial \eta}\end{bmatrix}=\boldsymbol{R}\begin{bmatrix}\frac{\partial}{\partial \xi}\\ \frac{\partial}{\partial \eta}\end{bmatrix}=\begin{bmatrix}R_{11} & R_{12}\\ R_{21} & R_{22}\end{bmatrix}\begin{bmatrix}\frac{\partial}{\partial \xi}\\ \frac{\partial}{\partial \eta}\end{bmatrix} \tag{3.311}$$

式中，$\boldsymbol{R}$ 为 Jacobian 矩阵的逆，则可将式(3.310)重写为

$$\boldsymbol{B}=\begin{bmatrix}\frac{\partial}{\partial x} & 0\\ 0 & \frac{\partial}{\partial y}\\ \frac{\partial}{\partial y} & \frac{\partial}{\partial x}\end{bmatrix}\mathbf{N}(\xi,\eta)=\begin{bmatrix}R_{11} & R_{12} & 0 & 0\\ 0 & 0 & R_{21} & R_{22}\\ R_{21} & R_{22} & R_{11} & R_{12}\end{bmatrix}\begin{bmatrix}\frac{\partial}{\partial \xi} & 0\\ \frac{\partial}{\partial \eta} & 0\\ 0 & \frac{\partial}{\partial \xi}\\ 0 & \frac{\partial}{\partial \eta}\end{bmatrix}\mathbf{N}(\xi,\eta) \tag{3.312}$$

在实际计算时，可先计算式(3.312)中形函数矩阵 $\mathbf{N}(\xi,\eta)$ 关于自然坐标 (ξ,η) 的偏导数。对于三角形单元，有

$$\begin{aligned}\begin{bmatrix}\frac{\partial}{\partial \xi} & 0\\ \frac{\partial}{\partial \eta} & 0\\ 0 & \frac{\partial}{\partial \xi}\\ 0 & \frac{\partial}{\partial \eta}\end{bmatrix}\mathbf{N}(\xi,\eta)&=\begin{bmatrix}\frac{\partial N_i}{\partial \xi} & 0 & \frac{\partial N_j}{\partial \xi} & 0 & \frac{\partial N_k}{\partial \xi} & 0\\ \frac{\partial N_i}{\partial \eta} & 0 & \frac{\partial N_j}{\partial \eta} & 0 & \frac{\partial N_k}{\partial \eta} & 0\\ 0 & \frac{\partial N_i}{\partial \xi} & 0 & \frac{\partial N_j}{\partial \xi} & 0 & \frac{\partial N_k}{\partial \xi}\\ 0 & \frac{\partial N_i}{\partial \eta} & 0 & \frac{\partial N_j}{\partial \eta} & 0 & \frac{\partial N_k}{\partial \eta}\end{bmatrix}\\ &=\begin{bmatrix}-1 & 0 & 1 & 0 & 0 & 0\\ -1 & 0 & 0 & 0 & 1 & 0\\ 0 & -1 & 0 & 1 & 0 & 0\\ 0 & -1 & 0 & 0 & 0 & 1\end{bmatrix}\end{aligned} \tag{3.313}$$

则应变矩阵为

$$\boldsymbol{B}=\begin{bmatrix}R_{11} & R_{12} & 0 & 0\\ 0 & 0 & R_{21} & R_{22}\\ R_{21} & R_{22} & R_{11} & R_{12}\end{bmatrix}\begin{bmatrix}-1 & 0 & 1 & 0 & 0 & 0\\ -1 & 0 & 0 & 0 & 1 & 0\\ 0 & -1 & 0 & 1 & 0 & 0\\ 0 & -1 & 0 & 0 & 0 & 1\end{bmatrix} \tag{3.314}$$

(6) 应力矩阵

由物理方程和平面问题的弹性矩阵 $\boldsymbol{D}$，可得应力矩阵为

$$\boldsymbol{S}=\boldsymbol{DB} \tag{3.315}$$

其中，$\boldsymbol{D}$ 的表达式为式(3.268)，$\boldsymbol{B}$ 的表达式为式(3.314)。

(7) 单元刚度矩阵

根据最小势能原理，基于等参变换的 3 节点三角形单元的单元刚度矩阵可表示为

$$\boldsymbol{K}^e=h\times\int_0^1\int_0^{1-\eta}\boldsymbol{B}^{\mathrm{T}}\boldsymbol{DB}\,|J|\,\mathrm{d}\xi\mathrm{d}\eta \tag{3.316}$$

将式(3.314)、式(3.268)和式(3.302)代入式(3.316)，可积分得到单元刚度矩阵的具体表达。

(8) 三角形域上的 Hammer 积分

一个函数的定积分，可以通过 n 个点的函数值以及它们的加权组合来计算，即

$$\int_{-1}^{1}f(\xi)\mathrm{d}\xi\approx\sum_{k=1}^{n}H_kf(\xi_k) \tag{3.317}$$

式中，$f(\xi)$为被积函数；n 为积分点数；W_k 为积分权系数；ξ_k 为积分点位置。当 n 确定时，H_k 和 ξ_k 也为对应的确定值。

等参变换已经将积分域由图 3.28(a)所示的任意三角形域变换至图 3.28(b)所示的基准三角形域，这为刚度矩阵积分域的确定提供了便利。但在式(3.316)的积分过程中，将积分以解析的形式给出可能会遇到困难，一般都采用近似的数值积分法。积分域为图 3.28(b)所示的基准三角形的二维积分，称为 Hammer 积分。常用的三角形域上的 Hammer 积分的积分点坐标及权系数列于表 3-1。

表 3-1　常用的二维 Hammer 积分常数

积分点个数	积分点坐标	权系数
1	(1/3,1/3)	1/2
3	(1/6,1/6)	1/6
	(2/3,1/6)	1/6
	(1/6,2/3)	1/6
4	(1/3,1/3)	−27/96
	(1/5,1/5)	25/96
	(3/5,1/5)	25/96
	(1/5,3/5)	25/96
6	(0.44594849092,0.44594849092)	0.111690794839
	(0.10810301817,0.44594849092)	0.111690794839
	(0.44594849092,0.10810301817)	0.111690794839
	(0.09157621351,0.09157621351)	0.054975871827
	(0.81684757289,0.09157621351)	0.054975871827
	(0.09157621351,0.81684757289)	0.054975871827

对于式(3.316)中的二重积分，令

$$\boldsymbol{f}_{\boldsymbol{K}}=h\boldsymbol{B}^{\mathrm{T}}\boldsymbol{D}\boldsymbol{B}\,|\boldsymbol{J}| \tag{3.318}$$

只要计算出 $\boldsymbol{f}$ 中每一个元素在基准三角形上的积分即可。选择合适的积分点数、积分点位置和积分权重，可将式(3.316)中的二重积分变换为

$$\boldsymbol{K}^{e}=\sum_{k=1}^{n}H_{k}\boldsymbol{f}_{\boldsymbol{K}}(\xi_{k},\eta_{k}) \tag{3.319}$$

这样，在做式(3.316)的积分时，只需将积分点(ξ_{k},η_{k})代入式(3.318)计算具体数值，然后再进行求和运算即可。

(9) 单元质量矩阵

基于等参变换的3节点三角形单元的单元质量矩阵计算公式为

$$\boldsymbol{M}^{e}=h\times\int_{0}^{1}\int_{0}^{1-\eta}\mathbf{N}^{\mathrm{T}}\mathbf{N}\,|\boldsymbol{J}|\,\mathrm{d}\xi\mathrm{d}\eta \tag{3.320}$$

令

$$\boldsymbol{f}_{\boldsymbol{M}}=h\mathbf{N}^{\mathrm{T}}\mathbf{N}\,|\boldsymbol{J}| \tag{3.321}$$

基于 Hammer 积分，可得单元质量矩阵的数值积分公式为

$$\boldsymbol{M}^{e}=\sum_{k=1}^{n}H_{k}\boldsymbol{f}_{\boldsymbol{M}}(\xi_{k},\eta_{k}) \tag{3.322}$$

3.2.1.4 平面6节点三角形二次等参单元

采用常应变三角形单元进行分析时，得到的应变矩阵是常数矩阵，由于线弹性材料的弹性矩阵也为常量矩阵，所以3节点三角形单元的应力矩阵同样为常数矩阵，即整个单元上的应力为常量。由于相邻单元一般具有不同的应力，故对于这类单元，其相邻单元的公共边界上会有应力突变。随着单元尺寸的逐步取小，这种突变会急剧降低，虽该突变不妨碍其解收敛于精确解，但随之而来的是计算量的突增。这个矛盾可以通过在单元边界和内部增加新的节点解决。

在做有限元分析时，当确定单元数目后，精度主要取决于所选取的单元类型。要提高精度便要减少分析误差，而误差的主要来源之一是单元的位移函数与实际位移的差异。要减少这种误差就要靠增加单元上结点个数(或增加结点上的自由度数)以提高位移函数的多项式阶次的方法实现。

(1) 位移场函数

在原3节点三角形单元的每一条边的中点增加一个内部节点，则可以得到6节点三角形二次单元，如图3.29所示。

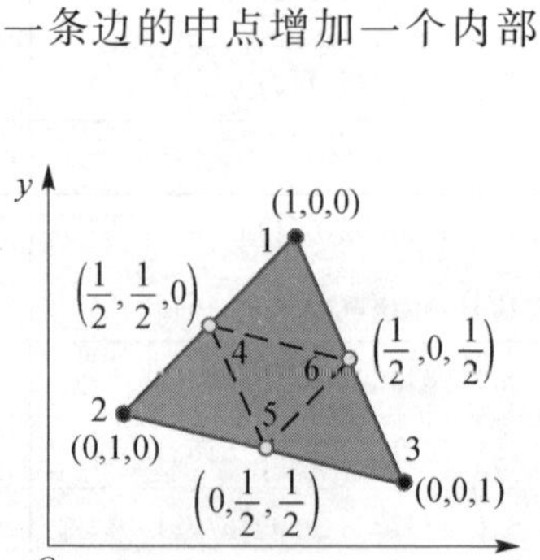

图3.29 面积坐标下的6节点三角形单元

6 节点三角形单元共有 12 个节点位移自由度，其节点位移列阵为

$$\boldsymbol{q}^e = [u_1 \quad v_1 \quad u_2 \quad v_2 \quad u_3 \quad v_3 \quad u_4 \quad v_4 \quad u_5 \quad v_5 \quad u_6 \quad v_6]^{\mathrm{T}} \tag{3.323}$$

取单元位移场模式为完整的二次多项式

$$u(x,y) = \alpha_1 + \alpha_2 x + \alpha_3 y + \alpha_4 x^2 + \alpha_5 xy + \alpha_6 y^2 \tag{3.324}$$

$$v(x,y) = \alpha_7 + \alpha_8 x + \alpha_9 y + \alpha_{10} x^2 + \alpha_{11} xy + \alpha_{12} y^2 \tag{3.325}$$

若以自然坐标来表示单元位移场模式，得

$$\begin{aligned} u(x,y) &= \beta_1 L_1 + \beta_2 L_2 + \beta_3 L_3 + \beta_4 L_1 L_2 + \beta_5 L_2 L_3 + \beta_6 L_3 L_1 \\ &= N_1 u_1 + N_2 u_2 + N_3 u_3 + N_4 u_4 + N_5 u_5 + N_6 u_6 \end{aligned} \tag{3.326}$$

$$\begin{aligned} v(x,y) &= \beta_7 L_1 + \beta_8 L_2 + \beta_9 L_3 + \beta_{10} L_1 L_2 + \beta_{11} L_2 L_3 + \beta_{12} L_3 L_1 \\ &= N_1 v_1 + N_2 v_2 + N_3 v_3 + N_4 v_4 + N_5 v_5 + N_6 v_6 \end{aligned} \tag{3.327}$$

其中

$$\left.\begin{array}{lll} N_1 = (2L_1 - 1)L_1, & N_2 = (2L_2 - 1)L_2, & N_3 = (2L_3 - 1)L_3, \\ N_4 = 4L_1 L_2, & N_5 = 4L_2 L_3, & N_6 = 4L_3 L_1 \end{array}\right\} \tag{3.328}$$

对于高阶单元，使用等参变换求解其刚度矩阵和质量矩阵是方便的。为此，将图 3.29 中的三角形单元映射为图 3.30 中的基准三角形单元。此时，面积坐标满足

$$L_1 = 1 - \xi - \eta, \quad L_2 = \xi, \quad L_3 = \eta \tag{3.329}$$

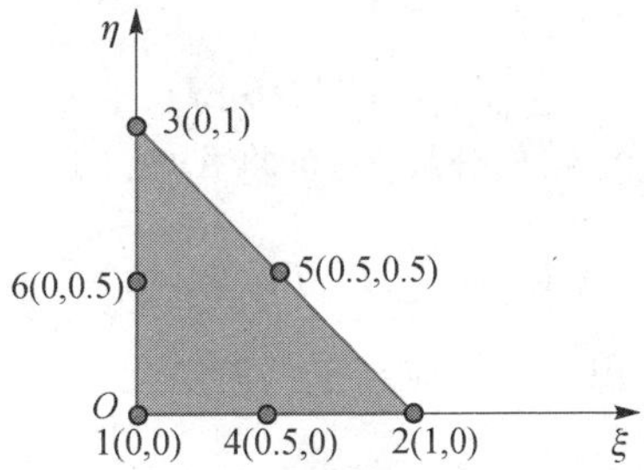

图 3.30　6 节点三角形单元等参变换

将式(3.329)代入式(3.328)中，可得 6 节点三角形单元的形函数为

$$\left.\begin{array}{lll} N_1 = (1 - \xi - \eta)(1 - 2\xi - 2\eta), & N_2 = \xi(2\xi - 1), & N_3 = \eta(2\eta - 1), \\ N_4 = 4\xi(1 - \xi - \eta), & N_5 = 4\xi\eta, & N_6 = 4\eta(1 - \xi - \eta) \end{array}\right\} \tag{3.330}$$

形函数矩阵记为

$$N = \begin{bmatrix} N_1 & 0 & N_2 & 0 & N_3 & 0 & N_4 & 0 & N_5 & 0 & N_6 & 0 \\ 0 & N_1 & 0 & N_2 & 0 & N_3 & 0 & N_4 & 0 & N_5 & 0 & N_6 \end{bmatrix} \tag{3.331}$$

则位移场函数可以写为

$$\boldsymbol{q} = \begin{bmatrix} u \\ v \end{bmatrix} = \boldsymbol{N}\boldsymbol{q}^e \tag{3.332}$$

(2) 应变矩阵

根据 3 节点三角形等参单元的推导结果，6 节点三角形等参单元应变矩阵的表达式与之相同，只不过形函数矩阵 $\boldsymbol{N}(\xi,\eta)$ 的维数发生了变化，由原来的 2×6 阶矩阵变为 2×12 矩阵。与之相应的，应变矩阵的维数也由 3×6 变为 3×12，如式(3.333)所示。

在式(3.333)中,元素 R_{ij} 的定义与式(3.312)相同,为 Jacobian 矩阵的逆矩阵中的元素。

$$\boldsymbol{B}=\begin{bmatrix}\frac{\partial}{\partial x} & 0\\ 0 & \frac{\partial}{\partial y}\\ \frac{\partial}{\partial y} & \frac{\partial}{\partial x}\end{bmatrix}\boldsymbol{N}(\xi,\eta)=\begin{bmatrix}R_{11} & R_{12} & 0 & 0\\ 0 & 0 & R_{21} & R_{22}\\ R_{21} & R_{22} & R_{11} & R_{12}\end{bmatrix}\begin{bmatrix}\frac{\partial}{\partial \xi} & 0\\ \frac{\partial}{\partial \eta} & 0\\ 0 & \frac{\partial}{\partial \xi}\\ 0 & \frac{\partial}{\partial \eta}\end{bmatrix}\boldsymbol{N}(\xi,\eta) \tag{3.333}$$

(3) 应力矩阵

由物理方程和平面问题的弹性矩阵 $\boldsymbol{D}$,可得应力矩阵为

$$\boldsymbol{S}=\boldsymbol{D}\boldsymbol{B} \tag{3.334}$$

其中,$\boldsymbol{D}$ 的表达式如式(3.268)所示,$\boldsymbol{B}$ 的表达式如式(3.333)所示。

(4) 单元刚度矩阵

基于等参变换的 6 节点三角形单元的单元刚度矩阵可表示为

$$\boldsymbol{K}^e=h\times\int_0^1\int_0^{1-\eta}\boldsymbol{B}^{\mathrm{T}}\boldsymbol{D}\boldsymbol{B}\,|\boldsymbol{J}|\,\mathrm{d}\xi\mathrm{d}\eta \tag{3.335}$$

令

$$\boldsymbol{f}_{\boldsymbol{K}}=h\boldsymbol{B}^{\mathrm{T}}\boldsymbol{D}\boldsymbol{B}\,|\boldsymbol{J}| \tag{3.336}$$

选择合适的积分点数、积分点位置和积分权重,可将式(3.316)中的二重积分变换为

$$\boldsymbol{K}^e=\sum_{k=1}^{n}H_k\boldsymbol{f}_{\boldsymbol{K}}(\xi_k,\eta_k) \tag{3.337}$$

值得注意的是,高阶单元的积分点数应高于低阶单元。对于本节的 6 节点三角形单元,应选择 6 点 Hammer 积分公式。

(5) 单元质量矩阵

基于等参变换的 6 节点三角形单元的单元质量矩阵计算公式为

$$\boldsymbol{M}^e=\rho h\int_0^1\int_0^{1-\eta}\boldsymbol{N}^{\mathrm{T}}\boldsymbol{N}\,|J|\,\mathrm{d}\xi\mathrm{d}\eta \tag{3.338}$$

同样可令

$$\boldsymbol{f}_{\boldsymbol{M}}=\rho h\boldsymbol{N}^{\mathrm{T}}\boldsymbol{N}\,|\boldsymbol{J}| \tag{3.339}$$

基于 6 点 Hammer 积分,可得单元质量矩阵的数值积分为

$$\boldsymbol{M}^e=\sum_{k=1}^{6}H_k\boldsymbol{f}_{\boldsymbol{M}}(\xi_k,\eta_k) \tag{3.340}$$

3.2.1.5 MATLAB 编程—平面问题三角形单元

➢ **平面问题 3 节点三角形常应变单元:ElemKMS_P31**

下面的 3 节点常应变单元的 MATLAB 程序是基于符号变量编写的,可以给出系统矩阵的符号表达。通过简单的数值替换,也可以得到单元系统矩阵的数值表达。

程序输入包括:材料属性信息、平面应力单元厚度和面积信息、节点坐标值信息等。

程序输出包括:单元刚度矩阵 $\boldsymbol{K}$、单元质量矩阵 $\boldsymbol{M}$、应变矩阵 $\boldsymbol{B}$ 和应力矩阵 $\boldsymbol{S}$ 等。

```
% ---------------------------------------------------
% ElemKMS_P31      平面 3 节点三角形常应变单元
% K：单元刚度矩阵
% M：单元一致质量矩阵
% B：应变矩阵
% S：应力矩阵
% -------------------
% E：材料弹性模量
% nu：泊松比
% rou：材料密度
% h：平面应力单元厚度
% xi，xj，xk：节点 x 向坐标值
% yi，yj，yk：节点 y 向坐标值
% x，y：物理坐标
% ---------------------------------------------------
%声明符号变量
syms E nu rou h real
syms xi xj xk real
syms yi yj yk real
syms x y real
% -------------------
%向量化
P = [E nu rou h];
xp = [xi xj xk];
yp = [yi yj yk];
% -------------------
%测试段 - 赋值
P = subs(P,[E nu rou h],[70000,0.3,2.7e-9,1]);
E = P(1);nu = P(2);rou = P(3);h = P(4);
xp = subs(xp,[xi xj xk],[0,100,0]);
yp = subs(yp,[yi yj yk],[0,0,100]);
xi = xp(1);xj = xp(2);xk = xp(3);
yi = yp(1);yj = yp(2);yk = yp(3);
% -------------------
%生成形函数矩阵
ai = xj * yk - xk * yj;
bi = yj - yk;
ci = xk - xj;
aj = xk * yi - xi * yk;
bj0 = yk - yi;
cj = xi - xk;
ak = xi * yj - xj * yi;
bk = yi - yj;
ck = xj - xi;
A = 1/2 * (ai + aj + ak);                                %三角形面积
% A = 1/2 * (bi * cj - bj0 * ci);                        %备选
Ni = (ai + bi * x + ci * y)/2/A;
Nj = (aj + bj0 * x + cj * y)/2/A;
Nk = (ak + bk * x + ck * y)/2/A;
N = [Ni,0,Nj,0,Nk,0;...
    0,Ni,0,Nj,0,Nk];                                     %形函数矩阵
% -------------------
%生成应变矩阵
```

```
B = OperatorL_P1(N);
% ------------------
%生成应力矩阵
D = E/(1 - nu * nu) * [1,nu,0;nu,1,0;0,0,(1 - nu)/2];
S = D * B;
% ------------------
%生成单元刚度矩阵
K = A * h * B' * D * B;                                  %刚度矩阵
% ------------------
%生成单元质量矩阵
%面积坐标法
M = rou * h * A/12 * [2,0,1,0,1,0;...
    0,2,0,1,0,1;...
    1,0,2,0,1,0;...
    0,1,0,2,0,1;...
    1,0,1,0,2,0;...
    0,1,0,1,0,2];                                         %质量矩阵
% ------------------
%测试段 - 结果
K = double(K)
M = double(M)
freq = sqrt(eig(K,M))/2/pi
% ---------------------------------------------
```

对一个铝制的直角三角形单元进行了测试,三角形 3 个顶点分别为(0,0),(100,0)和(0,100),测试结果如下:

```
K =
   1.0e + 04 *
    5.1923    2.5000   - 3.8462   - 1.3462   - 1.3462   - 1.1538
    2.5000    5.1923   - 1.1538   - 1.3462   - 1.3462   - 3.8462
  - 3.8462  - 1.1538     3.8462          0          0     1.1538
  - 1.3462  - 1.3462          0     1.3462     1.3462          0
  - 1.3462  - 1.3462          0     1.3462     1.3462          0
  - 1.1538  - 3.8462     1.1538          0          0     3.8462

M =
   1.0e - 05 *
    0.2250         0    0.1125         0    0.1125         0
         0    0.2250         0    0.1125         0    0.1125
    0.1125         0    0.2250         0    0.1125         0
         0    0.1125         0    0.2250         0    0.1125
    0.1125         0    0.1125         0    0.2250         0
         0    0.1125         0    0.1125         0    0.2250

freq =
   1.0e + 04 *
   0.0000 + 0.0000i
   0.0000 + 0.0000i
   0.0000 + 0.0000i
   2.7497 + 0.0000i
   3.4819 + 0.0000i
   5.2038 + 0.0000i
```

➢ 平面问题 3 节点三角形常应变等参单元：ElemKMS_P32

下面的 3 节点常应变等参单元的 MATLAB 程序是基于符号变量编写的，可以给出系统矩阵的符号表达。通过简单地数值替换，也可以得到单元系统矩阵的数值表达。

程序输入包括：材料属性信息、平面应力单元厚度和面积信息、节点坐标值信息等。

程序输出包括：单元刚度矩阵 ***K***、单元质量矩阵 ***M***、应变矩阵 ***B*** 和应力矩阵 ***S*** 等。

```
% -----------------------------------------------------
% ElemKMS_P32    平面 3 节点三角形常应变等参单元
% K：单元刚度矩阵
% M：单元一致质量矩阵
% B：应变矩阵
% S：应力矩阵
% ------------------
% E：材料弹性模量
% nu：泊松比
% rou：材料密度
% h：平面应力单元厚度
% xi, xj, xk：节点 x 向坐标值
% yi, yj, yk：节点 y 向坐标值
% x, y：物理坐标
% ksi, eta：自然坐标
% -----------------------------------------------------
%声明符号变量
syms E nu rou h real
syms xi xj xk real
syms yi yj yk real
syms x y ksi eta real
% ------------------
%向量化
P = [E nu rou h];
xp = [xi xj xk];
yp = [yi yj yk];
% ------------------
%测试段 - 赋值
P = subs(P,[E nu rou h],[70000,0.3,2.7e-9,1]);
E = P(1);nu = P(2);rou = P(3);h = P(4);
xp = subs(xp,[xi xj xk],[0,100,0]);
yp = subs(yp,[yi yj yk],[0,0,100]);
% ------------------
%生成形函数矩阵
Ni = 1 - ksi - eta;
Nj = ksi;
Nk = eta;
NG = [Ni,Nj,Nk];
N = [Ni,0,Nj,0,Nk,0;...
    0,Ni,0,Nj,0,Nk];                          %形函数矩阵
% ------------------
%生成 Jacobi 矩阵
Dxkesi = diff(NG,ksi) * xp';
Dykesi = diff(NG,ksi) * yp';
Dxeta = diff(NG,eta) * xp';
Dyeta = diff(NG,eta) * yp';                   %坐标的偏导数变换
```

```
Jacobi = [Dxkesi,Dykesi;Dxeta,Dyeta];          % Jacobi 矩阵
detJ = det(Jacobi);                            % Jacobi 矩阵行列式值
% -------------------
%生成应变矩阵
B = OperatorL_P2(Jacobi,N);
% -------------------
%生成应力矩阵
D = E/(1 - nu * nu) * [1,nu,0;nu,1,0;0,0,(1 - nu)/2];
S = D * B;
% -------------------
%生成单元刚度矩阵
% K = h * int(int(B' * D * B * detJ,ksi,0,1 - eta),eta,0,1);   %解析积分式
%通过三角形上的面内 Harmmer 积分(对称 4 点)计算刚度矩阵
fk = B' * D * B * detJ;
K = h * HarmmerintP3(fk,ksi,eta,4);
% -------------------
% M = rou * h * int(int(N' * N * detJ,ksi,0,1 - eta),eta,0,1);   %注意积分限
%通过三角形上的面内 Harmmer 积分(对称 4 点)计算质量矩阵
fm = N' * N * detJ;
M = rou * h * HarmmerintP3(fm,ksi,eta,4);
% -------------------
%测试段 - 结果
K = double(K)
M = double(M)
freq = sqrt(eig(K,M))/2/pi
% ------------------------------------------------
```

对同样的铝制直角三角形单元进行了测试,测试结果如下:

```
K =
   1.0e + 04 *
     5.1923    2.5000   - 3.8462   - 1.3462   - 1.3462   - 1.1538
     2.5000    5.1923   - 1.1538   - 1.3462   - 1.3462   - 3.8462
   - 3.8462  - 1.1538     3.8462          0          0     1.1538
   - 1.3462  - 1.3462          0     1.3462     1.3462          0
   - 1.3462  - 1.3462          0     1.3462     1.3462          0
   - 1.1538  - 3.8462     1.1538          0          0     3.8462

M =
   1.0e - 05 *
     0.2250         0     0.1125         0     0.1125         0
          0    0.2250          0    0.1125          0    0.1125
     0.1125         0     0.2250         0     0.1125         0
          0    0.1125          0    0.2250          0    0.1125
     0.1125         0     0.1125         0     0.2250         0
          0    0.1125          0    0.1125          0    0.2250

freq =
   1.0c + 04 *
   0.0000  +  0.0000i
   0.0000  +  0.0000i
   0.0000  +  0.0000i
   2.7497  +  0.0000i
   3.4819  +  0.0000i
   5.2038  +  0.0000i
```

可以看出，通过面积坐标计算的结果和通过等参单元计算的结果是相同的。

➢ **平面问题 6 节点三角形二次等参单元：ElemKMS_P33**

下面的 6 节点三角形二次等参单元的 MATLAB 程序是基于符号变量编写的，可以给出系统矩阵的符号表达。通过简单的数值替换，也可以得到单元系统矩阵的数值表达。

程序输入包括：材料属性信息、平面应力单元厚度和面积信息、节点坐标值信息等。

程序输出包括：单元刚度矩阵 ***K***、单元质量矩阵 ***M***、应变矩阵 ***B*** 和应力矩阵 ***S*** 等。

```
% ------------------------------------------------
% ElemKE_P33    平面 6 节点三角形等参单元
% K：单元刚度矩阵
% M：单元一致质量矩阵
% B：应变矩阵
% S：应力矩阵
% ------------------
% E：材料弹性模量
% nu：泊松比
% rou：材料密度
% h：平面应力单元厚度
% x1，x2，x3，x4，x5，x6：节点 x 向坐标值
% y1，y2，y3，y4，y5，y6：节点 y 向坐标值
% x，y：物理坐标
% ksi，eta：自然坐标
% ------------------------------------------------
%声明符号变量
syms E nu rou h real
syms x1 x2 x3 x4 x5 x6 real
syms y1 y2 y3 y4 y5 y6 real
syms x y ksi eta real
% ------------------
%向量化
P = [E nu rou h];
xp = [x1 x2 x3 x4 x5 x6];
yp = [y1 y2 y3 y4 y5 y6];
% ------------------
%测试段 - 赋值
P = subs(P,[E nu rou h],[70000,0.3,2.7e-9,1]);
E = P(1);nu = P(2);rou = P(3);h = P(4);
xp = subs(xp,[x1 x2 x3 x4 x5 x6],[0,100,0,50,50,0]);
yp = subs(yp,[y1 y2 y3 y4 y5 y6],[0,0,100,0,50,50]);
% ------------------
%生成形函数矩阵
N1 = (1 - ksi - eta) * (1 - 2 * ksi - 2 * eta);
N2 = ksi * (2 * ksi - 1);
N3 = eta * (2 * eta - 1);
N4 = 4 * ksi * (1 - ksi - eta);
N5 = 4 * ksi * eta;
N6 = 4 * eta * (1 - ksi - eta);
NG = [N1,N2,N3,N4,N5,N6];
N = [N1,0,N2,0,N3,0,N4,0,N5,0,N6,0;...
    0,N1,0,N2,0,N3,0,N4,0,N5,0,N6];                      %形函数矩阵
% ------------------
%生成 Jacobi 矩阵
```

```
Dxkesi = diff(NG,ksi) * xp';
Dykesi = diff(NG,ksi) * yp';
Dxeta = diff(NG,eta) * xp';
Dyeta = diff(NG,eta) * yp';                     %坐标的偏导数变换
Jacobi = [Dxkesi,Dykesi;Dxeta,Dyeta];           % Jacobi 矩阵
detJ = det(Jacobi);                             % Jacobi 矩阵行列式值
% ------------------
%生成应变矩阵
B = OperatorL_P2(Jacobi,N);
% ------------------
%生成应力矩阵
D = E/(1 - nu * nu) * [1,nu,0;nu,1,0;0,0,(1 - nu)/2];
S = D * B;
% ------------------
%生成单元刚度矩阵
% K = h * int(int(B' * D * B * detJ,ksi,0,1 - eta),eta,0,1);    %解析积分式，可能计算困难
%通过三角形上的面内 Harmmer 积分(对称 6 点)计算刚度矩阵
fk = B' * D * B * detJ;
K = h * HarmmerintP3(fk,ksi,eta,6);
% ------------------
% M = rou * h * int(int(N' * N * detJ,ksi,0,1 - eta),eta,0,1);    %注意积分限
%通过三角形上的面内 Harmmer 积分(对称 6 点)计算质量矩阵
fm = N' * N * detJ;
M = rou * h * HarmmerintP3(fm,ksi,eta,6);
% ------------------
%测试段 - 结果
K = double(K)
M = double(M)
freq = sqrt(eig(K,M))/2/pi
% ----------------------------------------------
```

对同样的铝板三角形单元进行了测试，测试结果如下：

```
K =
   1.0e+05 *
    0.5192    0.2500    0.1282    0.0449    0.0449    0.0385   -0.5128   -0.1795   -0.0000   -0.0000   -0.1795   -0.1538
    0.2500    0.5192    0.0385    0.0449    0.0449    0.1282   -0.1538   -0.1795   -0.0000   -0.0000   -0.1795   -0.5128
    0.1282    0.0385    0.3846         0         0   -0.0385   -0.5128   -0.1538    0.0000    0.1538   -0.0000    0.0000
    0.0449    0.0449         0    0.1346   -0.0449         0   -0.1795   -0.1795    0.1795    0.0000    0.0000   -0.0000
    0.0449    0.0449         0   -0.0449    0.1346         0   -0.0000    0.0000    0.0000    0.1795   -0.1795   -0.1795
    0.0385    0.1282   -0.0385         0         0    0.3846    0.0000   -0.0000    0.1538    0.0000   -0.1538   -0.5128
   -0.5128   -0.1538   -0.5128   -0.1795   -0.0000    0.0000    1.3846    0.3333   -0.3590   -0.3333   -0.0000    0.3333
   -0.1795   -0.1795   -0.1538   -0.1795    0.0000   -0.0000    0.3333    1.3846   -0.3333   -1.0256    0.3333   -0.0000
   -0.0000   -0.0000    0.0000    0.1795    0.0000    0.1538   -0.3590   -0.3333    1.3846    0.3333   -1.0256   -0.3333
   -0.0000   -0.0000    0.1538    0.0000    0.1795    0.0000   -0.3333   -1.0256    0.3333    1.3846   -0.3333   -0.3590
   -0.1795   -0.1795   -0.0000    0.0000   -0.1795   -0.1538   -0.0000    0.3333   -1.0256   -0.3333    1.3846    0.3333
   -0.1538   -0.5128    0.0000   -0.0000   -0.1795   -0.5128    0.3333   -0.0000   -0.3333   -0.3590    0.3333    1.3846

M =
   1.0e-05 *
    0.0450         0   -0.0075         0   -0.0075         0   -0.0000         0   -0.0300         0   -0.0000         0
         0    0.0450         0   -0.0075         0   -0.0075         0   -0.0000         0   -0.0300         0   -0.0000
   -0.0075         0    0.0450         0   -0.0075         0    0.0000         0   -0.0000         0   -0.0300         0
         0   -0.0075         0    0.0450         0   -0.0075         0    0.0000         0   -0.0000         0   -0.0300
   -0.0075         0   -0.0075         0    0.0450         0   -0.0300         0   -0.0000         0    0.0000         0
         0   -0.0075         0   -0.0075         0    0.0450         0   -0.0300         0   -0.0000         0    0.0000
   -0.0000         0    0.0000         0   -0.0300         0    0.2400         0    0.1200         0    0.1200         0
         0   -0.0000         0    0.0000         0   -0.0300         0    0.2400         0    0.1200         0    0.1200
   -0.0300         0   -0.0000         0   -0.0000         0    0.1200         0    0.2400         0    0.1200         0
         0   -0.0300         0   -0.0000         0   -0.0000         0    0.1200         0    0.2400         0    0.1200
   -0.0000         0   -0.0300         0    0.0000         0    0.1200         0    0.1200         0    0.2400         0
```

```
      0   -0.0000         0   -0.0300         0    0.0000         0    0.1200         0    0.1200         0    0.2400

freq =
   1.0e+05 *
   0.0000 + 0.0000i
   0.0000 + 0.0000i
   0.0000 + 0.0000i
   0.1707 + 0.0000i
   0.2909 + 0.0000i
   0.3072 + 0.0000i
   0.4644 + 0.0000i
   0.4863 + 0.0000i
   0.6722 + 0.0000i
   0.7490 + 0.0000i
   0.8428 + 0.0000i
   1.0601 + 0.0000i
```

在上述程序中,包含了两个生成应变矩阵的子函数,分别为

```
B = OperatorL_P1(N)
B = OperatorL_P2(Jacobi,N)
```

代码分别如下:

```
% ---------------------------------------------
function B = OperatorL_P1(N)
syms x y real
B1 = diff(N(1,:),x);
B2 = diff(N(2,:),y);
B3 = diff(N(1,:),y) + diff(N(2,:),x);
B = [B1;B2;B3];
end
% ---------------------------------------------
% ---------------------------------------------
function B = OperatorL_P2(Jacobi,N)
syms ksi eta real
R = inv(Jacobi);
R_expand = [R(1,1),R(1,2),0,0;...
     0,0,R(2,1),R(2,2);...
     R(2,1),R(2,2),R(1,1),R(1,2)];
Bn1 = diff(N(1,:),ksi);
Bn2 = diff(N(1,:),eta);
Bn3 = diff(N(2,:),ksi);
Bn4 = diff(N(2,:),eta);
Bn = [Bn1;Bn2;Bn3;Bn4];
B = R_expand * Bn;
end
% ---------------------------------------------
```

在上面的程序中,还分别使用到了 4 点和 6 点 Hammer 数值积分的子函数用来计算单元刚度矩阵和单元质量矩阵,为

```
K = h * GaussintP3(fk,ksi,eta,4)
M = rou * h * HarmmerintP3(fm,ksi,eta,4)
K = h * HarmmerintP3(fk,ksi,eta,6)
M = rou * h * HarmmerintP3(fm,ksi,eta,6)
```

子函数程序如下：

```
% ---------------------------------------------------------
function [IntValue] = HarmmerintP3(f,ksi,eta,num)
switch num
    case 1
        f1 = subs(f,[ksi,eta],[0.333333333333,0.333333333333]);
        w1 = 0.5;
        IntValue = w1 * f1;
    case 3
        f1 = subs(f,[ksi,eta],[0.5,0.5]);
        f2 = subs(f,[ksi,eta],[0,0.5]);
        f3 = subs(f,[ksi,eta],[0.5,0]);
        w1 = 0.166666666666;
        w2 = 0.166666666666;
        w3 = 0.166666666666;
        IntValue = w1 * f1 + w2 * f2 + w3 * f3;
%     case 3
%         f1 = subs(f,[ksi,eta],[0.166666666666,0.166666666666]);
%         f2 = subs(f,[ksi,eta],[0.666666666666,0.166666666666]);
%         f3 = subs(f,[ksi,eta],[0.166666666666,0.666666666666]);
%         w1 = 0.166666666666;
%         w2 = 0.166666666666;
%         w3 = 0.166666666666;
%         IntValue = w1 * f1 + w2 * f2 + w3 * f3;
    case 4
        f1 = subs(f,[ksi,eta],[1/3,1/3]);
        f2 = subs(f,[ksi,eta],[1/5,1/5]);
        f3 = subs(f,[ksi,eta],[1/5,3/5]);
        f4 = subs(f,[ksi,eta],[3/5,1/5]);
        w1 = -27/96;
        w2 = 25/96;
        w3 = 25/96;
        w4 = 25/96;
        IntValue = w1 * f1 + w2 * f2 + w3 * f3 + w4 * f4;
    case 6
        f1 = subs(f,[ksi,eta],[0.44594849092,0.44594849092]);
        f2 = subs(f,[ksi,eta],[0.10810301817,0.44594849092]);
        f3 = subs(f,[ksi,eta],[0.44594849092,0.10810301817]);
        f4 = subs(f,[ksi,eta],[0.09157621351,0.09157621351]);
        f5 = subs(f,[ksi,eta],[0.81684757289,0.09157621351]);
        f6 = subs(f,[ksi,eta],[0.09157621351,0.81684757289]);
        w1 = 0.111690794839;
        w2 = 0.111690794839;
        w3 = 0.111690794839;
        w4 = 0.054975871827;
        w5 = 0.054975871827;
        w6 = 0.054975871827;
        IntValue = w1 * f1 + w2 * f2 + w3 * f3 + w4 * f4 + w5 * f5 + w6 * f6;
end
end
% ---------------------------------------------------------
```

3.2.2　平面问题四边形单元

常应变三角形单元的单元应力是常数，当采用它分析应力变化大的变形体时，必须加密划分网格或者使用高阶单元才能达到较好的计算结果。这样做将使节点数目增加、未知量增多，工作量增大。下面介绍的矩形双线性单元的单元内应力是线性的，比常应变单元更接近于变形体的应力状态，因此可以用较少的单元得到较好的结果。

如图 3.31 所示，记矩形单元节点位移向量 $\boldsymbol{q}^e$、节点力向量 $\boldsymbol{P}^e$ 和等效节点载荷向量 $\boldsymbol{F}^e$ 分别为

$$\boldsymbol{q}^e=[u_i \quad v_i \quad u_j \quad v_j \quad u_k \quad v_k \quad u_m \quad v_m]^{\mathrm{T}} \tag{3.341}$$

$$\boldsymbol{P}^e=[P_{ui} \quad P_{vi} \quad P_{uj} \quad P_{vj} \quad P_{uk} \quad P_{vk} \quad P_{um} \quad P_{vm}]^{\mathrm{T}} \tag{3.342}$$

$$\boldsymbol{F}^e=[F_{ui} \quad F_{vi} \quad F_{uj} \quad F_{vj} \quad F_{uk} \quad F_{vk} \quad F_{um} \quad F_{vm}]^{\mathrm{T}} \tag{3.343}$$

这里假定所取出矩形单元的面积为 A，厚度为 h，材料弹性模量为 E，泊松比为 μ，质量密度为 ρ，i、j、k、m 节点的坐标值分别为 (x_i, y_i)、(x_j, y_j)、(x_k, y_k) 和 (x_m, y_m)，则有

$$\left.\begin{aligned} x_i=x_m, \quad x_j=x_k, \quad x_j-x_i=2a \\ y_i=y_j, \quad y_m=y_k, \quad y_m-y_i=2b \end{aligned}\right\} \tag{3.344}$$

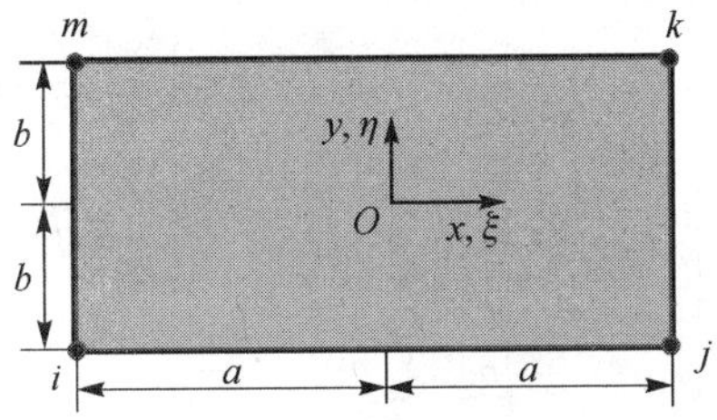

图 3.31　矩形双线性单元

3.2.2.1　平面 4 节点矩形双线性单元

(1) 位移场函数

矩形单元有 4 个节点，共 8 个自由度，节点编号分别为 i, j, k, m。选择位移函数：

$$\left.\begin{aligned} u=u(x, y)=\alpha_1+\alpha_2 x+\alpha_3 y+\alpha_4 x y \\ v=v(x, y)=\alpha_5+\alpha_6 x+\alpha_7 y+\alpha_8 x y \end{aligned}\right\} \tag{3.345}$$

式中，常数项和线性项的系数反映了单元的刚体位移和常量应变，满足收敛性的必要条件。在单元边界上，由于 u, v 分别仅为 x 或 y 的线性函数，则这种单元的位移函数是双线性函数。这说明单元边界上的两点能唯一确定变形后的边界，而对于相邻单元的公共边界，它们具有公共节点，则无论按哪个单元确定的公共边界上的位移，都能保证公共边界上有相同的位移，即单元边界处的位移具有连续性，所以位移函数(3.345)满足协调性要求。

类似 3 节点三角形单元，将节点位移分量和节点坐标代入式(3.345)，求出待定系数，再回代入式(3.345)，整理可得

$$\left.\begin{aligned} u(x, y)=N_i u_i+N_j u_j+N_k u_k+N_m u_m \\ v(x, y)=N_i v_i+N_j v_j+N_k v_k+N_m v_m \end{aligned}\right\} \tag{3.346}$$

写成矩阵形式：

$$\boldsymbol{q}=\begin{bmatrix}u(x,y)\\v(x,y)\end{bmatrix}=\boldsymbol{N}\boldsymbol{q}^e=[\boldsymbol{I}N_i \quad \boldsymbol{I}N_j \quad \boldsymbol{I}N_k \quad \boldsymbol{I}N_m]\boldsymbol{q}^e \tag{3.347}$$

这里 $\boldsymbol{I}$ 为 2×2 阶单位矩阵，且有

$$\left.\begin{aligned}N_i=\frac{1}{4}\left(1-\frac{x}{a}\right)\left(1-\frac{y}{b}\right),\quad N_j=\frac{1}{4}\left(1+\frac{x}{a}\right)\left(1-\frac{y}{b}\right)\\N_k=\frac{1}{4}\left(1+\frac{x}{a}\right)\left(1+\frac{y}{b}\right),\quad N_m=\frac{1}{4}\left(1-\frac{x}{a}\right)\left(1+\frac{y}{b}\right)\end{aligned}\right\} \tag{3.348}$$

$$\boldsymbol{N}=[\boldsymbol{I}N_i \quad \boldsymbol{I}N_j \quad \boldsymbol{I}N_k \quad \boldsymbol{I}N_m] \tag{3.349}$$

引入无量纲坐标

$$\xi=\frac{x}{a},\quad \eta=\frac{y}{b}$$

则单元的 4 个节点坐标分别为 $i(-1,-1)$，$j(1,-1)$，$k(1,1)$，$m(-1,1)$，形函数(3.348)则可写成

$$N_r=\frac{1}{4}(1+\xi_r\xi)(1+\eta_r\eta),\quad r=i,j,k,m \tag{3.350}$$

(2) 应变矩阵

将位移函数式(3.346)代入几何方程，可得

$$\varepsilon=\begin{bmatrix}\varepsilon_x\\\varepsilon_y\\\gamma_{xy}\end{bmatrix}=\begin{bmatrix}\dfrac{\partial u}{\partial x}\\\dfrac{\partial v}{\partial y}\\\dfrac{\partial u}{\partial y}+\dfrac{\partial v}{\partial x}\end{bmatrix}=\frac{1}{4ab}\begin{bmatrix}b\dfrac{\partial u}{\partial \xi}\\a\dfrac{\partial v}{\partial \eta}\\a\dfrac{\partial u}{\partial \eta}+b\dfrac{\partial v}{\partial \xi}\end{bmatrix}=\boldsymbol{B}\boldsymbol{q}^e=[\boldsymbol{B}_i \quad \boldsymbol{B}_j \quad \boldsymbol{B}_k \quad \boldsymbol{B}_m]\boldsymbol{q}^e \tag{3.351}$$

式中

$$\boldsymbol{B}_r=\frac{1}{ab}\begin{bmatrix}b\dfrac{\partial N_r}{\partial \xi} & 0\\0 & a\dfrac{\partial N_r}{\partial \eta}\\a\dfrac{\partial N_r}{\partial \eta} & b\dfrac{\partial N_r}{\partial \xi}\end{bmatrix},\quad r=i,j,k,m \tag{3.352}$$

可以看到，矩形双线性单元内的应变分量不是常数，这是由于位移函数中增加了 $\xi\eta$ 项(相当于 xy 项)。其精度要比常应变三角形高。但是这种单元不能适应斜交边界情况，对于曲线边界也不及三角形单元拟合得好。为了解决这个问题，可将这两种单元混合使用，但这将增加程序的复杂性。

(3) 应力矩阵

由弹性力学中平面问题的物理方程，可得单元的应力表达式如下：

$$\boldsymbol{\sigma}=\boldsymbol{D}\boldsymbol{\varepsilon}=\boldsymbol{D}\boldsymbol{B}\boldsymbol{q}^e=\boldsymbol{S}\boldsymbol{q}^e \tag{3.353}$$

其中应力函数 $\boldsymbol{S}=\boldsymbol{D}\boldsymbol{B}$，可写成矩阵形式

$$\boldsymbol{S}=[\boldsymbol{S}_i \quad \boldsymbol{S}_j \quad \boldsymbol{S}_k \quad \boldsymbol{S}_m] \tag{3.354}$$

其中

$$\boldsymbol{S}_r = \frac{E}{4ab(1-\mu^2)}\begin{bmatrix} b\xi_r(1+\eta_r\eta) & \mu a\eta_r(1+\xi_r\xi) \\ \mu b\xi_r(1+\eta_r\eta) & a\eta_r(1+\xi_r\xi) \\ \frac{1-\mu}{2}a\eta_r(1+\xi_r\xi) & \frac{1-\mu}{2}b\xi_r(1+\eta_r\eta) \end{bmatrix}, \quad r=i,j,k,m \tag{3.355}$$

(4) 单元刚度矩阵

利用最小势能原理可推得单元刚度矩阵

$$\boldsymbol{K}^e = \int_V \boldsymbol{B}^{\mathrm{T}}\boldsymbol{DB}\,\mathrm{d}x\,\mathrm{d}y\,\mathrm{d}z = \int_A \boldsymbol{B}^{\mathrm{T}}\boldsymbol{DB}h\,\mathrm{d}x\,\mathrm{d}y \tag{3.356}$$

其中，A 为单元面积；h 为单元厚度；可将式(3.356)记为分块矩阵形式

$$\boldsymbol{K}^e = \begin{bmatrix} \boldsymbol{K}_{ii} & \boldsymbol{K}_{ij} & \boldsymbol{K}_{ik} & \boldsymbol{K}_{im} \\ & \boldsymbol{K}_{jj} & \boldsymbol{K}_{jk} & \boldsymbol{K}_{jm} \\ \text{对} & & \boldsymbol{K}_{kk} & \boldsymbol{K}_{km} \\ & \text{称} & & \boldsymbol{K}_{mm} \end{bmatrix} \tag{3.357}$$

其中

$$\boldsymbol{K}_{rs}^e = \int_A \boldsymbol{B}_r^{\mathrm{T}}\boldsymbol{DB}_s h\,\mathrm{d}x\,\mathrm{d}y, \quad r,s=i,j,k,m \tag{3.358}$$

对于平面应力问题，在局部坐标系中有

$$\boldsymbol{K}_{rs}^e = \frac{Eh}{4(1-\mu^2)ab}\begin{bmatrix} K_1 & K_2 \\ K_3 & K_4 \end{bmatrix}, \quad r,s=i,j,k,m$$

$$\left.\begin{aligned} K_1 &= b^2\xi_r\xi_s\left(1+\frac{1}{3}\eta_r\eta_s\right)+\frac{1-\mu}{2}a^2\eta_r\eta_s\left(1+\frac{1}{3}\xi_r\xi_s\right) \\ K_2 &= ab\left(\mu\eta_r\xi_s+\frac{1-\mu}{2}\xi_r\eta_s\right) \\ K_3 &= ab\left(\mu\xi_r\eta_s+\frac{1-\mu}{2}\eta_r\xi_s\right) \\ K_4 &= a^2\eta_r\eta_s\left(1+\frac{1}{3}\xi_r\xi_s\right)+\frac{1-\mu}{2}a^2\xi_r\xi_s\left(1+\frac{1}{3}\eta_r\eta_s\right) \end{aligned}\right\} \tag{3.359}$$

(5) 单元质量矩阵

由最小势能原理，可得 4 节点双线性矩形单元一致质量矩阵的计算公式为

$$\boldsymbol{M}^e = \rho h\int_A \boldsymbol{N}^{\mathrm{T}} N\,\mathrm{d}x\,\mathrm{d}y \tag{3.360}$$

将形函数式(3.348)代入式(3.349)，可以得到

$$\boldsymbol{M}^e = \rho hab\int_{-1}^{1}\int_{-1}^{1}\boldsymbol{N}^{\mathrm{T}}\boldsymbol{N}\,\mathrm{d}\xi\,\mathrm{d}\eta = \frac{\rho hA}{36}\begin{bmatrix} 4 & 0 & 2 & 0 & 1 & 0 & 2 & 0 \\ 0 & 4 & 0 & 2 & 0 & 1 & 0 & 2 \\ 2 & 0 & 4 & 0 & 2 & 0 & 1 & 0 \\ 0 & 2 & 0 & 4 & 0 & 2 & 0 & 1 \\ 1 & 0 & 2 & 0 & 4 & 0 & 2 & 0 \\ 0 & 1 & 0 & 2 & 0 & 4 & 0 & 2 \\ 2 & 0 & 1 & 0 & 2 & 0 & 4 & 0 \\ 0 & 2 & 0 & 1 & 0 & 2 & 0 & 4 \end{bmatrix} \tag{3.361}$$

相应的集中质量矩阵为

$$\boldsymbol{M}^e = \frac{\rho h A}{4}\begin{bmatrix} 1 & 0 & 0 & 0 & 0 & 0 & 0 & 0 \\ 0 & 1 & 0 & 0 & 0 & 0 & 0 & 0 \\ 0 & 0 & 1 & 0 & 0 & 0 & 0 & 0 \\ 0 & 0 & 0 & 1 & 0 & 0 & 0 & 0 \\ 0 & 0 & 0 & 0 & 1 & 0 & 0 & 0 \\ 0 & 0 & 0 & 0 & 0 & 1 & 0 & 0 \\ 0 & 0 & 0 & 0 & 0 & 0 & 1 & 0 \\ 0 & 0 & 0 & 0 & 0 & 0 & 0 & 1 \end{bmatrix} \tag{3.362}$$

(6) 等效节点载荷

类似 3 节点三角形单元，基于最小势能原理可得到双线性矩形单元的节点等效载荷式

$$\boldsymbol{F}^e = \int_{\Omega^e} \boldsymbol{N}^{\mathrm{T}} \bar{\boldsymbol{b}} \, \mathrm{d}\Omega + \int_{\Gamma^e} \boldsymbol{N}^{\mathrm{T}} \bar{\boldsymbol{p}} \, \mathrm{d}\Gamma = \int_{A^e} \boldsymbol{N}^{\mathrm{T}} \bar{\boldsymbol{b}} h \, \mathrm{d}A + \int_{l_p^e} \boldsymbol{N}^{\mathrm{T}} \bar{\boldsymbol{p}} h \, \mathrm{d}l \tag{3.363}$$

其中，l_p^e 为单元上作用有外载荷的边；$\int \mathrm{d}l$ 为线积分。

① 单元自重

在如图 3.32 所示的矩形单元中，设单元质量密度为 ρ，则矩形单元在自重载荷(体积力向量为 $\bar{\boldsymbol{b}} = [0, -\rho g]^{\mathrm{T}}$)分配到节点上的等效节点载荷列阵为

$$\begin{aligned} \boldsymbol{F}^e &= \int_{A^e} \boldsymbol{N}^{\mathrm{T}} \bar{\boldsymbol{b}} h \, \mathrm{d}A = \int_{A^e} \boldsymbol{N}^{\mathrm{T}} \begin{bmatrix} 0 \\ -\rho g \end{bmatrix} h \, \mathrm{d}A \\ &= -\rho g h \int_{A^e} [0 \quad N_i \quad 0 \quad N_j \quad 0 \quad N_k \quad 0 \quad N_m]^{\mathrm{T}} \mathrm{d}A \\ &= -\rho g h a b \int_{-1}^{1} \int_{-1}^{1} [0 \quad N_i \quad 0 \quad N_j \quad 0 \quad N_k \quad 0 \quad N_m]^{\mathrm{T}} \mathrm{d}\xi \mathrm{d}\eta \\ &= -\frac{1}{4} \rho g h A \, [0 \quad 1 \quad 0 \quad 1 \quad 0 \quad 1 \quad 0 \quad 1]^{\mathrm{T}} \end{aligned} \tag{3.364}$$

式中，$A = 4ab$ 为矩形单元的面积。

② 均布侧拉

若单元边界 jk 受如图 3.33 所示的均布侧拉载荷 $\bar{p}_0$，则分配到节点上的等效节点载荷列阵为

$$\boldsymbol{F}^e = \int_{l_p^e} \boldsymbol{N}^{\mathrm{T}} \bar{\boldsymbol{p}} h \, \mathrm{d}l = \left(\int_{-1}^{1} \boldsymbol{N}^{\mathrm{T}} \begin{bmatrix} \bar{p}_0 \\ 0 \end{bmatrix} h \, \mathrm{d}\eta \times b \right) \Bigg|_{\xi = 1} = b h \bar{p}_0 \, [0 \quad 0 \quad 1 \quad 0 \quad 1 \quad 0 \quad 0 \quad 0]^{\mathrm{T}} \tag{3.365}$$

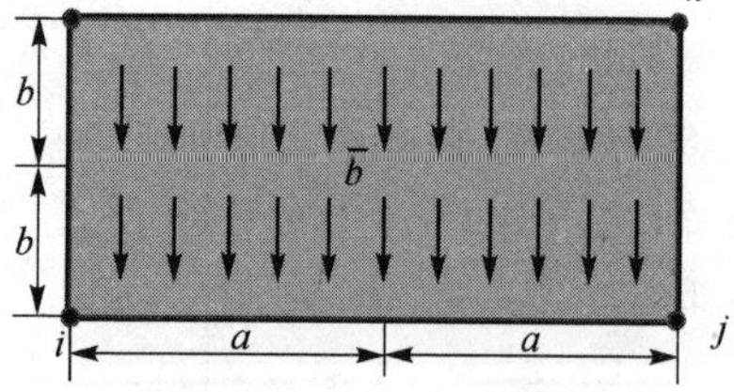

图 3.32 矩形单元作用体积力

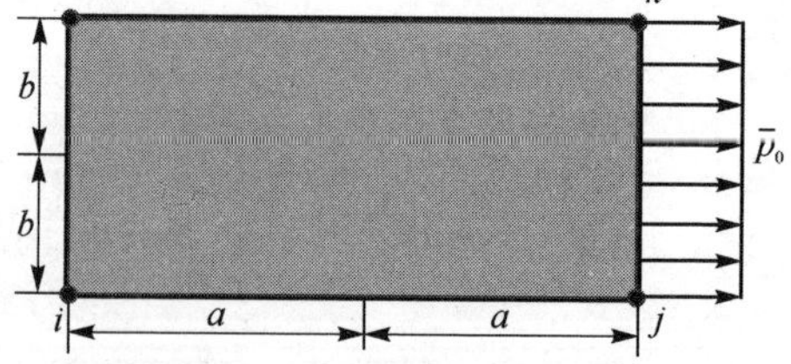

图 3.33 单元边上作用均布侧压

③ x 方向受三角形分布载荷

若单元边界 jk 受如图 3.34 所示的 x 方向的三角形分布载荷 $\bar{p}_0$，可求得单元等效节点载荷列阵为

$$\boldsymbol{F}^e = \int_{l_p^e} \boldsymbol{N}^{\mathrm{T}} \bar{p} h \,\mathrm{d}l = \left(\int_{-1}^{1} N^{\mathrm{T}} \begin{bmatrix} 0.5\bar{p}_0(\eta+1) \\ 0 \end{bmatrix} h \,\mathrm{d}\eta \times b \right) \Bigg|_{\xi=1}$$

$$= bh\bar{p}_0 \begin{bmatrix} 0 & 0 & 1/3 & 0 & 2/3 & 0 & 0 & 0 \end{bmatrix}^{\mathrm{T}} \tag{3.366}$$

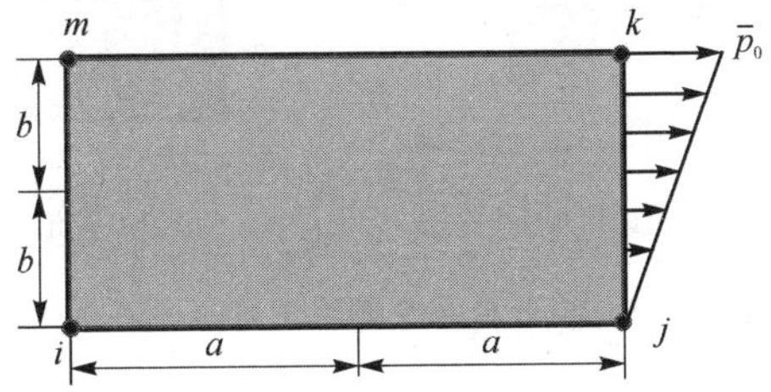

图 3.34　单元边上作用 x 方向三角形分布载荷

3.2.2.2　平面 4 节点四边形等参单元

对于一般形状的平面区域，可以划分成任意四边形单元。任意四边形单元比三角形常应变单元精度高，比矩形单元适应性强，便于适应一般的边界，也便于按需要划分疏密不均的网格，但不能保证单元之间位移的协调性。为了解决这个问题，通过数学上函数的映射关系，可以将结构在物理坐标系下形状复杂的几何边界映射到一个基准坐标系下较为规则的几何边界。这样就可以将满足收敛条件的形状规则的高精度单元作为基准单元(或称母单元)，通过坐标变换映射成几何边界任意的单元，进而作为有限元分析的实际单元。这种映射必须保证实际单元与母单元之间是一一对应的关系，满足坐标变换的相容性。而且这样构造的单元，其几何特性、受力状态、力学性质等都来自于真实结构，只是借助于基准单元进行分析与计算而已。

由基本单元映射成实际单元的方法有多种，在有限元法中普遍采用的方法是等参变换，即坐标变换与单元内的位移场函数采用相同数目的节点参数及相同的插值函数，其优点是能够满足坐标变换的相容性。通过坐标变换可以将任意四边形单元变换成正方形单元，变换后既保持矩形单元的性能优势，又解决了矩形单元适应性差的问题，同时满足有限元解的收敛性条件。

如图 3.35 所示，将全局坐标系 Oxy 下的任意四边形单元变换成基准坐标系 $O\xi\eta$ 下的基准单元，若记全局坐标系下 4 个节点坐标分别为 $i(x_i,y_i)$、$j(x_j,y_j)$、$k(x_k,y_k)$和 $m(x_m,y_m)$，基准坐标系中对应的节点坐标分别为 $i(-1,-1)$、$j(1,-1)$、$k(1,1)$和 $m(-1,1)$，则可确定全局坐标与基准坐标之间的关系为

$$\begin{bmatrix} x \\ y \end{bmatrix} = \begin{bmatrix} \tilde{N}_i \boldsymbol{I} & \tilde{N}_j \boldsymbol{I} & \tilde{N}_k \boldsymbol{I} & \tilde{N}_m \boldsymbol{I} \end{bmatrix} \tilde{\boldsymbol{q}} \tag{3.367}$$

式中，$\boldsymbol{I}$ 为 2 阶单位矩阵，且有

$$\left.\begin{aligned} \tilde{N}_i(\xi,\eta) &= \frac{1}{4}(1-\xi)(1-\eta), \quad \tilde{N}_j(\xi,\eta) = \frac{1}{4}(1+\xi)(1-\eta) \\ \tilde{N}_k(\xi,\eta) &= \frac{1}{4}(1+\xi)(1+\eta), \quad \tilde{N}_m(\xi,\eta) = \frac{1}{4}(1-\xi)(1+\eta) \end{aligned}\right\} \tag{3.368}$$

$$\widetilde{\boldsymbol{q}} = [x_i \quad y_i \quad x_j \quad y_j \quad x_k \quad y_k \quad x_m \quad y_m]^{\mathrm{T}} \tag{3.369}$$

由式(3.367)和式(3.368)可知，任意四边形单元几何变换使用的形函数与矩形单元位移模式使用的形函数相同。

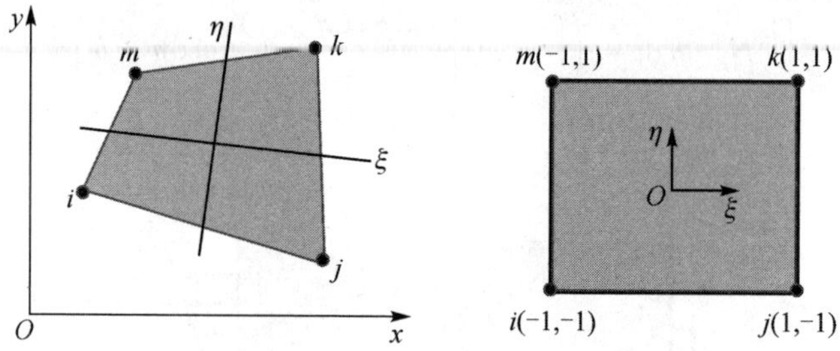

(a) 任意四边形单元　　(b) 基准单元

图 3.35　矩形单元映射为任意四边形单元

(1) 位移场函数

用基准单元内的任意点 $Q(\xi,\eta)$ 代表原单元中对应的点 $Q(x,y)$ 构造位移模式，假设位移模式为

$$\left.\begin{aligned} u = u(\xi,\eta) = \alpha_1 + \alpha_2\xi + \alpha_3\eta + \alpha_4\xi\eta \\ v = v(\xi,\eta) = \alpha_5 + \alpha_6\xi + \alpha_7\eta + \alpha_8\xi\eta \end{aligned}\right\} \tag{3.370}$$

其中，待定系数 $\alpha_1,\alpha_2,\cdots,\alpha_8$ 的确定方法与矩形单元完全相同。式(3.370)与矩形单元的位移模式(3.345)相比，区别仅在于其自变量不同，但所确定的形函数是一致的，有

$$\boldsymbol{q} = \begin{bmatrix} u \\ v \end{bmatrix} = \begin{bmatrix} N_i & 0 & N_j & 0 & N_k & 0 & N_m & 0 \\ 0 & N_i & 0 & N_j & 0 & N_k & 0 & N_m \end{bmatrix} \begin{bmatrix} u_i \\ v_i \\ u_j \\ v_j \\ u_k \\ v_k \\ u_m \\ v_m \end{bmatrix} = \boldsymbol{N}\boldsymbol{q}^e \tag{3.371}$$

式中，$\boldsymbol{N}$ 为位移模式的形函数矩阵，其元素 $N_i(\xi,\eta)$、$N_j(\xi,\eta)$、$N_k(\xi,\eta)$、$N_m(\xi,\eta)$ 与几何模式所确定的形函数式(3.368)完全相同。这种单元称为等参元。

(2) 应变矩阵

对于弹性力学平面应力问题，由几何方程得

$$\boldsymbol{\varepsilon} = \begin{bmatrix} \varepsilon_x \\ \varepsilon_y \\ \gamma_{xy} \end{bmatrix} = \begin{bmatrix} \dfrac{\partial}{\partial x} & 0 \\ 0 & \dfrac{\partial}{\partial y} \\ \dfrac{\partial}{\partial y} & \dfrac{\partial}{\partial x} \end{bmatrix} \begin{bmatrix} u \\ v \end{bmatrix} = \boldsymbol{L}\boldsymbol{N}\boldsymbol{q}^e = \boldsymbol{B}\boldsymbol{q}^e = [\boldsymbol{B}_i \quad \boldsymbol{B}_j \quad \boldsymbol{B}_k \quad \boldsymbol{B}_m]\boldsymbol{q}^e \tag{3.372}$$

式中应变矩阵

$$\boldsymbol{B}=[\boldsymbol{B}_i \quad \boldsymbol{B}_j \quad \boldsymbol{B}_k \quad \boldsymbol{B}_m] \tag{3.373}$$

其中子块

$$\boldsymbol{B}_r=\begin{bmatrix} \dfrac{\partial N_r}{\partial x} & 0 \\ 0 & \dfrac{\partial N_r}{\partial y} \\ \dfrac{\partial N_r}{\partial y} & \dfrac{\partial N_r}{\partial x} \end{bmatrix}, \quad r=i,j,k,m \tag{3.374}$$

值得注意的是，形函数 N_r 不是 x、y 的显函数，而是基准坐标 ξ、η 的显函数，同时 x、y 也是基准坐标 ξ、η 的显函数。由于直接计算形函数 N_r 对 x、y 的偏导数是困难的，因此可通过复合函数求导法则来计算应变矩阵。根据 3 节点三角形等参单元中推导的结果，有

$$\begin{bmatrix} \dfrac{\partial N_r}{\partial x} \\ \dfrac{\partial N_r}{\partial y} \end{bmatrix}=\boldsymbol{J}^{-1}\begin{bmatrix} \dfrac{\partial N_r}{\partial \xi} \\ \dfrac{\partial N_r}{\partial \eta} \end{bmatrix}=\frac{1}{|\boldsymbol{J}|}\begin{bmatrix} \dfrac{\partial y}{\partial \eta} & -\dfrac{\partial y}{\partial \xi} \\ -\dfrac{\partial x}{\partial \eta} & \dfrac{\partial x}{\partial \xi} \end{bmatrix}\begin{bmatrix} \dfrac{\partial N_r}{\partial \xi} \\ \dfrac{\partial N_r}{\partial \eta} \end{bmatrix}, \quad r=i,j,k,m \tag{3.375}$$

式中，$\boldsymbol{J}$ 为坐标变换的 Jacobian 矩阵。通过式(3.375)得到 $\dfrac{\partial N_r}{\partial x}$ 和 $\dfrac{\partial N_r}{\partial y}$ 之后，按照顺序填入式(3.374)，可得由基准坐标表示的应变矩阵子块 $\boldsymbol{B}_r(\xi,\eta)$。进一步地，将其代入式(3.373)，可得到由基准坐标表示的任意四边形单元的应变矩阵 $\boldsymbol{B}(\xi,\eta)$。

(3) 应力矩阵

由弹性力学中平面问题的物理方程，可得单元的应力表达式为

$$\boldsymbol{\sigma}=\boldsymbol{D\varepsilon}=\boldsymbol{DBq}^e=\boldsymbol{Sq}^e \tag{3.376}$$

其中应力函数 $\boldsymbol{S}=\boldsymbol{DB}$，可写成矩阵形式

$$\boldsymbol{S}=[\boldsymbol{S}_i \quad \boldsymbol{S}_j \quad \boldsymbol{S}_k \quad \boldsymbol{S}_m] \tag{3.377}$$

其中

$$\boldsymbol{S}_r=\boldsymbol{DB}_r \quad (r=i,j,k,m) \tag{3.378}$$

(4) 单元刚度矩阵

任意四边形单元的应变矩阵已表示为基准坐标的函数 $\boldsymbol{B}(\xi,\eta)$，则平面任意四边形单元的刚度矩阵可由下式确定

$$\boldsymbol{K}^e=\iiint_{V^e}\boldsymbol{B}^{\mathrm{T}}\boldsymbol{DB}\,\mathrm{d}V=\iint_{A^e}\boldsymbol{B}^{\mathrm{T}}\boldsymbol{DB}h\,\mathrm{d}A=\int_{-1}^{1}\int_{-1}^{1}\boldsymbol{B}^{\mathrm{T}}(\xi,\eta)\boldsymbol{DB}(\xi,\eta)\,|J(\xi,\eta)|\,h\,\mathrm{d}\xi\mathrm{d}\eta \tag{3.379}$$

式(3.379)对应于基准坐标 ξ、η 的积分上、下限是简单的，但式中 $\boldsymbol{B}$，$\boldsymbol{J}$ 皆为函数矩阵，中间还要求函数矩阵 $\boldsymbol{J}$ 的逆，很难求出积分的解析表达式。

(5) 四边形域上的 Gauss 积分

一般来说，等参单元的刚度矩阵式不能得到显示，可寻求数值积分方法解决。为了减少计算点的数目和便于编制程序，多采用高斯数值积分方法。对于二维问题

$$I=\int_{-1}^{1}\int_{-1}^{1}f(\xi,\eta)\,\mathrm{d}\xi\mathrm{d}\eta=\sum_{i=1}^{n}\sum_{j=1}^{n}W_iW_jf(\xi_j,\eta_i) \tag{3.380}$$

式中，W_i、W_j 为一维 Gauss 积分的权系数；n 为每个坐标方向的积分点数。在上述公式中，各个坐标方向上选取的积分点数是相同的。在实际计算中，在不同方向上可选取不同的积分点数，并且可以根据具体情况采用不同阶的积分方案。表 3－2 给出了在积分域为(－1,1)，$n=1\sim4$ 的 Gauss 积分点位置和权系数的值。

表 3－2　常用 Gauss 积分点位置及积分权系数

积分点个数	积分点坐标	权系数
1	0.000000000000000	2.000000000000000
2	0.577350269189626	1.000000000000000
	－0.577350269189626	1.000000000000000
3	0.000000000000000	0.888888888888889
	0.774596669241483	0.555555555555556
	－0.774596669241483	0.555555555555556
4	0.861136311594053	0.347854845137454
	－0.861136311594053	0.347854845137454
	0.339981043584856	0.652145154862546
	－0.339981043584856	0.652145154862546

采用高斯积分，刚度矩阵的计算式为

$$\boldsymbol{K}^e=h\sum_{r=1}^{n}\sum_{s=1}^{n}W_r\times W_s\times\boldsymbol{B}^{\mathrm{T}}(\xi_r,\eta_s)\boldsymbol{D}\boldsymbol{B}(\xi_r,\eta_s)\left|\boldsymbol{J}(\xi_r,\eta_s)\right| \tag{3.381}$$

式中，n 为积分点数；ξ_r、η_s 为高斯积分点坐标；W_r、W_s 为权系数。

对于常用的平面 4 节点四边形等参单元，采用 2×2 阶高斯积分即可获得很好的精度。此时，积分点的坐标值 $\xi_g,\eta_g=\pm0.57735$，积分权系数 $W_g=1.0$。

(6) 单元质量矩阵

平面任意四边形单元的质量矩阵可由下式确定

$$\boldsymbol{M}^e=\rho\iiint_{V^e}\boldsymbol{N}^{\mathrm{T}}\boldsymbol{N}\mathrm{d}V=\rho h\iint_{A^e}\boldsymbol{N}^{\mathrm{T}}\boldsymbol{N}\mathrm{d}A=\rho h\int_{-1}^{1}\int_{-1}^{1}\boldsymbol{N}^{\mathrm{T}}(\xi,\eta)\boldsymbol{N}(\xi,\eta)\left|\boldsymbol{J}(\xi,\eta)\right|\mathrm{d}\xi\mathrm{d}\eta \tag{3.382}$$

采用二维高斯积分，单元刚度矩阵的计算式为

$$\boldsymbol{M}^e=\rho h\sum_{r=1}^{n}\sum_{s=1}^{n}W_r\times W_s\times\boldsymbol{N}^{\mathrm{T}}(\xi_r,\eta_s)\boldsymbol{N}(\xi_r,\eta_s)\left|\boldsymbol{J}(\xi_r,\eta_s)\right| \tag{3.383}$$

(7) 等效节点载荷

在划分有限元网格时，通常将集中力作用点选取为节点，并直接将集中力添加到总的载荷列阵中。这里主要处理四边形单元上作用的分布载荷，包括体积力和作用在单元某一条边上的面力。四边形等参单元的等效节点载荷计算方法与矩形单元类似，只不过在计算时仍然需要考虑坐标变换的影响。

下面将考虑几种典型载荷类型，并计算相应的等效节点载荷表达式。

① 单元自重

如图 3.36 所示设单元质量密度为 ρ，则任意四边形单元自重载荷（体积力向量为 $\bar{\boldsymbol{b}}=$

$[0,-\rho g]^{\mathrm{T}}$)的等效节点载荷列阵为

$$\begin{aligned}\boldsymbol{F}^{e}&=\int_{A^{e}}\boldsymbol{N}^{\mathrm{T}}\bar{\boldsymbol{b}}h\,\mathrm{d}A=\int_{A^{e}}\boldsymbol{N}^{\mathrm{T}}\begin{bmatrix}0\\-\rho g\end{bmatrix}h\,\mathrm{d}A\\&=-\rho g h\int_{A^{e}}\begin{bmatrix}0 & N_i & 0 & N_j & 0 & N_k & 0 & N_m\end{bmatrix}^{\mathrm{T}}\mathrm{d}A\\&=-\rho g h\int_{-1}^{1}\int_{-1}^{1}\begin{bmatrix}0 & N_i & 0 & N_j & 0 & N_k & 0 & N_m\end{bmatrix}^{\mathrm{T}}|\boldsymbol{J}(\xi,\eta)|\,\mathrm{d}\xi\mathrm{d}\eta\end{aligned}\tag{3.384}$$

采用 2×2 阶高斯积分,计算式为

$$\boldsymbol{F}^{e}=h\sum_{r=1}^{2}\sum_{s=1}^{2}\boldsymbol{N}^{\mathrm{T}}(\xi_r,\eta_s)\begin{bmatrix}0\\-\rho g\end{bmatrix}|\boldsymbol{J}(\xi_r,\eta_s)|\tag{3.385}$$

② 均布侧压

若单元边界 jk 受如图 3.37 所示的均布侧压 $\bar{p}_0$,以压为正。侧压 $\bar{p}_0$ 在 x 和 y 方向的分量 $\bar{p}_{0x}$ 和 $\bar{p}_{0y}$ 为

$$\bar{p}_{0x}=\frac{\bar{p}_0}{l}(y_i-y_j),\quad \bar{p}_{0y}=\frac{\bar{p}_0}{l}(x_j-x_i)\tag{3.386}$$

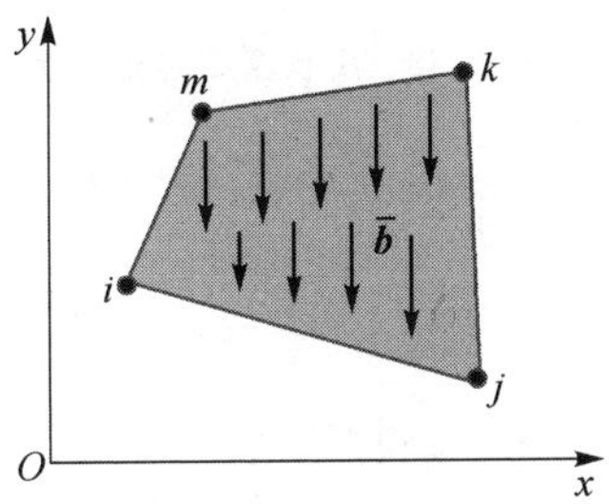

图 3.36　受自重作用的任意四边形单元

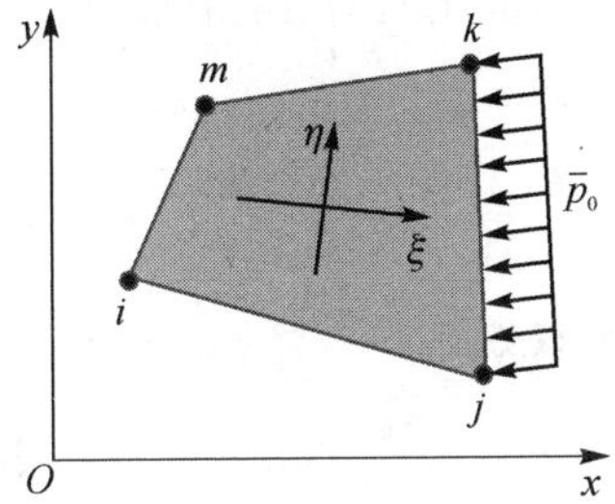

图 3.37　任意四边形单元边上作用均布侧压

则均布侧压作用下的单元等效节点载荷列阵为

$$\boldsymbol{F}^{e}=h\int_{l_{jk}}\boldsymbol{N}^{\mathrm{T}}\bar{\boldsymbol{p}}_0\,\mathrm{d}s\tag{3.387}$$

在计算上式边界积分时,需要将直角坐标系中的边线微元 $\mathrm{d}s$ 映射到基准坐标系中。由于载荷在边线 jk 上,对应基准坐标系中的 $\xi=1$,因此可以证明,直角坐标系与基准坐标系下边线微元之间的关系为

$$\mathrm{d}s=\frac{1}{2}l_{jk}\,\mathrm{d}\eta\tag{3.388}$$

式中,l_{jk} 为四边形单元节点 j 和节点 k 之间的边长,由下式计算

$$l_{jk}=\sqrt{(x_k-x_j)^2+(y_k-y_j)^2}\tag{3.389}$$

均布侧压在 $\xi=1$ 边上的等效节点载荷为

$$\begin{aligned}\boldsymbol{F}^{e}&=\frac{1}{2}hl_{jk}\int_{-1}^{1}\boldsymbol{N}^{\mathrm{T}}(1,\eta)\cdot\bar{\boldsymbol{p}}_0\,\mathrm{d}\eta\\&=\frac{1}{2}h\begin{bmatrix}0 & 0 & \frac{\bar{p}_0}{l}(y_i-y_j) & \frac{\bar{p}_0}{l}(x_j-x_i) & \frac{\bar{p}_0}{l}(y_i-y_j) & \frac{\bar{p}_0}{l}(x_j-x_i) & 0 & 0\end{bmatrix}^{\mathrm{T}}\end{aligned}\tag{3.390}$$

该式说明，当面力在单元边上均匀分布时，面力等效节点载荷为单元面力的合力平均分配到相应的两个节点上，其他点上的力为零。该特点与三角形单元的载荷分配情况相同，这是因为在边界上存在 $\xi=\pm 1$ 或 $\eta=\pm 1$，形函数是线性的。

当面力作用在其他边上，或以其他形式分布时，可采用类似的方法计算任意四边形单元上的等效节点载荷。

3.2.2.3 平面 8 节点四边形等参单元(Serendipity element)

通常，在构造高阶单元时，希望单元在其边界上的描述能力要强一些，可以主要地将节点布置在单元边界上，使插值函数在边界上出现高次函数的变化，并且各边的节点数也可以不相同，以实现不同阶次单元之间的过渡，这种尽量在边界上增加节点的单元叫做 Serendipity 单元。一种常用的单元类型为 8 节点四边形等参单元，如图 3.38 所示。

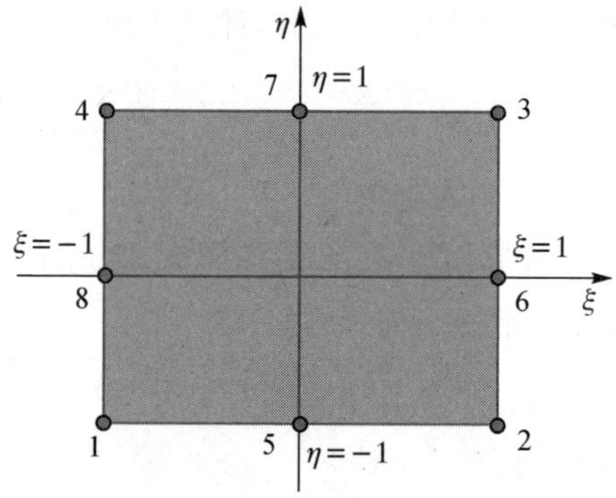

图 3.38　8 节点四边形单元等参变换

(1) 位移场函数

8 节点四边形单元共有 16 个节点位移自由度，其节点位移列阵为

$$\boldsymbol{q}^e=[u_1\quad v_1\quad u_2\quad v_2\quad u_3\quad v_3\quad u_4\quad v_4\quad u_5\quad v_5\quad u_6\quad v_6\quad u_7\quad v_7\quad u_8\quad v_8]^{\mathrm{T}} \tag{3.391}$$

构造相应的形函数如下：

$$\left.\begin{aligned}
N_1&=\frac{1}{4}(1-\xi)(1-\eta)(-1-\xi-\eta)\\
N_2&=\frac{1}{4}(1+\xi)(1-\eta)(-1+\xi-\eta)\\
N_3&=\frac{1}{4}(1+\xi)(1+\eta)(-1+\xi+\eta)\\
N_4&=\frac{1}{4}(1-\xi)(1+\eta)(-1-\xi+\eta)\\
N_5&=\frac{1}{2}(1-\xi)(1+\xi)(1-\eta)\\
N_6&=\frac{1}{2}(1+\xi)(1+\eta)(1-\eta)\\
N_7&=\frac{1}{2}(1-\xi)(1+\xi)(1+\eta)\\
N_8&=\frac{1}{2}(1-\xi)(1+\eta)(1-\eta)
\end{aligned}\right\} \tag{3.392}$$

形函数矩阵记为

$$\boldsymbol{N}=\begin{bmatrix}N_1&0&N_2&0&N_3&0&N_4&0&N_5&0&N_6&0&N_7&0&N_8&0\\0&N_1&0&N_2&0&N_3&0&N_4&0&N_5&0&N_6&0&N_7&0&N_8\end{bmatrix} \tag{3.393}$$

则位移场函数可以写为

$$\boldsymbol{q}=\begin{bmatrix}u\\ v\end{bmatrix}=\boldsymbol{N}\boldsymbol{q}^{e} \tag{3.394}$$

(2) 应变矩阵

根据 3 节点三角形等参单元的推导结果得，8 节点四边形等参单元应变矩阵的表达式与之相同，只不过形函数矩阵 $\boldsymbol{N}(\xi,\eta)$ 的维数发生了变化，由原来的 2×6 阶矩阵变为 2×16 矩阵。与之相应的，应变矩阵的维数也由 3×6 变为 3×16，如式(3.395)所示。其中，元素 R_{ij} 的定义与式(3.312)相同，为 Jacobian 矩阵的逆矩阵中的元素。

$$\boldsymbol{B}=\begin{bmatrix}\dfrac{\partial}{\partial x} & 0\\ 0 & \dfrac{\partial}{\partial y}\\ \dfrac{\partial}{\partial y} & \dfrac{\partial}{\partial x}\end{bmatrix}\boldsymbol{N}(\xi,\eta)=\begin{bmatrix}R_{11} & R_{12} & 0 & 0\\ 0 & 0 & R_{21} & R_{22}\\ R_{21} & R_{22} & R_{11} & R_{12}\end{bmatrix}\begin{bmatrix}\dfrac{\partial}{\partial \xi} & 0\\ \dfrac{\partial}{\partial \eta} & 0\\ 0 & \dfrac{\partial}{\partial \xi}\\ 0 & \dfrac{\partial}{\partial \eta}\end{bmatrix}\boldsymbol{N}(\xi,\eta) \tag{3.395}$$

值得注意的是，对于不同类型的单元，Jacobian 矩阵的定义虽然是相同的，但由于其中的元素需要通过形函数关于坐标的导数计算得到，因此，形函数矩阵的不同，也将影响到 Jacobian 矩阵中元素的变化。这里有

$$\boldsymbol{J}=\begin{bmatrix}J_{11} & J_{12}\\ J_{21} & J_{22}\end{bmatrix}=\begin{bmatrix}\dfrac{\partial x}{\partial \xi} & \dfrac{\partial y}{\partial \xi}\\ \dfrac{\partial x}{\partial \eta} & \dfrac{\partial y}{\partial \eta}\end{bmatrix}=\begin{bmatrix}\sum\limits_{i=1}^{12}\dfrac{\partial N_i(\xi,\eta)}{\partial \xi}x_i & \sum\limits_{i=1}^{12}\dfrac{\partial N_i(\xi,\eta)}{\partial \xi}y_i\\ \sum\limits_{i=1}^{12}\dfrac{\partial N_i(\xi,\eta)}{\partial \eta}x_i & \sum\limits_{i=1}^{12}\dfrac{\partial N_i(\xi,\eta)}{\partial \eta}y_i\end{bmatrix} \tag{3.396}$$

(3) 应力矩阵

由物理方程和平面问题的弹性矩阵 $\boldsymbol{D}$，可得应力矩阵为

$$\boldsymbol{S}=\boldsymbol{D}\boldsymbol{B} \tag{3.397}$$

其中，$\boldsymbol{D}$ 的表达式如式(3.268)所示，$\boldsymbol{B}$ 的表达式如式(3.395)所示。

(4) 单元刚度矩阵

基于等参变换的 8 节点四边形单元的单元刚度矩阵可表示为

$$\boldsymbol{K}^{e}=h\int_{-1}^{1}\int_{-1}^{1}\boldsymbol{B}^{\mathrm{T}}\boldsymbol{D}\boldsymbol{B}\,|\boldsymbol{J}|\,\mathrm{d}\xi\mathrm{d}\eta \tag{3.398}$$

令

$$\boldsymbol{f}_{\boldsymbol{K}}=h\boldsymbol{B}^{\mathrm{T}}\boldsymbol{D}\boldsymbol{B}\,|\boldsymbol{J}| \tag{3.399}$$

选择合适的积分点数、积分点位置和积分权重，可将式(3.316)中的二重积分变换为

$$\boldsymbol{K}^{e}=\sum_{i=1}^{n}\sum_{j=1}^{n}W_iW_j\boldsymbol{f}_{\boldsymbol{K}}(\xi_k,\eta_k) \tag{3.400}$$

对于本节的 8 节点四边形单元，应至少选择单边 3 点 Gauss 积分公式。

(5) 单元质量矩阵

基于等参变换的 8 节点四边形单元的单元质量矩阵计算公式为

$$\boldsymbol{M}^e=\rho h\int_{-1}^{1}\int_{-1}^{1}\boldsymbol{N}^{\mathrm{T}}\boldsymbol{N}\,|\boldsymbol{J}|\,\mathrm{d}\xi\mathrm{d}\eta \tag{3.401}$$

同样可令

$$\boldsymbol{f}_{\boldsymbol{M}}=\rho h\boldsymbol{N}^{\mathrm{T}}\boldsymbol{N}\,|\boldsymbol{J}| \tag{3.402}$$

基于单边 3 点 Gauss 积分，可得单元质量矩阵的数值积分为

$$\boldsymbol{M}^e=\sum_{i=1}^{3}\sum_{j=1}^{3}W_iW_j\boldsymbol{f}_{\boldsymbol{M}}(\xi_k,\eta_k) \tag{3.403}$$

对于质量矩阵中的每一个元素，共须计算 9 个积分点的函数值。

3.2.2.4 MATLAB 编程——平面问题四边形单元

➢ 平面问题 4 节点矩形双线性单元：ElemKMS_P41

下面的 4 节点矩形双线性单元的 MATLAB 程序是基于符号变量编写的，可以给出系统矩阵的符号表达。通过简单的数值替换，也可以得到单元系统矩阵的数值表达。

程序输入包括：材料属性信息、平面应力单元厚度和面积信息、节点坐标值信息等。

程序输出包括：单元刚度矩阵 $\boldsymbol{K}$、单元质量矩阵 $\boldsymbol{M}$、应变矩阵 $\boldsymbol{B}$ 和应力矩阵 $\boldsymbol{S}$ 等。

```
% ---------------------------------------------------
% ElemKMS_P41    平面 4 节点矩形双线性单元
% K：单元刚度矩阵
% M：单元一致质量矩阵
% B：应变矩阵
% S：应力矩阵
% ------------------
% E：材料弹性模量
% nu：泊松比
% rou：材料密度
% h：平面应力单元厚度
% xi, xj, xk, xm：节点 x 向坐标值
% yi, yj, yk, ym：节点 y 向坐标值
% x, y：物理坐标
% ---------------------------------------------------
%声明符号变量
syms E nu rou h real
syms xi xj xk xm real
syms yi yj yk ym real
syms x y real
% ------------------
%向量化
P = [E nu rou h];
xp = [xi xj xk xm];
yp = [yi yj yk ym];
% ------------------
%测试段 - 赋值
P = subs(P,[E nu rou h],[70000,0.3,2.7e-9,1]);
E = P(1);nu = P(2);rou = P(3);h = P(4);
xp = subs(xp,[xi xj xk xm],[-50,50,50,-50]*2);
yp = subs(yp,[yi yj yk ym],[-50,-50,50,50]*2);
% ------------------
%生成形函数矩阵
a = abs(xp(3) - xp(1))/2;
```

```
b = abs(yp(3) - yp(1))/2;
Ni = 1/4 * (1 - x/a) * (1 - y/b);
Nj = 1/4 * (1 + x/a) * (1 - y/b);
Nk = 1/4 * (1 + x/a) * (1 + y/b);
Nm = 1/4 * (1 - x/a) * (1 + y/b);
N = [Ni,0,Nj,0,Nk,0,Nm,0;...
    0,Ni,0,Nj,0,Nk,0,Nm];                                    %形函数矩阵
% -------------------
%生成应变矩阵
B = OperatorL_P1(N);
% -------------------
%生成应力矩阵
D = E/(1 - nu * nu) * [1,nu,0;nu,1,0;0,0,(1 - nu)/2];
S = D * B;
% -------------------
%生成单元刚度矩阵
K = h * int(int(B' * D * B,x, - a,a),y, - b,b);              %刚度矩阵
% -------------------
%生成单元质量矩阵
M = rou * h * int(int(N' * N,x, - a,a),y, - b,b);            %质量矩阵
% -------------------
%测试段 - 结果
K = double(K)
M = double(M)
freq = sqrt(eig(K,M))/2/pi
% ---------------------------------------------------
```

对边长为 200 mm,厚度为 1 mm 的正方形平面应力单元进行了测试,材料为铝,测试结果如下:

```
K =
   1.0e + 04 *
     3.4615    1.2500   - 2.1154   - 0.0962   - 1.7308   - 1.2500    0.3846    0.0962
     1.2500    3.4615    0.0962    0.3846   - 1.2500   - 1.7308   - 0.0962   - 2.1154
   - 2.1154    0.0962    3.4615   - 1.2500    0.3846   - 0.0962   - 1.7308    1.2500
   - 0.0962    0.3846   - 1.2500    3.4615    0.0962   - 2.1154    1.2500   - 1.7308
   - 1.7308   - 1.2500    0.3846    0.0962    3.4615    1.2500   - 2.1154   - 0.0962
   - 1.2500   - 1.7308   - 0.0962   - 2.1154    1.2500    3.4615    0.0962    0.3846
     0.3846   - 0.0962   - 1.7308    1.2500   - 2.1154    0.0962    3.4615   - 1.2500
     0.0962   - 2.1154    1.2500   - 1.7308   - 0.0962    0.3846   - 1.2500    3.4615

M =
   1.0e - 04 *
     0.1200         0    0.0600         0    0.0300         0    0.0600         0
          0    0.1200         0    0.0600         0    0.0300         0    0.0600
     0.0600         0    0.1200         0    0.0600         0    0.0300         0
          0    0.0600         0    0.1200         0    0.0600         0    0.0300
     0.0300         0    0.0600         0    0.1200         0    0.0600         0
          0    0.0300         0    0.0600         0    0.1200         0    0.0600
     0.0600         0    0.0300         0    0.0600         0    0.1200         0
          0    0.0600         0    0.0300         0    0.0600         0    0.1200

freq =
   1.0e + 04 *
```

```
   0.0000 + 0.0000i
   0.0000 + 0.0000i
   0.0000 + 0.0000i
   1.2311 + 0.0000i
   1.2311 + 0.0000i
   1.6776 + 0.0000i
   1.7096 + 0.0000i
   1.7096 + 0.0000i
```

➤ **平面问题4节点四边形等参单元：ElemKMS_P42**

下面的4节点四边形等参单元的MATLAB程序是基于符号变量编写的，可以给出系统矩阵的符号表达。通过简单的数值替换，也可以得到单元系统矩阵的数值表达。

程序输入包括：材料属性信息、平面应力单元厚度和面积信息、节点坐标值信息等。

程序输出包括：单元刚度矩阵 $\boldsymbol{K}$、单元质量矩阵 $\boldsymbol{M}$、应变矩阵 $\boldsymbol{B}$ 和应力矩阵 $\boldsymbol{S}$ 等。

```
% ---------------------------------------------------
% ElemKMS_P42    平面4节点四边形等参单元
% K：单元刚度矩阵
% M：单元一致质量矩阵
% B：应变矩阵
% S：应力矩阵
% ------------------
% E：材料弹性模量
% nu：泊松比
% rou：材料密度
% h：平面应力单元厚度
% xi，xj，xk，xm：节点x向坐标值
% yi，yj，yk，ym：节点y向坐标值
% x，y：物理坐标
% ksi，eta：自然坐标
% ---------------------------------------------------
%声明符号变量
syms E nu rou h real
syms xi xj xk xm real
syms yi yj yk ym real
syms x y ksi eta real
% ------------------
%向量化
P = [E nu rou h];
xp = [xi xj xk xm];
yp = [yi yj yk ym];
% ------------------
%测试段 - 赋值
P = subs(P,[E nu rou h],[70000,0.3,2.7e-9,1]);
E = P(1);nu = P(2);rou = P(3);h = P(4);
xp = subs(xp,[xi xj xk xm],[-50,50,50,-50] * 2);
yp = subs(yp,[yi yj yk ym],[-50,-50,50,50] * 2);
% ------------------
%生成形函数矩阵
Ni = 1/4 * (1 - ksi) * (1 - eta);
Nj = 1/4 * (1 + ksi) * (1 - eta);
Nk = 1/4 * (1 + ksi) * (1 + eta);
Nm = 1/4 * (1 - ksi) * (1 + eta);
```

```
NG = [Ni,Nj,Nk,Nm];
N = [Ni,0,Nj,0,Nk,0,Nm,0;...
    0,Ni,0,Nj,0,Nk,0,Nm];                              % 形函数矩阵
% -------------------
% 生成 Jacobi 矩阵
Dxksi = diff(NG,ksi) * xp';
Dyksi = diff(NG,ksi) * yp';
Dxeta = diff(NG,eta) * xp';
Dyeta = diff(NG,eta) * yp';                            % 坐标的偏导数变换
Jacobi = [Dxksi,Dyksi;Dxeta,Dyeta];                    % Jacobi 矩阵
detJ = det(Jacobi);                                    % Jacobi 矩阵行列式值
% -------------------
% 生成应变矩阵
B = OperatorL_P2(Jacobi,N);
% -------------------
% 生成应力矩阵
D = E/(1 - nu * nu) * [1,nu,0;nu,1,0;0,0,(1 - nu)/2];
S = D * B;
% -------------------
% 生成单元刚度矩阵
% 通过面内 Gauss 积分(对称 4 点)计算刚度矩阵
fk = B' * D * B * detJ;
K = h * GaussintP4(fk,ksi,eta,4);
% -------------------
% 生成单元质量矩阵
% 通过面内 Gauss 积分(对称 4 点)计算质量矩阵
fm = N' * N * detJ;
M = rou * h * GaussintP4(fm,ksi,eta,4);
% -------------------
% 测试段 - 结果
K = double(K)
M = double(M)
freq = sqrt(eig(K,M))/2/pi
% ----------------------------------------------
```

使用同样尺寸的铝板进行了测试，结果如下：

```
K =
  1.0e+04 *
   3.4615    1.2500   -2.1154   -0.0962   -1.7308   -1.2500    0.3846    0.0962
   1.2500    3.4615    0.0962    0.3846   -1.2500   -1.7308   -0.0962   -2.1154
  -2.1154    0.0962    3.4615   -1.2500    0.3846   -0.0962   -1.7308    1.2500
  -0.0962    0.3846   -1.2500    3.4615    0.0962   -2.1154    1.2500   -1.7308
  -1.7308   -1.2500    0.3846    0.0962    3.4615    1.2500   -2.1154   -0.0962
  -1.2500   -1.7308   -0.0962   -2.1154    1.2500    3.4615    0.0962    0.3846
   0.3846   -0.0962   -1.7308    1.2500   -2.1154    0.0962    3.4615   -1.2500
   0.0962   -2.1154    1.2500   -1.7308   -0.0962    0.3846   -1.2500    3.4615

M =
  1.0e-04 *
   0.1200         0    0.0600         0    0.0300         0    0.0600         0
        0    0.1200         0    0.0600         0    0.0300         0    0.0600
   0.0600         0    0.1200         0    0.0600         0    0.0300         0
        0    0.0600         0    0.1200         0    0.0600         0    0.0300
```

```
    0.0300         0    0.0600         0    0.1200         0    0.0600         0
         0    0.0300         0    0.0600         0    0.1200         0    0.0600
    0.0600         0    0.0300         0    0.0600         0    0.1200         0
         0    0.0600         0    0.0300         0    0.0600         0    0.1200

freq =
   1.0e+04 *
   0.0000 + 0.0000i
   0.0000 + 0.0000i
   0.0000 + 0.0000i
   1.2311 + 0.0000i
   1.2311 + 0.0000i
   1.6776 + 0.0000i
   1.7096 + 0.0000i
   1.7096 + 0.0000i
```

可见，对于矩形单元，直接通过形函数进行计算和通过等参变换进行计算得到的结果是相同的。

➢ 平面问题 8 节点四边形二次等参单元：ElemKMS_P43

下面的 8 节点四边形二次等参单元的 MATLAB 程序是基于符号变量编写的，可以给出系统矩阵的符号表达。通过简单的数值替换，也可以得到单元系统矩阵的数值表达。

程序输入包括：材料属性信息、平面应力单元厚度和面积信息、节点坐标值信息等。

程序输出包括：单元刚度矩阵 $\boldsymbol{K}$、单元质量矩阵 $\boldsymbol{M}$、应变矩阵 $\boldsymbol{B}$ 和应力矩阵 $\boldsymbol{S}$ 等。

```
% ---------------------------------------------------
% ElemKE_P43    平面 8 节点四边形等参单元(Serendipity element)
% K：单元刚度矩阵
% M：单元一致质量矩阵
% B：应变矩阵
% S：应力矩阵
% -------------------
% E：材料弹性模量
% nu：泊松比
% rou：材料密度
% h：平面应力单元厚度
% x1,x2,x3,x4,x5,x6,x7,x8：节点 x 向坐标值
% y1,y2,y3,y4,y5,y6,y7,y8：节点 y 向坐标值
% x, y：物理坐标
% ksi, eta：自然坐标
% ---------------------------------------------------
%声明符号变量
syms x1 x2 x3 x4 x5 x6 x7 x8 real
syms y1 y2 y3 y4 y5 y6 y7 y8 real
syms E nu r h real
syms ksi eta real
% -------------------
%向量化
P = [E nu rou h];
xp = [x1 x2 x3 x4 x5 x6 x7 x8];
yp = [y1 y2 y3 y4 y5 y6 y7 y8];
% -------------------
%测试段 - 赋值
```

```
P = subs(P,[E nu rou h],[70000,0.3,2.7e-9,1]);
E = P(1);nu = P(2);rou = P(3);h = P(4);
xp = subs(xp,[x1 x2 x3 x4 x5 x6 x7 x8],[-100,100,100,-100,0,100,0,-100]);
yp = subs(yp,[y1 y2 y3 y4 y5 y6 y7 y8],[-100,-100,100,100,-100,0,100,0]);
% ------------------
%生成形函数矩阵
N1 = 1/4 * (1-ksi) * (1-eta) * (-1-ksi-eta);
N2 = 1/4 * (1+ksi) * (1-eta) * (-1+ksi-eta);
N3 = 1/4 * (1+ksi) * (1+eta) * (-1+ksi+eta);
N4 = 1/4 * (1-ksi) * (1+eta) * (-1-ksi+eta);
N5 = 1/2 * (1-ksi * ksi) * (1-eta);
N6 = 1/2 * (1+ksi) * (1-eta * eta);
N7 = 1/2 * (1-ksi * ksi) * (1+eta);
N8 = 1/2 * (1-ksi) * (1-eta * eta);
NG = [N1,N2,N3,N4,N5,N6,N7,N8];
N = [N1,0,N2,0,N3,0,N4,0,N5,0,N6,0,N7,0,N8,0;...
    0,N1,0,N2,0,N3,0,N4,0,N5,0,N6,0,N7,0,N8];      %形函数矩阵
% ------------------
%生成Jacobi矩阵
Dxksi = diff(NG,ksi) * xp';
Dyksi = diff(NG,ksi) * yp';
Dxeta = diff(NG,eta) * xp';
Dyeta = diff(NG,eta) * yp';                        %坐标的偏导数变换
Jacobi = [Dxksi,Dyksi;Dxeta,Dyeta];                % Jacobi矩阵
detJ = det(Jacobi);                                % Jacobi矩阵行列式值
% ------------------
%生成应变矩阵
B = OperatorL_P2(Jacobi,N);
% ------------------
%生成应力矩阵
D = E/(1-nu * nu) * [1,nu,0;nu,1,0;0,0,(1-nu)/2];
S = D * B;
% ------------------
%生成单元刚度矩阵
%通过面内Gauss积分(对称9点)计算刚度矩阵
fk = B' * D * B * detJ;
K = h * GaussintP4(fk,ksi,eta,9);
% ------------------
%生成单元质量矩阵
%通过面内Gauss积分(对称9点)计算质量矩阵
fm = N' * N * detJ;
M = rou * h * GaussintP4(fm,ksi,eta,9);
% ------------------
%测试段-结果
K = double(K)
M = double(M)
freq = sqrt(eig(K,M))/2/pi
% ----------------------------------------------
```

依然使用同样尺寸的铝板进行了测试，由于刚度矩阵和质量矩阵的维数较大，这里仅给出频率计算结果，如下：

```
freq =
   1.0e+04 *
```

```
   0.0000 + 0.0000i
   0.0000 + 0.0000i
   0.0000 + 0.0000i
   1.2096 + 0.0000i
   1.2096 + 0.0000i
   1.2311 + 0.0000i
   1.2311 + 0.0000i
   1.4714 + 0.0000i
   1.6776 + 0.0000i
   2.2310 + 0.0000i
   2.2310 + 0.0000i
   2.8871 + 0.0000i
   3.1213 + 0.0000i
   3.3311 + 0.0000i
   3.3311 + 0.0000i
   3.8510 + 0.0000i
```

在上面的程序中，包含了子函数

```
B = OperatorL_P1(N)
B = OperatorL_P2(Jacobi,N)
```

这与 3.2.1 节中的函数是相同的。

除此，还分别用到了 4 点和 9 点高斯积分函数用来计算单元刚度矩阵和单元质量矩阵，如下：

```
K = h * GaussintP4(fk,ksi,eta,4)
M = rou * h * GaussintP4(fm,ksi,eta,4)
K = h * GaussintP4(fk,ksi,eta,9);
M = rou * h * GaussintP4(fm,ksi,eta,9);
```

高斯积分函数的定义为：

```
% -----------------------------------------------
function [IntValue] = GaussintP4(f,ksi,eta,num)
switch num
    case 1
        P1 = 0;
        w1 = 2;
        f11 = subs(f,[ksi,eta],[P1,P1]);
        w11 = w1 * w1;
        IntValue = w11 * f11;
    case 4
        P1 = - 0.577350269189626;
        P2 = 0.577350269189626;
        w1 = 1;
        w2 = 1;
        f11 = subs(f,[ksi,eta],[P1,P1]);
        f12 = subs(f,[ksi,eta],[P1,P2]);
        f21 = subs(f,[ksi,eta],[P2,P1]);
        f22 = subs(f,[ksi,eta],[P2,P2]);
        w11 = w1 * w1;
        w12 = w1 * w2;
        w21 = w2 * w1;
        w22 = w2 * w2;
        IntValue = w11 * f11 + w12 * f12 + w21 * f21 + w22 * f22;
```

```
    case 9
        P1 = -0.774596669241483;
        P2 = 0.774596669241483;
        P3 = 0;
        w1 = 0.555555555555556;
        w2 = 0.555555555555556;
        w3 = 0.888888888888889;
        f11 = subs(f,[ksi,eta],[P1,P1]);
        f12 = subs(f,[ksi,eta],[P1,P2]);
        f13 = subs(f,[ksi,eta],[P1,P3]);
        f21 = subs(f,[ksi,eta],[P2,P1]);
        f22 = subs(f,[ksi,eta],[P2,P2]);
        f23 = subs(f,[ksi,eta],[P2,P3]);
        f31 = subs(f,[ksi,eta],[P3,P1]);
        f32 = subs(f,[ksi,eta],[P3,P2]);
        f33 = subs(f,[ksi,eta],[P3,P3]);
        w11 = w1 * w1;
        w12 = w1 * w2;
        w13 = w1 * w3;
        w21 = w2 * w1;
        w22 = w2 * w2;
        w23 = w2 * w3;
        w31 = w3 * w1;
        w32 = w3 * w2;
        w33 = w3 * w3;
        IntValue = w11 * f11 + w12 * f12 + w13 * f13 + w21 * f21 + w22 * f22 + w23 * f23 + ...
            w31 * f31 + w32 * f32 + w33 * f33;
    case 16
        P1 = -0.861136311594053;
        P2 = 0.861136311594053;
        P3 = -0.339981043584856;
        P4 = 0.339981043584856;
        w1 = 0.347854845137454;
        w2 = 0.347854845137454;
        w3 = 0.652145154862546;
        w4 = 0.652145154862546;
        f11 = subs(f,[ksi,eta],[P1,P1]);
        f12 = subs(f,[ksi,eta],[P1,P2]);
        f13 = subs(f,[ksi,eta],[P1,P3]);
        f14 = subs(f,[ksi,eta],[P1,P4]);
        f21 = subs(f,[ksi,eta],[P2,P1]);
        f22 = subs(f,[ksi,eta],[P2,P2]);
        f23 = subs(f,[ksi,eta],[P2,P3]);
        f24 = subs(f,[ksi,eta],[P2,P4]);
        f31 = subs(f,[ksi,eta],[P3,P1]);
        f32 = subs(f,[ksi,eta],[P3,P2]);
        f33 = subs(f,[ksi,eta],[P3,P3]);
        f34 = subs(f,[ksi,eta],[P3,P4]);
        f41 = subs(f,[ksi,eta],[P4,P1]);
        f42 = subs(f,[ksi,eta],[P4,P2]);
        f43 = subs(f,[ksi,eta],[P4,P3]);
        f44 = subs(f,[ksi,eta],[P4,P4]);
        w11 = w1 * w1;
        w12 = w1 * w2;
```

```
            w13 = w1 * w3;
            w14 = w1 * w4;
            w21 = w1 * w1;
            w22 = w2 * w2;
            w23 = w2 * w3;
            w24 = w2 * w4;
            w31 = w3 * w1;
            w32 = w3 * w2;
            w33 = w3 * w3;
            w34 = w3 * w4;
            w41 = w4 * w1;
            w42 = w4 * w2;
            w43 = w4 * w3;
            w44 = w4 * w4;
            IntValue = w11 * f11 + w12 * f12 + w13 * f13 + w14 * f14 + ...
                w21 * f21 + w22 * f22 + w23 * f23 + w24 * f24 + ...
                w31 * f31 + w32 * f32 + w33 * f33 + w34 * f34 + ...
                w41 * f41 + w42 * f42 + w43 * f43 + w44 * f44;
        end
    end
    % ----------------------------------------------------------
```

3.2.3 平板弯曲单元

在工程实际中有大量的板壳结构，这类结构的特点是其在一个方向上的尺度比在其他两个方向上的尺度小很多。若板厚方向的特征尺寸与另外两个方向的相比小于1/15，可视为薄板，否则应考虑视为中厚板。

在弹性力学中往往对平板弯曲问题引入某些附加假设，这样可以将此类结构简化为二维问题，使得求解平板位移归结为求解板中面位移。其实，中面以外任意一点位移都可以通过中面位移表示。这样可以在保持足够精度的同时，有效地降低该类问题的求解难度。一般的板壳结构在经过简化和空间离散化之后，在局部都可以认为是平板弯曲问题。

3.2.3.1 经典薄板弯曲理论

在寻找单元内位移近似表达式的时候，一般都根据单元的受力特点和其本身的几何特性，对单元内的位移场做出一定的假设来将问题进行简化，这样能够较容易地得到合理的位移近似表达式。因此首先介绍经典薄板弯曲理论。

在研究工程中常见的薄板弯曲问题，可以根据其几何尺寸特点，采取以下假定：

① 可以忽略板厚度方向的正应力，并假设薄板的厚度没有变化。

② 薄板的法线，在产生弯曲后，仍然保持为薄板弹性曲面的法线。

③ 薄板中面上的各点，没有平行于中面的位移。

基于以上假设，可以推知薄板内的各应力分量和应变分量都可以用板的挠度 w 来表示。如图3.39所示，取板的中面为 xy 平面，z 轴垂直于中面。

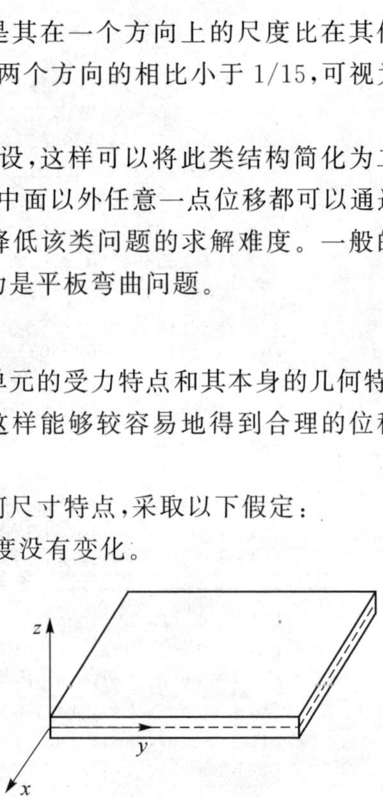

图3.39 薄 板

由第1个假设可知

$$\varepsilon_z = \frac{\partial w}{\partial z} = 0 \tag{3.404}$$

这样在单元中有 $w = w(x, y)$，即挠度 w 仅是 x 和 y 的函数，与 z 无关。

由第 2 个假设可知板内不存在剪应变，所以有

$$\frac{\partial v}{\partial z} = -\frac{\partial w}{\partial y}, \quad \frac{\partial u}{\partial z} = -\frac{\partial w}{\partial x} \tag{3.405}$$

对式(3.405)进行积分，并注意到，由于 w 和 z 无关，所以 $\frac{\partial w}{\partial x}$ 和 $\frac{\partial w}{\partial y}$ 也与 z 无关，因此可以得到

$$v = -z\frac{\partial w}{\partial y} + f_1(x, y), \quad u = -z\frac{\partial w}{\partial x} + f_2(x, y) \tag{3.406}$$

式中，$f_1(x, y)$ 和 $f_2(x, y)$ 为关于 x 和 y 的任意函数。

由第 3 个假设可知 $u_{z=0} = v_{z=0} = 0$，因此由式(3.406)可知 $f_1(x, y) = f_2(x, y) = 0$，这样式(3.406)可简化为

$$v = -z\frac{\partial w}{\partial y}, \quad u = -z\frac{\partial w}{\partial x} \tag{3.407}$$

综合以上推论可知，在受弯薄板中只有 3 个应变量 ε_x，ε_y 和 γ_{xy} 不为 0，即

$$\left.\begin{aligned} \varepsilon_x &= \frac{\partial u}{\partial x} = -z\frac{\partial^2 w}{\partial x^2} \\ \varepsilon_y &= \frac{\partial v}{\partial y} = -z\frac{\partial^2 w}{\partial y^2} \\ \gamma_{xy} &= \frac{\partial u}{\partial y} + \frac{\partial v}{\partial x} = -2z\frac{\partial^2 w}{\partial x y} \end{aligned}\right\} \tag{3.408}$$

式(3.408)描述了薄板应变量与位移量间的微分关系，称为弹性薄板的几何方程。

对于各向同性材料，在不考虑 σ_z 的平面情况下有如下应力应变关系：

$$\left.\begin{aligned} \sigma_x &= \frac{E}{1-\mu^2}(\varepsilon_x + \mu\varepsilon_y) \\ \sigma_y &= \frac{E}{1-\mu^2}(\mu\varepsilon_x + \varepsilon_y) \\ \tau_{xy} &= \frac{E}{2(1+\mu)}\gamma_{xy} \end{aligned}\right\} \tag{3.409}$$

则薄板弯曲的本构方程与平面应力问题的本构方程完全相同。将式(3.408)代入式(3.409)得到

$$\left.\begin{aligned} \sigma_x &= -\frac{E}{1-\mu^2}z\left(\frac{\partial^2 w}{\partial x^2} + \mu\frac{\partial^2 w}{\partial y^2}\right) \\ \sigma_y &= -\frac{E}{1-\mu^2}z\left(\mu\frac{\partial^2 w}{\partial x^2} + \frac{\partial^2 w}{\partial y^2}\right) \\ \tau_{xy} &= -\frac{E}{2(1-\mu)}z\frac{\partial^2 w}{\partial x \partial y} \end{aligned}\right\} \tag{3.410}$$

上述应力将在板内分别合成薄板内力

$$\left.\begin{aligned}\hat{m}_x &= \int_{-h/2}^{h/2} z\sigma_x \mathrm{d}z = -\frac{Eh^3}{12(1-\mu^2)}\left(\frac{\partial^2 w}{\partial x^2} + \mu\,\frac{\partial^2 w}{\partial y^2}\right)\\ \hat{m}_y &= \int_{-h/2}^{h/2} z\sigma_y \mathrm{d}z = -\frac{Eh^3}{12(1-\mu^2)}\left(\mu\,\frac{\partial^2 w}{\partial x^2} + \frac{\partial^2 w}{\partial y^2}\right)\\ \hat{m}_{xy} &= \hat{m}_{yx} = \int_{-h/2}^{h/2} z\sigma_{xy} \mathrm{d}z = -\frac{Eh^3}{12(1+\mu)}\cdot\frac{\partial^2 w}{\partial x \partial y}\end{aligned}\right\} \tag{3.411}$$

这里，h 为板的厚度，将上式写成矩阵形式为

$$\hat{\boldsymbol{m}} = \begin{bmatrix}\hat{m}_x\\ \hat{m}_y\\ \hat{m}_{xy}\end{bmatrix} = \frac{Eh^3}{12(1-\mu^2)}\begin{bmatrix}-\dfrac{\partial^2 w}{\partial x^2} - \mu\,\dfrac{\partial^2 w}{\partial y^2}\\ -\mu\,\dfrac{\partial^2 w}{\partial x^2} - \dfrac{\partial^2 w}{\partial y^2}\\ -(1-\mu)\,\dfrac{\partial^2 w}{\partial x \partial y}\end{bmatrix} = \frac{Eh^3}{12(1-\mu^2)}\begin{bmatrix}1 & \mu & 0\\ \mu & 1 & 0\\ 0 & 0 & \dfrac{1-\mu}{2}\end{bmatrix}\begin{bmatrix}-\dfrac{\partial^2 w}{\partial x^2}\\ -\dfrac{\partial^2 w}{\partial y^2}\\ -2\,\dfrac{\partial^2 w}{\partial x \partial y}\end{bmatrix} \tag{3.412}$$

可以简写为

$$\hat{\boldsymbol{m}} = \hat{\boldsymbol{D}}\boldsymbol{\kappa} \tag{3.413}$$

式(10.9)即为受弯薄板中的广义应力应变关系。其中 $\boldsymbol{\kappa}$ 称为弹性薄板的广义应变列阵，即

$$\boldsymbol{\kappa} = \begin{bmatrix}-\dfrac{\partial^2 w}{\partial x^2}\\ -\dfrac{\partial^2 w}{\partial y^2}\\ -2\,\dfrac{\partial^2 w}{\partial x \partial y}\end{bmatrix} = \boldsymbol{L}\boldsymbol{w} \tag{3.414}$$

$$\hat{\boldsymbol{D}} = \frac{Eh^3}{12(1-\mu^2)}\begin{bmatrix}1 & \mu & 0\\ \mu & 1 & 0\\ 0 & 0 & \dfrac{1-\mu}{2}\end{bmatrix} \tag{3.415}$$

3.2.3.2 平面 4 节点矩形板单元(Kirchhoff 板)

(1) 位移场函数

考虑图 3.40 所示的 4 节点矩形薄板单元，沿 x 和 y 方向的长度分别为 $2a$ 和 $2b$，厚度为 h，节点位移列阵为

$$\boldsymbol{q}^e = [w_1 \quad \theta_{x1} \quad \theta_{y1} \quad w_2 \quad \theta_{x2} \quad \theta_{y2} \quad w_3 \quad \theta_{x3} \quad \theta_{y3} \quad w_4 \quad \theta_{x4} \quad \theta_{y4}]^{\mathrm{T}} \tag{3.416}$$

在单元中心(x_c, y_c)建立局部坐标系

$$\xi = \frac{x \quad x_c}{a}, \quad \eta = \frac{y \quad y_c}{b} \tag{3.417}$$

则单元内任一点的挠度可用形函数 $N_i(x, y)$和单元节点位移 $\boldsymbol{q}^e$ 表示为

$$w = \sum_{i=1}^{4}(N_i w_i + N_{ix}\theta_{xi} + N_{iy}\theta_{yi}) \tag{3.418}$$

对于此类型单元，可以选用下面的形函数

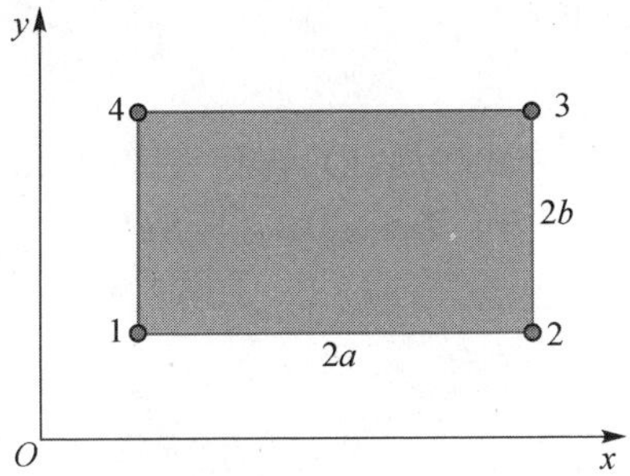

图 3.40　4 节点矩形薄板单元

$$\left.\begin{aligned} N_i &= \frac{1}{8}(1+\xi\xi_i)(1+\eta\eta_i)(2+\xi\xi_i+\eta\eta_i-\xi^2-\eta^2) \\ N_{ix} &= -\frac{1}{8}b\eta_i(1+\xi\xi_i)(1+\eta\eta_i)(1-\eta^2) \\ N_{iy} &= \frac{1}{8}a\xi_i(1+\xi\xi_i)(1+\eta\eta_i)(1-\xi^2) \end{aligned}\right\},\quad i=1,2,3,4 \tag{3.419}$$

写成矩阵形式为

$$w=\boldsymbol{N}\boldsymbol{q}^e \tag{3.420}$$

这里

$$\boldsymbol{N}=[N_1\quad N_{1x}\quad N_{1y}\quad N_2\quad N_{2x}\quad N_{2y}\quad N_3\quad N_{3x}\quad N_{3y}\quad N_4\quad N_{4x}\quad N_{4y}] \tag{3.421}$$

采用式(3.420)中形函数的时候，相邻单元之间法向导数的连续性要求一般不能得到满足，因此此类单元被称为非协调单元。不过实际计算结果表明，当单元网格划分逐步密集的时候，采用此类单元的计算结果还是能够收敛于正确解答的。

(2) 应变矩阵

将挠度函数(3.420)代入几何方程(3.408)，得到

$$\boldsymbol{\varepsilon}=-z\boldsymbol{L}w=-z\boldsymbol{L}\boldsymbol{N}\boldsymbol{q}^e=\boldsymbol{B}\boldsymbol{q}^e \tag{3.422}$$

式中

$$\boldsymbol{B}=-z\boldsymbol{L}\boldsymbol{N}=-z\begin{bmatrix} \dfrac{\partial^2 N_1}{\partial x^2} & \dfrac{\partial^2 N_{1x}}{\partial x^2} & \dfrac{\partial^2 N_{1y}}{\partial x^2} & \cdots & \dfrac{\partial^2 N_4}{\partial x^2} & \dfrac{\partial^2 N_{4x}}{\partial x^2} & \dfrac{\partial^2 N_{4y}}{\partial x^2} \\ \dfrac{\partial^2 N_1}{\partial y^2} & \dfrac{\partial^2 N_{1x}}{\partial y^2} & \dfrac{\partial^2 N_{1y}}{\partial y^2} & \cdots & \dfrac{\partial^2 N_4}{\partial y^2} & \dfrac{\partial^2 N_{4x}}{\partial y^2} & \dfrac{\partial^2 N_{4y}}{\partial y^2} \\ 2\dfrac{\partial^2 N_1}{\partial x\partial y} & 2\dfrac{\partial^2 N_{1x}}{\partial x\partial y} & 2\dfrac{\partial^2 N_{1y}}{\partial x\partial y} & \cdots & 2\dfrac{\partial^2 N_4}{\partial x\partial y} & 2\dfrac{\partial^2 N_{4x}}{\partial x\partial y} & 2\dfrac{\partial^2 N_{4y}}{\partial x\partial y} \end{bmatrix} \tag{3.423}$$

引入局部坐标，有

$$\boldsymbol{B}=-z\begin{bmatrix} \dfrac{1}{a^2} \\ \dfrac{1}{b^2} \\ \dfrac{1}{ab} \end{bmatrix}\odot\begin{bmatrix} \dfrac{\partial^2 N_1}{\partial \xi^2} & \dfrac{\partial^2 N_{1x}}{\partial \xi^2} & \dfrac{\partial^2 N_{1y}}{\partial \xi^2} & \cdots & \dfrac{\partial^2 N_4}{\partial \xi^2} & \dfrac{\partial^2 N_{4x}}{\partial \xi^2} & \dfrac{\partial^2 N_{4y}}{\partial \xi^2} \\ \dfrac{\partial^2 N_1}{\partial \eta^2} & \dfrac{\partial^2 N_{1x}}{\partial \eta^2} & \dfrac{\partial^2 N_{1y}}{\partial \eta^2} & \cdots & \dfrac{\partial^2 N_4}{\partial \eta^2} & \dfrac{\partial^2 N_{4x}}{\partial \eta^2} & \dfrac{\partial^2 N_{4y}}{\partial \eta^2} \\ 2\dfrac{\partial^2 N_1}{\partial \xi\partial \eta} & 2\dfrac{\partial^2 N_{1x}}{\partial \xi\partial \eta} & 2\dfrac{\partial^2 N_{1y}}{\partial \xi\partial \eta} & \cdots & 2\dfrac{\partial^2 N_4}{\partial \xi\partial \eta} & 2\dfrac{\partial^2 N_{4x}}{\partial \xi\partial \eta} & 2\dfrac{\partial^2 N_{4y}}{\partial \xi\partial \eta} \end{bmatrix} \tag{3.424}$$

式中，符号⊙为向量间对应元素相乘。

(3) 应力矩阵

将应变矩阵表达式(3.424)代入式(3.422)，再代入式(3.409)，有

$$\boldsymbol{\sigma}=\boldsymbol{D\varepsilon}=\boldsymbol{DBq}^{e}=\boldsymbol{Sq}^{e} \tag{3.425}$$

其中

$$\boldsymbol{S}=-z\boldsymbol{D}\begin{bmatrix}\dfrac{1}{a^2}\\ \dfrac{1}{b^2}\\ \dfrac{1}{ab}\end{bmatrix}\odot\begin{bmatrix}\dfrac{\partial^2 N_1}{\partial\xi^2} & \dfrac{\partial^2 N_{1x}}{\partial\xi^2} & \dfrac{\partial^2 N_{1y}}{\partial\xi^2} & \cdots & \dfrac{\partial^2 N_4}{\partial\xi^2} & \dfrac{\partial^2 N_{4x}}{\partial\xi^2} & \dfrac{\partial^2 N_{4y}}{\partial\xi^2}\\ \dfrac{\partial^2 N_1}{\partial\eta^2} & \dfrac{\partial^2 N_{1x}}{\partial\eta^2} & \dfrac{\partial^2 N_{1y}}{\partial\eta^2} & \cdots & \dfrac{\partial^2 N_4}{\partial\eta^2} & \dfrac{\partial^2 N_{4x}}{\partial\eta^2} & \dfrac{\partial^2 N_{4y}}{\partial\eta^2}\\ 2\dfrac{\partial^2 N_1}{\partial\xi\partial\eta} & 2\dfrac{\partial^2 N_{1x}}{\partial\xi\partial\eta} & 2\dfrac{\partial^2 N_{1y}}{\partial\xi\partial\eta} & \cdots & 2\dfrac{\partial^2 N_4}{\partial\xi\partial\eta} & 2\dfrac{\partial^2 N_{4x}}{\partial\xi\partial\eta} & 2\dfrac{\partial^2 N_{4y}}{\partial\xi\partial\eta}\end{bmatrix} \tag{3.426}$$

为应力矩阵。

(4) 单元刚度矩阵

根据单元刚度矩阵的定义有

$$\boldsymbol{K}^{e}=\int_{\Omega^e}\boldsymbol{B}^{\mathrm{T}}\boldsymbol{DB}\,\mathrm{d}\Omega=\int_{-h/2}^{h/2}\int_{-1}^{1}\int_{-1}^{1}z^2\boldsymbol{B}^{\mathrm{T}}\boldsymbol{DB}ab\,\mathrm{d}\xi\,\mathrm{d}\eta\,\mathrm{d}z=\frac{h^3}{12}\int_{-1}^{1}\int_{-1}^{1}z^2\boldsymbol{B}^{\mathrm{T}}\boldsymbol{DB}ab\,\mathrm{d}\xi\,\mathrm{d}\eta \tag{3.427}$$

这里 $\boldsymbol{D}$ 为弹性力学平面应力问题的弹性矩阵。

(5) 单元质量矩阵

根据单元一致质量矩阵的定义有

$$\boldsymbol{M}^{e}=\rho\int_{\Omega^e}\boldsymbol{N}^{\mathrm{T}}\boldsymbol{N}\,\mathrm{d}\Omega=\rho\int_{-h/2}^{h/2}\int_{-1}^{1}\int_{-1}^{1}\boldsymbol{N}^{\mathrm{T}}\boldsymbol{N}ab\,\mathrm{d}\xi\,\mathrm{d}\eta\,\mathrm{d}z=\rho hab\int_{-1}^{1}\int_{-1}^{1}\boldsymbol{N}^{\mathrm{T}}\boldsymbol{N}\,\mathrm{d}\xi\,\mathrm{d}\eta \tag{3.428}$$

忽略掉转动自由度上的质量，可以得到集中质量矩阵为

$$\boldsymbol{M}^{e}=\begin{bmatrix}\boldsymbol{M}_1^e & 0 & 0 & 0\\ 0 & \boldsymbol{M}_2^e & 0 & 0\\ 0 & 0 & \boldsymbol{M}_3^e & 0\\ 0 & 0 & 0 & \boldsymbol{M}_4^e\end{bmatrix} \tag{3.429}$$

其中

$$M_i^e=\rho abh\begin{bmatrix}1 & 0 & 0\\ 0 & 0 & 0\\ 0 & 0 & 0\end{bmatrix},\quad i=1,2,3,4 \tag{3.430}$$

(6) 等效节点载荷

当此类单元上作用有分布载荷 q 时，单元载荷向量可以按照下式计算

$$\boldsymbol{F}^{e}=\int_{\Omega^e}\boldsymbol{N}^{\mathrm{T}}q\,\mathrm{d}\Omega=\int_{-1}^{1}\int_{-1}^{1}\boldsymbol{N}^{\mathrm{T}}qab\,\mathrm{d}\xi\,\mathrm{d}\eta \tag{3.431}$$

当 q 为常数时，上述积分结果为

$$\boldsymbol{F}^{e}=4qab\begin{bmatrix}\dfrac{1}{4} & \dfrac{b}{12} & \dfrac{-a}{12} & \dfrac{1}{4} & \dfrac{b}{12} & \dfrac{a}{12} & \dfrac{1}{4} & \dfrac{-b}{12} & \dfrac{a}{12} & \dfrac{1}{4} & \dfrac{-b}{12} & \dfrac{-a}{12}\end{bmatrix}^{\mathrm{T}} \tag{3.432}$$

3.2.3.3　弹性厚板理论

中厚板理论认为板的中面法线变形后仍基本保持为直线，但因横向变形的影响，该直线不再垂直于变形后的中面。在这种情况下转角不再是挠度的导数，而是独立变量。与薄板情况类似，对于中厚板的弯曲问题，中面内的线位移和板厚度方向的挤压变形也可以忽略不计。中厚板的位移分量可表示为

$$u=-z\theta_x,\quad v=-z\theta_y,\quad w=w(x,y) \tag{3.433}$$

将上式代入几何方程，可以得到非零应变分量，有

$$\left.\begin{aligned}&\varepsilon_x=-z\frac{\partial\theta_x}{\partial x},\quad \varepsilon_y=-z\frac{\partial\theta_y}{\partial y}\\&\gamma_{xy}=-z\left(\frac{\partial\theta_x}{\partial y}+\frac{\partial\theta_y}{\partial x}\right),\quad \gamma_{yz}=\frac{\partial w}{\partial y}-\theta_y,\quad \gamma_{xz}=\frac{\partial w}{\partial x}-\theta_x\end{aligned}\right\} \tag{3.434}$$

上式可简记为

$$\boldsymbol{\varepsilon}=\begin{bmatrix}z\boldsymbol{\kappa}\\ \boldsymbol{\gamma}\end{bmatrix} \tag{3.435}$$

其中

$$\boldsymbol{\kappa}=\begin{bmatrix}\boldsymbol{\kappa}_x\\ \boldsymbol{\kappa}_y\\ \boldsymbol{\kappa}_{xy}\end{bmatrix}=\begin{bmatrix}-\dfrac{\partial\theta_x}{\partial x}\\ -\dfrac{\partial\theta_y}{\partial y}\\ -\dfrac{\partial\theta_x}{\partial y}-\dfrac{\partial\theta_y}{\partial x}\end{bmatrix} \tag{3.436}$$

称为广义应变矩阵；

$$\boldsymbol{\gamma}=\begin{bmatrix}\gamma_{yz}\\ \gamma_{zx}\end{bmatrix}=\begin{bmatrix}\dfrac{\partial w}{\partial y}-\theta_y\\ \dfrac{\partial w}{\partial x}-\theta_x\end{bmatrix} \tag{3.437}$$

称为横向切应变矩阵。

根据广义胡克定律，可得到弹性厚板的应力应变关系，即

$$\boldsymbol{\sigma}=\boldsymbol{D}\boldsymbol{\varepsilon} \tag{3.438}$$

其中

$$\boldsymbol{\sigma}=\begin{bmatrix}\sigma_x & \sigma_y & \tau_{xy} & \tau_{yz} & \tau_{zx}\end{bmatrix}^{\mathrm{T}} \tag{3.439}$$

$$\boldsymbol{\varepsilon}=\begin{bmatrix}\varepsilon_x & \varepsilon_y & \gamma_{xy} & \gamma_{yz} & \gamma_{zx}\end{bmatrix}^{\mathrm{T}} \tag{3.440}$$

分别为应力列阵和应变列阵；

$$\boldsymbol{D}=\begin{bmatrix}\boldsymbol{D}_b & 0\\ 0 & \boldsymbol{D}_s\end{bmatrix} \tag{3.441}$$

为厚板的弹性矩阵，其子矩阵为

$$\boldsymbol{D}_b=\frac{E}{1-\mu^2}\begin{bmatrix}1 & \mu & 0\\ \mu & 1 & 0\\ 0 & 0 & (1-\mu)/2\end{bmatrix} \tag{3.442}$$

$$\boldsymbol{D}_s=\frac{E}{2(1+\mu)\lambda}\begin{bmatrix}1 & 0\\0 & 1\end{bmatrix} \tag{3.443}$$

这里 λ 为剪切影响系数，一般取 $\lambda=6/5$。

3.2.3.4 平面 4 节点剪切矩形板单元(Mindlin 板)

对于中厚板，直法线假设不再成立，需要基于 Mindlin-Reissner 中厚板理论构造单元的板单元称为 Mindlin 板单元。

(1) 位移场函数

由于位移分量 w、θ_x 和 θ_y 是各自独立的，所以对其进行的插值也可以各自独立进行。这样其插值函数只要求 C_0 的连续性。以双线性矩形单元形函数为例，矩形单元的长和宽分别为 $2a$ 和 $2b$，厚度为 h，单元形函数定义为

$$\left.\begin{aligned}N_1(x,y)&=\frac{1}{4}(1-\frac{x}{a})(1-\frac{y}{b})\\N_2(x,y)&=\frac{1}{4}(1+\frac{x}{a})(1-\frac{y}{b})\\N_3(x,y)&=\frac{1}{4}(1+\frac{x}{a})(1+\frac{y}{b})\\N_4(x,y)&=\frac{1}{4}(1-\frac{x}{a})(1+\frac{y}{b})\end{aligned}\right\} \tag{3.444}$$

形函数矩阵为

$$\boldsymbol{N}=[N_1\boldsymbol{I}\quad N_2\boldsymbol{I}\quad N_3\boldsymbol{I}\quad N_4\boldsymbol{I}] \tag{3.445}$$

这里 $\boldsymbol{I}$ 为 3×3 阶单位矩阵。

单元节点位移列阵为

$$\boldsymbol{q}^e=[w_1\quad \theta_{x1}\quad \theta_{y1}\quad w_2\quad \theta_{x2}\quad \theta_{y2}\quad w_3\quad \theta_{x3}\quad \theta_{y3}\quad w_4\quad \theta_{x4}\quad \theta_{y4}]^{\mathrm{T}} \tag{3.446}$$

则单元位移场函数可写为

$$\boldsymbol{q}=\begin{bmatrix}w\\\theta_x\\\theta_y\end{bmatrix}=\boldsymbol{N}\boldsymbol{q}^e \tag{3.447}$$

(2) 应变矩阵

将单元位移场函数式(3.447)代入式(3.436)，得

$$\boldsymbol{\kappa}=\boldsymbol{B}_b\boldsymbol{q}^e \tag{3.448}$$

其中

$$\boldsymbol{B}_b=\begin{bmatrix}0 & -\frac{\partial N_1}{\partial x} & 0 & 0 & -\frac{\partial N_2}{\partial x} & 0 & 0 & -\frac{\partial N_3}{\partial x} & 0 & 0 & -\frac{\partial N_4}{\partial x} & 0\\0 & 0 & -\frac{\partial N_1}{\partial y} & 0 & 0 & -\frac{\partial N_2}{\partial y} & 0 & 0 & -\frac{\partial N_3}{\partial y} & 0 & 0 & -\frac{\partial N_4}{\partial y}\\0 & -\frac{\partial N_1}{\partial y} & -\frac{\partial N_1}{\partial x} & 0 & -\frac{\partial N_2}{\partial y} & -\frac{\partial N_2}{\partial x} & 0 & -\frac{\partial N_3}{\partial y} & -\frac{\partial N_3}{\partial x} & 0 & -\frac{\partial N_4}{\partial y} & -\frac{\partial N_4}{\partial x}\end{bmatrix} \tag{3.449}$$

将单元位移场函数式(3.447)代入式(3.437)，得到

$$\boldsymbol{\gamma}=\boldsymbol{B}_s\boldsymbol{q}^e \tag{3.450}$$

其中

$$\boldsymbol{B}_s=\begin{bmatrix}\frac{\partial N_1}{\partial x} & -N_1 & 0 & \frac{\partial N_2}{\partial x} & -N_2 & 0 & \frac{\partial N_3}{\partial x} & -N_3 & 0 & \frac{\partial N_4}{\partial x} & -N_4 & 0\\ \frac{\partial N_1}{\partial y} & 0 & -N_1 & \frac{\partial N_2}{\partial y} & 0 & -N_2 & \frac{\partial N_3}{\partial y} & 0 & -N_3 & \frac{\partial N_4}{\partial y} & 0 & -N_4\end{bmatrix} \tag{3.451}$$

(3) 应力矩阵

将式(3.435)代入式(3.438)，并结合式(3.448)和式(3.450)，有

$$\boldsymbol{\sigma}=\boldsymbol{D\varepsilon}=\boldsymbol{D}\begin{bmatrix}z\boldsymbol{\kappa}\\ \boldsymbol{\gamma}\end{bmatrix}=\begin{bmatrix}\boldsymbol{D}_b & 0\\ 0 & \boldsymbol{D}_s\end{bmatrix}\begin{bmatrix}z\boldsymbol{\kappa}\\ \boldsymbol{\gamma}\end{bmatrix}=\begin{bmatrix}z\boldsymbol{D}_b\boldsymbol{\kappa}\\ \boldsymbol{D}_s\boldsymbol{\gamma}\end{bmatrix}=\begin{bmatrix}z\boldsymbol{D}_b\boldsymbol{B}_b\\ \boldsymbol{D}_s\boldsymbol{B}_s\end{bmatrix}\boldsymbol{q}^e=\boldsymbol{S}\boldsymbol{q}^e \tag{3.452}$$

这里 $\boldsymbol{S}$ 为应力矩阵，有

$$\boldsymbol{S}=\begin{bmatrix}\boldsymbol{S}_b\\ \boldsymbol{S}_s\end{bmatrix}=\begin{bmatrix}z\boldsymbol{D}_b\boldsymbol{B}_b\\ \boldsymbol{D}_s\boldsymbol{B}_s\end{bmatrix} \tag{3.453}$$

并记

$$\boldsymbol{\sigma}_b=z\boldsymbol{D}_b\boldsymbol{\kappa},\quad \boldsymbol{\sigma}_s=\boldsymbol{D}_s\boldsymbol{\gamma} \tag{3.454}$$

(4) 单元刚度矩阵

根据最小势能原理，Mindlin 板中的应变能包含两个部分，分别为弯曲应变能 U_b 和剪切应变能 U_s。即

$$U_b=\frac{1}{2}\int_{-h/2}^{h/2}\int_{A^e}z\boldsymbol{\kappa}^{\mathrm{T}}\boldsymbol{\sigma}_b\,\mathrm{d}A\,\mathrm{d}z=\frac{1}{2}\boldsymbol{q}^{e\mathrm{T}}\int_{-h/2}^{h/2}\int_{A^e}z^2\boldsymbol{B}_b^{\mathrm{T}}\boldsymbol{D}_b\boldsymbol{B}_b\,\mathrm{d}A\,\mathrm{d}z\boldsymbol{q}^e \tag{3.455}$$

$$U_s=\frac{1}{2}\int_{-h/2}^{h/2}\int_{A^e}\boldsymbol{\gamma}^{\mathrm{T}}\boldsymbol{\sigma}_s\,\mathrm{d}A\,\mathrm{d}z=\frac{1}{2}\boldsymbol{q}^{e\mathrm{T}}\int_{-h/2}^{h/2}\int_{A^e}\boldsymbol{B}_s^{\mathrm{T}}\boldsymbol{D}_s\boldsymbol{B}_s\,\mathrm{d}A\,\mathrm{d}z\boldsymbol{q}^e \tag{3.456}$$

由此可得 Mindlin 板的弯曲刚度矩阵为

$$\boldsymbol{K}_b^e=\int_{-h/2}^{h/2}\int_{A^e}z^2\boldsymbol{B}_b^{\mathrm{T}}\boldsymbol{D}_b\boldsymbol{B}_b\,\mathrm{d}A\,\mathrm{d}z=\frac{h^3}{12}\int_{A^e}\boldsymbol{B}_b^{\mathrm{T}}\boldsymbol{D}_b\boldsymbol{B}_b\,\mathrm{d}A \tag{3.457}$$

剪切刚度矩阵为

$$\boldsymbol{K}_s^e=\int_{-h/2}^{h/2}\int_{A^e}\boldsymbol{B}_s^{\mathrm{T}}\boldsymbol{D}_s\boldsymbol{B}_s\,\mathrm{d}A\,\mathrm{d}z=h\int_{A^e}\boldsymbol{B}_s^{\mathrm{T}}\boldsymbol{D}_s\boldsymbol{B}_s\,\mathrm{d}A \tag{3.458}$$

单元刚度矩阵为弯曲刚度矩阵和剪切刚度矩阵的和，即

$$\boldsymbol{K}^e=\boldsymbol{K}_b^e+\boldsymbol{K}_s^e=\frac{h^3}{12}\int_{A^e}\boldsymbol{B}_b^{\mathrm{T}}\boldsymbol{D}_b\boldsymbol{B}_b\,\mathrm{d}A+h\int_{A^e}\boldsymbol{B}_s^{\mathrm{T}}\boldsymbol{D}_s\boldsymbol{B}_s\,\mathrm{d}A \tag{3.459}$$

当板的厚度相对于其边长很小的时候，剪切能量将远大于弯曲能量，这种现象称为剪切锁死。为避免此问题，一般可以选用缩减积分的方法。

(5) 单元质量矩阵

Mindlin 板的单元质量矩阵可由动能表达式得到，由于与转角相关的自由度不出现在动能表达式中，所以可以将与转角相关的形函数使用 0 元素替换。经替换后的形函数矩阵记为

$$\widetilde{\boldsymbol{N}}=\begin{bmatrix}N_1 & 0 & 0 & N_2 & 0 & 0 & N_3 & 0 & 0 & N_4 & 0 & 0\\ 0 & 0 & 0 & 0 & 0 & 0 & 0 & 0 & 0 & 0 & 0 & 0\\ 0 & 0 & 0 & 0 & 0 & 0 & 0 & 0 & 0 & 0 & 0 & 0\end{bmatrix} \tag{3.460}$$

则 Mindlin 板的单元质量矩阵为

$$\boldsymbol{M}^e=\rho\int_{-h/2}^{h/2}\int_{A^e}\widetilde{\boldsymbol{N}}^{\mathrm{T}}\widetilde{\boldsymbol{N}}\,\mathrm{d}A\,\mathrm{d}z=\rho h\int_{A^e}\widetilde{\boldsymbol{N}}^{\mathrm{T}}\widetilde{\boldsymbol{N}}\,\mathrm{d}A \tag{3.461}$$

对上式进行积分，可以得到

$$\boldsymbol{M}^e=\frac{\rho abh}{9}\begin{bmatrix}4&0&0&2&0&0&1&0&0&2&0&0\\0&0&0&0&0&0&0&0&0&0&0&0\\0&0&0&0&0&0&0&0&0&0&0&0\\2&0&0&4&0&0&2&0&0&1&0&0\\0&0&0&0&0&0&0&0&0&0&0&0\\0&0&0&0&0&0&0&0&0&0&0&0\\1&0&0&2&0&0&4&0&0&2&0&0\\0&0&0&0&0&0&0&0&0&0&0&0\\0&0&0&0&0&0&0&0&0&0&0&0\\2&0&0&1&0&0&2&0&0&4&0&0\\0&0&0&0&0&0&0&0&0&0&0&0\\0&0&0&0&0&0&0&0&0&0&0&0\end{bmatrix} \tag{3.462}$$

集中质量矩阵为

$$\boldsymbol{M}^e=\rho abh\begin{bmatrix}1&0&0&0&0&0&0&0&0&0&0&0\\0&0&0&0&0&0&0&0&0&0&0&0\\0&0&0&0&0&0&0&0&0&0&0&0\\0&0&0&1&0&0&0&0&0&0&0&0\\0&0&0&0&0&0&0&0&0&0&0&0\\0&0&0&0&0&0&0&0&0&0&0&0\\0&0&0&0&0&0&1&0&0&0&0&0\\0&0&0&0&0&0&0&0&0&0&0&0\\0&0&0&0&0&0&0&0&0&0&0&0\\0&0&0&0&0&0&0&0&0&1&0&0\\0&0&0&0&0&0&0&0&0&0&0&0\\0&0&0&0&0&0&0&0&0&0&0&0\end{bmatrix} \tag{3.463}$$

3.2.3.5 MATLAB 编程——平板弯曲单元

➢ **平面 4 节点矩形板单元(Kirchhoff 板)：ElemKMS_S41**

下面的 4 节点矩形板单元(Kirchhoff 板)的 MATLAB 程序是基于符号变量编写的，可以给出系统矩阵的符号表达。通过简单的数值替换，也可以得到的单元系统矩阵的数值表达。

程序输入包括：材料属性信息、板单元厚度和面积信息、节点坐标值信息等。

程序输出包括：单元刚度矩阵 $\boldsymbol{K}$、单元质量矩阵 $\boldsymbol{M}$、应变矩阵 $\boldsymbol{B}$ 和应力矩阵 $\boldsymbol{S}$ 等。

```
% ------------------------------------------------
% ElemKMS_S41    平面 4 节点矩形 Kirchhoff 板单元
% K：单元刚度矩阵
% M：单元一致质量矩阵
```

```
% B：应变矩阵
% S：应力矩阵
% -------------------
% E：材料弹性模量
% nu：泊松比
% rou：材料密度
% h：板单元厚度
% xi，xj，xk，xm：节点 x 向坐标值
% yi，yj，yk，ym：节点 y 向坐标值
% x，y：物理坐标
% ksi，eta：自然坐标
% ----------------------------------------------------
%声明符号变量
syms E nu rou h real
syms xi xj xk xm real
syms yi yj yk ym real
syms x y ksi eta real
% -------------------
%向量化
P = [E nu rou h];
xp = [xi xj xk xm];
yp = [yi yj yk ym];
% -------------------
%测试段 - 赋值
P = subs(P,[E nu rou h],[70000,0.3,2.7e - 9,1]);
E = P(1);nu = P(2);rou = P(3);h = P(4);
xp = subs(xp,[xi xj xk xm],[ - 50,50,50, - 50] * 2);
yp = subs(yp,[yi yj yk ym],[ - 50, - 50,50,50] * 2);
% -------------------
%生成形函数矩阵
a = abs(xp(3) - xp(1))/2;
b = abs(yp(3) - yp(1))/2;
% -------------------
Ni = 1/8 * (1 - ksi) * (1 - eta) * (2 - ksi - eta - ksi * ksi - eta * eta);
Nix = - 1/8 * b * ( - 1) * (1 - ksi) * (1 - eta) * (1 - eta * eta);
Niy = 1/8 * a * ( - 1) * (1 - ksi) * (1 - eta) * (1 - ksi * ksi);
% -------------------
Nj = 1/8 * (1 + ksi) * (1 - eta) * (2 + ksi - eta - ksi * ksi - eta * eta);
Njx = - 1/8 * b * ( - 1) * (1 + ksi) * (1 - eta) * (1 - eta * eta);
Njy = 1/8 * a * ( + 1) * (1 + ksi) * (1 - eta) * (1 - ksi * ksi);
% -------------------
Nk = 1/8 * (1 + ksi) * (1 + eta) * (2 + ksi + eta - ksi * ksi - eta * eta);
Nkx = - 1/8 * b * ( + 1) * (1 + ksi) * (1 + eta) * (1 - eta * eta);
Nky = 1/8 * a * ( + 1) * (1 + ksi) * (1 + eta) * (1 - ksi * ksi);
% -------------------
Nm = 1/8 * (1 - ksi) * (1 + eta) * (2 - ksi + eta - ksi * ksi - eta * eta);
Nmx = - 1/8 * b * ( + 1) * (1 - ksi) * (1 + eta) * (1 - eta * eta);
Nmy = 1/8 * a * ( - 1) * (1 - ksi) * (1 + eta) * (1 - ksi * ksi);
% -------------------
N = [Ni Nix Niy Nj Njx Njy Nk Nkx Nky Nm Nmx Nmy];   %形函数矩阵
% -------------------
%生成应变矩阵
BNx = - diff(diff(N,ksi),ksi)/a/a;
BNy = - diff(diff(N,eta),eta)/b/b;
```

```
BNxy = - 2 * diff(diff(N,ksi),eta)/a/b;
B = [BNx;BNy;BNxy];
% -------------------
%生成应力矩阵
D = E/(1 - nu * nu) * [1,nu,0;nu,1,0;0,0,(1 - nu)/2];
S = D * B;
% -------------------
%生成单元刚度矩阵
K = h^3/12 * int(int(B' * D * B,ksi, - 1,1),eta, - 1,1) * a * b;    %刚度矩阵
% ------------------
%生成单元质量矩阵
M = rou * h * int(int(N' * N,ksi, - 1,1),eta, - 1,1) * a * b;      %质量矩阵
% ------------------
%测试段 - 结果
K = double(K)
M = double(M)
freq = sqrt(eig(K,M))/2/pi
% ---------------------------------------------
```

对一块边长为 200 mm 的正方向铝板进行了测试，结果如下：

```
K =
   1.0e + 03 *
    0.0017    0.0782   -0.0782   -0.0007    0.0179   -0.0686   -0.0002    0.0276   -0.0276   -0.0007    0.0686   -0.0179
    0.0782    9.7436   -1.9231    0.0179    3.0769         0   -0.0276    2.4359         0   -0.0686    3.9744         0
   -0.0782   -1.9231    9.7436    0.0686         0    3.9744    0.0276         0    2.4359   -0.0179         0    3.0769
   -0.0007    0.0179    0.0686    0.0017    0.0782    0.0782   -0.0007    0.0686    0.0179   -0.0002    0.0276    0.0276
    0.0179    3.0769         0    0.0782    9.7436    1.9231   -0.0686    3.9744         0   -0.0276    2.4359         0
   -0.0686         0    3.9744    0.0782    1.9231    9.7436    0.0179         0    3.0769   -0.0276         0    2.4359
   -0.0002   -0.0276    0.0276   -0.0007   -0.0686    0.0179    0.0017   -0.0782    0.0782   -0.0007   -0.0179    0.0686
    0.0276    2.4359         0    0.0686    3.9744         0   -0.0782    9.7436   -1.9231   -0.0179    3.0769         0
   -0.0276         0    2.4359    0.0179         0    3.0769    0.0782   -1.9231    9.7436   -0.0686         0    3.9744
   -0.0007   -0.0686   -0.0179   -0.0002   -0.0276   -0.0276   -0.0007   -0.0179   -0.0686    0.0017   -0.0782   -0.0782
    0.0686    3.9744         0    0.0276    2.4359         0   -0.0179    3.0769         0   -0.0782    9.7436    1.9231
   -0.0179         0    3.0769    0.0276         0    2.4359    0.0686         0    3.9744   -0.0782    1.9231    9.7436

M =
    0.0000    0.0004   -0.0004    0.0000    0.0002    0.0002    0.0000   -0.0001    0.0001    0.0000   -0.0002   -0.0002
    0.0004    0.0137   -0.0108    0.0002    0.0069    0.0072    0.0001   -0.0051    0.0048    0.0002   -0.0103   -0.0072
   -0.0004   -0.0108    0.0137   -0.0002   -0.0072   -0.0103   -0.0001    0.0048   -0.0051   -0.0002    0.0072    0.0069
    0.0000    0.0002   -0.0002    0.0000    0.0004    0.0004    0.0000   -0.0002    0.0002    0.0000   -0.0001   -0.0001
    0.0002    0.0069   -0.0072    0.0004    0.0137    0.0108    0.0002   -0.0103    0.0072    0.0001   -0.0051   -0.0048
    0.0002    0.0072   -0.0103    0.0004    0.0108    0.0137    0.0002   -0.0072    0.0069    0.0001   -0.0048   -0.0051
    0.0000    0.0001   -0.0001    0.0000    0.0002    0.0002    0.0000   -0.0004    0.0004    0.0000   -0.0002   -0.0002
   -0.0001   -0.0051    0.0048   -0.0002   -0.0103   -0.0072   -0.0004    0.0137   -0.0108   -0.0002    0.0069    0.0072
    0.0001    0.0048   -0.0051    0.0002    0.0072    0.0069    0.0004   -0.0108    0.0137    0.0002   -0.0072   -0.0103
    0.0000    0.0002   -0.0002    0.0000    0.0001    0.0001    0.0000   -0.0002    0.0002    0.0000   -0.0004   -0.0004
   -0.0002   -0.0103    0.0072   -0.0001   -0.0051   -0.0048   -0.0002    0.0069   -0.0072   -0.0004    0.0137    0.0108
   -0.0002   -0.0072    0.0069   -0.0001   -0.0048   -0.0051   -0.0002    0.0072   -0.0103   -0.0004    0.0108    0.0137

freq =
   1.0e + 02 *
   0.0000 + 0.0000i
   0.0000 + 0.0000i
   0.0000 + 0.0000i
   0.8408 + 0.0000i
   1.3764 + 0.0000i
   1.8757 + 0.0000i
   2.4884 + 0.0000i
   2.4884 + 0.0000i
   5.5625 + 0.0000i
   5.6459 + 0.0000i
   5.6459 + 0.0000i
   7.3124 + 0.0000i
```

➢ 平面 4 节点矩形板单元(Mindlin 板)：ElemKMS_S42

下面的 4 节点矩形板单元(Mindlin 板)的 MATLAB 程序是基于符号变量编写的，可以给出系统矩阵的符号表达。通过简单的数值替换，也可以得到单元系统矩阵的数值表达。

程序输入包括：材料属性信息、板单元厚度和面积信息、节点坐标值信息等。

程序输出包括：单元刚度矩阵 **K**、单元质量矩阵 **M**、应变矩阵 **B** 和应力矩阵 **S** 等。

```
% ---------------------------------------------------
% ElemKMS_S42    平面 4 节点剪切矩形 Mindlin 板单元
% K：单元刚度矩阵
% M：单元一致质量矩阵
% B：应变矩阵
% S：应力矩阵
% ------------------
% E：材料弹性模量
% nu：泊松比
% rou：材料密度
% h：板单元厚度
% xi，xj，xk，xm：节点 x 向坐标值
% yi，yj，yk，ym：节点 y 向坐标值
% x，y：物理坐标
% ksi，eta：自然坐标
% ---------------------------------------------------
%声明符号变量
syms E G nu rou h lamda real
syms xi xj xk xm real
syms yi yj yk ym real
syms x y ksi eta real
% ------------------
%向量化
P = [E G nu rou h lamda];
xp = [xi xj xk xm];
yp = [yi yj yk ym];
% ------------------
%测试段 - 赋值
P = subs(P,[E G nu rou h lamda],[70000,26923,0.3,2.7e-9,1,1.2]);
E = P(1);G = P(2);nu = P(3);rou = P(4);h = P(5);lamda = P(6);
xp = subs(xp,[xi xj xk xm],[-50,50,50,-50] * 2);
yp = subs(yp,[yi yj yk ym],[-50,-50,50,50] * 2);
% ------------------
%生成形函数矩阵
a = abs(xp(3) - xp(1))/2;
b = abs(yp(3) - yp(1))/2;
Ni = 1/4 * (1 - x/a) * (1 - y/b);
Nj = 1/4 * (1 + x/a) * (1 - y/b);
Nk = 1/4 * (1 + x/a) * (1 + y/b);
Nm = 1/4 * (1 - x/a) * (1 + y/b);
I = eye(3);
N = [Ni * I Nj * I Nk * I Nm * I];                              %形函数矩阵
% ------------------
%生成应变矩阵
Bbi = [0,-diff(Ni,x),0;0,0,-diff(Ni,y);0,-diff(Ni,y),-diff(Ni,x)];
Bbj = [0,-diff(Nj,x),0;0,0,-diff(Nj,y);0,-diff(Nj,y),-diff(Nj,x)];
```

```
Bbk = [0, - diff(Nk,x),0;0,0, - diff(Nk,y);0, - diff(Nk,y), - diff(Nk,x)];
Bbm = [0, - diff(Nm,x),0;0,0, - diff(Nm,y);0, - diff(Nm,y), - diff(Nm,x)];

Bsi = [ - diff(Ni,x), - Ni,0; - diff(Ni,y),0, - Ni];
Bsj = [ - diff(Nj,x), - Nj,0; - diff(Nj,y),0, - Nj];
Bsk = [ - diff(Nk,x), - Nk,0; - diff(Nk,y),0, - Nk];
Bsm = [ - diff(Nm,x), - Nm,0; - diff(Nm,y),0, - Nm];

Bb = [Bbi Bbj Bbk Bbm];
Bs = [Bsi Bsj Bsk Bsm];
% -------------------
%生成应力矩阵
% D = E * h^3/12/(1 - nu * nu) * [1,nu,0;nu,1,0;0,0,(1 - nu)/2];
Db = E/(1 - nu * nu) * [1,nu,0;nu,1,0;0,0,(1 - nu)/2];
Ds = E/2/(1 + nu)/lamda * [1,0;0,1];
Sb = z * Db * Bb;
Ss = Ds * Bs;
% -------------------
%生成单元刚度矩阵
Kb = h^3/12 * int(int(Bb' * Db * Bb,x, - a,a),y, - b,b);
% Ks = h * int(int(Bs' * Ss,x, - a,a),y, - b,b); %容易发生剪切自锁
fs = Bs' * Ss;
fs = subs(fs,[x,y],[a * ksi,b * eta]);
Ks = GaussintP4(fs,ksi,eta,1); %采用1点高斯积分进行计算
K = Kb + Ks;
% -------------------
%生成单元质量矩阵
N = [N(1,:);zeros(2,12)];
M = rou * h * int(int(N' * N,x, - a,a),y, - b,b);      %质量矩阵
% -------------------
%测试段 - 结果
K = double(K)
M = double(M)
freq = sqrt(eig(K,M))/2/pi
% ---------------------------------------------
```

对同样尺寸的铝板使用 Mindlin 板理论进行了计算,结果如下:

```
K =
  1.0e + 03 *
   0.0011  -0.0561  -0.0561        0  -0.0561  -0.0561  -0.0011  -0.0561  -0.0561        0  -0.0561  -0.0561
  -0.0561   8.4936   1.0417   0.0561   3.8462  -0.0801   0.0561   4.1667  -1.0417  -0.0561   5.9295   0.0801
  -0.0561   1.0417   8.4936  -0.0561   0.0801   5.9295   0.0561  -1.0417   4.1667   0.0561  -0.0801   3.8462
        0   0.0561  -0.0561   0.0011   0.0561  -0.0561        0   0.0561  -0.0561  -0.0011   0.0561  -0.0561
  -0.0561   3.8462   0.0801   0.0561   8.4936  -1.0417   0.0561   5.9295  -0.0801  -0.0561   4.1667   1.0417
  -0.0561  -0.0801   5.9295  -0.0561  -1.0417   8.4936   0.0561   0.0801   3.8462   0.0561   1.0417   4.1667
  -0.0011   0.0561   0.0561        0   0.0561   0.0561   0.0011   0.0561   0.0561        0   0.0561   0.0561
  -0.0561   4.1667  -1.0417   0.0561   5.9295   0.0801   0.0561   8.4936   1.0417  -0.0561   3.8462  -0.0801
  -0.0561  -1.0417   4.1667  -0.0561  -0.0801   3.8462   0.0561   1.0417   8.4936   0.0561   0.0801   5.9295
        0  -0.0561   0.0561  -0.0011  -0.0561   0.0561        0  -0.0561   0.0561   0.0011  -0.0561   0.0561
  -0.0561   5.9295  -0.0801   0.0561   4.1667   1.0417   0.0561   3.8462   0.0801   0.0561   8.4936   1.0417
  -0.0561   0.0801   3.8462  -0.0561   1.0417   4.1667   0.0561  -0.0801   5.9295   0.0561  -1.0417   8.4936

M =
  1.0e - 04 *
   0.1200        0        0   0.0600        0        0   0.0300        0        0   0.0600        0        0
        0        0        0        0        0        0        0        0        0        0        0        0
        0        0        0        0        0        0        0        0        0        0        0        0
   0.0600        0        0   0.1200        0        0   0.0600        0        0   0.0300        0        0
```

```
       0        0        0        0        0        0        0        0        0        0        0        0
       0        0        0        0        0        0        0        0        0        0        0        0
  0.0300        0        0   0.0600        0        0   0.1200        0        0   0.0600        0        0
       0        0        0        0        0        0        0        0        0        0        0        0
       0        0        0        0        0        0        0        0        0        0        0        0
  0.0600        0        0   0.0300        0        0   0.0600        0        0   0.1200        0        0
       0        0        0        0        0        0        0        0        0        0        0        0
       0        0        0        0        0        0        0        0        0        0        0        0

freq =
   1.0e-05 *
   0.0457 + 0.0000i
      Inf + 0.0000i
      Inf + 0.0000i
      Inf + 0.0000i
      Inf + 0.0000i
      Inf + 0.0000i
      Inf + 0.0000i
   0.0000 +    Infi
      Inf + 0.0000i
   0.0410 + 0.0000i
   0.0000 + 0.1748i
   0.0000 + 0.0612i
```

3.3　三维单元

在实际工程中，只有一些简单特殊的结构可以简化成平面问题，大多数结构还是按空间问题进行计算。但由于空间结构形体复杂，在弹性体受力之后，其内部各点沿着 3 个坐标方向都会发生位移，虽然在用有限元分析时，原理上空间问题与平面问题并无差别，但是空间问题在进行离散化时并没有平面问题那样直观，存在着离散单元体选择是否合理等问题。所以分析空间问题可利用弹性体的特点（如对称性、相似性等）降低计算量，减小有限元模型的计算规模。

3.3.1　空间问题四面体单元

3.3.1.1　空间问题的四面体离散

对于弹性力学平面问题，最简单、最常见的离散方式是将其分割成有限多个四面体单元，单元与单元之间通过顶点相连，这种单元称为常应变四面体单元，如图 3.41 所示。当边界为曲线时则以直线代替，显然这样会带来误差，这种误差称为离散误差。要减少这个误差，通常可通过增加边界单元数量实现。

记单元节点位移向量 $\boldsymbol{q}^e$、节点力向量 $\boldsymbol{P}^e$ 和等效节点载荷向量 $\boldsymbol{F}^e$ 分别为

$$\boldsymbol{q}^e = [u_i \quad v_i \quad w_i \quad u_j \quad v_j \quad w_j \quad u_k \quad v_k \quad w_k \quad u_m \quad v_m \quad w_m]^{\mathrm{T}} \tag{3.464}$$

$$\boldsymbol{P}^e = [P_{ui} \quad P_{vi} \quad P_{wi} \quad P_{uj} \quad P_{vj} \quad P_{wj} \quad P_{uk} \quad P_{vk} \quad P_{wk} \quad P_{um} \quad P_{vm} \quad P_{wm}]^{\mathrm{T}} \tag{3.465}$$

$$\boldsymbol{F}^e = [F_{ui} \quad F_{vi} \quad F_{wi} \quad F_{uj} \quad F_{vj} \quad F_{wj} \quad F_{uk} \quad F_{vk} \quad F_{wk} \quad F_{um} \quad F_{vm} \quad F_{wm}]^{\mathrm{T}} \tag{3.466}$$

这里假定所取出四面体单元的体积为 V，材料弹性模量为 E，泊松比为 μ，质量密度为 ρ，i、j、k、m 节点的坐标值分别为 (x_i, y_i, z_i)、(x_j, y_j, z_j)、(x_k, y_k, z_k) 和 (x_m, y_m, z_m)。

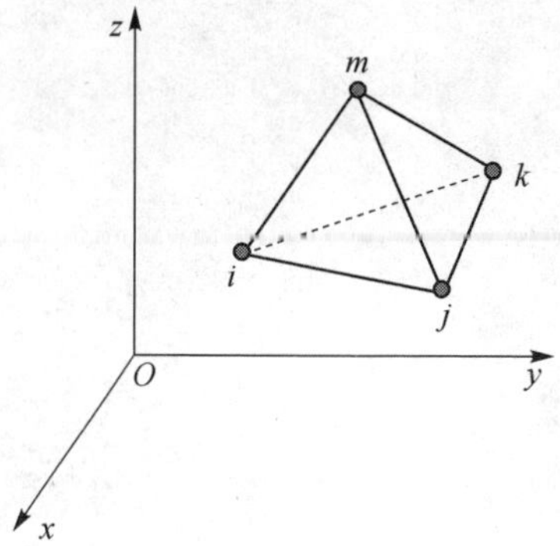

图 3.41　四面体单元

3.3.1.2　空间 4 节点四面体常应变单元

(1) 位移场函数

对于弹性力学空间问题，单元内任意一点的位移可用位移分量 u,v,w 描述，它们是位置坐标 x,y,z 的函数。假设 4 节点四面体单元的位移函数为 x,y,z 的线性函数，全单元有 12 个自由度，每个单元有 3 个位移函数，每个位移函数取 4 项，则有

$$\left.\begin{aligned} u &= \alpha_1 + \alpha_2 x + \alpha_3 y + \alpha_4 z \\ v &= \alpha_5 + \alpha_6 x + \alpha_7 y + \alpha_8 z \\ w &= \alpha_9 + \alpha_{10} x + \alpha_{11} y + \alpha_{12} z \end{aligned}\right\} \tag{3.467}$$

式中，$\alpha_1,\alpha_2,\cdots,\alpha_{12}$ 为待定常数，可以由单元的 12 项节点位移确定。将 4 个节点的坐标值代入式(3.467)中的第 1 式，在 4 个节点处，分别有

$$\left.\begin{aligned} u_i &= \alpha_1 + \alpha_2 x_i + \alpha_3 y_i + \alpha_4 z_i \\ u_j &= \alpha_1 + \alpha_2 x_j + \alpha_3 y_j + \alpha_4 z_j \\ u_k &= \alpha_1 + \alpha_2 x_k + \alpha_3 y_k + \alpha_4 z_k \\ u_m &= \alpha_1 + \alpha_2 x_m + \alpha_3 y_m + \alpha_4 z_m \end{aligned}\right\} \tag{3.468}$$

由式(3.468)求出 $\alpha_1,\alpha_2,\alpha_3,\alpha_4$，再代回式(3.467)中的第 1 式，整理后得

$$u_i = N_i u_i + N_j u_j + N_k u_k + N_m u_m \tag{3.469}$$

同理，可求得

$$\left.\begin{aligned} v_i &= N_i v_i + N_j v_j + N_k v_k + N_m v_m \\ w_i &= N_i w_i + N_j w_j + N_k w_k + N_m w_m \end{aligned}\right\} \tag{3.470}$$

将以上三式用矩阵表示为

$$\boldsymbol{q} = \begin{Bmatrix} u \\ v \\ w \end{Bmatrix} = \boldsymbol{N}\boldsymbol{q}^e \tag{3.471}$$

其中，$\boldsymbol{N}$ 为形函数矩阵，可表示为

$$\boldsymbol{N} = [N_i\boldsymbol{I}, N_j\boldsymbol{I}, N_k\boldsymbol{I}, N_m\boldsymbol{I}] \tag{3.472}$$

式中，$\boldsymbol{I}$ 为三阶单位矩阵，而各点的形状函数可按下式计算得到

$$N_r = \frac{1}{6V}(a_r + b_r x + c_r y + d_r z),\quad r = i,j,k,m \tag{3.473}$$

其中,四面体体积 V 可根据下面行列式值得到

$$V=\frac{1}{6}\begin{vmatrix}1 & x_i & y_i & z_i\\ 1 & x_j & y_j & z_j\\ 1 & x_k & y_k & z_k\\ 1 & x_m & y_m & z_m\end{vmatrix} \tag{3.474}$$

其他参数也可由其代数余子式得到,即

$$a_i=\begin{vmatrix}x_j & y_j & z_j\\ x_k & y_k & z_k\\ x_m & y_m & z_m\end{vmatrix},\quad b_i=-\begin{vmatrix}1 & y_j & z_j\\ 1 & y_k & z_k\\ 1 & y_m & z_m\end{vmatrix},\quad c_i=\begin{vmatrix}1 & x_j & z_j\\ 1 & x_k & z_k\\ 1 & x_m & z_m\end{vmatrix},\quad d_i=-\begin{vmatrix}1 & x_j & y_j\\ 1 & x_k & y_k\\ 1 & x_m & y_m\end{vmatrix} \tag{3.475}$$

这里需要注意的是,在式(3.474)中,为保证计算出来的四面体体积为正值,需要对四面体单元的节点编号作出规定:在右手坐标系中,当右手螺旋按 $i\to j\to k$ 转向时,拇指指向 m。

(2) 应变矩阵

将式(3.471)代入弹性力学空间问题的几何方程,经过微分运算,可以得到单元内应变为

$$\boldsymbol{\varepsilon}=\boldsymbol{LNq}^e=\boldsymbol{Bq}^e \tag{3.476}$$

其中,应变矩阵 $\boldsymbol{B}$ 是形状函数矩阵 $\boldsymbol{N}$ 经微分算子 $\boldsymbol{L}$ 作用所得的结果,将其写成子块形式为

$$\boldsymbol{B}=[\boldsymbol{B}_i \quad \boldsymbol{B}_j \quad \boldsymbol{B}_k \quad \boldsymbol{B}_m] \tag{3.477}$$

任一子矩阵 $\boldsymbol{B}_i$ 的显式应为

$$\boldsymbol{B}_i=\frac{1}{6V}\begin{bmatrix}b_i & 0 & 0\\ 0 & c_i & 0\\ 0 & 0 & d_i\\ c_i & b_i & 0\\ 0 & d_i & c_i\\ d_i & 0 & b_i\end{bmatrix},\quad i,j,k,m \tag{3.478}$$

可见,这里 $\boldsymbol{B}_i$ 的每项元素都是由节点坐标决定的常数。因而,在4节点四面体单元内,各点的应变都是一样的,这是一种常应变单元。这一点与平面问题常应变三角形单元是相似的。由于单元内位移都假定为线性变化,因而由位移一阶导数组成的应变,自然就是常值。

(3) 应力矩阵

单元内应变为常值,按物理方程

$$\boldsymbol{\sigma}=\boldsymbol{D\varepsilon} \tag{3.479}$$

单元内的应力也是常值。将式(3.476)代入式(3.479)中,有

$$\boldsymbol{\sigma}=\boldsymbol{DBq}^e=\boldsymbol{Sq}^e \tag{3.480}$$

这里,应力矩阵

$$\boldsymbol{S}=\boldsymbol{DB} \tag{3.481}$$

在一般情况下,三维结构体内部的应力并不是常值。使用四面体常应力单元来代替原有结构域所得结果是近似的,这将使得相邻单元间的应力是不连续的。只有当单元划分得很小时,单元内的应力才接近于常值,用有限元法计算出的应力在单元间的不连续才是比较小的,可以作为真实应力分布的近似。一般把这种单元应力的计算值作为单元中心一点的应力近似值是比较适当的。

(4) 单元刚度矩阵

将式(3.477)代入刚度矩阵表达式即可计算单元刚度矩阵

$$\boldsymbol{K}^e = \int_{V^e} \boldsymbol{B}^{\mathrm{T}} \boldsymbol{D} \boldsymbol{B} \, \mathrm{d}V \tag{3.482}$$

由于4节点四面体单元为常应变单元,故式(3.482)中的积分容易计算为

$$\boldsymbol{K}^e = \boldsymbol{B}^{\mathrm{T}} \boldsymbol{D} \boldsymbol{B} \boldsymbol{V} \tag{3.483}$$

按照节点进行分块,单元刚度矩阵可以表示为

$$\boldsymbol{K}^e = \begin{bmatrix} \boldsymbol{K}_{ii} & \boldsymbol{K}_{ij} & \boldsymbol{K}_{ik} & \boldsymbol{K}_{im} \\ \boldsymbol{K}_{ji} & \boldsymbol{K}_{jj} & \boldsymbol{K}_{jk} & \boldsymbol{K}_{jm} \\ \boldsymbol{K}_{ki} & \boldsymbol{K}_{kj} & \boldsymbol{K}_{kk} & \boldsymbol{K}_{km} \\ \boldsymbol{K}_{mi} & \boldsymbol{K}_{mj} & \boldsymbol{K}_{mk} & \boldsymbol{K}_{mm} \end{bmatrix} \tag{3.484}$$

其中任一子矩阵为

$$[\boldsymbol{K}_{rs}]_{3\times3} = \boldsymbol{B}_r^{\mathrm{T}} \boldsymbol{D} \boldsymbol{B}_s V, \quad r,s = i,j,k,m \tag{3.485}$$

(5) 单元质量矩阵

常应变四面体单元一致质量矩阵的计算公式为

$$\boldsymbol{M}^e = \rho h \int_{V^e} \boldsymbol{N}^{\mathrm{T}} \boldsymbol{N} \, \mathrm{d}V \tag{3.486}$$

将形函数式(3.472)代入式(3.486),可以得到

$$\boldsymbol{M}^e = \rho h \int_{V^e} \begin{bmatrix} N_i^2 & 0 & N_iN_j & 0 & N_iN_k & 0 & N_iN_m & 0 \\ 0 & N_i^2 & 0 & N_iN_j & 0 & N_iN_k & 0 & N_iN_m \\ N_jN_i & 0 & N_j^2 & 0 & N_jN_k & 0 & N_jN_m & 0 \\ 0 & N_jN_i & 0 & N_j^2 & 0 & N_jN_k & 0 & N_jN_m \\ N_kN_i & 0 & N_kN_j & 0 & N_k^2 & 0 & N_kN_m & 0 \\ 0 & N_kN_i & 0 & N_kN_j & 0 & N_k^2 & 0 & N_kN_m \\ N_mN_i & 0 & N_mN_j & 0 & N_mN_k & 0 & N_m^2 & 0 \\ 0 & N_mN_i & 0 & N_mN_j & 0 & N_mN_k & 0 & N_m^2 \end{bmatrix} \mathrm{d}V \tag{3.487}$$

类似平面三角形单元的做法,这里引入四面体单元的体积坐标。体积坐标与直角坐标的转换关系如下:

$$L_r = \frac{1}{6V}(a_r + b_r x + c_r y + d_r z), \quad r = i,j,k,m \tag{3.488}$$

其中,V 和其他参数的定义与式(3.474)和式(3.475)相同。可见,对于常应变四面体单元,有

$$L_r = N_r \quad (r = 1,2,3,4) \tag{3.489}$$

也就是说,对式(3.487)的计算可借助体积坐标实现。利用四面体体积坐标的积分公式

$$\int_{V^e} N_i^a N_j^b N_k^c N_m^d \, \mathrm{d}V = \frac{6a!b!c!d!}{(a+b+c+d+3)!} V \tag{3.490}$$

可得

$$\int_{V^e} N_r^2 \mathrm{d}V = \frac{2!0!}{(2+0+0+0+3)!} 6V = \frac{1}{10} V \quad (r = i,j,k,m) \tag{3.491}$$

$$\int_{V^e} N_r N_s \mathrm{d}V = \frac{1!1!}{(1+1+0+0+3)!} 6V = \frac{1}{20} V, \quad r,s = i,j,k,m \tag{3.492}$$

则基于式(3.277)和式(3.278)可得到平面问题常应变三角形单元的一致质量矩阵为

$$\boldsymbol{M}^e = \frac{\rho V}{20} \begin{bmatrix} 2 & 0 & 0 & 1 & 0 & 0 & 1 & 0 & 0 & 1 & 0 & 0 \\ 0 & 2 & 0 & 0 & 1 & 0 & 0 & 1 & 0 & 0 & 1 & 0 \\ 0 & 0 & 2 & 0 & 0 & 1 & 0 & 0 & 1 & 0 & 0 & 1 \\ 1 & 0 & 0 & 2 & 0 & 0 & 1 & 0 & 0 & 1 & 0 & 0 \\ 0 & 1 & 0 & 0 & 2 & 0 & 0 & 1 & 0 & 0 & 1 & 0 \\ 0 & 0 & 1 & 0 & 0 & 2 & 0 & 0 & 1 & 0 & 0 & 1 \\ 1 & 0 & 0 & 1 & 0 & 0 & 2 & 0 & 0 & 1 & 0 & 0 \\ 0 & 1 & 0 & 0 & 1 & 0 & 0 & 2 & 0 & 0 & 1 & 0 \\ 0 & 0 & 1 & 0 & 0 & 1 & 0 & 0 & 2 & 0 & 0 & 1 \\ 1 & 0 & 0 & 1 & 0 & 0 & 1 & 0 & 0 & 2 & 0 & 0 \\ 0 & 1 & 0 & 0 & 1 & 0 & 0 & 1 & 0 & 0 & 2 & 0 \\ 0 & 0 & 1 & 0 & 0 & 1 & 0 & 0 & 1 & 0 & 0 & 2 \end{bmatrix} \tag{3.493}$$

相应的集中质量矩阵为

$$\boldsymbol{M}^e = \frac{\rho V}{4} \boldsymbol{I} \tag{3.494}$$

这里 $\boldsymbol{I}$ 为 12×12 阶的单位矩阵。

(6) 等效节点载荷

三维弹性体内若受有均布的体积力(如重力作用),对于 4 节点四面体单元,可以逐个单元计算出其整个单元的全部体积力,再平均分配到 4 个节点上,每个节点分配到 1/4 的单元体积力。

如果单元的某个表面作用有均布的面积力,也可以将此面上的全部面积力平均分配到相连的 3 个节点上,即每个节点分配到三角形上面积力总和的 1/3,如果体积力、面积力不是均布的,则不应平均分配,而应按下式计算

$$\boldsymbol{F}_V^e = \int_{V^e} \boldsymbol{N}^{\mathrm{T}} q \,\mathrm{d}v, \quad \boldsymbol{F}_S^e = \int_{S^e} \boldsymbol{N}^{\mathrm{T}} p \,\mathrm{d}s \tag{3.495}$$

其中,$\boldsymbol{F}_V^e$ 和 $\boldsymbol{F}_S^e$ 分别为分布体积力和分布面积力分配到单元节点的载荷;q 和 p 分别为单位体积力和单位面积力;V^e 和 S^e 则为受有分布力的单元体积和面积。

3.3.1.3　空间 4 节点四面体等参单元

空间 4 节点四面体单元在生成单元刚度矩阵和单元质量矩阵时需要在四面体上进行积分得到。由于单元的应变矩阵为常量矩阵,所以单元刚度矩阵的积分得以简化处理,但在生成质量矩阵时需要计算不规则四面体域上的积分式,通常这是有难度的。式(3.487)是通过体积坐标的积分定理完成的,但在处理高阶单元时,通过体积坐标完成四面体域上的积分相当复杂,所以有必要将不规则四面体域上的积分转换为规则四面体域上的积分来完成,这一过程可以通过等参变换来实现,如图 3.42 所示。

(1) 坐标映射

设图 3.42 的两个坐标系的坐标映射关系为

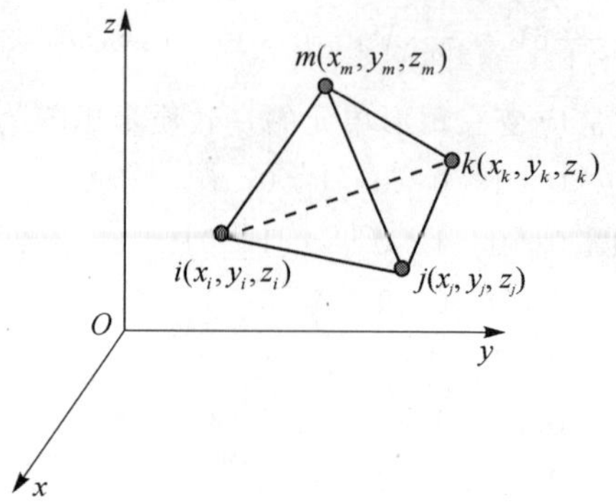

(a) 物理坐标系中的四面体单元

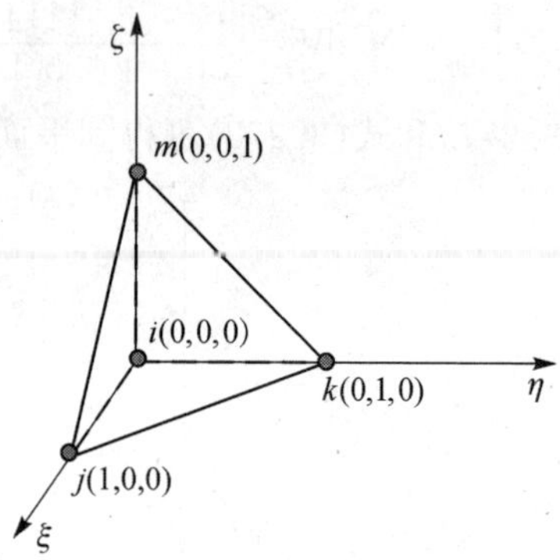

(b) 自然坐标系中的四面体单元

图 3.42 4 节点四面体单元等参变换

$$x=x(\xi,\eta,\zeta),\quad y=y(\xi,\eta,\zeta),\quad z=z(\xi,\eta,\zeta) \tag{3.496}$$

由于基准坐标系(ξ,η,ζ)中的一点对应物理坐标系(x,y,z)中的一个相应点，对图中的 4 个角点，有节点映射条件

$$x_r=x(\xi_r,\eta_r,\zeta_r),\quad y_r=y(\xi_r,\eta_r,\zeta_r),\quad z_r=z(\xi_r,\eta_r,\zeta_r)\quad (r=i,j,k,m) \tag{3.497}$$

如果用多项式来表示这种映射关系，则 x、y 和 z 方向上可以分别写出各包含有 3 个待定系数的多项式，即

$$\left.\begin{aligned} x&=a_0+a_1\xi+a_2\eta+a_3\zeta \\ y&=b_0+b_1\xi+b_2\eta+b_3\zeta \\ z&=c_0+c_1\xi+c_2\eta+c_3\zeta \end{aligned}\right\} \tag{3.498}$$

其中，待定系数 a_0,a_1,a_2,a_3、b_0,b_1,b_2,b_3 和 c_0,c_1,c_2,c_3 可由节点映射条件式(3.497)确定，解出并代入式(3.496)可得

$$\left.\begin{aligned} x&=\widetilde{N}_ix_i+\widetilde{N}_jx_j+\widetilde{N}_kx_k+\widetilde{N}_mx_m \\ y&=\widetilde{N}_iy_i+\widetilde{N}_jy_j+\widetilde{N}_ky_k+\widetilde{N}_my_m \\ z&=\widetilde{N}_iz_i+\widetilde{N}_jz_j+\widetilde{N}_kz_k+\widetilde{N}_mz_m \end{aligned}\right\} \tag{3.499}$$

其中

$$\widetilde{N}_i=1-\xi-\eta-\zeta,\quad \widetilde{N}_j=\xi,\quad \widetilde{N}_k=\eta,\quad \widetilde{N}_m=\zeta \tag{3.500}$$

记

$$\widetilde{\boldsymbol{N}}=\begin{bmatrix}\widetilde{N}_i\boldsymbol{I} & \widetilde{N}_j\boldsymbol{I} & \widetilde{N}_k\boldsymbol{I} & \widetilde{N}_m\boldsymbol{I}\end{bmatrix} \tag{3.501}$$

称为几何形状函数矩阵。其中，$\boldsymbol{I}$ 为 3 阶单位矩阵。

将物理坐标系中三角形单元的节点坐标值进行排列，写成列向量形式，有

$$\widetilde{\boldsymbol{q}}^e=\begin{bmatrix}x_1 & y_1 & z_1 & x_2 & y_2 & z_2 & x_3 & y_3 & z_3 & x_4 & y_4 & z_4\end{bmatrix}^{\mathrm{T}} \tag{3.502}$$

则式(3.292)可进一步写为

$$\begin{bmatrix}x\\y\\z\end{bmatrix}=\begin{bmatrix}\widetilde{N}_i\boldsymbol{I} & \widetilde{N}_j\boldsymbol{I} & \widetilde{N}_k\boldsymbol{I} & \widetilde{N}_m\boldsymbol{I}\end{bmatrix}\widetilde{\boldsymbol{q}}^e \tag{3.503}$$

这样就可以实现两个坐标系的函数映射。

(2) 坐标的偏导数变换

对物理坐标系(x,y,z)中的任何一个函数$\Phi(x,y,z)$，求它的偏导数，有

$$\left.\begin{aligned}\frac{\partial\Phi}{\partial\xi}&=\frac{\partial\Phi}{\partial x}\frac{\partial x}{\partial\xi}+\frac{\partial\Phi}{\partial y}\frac{\partial y}{\partial\xi}+\frac{\partial\Phi}{\partial z}\frac{\partial z}{\partial\xi}\\\frac{\partial\Phi}{\partial\eta}&=\frac{\partial\Phi}{\partial x}\frac{\partial x}{\partial\eta}+\frac{\partial\Phi}{\partial y}\frac{\partial y}{\partial\eta}+\frac{\partial\Phi}{\partial z}\frac{\partial z}{\partial\eta}\\\frac{\partial\Phi}{\partial\zeta}&=\frac{\partial\Phi}{\partial x}\frac{\partial x}{\partial\zeta}+\frac{\partial\Phi}{\partial y}\frac{\partial y}{\partial\zeta}+\frac{\partial\Phi}{\partial z}\frac{\partial z}{\partial\zeta}\end{aligned}\right\}\tag{3.504}$$

则偏导数的变换关系为

$$\left.\begin{aligned}\frac{\partial}{\partial\xi}&=\frac{\partial x}{\partial\xi}\frac{\partial}{\partial x}+\frac{\partial y}{\partial\xi}\frac{\partial}{\partial y}+\frac{\partial z}{\partial\xi}\frac{\partial}{\partial z}\\\frac{\partial}{\partial\eta}&=\frac{\partial x}{\partial\eta}\frac{\partial}{\partial x}+\frac{\partial y}{\partial\eta}\frac{\partial}{\partial y}+\frac{\partial z}{\partial\eta}\frac{\partial}{\partial z}\\\frac{\partial}{\partial\zeta}&=\frac{\partial x}{\partial\zeta}\frac{\partial}{\partial x}+\frac{\partial y}{\partial\zeta}\frac{\partial}{\partial y}+\frac{\partial z}{\partial\zeta}\frac{\partial}{\partial z}\end{aligned}\right\}\tag{3.505}$$

写成矩阵形式，有

$$\begin{bmatrix}\dfrac{\partial}{\partial\xi}\\\dfrac{\partial}{\partial\eta}\\\dfrac{\partial}{\partial\zeta}\end{bmatrix}=\boldsymbol{J}\begin{bmatrix}\dfrac{\partial}{\partial x}\\\dfrac{\partial}{\partial y}\\\dfrac{\partial}{\partial z}\end{bmatrix}\tag{3.506}$$

其中

$$\boldsymbol{J}=\begin{bmatrix}\dfrac{\partial x}{\partial\xi}&\dfrac{\partial y}{\partial\xi}&\dfrac{\partial z}{\partial\xi}\\\dfrac{\partial x}{\partial\eta}&\dfrac{\partial y}{\partial\eta}&\dfrac{\partial z}{\partial\eta}\\\dfrac{\partial x}{\partial\zeta}&\dfrac{\partial y}{\partial\zeta}&\dfrac{\partial z}{\partial\zeta}\end{bmatrix}\tag{3.507}$$

为空间问题的 Jacobian 矩阵。实际使用时，需要将式(3.506)写成以下逆形式：

$$\begin{bmatrix}\dfrac{\partial}{\partial x}\\\dfrac{\partial}{\partial y}\\\dfrac{\partial}{\partial z}\end{bmatrix}=\boldsymbol{J}^{-1}\begin{bmatrix}\dfrac{\partial}{\partial\xi}\\\dfrac{\partial}{\partial\eta}\\\dfrac{\partial}{\partial\zeta}\end{bmatrix}\tag{3.508}$$

这就是两个坐标系的偏导数映射关系。

(3) 体积变换

在物理坐标系(x,y,z)中，由$\mathrm{d}\xi$、$\mathrm{d}\eta$和$\mathrm{d}\zeta$所围成的微小六面体的体积为

$$\mathrm{d}V=\mathrm{d}\xi\cdot(\mathrm{d}\eta\times\mathrm{d}\zeta)\tag{3.509}$$

则由体积积分的变换

$$\mathrm{d}V=\begin{vmatrix}\dfrac{\partial x}{\partial\xi}\mathrm{d}\xi & \dfrac{\partial y}{\partial\xi}\mathrm{d}\xi & \dfrac{\partial z}{\partial\xi}\mathrm{d}\xi\\ \dfrac{\partial x}{\partial\eta}\mathrm{d}\eta & \dfrac{\partial y}{\partial\eta}\mathrm{d}\eta & \dfrac{\partial z}{\partial\eta}\mathrm{d}\eta\\ \dfrac{\partial x}{\partial\zeta}\mathrm{d}\zeta & \dfrac{\partial y}{\partial\zeta}\mathrm{d}\zeta & \dfrac{\partial z}{\partial\zeta}\mathrm{d}\zeta\end{vmatrix}=|\boldsymbol{J}|\,\mathrm{d}\xi\mathrm{d}\eta\mathrm{d}\zeta \tag{3.510}$$

该式给出了物理坐标系(x,y,z)中体积变换的计算公式。

(4) 位移场函数

用与几何形函数相同的形函数矩阵 $\boldsymbol{N}=\widetilde{\boldsymbol{N}}$ 对单元的位移变量 $\boldsymbol{d}=[u\quad v\quad w]^{\mathrm{T}}$ 进行插值,有

$$\left.\begin{aligned}u&=N_iu_i+N_ju_j+N_ku_k+N_mu_m\\ v&=N_iv_i+N_jv_j+N_kv_k+N_mv_m\\ w&=N_iw_i+N_jw_j+N_kw_k+N_mw_m\end{aligned}\right\} \tag{3.511}$$

则

$$\boldsymbol{q}=\begin{bmatrix}u\\ v\\ w\end{bmatrix}=[N_i\boldsymbol{I}\quad N_j\boldsymbol{I}\quad N_k\boldsymbol{I}\quad N_m\boldsymbol{I}]\boldsymbol{q}^e=N(\xi,\eta)\boldsymbol{q}^e \tag{3.512}$$

这里 $\boldsymbol{I}$ 为 3 阶单位矩阵。这种采用相同的形函数进行坐标变换和节点变量插值,并且用相同节点数的单元称为等参单元,这种变换称为等参变换。

(5) 应变矩阵

由弹性力学平面问题的几何方程和式(3.308),可得

$$\varepsilon=\begin{bmatrix}\dfrac{\partial}{\partial x} & 0 & 0\\ 0 & \dfrac{\partial}{\partial y} & 0\\ 0 & 0 & \dfrac{\partial}{\partial z}\\ \dfrac{\partial}{\partial y} & \dfrac{\partial}{\partial x} & 0\\ 0 & \dfrac{\partial}{\partial z} & \dfrac{\partial}{\partial y}\\ \dfrac{\partial}{\partial z} & 0 & \dfrac{\partial}{\partial x}\end{bmatrix}\begin{bmatrix}u\\ v\\ w\end{bmatrix}=\begin{bmatrix}\dfrac{\partial}{\partial x} & 0 & 0\\ 0 & \dfrac{\partial}{\partial y} & 0\\ 0 & 0 & \dfrac{\partial}{\partial z}\\ \dfrac{\partial}{\partial y} & \dfrac{\partial}{\partial x} & 0\\ 0 & \dfrac{\partial}{\partial z} & \dfrac{\partial}{\partial y}\\ \dfrac{\partial}{\partial z} & 0 & \dfrac{\partial}{\partial x}\end{bmatrix}\boldsymbol{N}(\xi,\eta,\zeta)\boldsymbol{q}^e \tag{3.513}$$

所以,基于等参变换的应变矩阵为

$$\boldsymbol{B}=\begin{bmatrix}\frac{\partial}{\partial x} & 0 & 0\\ 0 & \frac{\partial}{\partial y} & 0\\ 0 & 0 & \frac{\partial}{\partial z}\\ \frac{\partial}{\partial y} & \frac{\partial}{\partial x} & 0\\ 0 & \frac{\partial}{\partial z} & \frac{\partial}{\partial y}\\ \frac{\partial}{\partial z} & 0 & \frac{\partial}{\partial x}\end{bmatrix}\boldsymbol{N}(\xi,\eta,\zeta) \tag{3.514}$$

但由于形函数矩阵 $\boldsymbol{N}(\xi,\eta,\zeta)$ 不是物理空间坐标 (x,y,z) 的显函数，因此需要借助之前讨论的偏导数变换进行计算。

由式(3.508)可知

$$\begin{bmatrix}\frac{\partial}{\partial x}\\ \frac{\partial}{\partial y}\\ \frac{\partial}{\partial z}\end{bmatrix}=\boldsymbol{J}^{-1}\begin{bmatrix}\frac{\partial}{\partial \xi}\\ \frac{\partial}{\partial \eta}\\ \frac{\partial}{\partial \zeta}\end{bmatrix}=\boldsymbol{R}\begin{bmatrix}\frac{\partial}{\partial \xi}\\ \frac{\partial}{\partial \eta}\\ \frac{\partial}{\partial \zeta}\end{bmatrix}=\begin{bmatrix}R_{11} & R_{12} & R_{13}\\ R_{21} & R_{22} & R_{23}\\ R_{31} & R_{32} & R_{33}\end{bmatrix}\begin{bmatrix}\frac{\partial}{\partial \xi}\\ \frac{\partial}{\partial \eta}\\ \frac{\partial}{\partial \zeta}\end{bmatrix} \tag{3.515}$$

式中，$\boldsymbol{R}$ 为 Jacobian 矩阵的逆，则可将式(3.514)重写为

$$\boldsymbol{B}=\begin{bmatrix}R_{11} & R_{12} & R_{13} & 0 & 0 & 0 & 0 & 0 & 0\\ 0 & 0 & 0 & R_{21} & R_{22} & R_{23} & 0 & 0 & 0\\ 0 & 0 & 0 & 0 & 0 & 0 & R_{31} & R_{32} & R_{33}\\ R_{21} & R_{22} & R_{23} & R_{11} & R_{12} & R_{13} & 0 & 0 & 0\\ 0 & 0 & 0 & R_{31} & R_{32} & R_{33} & R_{21} & R_{22} & R_{23}\\ R_{31} & R_{32} & R_{33} & 0 & 0 & 0 & R_{11} & R_{12} & R_{13}\end{bmatrix}\begin{bmatrix}\frac{\partial}{\partial \xi} & 0 & 0\\ \frac{\partial}{\partial \eta} & 0 & 0\\ \frac{\partial}{\partial \zeta} & 0 & 0\\ 0 & \frac{\partial}{\partial \xi} & 0\\ 0 & \frac{\partial}{\partial \eta} & 0\\ 0 & \frac{\partial}{\partial \zeta} & 0\\ 0 & 0 & \frac{\partial}{\partial \xi}\\ 0 & 0 & \frac{\partial}{\partial \eta}\\ 0 & 0 & \frac{\partial}{\partial \zeta}\end{bmatrix}\boldsymbol{N}(\xi,\eta) \tag{3.516}$$

在实际计算时，可先计算式(3.516)中形函数矩阵 $\boldsymbol{N}(\xi,\eta)$ 关于自然坐标 (ξ,η) 的偏导数。

(6) 应力矩阵

由物理方程和平面问题的弹性矩阵 $\boldsymbol{D}$，可得应力矩阵为

$$\boldsymbol{S}=\boldsymbol{DB} \tag{3.517}$$

其中，$\boldsymbol{B}$ 的表达式如式(3.516)所示。

(7) 单元刚度矩阵

根据最小势能原理，基于等参变换的 4 节点四面体单元的单元刚度矩阵可表示为

$$\boldsymbol{K}^e=\int_0^1\int_0^{1-\zeta}\int_0^{1-\eta-\zeta}\boldsymbol{B}^{\mathrm{T}}\boldsymbol{DB}\,|\boldsymbol{J}|\,\mathrm{d}\xi\mathrm{d}\eta\mathrm{d}\zeta \tag{3.518}$$

将式(3.516)、式(3.507)代入式(3.518)，可积分得到单元刚度矩阵的具体表达。

(8) 四面体域上的 Hammer 积分

等参变换已经将积分域由图 3.42(a)所示的任意四面体域变换至图 3.28(b)所示的基准四面体域，这为刚度矩阵积分域的确定提供了便利。但在式(3.518)的积分过程中，将积分以解析的形式给出可能会遇到困难，一般都采用近似的数值积分法。对于积分域为图 3.28(b)所示的基准四面体的三维积分，称为三维 Hammer 积分。常用的四面体域上的 Hammer 积分的积分点坐标及权系数列于表 3.3。

表 3.3 常用的三维 Hammer 积分常数

积分点个数	积分点坐标	权系数
1	(1/4, 1/4, 1/4)	1/6
4	(0.58541020, 0.13819660, 0.13819660)	1/24
	(0.13819660, 0.58541020, 0.13819660)	1/24
	(0.13819660, 0.13819660, 0.13819660)	1/24
	(0.13819660, 0.13819660, 0.58541020)	1/24
5	(1/4, 1/4, 1/4)	−2/15
	(1/2, 1/6, 1/6)	3/40
	(1/6, 1/2, 1/6)	3/40
	(1/6, 1/6, 1/6)	3/40
	(1/6, 1/6, 1/2)	3/40

对于式(3.518)中的三重积分，令

$$\boldsymbol{f}_{\boldsymbol{K}}=\boldsymbol{B}^{\mathrm{T}}\boldsymbol{DB}\,|\boldsymbol{J}| \tag{3.519}$$

只要计算出 $\boldsymbol{f}$ 中每一个元素在基准四面体上的积分即可。选择合适的积分点数、积分点位置和积分权重，可将式(3.518)中的三重积分变换为

$$\boldsymbol{K}^e=\sum_{k=1}^{n}H_k\boldsymbol{f}_{\boldsymbol{K}}(\xi_k,\eta_k,\zeta_k) \tag{3.520}$$

这样，在做式(3.518)的积分时，只须将积分点(ξ_k,η_k,ζ_k)代入式(3.520)计算具体数值，然后再进行求和运算即可。

(9) 单元质量矩阵

基于等参变换的 4 节点四面体单元的单元质量矩阵计算公式为

$$\boldsymbol{M}^e = \rho\int_0^1\int_0^{1-\zeta}\int_0^{1-\eta-\zeta}\boldsymbol{N}^{\mathrm{T}}\boldsymbol{N}\,|\,\boldsymbol{J}\,|\,\mathrm{d}\xi\mathrm{d}\eta\mathrm{d}\zeta \tag{3.521}$$

同样可令

$$\boldsymbol{f}_{\boldsymbol{M}} = \rho\boldsymbol{N}^{\mathrm{T}}\boldsymbol{N}\,|\,\boldsymbol{J}\,| \tag{3.522}$$

基于 Hammer 积分，可得单元质量矩阵的数值积分表示

$$\boldsymbol{M}^e = \sum_{k=1}^{n} H_k \boldsymbol{f}_{\boldsymbol{M}}(\xi_k, \eta_k, \zeta_k) \tag{3.523}$$

3.3.1.4　MATLAB 编程——空间问题四面体单元

➢ **空间问题 4 节点四面体常应变单元：ElemKMS_C41**

下面的空间 4 节点四面体单元的 MATLAB 程序是基于符号变量编写的，可以给出系统矩阵的符号表达。通过简单的数值替换，也可以得到单元系统矩阵的数值表达。

程序输入包括：材料属性信息和节点坐标值信息等。

程序输出包括：单元刚度矩阵 $\boldsymbol{K}$、单元质量矩阵 $\boldsymbol{M}$、应变矩阵 $\boldsymbol{B}$ 和应力矩阵 $\boldsymbol{S}$ 等。

```
 % -----------------------------------------------
 % ElemKMS_C41    空间 4 节点四面体常应变单元
 % K：单元刚度矩阵
 % M：单元一致质量矩阵
 % B：应变矩阵
 % S：应力矩阵
 % ------------------
 % E：材料弹性模量
 % nu：泊松比
 % rou：材料密度
 % xi，xj，xk，xm：节点 x 向坐标值
 % yi，yj，yk，ym：节点 y 向坐标值
 % x，y：物理坐标
 % -----------------------------------------------
 %声明符号变量
syms E nu rou real
syms xi xj xk xm real
syms yi yj yk ym real
syms zi zj zk zm real
syms x y z real
 % ------------------
 %向量化
P = [E nu rou];
xp = [xi xj xk xm];
yp = [yi yj yk ym];
zp = [zi zj zk zm];
 % ------------------
 %测试段 - 赋值
P = subs(P,[E nu rou],[70000,0.3,2.7e-9]);
E = P(1);nu = P(2);rou = P(3);
xp = subs(xp,[xi xj xk xm],[0,100,0,0]);
yp = subs(yp,[yi yj yk ym],[0,0,100,0]);
zp = subs(zp,[zi zj zk zm],[0,0,0,100]);
xi = xp(1);xj = xp(2);xk = xp(3);xm = xp(4);
yi = yp(1);yj = yp(2);yk = yp(3);ym = yp(4);
```

```
zi = zp(1);zj = zp(2);zk = zp(3);zm = zp(4);
% ------------------
%生成形函数矩阵
V = 1/6 * det([1 xi yi zi;...
    1 xj yj zj;...
    1 xk yk zk;...
    1 xm ym zm]);
ai = det([xj yj zj;xk yk zk;xm ym zm]);
bi = - det([1 yj zj;1 yk zk;1 ym zm]);
ci = det([1 xj zj;1 xk zk;1 xm zm]);
di = - det([1 xj yj;1 xk yk;1 xm ym]);
% -----------------
aj = det([xk yk zk;xm ym zm;xi yi zi]);
bj = - det([1 yk zk;1 ym zm;1 yi zi]);
cj = det([1 xk zk;1 xm zm;1 xi zi]);
dj = - det([1 xk yk;1 xm ym;1 xi yi]);
% -----------------
ak = det([xm ym zm;xi yi zi;xj yj zj]);
bk = - det([1 ym zm;1 yi zi;1 yj zj]);
ck = det([1 xm zm;1 xi zi;1 xj zj]);
dk = - det([1 xm ym;1 xi yi;1 xj yj]);
% -----------------
am = det([xi yi zi;xj yj zj;xk yk zk]);
bm = - det([1 yi zi;1 yj zj;1 yk zk]);
cm = det([1 xi zi;1 xj zj;1 xk zk]);
dm = - det([1 xi yi;1 xj yj;1 xk yk]);
% -----------------
Ni = 1/6/V * (ai + bi * x + ci * y + di * z);
Nj = 1/6/V * (aj + bj * x + cj * y + dj * z);
Nk = 1/6/V * (ak + bk * x + ck * y + dk * z);
Nm = 1/6/V * (am + bm * x + cm * y + dm * z);
% -----------------
I = eye(3);
N = [Ni * I,Nj * I,Nk * I,Nm * I];
% ------------------
%生成应变矩阵
B = OperatorL_C1(N);
% Bi = 1/6/V * [bi 0 0;0 ci 0;0 0 di;...
%      ci bi 0;0 di ci;di 0 bi];
% Bj = 1/6/V * [bj 0 0;0 cj 0;0 0 dj;...
%      cj bj 0;0 dj cj;dj 0 bj];
% Bk = 1/6/V * [bk 0 0;0 ck 0;0 0 dk;...
%      ck bk 0;0 dk ck;dk 0 bk];
% Bm = 1/6/V * [bm 0 0;0 cm 0;0 0 dm;...
%      cm bm 0;0 dm cm;dm 0 bm];
% B = [Bi Bj Bk Bm];
% ------------------
%生成应力矩阵
c1 = nu/(1 - nu);
c2 = (1 - 2 * nu)/2/(1 - nu);
D = E * (1 - nu)/(1 + nu)/(1 - 2 * nu) * ...
    [1 c1 c1 0 0 0;
    c1 1 c1 0 0 0;
    c1 c1 1 0 0 0;
```

```
     0 0 0 c2 0 0;
     0 0 0 0 c2 0;
     0 0 0 0 0 c2];
S = D * B;
% ------------------
%生成单元刚度矩阵
K = V * B' * D * B;                                   %刚度矩阵
% ------------------
%生成单元质量矩阵
%面积坐标法
M = 1/20 * rou * V * [...
     2 0 0 1 0 0 1 0 0 1 0 0;...
     0 2 0 0 1 0 0 1 0 0 1 0;...
     0 0 2 0 0 1 0 0 1 0 0 1;...
     1 0 0 2 0 0 1 0 0 1 0 0;...
     0 1 0 0 2 0 0 1 0 0 1 0;...
     0 0 1 0 0 2 0 0 1 0 0 1;...
     1 0 0 1 0 0 2 0 0 1 0 0;...
     0 1 0 0 1 0 0 2 0 0 1 0;...
     0 0 1 0 0 1 0 0 2 0 0 1;...
     1 0 0 1 0 0 1 0 0 2 0 0;...
     0 1 0 0 1 0 0 1 0 0 2 0;...
     0 0 1 0 0 1 0 0 1 0 0 2];
% ------------------
%测试段-结果
K = double(K)
M = double(M)
freq = sqrt(eig(K,M))/2/pi
% ----------------------------------------
```

对一个三边长均为 100 mm 的铝制直角四面体单元进行了测试，测试结果如下：

```
K =
  1.0e+06 *

   2.4679   1.1218   1.1218   1.5705   0.4487   0.4487  -0.4487  -0.6731        0   0.4487        0   0.6731
   1.1218   2.4679   1.1218   0.6731   0.4487        0  -0.4487  -1.5705  -0.4487        0   0.4487   0.6731
   1.1218   1.1218   2.4679   0.6731        0   0.4487        0  -0.6731  -0.4487   0.4487   0.4487   1.5705
   1.5705   0.6731   0.6731   1.5705        0        0        0  -0.6731        0        0        0   0.6731
   0.4487   0.4487        0        0   0.4487        0  -0.4487        0        0        0        0        0
   0.4487        0   0.4487        0        0   0.4487        0        0        0   0.4487        0        0
  -0.4487  -0.4487        0        0  -0.4487        0   0.4487        0        0        0        0        0
  -0.6731  -1.5705  -0.6731  -0.6731        0        0        0   1.5705        0        0        0  -0.6731
        0  -0.4487  -0.4487        0        0        0        0        0   0.4487        0  -0.4487        0
   0.4487        0   0.4487        0        0   0.4487        0        0        0   0.4487        0        0
        0   0.4487   0.4487        0        0        0        0        0  -0.4487        0   0.4487        0
   0.6731   0.6731   1.5705   0.6731        0        0        0  -0.6731        0        0        0   1.5705

M =
  1.0e-04 *
   0.4500        0        0   0.2250        0        0   0.2250        0        0   0.2250        0        0
        0   0.4500        0        0   0.2250        0        0   0.2250        0        0   0.2250        0
        0        0   0.4500        0        0   0.2250        0        0   0.2250        0        0   0.2250
   0.2250        0        0   0.4500        0        0   0.2250        0        0   0.2250        0        0
        0   0.2250        0        0   0.4500        0        0   0.2250        0        0   0.2250        0
        0        0   0.2250        0        0   0.4500        0        0   0.2250        0        0   0.2250
   0.2250        0        0   0.2250        0        0   0.4500        0        0   0.2250        0        0
        0   0.2250        0        0   0.2250        0        0   0.4500        0        0   0.2250        0
        0        0   0.2250        0        0   0.2250        0        0   0.4500        0        0   0.2250
   0.2250        0        0   0.2250        0        0   0.2250        0        0   0.4500        0        0
        0   0.2250        0        0   0.2250        0        0   0.2250        0        0   0.4500        0
```

```
     0          0    0.2250          0          0    0.2250          0          0    0.2250          0          0    0.4500

freq =
   1.0e+04 *
   0.0000 + 0.0000i
   0.0000 + 0.0000i
   0.0000 + 0.0000i
   0.0000 + 0.0000i
   0.0000 + 0.0000i
   0.0000 + 0.0000i
   1.7960 + 0.0000i
   2.5172 + 0.0000i
   3.6938 + 0.0000i
   4.1443 + 0.0000i
   4.5763 + 0.0000i
   7.8055 + 0.0000i
```

➢ 空间问题 4 节点四面体常应变等参单元：ElemKMS_C42

下面的空间 4 节点四面体等参单元的 MATLAB 程序是基于符号变量编写的，可以给出系统矩阵的符号表达。通过简单的数值替换，也可以得到单元系统矩阵的数值表达。

程序输入包括：材料属性信息和节点坐标值信息等。

程序输出包括：单元刚度矩阵 $\boldsymbol{K}$、单元质量矩阵 $\boldsymbol{M}$、应变矩阵 $\boldsymbol{B}$ 和应力矩阵 $\boldsymbol{S}$ 等。

```
% ------------------------------------------------
% ElemKMS_C42    空间 4 节点四面体常应变等参单元
% K：单元刚度矩阵
% M：单元一致质量矩阵
% B：应变矩阵
% S：应力矩阵
% ------------------
% E：材料弹性模量
% nu：泊松比
% rou：材料密度
% xi，xj，xk，xm：节点 x 向坐标值
% yi，yj，yk，ym：节点 y 向坐标值
% x，y：物理坐标
% ------------------------------------------------
%声明符号变量
syms E nu rou real
syms xi xj xk xm real
syms yi yj yk ym real
syms zi zj zk zm real
syms x y z ksi eta zet real
% ------------------
%向量化
P=[E nu rou];
xp=[xi xj xk xm];
yp=[yi yj yk ym];
zp=[zi zj zk zm];
% ------------------
%测试段-赋值
P=subs(P,[E nu rou],[70000,0.3,2.7e-9]);
E=P(1);nu=P(2);rou=P(3);
```

```
xp = subs(xp,[xi xj xk xm],[0,100,0,0]);
yp = subs(yp,[yi yj yk ym],[0,0,100,0]);
zp = subs(zp,[zi zj zk zm],[0,0,0,100]);
xi = xp(1);xj = xp(2);xk = xp(3);xm = xp(4);
yi = yp(1);yj = yp(2);yk = yp(3);ym = yp(4);
zi = zp(1);zj = zp(2);zk = zp(3);zm = zp(4);
% ------------------
%生成形函数矩阵
Ni = 1 - ksi - eta - zet;
Nj = ksi;
Nk = eta;
Nm = zet;
NG = [Ni,Nj,Nk,Nm];
I = eye(3);
N = [Ni * I,Nj * I,Nk * I,Nm * I];                          %形函数矩阵
% ------------------
%生成 Jacobi 矩阵
Dxksi = diff(NG,ksi) * xp';
Dyksi = diff(NG,ksi) * yp';
Dzksi = diff(NG,ksi) * zp';
Dxeta = diff(NG,eta) * xp';
Dyeta = diff(NG,eta) * yp';
Dzeta = diff(NG,eta) * zp';
Dxzet = diff(NG,zet) * xp';
Dyzet = diff(NG,zet) * yp';
Dzzet = diff(NG,zet) * zp';
Jacobi = [Dxksi,Dyksi,Dzksi;Dxeta,Dyeta,Dzeta;Dxzet,Dyzet,Dzzet];  % Jacobi 矩阵
detJ = det(Jacobi);                       % Jacobi 行列式值
% ------------------
%生成应变矩阵
B = OperatorL_C2(Jacobi,N);
% ------------------
%生成应力矩阵
c1 = nu/(1 - nu);
c2 = (1 - 2 * nu)/2/(1 - nu);
D = E * (1 - nu)/(1 + nu)/(1 - 2 * nu) * ...
    [1 c1 c1 0 0 0;
    c1 1 c1 0 0 0;
    c1 c1 1 0 0 0;
    0 0 0 c2 0 0;
    0 0 0 0 c2 0;
    0 0 0 0 0 c2];
S = D * B;
% ------------------
%生成单元刚度矩阵
fk = B' * D * B * detJ;
K = HarmmerintC4(fk,ksi,eta,zet,4);
% ------------------
%生成单元质量矩阵
fm = N' * N * detJ;
M = rou * HarmmerintC4(fm,ksi,eta,zet,4);
% ------------------
%测试段 - 结果
K = double(K)
```

```
M = double(M)
freq = sqrt(eig(K,M))/2/pi
% --------------------------------------------------
```

对同样尺寸的铝制四面体单元进行了测试,结果与使用非等参单元的结果相同。在上面的程序中,使用了 3 个子函数

```
B = OperatorL_C1(N)
B = OperatorL_C2(Jacobi,N)
K = HarmmerintC4(fk,ksi,eta,zet,4)
M = rou * HarmmerintC4(fm,ksi,eta,zet,4);
```

分别定义为:

```
% --------------------------------------------------
function B = OperatorL_C1(N)
syms x y z real
B1 = diff(N(1,:),x);
B2 = diff(N(2,:),y);
B3 = diff(N(3,:),z);
B4 = diff(N(1,:),y) + diff(N(2,:),x);
B5 = diff(N(2,:),z) + diff(N(3,:),y);
B6 = diff(N(3,:),x) + diff(N(1,:),z);
B = [B1;B2;B3;B4;B5;B6];
end
% --------------------------------------------------

% --------------------------------------------------
function B = OperatorL_C2(Jacobi,N)
syms ksi eta zet real
R = inv(Jacobi);
R_expand = [R(1,1),R(1,2),R(1,3),0,0,0,0,0,0;...
    0,0,0,R(2,1),R(2,2),R(2,3),0,0,0;...
    0,0,0,0,0,0,R(3,1),R(3,2),R(3,3);...
    R(2,1),R(2,2),R(2,3),R(1,1),R(1,2),R(1,3),0,0,0;...
    0,0,0,R(3,1),R(3,2),R(3,3),R(2,1),R(2,2),R(2,3);...
    R(3,1),R(3,2),R(3,3),0,0,0,R(1,1),R(1,2),R(1,3)];
Bn1 = diff(N(1,:),ksi);
Bn2 = diff(N(1,:),eta);
Bn3 = diff(N(1,:),zet);
Bn4 = diff(N(2,:),ksi);
Bn5 = diff(N(2,:),eta);
Bn6 = diff(N(2,:),zet);
Bn7 = diff(N(3,:),ksi);
Bn8 = diff(N(3,:),eta);
Bn9 = diff(N(3,:),zet);
Bn = [Bn1;Bn2;Bn3;Bn4;Bn5;Bn6;Bn7;Bn8;Bn9];
B = R_expand * Bn;
end
% --------------------------------------------------

% --------------------------------------------------
function [IntValue] = HarmmerintC4(f,ksi,eta,zet,num)
switch num
    case 1
```

```
        P1 = 1/4;
        w1 = 1/6;
        f111 = subs(f,[ksi,eta,zet],[P1,P1,P1]);
        IntValue = w1 * f111;
    case 4
        P1 = 0.58541020;
        P2 = 0.13819660;
        w1 = 1/24;
        w2 = 1/24;
        w3 = 1/24;
        w4 = 1/24;
        f122 = subs(f,[ksi,eta,zet],[P1,P2,P2]);
        f212 = subs(f,[ksi,eta,zet],[P2,P1,P2]);
        f222 = subs(f,[ksi,eta,zet],[P2,P2,P2]);
        f221 = subs(f,[ksi,eta,zet],[P2,P2,P1]);
        IntValue = w1 * f122 + w2 * f212 + w3 * f222 + w4 * f221;
    case 5
        P1 = 1/2;
        P2 = 1/4;
        P3 = 1/6;
        w1 = -2/15;
        w2 = 3/40;
        w3 = 3/40;
        w4 = 3/40;
        w5 = 3/40;
        f222 = subs(f,[ksi,eta,zet],[P2,P2,P2]);
        f133 = subs(f,[ksi,eta,zet],[P1,P3,P3]);
        f313 = subs(f,[ksi,eta,zet],[P3,P1,P3]);
        f333 = subs(f,[ksi,eta,zet],[P3,P3,P3]);
        f331 = subs(f,[ksi,eta,zet],[P3,P3,P1]);
        IntValue = w1 * f222 + w2 * f133 + w3 * f313 + w4 * f333 + w5 * f331;
end
end
% ---------------------------------------------------
```

3.3.2　空间六面体单元

用 4 节点四面体单元分析三维应力时，虽然单元刚度矩阵，载荷分配等计算简单，程序简单，但精度是比较低的(单元内应力为常值)。为得到一定准确度的结果，往往须将结构划分为成千甚至上万个单元，增加了整个问题求解的自由度，总的计算效益是不理想的。对三维问题的有限元分析，一般采用复杂一些的、精度高一些的单元，如本节介绍的六面体单元，其综合效益会更好。

3.3.2.1　空间 8 节点直六面体单元

(1) 位移场函数

如同在平面问题中采用矩形单元一样，在空间问题中也可以采用直六面体单元。如图 3.43 表示直六面体单元，单元的长、宽和高分别为 $2a$、$2b$ 和 $2c$。直六面体单元共有 8 个节点，每个节点 3 个位移分量，共 24 个自由度。单元的节点位移列阵、节点力列阵和等效节点载荷列阵分别为

$$\boldsymbol{q}^e = [u_1 \quad v_1 \quad w_1 \quad u_2 \quad v_2 \quad w_2 \quad \cdots \quad u_8 \quad v_8 \quad w_8]^{\mathrm{T}} \tag{3.524}$$

$$\boldsymbol{P}^e = [P_{x1} \quad P_{y1} \quad P_{z1} \quad P_{x2} \quad P_{y2} \quad P_{z2} \quad \cdots \quad P_{x8} \quad P_{y8} \quad P_{z8}]^{\mathrm{T}} \tag{3.525}$$

$$\boldsymbol{F}^e = [F_{x1} \quad F_{y1} \quad F_{z1} \quad F_{x2} \quad F_{y2} \quad F_{z2} \quad \cdots \quad F_{x8} \quad F_{y8} \quad F_{z8}]^{\mathrm{T}} \tag{3.526}$$

每个位移函数包括 8 个待定系数

$$\left.\begin{aligned} u(x,y,z) &= a_1 + a_2 x + a_3 y + a_4 z + a_5 xy + a_6 yz + a_7 zx + a_8 xyz \\ v(x,y,z) &= b_1 + b_2 x + b_3 y + b_4 z + b_5 xy + b_6 yz + b_7 zx + b_8 xyz \\ w(x,y,z) &= c_1 + c_2 x + c_3 y + c_4 z + c_5 xy + c_6 yz + c_7 zx + c_8 xyz \end{aligned}\right\} \tag{3.527}$$

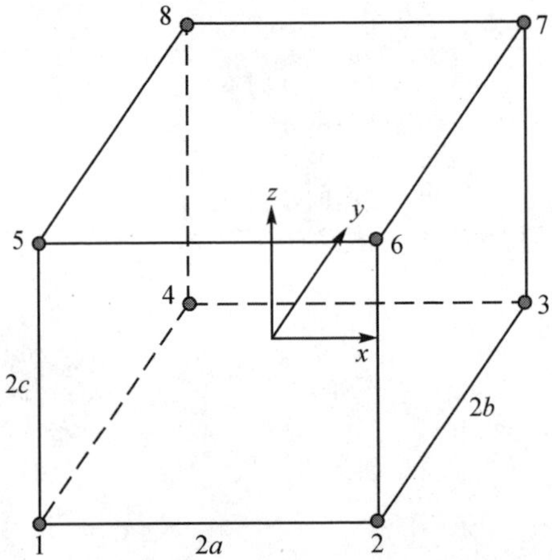

图 3.43 8 节点直六面体单元

类似平面问题的矩形单元，各节点的形函数可用拉格朗日插值得到

$$\left.\begin{aligned} N_1 &= \frac{1}{8abc}(a-x)(b-y)(c-z), \quad N_2 = \frac{1}{8abc}(a+x)(b-y)(c-z) \\ N_3 &= \frac{1}{8abc}(a+x)(b+x)(c-z), \quad N_4 = \frac{1}{8abc}(a-x)(b+y)(c-z) \\ N_5 &= \frac{1}{8abc}(a-x)(b-y)(c+z), \quad N_6 = \frac{1}{8abc}(a+x)(b-y)(c+z) \\ N_7 &= \frac{1}{8abc}(a+x)(b+y)(c+z), \quad N_8 = \frac{1}{8abc}(a-x)(b+y)(c+z) \end{aligned}\right\} \tag{3.528}$$

记 $\xi=\dfrac{x}{a}$，$\eta=\dfrac{y}{b}$，$\zeta=\dfrac{z}{c}$，则式(3.528)可用无量纲自然坐标表示为

$$\left.\begin{aligned} N_1(\xi,\eta,\zeta) &= \frac{1}{8}(1-\xi)(1-\eta)(1-\zeta), \quad N_2(\xi,\eta,\zeta) = \frac{1}{8}(1+\xi)(1-\eta)(1-\zeta) \\ N_3(\xi,\eta,\zeta) &= \frac{1}{8}(1+\xi)(1+\eta)(1-\zeta), \quad N_4(\xi,\eta,\zeta) = \frac{1}{8}(1-\xi)(1+\eta)(1-\zeta) \\ N_5(\xi,\eta,\zeta) &= \frac{1}{8}(1-\xi)(1-\eta)(1+\zeta), \quad N_6(\xi,\eta,\zeta) = \frac{1}{8}(1+\xi)(1-\eta)(1+\zeta) \\ N_7(\xi,\eta,\zeta) &= \frac{1}{8}(1+\xi)(1+\eta)(1+\zeta), \quad N_8(\xi,\eta,\zeta) = \frac{1}{8}(1-\xi)(1+\eta)(1+\zeta) \end{aligned}\right\} \tag{3.529}$$

或写成通用形式为

$$N_r(\xi,\eta,\zeta)=\frac{1}{8}(1+\xi_r\xi)(1+\eta_r\eta)(1+\zeta_r\zeta),\quad r=1,2,3,4,5,6,7,8 \tag{3.530}$$

式中，ξ_r、η_r 和 ζ_r 为第 r 个节点在无量纲坐标系中的坐标值。例如，当 $r=1$ 时，则 $\xi_r=-1$，$\eta_r=-1$，$\zeta_r=-1$。

将形函数式(3.528)或式(3.529)代回位移函数式(3.527)，可得

$$\boldsymbol{q}=\begin{bmatrix}u\\v\\w\end{bmatrix}=\begin{bmatrix}N_1&0&0&N_2&0&0&\cdots&N_8&0&0\\0&N_1&0&0&N_2&0&\cdots&0&N_8&0\\0&0&N_1&0&0&N_2&\cdots&0&0&N_8\end{bmatrix}\boldsymbol{q}^e=\boldsymbol{N}\boldsymbol{q}^e \tag{3.531}$$

(2) 应变矩阵

将位移函数式(3.531)代入几何方程，可得

$$\boldsymbol{\varepsilon}=\begin{bmatrix}\frac{\partial}{\partial x}&0&0\\0&\frac{\partial}{\partial y}&0\\0&0&\frac{\partial}{\partial z}\\\frac{\partial}{\partial y}&\frac{\partial}{\partial x}&0\\0&\frac{\partial}{\partial z}&\frac{\partial}{\partial y}\\\frac{\partial}{\partial z}&0&\frac{\partial}{\partial x}\end{bmatrix}\begin{bmatrix}N_1&0&0&N_2&0&0&\cdots&N_8&0&0\\0&N_1&0&0&N_2&0&\cdots&0&N_8&0\\0&0&N_1&0&0&N_2&\cdots&0&0&N_8\end{bmatrix}\boldsymbol{q}^e=\boldsymbol{B}\boldsymbol{q}^e \tag{3.532}$$

式中

$$\boldsymbol{B}=[\boldsymbol{B}_1\quad\boldsymbol{B}_2\quad\boldsymbol{B}_3\quad\boldsymbol{B}_4\quad\boldsymbol{B}_5\quad\boldsymbol{B}_6\quad\boldsymbol{B}_7\quad\boldsymbol{B}_8] \tag{3.533}$$

$$\boldsymbol{B}_r=\begin{bmatrix}\frac{\partial N_r}{\partial x}&0&0&\frac{\partial N_r}{\partial y}&0&\frac{\partial N_r}{\partial z}\\0&\frac{\partial N_r}{\partial y}&0&\frac{\partial N_r}{\partial x}&\frac{\partial N_r}{\partial z}&0\\0&0&\frac{\partial N_r}{\partial z}&0&\frac{\partial N_r}{\partial y}&\frac{\partial N_r}{\partial x}\end{bmatrix}^{\mathrm{T}},\quad r=1,2,3,4,5,6,7,8 \tag{3.534}$$

(3) 应力矩阵

由弹性力学中平面问题的物理方程，可得单元的应力表达式如下：

$$\boldsymbol{\sigma}=\boldsymbol{D}\boldsymbol{\varepsilon}=\boldsymbol{D}\boldsymbol{B}\boldsymbol{q}^e=\boldsymbol{S}\boldsymbol{q}^e \tag{3.535}$$

其中，应力函数 $\boldsymbol{S}=\boldsymbol{D}\boldsymbol{B}$，可写成矩阵形式

$$\boldsymbol{S}=[\boldsymbol{S}_1\quad\boldsymbol{S}_2\quad\boldsymbol{S}_3\quad\boldsymbol{S}_4\quad\boldsymbol{S}_5\quad\boldsymbol{S}_6\quad\boldsymbol{S}_7\quad\boldsymbol{S}_8] \tag{3.536}$$

(4) 单元刚度矩阵

利用最小势能原理可推得单元刚度矩阵

$$\boldsymbol{K}^e=\int_V \boldsymbol{B}^{\mathrm{T}}\boldsymbol{D}\boldsymbol{B}\mathrm{d}x\mathrm{d}y\mathrm{d}z \tag{3.537}$$

记为分块矩阵形式

$$\boldsymbol{K}^e=\begin{bmatrix} \boldsymbol{K}_{11} & \boldsymbol{K}_{12} & \boldsymbol{K}_{13} & \boldsymbol{K}_{14} & \boldsymbol{K}_{15} & \boldsymbol{K}_{16} & \boldsymbol{K}_{17} & \boldsymbol{K}_{18} \\ & \boldsymbol{K}_{22} & \boldsymbol{K}_{23} & \boldsymbol{K}_{24} & \boldsymbol{K}_{25} & \boldsymbol{K}_{26} & \boldsymbol{K}_{27} & \boldsymbol{K}_{28} \\ & & \boldsymbol{K}_{33} & \boldsymbol{K}_{34} & \boldsymbol{K}_{35} & \boldsymbol{K}_{36} & \boldsymbol{K}_{37} & \boldsymbol{K}_{38} \\ & & & \boldsymbol{K}_{44} & \boldsymbol{K}_{45} & \boldsymbol{K}_{46} & \boldsymbol{K}_{47} & \boldsymbol{K}_{48} \\ & \text{对} & & & \boldsymbol{K}_{55} & \boldsymbol{K}_{56} & \boldsymbol{K}_{57} & \boldsymbol{K}_{58} \\ & & & & & \boldsymbol{K}_{66} & \boldsymbol{K}_{67} & \boldsymbol{K}_{68} \\ & & & \text{称} & & & \boldsymbol{K}_{77} & \boldsymbol{K}_{78} \\ & & & & & & & \boldsymbol{K}_{88} \end{bmatrix} \tag{3.538}$$

其中

$$\boldsymbol{K}_{rs}^e=\int_{V^e} \boldsymbol{B}_r^{\mathrm{T}}\boldsymbol{D}\boldsymbol{B}_s\mathrm{d}x\mathrm{d}y\mathrm{d}z \quad (r,s=1,2,3,4,5,6,7,8) \tag{3.539}$$

(5) 单元质量矩阵

由最小势能原理，可得 8 节点直六面体单元一致质量矩阵的计算公式为

$$\boldsymbol{M}^e=\rho\int_{V^e} \boldsymbol{N}^{\mathrm{T}}\boldsymbol{N}\mathrm{d}x\mathrm{d}y\mathrm{d}z \tag{3.540}$$

将形函数代入式(3.540)，可以得到单元质量矩阵的具体表达为

$$\boldsymbol{M}^e=\frac{\rho abc}{27}\hat{\boldsymbol{M}} \tag{3.541}$$

式中，$\hat{\boldsymbol{M}}$ 为对称矩阵，其主对角线元素均为 8，第 4、10、13 对角线元素均为 4，第 7、16、22 对角线元素均为 2，第 19 对角线元素均为 1，其余元素均为 0。相应的集中质量矩阵为

$$\boldsymbol{M}^e=\rho abc\boldsymbol{I} \tag{3.542}$$

式中，$\boldsymbol{I}$ 为 24 阶单位矩阵。

(6) 等效节点载荷

基于最小势能原理可得到直六面体单元的节点等效载荷为

$$\boldsymbol{F}^e=\int_{\Omega^e} \boldsymbol{N}^{\mathrm{T}}\bar{\boldsymbol{b}}\mathrm{d}\Omega+\int_{\Gamma^e} \boldsymbol{N}^{\mathrm{T}}\bar{\boldsymbol{p}}\mathrm{d}\Gamma \tag{3.543}$$

3.3.2.2　空间 8 节点六面体等参单元

相比 4 节点四面体单元，直六面体单元能够提高有限元法的计算精度，但其适应边界的能力很差。此时，若能够使用任意六面体单元对结构域进行剖分，则可以适应更为复杂的曲面边界。如之前所述，可以使用等参变换将任意四边形单元变换为矩形单元，这里也可以通过等参变换将任意六面体单元变换为基准正六面体单元。这样一来，可以在保证计算精度的前提下提高网格的适应性，如图 3.44 所示。

将全局坐标系 $Oxyz$ 下的任意六面体单元变换成基准坐标系 $O\xi\eta\zeta$ 下的基准单元，若记全局坐标系下 8 个节点坐标分别为 $r(x_r,y_r,z_r)$，$r=1,2,3,4,5,6,7,8$，基准坐标系中对应的节点坐标分别为 1(−1,−1,−1)、2(1,−1,−1)、3(1,1,−1)、4(−1,1,−1)、5(−1,−1,1)、6(1,−1,1)、7(1,1,1)和 8(−1,1,1)，则可确定全局坐标与基准坐标之间的关系为

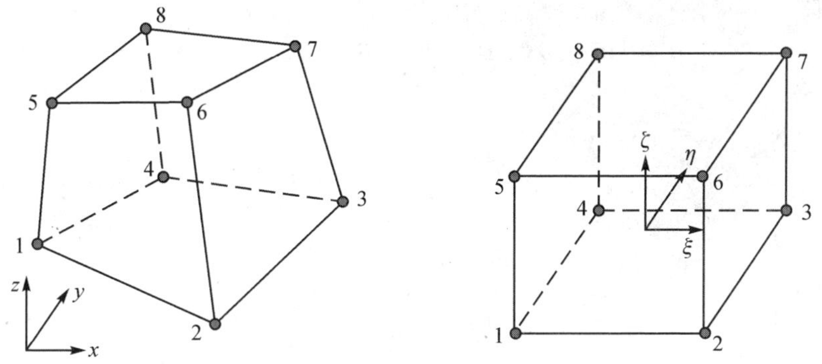

(a) 物理坐标系中的六面体单元　　(b) 自然坐标系中的六面体单元

图 3.44　8 节点六面体单元等参变换

$$\begin{bmatrix} x \\ y \\ z \end{bmatrix} = [\widetilde{N}_1\boldsymbol{I} \quad \widetilde{N}_2\boldsymbol{I} \quad \widetilde{N}_3\boldsymbol{I} \quad \widetilde{N}_4\boldsymbol{I} \quad \widetilde{N}_5\boldsymbol{I} \quad \widetilde{N}_6\boldsymbol{I} \quad \widetilde{N}_7\boldsymbol{I} \quad \widetilde{N}_8\boldsymbol{I}]\tilde{\boldsymbol{q}} = \widetilde{\boldsymbol{N}}\tilde{\boldsymbol{q}} \tag{3.544}$$

式中，$\boldsymbol{I}$ 为 3 阶单位矩阵，并且有

$$\left.\begin{array}{ll} \widetilde{N}_1(\xi,\eta,\zeta) = \dfrac{1}{8}(1-\xi)(1-\eta)(1-\zeta), & \widetilde{N}_2(\xi,\eta,\zeta) = \dfrac{1}{8}(1+\xi)(1-\eta)(1-\zeta) \\ \widetilde{N}_3(\xi,\eta,\zeta) = \dfrac{1}{8}(1+\xi)(1+\eta)(1-\zeta), & \widetilde{N}_4(\xi,\eta,\zeta) = \dfrac{1}{8}(1-\xi)(1+\eta)(1-\zeta) \\ \widetilde{N}_5(\xi,\eta,\zeta) = \dfrac{1}{8}(1-\xi)(1-\eta)(1+\zeta), & \widetilde{N}_6(\xi,\eta,\zeta) = \dfrac{1}{8}(1+\xi)(1-\eta)(1+\zeta) \\ \widetilde{N}_7(\xi,\eta,\zeta) = \dfrac{1}{8}(1+\xi)(1+\eta)(1+\zeta), & \widetilde{N}_8(\xi,\eta,\zeta) = \dfrac{1}{8}(1-\xi)(1+\eta)(1+\zeta) \end{array}\right\} \tag{3.545}$$

$$\tilde{\boldsymbol{q}} = [x_1 \quad y_1 \quad z_1 \quad x_2 \quad y_2 \quad z_2 \quad \cdots \quad x_8 \quad y_8 \quad z_8]^{\mathrm{T}} \tag{3.546}$$

由式(3.529)和式(3.545)可知，任意六面体单元几何变换使用的形函数与直六面体单元位移模式使用的形函数相同。

(1) 位移场函数

任意 8 节点六面体单元是在直角坐标系中定义的，每个节点有 3 个位移分量，8 个节点共有 24 个自由度，这与直六面体的情况是相同的。所以，其节点位移与式(3.524)相同。类似地，节点力和等效节点载荷列阵分别与式(3.525)和式(3.526)相同。

使用与式(3.545)相同的形函数对节点位移进行插值，即 $\boldsymbol{N}=\widetilde{\boldsymbol{N}}$，可得

$$\boldsymbol{q} = \begin{bmatrix} u \\ v \\ w \end{bmatrix} = [N_1\boldsymbol{I} \quad N_2\boldsymbol{I} \quad N_3\boldsymbol{I} \quad N_4\boldsymbol{I} \quad N_5\boldsymbol{I} \quad N_6\boldsymbol{I} \quad N_7\boldsymbol{I} \quad N_8\boldsymbol{I}]\boldsymbol{q}^e = \boldsymbol{N}\boldsymbol{q}^e \tag{3.547}$$

(2) 应变矩阵

对于弹性力学空间问题，根据几何方程有

$$\boldsymbol{\varepsilon} = \boldsymbol{L}\boldsymbol{N}\boldsymbol{q}^e = \boldsymbol{B}\boldsymbol{q}^e \tag{3.548}$$

式中，应变矩阵

$$\boldsymbol{B} = [\boldsymbol{B}_1 \quad \boldsymbol{B}_2 \quad \boldsymbol{B}_3 \quad \boldsymbol{B}_4 \quad \boldsymbol{B}_5 \quad \boldsymbol{B}_6 \quad \boldsymbol{B}_7 \quad \boldsymbol{B}_8] \tag{3.549}$$

其中，子块

$$\boldsymbol{B}_r = \begin{bmatrix} \dfrac{\partial N_r}{\partial x} & 0 & 0 & \dfrac{\partial N_r}{\partial y} & 0 & \dfrac{\partial N_r}{\partial z} \\ 0 & \dfrac{\partial N_r}{\partial y} & 0 & \dfrac{\partial N_r}{\partial x} & \dfrac{\partial N_r}{\partial z} & 0 \\ 0 & 0 & \dfrac{\partial N_r}{\partial z} & 0 & \dfrac{\partial N_r}{\partial y} & \dfrac{\partial N_r}{\partial x} \end{bmatrix}^{\mathrm{T}}, \quad r=1,2,3,4,5,6,7,8 \tag{3.550}$$

值得注意的是，形函数 N_r 不是 x、y、z 的显函数，而是基准坐标 ξ、η、ζ 的显函数，同时 x、y、z 也是基准坐标 ξ、η、ζ 的显函数。直接计算形函数 N_r 对 x、y、z 的偏导数是困难的，可通过复合函数求导法则来计算应变矩阵。根据 4 节点四面体等参单元中推导的结果，有

$$\begin{bmatrix} \dfrac{\partial N_r}{\partial x} \\ \dfrac{\partial N_r}{\partial y} \\ \dfrac{\partial N_r}{\partial z} \end{bmatrix} = \boldsymbol{J}^{-1} \begin{bmatrix} \dfrac{\partial N_r}{\partial \xi} \\ \dfrac{\partial N_r}{\partial \eta} \\ \dfrac{\partial N_r}{\partial \zeta} \end{bmatrix}, \quad r=1,2,3,4,5,6,7,8 \tag{3.551}$$

式中，$\boldsymbol{J}$ 为坐标变换的 Jacobian 矩阵。在通过式(3.551)得到 $\dfrac{\partial N_r}{\partial x}$、$\dfrac{\partial N_r}{\partial y}$ 和 $\dfrac{\partial N_r}{\partial z}$ 之后，按照顺序填入式(3.550)，可得由基准坐标表示的应变矩阵子块 $\boldsymbol{B}_r(\xi,\eta,\zeta)$。进一步地，将其代入式(3.549)，可得到由基准坐标表示的任意四边形单元的应变矩阵 $\boldsymbol{B}(\xi,\eta,\zeta)$。

(3) 应力矩阵

由弹性力学中平面问题的物理方程，可得单元的应力表达式如下：

$$\boldsymbol{\sigma} = \boldsymbol{D\varepsilon} = \boldsymbol{DBq}^e = \boldsymbol{Sq}^e \tag{3.552}$$

其中，应力函数 $\boldsymbol{S}=\boldsymbol{DB}$，可写成矩阵形式

$$\boldsymbol{S} = [\boldsymbol{S}_1 \quad \boldsymbol{S}_2 \quad \boldsymbol{S}_3 \quad \boldsymbol{S}_4 \quad S_5 \quad S_6 \quad S_7 \quad S_8] \tag{3.553}$$

其中

$$\boldsymbol{S}_r = \boldsymbol{DB}_r, \quad r=1,2,3,4,5,6,7,8 \tag{3.554}$$

(4) 单元刚度矩阵

任意六面体单元的应变矩阵已表示为基准坐标的函数 $\boldsymbol{B}(\xi,\eta,\zeta)$，则其单元的刚度矩阵可由下式确定

$$\boldsymbol{K}^e = \iiint_{V^e} \boldsymbol{B}^{\mathrm{T}}\boldsymbol{DB}\,\mathrm{d}V = \int_{-1}^{1}\int_{-1}^{1}\int_{-1}^{1} \boldsymbol{B}^{\mathrm{T}}(\xi,\eta)\boldsymbol{DB}(\xi,\eta)\,|\boldsymbol{J}(\xi,\eta)|\,\mathrm{d}\xi\mathrm{d}\eta\mathrm{d}\zeta \tag{3.555}$$

式(3.379)对应于基准坐标的积分上、下限是简单的，但式中 $\boldsymbol{B}$，$\boldsymbol{J}$ 皆为函数矩阵，中间还要求函数矩阵 $\boldsymbol{J}$ 的逆，因此很难求出积分的解析表达式。

采用三维高斯积分(参考表 3-2)，刚度矩阵的计算式可转化为

$$\boldsymbol{K}^e = \sum_{r=1}^{n}\sum_{s=1}^{n}\sum_{t=1}^{n} W_r \times W_s \times W_t \times \boldsymbol{B}^{\mathrm{T}}(\xi_r,\eta_s,\zeta_t)\boldsymbol{DB}(\xi_r,\eta_s,\zeta_t)\,|J(\xi_r,\eta_s,\zeta_t)| \tag{3.556}$$

式中，n 为积分点数；ξ_r、η_s、ζ_t 为高斯积分点坐标；W_r、W_s、W_t 为权系数。

对于常用的空间 8 节点六面体等参单元，采用 2×2×2 阶高斯积分即可获得很好的精度。

(5) 单元质量矩阵

空间六面体等参单元的质量矩阵可由下式确定，即

$$\boldsymbol{M}^e = \rho\iiint_{V^e}\boldsymbol{N}^{\mathrm{T}}\boldsymbol{N}\mathrm{d}V = \rho\int_{-1}^{1}\int_{-1}^{1}\int_{-1}^{1}\boldsymbol{N}^{\mathrm{T}}(\xi,\eta,\zeta)\boldsymbol{N}(\xi,\eta,\zeta)\left|\boldsymbol{J}(\xi,\eta,\zeta)\right|\mathrm{d}\xi\mathrm{d}\eta\mathrm{d}\zeta \tag{3.557}$$

采用三维高斯积分，单元刚度矩阵的计算式为

$$\boldsymbol{M}^e = \sum_{r=1}^{n}\sum_{s=1}^{n}\sum_{t=1}^{n}W_r\times W_s\times W_t\times\boldsymbol{N}^{\mathrm{T}}(\xi_r,\eta_s,\zeta_t)\boldsymbol{N}(\xi_r,\eta_s,\zeta_t)\left|\boldsymbol{J}(\xi_r,\eta_s,\zeta_t)\right| \tag{3.558}$$

3.3.2.3 MATLAB 编程——空间问题六面体单元

➢ **空间问题 8 节点直六面体单元：ElemKMS_C61**

下面的空间 8 节点直六面体单元的 MATLAB 程序是基于符号变量编写的，可以给出系统矩阵的符号表达。通过简单的数值替换，也可以得到单元系统矩阵的数值表达。

程序输入包括：材料属性信息和节点坐标值信息等。

程序输出包括：单元刚度矩阵 $\boldsymbol{K}$、单元质量矩阵 $\boldsymbol{M}$、应变矩阵 $\boldsymbol{B}$ 和应力矩阵 $\boldsymbol{S}$ 等。

```
  % ------------------------------------------------
  % ElemKMS_C61     空间 8 节点正六面体单元
  % K：单元刚度矩阵
  % M：单元一致质量矩阵
  % B：应变矩阵
  % S：应力矩阵
  % ------------------
  % E：材料弹性模量
  % nu：泊松比
  % rou：材料密度
  % x1,x2,x3,x4,x5,x6,x7,x8：节点 x 向坐标值
  % y1,y2,y3,y4,y5,y6,y7,y8：节点 y 向坐标值
  % z1,z2,z3,z4,z5,z6,z7,z8：节点 z 向坐标值
  % x, y, z：物理坐标
  % ------------------------------------------------
%声明符号变量
syms E nu rou real
syms x1 x2 x3 x4 x5 x6 x7 x8 real
syms y1 y2 y3 y4 y5 y6 y7 y8 real
syms z1 z2 z3 z4 z5 z6 z7 z8 real
syms x y z real
  % ------------------
%向量化
P = [E nu rou];
xp = [x1 x2 x3 x4 x5 x6 x7 x8];
yp = [y1 y2 y3 y4 y5 y6 y7 y8];
zp = [z1 z2 z3 z4 z5 z6 z7 z8];
  % ------------------
%测试段 - 赋值
P = subs(P,[E nu rou],[70000,0.3,2.7e-9]);
E = P(1);nu = P(2);rou = P(3);
xp = subs(xp,[x1 x2 x3 x4 x5 x6 x7 x8],[-50,50,50,-50,-50,50,50,-50]*2);
```

```
yp = subs(yp,[y1 y2 y3 y4 y5 y6 y7 y8],[-50,-50,50,50,-50,-50,50,50]*2);
zp = subs(zp,[z1 z2 z3 z4 z5 z6 z7 z8],[-50,-50,-50,-50,50,50,50,50]*2);
% ------------------
%生成形函数矩阵
a = abs(xp(2) - xp(1))/2;
b = abs(yp(4) - yp(1))/2;
c = abs(zp(5) - zp(1))/2;
V = 8*a*b*c;
N1 = 1/V*(a-x)*(b-y)*(c-z);
N2 = 1/V*(a+x)*(b-y)*(c-z);
N3 = 1/V*(a+x)*(b+y)*(c-z);
N4 = 1/V*(a-x)*(b+y)*(c-z);
N5 = 1/V*(a-x)*(b-y)*(c+z);
N6 = 1/V*(a+x)*(b-y)*(c+z);
N7 = 1/V*(a+x)*(b+y)*(c+z);
N8 = 1/V*(a-x)*(b+y)*(c+z);
I = eye(3);
N = [N1*I N2*I N3*I N4*I N5*I N6*I N7*I N8*I];
% ------------------
%生成应变矩阵
B = OperatorL_C1(N);
% ------------------
%生成应力矩阵
c1 = nu/(1-nu);
c2 = (1-2*nu)/2/(1-nu);
D = E*(1-nu)/(1+nu)/(1-2*nu)*...
    [1 c1 c1 0 0 0;
    c1 1 c1 0 0 0;
    c1 c1 1 0 0 0;
    0 0 0 c2 0 0;
    0 0 0 0 c2 0;
    0 0 0 0 0 c2];
S = D*B;
% ------------------
%生成单元刚度矩阵
K = int(int(int(B'*D*B,x,-a,a),y,-b,b),z,-c,c);
% ------------------
%生成单元质量矩阵
M = rou*int(int(int(N'*N,x,-a,a),y,-b,b),z,-c,c);
% ------------------
%测试段-结果
K = double(K)
M = double(M)
freq = sqrt(eig(K,M))/2/pi
% ------------------------------------------------
```

对一块边长为 200 mm 的正方体铝块进行了测试，结果如下(刚度矩阵和质量矩阵维数过大，不便展示，这里只给出固有频率结果)：

```
freq =
   1.0e+04 *
   0.0000 + 0.0000i
   0.0000 + 0.0000i
   0.0000 + 0.0000i
```

```
   0.0000 + 0.0000i
   0.0000 + 0.0000i
   0.0000 + 0.0000i
   0.8705 + 0.0000i
   0.8705 + 0.0000i
   1.2311 + 0.0000i
   1.2311 + 0.0000i
   1.2311 + 0.0000i
   1.2311 + 0.0000i
   1.2311 + 0.0000i
   1.5077 + 0.0000i
   1.5077 + 0.0000i
   1.5077 + 0.0000i
   1.7410 + 0.0000i
   2.0415 + 0.0000i
   2.0415 + 0.0000i
   2.0415 + 0.0000i
   2.1322 + 0.0000i
   2.1322 + 0.0000i
   2.1322 + 0.0000i
   2.2193 + 0.0000i
```

➤ **空间问题 8 节点六面体等参单元：ElemKMS_C62**

下面的空间 8 节点六面体等参单元的 MATLAB 程序是基于符号变量编写的，可以给出系统矩阵的符号表达。通过简单的数值替换，也可以得到单元系统矩阵的数值表达。

程序输入包括：材料属性信息和节点坐标值信息等。

程序输出包括：单元刚度矩阵 $\boldsymbol{K}$、单元质量矩阵 $\boldsymbol{M}$、应变矩阵 $\boldsymbol{B}$ 和应力矩阵 $\boldsymbol{S}$ 等。

```
% ---------------------------------------------------
% ElemKMS_C62    空间 8 节点六面体等参单元
% K：单元刚度矩阵
% M：单元一致质量矩阵
% B：应变矩阵
% S：应力矩阵
% -------------------
% E：材料弹性模量
% nu：泊松比
% rou：材料密度
% x1,x2,x3,x4,x5,x6,x7,x8：节点 x 向坐标值
% y1,y2,y3,y4,y5,y6,y7,y8：节点 y 向坐标值
% z1,z2,z3,z4,z5,z6,z7,z8：节点 z 向坐标值
% x, y, z：物理坐标
% ksi, eta, zet：自然坐标
% ---------------------------------------------------
%声明符号变量
syms E nu rou real
syms x1 x2 x3 x4 x5 x6 x7 x8 real
syms y1 y2 y3 y4 y5 y6 y7 y8 real
syms z1 z2 z3 z4 z5 z6 z7 z8 real
syms x y z ksi eta zet real
% -------------------
%向量化
```

```
P=[E nu rou];
xp=[x1 x2 x3 x4 x5 x6 x7 x8];
yp=[y1 y2 y3 y4 y5 y6 y7 y8];
zp=[z1 z2 z3 z4 z5 z6 z7 z8];
% ------------------
% 测试段 赋值
P=subs(P,[E nu rou],[70000,0.3,2.7e-9]);
E=P(1);nu=P(2);rou=P(3);
xp=subs(xp,[x1 x2 x3 x4 x5 x6 x7 x8],[-50,50,50,-50,-50,50,50,-50]*2);
yp=subs(yp,[y1 y2 y3 y4 y5 y6 y7 y8],[-50,-50,50,50,-50,-50,50,50]*2);
zp=subs(zp,[z1 z2 z3 z4 z5 z6 z7 z8],[-50,-50,-50,-50,50,50,50,50]*2);
% ------------------
% 生成形函数矩阵
N1=1/8*(1-ksi)*(1-eta)*(1-zet);
N2=1/8*(1+ksi)*(1-eta)*(1-zet);
N3=1/8*(1+ksi)*(1+eta)*(1-zet);
N4=1/8*(1-ksi)*(1+eta)*(1-zet);
N5=1/8*(1-ksi)*(1-eta)*(1+zet);
N6=1/8*(1+ksi)*(1-eta)*(1+zet);
N7=1/8*(1+ksi)*(1+eta)*(1+zet);
N8=1/8*(1-ksi)*(1+eta)*(1+zet);
NG=[N1 N2 N3 N4 N5 N6 N7 N8];
I=eye(3);
N=[N1*I N2*I N3*I N4*I N5*I N6*I N7*I N8*I];
% ------------------
% 生成 Jacobi 矩阵
Dxksi=diff(NG,ksi)*xp';
Dyksi=diff(NG,ksi)*yp';
Dzksi=diff(NG,ksi)*zp';
Dxeta=diff(NG,eta)*xp';
Dyeta=diff(NG,eta)*yp';
Dzeta=diff(NG,eta)*zp';
Dxzet=diff(NG,zet)*xp';
Dyzet=diff(NG,zet)*yp';
Dzzet=diff(NG,zet)*zp';
Jacobi=[Dxksi,Dyksi,Dzksi;Dxeta,Dyeta,Dzeta;Dxzet,Dyzet,Dzzet];  % Jacobi 矩阵
detJ=det(Jacobi);                                  % Jacobi 行列式值
% ------------------
% 生成应变矩阵
B=OperatorL_C2(Jacobi,N);
% ------------------
% 生成应力矩阵
c1=nu/(1-nu);
c2=(1-2*nu)/2/(1-nu);
D=E*(1-nu)/(1+nu)/(1-2*nu)*...
    [1 c1 c1 0 0 0;
    c1 1 c1 0 0 0;
    c1 c1 1 0 0 0;
    0 0 0 c2 0 0;
    0 0 0 0 c2 0;
    0 0 0 0 0 c2];
S=D*B;
% ------------------
% 生成单元刚度矩阵
```

```
fk = B' * D * B * detJ;
K = GaussintC6(fk,ksi,eta,zet,8);
% -------------------
%生成单元质量矩阵
fm = N' * N * detJ;
M = rou * GaussintC6(fm,ksi,eta,zet,8);
% -------------------
%测试段 - 结果
K = double(K)
M = double(M)
freq = sqrt(eig(K,M))/2/pi
% -------------------------------------------
```

对同样尺寸的铝块使用等参单元理论的计算结果与使用非等参单元的计算结果相同。在上面的程序中，使用了子函数

```
B = OperatorL_C1(N)
B = OperatorL_C2(Jacobi,N)
K = GaussintC6(fk,ksi,eta,zet,8)
M = rou * GaussintC6(fm,ksi,eta,zet,8)
```

其中，子函数 OperatorL_C1(N)和 OperatorL_C2(Jacobi,N)与在四面体单元中使用的函数相同，这里还需要给出子函数 GaussintC6(fk,ksi,eta,zet,8)的代码，如下：

```
% -------------------------------------------
function [IntValue] = GaussintC6(f,ksi,eta,zet,num)
switch num
    case 1
        P1 = 0;
        w1 = 2;
        f111 = subs(f,[ksi,eta,zet],[P1,P1,P1]);
        w111 = w1 * w1;
        IntValue = w111 * f111;
    case 8
        P1 = - 0.577350269189626;
        P2 = 0.577350269189626;
        w1 = 1;
        w2 = 1;
        f111 = subs(f,[ksi,eta,zet],[P1,P1,P1]);
        f112 = subs(f,[ksi,eta,zet],[P1,P1,P2]);
        f121 = subs(f,[ksi,eta,zet],[P1,P2,P1]);
        f122 = subs(f,[ksi,eta,zet],[P1,P2,P2]);
        f211 = subs(f,[ksi,eta,zet],[P2,P1,P1]);
        f212 = subs(f,[ksi,eta,zet],[P2,P1,P2]);
        f221 = subs(f,[ksi,eta,zet],[P2,P2,P1]);
        f222 = subs(f,[ksi,eta,zet],[P2,P2,P2]);
        w111 = w1 * w1 * w1;
        w112 = w1 * w1 * w2;
        w121 = w1 * w2 * w1;
        w122 = w1 * w2 * w2;
        w211 = w2 * w1 * w1;
        w212 = w2 * w1 * w2;
        w221 = w2 * w2 * w1;
        w222 = w2 * w2 * w2;
        IntValue = w111 * f111 + w112 * f112 + w121 * f121 + w122 * f122 + ...
```

```
            w211 * f211 + w212 * f212 + w221 * f221 + w222 * f222;
    case 27
        P1 = -0.774596669241483;
        P2 = 0.774596669241483;
        P3 = 0;
        w1 = 0.555555555555556;
        w2 = 0.555555555555556;
        w3 = 0.888888888888889;
        v111 = subs(f,[ksi,eta,zet],[P1,P1,P1]) * w1 * w1 * w1;
        v112 = subs(f,[ksi,eta,zet],[P1,P1,P2]) * w1 * w1 * w2;
        v113 = subs(f,[ksi,eta,zet],[P1,P1,P3]) * w1 * w1 * w3;
        v121 = subs(f,[ksi,eta,zet],[P1,P2,P1]) * w1 * w2 * w1;
        v122 = subs(f,[ksi,eta,zet],[P1,P2,P2]) * w1 * w2 * w2;
        v123 = subs(f,[ksi,eta,zet],[P1,P2,P3]) * w1 * w2 * w3;
        v131 = subs(f,[ksi,eta,zet],[P1,P3,P1]) * w1 * w3 * w1;
        v132 = subs(f,[ksi,eta,zet],[P1,P3,P2]) * w1 * w3 * w2;
        v133 = subs(f,[ksi,eta,zet],[P1,P3,P3]) * w1 * w3 * w3;
        v211 = subs(f,[ksi,eta,zet],[P2,P1,P1]) * w2 * w1 * w1;
        v212 = subs(f,[ksi,eta,zet],[P2,P1,P2]) * w2 * w1 * w2;
        v213 = subs(f,[ksi,eta,zet],[P2,P1,P3]) * w2 * w1 * w3;
        v221 = subs(f,[ksi,eta,zet],[P2,P2,P1]) * w2 * w2 * w1;
        v222 = subs(f,[ksi,eta,zet],[P2,P2,P2]) * w2 * w2 * w2;
        v223 = subs(f,[ksi,eta,zet],[P2,P2,P3]) * w2 * w2 * w3;
        v231 = subs(f,[ksi,eta,zet],[P2,P3,P1]) * w2 * w3 * w1;
        v232 = subs(f,[ksi,eta,zet],[P2,P3,P2]) * w2 * w3 * w2;
        v233 = subs(f,[ksi,eta,zet],[P2,P3,P3]) * w2 * w3 * w3;
        v311 = subs(f,[ksi,eta,zet],[P3,P1,P1]) * w3 * w1 * w1;
        v312 = subs(f,[ksi,eta,zet],[P3,P1,P2]) * w3 * w1 * w2;
        v313 = subs(f,[ksi,eta,zet],[P3,P1,P3]) * w3 * w1 * w3;
        v321 = subs(f,[ksi,eta,zet],[P3,P2,P1]) * w3 * w2 * w1;
        v322 = subs(f,[ksi,eta,zet],[P3,P2,P2]) * w3 * w2 * w2;
        v323 = subs(f,[ksi,eta,zet],[P3,P2,P3]) * w3 * w2 * w3;
        v331 = subs(f,[ksi,eta,zet],[P3,P3,P1]) * w3 * w3 * w1;
        v332 = subs(f,[ksi,eta,zet],[P3,P3,P2]) * w3 * w3 * w2;
        v333 = subs(f,[ksi,eta,zet],[P3,P3,P3]) * w3 * w3 * w3;
        IntValue = v111 + v112 + v113 + v121 + v122 + v123 + v131 + v132 + v133 + ...
            v211 + v212 + v213 + v221 + v222 + v223 + v231 + v232 + v233 + ...
            v311 + v312 + v313 + v321 + v322 + v323 + v331 + v332 + v333;
end
end
% ----------------------------------------------------
```

习　题

3-1　如图 3.45 所示的平面桁架结构，在点 D 处受到大小为 $F=1.2$ kN 的水平载荷作用，A、B、C 三点处均为固定铰链支座，BD 杆长度为 1 m，AD 和 CD 杆与水平线的夹角均为 45°。所有桁架杆件的材料都为钢，其弹性模量为 200 GPa，所有单元的截面面积相同，均为 1 000 mm^2。

① 请分别写出 3 根杆件的单元刚度矩阵、一致质量矩阵和集中质量矩阵。

② 请分别写出 3 根杆件的等效载荷列阵。

3-2　图 3.46 所示为一折梁。在 C 点作用集中载荷 P。梁参数：材料为钢，AB 长度为 1 m，BC 长度为 0.5 m，横截面积为 $1\times10^{-3}\ m^2$，弹性模量 $E=200$ GPa，截面惯性矩 $I=4\times10^{-6}\ m^4$，载荷：$P=10$ kN。

① 请分别写出 AB 梁段和 BC 梁段的单元刚度矩阵、一致质量矩阵和集中质量矩阵。

② 请分别写出两个梁段的等效载荷列阵。

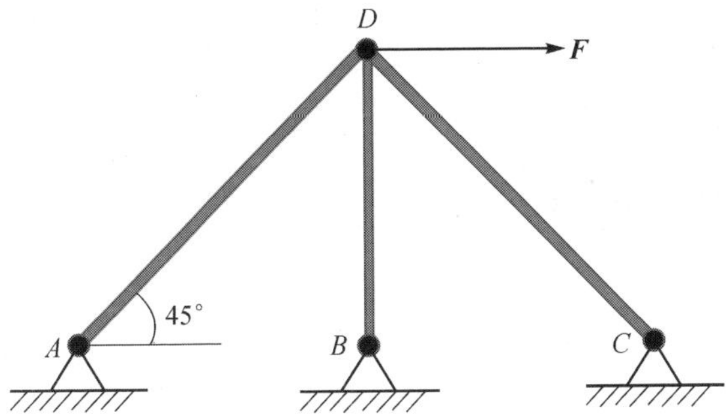

图 3.45　平面 3 杆桁架结构

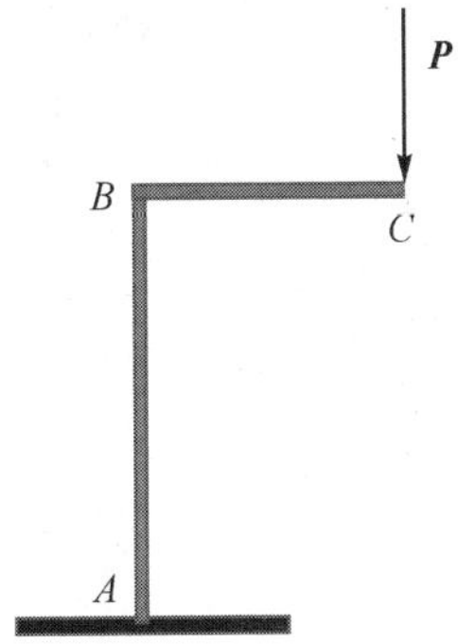

图 3.46 平面静定折梁

3-3　考察一个直角三角形单元，单元厚度 t 为 2 mm，其上左右有梯形分布载荷，各节点编号和节点坐标如图 3.47 所示。

试写出：

(1) 该三角形平面单元的形函数。

(2) 该三角形平面单元的等效节点载荷列阵。

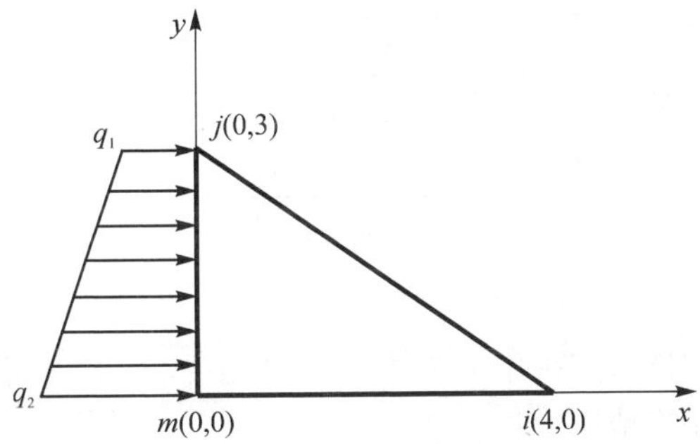

图 3.47　平面三角形单元

3-4　一个等腰直角三角形单元，单元厚度 t 为 2 mm，各节点编号和节点坐标如图 3.48 所示。

(1) 如图 3.48(a)所示，求单元 2-3 边界上受均布侧压为 $q_1=0.1$MPa 时的等效节点载荷；

(2) 如图 3.48(b)所示，求单元 1-2 边界上受 y 向均布力时的等效节点载荷，$q_2=0.3$ MPa。

3-5　设有一平面问题，厚度为 t，弹性模量为 E，泊松比为 0，对于如图 3.49 所示的 3 节点单元，已知几何矩阵 $\boldsymbol{B}$ 为

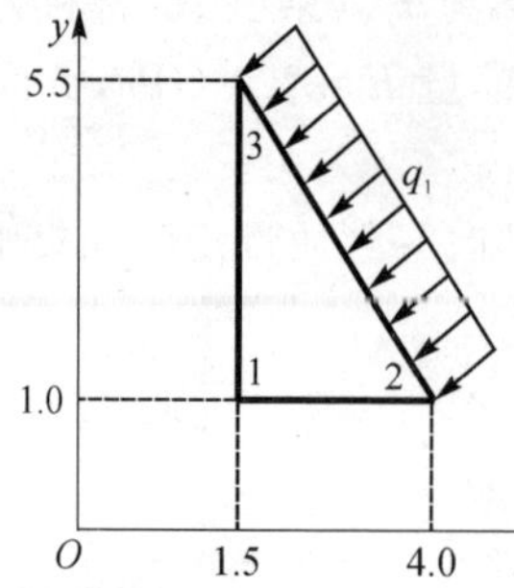

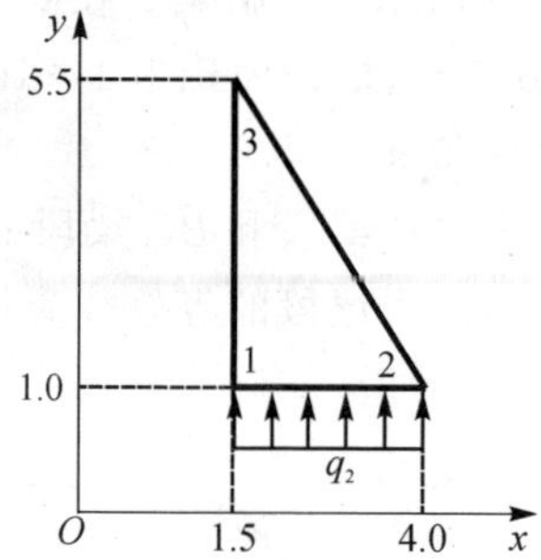

图 3.48　平面直角三角形单元

$$
\boldsymbol{B}=\frac{1}{2A}\begin{bmatrix} b_i & 0 & b_j & 0 & b_m & 0 \\ 0 & c_i & 0 & c_j & 0 & c_m \\ c_i & b_i & c_j & b_j & c_m & b_m \end{bmatrix}=\begin{bmatrix} 1 & 0 & 0 & 0 & -1 & 0 \\ 0 & 0 & 0 & 1 & 0 & -1 \\ 0 & 1 & 1 & 0 & -1 & -1 \end{bmatrix}
$$

其中 A 为三角形面积。物理矩阵 $\boldsymbol{D}$ 为

$$
\boldsymbol{D}=E\begin{bmatrix} 1 & 0 & 0 \\ 0 & 1 & 0 \\ 0 & 0 & 0.5 \end{bmatrix}
$$

试求出该 3 节点单元的刚度矩阵。

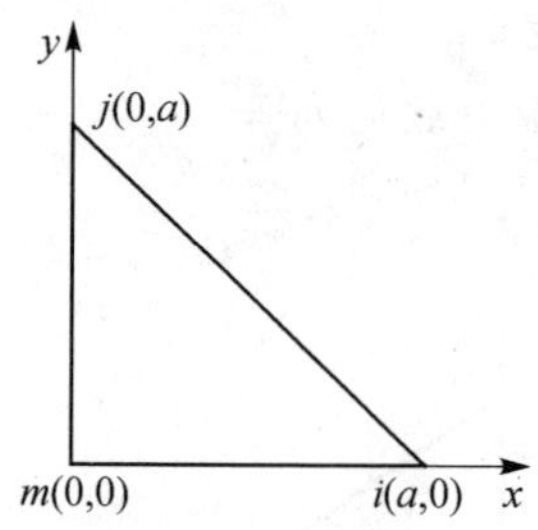

图 3.49　3 节点单元

3-6　对于一个矩形结构，若采用一个 4 节点单元，或是采用两个 3 节点单元，试分析这两种计算方案的计算量、计算精度和计算效率。

3-7　证明二维平行四边形单元的 Jacobi 矩阵是常数矩阵。

3-8　证明三维平行六面体单元的 Jacobi 矩阵是常数矩阵。

3-9　试推导一维三阶高斯积分点的位置和权系数。

3-10　试证明面积坐标与直角坐标满足下列转换关系。

$$
x=x_iL_i+x_jL_j+x_mL_m
$$

$$
y=y_iL_i+y_jL_j+y_mL_m
$$

3-11　请编制 MATLAB 程序，计算空间 8 节点直六面体单元的形函数、应变矩阵、应力矩阵和刚度矩阵。

第 4 章　静力学分析

对于大型工程结构的有限元分析，建议采用有限元分析软件进行，这样可以得到更高的计算效率（MATLAB 是解释性语言，对大型矩阵的处理效率较低）和图形化的前后处理过程。但这同时也丧失了灵活性，例如在考察某些参数变化对单元性能的影响、创新单元位移模式并开发新的单元类型、在特定分析（优化设计、非线性分析、不确定性分析等）中循环调用等情况下，MATLAB 有限元分析程序可发挥重要作用。

静力学分析是有限元分析的基础，其用于求解结构在静力载荷作用下的位移、应变和应力等。静力学分析不用考虑惯性力和阻尼力的影响，但可以用于计算那些不随时间改变的惯性载荷对结构的影响（如重力、离心力等），以及计算可以近似为等价静力作用的随时间变化载荷对结构的作用（如通常在许多飞行器结构设计手册、建筑规范中所定义的等价气动载荷、静力风载、地震载荷等）。静力学分析可以是线性的，也可以是非线性的。线性分析引入了小变形、线弹性假设，而非线性分析则可以考虑结构大变形、材料塑性、蠕变、应力刚化、接触等因素的影响。本章主要讨论线性静力学分析。

4.1　有限元分析的单位制

在进行有限元分析之前，需要选择一套封闭的单位制，用于在后处理中确定计算结果的单位。例如，若在有限元计算前处理中采用国际单位制，在有限元分析计算后，后处理的变量也应该是国际单位制，如在几何和有限元建模时点（Point）和节点（Node）等几何量的长度单位用米（m），材料特征中质量单位用千克（kg），弹性模量单位用帕斯卡（Pa），载荷集中力单位用牛顿（N）等，则有限元分析求解后，经后处理得到的变量也对应国际单位，如位移的单位是米（m），应力的单位是帕斯卡（Pa）等。由于在工程结构中 CAD 建模采用的构件长度单位通常是毫米（mm），所以有限元分析通常也采用毫米制单位：毫米（mm）、吨（tone）、牛（N）、兆帕（MPa）等，它们也具有封闭性。表 4－1 提供了两套最常用的封闭单位制。

表 4－1　两套常见单位制

物理量	国际单位制	毫米制
长度（Length）	米（m）	毫米（mm）
时间（Time）	秒（s）	秒（s）
质量（Mass）	千克（kg）	吨（tone）
力（Force）	牛（N）	牛（N）
密度（Density）	千克/米^3（kg/m^3）	吨/毫米^3（tone/mm^3）
应力（Stress）	帕（Pa）	兆帕（MPa）
能量（Energy）	焦（J）	毫焦（mJ）
温度（Temperature）	开（K）	摄氏度（℃）

续表 4-1

物理量	国际单位制	毫米制
比热容(Specific-heat Capacity)	米^2/(秒^2·开) ($m^2/(s^2\cdot K)$)	毫米^2/(秒^2·摄氏度) ($mm^2/(s^2\cdot ℃)$)
热对流系数(Heat Convection)	千克/(秒^3·开) ($kg/(m^3\cdot K)$)	吨/(秒^3·摄氏度) ($tone/(s^3\cdot ℃)$)
热传导系数(Thermal Conductivity)	瓦/(米·开) (W/(m·K))	牛/(秒·摄氏度) (N/(s·℃))
热膨胀系数(Thermal Expansion)	1/开(1/K)	1/摄氏度(1/℃)

英文文献和软件应用手册中也常出现英制单位,即长度单位用英寸(inch),质量单位用磅(lb),该单位制也是封闭的。

4.2 基于文件操作的前处理过程

有限元分析的前处理过程主要是对结构进行网格划分,获取各节点的几何位置信息和单元连接信息,考虑结构载荷与边界条件的施加,同时对各单元赋予属性信息(如材料属性、杆梁单元的横截面积、惯性矩、板壳单元的厚度等)。在使用 MATLAB 编程时,可以有两种方式将前处理信息添加到 MATLAB 程序。第一种是针对具体结构,通过观察规律,恰当使用数组和循环操作,从而生成节点位置矩阵和单元连接信息矩阵。第二种方式是采用文件操作,将有限元模型的前处理信息存储于一个文件中。在进行有限元分析时,MATLAB 首先去读取该文件中的信息,并将前处理信息赋值给相应的矩阵,之后开始计算。对于具有循环规律的简单结构而言,采用第一种前处理方式是可行的,但问题在于对于不同的结构,循环规律是不一样的,在实际使用时,每次均需对程序进行修改,这在设计有限元通用分析程序时是不合适的。第二种有限元前处理程序以文件操作为基础,这个文件必然是具有一定格式的文件,MATLAB 在读取时只需按照固定格式读入即可。当然,用户仍然需要按照一定的规律去编写前处理文件,但这种将前处理操作与有限元计算分析过程相分离的操作有助于通用有限元程序的编写。实际上,目前几乎全部商用有限元程序都是以读取前处理文件为基础的,例如 Nastran 的.bdf 文件,Abaqus 的.inp 文件等。为了基于 MATLAB 构建通用的有限元分析程序,本书也将基于文件操作给出有限元分析的前处理过程。为方便,这里选用 Excel 软件带有.xlsx 后缀的文件。

在有限元分析过程中,一般需要提供以下 5 方面的信息:

① 节点编号及几何位置信息;

② 节点的载荷信息;

③ 节点的位移约束信息;

④ 单元编号及单元内节点连接信息;

⑤ 单元的材料和截面属性信息。

将以上信息存储在文件中,计算时使用 MATLAB 进行调用可以使得有限元程序具有一定的通用性。一方面，有限元程序主体和所需要的模型信息相对独立，增强了程序的可移植性。另一方面，用户可以方便快捷地使用有限元程序对不同结构进行解算。使用有限元程序时只需修改相应的模型信息即可，而不用对有限元程序主体进行操作。

将上述 5 种信息写入同一个 Excel 文件中，使用 5 个 sheet 分别进行存储，对应的名字分别为：

① Node_geom：存储节点几何坐标，第 1 列为节点编号，之后依次存储节点的 x、y、z 坐标信息；

② Node_load：存储节点外载信息，第 1 列为节点编号，之后依次存储节点在 x、y、z 方向上的载荷信息；

③ Node_BC：存储节点边界条件信息，第 1 列为节点编号，之后依次存储节点在 x、y、z 方向上的边界条件判断矩阵，最后存储节点在 x、y、z 方向上位移边界条件的具体数值；

④ Elem_conn：存储单元连接信息，第 1 列为单元编号，之后依次存储构成该单元的节点编号；

⑤ Elem_prop：存储单元属性信息，第 1 列为单元编号，之后依次存储单元材料数据和截面信息，根据所分析单元类型的不同，所需要的单元属性信息数目通常是不一样的。

在所有的 sheet 中，第 1 行作为文件数据的索引行出现，不要占用第 1 行存储数据信息。例如，在图 4.1 所示的平面 10 杆桁架中，在节点 4 处受到 x 方向的大小为 12 kN 的载荷作用，在节点 3 处受到 y 方向大小为 8.8 kN 的载荷作用。节点 1 和节点 6 处为固定铰链支座。所有桁架的杆件材料都为钢材，其弹性模量为 200 GPa，所有单元的截面面积相同，均为 100 mm^2。由于装配问题，节点 6 在 x 方向有 −0.1 mm 的初始位移。

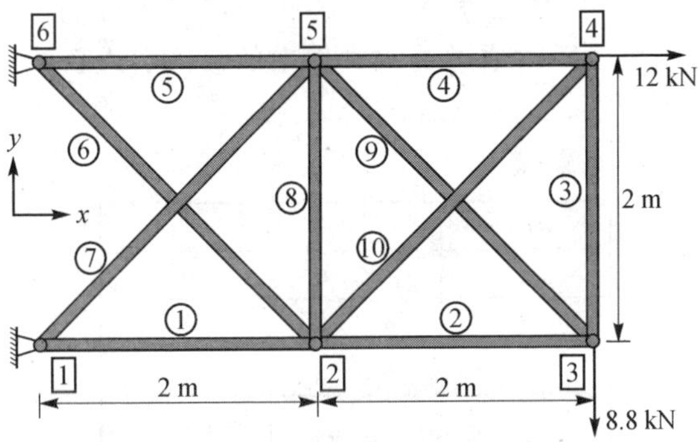

图 4.1　平面 10 杆桁架

所需要准备的前处理文件如下（mm 制单位）：

① 在 Node_geom sheet 中，按照下表输入

Node	X	Y
1	0	−1000
2	2000	−1000
3	4000	−1000
4	4000	1000
5	2000	1000
6	0	1000

② 在 Node_load sheet 中，输入

Node	Load_X	Load_Y
1	0.00	0.00
2	0.00	0.00
3	0.00	−8800.00
4	12000.00	0.00
5	0.00	0.00
6	0.00	0.00

③ 在 Node_BC sheet 中，输入

Node	BC_JX	BC_JY	BC_VX	BC_VY
1	1	1	0.0	0.0
2	0	0	0	0
3	0	0	0	0
4	0	0	0	0
5	0	0	0	0
6	1	1	−0.1	0.0

表中，BC_JX、BC_JY 用于判断在节点相应自由度上是否存在位移边界条件，当相应自由度上存在位移边界条件时，记为 1，否则为 0；BC_VX、BC_VY 用于给出位移边界条件的具体数值，当节点自由度上不存在位移边界条件时，记为 0，存在时，记为具体的数值。采用这样的边界条件记法可用于兼容非 0 位移边界条件。这样的边界条件引入方法会增加一些存储空间，但易于掌握，灵活性强，可以随时通过更改文件中的数值引入新的边界条件，而不用更改现有的分析程序。

④ 在 Elem_conn sheet 中，输入

Element	Node_i	Node_j
1	1	2
2	2	3
3	3	4
4	4	5
5	5	6
6	6	2
7	1	5
8	5	2
9	5	3
10	2	4

⑤ 在 Elem_prop sheet 中，输入

Element	E	rou	A
1	200000	2.70E−09	100
2	200000	2.70E−09	100
3	200000	2.70E−09	100

续表

Element	E	rou	A
4	200000	2.70E−09	100
5	200000	2.70E−09	100
6	200000	2.70E−09	100
7	200000	2.70E−09	100
8	200000	2.70E−09	100
9	200000	2.70E−09	100
10	200000	2.70E−09	100

在 Elem_prop sheet 中，存在了大量的重复数据。事实上，组成一个结构的材料往往就只有一种或几种，大部分单元的属性信息都是相同的，在编写程序时可有两种选择，第一种是按照单元顺序给属性信息，第二种是按照属性不同给单元信息。基于 MATLAB 编程时，在不太讲究计算效率的前提下，使用第一种方式是方便的，这样可以随意更改任意一个单元的属性信息而不用牵连到其他单元。所以，本书选择第一种单元属性赋予方式。

4.3 系统矩阵的组装

在研究了单元上各物理量的性质后，需要将节点位移向量 $\boldsymbol{q}^e$、单元刚度矩阵$\boldsymbol{K}^e$、等效节点载荷向量 $\boldsymbol{F}^e$ 按照节点编号进行组装，分别形成节点位移列阵 $\boldsymbol{q}$、整体刚度矩阵 $\boldsymbol{K}$ 和等效节点载荷列阵 $\boldsymbol{F}$，即要完成从子域 Ω^e 到整个场域 Ω 上各物理量的组装，如下：

$$\sum \Omega^e = \Omega \tag{4.1}$$

4.3.1 坐标变换

在推导单元刚度矩阵表达式时，首先需要对单元各节点位移进行编号，因此单元刚度矩阵中的元素排列是和节点位移编号顺序直接相关的。在将单元刚度矩阵组装成整体刚度矩阵的过程中也要依据这一对应关系进行。如果在建立单元刚度矩阵过程中使用了单元坐标系，那么在组装之前，还需要根据单元坐标系和系统坐标系间的关系，对单元刚度矩阵进行转换，得到在系统坐标系下的单元刚度矩阵，然后才可以进行组装。如果在建立单元刚度矩阵过程中没有使用单元坐标系，则不需要这个过程。

值得注意的是，杆梁结构通常是在局部坐标系里面建立的单元刚度矩阵，在进行组装时需要进行坐标变换，而对于弹性力学平面问题和空间问题，则一般不需要进行坐标变换。对于一些复杂的结构力学问题(例如带曲率的板壳问题)，则也需要进行单元之间的坐标变换。

4.3.2 整体刚度矩阵的组装

集成整体刚度矩阵主要有两种途径：

① 结构整体刚度矩阵可以通过直接处理整个结构的方法(最小势能原理)而得到。通过这种途径得到的结构总体刚度矩阵物理意义清晰，但它不是一种容易编制程序的系统化方法。

② 另一种途径是可以通过组装单元刚度矩阵以形成整体刚度矩阵。事实上，结构整体刚度矩阵的元素是由单元刚度矩阵的元素组成的，只要确定了单元刚度矩阵各元素在结构总体

刚度矩阵中的位置，就可以由单元刚度矩阵直接集成结构总体刚度矩阵。

这里主要介绍第二种方法。一般地，可先初始化整体刚度矩阵，之后对每一个单元，根据其节点位置信息、连接信息和单元材料属性信息生成全局坐标系下的单元刚度矩阵，再将每一个单元刚度矩阵按照节点编号顺序，直接叠加到整体刚度矩阵中，最终可得到结构的整体刚度矩阵。具体地，把单元位移分量(局部码)所对应的结构节点位移向量的序号(整体位移码)组成一个向量，它称为单元的定位向量。利用单元定位向量可以完全确定单元刚度矩阵的每个元素在结构刚度矩阵中的行码和列码。

以平面桁架结构为例，如图 4.2 所示，具体做法为：先求出单元 e 在整体坐标系中的刚度矩阵 $\boldsymbol{K}^{(e)}$，然后将单元 e 的定位向量分别写在单元刚度矩阵 $\boldsymbol{K}^{(e)}$ 的上方和右侧(或左侧)。这样，$\boldsymbol{K}^{(e)}$ 的每一行或每一列就与单元定位向量的一个分量相对应，这个分量即为 $\boldsymbol{K}^{(e)}$ 中相应的行和列在结构总体刚度矩阵 $\boldsymbol{K}$ 中的行码或列码。于是，按照由单元定位向量中分量的行码和列码，就能够将单元刚度矩阵 $\boldsymbol{K}^{(e)}$ 的元素正确地叠加到结构刚度矩阵 K 中去。

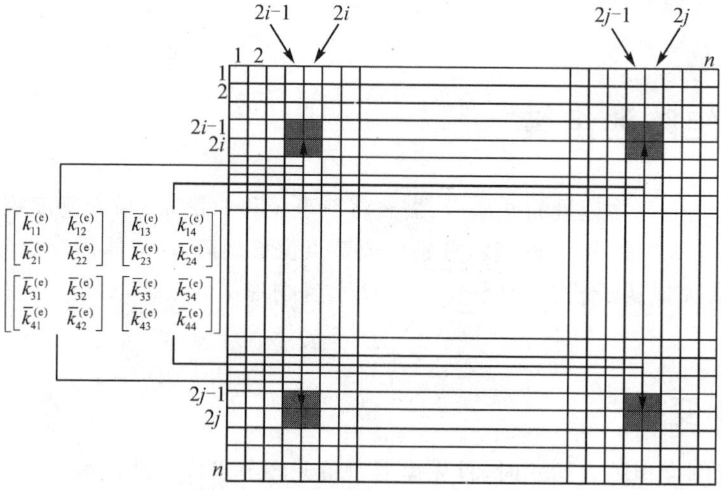

图 4.2　直接刚度法集成示意图

例如，考虑如图 4.3 所示的 3 杆平面桁架结构。

图中[1]、[2]、[3]代表整体节点编号。对于平面直杆单元，第 p 个节点的定位向量序号为：$(2p-1,2p)$。由前面知，拉(压)杆单元刚度矩阵为一个四阶矩阵，设每个杆单元的单元刚度矩阵分别如下：

$$\boldsymbol{K}^{(1)}=\begin{array}{c}\begin{matrix}3 & 4 & 5 & 6\end{matrix}\\ \begin{bmatrix}k_{11}^{(1)} & k_{12}^{(1)} & k_{13}^{(1)} & k_{14}^{(1)}\\ k_{21}^{(1)} & k_{22}^{(1)} & k_{23}^{(1)} & k_{24}^{(1)}\\ k_{31}^{(1)} & k_{32}^{(1)} & k_{33}^{(1)} & k_{34}^{(1)}\\ k_{41}^{(1)} & k_{42}^{(1)} & k_{43}^{(1)} & k_{44}^{(1)}\end{bmatrix}\begin{matrix}3\\4\\5\\6\end{matrix}\end{array}\tag{4.2}$$

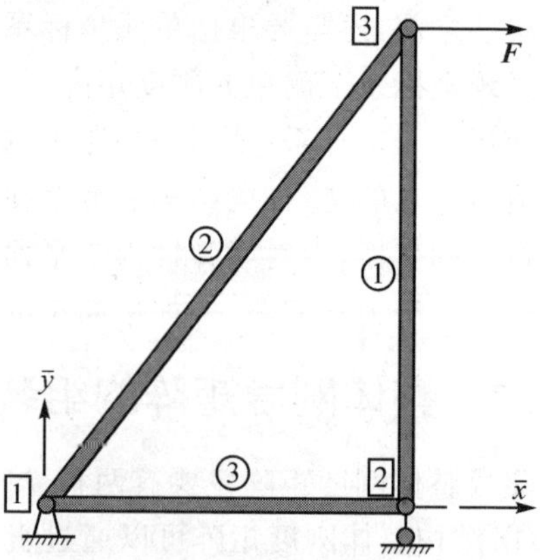

图 4.3　平面 3 节点 3 杆桁架

$$
\mathbf{K}^{(2)} = \begin{array}{c} \begin{matrix} \quad 1 & \quad 2 & \quad 5 & \quad 6 \end{matrix} \\ \begin{bmatrix} k_{11}^{(2)} & k_{12}^{(2)} & k_{13}^{(2)} & k_{14}^{(2)} \\ k_{21}^{(2)} & k_{22}^{(2)} & k_{23}^{(2)} & k_{24}^{(2)} \\ k_{31}^{(2)} & k_{32}^{(2)} & k_{33}^{(2)} & k_{34}^{(2)} \\ k_{41}^{(2)} & k_{42}^{(2)} & k_{43}^{(2)} & k_{44}^{(2)} \end{bmatrix} \end{array} \begin{matrix} \\ 1 \\ 2 \\ 5 \\ 6 \end{matrix} \tag{4.3}
$$

$$
\mathbf{K}^{(3)} = \begin{array}{c} \begin{matrix} \quad 1 & \quad 2 & \quad 3 & \quad 4 \end{matrix} \\ \begin{bmatrix} k_{11}^{(3)} & k_{12}^{(3)} & k_{13}^{(3)} & k_{14}^{(3)} \\ k_{21}^{(3)} & k_{22}^{(3)} & k_{23}^{(3)} & k_{24}^{(3)} \\ k_{31}^{(3)} & k_{32}^{(3)} & k_{33}^{(3)} & k_{34}^{(3)} \\ k_{41}^{(3)} & k_{42}^{(3)} & k_{43}^{(3)} & k_{44}^{(3)} \end{bmatrix} \end{array} \begin{matrix} \\ 1 \\ 2 \\ 3 \\ 4 \end{matrix} \tag{4.4}
$$

利用单元定位向量叠加结构刚度矩阵为

$$
\mathbf{K} = \begin{array}{c} \begin{matrix} \qquad 1 & \qquad\qquad 2 & \qquad\qquad 3 & \qquad\qquad 4 & \qquad\qquad 5 & \qquad\qquad 6 \end{matrix} \\ \begin{bmatrix} k_{11}^{(2)}+k_{11}^{(3)} & k_{12}^{(2)}+k_{12}^{(3)} & k_{13}^{(3)} & k_{14}^{(3)} & k_{13}^{(2)} & k_{14}^{(2)} \\ k_{21}^{(2)}+k_{21}^{(3)} & k_{22}^{(2)}+k_{22}^{(3)} & k_{23}^{(3)} & k_{24}^{(3)} & k_{23}^{(2)} & k_{24}^{(2)} \\ k_{31}^{(3)} & k_{32}^{(3)} & k_{11}^{(1)}+k_{33}^{(3)} & k_{12}^{(1)}+k_{34}^{(3)} & k_{13}^{(1)} & k_{14}^{(1)} \\ k_{41}^{(3)} & k_{42}^{(3)} & k_{21}^{(1)}+k_{43}^{(3)} & k_{22}^{(1)}+k_{44}^{(3)} & k_{23}^{(1)} & k_{24}^{(1)} \\ k_{31}^{(2)} & k_{32}^{(2)} & k_{31}^{(1)} & k_{32}^{(1)} & k_{33}^{(1)}+k_{33}^{(2)} & k_{34}^{(1)}+k_{34}^{(2)} \\ k_{41}^{(2)} & k_{42}^{(2)} & k_{41}^{(1)} & k_{42}^{(1)} & k_{43}^{(1)}+k_{43}^{(2)} & k_{44}^{(1)}+k_{44}^{(2)} \end{bmatrix} \end{array} \begin{matrix} \\ 1 \\ 2 \\ 3 \\ 4 \\ 5 \\ 6 \end{matrix} \tag{4.5}
$$

单元载荷列向量与结构总体载荷列阵的集成与刚度矩阵的集成方法类似。

在式(4.5)中,如果所有的非零系数集中在对角线附近,则称该矩阵是“带状的”。由于带以外的零系数既不必存储也不必处理,所以带状化矩阵通常具有稀疏性。

整体刚度矩阵 $\mathbf{K}$ 中非零元素的数目与节点编号无关,但是改变节点编号可以改变 $\mathbf{K}$ 中非零元素的排列。图 4.4 的桁架产生图 4.5 所示的刚度矩阵。在带外只有零元素,而由于某些杆件是水平的或垂直的,在带内才出现零元素。拼装过程决定了在任何一个结构的刚度矩阵中,除非第 i 个自由度和第 j 个自由度都在同一单元内,否则在第 i 行对角线右面第 j 列元素为零。

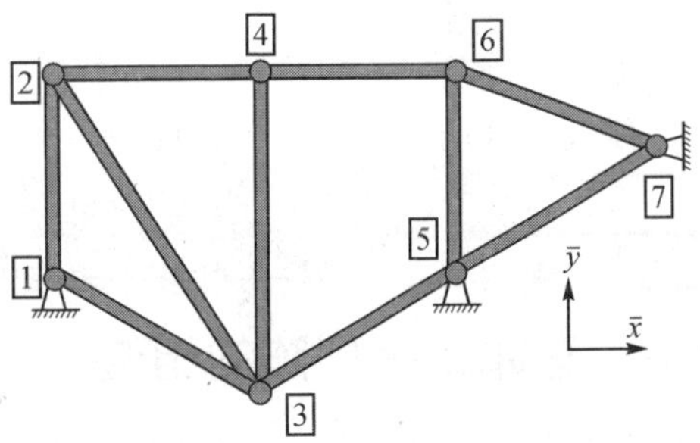

图 4.4　平面 7 节点 10 杆桁架

图 4.5 中,符号 B 给出的半带宽为 6。总带宽包括对角线左边的元素,因此是 $2B-1$,为了减小半带宽,通常可沿结构的较短尺寸方向进行编号。

半带宽 B 确定如下,找出整体刚度矩阵 $\mathbf{K}$ 的第 i 行的最后一个非零元素的列号 j,计算 $b_i=1+(j-i)$。对所有的行都做上述操作,然后将最大的 b_i 取为 B。

在计算机程序中,可以通过扫描所有的单元来求 B。令 L 为每个节点自由度数(例如对

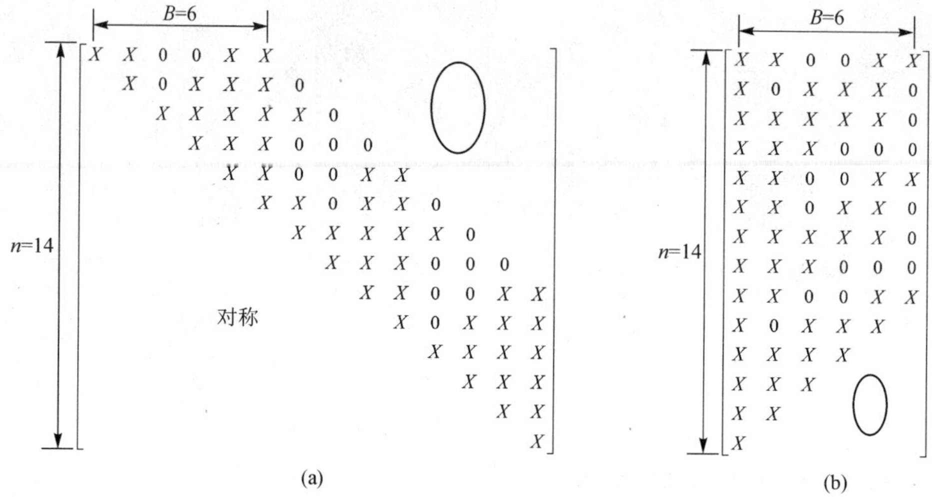

图 4.5　整体刚度矩阵的不同存储格式

于平面桁架拉压杆单元，$L=2$）。又令 J 和 K 分别是在该单元的最小和最大节点号码，当单元矩阵扩展为结构大小时，它将占据 i 列到 j 列，其中 $i=1+(J-1)L$，$j=LK$。在这一范围内有 $b=1+(j-i)=L(K-J+1)$ 个系数。所有单元最大的 b 就是 B。

一个对称阵的信息内容全在于半带内的 $n\times B$ 个系数。实际上，矩阵的阶数 n 可能远远大于 B，所以存储 $n\times B$ 个，而不是所有 n^2 个矩阵系数显然是有利的。

图 4.5(b)给出一个简单的存储半带数据的格式。逐行向左移动，即第 2 行移动 1 列，第 3 行移动 2 列，第 i 行移动$(i-1)$列。这样一来，整体刚度矩阵的所有对角线元素出现在该数组的第一列。

通常，通过装配集成起来的整体刚度矩阵具有以下性质：

① 主系数必为正值；

② 刚度矩阵是半正定的；

③ 刚度矩阵是对称矩阵；

④ 刚度矩阵的任一行(或列)代表一个平衡力系；

⑤ 在代入边界条件之前，刚度方阵是奇异矩阵而不可求逆；

⑥ 大型结构的整体刚度矩阵必定是高度稀疏的。

4.3.3　整体载荷列阵的组装

整体载荷列阵的组装与整体刚度矩阵的组装方式基本相同，也是按照定位向量将等效后的节点载荷填入正确的位置即可。需要指出的是，本书在给出的有限元分析程序中，不再讨论等效节点载荷的转化，而认为外部载荷已经针对不同单元类型等效转化为节点载荷(可参考第三章相关内容)，并填入了前处理文件中。

4.4　边界条件的处理

在对结构整体进行有限元静力分析时，需要首先组装结构整体刚度矩阵 $\boldsymbol{K}$ 和载荷列阵

$\boldsymbol{F}$，将结构约束力列阵记为 $\boldsymbol{R}$，则可得到结构的刚度方程

$$\boldsymbol{Kq} = \boldsymbol{F} + \boldsymbol{R} = \boldsymbol{P} \tag{4.6}$$

结构刚度方程式(4.6)的求解相当于总刚 $\boldsymbol{K}$ 求逆的过程。但是，从数学上看，未经处理的总刚是对称、半正定的奇异矩阵，它的行列式值为零，不能求逆。从物理意义看，在进行整体分析时，结构处于自由状态，不能通过平衡方程唯一地解出节点位移 $\boldsymbol{q}$。为了使问题可解，必须对结构加以足够的位移约束，也就是应用位移边界条件。首先要通过施加适当的约束，消除结构的刚体位移，再根据问题要求设定其他已知位移。所以，处理位移边界条件在有限元分析步骤中十分重要。

位移边界条件的种类包括：

① 零位移边界条件，即 $\tilde{u}_r = 0$；

② 非零位移值，$\tilde{u}_r \neq 0$；

③ 给定支撑刚度，即弹性支撑。

处理约束的方法，常用的有删行删列法（分块法）、置“1”法、置大数法和罚函数法等，下面分别予以介绍。

4.4.1 删行删列法

为了理解这个方法，把方程 $\boldsymbol{Kq} = \boldsymbol{P}$ 分块如下：

$$\begin{bmatrix} \boldsymbol{K}_{11} & \boldsymbol{K}_{12} \\ \boldsymbol{K}_{21} & \boldsymbol{K}_{22} \end{bmatrix} \begin{bmatrix} \boldsymbol{q}_1 \\ \boldsymbol{q}_2 \end{bmatrix} = \begin{bmatrix} \boldsymbol{F}_1 + \boldsymbol{R}_1 \\ \boldsymbol{F}_2 + \boldsymbol{R}_2 \end{bmatrix} \tag{4.7}$$

式中，$\boldsymbol{q}_1$ 是无约束的（自由）节点位移，$\boldsymbol{q}_2$ 是被约束的节点位移。由于在 $\boldsymbol{q}_1$ 对应的自由度上没有约束，所以约束力为0，即

$$\boldsymbol{R}_1 = 0 \tag{4.8}$$

而在 $\boldsymbol{q}_2$ 对应的自由度上，施加的外部载荷没有意义，所以有

$$\boldsymbol{F}_2 = 0 \tag{4.9}$$

将式(4.8)和式(4.9)代入式(4.7)，有

$$\begin{bmatrix} \boldsymbol{K}_{11} & \boldsymbol{K}_{12} \\ \boldsymbol{K}_{21} & \boldsymbol{K}_{22} \end{bmatrix} \begin{bmatrix} \boldsymbol{q}_1 \\ \boldsymbol{q}_2 \end{bmatrix} = \begin{bmatrix} \boldsymbol{F}_1 \\ \boldsymbol{R}_2 \end{bmatrix} \tag{4.10}$$

由于 $\boldsymbol{q}_2$ 已知，上式第一式可以写为

$$\boldsymbol{K}_{11}\boldsymbol{q}_1 + \boldsymbol{K}_{12}\boldsymbol{q}_2 = \boldsymbol{F}_1 \tag{4.11}$$

即

$$\boldsymbol{K}_{11}\boldsymbol{q}_1 = \boldsymbol{F}_1 - \boldsymbol{K}_{12}\boldsymbol{q}_2 \tag{4.12}$$

其中 $\boldsymbol{K}_{11}$ 不是奇异的，因而可以解方程(4.12)得

$$\boldsymbol{q}_1 = \boldsymbol{K}_{11}^{-1}(\boldsymbol{F}_1 - \boldsymbol{K}_{12}\boldsymbol{q}_2) = \boldsymbol{K}_{11}^{-1}\boldsymbol{F}_1 - \boldsymbol{K}_{11}^{-1}\boldsymbol{K}_{12}\boldsymbol{q}_2 \tag{4.13}$$

当 $\boldsymbol{q}_2$ 为零位移边界条件时，上式可重写为

$$\boldsymbol{q}_1 = \boldsymbol{K}_{11}^{-1}\boldsymbol{F}_1 \tag{4.14}$$

即式(4.7)可通过删除总体刚度矩阵和总体载荷列向量对应于 $\boldsymbol{q}_2$ 的各行和各列（即删行删列法），对压缩矩阵进行求解。

这种方法的优点是简单且易于理解，如果 $\boldsymbol{q}_2$ 维数较高，删去行列很多，则总体刚度矩阵的

阶数可大为缩小。通常用人工计算时常采用该方法。但若用计算机解算，在程序编制上会带来麻烦，因为刚度矩阵被压缩以后，刚度矩阵中各元素的编号必然随之改变，因而一般不采用这种算法。

4.4.2 置“1”法

为了引入给定的零位移边界条件 $\boldsymbol{q}_2=0$，可以把方程(4.12)和 $\boldsymbol{q}_2=\boldsymbol{q}_2$ 合在一起写为

$$\begin{bmatrix}\boldsymbol{K}_{11} & 0\\ 0 & I\end{bmatrix}\begin{bmatrix}\boldsymbol{q}_1\\ \boldsymbol{q}_2\end{bmatrix}=\begin{bmatrix}\boldsymbol{F}_1\\ \boldsymbol{q}_2\end{bmatrix} \tag{4.15}$$

在实际计算中，方程(4.15)所示的过程可以在不重新排列所述方程的情况下用下述方法来进行。

① 针对边界条件 $\boldsymbol{q}_2=0$ 中的第 r 个条件 $\tilde{u}_r=0$，置刚度矩阵中的第 r 行、第 r 列为

$$\bar{k}_{rr}=1,\quad \bar{k}_{rs}=\bar{k}_{sr}=0(r\neq s) \tag{4.16}$$

② 使载荷向量中对应于 $\tilde{u}_r$ 的分量值为 0，即

$$\bar{F}_r=0 \tag{4.17}$$

③ 对全部给定的节点位移 $\tilde{u}_r$($\tilde{u}_r$ 为 $\boldsymbol{q}_2$ 的分量)反复运用上述过程。

应当指出，置“1”法保持了原矩阵的规模，不需重新排序。整体刚度矩阵仍保持其对称性，利于计算机的规范化处理。但这种方法只能处理零位移边界条件的情形。

4.4.3 置大数法

置大数法的思路是：在总体刚度矩阵中，把指定位移所对应的行和列的对角元素 k_{rr} 乘上一个很大的数 α，此行其他元素保持不变，并将对应的节点力 P_r 置为 $\alpha k_{rr}\tilde{u}_r$，于是原平衡方程组变为

$$\begin{bmatrix}k_{11} & k_{12} & \cdots & k_{1n}\\ k_{21} & k_{22} & \cdots & k_{2n}\\ \vdots & \vdots & & \vdots\\ k_{r1} & k_{r2} & \alpha k_{rr} & k_{rn}\\ \vdots & \vdots & & \vdots\\ k_{n1} & k_{n2} & \cdots & k_{nn}\end{bmatrix}\begin{bmatrix}u_1\\ u_2\\ \vdots\\ u_r\\ \vdots\\ u_n\end{bmatrix}=\begin{bmatrix}P_1\\ P_{12}\\ \vdots\\ \alpha k_{rr}\tilde{u}_r\\ \vdots\\ P_{1n}\end{bmatrix} \tag{4.18}$$

除第 r 行外，其他各行仍保持原来的平衡特性，而第 r 个方程式展开为

$$k_{r1}u_1+k_{r2}u_2+\cdots\alpha k_{rr}u_r+\cdots+k_{rn}u_n=\alpha k_{rr}\tilde{u}_r \tag{4.19}$$

由于上式中的 $\alpha\bar{k}_{rr}$ 比其他项的系数大得多，求和后可略去其小量，则上式变为

$$\alpha k_{rr}u_r\approx\alpha k_{rr}\tilde{u}_r \tag{4.20}$$

等价性得以证明。这样就用近似方程组(4.18)，得到了近似满足边界条件的解。值得注意的是，大数 α 的取值将会在一定程度上影响该方法的精度，一般地，可以选取

$$\alpha=\max|k_{ij}|\times10^{10} \tag{4.21}$$

可以得到比较好的精度。

置大数法的特点为既能处理零位移边界条件，又能处理非零位移边界条件。其能保持原

矩阵的规模，不需重新排序。且整体刚度矩阵保持对称性，利于计算机的规范化处理。本书的MATLAB程序将主要采用置大数法对有限元模型施加边界条件。

4.4.4 罚函数法

针对位移边界条件 $u_r=\tilde{u}_r$，沿 $\tilde{u}_r$ 方向用一个刚度系数为 $\tilde{K}$ 的弹簧模拟支撑，计算支撑边界处的应变能为

$$U_s=\frac{1}{2}\tilde{K}(u_r-\tilde{u}_r)^2 \tag{4.22}$$

整个系统的总势能为

$$\Pi=U_0+U_s \tag{4.23}$$

其中，U_0 为系统原来的势能。由

$$\frac{\partial \Pi}{\partial \bar{u}_i}=0,\quad i=1,2,\cdots,r,\cdots,n \tag{4.24}$$

得到刚度方程为

$$\begin{bmatrix} k_{11} & k_{12} & \cdots & k_{1r} & \cdots & k_{1n} \\ k_{21} & k_{22} & \cdots & k_{2r} & \cdots & k_{2n} \\ \vdots & \vdots & & \vdots & & \vdots \\ k_{r1} & k_{r2} & \cdots & (k_{rr}+\tilde{K}) & \cdots & k_{rn} \\ \vdots & \vdots & & \vdots & & \vdots \\ k_{n1} & k_{n2} & \cdots & k_{nr} & \cdots & k_{nn} \end{bmatrix}\begin{bmatrix} u_1 \\ u_2 \\ \vdots \\ u_r \\ \vdots \\ u_n \end{bmatrix}=\begin{bmatrix} P_1 \\ P_2 \\ \vdots \\ \tilde{R}_r+\tilde{K}\tilde{u}_r \\ \vdots \\ P_n \end{bmatrix} \tag{4.25}$$

对刚度方程的第 r 行进行分析，有

$$k_{r1}u_1+k_{r2}u_2+\cdots+(k_{rr}+\tilde{K})u_r+\cdots+k_{rn}u_n=\tilde{R}_r+\tilde{K}\tilde{u}_r \tag{4.26}$$

两端同时除以 $\tilde{K}$

$$\frac{k_{r1}}{\tilde{K}}u_1+\frac{k_{r2}}{\tilde{K}}u_2+\cdots+\left(\frac{k_{rr}}{\tilde{K}}+1\right)u_r+\cdots+\frac{k_{rn}}{\tilde{K}}u_n=\frac{\tilde{R}_r}{\tilde{K}}+\tilde{u}_r \tag{4.27}$$

若 $\tilde{K}$ 足够大，则有

$$u_r\approx\tilde{u}_r \tag{4.28}$$

一般地，取 $\tilde{K}=\max|k_{ij}|\times10^{10}(1\leqslant i\leqslant n,1\leqslant j\leqslant n)$。

使用罚函数法可以对指定位移边界条件 $u_r=\tilde{u}_r$ 进行近似求解。

4.5 节点位移的求解

有限元分析过程最终要归结为对整体刚度方程进行求解，实际上是要求解一个系数矩阵为整体刚度矩阵的大型线性代数方程组。通过对结构施加位移边界条件，消除了结构的刚体位移后，整体刚度矩阵具有非奇异性质，解这个线性代数方程组可求出整体节点位移列阵。

由刚度矩阵的性质可知，整体刚度矩阵具有大型、对称、稀疏、带状分布、正定、主元占优势的特点，稀疏表示刚度矩阵含有大量的零元素，带状表示非零元素集中在主对角线两侧。求解方程组时应抓住上述特点，才能提高解算效率。

首先，要为整体刚度矩阵选择适当的存储方式，常用的有：

(1) 整体存储

整体刚度矩阵的全部元素以二维数组形式存放在计算机内存中，数据形式直观但存储效率最低，适用于小规模问题的分析。

(2) 等带宽二维存储

整体刚度矩阵的下三角或上三角的带内元素取最大半带宽以二维数组形式存放在计算机内存中。其行数同整体总刚，列数等于最大半带宽。

(3) 一维变带宽存储

将整体刚度矩阵下三角实际半带宽内元素逐行存放在一个一维数组内，数据存储效率高，但直观性较差。

其次，需要根据总刚度矩阵的存储方式，选择适当地求解刚度方程的方法：

线性代数方程组的解法有很多，大致分为直接解法（如高斯消去法、三角分解法）和迭代解法（如高斯一赛德尔迭代、超松弛迭代）。直接解法的特点是可以按规定的算法步骤经过有限次数的运算便可求得方程组的准确解，而迭代法的特点是首先假设一个初始值，然后按照一定的算法公式进行迭代，在每次迭代过程中对解的误差进行检查，并通过增加迭代次数不断降低解的误差，直至满足解的精度要求。对于阶数不太高的线性代数方程组用直接法比较有效，而对高阶方程组，迭代法具有计算机的存储量较少、程序设计简单、原始系数矩阵结构在计算过程中始终不变等优点，但存在收敛性和收敛速度问题。这里仅列举几种较为常见的直接方法。

(1) 高斯消去法

适合整体存储整体刚度矩阵。由于需要集合完整整体刚度矩阵，内存利用和计算效率都比较低。但高斯消去法原理和程序简单，作为初学便于理解。

(2) 对称消元法

利用刚度矩阵对称，且每次消元的子阵均对称的性质，对高斯消去法稍加改进形成。这样就只需组装整体刚度矩阵的上三角或下三角部分。

(3) 带消元法

将对称消元法进一步改造，使之适合整体刚度矩阵的等带宽二维存储。

(4) 三角分解法

又称 Cholesky 分解，适合一维变带宽存储整体刚度矩阵。这种方法存储效率高，计算速度快，应用较为普遍。

对于其他的求解线性代数方程组的方法，请参阅相关的数值分析书籍，这里不再赘述。

4.6 其他力学量的计算

在解算出整体节点位移列阵后，可进一步解算各单元的位移场、应变场、应力场等，这一过程称为有限元分析的后处理过程。由于边界条件的施加改变了原整体刚度矩阵和载荷列阵中的元素，整体刚度方程发生了改变。记未施加边界条件的刚度方程为

$$\boldsymbol{K}\boldsymbol{q}=\boldsymbol{P} \tag{4.29}$$

而记施加了边界条件的刚度方程为

$$\widetilde{\boldsymbol{K}}\boldsymbol{q}=\widetilde{\boldsymbol{P}} \tag{4.30}$$

这里节点力列阵使用 $\widetilde{\boldsymbol{P}}$ 是因为在边界条件的处理过程中，可能需要人为对其进行修改，例如置大数法。实际上，由于存在位移边界条件的自由度已经被处理过了，最终求解的方程可被认为是

$$\widetilde{\boldsymbol{K}}\boldsymbol{q}=\boldsymbol{F} \tag{4.31}$$

(1) 约束力

通过式(4.31)可解算出整体节点位移列阵 $\boldsymbol{q}$。将整体节点位移列阵 $\boldsymbol{q}$ 代入式(4.29)，可以得到相应节点力 $\boldsymbol{P}$。则约束力可由下式得到

$$\boldsymbol{R}=\boldsymbol{P}-\boldsymbol{F} \tag{4.32}$$

(2) 应　变

结构的应变量需要按照单元给出。对于每一个单元，按照节点位移向量顺序从解算出的整体节点位移列阵 $\boldsymbol{q}$ 中挑选单元在全局坐标系下的节点位移向量 $\bar{\boldsymbol{q}}^e$，之后根据坐标变换计算局部坐标系中的节点位移向量

$$\boldsymbol{q}^e=\boldsymbol{T}^e\cdot\bar{\boldsymbol{q}}^e \tag{4.33}$$

将式(4.33)乘以应变矩阵 $\boldsymbol{B}$，可得每一个单元的应变

$$\boldsymbol{\varepsilon}=\boldsymbol{B}\boldsymbol{u}^e \tag{4.34}$$

(3) 应　力

对于每一个单元，其应力为

$$\boldsymbol{\sigma}=\boldsymbol{S}\boldsymbol{u}^e \tag{4.35}$$

(4) 其他响应，例如杆件轴力

对于每一个杆单元，在得到单元内应力 $\sigma(x)$ 后，其轴力

$$F_N=A\sigma(x)=\left[-\frac{EA}{l}\quad\frac{EA}{l}\right]\cdot\boldsymbol{T}^e\cdot\bar{u}^e \tag{4.36}$$

4.7 MATLAB 编程——静力学分析程序

静力学分析程序采用主程序调用子函数的架构实现。主程序使用脚本文件编写，各子函数使用函数文件编写。

静力学分析所使用到的主程序为：

FEA_S.m。

主程序的功能为从前处理文件 XX.xlsx 中读取前处理信息，包括节点位置坐标信息、节点等效载荷信息、节点边界条件信息、单元连接信息和单元属性信息等。之后，将与节点相关的物理量存储在全局结构变量 Node 中，并将与单元相关的物理量存储在全局结构变量 Elem 中。系统中还有另外一个全局结构变量，记为 TOT，用以存储系统矩阵信息。

所用到的子函数主要有 5 个，分别为

Assembly()：用以装配整体刚度矩阵和载荷列阵；

Add_BC()：用以添加位移边界条件(置大数法)；

Postprocessing()：用以后处理，计算应变、应力等；

Print_model():用来输出模型信息,以便检查模型错误;

Print_results():用来将响应信息输出到结果文件中。

这些函数均将计算结果直接存储在全局变量中。

当然,在解算过程中,还需要通过子函数的方法调用单元系统矩阵,包括单元刚度矩阵、应变矩阵和应力矩阵等。调用方式为

K=ElemKM_XX(p)

或者

[K,M,B,S]=ElemKM_XX(p)

或者

[K,M,B,S,T]=ElemKM_XX(p)

第一种调用方式适用于只返回单元刚度矩阵的情形,第二种适用于需要提取单元质量矩阵、应变矩阵和应力矩阵的情形,第三种适用于还需要提取单元坐标变换矩阵的情形,例如平面和空间杆、梁问题。根据所分析结构类型的不同,单元系统矩阵的调用方式虽有区别,但可参考第 3 章中的符号计算过程进行简单修改得到。

有限元的求解过程提供了 4 种不同的计算方法,分别为:

① 直接求逆法;

② 伪逆法;

③ 高斯消元法;

④ 最小范数法。

通常,在求解时使用第 3 种方法(即 MATLAB 中的左除)。如果出现条件数过高,矩阵接近奇异,或者缩放错误,结果可能不准确的警告信息,则应将求解方法改为第 2 种或者第 4 种,这里建议优先改为第 4 种方法。

(1)主程序

```
% ------------------------------------------------
%有限元分析通用程序(静力分析):FEA_S.m
%需要从 XX.xlsx 中读取模型的前处理数据
%装配函数:Assembly()
%添加边界条件函数:Add_BC()
%后处理函数:Postprocessing()
%打印模型、结果文件函数:Print_model()、Print_results()
% ------------------------------------------------
%主程序开始,设置全局变量并读取模型信息
clear;clc;                                        %清除变量,清屏
global Node Elem TOT                              %设置全局变量
[filename,filepath] = uigetfile('*.xlsx','请选择前处理数据文件');
file_path_name = strcat(filepath,filename);       %将文件名称和路径连接
model = importdata(file_path_name);               %读取模型前处理信息
% ---------------------------
Node.geom = sortrows(model.data.Node_geom,1);     %节点坐标信息
Node.load = sortrows(model.data.Node_load,1);     %节点载荷信息
Node.BC = sortrows(model.data.Node_BC,1);         %节点边界条件信息
Elem.conn = sortrows(model.data.Elem_conn,1);     %单元连接信息
Elem.prop = sortrows(model.data.Elem_prop,1);     %单元属性信息
% ------------------------------------------------
```

```
%统计模型信息
Node.DOF_number = (length(Node.BC(1,:)) - 1)/2;        %节点自由度数目
Node.Coord_number = length(Node.geom(1,:)) - 1;        %节点坐标数目,判断问题维数
Node.number = length(Node.geom(:,1));                  %节点总数
Elem.number = length(Elem.conn(:,1));                  %单元总数
Elem.Node_number = length(Elem.conn(1,2:end));         %每个单元中的节点数
Elem.Prop_number = length(Elem.prop(1,2:end));         %每个单元材料属性参数个数
TOT.DOF = Node.number * Node.DOF_number;               %系统总自由度数目
Print_model();                                         %输出模型信息
% ----------------------------------------------------
%对系统矩阵赋初值
TOT.K = zeros(TOT.DOF);                                %系统刚度矩阵
TOT.F = zeros(TOT.DOF,1);                              %系统载荷列阵
TOT.BC = zeros(TOT.DOF,2);                             %系统边界条件矩阵
TOT.K_BC = TOT.K;                                      %施加了边界条件的刚度矩阵
TOT.F_BC = TOT.F;                                      %施加了边界条件的载荷列阵
TOT.U = zeros(TOT.DOF,1);                              %系统位移列阵
% ----------------------------------------------------
%有限元分析解算过程
Assembly();                                            %装配刚度矩阵和载荷列阵
Add_BC();                                              %添加边界条件(置大数法)
% TOT.U = inv(TOT.K_BC) * TOT.F_BC;                    %直接求逆法
% TOT.U = pinv(TOT.K_BC) * TOT.F_BC;                   %伪逆法
TOT.U = TOT.K_BC\TOT.F_BC;                             %高斯消元法
% TOT.U = lsqminnorm(TOT.K_BC,TOT.F_BC);               %最小范数法
----------------------------------------------------
%后处理,输出模型和结果文件
Postprocessing();                                      %后处理,计算应变、应力等
Print_results();                                       %在结果文件中输出响应信息
% ----------------------------------------------------
```

(2) 模型打印

```
% ----------------------------------------------------
function Print_model()
% ----------------------------------------------------
%输出模型信息
% ----------------------------------------------------
global Node Elem                                %调用全局变量
% ----------------------------------------------------
disp('有限元模型存储于文件:FEA_model.txt');
fid = fopen('FEA_model.txt','w');
fprintf(fid, '* * * * * * * * 打 印 模 型 数 据 * * * * * * * * * * * *\n');
% ----------------------------------------------------
%输出节点坐标
fprintf(fid, '-------------------------------------------------------------\n');
fprintf(fid, 'Node coordinates: \n');
for i = 1:Node.number
    fprintf(fid, '% - 8d',Node.geom(i,1));
    for j = 1:Node.Coord_number
        fprintf(fid, '% - + 6.4E\t',Node.geom(i,j + 1));
    end
    fprintf(fid, '\n');
end
```

```
% ----------------------------------------------------
%输出单元连接信息
fprintf(fid,'------------------------------------------------------------\n');
fprintf(fid,'Element connectivity: \n');
for i = 1:Elem.number
    fprintf(fid,'% - 8d',Elem.conn(i,1));
    for j = 1:Elem.Node_number
        fprintf(fid,'% - 8d',Elem.conn(i,j + 1));
    end
    fprintf(fid,'\n');
end
% ----------------------------------------------------
%输出单元材料属性
fprintf(fid,'------------------------------------------------------------\n');
fprintf(fid,'Element material properties: \n');
for i = 1:Elem.number
    fprintf(fid,'% - 8d',Elem.prop(i,1));
    for j = 1:Elem.Prop_number
        fprintf(fid,'% - + 6.4E\t',Elem.prop(i,j + 1));
    end
    fprintf(fid,'\n');
end
% ----------------------------------------------------
%输出节点载荷信息
fprintf(fid,'------------------------------------------------------------\n');
fprintf(fid,'Node loads: \n');
for i = 1:Node.number
    fprintf(fid,'% - 8d',Node.load(i,1));
    for j = 1:Node.DOF_number
        fprintf(fid,'% - + 6.4E\t',Node.load(i,j + 1));
    end
    fprintf(fid,'\n');
end
% ----------------------------------------------------
%输出边界条件信息
fprintf(fid,'------------------------------------------------------------\n');
fprintf(fid,'Node boundary conditions: \n');
for i = 1:Node.number
    fprintf(fid,'% - 8d',Node.BC(i,1));
    for j = 1:Node.DOF_number
        fprintf(fid,'% - 8d',Node.BC(i,j + 1));
    end
    for j = Node.DOF_number + 1:2 * Node.DOF_number
        fprintf(fid,'% - + 6.4E\t',Node.BC(i,j + 1));
    end
    fprintf(fid,'\n');
end
% ----------------------------------------------------
fprintf(fid,'------------------------------------------------------------\n');
fprintf(fid,'******* 模 型 数 据 打 印 结 束 ********\n\n\n');
fclose(fid);
end
% ----------------------------------------------------
```

(3) 装配

```
% ------------------------------------------------
function Assembly()
% ------------------------------------------------
% 组装整体刚度矩阵、载荷列阵和边界条件矩阵
% 对于不同的单元类型,需修改 for 循环里面的单元刚度矩阵调用
% ------------------------------------------------
global Node Elem TOT                          % 调用全局变量
% ------------------------------------------------
% 组装整体刚度矩阵
for p = 1:Elem.number
    Kp = ElemKM_T2(p);                        % 需根据单元类型进行修改
    % ------------------------------------------------
    V = zeros(length(Elem.conn(p,2:end)),Node.DOF_number);
    Vtemp = [Node.DOF_number * Elem.conn(p,2:end)]';
    V(:,1:Node.DOF_number) = Vtemp - ([1:Node.DOF_number] - 1);
    V = flipud(V');V = V(:);                  % 单元定位向量
    % ------------------------------------------------
    TOT.K(V,V) = TOT.K(V,V) + Kp;             % 组装整体刚度矩阵
end
% ------------------------------------------------
% 组装载荷列阵
flag_load = Node.load(:,2:end)';
TOT.F = flag_load(:);                         % 节点载荷列阵
% ------------------------------------------------
% 组装边界条件矩阵
flag_BC_judge = Node.BC(:,2:Node.DOF_number + 1)'; % 提取判断矩阵
flag_BC_value = Node.BC(:,Node.DOF_number + 2:end)'% 提取位移边条(可能非零)
TOT_BC_judge = flag_BC_judge(:);TOT_BC_value = flag_BC_value(:);
TOT.BC = [TOT_BC_judge,TOT_BC_value];         % 边界条件矩阵
end
% ------------------------------------------------
```

(4) 施加边界条件

```
% ------------------------------------------------
function Add_BC()
% 向整体刚度矩阵中添加边界条件信息,同时修改相应的载荷列阵(置大数法)
% ------------------------------------------------
global TOT                                        % 调用全局变量
% ------------------------------------------------
TOT.K_BC = TOT.K;TOT.F_BC = TOT.F;
Alpha = 10^10;                                    % 大数
for i = 1:TOT.DOF
    if TOT.BC(i,1)~ = 0                           % 判断位移边界条件存在性
      TOT.K_BC(i,i) = Alpha * TOT.K(i,i);         % 主对角线元素乘大数
      TOT.F_BC(i) = Alpha * TOT.K(i,i) * TOT.BC(i,2); % 兼容非零位移边界条件
    end
end
end
% ------------------------------------------------
```

(5) 结果打印

```
% --------------------------------------------------
function Print_results()
% --------------------------------------------------
% 输出响应信息
% --------------------------------------------------
global Node Elem TOT                                  % 调用全局变量
% --------------------------------------------------
disp('有限元分析结果存储于文件:FEA_results.txt');
fid = fopen('FEA_results.txt','w');
fprintf(fid,'********打印分析结果************\n');
% --------------------------------------------------
% 输出节点位移
fprintf(fid,'------------------------------------------------------------\n');
fprintf(fid,'Node displacement: \n');
for i = 1:Node.number
    fprintf(fid,'% - 8d',i);
    fprintf(fid,'% - +6.4E\t',TOT.NU(i,:));
    fprintf(fid,'\n');
end
% --------------------------------------------------
% 输出节点力
fprintf(fid,'------------------------------------------------------------\n');
fprintf(fid,'Node Force: \n');
for i = 1:Node.number
    fprintf(fid,'% - 8d',i);
    fprintf(fid,'% - +6.4E\t',TOT.RF(i,:));
    fprintf(fid,'\n');
end
% --------------------------------------------------
% 输出单元应变
fprintf(fid,'------------------------------------------------------------\n');
fprintf(fid,'Element Strain: \n');
for i = 1:Elem.number
    fprintf(fid,'% - 8d',i);
    fprintf(fid,'% - +6.4E\t',TOT.SN(i,:));
    fprintf(fid,'\n');
end
% --------------------------------------------------
% 输出单元应力
fprintf(fid,'------------------------------------------------------------\n');
fprintf(fid,'Element Stress: \n');
for i = 1:Elem.number
    fprintf(fid,'% - 8d',i);
    fprintf(fid,'% - +6.4E\t',TOT.SS(i,:));
    fprintf(fid,'\n');
end
% --------------------------------------------------
fprintf(fid,'------------------------------------------------------------\n');
fprintf(fid,'*******分析结果打印结束**********\n\n');
fclose(fid);
end
% --------------------------------------------------
```

除了上述主程序 FEA_S.m 和 4 个子函数 Print_model()、Assembly()、Add_BC()和 Print_results()外，还需要提供另外的两个子函数。一个是后处理函数 Postprocessing()，用以通过位移列阵计算各节点位移、节点力、单元应变和单元应力等；另一个是单元信息函数 ElemKM_XX()，用以提供具体单元类型的单元刚度矩阵、单元质量矩阵、应变矩阵、应力矩阵和/或坐标变换矩阵等，因具体单元类型不同需要进行适当的修改，因此，在下面具体的算例中提供。在计算时，需要将这两个函数与前述 4 个子函数和主程序放在同一个文件夹，该文件夹称为当前工作目录。

4.8 算 例

本节对不同单元类型进行了算例测试，包括桁架、梁、平面应力板和空间问题等。

4.8.1 桁 架

在 4.7 节给出的程序中，还缺少了后处理过程。后处理过程一般可分为两类，一类是常应变单元的后处理，不需要设置应变和应力提取位置参数，例如拉压杆单元、平面 3 节点三角形单元、空间 4 节点四面体单元等；第二类是非常应变单元，需要设置应变和应力提取位置参数，例如梁元、平面双线性矩形单元、直六面体单元等。这里给出第一类后处理函数。

```
% ---------------------------------------------------------
function Postprocessing()
% ---------------------------------------------------------
%后处理过程
% TOT.NU:节点位移
% TOT.RF:节点力
% TOT.SN:单元应变
% TOT.SS:单元应力
%对于不同的单元类型,需修改 for 循环里面的单元系统矩阵的调用
%对于不同的单元类型,需修改应变和应力的提取方法
%对于常应变单元(杆元、三角形单元等),不需要设置应变和应力提取位置参数
%对于非常应变单元(梁元、矩形单元等),需要设置应变和应力提取位置参数
% ---------------------------------------------------------
global Node Elem TOT                                  %调用全局变量
% ---------------------------------------------------------
TOT.NU = reshape(TOT.U,Node.DOF_number,[])';          %提取整体节点位移
TOT.RF = reshape(TOT.K * TOT.U,Node.DOF_number,[])';  %提取节点力
TOT.SN = [];TOT.SS = [];
for p = 1:Elem.number
    [K,M,B,S,T] = ElemKM_T2(p);                       %需根据单元类型进行修改
    % -----------------------------------------------------
    V = zeros(length(Elem.conn(p,2:end)),Node.DOF_number);
    Vtemp = [Node.DOF_number * Elem.conn(p,2:end)]';
    V(:,1:Node.DOF_number) = Vtemp - ([1:Node.DOF_number] - 1);
    V = flipud(V');V = V(:);                          %单元定位向量
    % -----------------------------------------------------
    Elem_U = T * TOT.U(V);                            %单元节点位移
    Elem_epsilon = [B * Elem_U]';Elem_sigma = [S * Elem_U]';
    TOT.SN = [TOT.SN;Elem_epsilon];                   %单元应变
    TOT.SS = [TOT.SS;Elem_sigma];                     %单元应力
```

```
end
end
% -------------------------------------------------
```

拉压杆单元通常用来模拟工程中的桁架结构，根据结构特点和力作用线所在平面，可将桁架结构划分为平面桁架和空间桁架。由于两者节点自由度不同，这里分别进行讨论。

4.8.1.1 平面桁架单元

在第 3 章中，对于每一种单元类型，均使用符号计算给出了单元系统矩阵信息。对于具体的结构，只需对单元节点坐标及单元属性信息进行简单的符号替换即可。但第 3 章中的程序是通过脚本文件给出的，需要进一步改造为函数以嵌入有限元分析的主程序中。

改造的主要内容有两点。第一个为从全局变量 Node 中提取第 p 号单元的节点坐标值信息，赋值给原有的节点坐标值向量 xp 和 yp；第二个为从全局变量 Elem 中提取第 p 号单元的属性信息，赋值给程序中所需要的材料参数及截面信息。另外，在后处理中，需要通过从整体节点位移列阵中提取单元节点位移列阵，从而得到单元应变。而此时单元节点位移列阵是在全局坐标系中给出的，需要将节点位移列阵变换至局部坐标系中，所以，在函数的返回值中，包含了坐标变换矩阵 $\boldsymbol{T}$。

去掉两个测试段，程序的其余部分保持不变。

当然，在静力学分析中，不需要生成单元质量矩阵，单元属性信息中也不需要材料的密度信息，但出于统一性和兼容性的考虑，这里一并给出了这些信息。

对于平面桁架单元，修改后的单元系统矩阵信息函数如下(修改的部分进行了加粗显示)：

```
% -------------------------------------------------
function [K,M,B,S,T] = ElemKM_T2(p)
% -------------------------------------------------
% ElemKM_T2    平面 2 节点拉压杆单元，对于第 p 个单元，返回其单元信息；
% p：单元号
% K：单元刚度矩阵
% M：单元一致质量矩阵
% B：应变矩阵
% S：应力矩阵
% T：坐标变换矩阵
% ------------------
% E：材料弹性模量
% rou：材料密度
% A：杆元横截面积
% xi，xj：节点 x 向坐标值
% yi，yj：节点 y 向坐标值
% x，y：拉压杆单元物理坐标
% -------------------------------------------------
global Node Elem                           % 调用全局变量
syms x y
% -------------------------------------------------
node = Elem.conn(p,2:end);                 % 提取单元 p 的节点号
xp = Node.geom(node,2);                    % 提取单元 p 节点的 x 坐标
yp = Node.geom(node,3);                    % 提取单元 p 节点的 y 坐标
% -------------------------------------------------
E = Elem.prop(p,2);                        % 提取杆元材料弹性模量
rou = Elem.prop(p,3);                      % 提取杆元材料密度
```

```
A = Elem.prop(p,4);                                  % 提取杆元截面属性
% ---------------------------------------------------
% 生成坐标变换矩阵
L = sqrt((xp(2) - xp(1))^2 + (yp(2) - yp(1))^2); % 杆件长度
% ---------------------
e1 = [xp(2) - xp(1),yp(2) - yp(1)]; % 杆件方向的矢量
e2 = [ - e1(2),e1(1)]; % 垂直于杆件方向的矢量,保持与 e1 点积为 0 即可,不唯一
% ---------------------
e1 = e1/norm(e1);
e2 = e2/norm(e2); % 归一化
% ---------------------
e10 = [1,0];
e20 = [0,1]; % 全局坐标系 3 个坐标轴矢量
% ---------------------
lamda = [dot(e1,e10),dot(e1,e20);...
    dot(e2,e10),dot(e2,e20)]; % 节点坐标变换矩阵
T = [lamda,zeros(2);zeros(2),lamda]; % 单元坐标变换矩阵
% -------------------
% 生成形函数矩阵
NK = [1 - x/L,0,x/L,0;0,0,0,0];                 % 刚度矩阵形函数,只有 1 个方向有刚度
NM = [1 - x/L,0,x/L,0;0,1 - x/L,0,x/L];         % 质量矩阵形函数,3 个方向均分配质量
% -------------------
% 生成应变矩阵
B = diff(NK,x);                                 % 应变矩阵
% -------------------
% 生成应力矩阵
D = [E];
S = D * B;                                      % 应力矩阵
% -------------------
% 生成单元刚度矩阵
Ke = B' * E * B * A * L;
K = T' * Ke * T;                                % 刚度矩阵
% -------------------
% 生成单元质量矩阵
M = int(rou * NM' * NM,x,0,L) * A;
M = T' * M * T;                                 % 质量矩阵
% -------------------
end
% ---------------------------------------------------
```

➢ 算例1：平面3杆桁架

如图4.6所示的平面3杆桁架，在节点3处受到 x 方向的大小为1.2 kN的载荷作用，节点1处为固定铰链支座，节点2处为滑动铰链支座。所有桁架的杆件材料都为钢材，其弹性模量为200 GPa，所有单元的截面面积相同，均为2 300 mm^2，现需要求解各节点位移、支反力、各杆件的应变、应力和轴力等。

将上述信息列于 FEM_model_3bar.xlsx 中，当然也可以是任意的其他文件名。存储时需要将 Excel 文件的各 sheet 进行命名，共分5页。

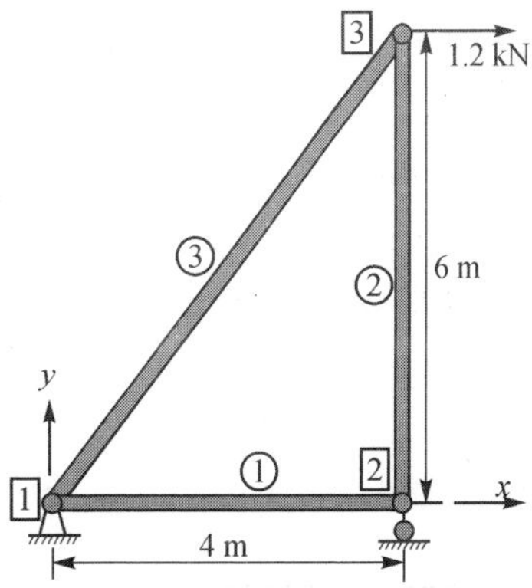

图4.6　平面3杆桁架

节点坐标值信息存储在 Node_geom 页上，信息如下：

Node	x	y
1	0	0
3	4 000	6 000
2	4 000	0

等效节点载荷信息列于 Node_load 页上，信息如下：

Node	x	y
1	0.00	0.00
2	0.00	0.00
3	1 200.00	0.00

位移边界条件信息列于 Node_BC 页上，信息如下：

Node	JX	JY	VX	VY
1	1	1	0	0
2	0	1	0	0
3	0	0	0	0

单元连接信息列于 Elem_conn 页上，信息如下：

Element	Node_i	Node_j
1	1	2
2	2	3
3	1	3

单元属性信息列于 Elem_prop 页上，信息如下：

Element	E	rou	A
1	200 000	7.80E−09	230
2	200 000	7.80E−09	230
3	200 000	7.80E−09	230

写完以上信息后，将文件存储于工作目录，即主程序所在的目录。当然，这个要求并不严格，也可以将其放在其他目录中，但生成的结果文件总是出现在工作目录中。

这里，边界条件信息的含义为：JX 和 JY 用于判断该节点上是否存在位移边界条件，存在则赋值为非 0，不存在则为 0。若某个 JX 或者 JY 不为 0，则读取相应的 VX 或 VY 的数据。VX 或 VY 存储相应位移边界条件的具体数值，可以是非零位移边界条件。

运行主程序，可在工作目录中生成两个文本文件，分别为：

(1) FEA_model.txt：有限元分析模型文件；

(2) FEA_results.txt：有限元分析结果文件。

文件 FEA_model.txt 的内容如下：

```
********打 印 模 型 数 据***********
------------------------------------------------------------
Node coordinates:
1          +0.0000E+00      +0.0000E+00
```

```
2         +4.0000E+03    +0.0000E+00
3         +4.0000E+03    +6.0000E+03
----------------------------------------------------------
Element connectivity:
1         1         2
2         2         3
3         1         3
----------------------------------------------------------
Element material properties:
1         +2.0000E+05    +7.8000E+03    +2.3000E+02
2         +2.0000E+05    +7.8000E+03    +2.3000E+02
3         +2.0000E+05    +7.8000E+03    +2.3000E+02
----------------------------------------------------------
Node loads:
1         +0.0000E+00    +0.0000E+00
2         +0.0000E+00    +0.0000E+00
3         +1.2000E+03    +0.0000E+00
----------------------------------------------------------
Node boundary conditions:
1         1         1         +0.0000E+00    +0.0000E+00
2         0         1         +0.0000E+00    +0.0000E+00
3         0         0         +0.0000E+00    +0.0000E+00
----------------------------------------------------------
*******模型数据打印结束********
```

文件 FEA_results.txt 的内容如下:

```
********打印分析结果************
----------------------------------------------------------
Node displacement:
1         +8.9135E-12+4.0758E-11
2         +8.9135E-12-2.3478E-11
3         +9.6355E-01-2.3478E-01
----------------------------------------------------------
Node Force:
1        -1.2000E+03-1.8000E+03
2        -4.1288E-23+1.8000E+03
3         +1.2000E+03    +4.1748E-14
----------------------------------------------------------
Element Strain:
1        -8.0779E-31+0.0000E+00
2        -3.9130E-05+0.0000E+00
3         +4.7029E-05+0.0000E+00
----------------------------------------------------------
Element Stress:
1        -1.6156E-25+0.0000E+00
2        -7.8261E+00+0.0000E+00
3         +9.4058E+00    +0.0000E+00
----------------------------------------------------------
*******分析结果打印结束*********
```

从分析结果可以看出,节点3的x位移为0.963 55 mm,y向位移为0.234 78 mm。杆1内的应力为0,杆2内的应力为7.826 1 MPa,为压应力,杆3的应力为9.405 8 MPa,为拉应力。

需要指出的是，除了在工作目录下生成的结果文件外，系统的矩阵信息在 MATLAB 中仍然可以被调用，可用于在命令行窗口显示，也可用于后续的程序编制和开发。

➢ **算例 2：平面 10 杆桁架**

考察如图 4.1 的所示的平面 10 杆桁架结构，共包含 6 个节点和 10 个单元，前处理文件如第 4.2 节所示。

运行主程序，选择前处理文件，可在当前工作目录下得到两个文本文件，分别为：

(3) FEA_model. txt：有限元分析模型文件；

(4) FEA_results. txt：有限元分析结果文件。

文件 FEA_model. txt 的内容如下：

```
*********打印模型数据***********
------------------------------------------------------------
Node coordinates:
1        +0.0000E+00     -1.0000E+03
2        +2.0000E+03     -1.0000E+03
3        +4.0000E+03     -1.0000E+03
4        +4.0000E+03     +1.0000E+03
5        +2.0000E+03     +1.0000E+03
6        +0.0000E+00     +1.0000E+03
------------------------------------------------------------
Element connectivity:
1        1        2
2        2        3
3        3        4
4        4        5
5        5        6
6        6        2
7        1        5
8        5        2
9        5        3
10       2        4
------------------------------------------------------------
Element material properties:
1        +2.0000E+05     +2.7000E-09     +1.0000E+02
2        +2.0000E+05     +2.7000E-09     +1.0000E+02
3        +2.0000E+05     +2.7000E-09     +1.0000E+02
4        +2.0000E+05     +2.7000E-09     +1.0000E+02
5        +2.0000E+05     +2.7000E-09     +1.0000E+02
6        +2.0000E+05     +2.7000E-09     +1.0000E+02
7        +2.0000E+05     +2.7000E-09     +1.0000E+02
8        +2.0000E+05     +2.7000E-09     +1.0000E+02
9        +2.0000E+05     +2.7000E-09     +1.0000E+02
10       +2.0000E+05     +2.7000E-09     +1.0000E+02
------------------------------------------------------------
Node loads:
1        +0.0000E+00     +0.0000E+00
2        +0.0000E+00     +0.0000E+00
3        +0.0000E+00     -8.8000E+03
4        +1.2000E+04     +0.0000E+00
5        +0.0000E+00     +0.0000E+00
6        +0.0000E+00     +0.0000E+00
```

```
------------------------------------------------------------
Node boundary conditions:
1      1      1      +0.0000E+00      +0.0000E+00
2      0      0      +0.0000E+00      +0.0000E+00
3      0      0      +0.0000E+00      +0.0000E+00
4      0      0      +0.0000E+00      +0.0000E+00
5      0      0      +0.0000E+00      +0.0000E+00
6      1      1      -1.0000E-01      +0.0000E+00
------------------------------------------------------------
********模型数据打印结束********
```

文件 FEA_results.txt 的内容如下：

```
********打印分析结果************
------------------------------------------------------------
Node displacement:
1      -1.3003E-10      -9.0385E-11
2      -1.4404E+00      -2.9256E+00
3      -2.0378E+00      -9.2303E+00
4      +3.7822E+00      -8.9477E+00
5      +2.2996E+00      -3.2034E+00
6      -1.0000E-01      -1.5852E-10
------------------------------------------------------------
Node Force:
1      +1.7600E+04      +3.1956E+03
2      -5.7468E-13      +9.4423E-12
3      +7.7292E-12      -8.8000E+03
4      +1.2000E+04      +1.6684E-12
5      +4.6574E-12      -2.3977E-11
6      -2.9600E+04      +5.6044E+03
------------------------------------------------------------
Element Strain:
1      -7.2022E-04      +0.0000E+00
2      -2.9868E-04      +0.0000E+00
3      +1.4132E-04      +0.0000E+00
4      +7.4132E-04      +0.0000E+00
5      +1.1998E-03      +0.0000E+00
6      +3.9629E-04      +0.0000E+00
7      -2.2596E-04      +0.0000E+00
8      -1.3890E-04      +0.0000E+00
9      +4.2239E-04      +0.0000E+00
10     -1.9986E-04      +0.0000E+00
------------------------------------------------------------
Element Stress:
1      -1.4404E+02      +0.0000E+00
2      -5.9736E+01      +0.0000E+00
3      +2.8264E+01      +0.0000E+00
4      +1.4826E+02      +0.0000E+00
5      +2.3996E+02      +0.0000E+00
6      +7.9258E+01      +0.0000E+00
7      -4.5192E+01      +0.0000E+00
8      -2.7780E+01      +0.0000E+00
9      +8.4479E+01      +0.0000E+00
10     -3.9972E+01      +0.0000E+00
```

```
----------------------------------------------------
*******分析结果打印结束*********
```

4.8.1.2 空间桁架单元

对第 3 章中的空间桁架程序进行改造，以获得单元矩阵信息函数并嵌入有限元分析的主程序中。

改造的主要内容有两点。第一个为从全局变量 Node 中提取第 p 号单元的节点坐标值信息，赋值给原有的节点坐标值向量 xp 和 yp；第二个为从全局变量 Elem 中提取第 p 号单元的属性信息，赋值给程序中所需要的材料参数及截面信息。另外，在后处理中，需要通过从整体节点位移列阵中提取单元节点位移列阵，从而得到单元应变。而此时单元节点位移列阵是在全局坐标系中给出的，需要将节点位移列阵变换至局部坐标系中，所以，在函数的返回值中，包含了坐标变换矩阵 ***T***。

去掉两个测试段，程序的其余部分保持不变。

对于空间桁架单元，修改后的单元系统矩阵信息函数如下（修改的部分进行了加粗显示）：

```
% ---------------------------------------------------
% ElemKMS_T3    空间 2 节点拉压杆单元
% K：单元刚度矩阵
% M：单元一致质量矩阵
% B：应变矩阵
% S：应力矩阵
% ------------------
% E：材料弹性模量
% rou：材料密度
% A：杆元横截面积
% xi，xj：节点 x 向坐标值
% yi，yj：节点 y 向坐标值
% zi，zj：节点 z 向坐标值
% x，y，z：拉压杆单元物理坐标
% ---------------------------------------------------
%声明符号变量
syms E rou A real
syms xi xj real
syms yi yj real
syms zi zj real
syms x y z real
% ------------------
%向量化
P = [E rou A];
xp = [xi xj];
yp = [yi yj];
zp = [zi zj];
% ------------------
%生成坐标变换矩阵
L = sqrt((xp(2) - xp(1))^2 + (yp(2) - yp(1))^2 + (zp(2) - zp(1))^2); %杆件长度
% --------------------
e1 = [xp(2) - xp(1),yp(2) - yp(1),zp(2) - zp(1)]; %杆件方向的矢量
e2 = [ - e1(2),e1(1),0]; %垂直于杆件方向的矢量,保持与 e1 点积为 0 即可,不唯一
e3 = cross(e1,e2); %通过叉积生成右手坐标系中的第 3 个矢量
% --------------------
```

```
e1 = e1/norm(e1);
e2 = e2/norm(e2);
e3 = e3/norm(e3); % 归一化
% ---------------------
e10 = [1,0,0];
e20 = [0,1,0];
e30 = [0,0,1]; % 全局坐标系 3 个坐标轴矢量
% ---------------------
lamda = [dot(e1,e10),dot(e1,e20),dot(e1,e30);...
    dot(e2,e10),dot(e2,e20),dot(e2,e30);...
    dot(e3,e10),dot(e3,e20),dot(e3,e30)]; % 节点坐标变换矩阵
T = [lamda,zeros(3);zeros(3),lamda]; % 单元坐标变换矩阵
% -------------------
% 生成形函数矩阵
NK = [1 - x/L,0,0,x/L,0,0;...
    0 0 0 0 0 0;...
    0 0 0 0 0 0];                          % 刚度矩阵形函数,只有 1 个方向有刚度
NM = [1 - x/L,0,0,x/L,0,0;...
    0,1 - x/L,0,0,x/L,0;...
    0,0,1 - x/L,0,0,x/L];                  % 质量矩阵形函数,3 个方向均分配质量
% -------------------
% 生成应变矩阵
B = diff(NK,x);                            % 应变矩阵
% -------------------
% 生成应力矩阵
D = [E];
S = D * B;                                 % 应力矩阵
% -------------------
% 生成单元刚度矩阵
K = B' * E * B * A * L;
K = T' * K * T;                            % 刚度矩阵
% -------------------
% 生成单元质量矩阵
M = int(rou * NM' * NM,x,0,L) * A;
M = T' * M * T;                            % 质量矩阵
% ------------------------------------------------
```

> **算例 3：空间 72 杆桁架**

图 4.7 所示的空间桁架由 72 杆构成。所有桁架的杆件材料都为钢材，其弹性模量为 200 GPa，所有单元的截面面积相同，均为 2 500 mm^2。在节点 20 的 x 方向上施加一大小为 50 000 N 的力，求各杆内力。

将上述信息列于文件 FEM_model_72bar. xlsx 中并运行主程序，在工作目录下生成两个文本文件，一个是用于存储模型信息的 FEA_model. txt，另一个是用来存储有限元分析结果的 FEA_results. txt，分别为

```
******** 打 印 模 型 数 据 ***********
---------------------------------------------------
Node coordinates:
1        +0.0000E+00     +0.0000E+00     +0.0000E+00
2        +1.0000E+03     +0.0000E+00     +0.0000E+00
3        +1.0000E+03     +1.0000E+03     +0.0000E+00
4        +0.0000E+00     +1.0000E+03     +0.0000E+00
```

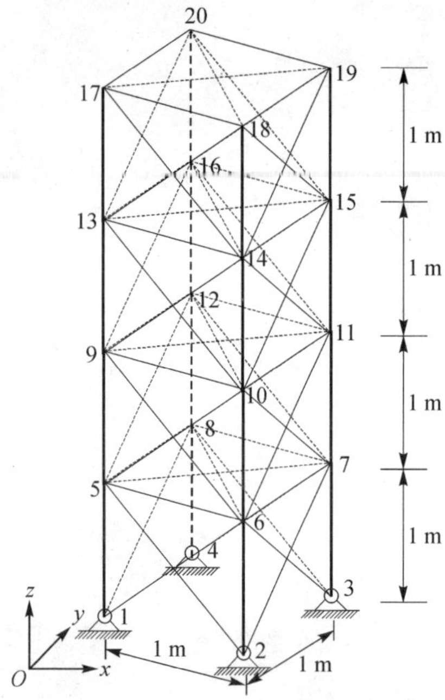

图 4.7　空间 72 杆桁架

```
5          +0.0000E+00      +0.0000E+00      +1.0000E+03
6          +1.0000E+03      +0.0000E+00      +1.0000E+03
7          +1.0000E+03      +1.0000E+03      +1.0000E+03
8          +0.0000E+00      +1.0000E+03      +1.0000E+03
9          +0.0000E+00      +0.0000E+00      +2.0000E+03
10         +1.0000E+03      +0.0000E+00      +2.0000E+03
11         +1.0000E+03      +1.0000E+03      +2.0000E+03
12         +0.0000E+00      +1.0000E+03      +2.0000E+03
13         +0.0000E+00      +0.0000E+00      +3.0000E+03
14         +1.0000E+03      +0.0000E+00      +3.0000E+03
15         +1.0000E+03      +1.0000E+03      +3.0000E+03
16         +0.0000E+00      +1.0000E+03      +3.0000E+03
17         +0.0000E+00      +0.0000E+00      +4.0000E+03
18         +1.0000E+03      +0.0000E+00      +4.0000E+03
19         +1.0000E+03      +1.0000E+03      +4.0000E+03
20         +0.0000E+00      +1.0000E+03      +4.0000E+03
-------------------------------------------------------------
Element connectivity:
1          1          5
2          2          6
3          3          7
4          4          8
5          5          6
6          6          7
7          7          8
8          8          5
9          5          7
10         6          8
11         1          6
12         2          5
```

```
13      2      7
14      3      6
15      3      8
16      4      7
17      4      5
18      1      8
19      5      9
20      6      10
21      7      11
22      8      12
23      9      10
24      10     11
25      11     12
26      12     9
27      9      11
28      10     12
29      5      10
30      6      9
31      6      11
32      7      10
33      7      12
34      8      11
35      8      9
36      5      12
37      9      13
38      10     14
39      11     15
40      12     16
41      13     14
42      14     15
43      15     16
44      16     13
45      13     15
46      14     16
47      9      14
48      10     13
49      10     15
50      11     14
51      11     16
52      12     15
53      12     13
54      9      16
55      13     17
56      14     18
57      15     19
58      16     20
59      17     18
60      18     19
61      19     20
62      20     17
63      17     19
64      18     20
65      13     18
66      14     17
```

```
67        14        19
68        15        18
69        15        20
70        16        19
71        16        17
72        13        20
------------------------------------------------------------
Element material properties:
1         +2.0000E+05     +7.8000E-09     +2.5000E+03
2         +2.0000E+05     +7.8000E-09     +2.5000E+03
3         +2.0000E+05     +7.8000E-09     +2.5000E+03
4         +2.0000E+05     +7.8000E-09     +2.5000E+03
5         +2.0000E+05     +7.8000E-09     +2.5000E+03
6         +2.0000E+05     +7.8000E-09     +2.5000E+03
7         +2.0000E+05     +7.8000E-09     +2.5000E+03
8         +2.0000E+05     +7.8000E-09     +2.5000E+03
9         +2.0000E+05     +7.8000E-09     +2.5000E+03
10        +2.0000E+05     +7.8000E-09     +2.5000E+03
11        +2.0000E+05     +7.8000E-09     +2.5000E+03
12        +2.0000E+05     +7.8000E-09     +2.5000E+03
13        +2.0000E+05     +7.8000E-09     +2.5000E+03
14        +2.0000E+05     +7.8000E-09     +2.5000E+03
15        +2.0000E+05     +7.8000E-09     +2.5000E+03
16        +2.0000E+05     +7.8000E-09     +2.5000E+03
17        +2.0000E+05     +7.8000E-09     +2.5000E+03
18        +2.0000E+05     +7.8000E-09     +2.5000E+03
19        +2.0000E+05     +7.8000E-09     +2.5000E+03
20        +2.0000E+05     +7.8000E-09     +2.5000E+03
21        +2.0000E+05     +7.8000E-09     +2.5000E+03
22        +2.0000E+05     +7.8000E-09     +2.5000E+03
23        +2.0000E+05     +7.8000E-09     +2.5000E+03
24        +2.0000E+05     +7.8000E-09     +2.5000E+03
25        +2.0000E+05     +7.8000E-09     +2.5000E+03
26        +2.0000E+05     +7.8000E-09     +2.5000E+03
27        +2.0000E+05     +7.8000E-09     +2.5000E+03
28        +2.0000E+05     +7.8000E-09     +2.5000E+03
29        +2.0000E+05     +7.8000E-09     +2.5000E+03
30        +2.0000E+05     +7.8000E-09     +2.5000E+03
31        +2.0000E+05     +7.8000E-09     +2.5000E+03
32        +2.0000E+05     +7.8000E-09     +2.5000E+03
33        +2.0000E+05     +7.8000E-09     +2.5000E+03
34        +2.0000E+05     +7.8000E-09     +2.5000E+03
35        +2.0000E+05     +7.8000E-09     +2.5000E+03
36        +2.0000E+05     +7.8000E-09     +2.5000E+03
37        +2.0000E+05     +7.8000E-09     +2.5000E+03
38        +2.0000E+05     +7.8000E-09     +2.5000E+03
39        +2.0000E+05     +7.8000E-09     +2.5000E+03
40        +2.0000E+05     +7.8000E-09     +2.5000E+03
41        +2.0000E+05     +7.8000E-09     +2.5000E+03
42        +2.0000E+05     +7.8000E-09     +2.5000E+03
43        +2.0000E+05     +7.8000E-09     +2.5000E+03
44        +2.0000E+05     +7.8000E-09     +2.5000E+03
45        +2.0000E+05     +7.8000E-09     +2.5000E+03
46        +2.0000E+05     +7.8000E-09     +2.5000E+03
```

```
47      +2.0000E+05     +7.8000E-09     +2.5000E+03
48      +2.0000E+05     +7.8000E-09     +2.5000E+03
49      +2.0000E+05     +7.8000E-09     +2.5000E+03
50      +2.0000E+05     +7.8000E-09     +2.5000E+03
51      +2.0000E+05     +7.8000E-09     +2.5000E+03
52      +2.0000E+05     +7.8000E-09     +2.5000E+03
53      +2.0000E+05     +7.8000E-09     +2.5000E+03
54      +2.0000E+05     +7.8000E-09     +2.5000E+03
55      +2.0000E+05     +7.8000E-09     +2.5000E+03
56      +2.0000E+05     +7.8000E-09     +2.5000E+03
57      +2.0000E+05     +7.8000E-09     +2.5000E+03
58      +2.0000E+05     +7.8000E-09     +2.5000E+03
59      +2.0000E+05     +7.8000E-09     +2.5000E+03
60      +2.0000E+05     +7.8000E-09     +2.5000E+03
61      +2.0000E+05     +7.8000E-09     +2.5000E+03
62      +2.0000E+05     +7.8000E-09     +2.5000E+03
63      +2.0000E+05     +7.8000E-09     +2.5000E+03
64      +2.0000E+05     +7.8000E-09     +2.5000E+03
65      +2.0000E+05     +7.8000E-09     +2.5000E+03
66      +2.0000E+05     +7.8000E-09     +2.5000E+03
67      +2.0000E+05     +7.8000E-09     +2.5000E+03
68      +2.0000E+05     +7.8000E-09     +2.5000E+03
69      +2.0000E+05     +7.8000E-09     +2.5000E+03
70      +2.0000E+05     +7.8000E-09     +2.5000E+03
71      +2.0000E+05     +7.8000E-09     +2.5000E+03
72      +2.0000E+05     +7.8000E-09     +2.5000E+03
-----------------------------------------------------------------
Node loads:
1       +0.0000E+00     +0.0000E+00     +0.0000E+00
2       +0.0000E+00     +0.0000E+00     +0.0000E+00
3       +0.0000E+00     +0.0000E+00     +0.0000E+00
4       +0.0000E+00     +0.0000E+00     +0.0000E+00
5       +0.0000E+00     +0.0000E+00     +0.0000E+00
6       +0.0000E+00     +0.0000E+00     +0.0000E+00
7       +0.0000E+00     +0.0000E+00     +0.0000E+00
8       +0.0000E+00     +0.0000E+00     +0.0000E+00
9       +0.0000E+00     +0.0000E+00     +0.0000E+00
10      +0.0000E+00     +0.0000E+00     +0.0000E+00
11      +0.0000E+00     +0.0000E+00     +0.0000E+00
12      +0.0000E+00     +0.0000E+00     +0.0000E+00
13      +0.0000E+00     +0.0000E+00     +0.0000E+00
14      +0.0000E+00     +0.0000E+00     +0.0000E+00
15      +0.0000E+00     +0.0000E+00     +0.0000E+00
16      +0.0000E+00     +0.0000E+00     +0.0000E+00
17      +0.0000E+00     +0.0000E+00     +0.0000E+00
18      +0.0000E+00     +0.0000E+00     +0.0000E+00
19      +0.0000E+00     +0.0000E+00     +0.0000E+00
20      +5.0000E+04     +0.0000E+00     +0.0000E+00
-----------------------------------------------------------------
Node boundary conditions:
1       1       1       1       +0.0000E+00     +0.0000E+00     +0.0000E+00
2       1       1       1       +0.0000E+00     +0.0000E+00     +0.0000E+00
3       1       1       1       +0.0000E+00     +0.0000E+00     +0.0000E+00
4       1       1       1       +0.0000E+00     +0.0000E+00     +0.0000E+00
```

```
5    0    0    0    +0.0000E+00    +0.0000E+00    +0.0000E+00
6    0    0    0    +0.0000E+00    +0.0000E+00    +0.0000E+00
7    0    0    0    +0.0000E+00    +0.0000E+00    +0.0000E+00
8    0    0    0    +0.0000E+00    +0.0000E+00    +0.0000E+00
9    0    0    0    +0.0000E+00    +0.0000E+00    +0.0000E+00
10   0    0    0    +0.0000E+00    +0.0000E+00    +0.0000E+00
11   0    0    0    +0.0000E+00    +0.0000E+00    +0.0000E+00
12   0    0    0    +0.0000E+00    +0.0000E+00    +0.0000E+00
13   0    0    0    +0.0000E+00    +0.0000E+00    +0.0000E+00
14   0    0    0    +0.0000E+00    +0.0000E+00    +0.0000E+00
15   0    0    0    +0.0000E+00    +0.0000E+00    +0.0000E+00
16   0    0    0    +0.0000E+00    +0.0000E+00    +0.0000E+00
17   0    0    0    +0.0000E+00    +0.0000E+00    +0.0000E+00
18   0    0    0    +0.0000E+00    +0.0000E+00    +0.0000E+00
19   0    0    0    +0.0000E+00    +0.0000E+00    +0.0000E+00
20   0    0    0    +0.0000E+00    +0.0000E+00    +0.0000E+00
------------------------------------------------------------
*******模型数据打印结束*********
********打印分析结果*************
------------------------------------------------------------
Node displacement:
1     +3.5444E-12+1.4305E-11     +1.1720E-11
2     +3.5437E-12-1.4308E-11     -1.1720E-11
3     +1.0596E-11+7.2195E-12     -1.1711E-11
4     +1.0600E-11-7.2171E-12     +1.1711E-11
5     +1.7241E-01+6.4798E-02     +1.3697E-01
6     +1.7241E-01-6.4767E-02     -1.3696E-01
7     +2.4294E-01-6.1387E-03     -1.3694E-01
8     +2.4289E-01+6.1215E-03     +1.3693E-01
9     +5.8617E-01+8.7640E-02     +2.4095E-01
10    +5.8621E-01-8.7849E-02     -2.4100E-01
11    +7.2692E-01-5.4073E-02     -2.4169E-01
12    +7.2738E-01+5.4207E-02     +2.4175E-01
13    +1.1654E+00    +1.1438E-01    +3.0142E-01
14    +1.1649E+00    -1.1291E-01    -3.0106E-01
15    +1.3811E+00    -9.7140E-02    -3.0577E-01
16    +1.3769E+00    +9.6484E-02    +3.0514E-01
17    +1.8186E+00    +1.3111E-01    +3.1996E-01
18    +1.8232E+00    -1.3885E-01    -3.2212E-01
19    +2.1003E+00    -1.3111E-01    -3.2433E-01
20    +2.1405E+00    +1.3119E-01    +3.3164E-01
------------------------------------------------------------
Node Force:
1     -6.2656E+03-2.5288E+04     -1.0004E+05
2     -6.2644E+03+2.5292E+04     +1.0004E+05
3     -1.8731E+04-1.2762E+04     +9.9962E+04
4     -1.8739E+04+1.2758E+04     -9.9962E+04
5     -1.6699E-11-1.2495E-11     +9.3326E-12
6     -2.1715E-11+8.3554E-13     +2.2663E-11
7     +2.7047E-11+2.1471E-12     -1.2495E-11
8     -4.2820E-11+7.3886E-12     -7.4285E-11
9     -7.8980E-11+2.5895E-11     +4.0447E-11
10    -3.8714E-11+1.5154E-11     -8.6710E-11
11    +2.5036E-11+1.3496E-11     -1.1235E-10
```

```
12        -2.0313E-10-1.6886E-11      +4.1460E-11
13        +2.4456E-10+6.0598E-12      +2.0612E-11
14        -1.7755E-10+6.0562E-11      -9.9509E-11
15        +6.6700E-11+2.4646E-11      -8.4921E-12
16        -7.7681E-11-1.7475E-11      +1.8070E-10
17        +4.4226E-10-4.0036E-11      -1.1258E-10
18        +2.0463E-10-8.8216E-11      +8.8642E-11
19        +2.5048E-10-9.6302E-12      +6.6165E-11
20        +5.0000E+04      +4.4872E-11      +1.5663E-11
------------------------------------------------------------------
Element Strain:
1         +1.3697E-04+0.0000E+00      +0.0000E+00
2         -1.3696E-04+0.0000E+00      +0.0000E+00
3         -1.3694E-04+0.0000E+00      +0.0000E+00
4         +1.3693E-04+0.0000E+00      +0.0000E+00
5         +7.0099E-10+0.0000E+00      +0.0000E+00
6         +5.8628E-05+0.0000E+00      +0.0000E+00
7         +5.1500E-08+0.0000E+00      +0.0000E+00
8         -5.8676E-05+0.0000E+00      +0.0000E+00
9         -2.0062E-07+0.0000E+00      +0.0000E+00
10        +2.0282E-07+0.0000E+00      +0.0000E+00
11        +1.7722E-05+0.0000E+00      +0.0000E+00
12        -1.7718E-05+0.0000E+00      +0.0000E+00
13        -7.1538E-05+0.0000E+00      +0.0000E+00
14        -3.6098E-05+0.0000E+00      +0.0000E+00
15        -5.2979E-05+0.0000E+00      +0.0000E+00
16        +5.3002E-05+0.0000E+00      +0.0000E+00
17        +3.6085E-05+0.0000E+00      +0.0000E+00
18        +7.1526E-05+0.0000E+00      +0.0000E+00
19        +1.0398E-04+0.0000E+00      +0.0000E+00
20        -1.0403E-04+0.0000E+00      +0.0000E+00
21        -1.0476E-04+0.0000E+00      +0.0000E+00
22        +1.0482E-04+0.0000E+00      +0.0000E+00
23        +3.3490E-08+0.0000E+00      +0.0000E+00
24        +3.3776E-05+0.0000E+00      +0.0000E+00
25        -4.5707E-07+0.0000E+00      +0.0000E+00
26        -3.3433E-05+0.0000E+00      +0.0000E+00
27        -4.8319E-07+0.0000E+00      +0.0000E+00
28        +4.4242E-07+0.0000E+00      +0.0000E+00
29        +1.7918E-05+0.0000E+00      +0.0000E+00
30        -1.7926E-05+0.0000E+00      +0.0000E+00
31        -4.7018E-05+0.0000E+00      +0.0000E+00
32        -1.1174E-05+0.0000E+00      +0.0000E+00
33        -5.2874E-05+0.0000E+00      +0.0000E+00
34        +5.2704E-05+0.0000E+00      +0.0000E+00
35        +1.1252E-05+0.0000E+00      +0.0000E+00
36        +4.7096E-05+0.0000E+00      +0.0000E+00
37        +6.0463E-05+0.0000E+00      +0.0000E+00
38        -6.0062E-05+0.0000E+00      +0.0000E+00
39        -6.4080E-05+0.0000E+00      +0.0000E+00
40        +6.3384E-05+0.0000E+00      +0.0000E+00
41        -5.2694E-07+0.0000E+00      +0.0000E+00
42        +1.5769E-05+0.0000E+00      +0.0000E+00
43        +4.1595E-06+0.0000E+00      +0.0000E+00
```

```
44        -1.7899E-05 +0.0000E+00    +0.0000E+00
45        +2.0496E-06 +0.0000E+00    +0.0000E+00
46        -1.2982E-06 +0.0000E+00    +0.0000E+00
47        +1.8362E-05 +0.0000E+00    +0.0000E+00
48        -1.8408E-05 +0.0000E+00    +0.0000E+00
49        -3.7034E-05 +0.0000E+00    +0.0000E+00
50        -2.6445E-07 +0.0000E+00    +0.0000E+00
51        -5.1574E-05 +0.0000E+00    +0.0000E+00
52        +5.3078E-05 +0.0000E+00    +0.0000E+00
53        -2.5604E-07 +0.0000E+00    +0.0000E+00
54        +3.6513E-05 +0.0000E+00    +0.0000E+00
55        +1.8541E-05 +0.0000E+00    +0.0000E+00
56        -2.1062E-05 +0.0000E+00    +0.0000E+00
57        -1.8563E-05 +0.0000E+00    +0.0000E+00
58        +2.6510E-05 +0.0000E+00    +0.0000E+00
59        +4.6191E-06 +0.0000E+00    +0.0000E+00
60        +7.7448E-06 +0.0000E+00    +0.0000E+00
61        -4.0146E-05 +0.0000E+00    +0.0000E+00
62        +8.2415E-08 +0.0000E+00    +0.0000E+00
63        +9.7857E-06 +0.0000E+00    +0.0000E+00
64        -2.3636E-05 +0.0000E+00    +0.0000E+00
65        +1.7103E-05 +0.0000E+00    +0.0000E+00
66        -1.6318E-05 +0.0000E+00    +0.0000E+00
67        -2.0738E-05 +0.0000E+00    +0.0000E+00
68        +1.2683E-05 +0.0000E+00    +0.0000E+00
69        -6.1010E-05 +0.0000E+00    +0.0000E+00
70        +4.6990E-05 +0.0000E+00    +0.0000E+00
71        -9.9023E-06 +0.0000E+00    +0.0000E+00
72        +2.3519E-05 +0.0000E+00    +0.0000E+00
-------------------------------------------------------------
Element Stress:
1         +2.7394E+01      +0.0000E+00      +0.0000E+00
2         -2.7392E+01 +0.0000E+00    +0.0000E+00
3         -2.7387E+01 +0.0000E+00    +0.0000E+00
4         +2.7386E+01      +0.0000E+00      +0.0000E+00
5         +1.4020E-04 +0.0000E+00    +0.0000E+00
6         +1.1726E+01      +0.0000E+00      +0.0000E+00
7         +1.0300E-02 +0.0000E+00    +0.0000E+00
8         -1.1735E+01 +0.0000E+00    +0.0000E+00
9         -4.0124E-02 +0.0000E+00    +0.0000E+00
10        +4.0565E-02 +0.0000E+00    +0.0000E+00
11        +3.5444E+00      +0.0000E+00      +0.0000E+00
12        -3.5437E+00 +0.0000E+00    +0.0000E+00
13        -1.4308E+01 +0.0000E+00    +0.0000E+00
14        -7.2195E+00 +0.0000E+00    +0.0000E+00
15        -1.0596E+01 +0.0000E+00    +0.0000E+00
16        +1.0600E+01      +0.0000E+00      +0.0000E+00
17        +7.2171E+00      +0.0000E+00      +0.0000E+00
18        +1.4305E+01      +0.0000E+00      +0.0000E+00
19        +2.0797E+01      +0.0000E+00      +0.0000E+00
20        -2.0807E+01 +0.0000E+00    +0.0000E+00
21        -2.0951E+01 +0.0000E+00    +0.0000E+00
22        +2.0964E+01      +0.0000E+00      +0.0000E+00
23        +6.6980E-03 +0.0000E+00    +0.0000E+00
```

```
24      +6.7551E+00     +0.0000E+00     +0.0000E+00
25      -9.1413E-02 +0.0000E+00     +0.0000E+00
26      -6.6867E+00 +0.0000E+00     +0.0000E+00
27      -9.6638E-02 +0.0000E+00     +0.0000E+00
28      +8.8484E-02 +0.0000E+00     +0.0000E+00
29      +3.5836E+00     +0.0000E+00     +0.0000E+00
30      -3.5851E+00 +0.0000E+00     +0.0000E+00
31      -9.4036E+00 +0.0000E+00     +0.0000E+00
32      -2.2349E+00 +0.0000E+00     +0.0000E+00
33      -1.0575E+01 +0.0000E+00     +0.0000E+00
34      +1.0541E+01     +0.0000E+00     +0.0000E+00
35      +2.2504E+00     +0.0000E+00     +0.0000E+00
36      +9.4191E+00     +0.0000E+00     +0.0000E+00
37      +1.2093E+01     +0.0000E+00     +0.0000E+00
38      -1.2012E+01 +0.0000E+00     +0.0000E+00
39      -1.2816E+01 +0.0000E+00     +0.0000E+00
40      +1.2677E+01     +0.0000E+00     +0.0000E+00
41      -1.0539E-01 +0.0000E+00     +0.0000E+00
42      +3.1539E+00     +0.0000E+00     +0.0000E+00
43      +8.3190E-01 +0.0000E+00     +0.0000E+00
44      -3.5798E+00 +0.0000E+00     +0.0000E+00
45      +4.0993E-01 +0.0000E+00     +0.0000E+00
46      -2.5964E-01 +0.0000E+00     +0.0000E+00
47      +3.6723E+00     +0.0000E+00     +0.0000E+00
48      -3.6816E+00 +0.0000E+00     +0.0000E+00
49      -7.4068E+00 +0.0000E+00     +0.0000E+00
50      -5.2890E-02 +0.0000E+00     +0.0000E+00
51      -1.0315E+01 +0.0000E+00     +0.0000E+00
52      +1.0616E+01     +0.0000E+00     +0.0000E+00
53      -5.1209E-02 +0.0000E+00     +0.0000E+00
54      +7.3027E+00     +0.0000E+00     +0.0000E+00
55      +3.7081E+00     +0.0000E+00     +0.0000E+00
56      -4.2124E+00 +0.0000E+00     +0.0000E+00
57      -3.7125E+00 +0.0000E+00     +0.0000E+00
58      +5.3020E+00     +0.0000E+00     +0.0000E+00
59      +9.2382E-01 +0.0000E+00     +0.0000E+00
60      +1.5490E+00     +0.0000E+00     +0.0000E+00
61      -8.0293E+00 +0.0000E+00     +0.0000E+00
62      +1.6483E-02 +0.0000E+00     +0.0000E+00
63      +1.9571E+00     +0.0000E+00     +0.0000E+00
64      -4.7272E+00 +0.0000E+00     +0.0000E+00
65      +3.4207E+00     +0.0000E+00     +0.0000E+00
66      -3.2636E+00 +0.0000E+00     +0.0000E+00
67      -4.1477E+00 +0.0000E+00     +0.0000E+00
68      +2.5366E+00     +0.0000E+00     +0.0000E+00
69      -1.2202E+01 +0.0000E+00     +0.0000E+00
70      +9.3980E+00     +0.0000E+00     +0.0000E+00
71      -1.9805E+00 +0.0000E+00     +0.0000E+00
72      +4.7039E+00     +0.0000E+00     +0.0000E+00
--------------------------------------------------------
*******分析结果打印结束*********
```

4.8.2　梁

如前所述，在 4.7 节给出的程序中，还缺少了后处理过程。对于梁元来讲，在提取梁单元内部应变和应力值时，需要设置应变和应力提取位置参数。这需要在后处理过程中给出额外的参数进行指定。下面是用来处理梁单元的第二类后处理函数。

```
% ------------------------------------------------
function Postprocessing()
% ------------------------------------------------
%后处理过程
% TOT.NU：节点位移
% TOT.RF：节点力
% TOT.SN：单元应变
% TOT.SS：单元应力
%对于不同的单元类型，需修改 for 循环里面的单元系统矩阵的调用
%对于不同的单元类型，需修改应变和应力的提取方法
%对于常应变单元(杆元、三角形单元等)，不需要设置应变和应力提取位置参数
%对于非常应变单元(梁元、矩形单元等)，需要设置应变和应力提取位置参数
% ------------------------------------------------
global Node Elem TOT                                %调用全局变量
syms ksi yf yc real                                 % 应变和应力提取位置参数
% ------------------------------------------------
TOT.NU = reshape(TOT.U,Node.DOF_number,[])';        %提取整体节点位移
TOT.RF = reshape(TOT.K * TOT.U,Node.DOF_number,[])'; %提取节点力
TOT.SN = [];TOT.SS = [];
for p = 1:Elem.number
    [K,M,B,S,T] = ElemKM_B2(p);                     %需根据单元类型进行修改
    % ------------------------------------------------
    V = zeros(length(Elem.conn(p,2:end)),Node.DOF_number);
    Vtemp = [Node.DOF_number * Elem.conn(p,2:end)]';
    V(:,1:Node.DOF_number) = Vtemp - ([1:Node.DOF_number] - 1);
    V = flipud(V');V = V(:);                        %单元定位向量
    % ------------------------------------------------
    Elem_U = T * TOT.U(V);                          %单元节点位移
    Elem_epsilon = [B * Elem_U]';Elem_sigma = [S * Elem_U]';
    TOT.SN = [TOT.SN;Elem_epsilon];                 %单元应变
    TOT.SS = [TOT.SS;Elem_sigma];                   %单元应力
end
ksic = 0.5;   yc = 0.1;                             %应变和应力提取位置参数
TOT.SN = double(subs(TOT.SN,[ksi,yf],[ksic,yc]));   %提取点处的应变
TOT.SS = double(subs(TOT.SS,[ksi,yf],[ksic,yc]));   %提取点处的应力
end
% ------------------------------------------------
```

若为空间梁元，则后处理函数应改为：

```
% ------------------------------------------------
function Postprocessing()
% ------------------------------------------------
%后处理过程
% TOT.NU：节点位移
% TOT.RF：节点力
% TOT.SN：单元应变
% TOT.SS：单元应力
%对于不同的单元类型，需修改 for 循环里面的单元系统矩阵的调用
%对于不同的单元类型，需修改应变和应力的提取方法
%对于常应变单元(杆元、三角形单元等)，不需要设置应变和应力提取位置参数
%对于非常应变单元(梁元、矩形单元等)，需要设置应变和应力提取位置参数
```

```
% ---------------------------------------------------------
global Node Elem TOT                                         % 调用全局变量
syms ksi y z yc zc real                                      % 应变和应力提取位置参数
% ---------------------------------------------------------
TOT.NU = reshape(TOT.U,Node.DOF_number,[])';                 % 提取整体节点位移
TOT.RF = reshape(TOT.K * TOT.U,Node.DOF_number,[])';         % 提取节点力
TOT.SN = [];TOT.SS = [];
for p = 1:Elem.number
    [K,M,B,S,T] = ElemKM_B3(p);                              % 需根据单元类型进行修改
    % ---------------------------------------------------------
    V = zeros(length(Elem.conn(p,2:end)),Node.DOF_number);
    Vtemp = [Node.DOF_number * Elem.conn(p,2:end)]';
    V(:,1:Node.DOF_number) = Vtemp - ([1:Node.DOF_number] - 1);
    V = flipud(V');V = V(:);                                 % 单元定位向量
    % ---------------------------------------------------------
    Elem_U = T * TOT.U(V);                                   % 单元节点位移
    Elem_epsilon = [B * Elem_U]';Elem_sigma = [S * Elem_U]';
    TOT.SN = [TOT.SN;Elem_epsilon];                          % 单元应变
    TOT.SS = [TOT.SS;Elem_sigma];                            % 单元应力
end
ksic = 0.5;    yc = 0.1;zc = 0.1;                            % 应变和应力提取位置参数
TOT.SN = double(subs(TOT.SN,[ksi,y,z],[ksic,yc,zc]));        % 提取点处的应变
TOT.SS = double(subs(TOT.SS,[ksi,y,z],[ksic,yc,zc]));        % 提取点处的应力
end
% ---------------------------------------------------------
```

需要指出的是，这里所给出的梁元应变和应力提取参数是在梁单元中点，y 向坐标为 0.1 处。若需要提取其他位置处的应力，则需要改变这两个参数。

与桁架结构类似，梁单元所构成的结构也可分为平面梁元结构和空间梁元结构。由于两者节点自由度不同，这里也分别进行讨论。

4.8.2.1　平面梁元

与桁架单元类似，平面梁元也需要对第三章中所述的符号计算程序进行改造以适应静力分析主程序。对于平面梁元，所需要修改的地方同样为节点坐标值信息和梁元的属性信息。修改后的单元系统矩阵信息函数如下(修改的部分进行了加粗显示)：

```
% ---------------------------------------------------------
function [K,M,B,S,T] = ElemKM_B2(p)
% ---------------------------------------------------------
% ElemKM_B2     平面 2 节点直梁单元，对于第 p 个单元，返回其单元信息；
% p：单元号
% K：单元刚度矩阵
% M：单元一致质量矩阵
% B：应变矩阵
% S：应力矩阵
% T：坐标变换矩阵
% ------------------
% E：材料弹性模量
% rou：材料密度
% A：横截面积
% Iz：截面关于 z 轴的惯性矩
% xi，xj：节点 x 向坐标值
```

```
% yi, yj: 节点 y 向坐标值
% yf: 梁截面 y 向上的局部坐标值(中性面为原点)
% x, y: 物理坐标
% ksi: 自然坐标
% ----------------------------------------------
global Node Elem                                  % 调用全局变量
syms x y ksi yf real
% ----------------------------------------------
node = Elem.conn(p,2:end);                        % 提取单元 p 的节点号
xp = Node.geom(node,2);                           % 提取单元 p 节点的 x 坐标
yp = Node.geom(node,3);                           % 提取单元 p 节点的 y 坐标
% ----------------------------------------------
E = Elem.prop(p,2);                               % 提取弹性模量
rou = Elem.prop(p,3);                             % 提取材料密度
A = Elem.prop(p,4);                               % 提取截面面积
Iz = Elem.prop(p,5);                              % 提取截面惯性矩
% ----------------------------------------------
% 生成坐标变换矩阵
L = sqrt((xp(2) - xp(1))^2 + (yp(2) - yp(1))^2);
cxx = (xp(2) - xp(1))/L;
cxy = (yp(2) - yp(1))/L;
cyx = - cxy;
cyy = cxx;
T = [cxx,cxy,0,0,0,0;...
    cyx,cyy,0,0,0,0;...
    0,0,1,0,0,0;...
    0,0,0,cxx,cxy,0;...
    0,0,0,cyx,cyy,0;...
    0,0,0,0,0,1];                                 % 坐标变换矩阵
% ------------------
% 生成形函数矩阵
N = [1 - ksi,0,0,ksi,0,0;...
    0,1 - 3 * ksi^2 + 2 * ksi^3,L * (ksi - 2 * ksi^2 + ksi^3),...
    0,3 * ksi^2 - 2 * ksi^3,L * (ksi^3 - ksi^2)]; % 纯弯曲梁单元形函数
N = N * T;                                        % 全局坐标系中形函数矩阵
Nu = N(1,:);Nv = N(2,:);
% ------------------
% 生成应变矩阵
Bu = diff(Nu,ksi)/L;
Bv0 = diff(Nv,ksi,2)/L/L;
Bv = - yf * Bv0;
B = [Bu;Bv] * T;                                  % 应变矩阵
% ------------------
% 生成应力矩阵
D = [E];
S = D * B;                                        % 应力矩阵
% ------------------
% 生成单元刚度矩阵
Ku = L * E * A * (Bu' * Bu);
Kv = E * Iz * int(Bv0' * Bv0,ksi,0,1) * L;
K = Ku + Kv;                                      % 刚度矩阵
% ------------------
% 生成单元质量矩阵
Mu = rou * A * int(Nu' * Nu,ksi,0,1) * L;
```

```
Mv = rou * A * int(Nv' * Nv,ksi,0,1) * L;
M = Mu + Mv;                                          %质量矩阵
% -----------------------------------------------------
end
% -----------------------------------------------------
```

➢ **算例 4：受外载作用的简支梁**

如图 4.8 所示，为一双跨超静定梁。在其上 D 点作用集中载荷 P，试用有限单元法分析该问题，求 D 点挠度。

梁材料：钢，弹性模量 $E=200$ GPa，泊松比 $v=0.3$，横截面积为 $A=6.8\times10^{-4}\ \mathrm{m}^2$，截面惯性矩 $I=4\times10^{-6}\ \mathrm{m}^4$。载荷：$P=8$ kN。

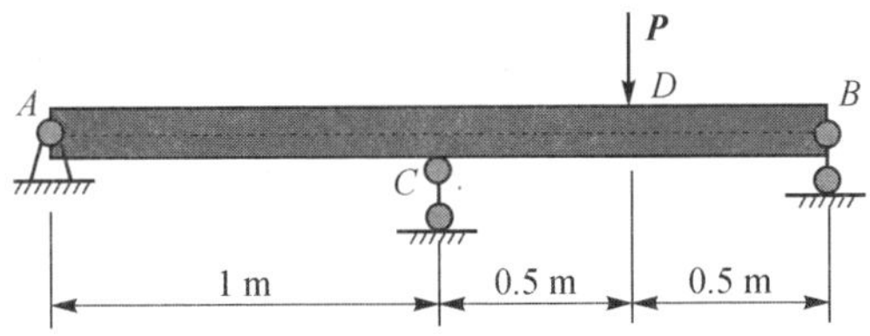

图 4.8　双跨简支梁

解：对该问题进行有限元分析的过程如下：

该结构有两种离散化方式。第一种方式是在 A、B 和 C 处设置节点，将结构划分为 2 个单元，这样结构总自由度数为 6，此时需要进行等效节点载荷计算，将集中力 P 等效等效至 B、C 两个节点上。另一种是分别在 A、B、C 和 D 点设置节点，将该结构划分为 3 个单元，这样结构总自由度数为 8，此时不需要进行等效节点载荷计算。

(1) 结构的离散化与编号

若采用第一种离散化方法。则将该结构划分为 2 个单元，节点位移及单元编号如图 4.9 所示。节点位移列阵为

$$\boldsymbol{q}=[v_1\quad\theta_1\quad v_2\quad\theta_2\quad v_3\quad\theta_3]^{\mathrm{T}}\tag{4.37}$$

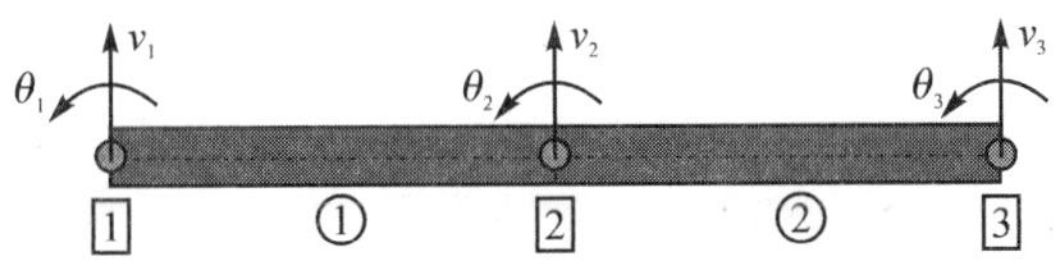

图 4.9　节点位移及单元(第一种离散化方法)

节点外载荷列阵为

$$\boldsymbol{F}=[0\quad 0\quad -4\,000\quad -1\,000\quad -4\,000\quad 1\,000]^{\mathrm{T}}\tag{4.38}$$

节点约束力列阵为

$$\boldsymbol{R}=[R_{v1}\quad 0\quad R_{v2}\quad 0\quad R_{v3}\quad 0]^{\mathrm{T}}\tag{4.39}$$

当采用第二种离散化方法。需要将该结构划分为 3 个单元，节点位移及单元编号如图 4.10 所示。

节点位移列阵为

$$\boldsymbol{q}=[v_1\quad\theta_1\quad v_2\quad\theta_2\quad v_3\quad\theta_3\quad v_4\quad\theta_4]^{\mathrm{T}}\tag{4.40}$$

节点外载荷列阵为

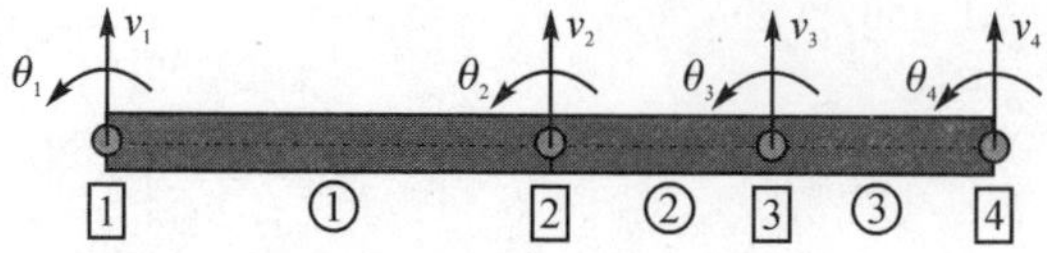

图 4.10 节点位移及单元(第二种离散化方法)

$$\boldsymbol{F} = \begin{bmatrix} 0 & 0 & 0 & 0 & -8000 & 0 & 0 & 0 \end{bmatrix}^{\mathrm{T}} \tag{4.41}$$

节点约束力列阵为

$$\boldsymbol{R} = \begin{bmatrix} R_{v1} & 0 & R_{v2} & 0 & 0 & 0 & R_{v4} & 0 \end{bmatrix}^{\mathrm{T}} \tag{4.42}$$

在下面的分析过程中,只采用第一种离散化方法进行计算。

(2) 各个单元的描述

计算各个单元的刚度矩阵如下:

$$\begin{matrix} & v_1 & \theta_1 & v_2 & \theta_2 & \\ & \downarrow & \downarrow & \downarrow & \downarrow & \\ \boldsymbol{K}^{(1)} = 8 \times 10^5 & \left[\begin{matrix} 12 \\ 6 \\ -12 \\ 6 \end{matrix}\right. & \begin{matrix} 6 \\ 4 \\ -6 \\ 2 \end{matrix} & \begin{matrix} -12 \\ -6 \\ 12 \\ -6 \end{matrix} & \left.\begin{matrix} 6 \\ 2 \\ -6 \\ 4 \end{matrix}\right] & \begin{matrix} \leftarrow v_1 \\ \leftarrow \theta_1 \\ \leftarrow v_2 \\ \leftarrow \theta_2 \end{matrix} \end{matrix} \tag{4.43}$$

$$\begin{matrix} & v_2 & \theta_2 & v_3 & \theta_3 & \\ & \downarrow & \downarrow & \downarrow & \downarrow & \\ \boldsymbol{K}^{(2)} = 8 \times 10^5 & \left[\begin{matrix} 12 \\ 6 \\ -12 \\ 6 \end{matrix}\right. & \begin{matrix} 6 \\ 4 \\ -6 \\ 2 \end{matrix} & \begin{matrix} -12 \\ -6 \\ 12 \\ -6 \end{matrix} & \left.\begin{matrix} 6 \\ 2 \\ -6 \\ 4 \end{matrix}\right] & \begin{matrix} \leftarrow v_2 \\ \leftarrow \theta_2 \\ \leftarrow v_3 \\ \leftarrow \theta_3 \end{matrix} \end{matrix} \tag{4.44}$$

(3) 建立整体刚度方程

组装整体刚度矩阵并形成整体刚度方程为

$$\boldsymbol{Kq} = \boldsymbol{F} + \boldsymbol{R} \tag{4.45}$$

具体写出为

$$8 \times 10^5 \begin{bmatrix} 12 & 6 & -12 & 6 & 0 & 0 \\ 6 & 4 & -6 & 2 & 0 & 0 \\ -12 & 6 & 12+12 & -6+6 & -12 & 6 \\ 6 & 2 & -6+6 & 4+4 & -6 & 2 \\ 0 & 0 & -12 & -6 & 12 & -6 \\ 0 & 0 & 6 & 2 & -6 & 4 \end{bmatrix} \begin{bmatrix} v_1 \\ \theta_1 \\ v_2 \\ \theta_2 \\ v_3 \\ \theta_3 \end{bmatrix} = \begin{bmatrix} R_{v1} \\ 0 \\ -4000 + R_{v2} \\ -1000 \\ -4000 + R_{v3} \\ 1000 \end{bmatrix} \tag{4.46}$$

实际上,这里的节点载荷列阵应该附加节点约束力,但是否在载荷列阵中增加未知的约束力并不影响到式(4.46)的求解,因为被约束的自由度将在对边界条件的处理中被考虑到。

(4) 边界条件的处理及刚度方程的求解

该问题的位移边界条件为

$$v_1=0,\quad v_2=0,\quad v_3=0 \tag{4.47}$$

将该条件代入式(4.46)，使用删行删列法化简后有

$$8\times10^5\begin{bmatrix}4&2&0\\2&8&2\\0&2&4\end{bmatrix}\begin{bmatrix}\theta_1\\\theta_2\\\theta_3\end{bmatrix}=\begin{bmatrix}0\\-1000\\1000\end{bmatrix} \tag{4.48}$$

求解该方程，有

$$\theta_1=1.5625\times10^{-4},\quad \theta_2=-3.125\times10^{-4},\quad \theta_3=4.6875\times10^{-4} \tag{4.49}$$

(5) 其他物理量的计算

单元②的位移场函数为

$$\begin{aligned}v^{(2)}(x)&=\boldsymbol{N}(x)\cdot\boldsymbol{u}^{(2)}=N_1(x)\cdot v_2+N_2(x)\cdot\theta_2+N_3(x)\cdot v_3+N_4(x)\cdot\theta_3\\&=(1-3\xi^2+2\xi^3)v_2+l(\xi-2\xi^2+\xi^3)\theta_2+(3\xi^2-2\xi^3)v_3+l(\xi^3-\xi^2)\theta_3\end{aligned} \tag{4.50}$$

其中，ξ 为单元②的局部无量纲坐标，则单元②中点的挠度为

$$v^{(2)}(\xi=0.5)=-0.975\,6\times10^{-4}\ \text{m} \tag{4.51}$$

将结构模型前处理信息列于 FEM_model_2beam.xlsx 中，放置于工作目录，运行主程序 FEA_S.m，在当前工作目录下，会生成相应的模型文件和结果文件，如下：

```
********打印模型数据***********
------------------------------------------------------------
Node coordinates:
1        +0.0000E+00     +0.0000E+00
2        +1.0000E+00     +0.0000E+00
3        +2.0000E+00     +0.0000E+00
------------------------------------------------------------
Element connectivity:
1        1        2
2        2        3
------------------------------------------------------------
Element material properties:
1        +2.0000E+11     +1.9800E+03     +6.8000E-04     +4.0000E-06
2        +2.0000E+11     +1.9800E+03     +6.8000E-04     +4.0000E-06
------------------------------------------------------------
Node loads:
1        +0.0000E+00     +0.0000E+00     +0.0000E+00
2        +0.0000E+00     -4.0000E+03     -1.0000E+03
3        +0.0000E+00     -4.0000E+03     +1.0000E+03
------------------------------------------------------------
Node boundary conditions:
1    1    1    0    +0.0000E+00    +0.0000E+00    +0.0000E+00
2    0    1    0    +0.0000E+00    +0.0000E+00    +0.0000E+00
3    0    1    0    +0.0000E+00    +0.0000E+00    +0.0000E+00
------------------------------------------------------------
*******模型数据打印结束********

********打印分析结果************
------------------------------------------------------------
Node displacement:
1        +0.0000E+00     +7.8125E-15     +1.5625E-04
```

```
2         +0.0000E+00    -7.8125E-15     -3.1250E-04
3         +0.0000E+00    +7.8125E-15     +4.6875E-04
----------------------------------------------------------
Node Force:
1         +0.0000E+00    -7.5000E+02     +7.3386E-14
2         +0.0000E+00    +1.5000E+03     -1.0000E+03
3         +0.0000E+00    -7.5000E+02     +1.0000E+03
----------------------------------------------------------
Element Strain:
1         +0.0000E+00    +4.6875E-05
2         +0.0000E+00    -7.8125E-05
----------------------------------------------------------
Element Stress:
1         +0.0000E+00    +9.3750E+06
2         +0.0000E+00    -1.5625E+07
----------------------------------------------------------
*******分析结果打印结束*********
```

从分析结果可以看出，MATLAB 程序分析结果与手工计算结果是完全一致的。

➢ **算例 5：平面门型框架结构**

如图 4.11 所示的平面框架结构，其顶端受均布载荷作用，试用有限单元法分析该结构的位移。结构中各个截面的参数为：$E=3.0\times10^{11}$ Pa，$I=6.5\times10^{-7}$ m^4，$A=6.8\times10^{-4}$ m^2。

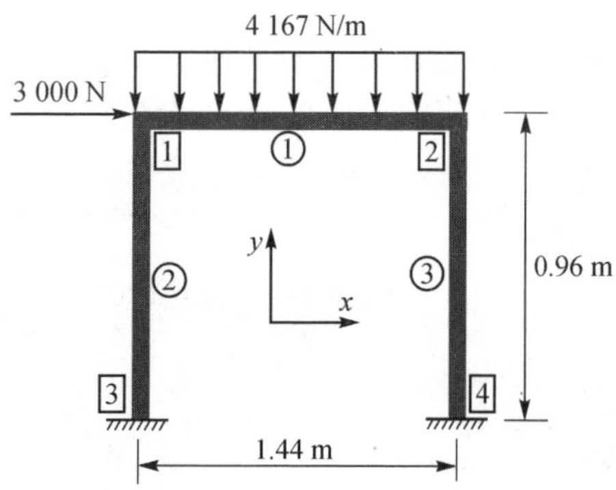

图 4.11　受均布力作用的框架结构

解：对该问题进行有限元分析的过程如下：

(1) 结构的离散化与编号

将该结构离散为三个单元，节点及单元编号如图 4.11 所示。节点位移列阵为

$$\boldsymbol{q}=[u_1\quad v_1\quad \theta_1\quad u_2\quad v_2\quad \theta_2\quad u_3\quad v_3\quad \theta_3\quad u_4\quad v_4\quad \theta_4]^{\mathrm{T}} \tag{4.52}$$

节点载荷列阵为

$$\boldsymbol{F}=[3000\quad -3000\quad -720\quad 0\quad -3000\quad 720\quad 0\quad 0\quad 0\quad 0\quad 0\quad 0]^{\mathrm{T}} \tag{4.53}$$

约束力列阵为

$$\boldsymbol{R}=[0\quad 0\quad 0\quad 0\quad 0\quad 0\quad R_{u1}\quad R_{v1}\quad R_{\theta1}\quad R_{u2}\quad R_{v2}\quad R_{\theta2}]^{\mathrm{T}} \tag{4.54}$$

(2) 各个单元的描述

计算各个单元的刚度矩阵如下：

$$\overline{\boldsymbol{K}}^{(1)}=10^6\times\begin{bmatrix}141.7 & 0 & 0 & -141.7 & 0 & 0\\ 0 & 0.784 & 0.564 & 0 & -0.784 & 0.564\\ 0 & 0.564 & 0.542 & 0 & -0.564 & 0.271\\ -141.7 & 0 & 0 & 141.7 & 0 & 0\\ 0 & -0.784 & -0.564 & 0 & 0.784 & -0.564\\ 0 & 0.564 & 0.271 & 0 & -0.564 & 0.542\end{bmatrix} \tag{4.55}$$

单元②和单元③在整体坐标系中的姿态一致，只是节点编号不同，其单元刚度矩阵是相同的，在局部坐标系中为

$$\boldsymbol{K}^{(2)}=\boldsymbol{K}^{(3)}=10^6\times\begin{bmatrix}212.5&0&0&-212.5&0&0\\0&2.645&1.270&0&-2.645&1.270\\0&1.270&0.8125&0&-1.270&0.4062\\-212.5&0&0&212.5&0&0\\0&-2.645&-1.270&0&2.645&-1.270\\0&1.270&0.4062&0&-1.270&0.8125\end{bmatrix}\tag{4.56}$$

坐标变换矩阵为

$$\boldsymbol{T}=\begin{bmatrix}0&1&0&0&0&0\\-1&0&0&0&0&0\\0&0&1&0&0&0\\0&0&0&0&1&0\\0&0&0&-1&0&0\\0&0&0&0&0&1\end{bmatrix}\tag{4.57}$$

则可以计算出整体坐标系下的单元刚度矩阵为

$$\overline{\boldsymbol{K}}^{(2)}=\overline{\boldsymbol{K}}^{(3)}=10^6\times\begin{bmatrix}2.645&0&-1.27&-2.645&0&-1.27\\0&212.5&0&0&-212.5&0\\-1.27&0&0.8125&1.27&0&0.4062\\-2.645&0&1.27&2.645&0&1.27\\0&-212.5&0&0&212.5&0\\-1.27&0&0.4062&1.27&0&0.8125\end{bmatrix}\tag{4.58}$$

(3) 建立整体刚度方程

组装整体刚度矩阵并形成整体刚度方程为

$$Ku=F+R\tag{4.59}$$

其中刚度矩阵的装配关系为

$$K=\boldsymbol{K}^{(1)}+\boldsymbol{K}^{(2)}+\boldsymbol{K}^{(3)}\tag{4.60}$$

其中 $\boldsymbol{K}$ 为 12 阶矩阵。

(4) 边界条件的处理及刚度方程的求解

该问题的位移边界条件为

$$u_3=v_3=\theta_3=u_4=v_4=\theta_4=0\tag{4.61}$$

将该条件代入式(4.59),使用删行删列法化简后有

$$10^6\times\begin{bmatrix}144.3&0&1.270&-141.7&0&0\\0&213.3&0.564&0&-0.784&0.564\\1.270&0.564&1.3545&0&-0.564&0.271\\-141.7&0&0&144.3&0&1.270\\0&-0.784&-0.564&0&213.3&-0.564\\0&0.564&0.271&1.270&-0.564&1.3545\end{bmatrix}\begin{bmatrix}u_1\\v_1\\\theta_1\\u_2\\v_2\\\theta_2\end{bmatrix}=\begin{bmatrix}3\,000\\-3\,000\\-720\\0\\-3\,000\\720\end{bmatrix}\tag{4.62}$$

解得

$$\left.\begin{array}{lll} u_1=0.92\ \text{mm}, & v_1=-0.010\,4\ \text{mm}, & \theta_1=-0.001\,39\ \text{rad} \\ u_2=0.901\ \text{mm}, & v_2=-0.018\ \text{mm}, & \theta_2=3.88\times10^{-5}\ \text{rad} \end{array}\right\} \tag{4.63}$$

将结构模型前处理信息列于 FEM_model_3beam. xlsx 中，放置于工作目录，运行主程序 FEA_S. m，在当前工作目录下，会生成相应的模型文件和结果文件，如下：

```
********打印模型数据***********
------------------------------------------------------
Node coordinates:
1        +0.0000E+00      +9.6000E-01
2        +1.4400E+00      +9.6000E-01
3        +0.0000E+00      +0.0000E+00
4        +1.4400E+00      +0.0000E+00
------------------------------------------------------
Element connectivity:
1        1        2
2        3        1
3        4        2
------------------------------------------------------
Element material properties:
1        +3.0000E+11      +2.3400E+03      +6.8000E-04      +6.5000E-07
2        +3.0000E+11      +2.3400E+03      +6.8000E-04      +6.5000E-07
3        +3.0000E+11      +2.3400E+03      +6.8000E-04      +6.5000E-07
------------------------------------------------------
Node loads:
1        +3.0000E+03      -3.0000E+03      -7.2000E+02
2        +0.0000E+00      -3.0000E+03      +7.2000E+02
3        +0.0000E+00      +0.0000E+00      +0.0000E+00
4        +0.0000E+00      +0.0000E+00      +0.0000E+00
------------------------------------------------------
Node boundary conditions:
1        0        0        0        +0.0000E+00      +0.0000E+00      +0.0000E+00
2        0        0        0        +0.0000E+00      +0.0000E+00      +0.0000E+00
3        1        1        1        +0.0000E+00      +0.0000E+00      +0.0000E+00
4        1        1        1        +0.0000E+00      +0.0000E+00      +0.0000E+00
------------------------------------------------------
*******模型数据打印结束********

********打印分析结果*************
------------------------------------------------------
Node displacement:
1        +9.1766E-04 -1.0358E-05      -1.3874E-03
2        +9.0119E-04 -1.7877E-05      -3.8830E-05
3        +2.5173E-14 -1.0358E-15      -7.4017E-14
4        +8.8255E-14 -1.7877E-15      -1.3887E-13
------------------------------------------------------
Node Force:
1        +3.0000E+03      -3.0000E+03      -7.2000E+02
2        +3.6579E-11 -3.0000E+03      +7.2000E+02
3       -6.6578E+02 +2.2012E+03      +6.0139E+02
4       -2.3342E+03 +3.7988E+03      +1.1283E+03
------------------------------------------------------
```

```
Element Strain:
1        -1.1442E-05 -9.3649E-05
2        +1.0790E-05 +1.4452E-04
3        +1.8622E-05 +4.0448E-06
---------------------------------------------------------
Element Stress:
1        -3.4327E+06 -2.8095E+07
2        +3.2370E+06      +4.3355E+07
3        +5.5865E+06      +1.2134E+06
---------------------------------------------------------
*******分 析 结 果 打 印 结 束*********
```

从分析结果可以看出，MATLAB 程序分析结果与手工计算结果是完全一致的。

4.8.2.2 空间梁元

空间梁元也需要对第 3 章中所述的符号计算程序进行改造以适应静力分析主程序。对于空间梁元，所需要修改的地方同样主要为节点坐标值信息和梁元的属性信息。

需要注意的是，对于每一根空间梁元，需要额外指定一个矢量，用以确定梁截面的摆放方向。通常，空间梁结构中需要指定多个梁元的摆放方向，这个过程也放在了单元矩阵信息函数中，使用一个 switch-case-end 函数来确定每一根梁元的摆放。在下面的程序中，梁元的截面方向是根据算例 6 编写的，在需要改变梁的数目和摆放方向时，需要对此段做更改。

修改后的单元系统矩阵信息函数如下(修改的部分进行了加粗显示)：

```
% ----------------------------------------------------
function [K,M,B,S,T] = ElemKM_B3(p)
% ----------------------------------------------------
% ElemKM_B3     空间 2 节点直梁单元，对于第 p 个单元，返回其单元信息；
% p: 单元号
% K: 单元刚度矩阵
% M: 单元一致质量矩阵
% B: 应变矩阵
% S: 应力矩阵
% T: 坐标变换矩阵
% ------------------
% E: 材料弹性模量
% G: 材料剪切模量
% rou: 材料密度
% A: 横截面积
% Iz: 截面关于 z 轴的惯性矩
% Iy: 截面关于 y 轴的惯性矩
% J: 截面极惯性矩
% xi, xj: 节点 x 向坐标值
% yi, yj: 节点 y 向坐标值
% zi, zj: 节点 z 向坐标值
% yf: 梁截面 y 向上的局部坐标值(中性面为原点)
% zf: 梁截面 z 向上的局部坐标值(中性面为原点)
% x, y, z: 物理坐标
% ksi: 自然坐标
% ----------------------------------------------------
global Node Elem                                % 调用全局变量
syms x y z ksi yf real
% ----------------------------------------------------
```

```
node = Elem.conn(p,2:end);                    % 提取单元 p 的节点号
xp = Node.geom(node,2);                       % 提取单元 p 节点的 x 坐标
yp = Node.geom(node,3);                       % 提取单元 p 节点的 y 坐标
zp = Node.geom(node,4);
% ------------------------------------------------
E = Elem.prop(p,2);                           % 提取弹性模量
G = Elem.prop(p,3);
rou = Elem.prop(p,4);                         % 提取材料密度
A = Elem.prop(p,5);                           % 提取截面面积
Iy = Elem.prop(p,6);                          % 提取截面惯性矩
Iz = Elem.prop(p,7);                          % 提取截面惯性矩
J = Elem.prop(p,8);                           % 提取截面 J
% ------------------------------------------------
% 人为指定一个向量，用以确定梁的摆放，不能与梁自身的 x 轴方向相同
switch p
    case {1,2,6,7}
        Vec = [0 0 1];
    case {3,8}
        Vec = [0 0 1];
    case {11,12,13}
        Vec = [0,1,0];
    case {4,5,9,10}
        Vec = [1,1,1];
end
% ------------------
% 生成坐标变换矩阵
L = sqrt((xp(2) - xp(1))^2 + (yp(2) - yp(1))^2 + (zp(2) - zp(1))^2);
e1g = [1 0 0];e2g = [0 1 0];e3g = [0 0 1];
e1l = [xp(2) - xp(1),yp(2) - yp(1),zp(2) - zp(1)]/L;
eflap = [Vec(1) - xp(1),Vec(2) - yp(1),Vec(3) - zp(1)];
e3l = cross(e1l,eflap)/norm(cross(e1l,eflap));
e2l = cross(e3l,e1l);
lamda = [dot(e1l,e1g),dot(e1l,e2g),dot(e1l,e3g);...
    dot(e2l,e1g),dot(e2l,e2g),dot(e2l,e3g);...
    dot(e3l,e1g),dot(e3l,e2g),dot(e3l,e3g)];
T = [lamda,zeros(3),zeros(3),zeros(3);...
    zeros(3),lamda,zeros(3),zeros(3);...
    zeros(3),zeros(3),lamda,zeros(3);...
    zeros(3),zeros(3),zeros(3),lamda];
% ------------------
% 生成形函数矩阵
% 按照叠加法得到形函数矩阵
Nui = 1 - ksi;
Nuj = ksi;
% ------------------
Nrxi = 1 - ksi;
Nrxj = ksi;
% ------------------
Nvi = 1 - 3 * ksi * ksi + 2 * ksi^3;
Nrzi = L * ksi * (1 - ksi)^2;
Nvj = ksi * ksi * (3 - 2 * ksi);
Nrzj = - L * ksi * ksi * (1 - ksi);
% ------------------
Nwi = 1 - 3 * ksi * ksi + 2 * ksi^3;
```

```
Nryi = -L * ksi * (1 - ksi)^2;
Nwj = ksi * ksi * (3 - 2 * ksi);
Nryj = L * ksi * ksi * (1 - ksi);
% -------------------
Ni = [Nui 0 0 0 0 0;...
     0 Nvi 0 0 0 Nrzi;...
     0 0 Nwi 0 Nryi 0;...
     0 0 0 Nrxi 0 0];
Nj = [Nuj 0 0 0 0 0;...
     0 Nvj 0 0 0 Nrzj;...
     0 0 Nwj 0 Nryj 0;...
     0 0 0 Nrxj 0 0];
N = [Ni,Nj];                                               %形函数矩阵
Nu = N(1,:);
Nv = N(2,:);
Nw = N(3,:);
Nrx = N(4,:);
% -------------------
%生成应变矩阵
Bu = diff(Nu,ksi)/L;
Bu = Bu * T;
Bv0 = diff(Nv,ksi,2)/L/L;Bv = -y * Bv0;
Bv0 = Bv0 * T;
Bw0 = diff(Nw,ksi,2)/L/L;Bw = -z * Bw0;
Bw0 = Bw0 * T;
Brx = diff(Nrx,ksi)/L;
Brx = Brx * T;
B = [Bu;Bv;Bw;Brx];                                        %应变矩阵
% -------------------
%生成应力矩阵
D = [E];
S = D * B;                                                 %应力矩阵
% -------------------
%生成单元刚度矩阵
Ku = L * E * A * (Bu' * Bu);
Kv = E * Iz * int(Bv0' * Bv0,ksi,0,1) * L;
Kw = E * Iy * int(Bw0' * Bw0,ksi,0,1) * L;
Krx = L * G * J * (Brx' * Brx);
K = Ku + Kv + Kw + Krx;                                    %刚度矩阵
% -------------------
%生成单元质量矩阵
Mu = rou * A * int(Nu' * Nu,ksi,0,1) * L;
Mv = rou * A * int(Nv' * Nv,ksi,0,1) * L;
Mw = rou * A * int(Nw' * Nw,ksi,0,1) * L;
Mrx = rou * J * int(Nrx' * Nrx,ksi,0,1) * L;
M = Mu + Mv + Mw + Mrx;                                    %质量矩阵
% -------------------
end
% ---------------------------------------------------
```

➢ 算例 6：空间屋顶框架结构

图 4.12 所示的空间屋顶框架结构的顶端受两个集中载荷作用，试用有限单元法分析该结构的位移。

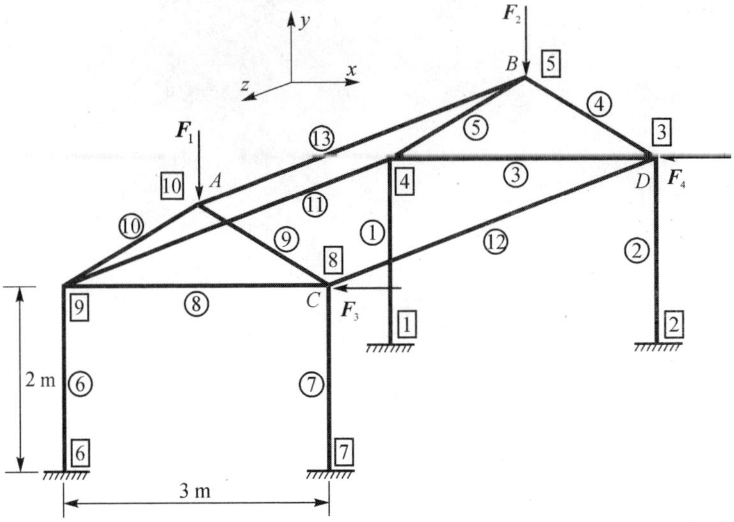

图 4.12 空间框架结构

在所建立的有限元模型中，共包含 10 个节点和 13 个空间直梁单元。全局坐标系坐标原点位于 1 号节点处，节点 5 和节点 10 的坐标分别为(1.5,3,0.5)和(1.5,3,4.5)，所以，节点 3、4、5 形成的平面是倾斜的，同样，节点 8,9,10 形成的平面也是倾斜的，且倾斜角度相同。在 5 号节点和 10 号节点处分别施加沿 y 轴负方向的10 000 N 的载荷，在节点 3 和节点 8 的 x 轴负方向分别施加了 3 000 N 的载荷，节点 1、2、6、7 处于完全固支状态。

结构中各个梁元材料参数相同，弹性模量为 200 GPa，剪切模量为 76.9 GPa，密度为 7 800 kg/m^3，截面面积为 6.8×10^{-4} m^2，截面惯性矩 I_y 和 I_z 均为 6.5×10^{-7} m^4，抗扭截面系数 J 为 3×10^{-4} m^3。

将上述信息列于 FEM_model_13beam.xlsx 中，运行主程序 FEA.m，会在工作目录下得到模型文件 FEA_model.txt 和结果文件 FEA_results.txt，如下：

```
*********打印模型数据***********
-------------------------------------------------------
Node coordinates:
1      +0.0000E+00     +0.0000E+00     +0.0000E+00
2      +3.0000E+00     +0.0000E+00     +0.0000E+00
3      +3.0000E+00     +2.0000E+00     +0.0000E+00
4      +0.0000E+00     +2.0000E+00     +0.0000E+00
5      +1.5000E+00     +3.0000E+00     +5.0000E-01
6      +0.0000E+00     +0.0000E+00     +5.0000E+00
7      +3.0000E+00     +0.0000E+00     +5.0000E+00
8      +3.0000E+00     +2.0000E+00     +5.0000E+00
9      +0.0000E+00     +2.0000E+00     +5.0000E+00
10     +1.5000E+00     +3.0000E+00     +4.5000E+00
-------------------------------------------------------
Element connectivity:
1      1      4
2      2      3
3      3      4
4      3      5
5      5      4
```

```
6       6       9
7       7       8
8       8       9
9       8       10
10      10      9
11      4       9
12      3       8
13      5       10
----------------------------------------------------------
Element material properties:
1    +2.0000E+11   +7.6900E+10   +7.8000E+03   +6.8000E-04   +6.5000E-07
     +6.5000E-07   +3.0000E-04
2    +2.0000E+11   +7.6900E+10   +7.8000E+03   +6.8000E-04   +6.5000E-07
     +6.5000E-07   +3.0000E-04
3    +2.0000E+11   +7.6900E+10   +7.8000E+03   +6.8000E-04   +6.5000E-07
     +6.5000E-07   +3.0000E-04
4    +2.0000E+11   +7.6900E+10   +7.8000E+03   +6.8000E-04   +6.5000E-07
     +6.5000E-07   +3.0000E-04
5    +2.0000E+11   +7.6900E+10   +7.8000E+03   +6.8000E-04   +6.5000E-07
     +6.5000E-07   +3.0000E-04
6    +2.0000E+11   +7.6900E+10   +7.8000E+03   +6.8000E-04   +6.5000E-07
     +6.5000E-07   +3.0000E-04
7    +2.0000E+11   +7.6900E+10   +7.8000E+03   +6.8000E-04   +6.5000E-07
     +6.5000E-07   +3.0000E-04
8    +2.0000E+11   +7.6900E+10   +7.8000E+03   +6.8000E-04   +6.5000E-07
     +6.5000E-07   +3.0000E-04
9    +2.0000E+11   +7.6900E+10   +7.8000E+03   +6.8000E-04   +6.5000E-07
     +6.5000E-07   +3.0000E-04
10   +2.0000E+11   +7.6900E+10   +7.8000E+03   +6.8000E-04   +6.5000E-07
     +6.5000E-07   +3.0000E-04
11   +2.0000E+11   +7.6900E+10   +7.8000E+03   +6.8000E-04   +6.5000E-07
     +6.5000E-07   +3.0000E-04
12   +2.0000E+11   +7.6900E+10   +7.8000E+03   +6.8000E-04   +6.5000E-07
     +6.5000E-07   +3.0000E-04
13   +2.0000E+11   +7.6900E+10   +7.8000E+03   +6.8000E-04   +6.5000E-07
     +6.5000E-07   +3.0000E-04
----------------------------------------------------------
Node loads:
1    +0.0000E+00   +0.0000E+00   +0.0000E+00   +0.0000E+00   +0.0000E+00   +0.0000E+00
2    +0.0000E+00   +0.0000E+00   +0.0000E+00   +0.0000E+00   +0.0000E+00   +0.0000E+00
3    -3.0000E+03   +0.0000E+00   +0.0000E+00   +0.0000E+00   +0.0000E+00   +0.0000E+00
4    +0.0000E+00   +0.0000E+00   +0.0000E+00   +0.0000E+00   +0.0000E+00   +0.0000E+00
5    +0.0000E+00   -1.0000E+04   +0.0000E+00   +0.0000E+00   +0.0000E+00   +0.0000E+00
6    +0.0000E+00   +0.0000E+00   +0.0000E+00   +0.0000E+00   +0.0000E+00   +0.0000E+00
7    +0.0000E+00   +0.0000E+00   +0.0000E+00   +0.0000E+00   +0.0000E+00   +0.0000E+00
8    -3.0000E+03   +0.0000E+00   +0.0000E+00   +0.0000E+00   +0.0000E+00   +0.0000E+00
9    +0.0000E+00   +0.0000E+00   +0.0000E+00   +0.0000E+00   +0.0000E+00   +0.0000E+00
10   +0.0000E+00   -1.0000E+04   +0.0000E+00   +0.0000E+00   +0.0000E+00   +0.0000E+00
----------------------------------------------------------
Node boundary conditions:
1      1      1      1      1      1      1        +0.0000E+00   +0.0000E+00
     +0.0000E+00   +0.0000E+00   +0.0000E+00   +0.0000E+00
2      1      1      1      1      1      1        +0.0000E+00   +0.0000E+00
     +0.0000E+00   +0.0000E+00   +0.0000E+00   +0.0000E+00
```

```
3      0      0      0      0      0      0      +0.0000E+00   +0.0000E+00
   +0.0000E+00   +0.0000E+00   +0.0000E+00   +0.0000E+00
4      0      0      0      0      0      0      +0.0000E+00   +0.0000E+00
   +0.0000E+00   +0.0000E+00   +0.0000E+00   +0.0000E+00
5      0      0      0      0      0      0      +0.0000E+00   +0.0000E+00
   +0.0000E+00   +0.0000E+00   +0.0000E+00   +0.0000E+00
6      1      1      1      1      1      1      +0.0000E+00   +0.0000E+00
   +0.0000E+00   +0.0000E+00   +0.0000E+00   +0.0000E+00
7      1      1      1      1      1      1      +0.0000E+00   +0.0000E+00
   +0.0000E+00   +0.0000E+00   +0.0000E+00   +0.0000E+00
8      0      0      0      0      0      0      +0.0000E+00   +0.0000E+00
   +0.0000E+00   +0.0000E+00   +0.0000E+00   +0.0000E+00
9      0      0      0      0      0      0      +0.0000E+00   +0.0000E+00
   +0.0000E+00   +0.0000E+00   +0.0000E+00   +0.0000E+00
10     0      0      0      0      0      0      +0.0000E+00   +0.0000E+00
   +0.0000E+00   +0.0000E+00   +0.0000E+00   +0.0000E+00
-------------------------------------------------------------
*******模型数据打印结束********

********打印分析结果************
-------------------------------------------------------------
Node displacement:
1    -7.8406E-13   -8.6648E-15   -1.2646E-14   -7.3580E-15   -2.6458E-15   +6.4822E-13
2    -7.5440E-13   -6.0411E-15   -1.5974E-14   -9.1857E-15   -2.8026E-15   +6.3016E-13
3    -1.0118E-02   -6.0411E-05   -4.7942E-05   +1.1180E-04   -2.8026E-05   +2.5741E-03
4    -1.0247E-02   -8.6648E-05   -4.1407E-05   +8.5050E-05   -2.6458E-05   +2.4069E-03
5    -1.0194E-02   -4.6722E-04   +7.2300E-05   +7.3643E-05   +1.3582E-03   -4.8028E-04
6    -7.8406E-13   -8.6648E-15   +1.2646E-14   +7.3580E-15   +2.6458E-15   +6.4822E-13
7    -7.5440E-13   -6.0411E-15   +1.5974E-14   +9.1857E-15   +2.8026E-15   +6.3016E-13
8    -1.0118E-02   -6.0411E-05   +4.7942E-05   -1.1180E-04   +2.8026E-05   +2.5741E-03
9    -1.0247E-02   -8.6648E-05   +4.1407E-05   -8.5050E-05   +2.6458E-05   +2.4069E-03
10   -1.0194E-02   -4.6722E-04   -7.2300E-05   -7.3643E-05   -1.3582E-03   -4.8028E-04
-------------------------------------------------------------
Node Force:
1    +1.5289E+03   +5.8921E+03   +2.4659E+01   +1.9131E+01   +3.0519E+02   -1.6854E+03
2    +1.4711E+03   +4.1079E+03   +3.1150E+01   +2.3883E+01   +3.2328E+02   -1.6384E+03
3    -3.0000E+03   -7.5034E-11   +4.6924E-12   +1.6795E-12   -2.5613E-13   -2.4678E-12
4    +8.5758E-11   +1.0737E-10   +8.7405E-11   -7.2347E-13   +2.9280E-13   +2.8295E-12
5    -2.2376E-10   -1.0000E+04   +6.4991E-12   -1.6615E-13   +2.4286E-12   +9.9423E-13
6    +1.5289E+03   +5.8921E+03   -2.4659E+01   -1.9131E+01   -3.0519E+02   -1.6854E+03
7    +1.4711E+03   +4.1079E+03   -3.1150E+01   -2.3883E+01   -3.2328E+02   -1.6384E+03
8    -3.0000E+03   -8.5791E-11   -3.5558E-11   -1.1606E-12   +8.5079E-13   +3.0283E-12
9    +5.9252E-11   +6.3338E-11   -3.7457E-11   -6.5835E-13   +8.5079E-13   +2.1188E-12
10   -1.4253E-11   -1.0000E+04   -8.4512E-12   +4.4093E-13   +2.2500E-12   -1.4975E-12
-------------------------------------------------------------
Element Strain:
1         2.0703E-05      -4.2525E-06      +1.2034E-04      +1.2034E-03
2        +4.7919E-03      -1.2387E-04      +3.5397E-05      +3.5397E-04
3        -4.3109E-05      +4.9627E-06      -2.5398E-06      -8.9170E-06
4        +1.7487E-04      +1.3994E-04      -1.1208E-04      -9.5389E-04
5        +1.5461E-04      -1.0087E-04      +1.3826E-04      -9.9118E-04
6        -2.0703E-05      -4.2525E-06      -1.2034E-04      -1.2034E-03
7        +3.0163E-03      -8.1696E-05      -9.9611E-05      -9.9611E-04
8        -4.3109E-05      +2.4463E-06      +5.0094E-06      +8.9170E-06
```

```
9         +1.0863E-04     +2.7711E-05     +1.7713E-04     +1.0017E-03
10        +9.2263E-05     +3.1849E-06     -1.7111E-04     +8.8870E-04
11        -1.2143E-17     +3.4020E-06     -1.0583E-06     -3.4020E-05
12        -3.8164E-18     +2.4777E-06     +3.8881E-06     -2.4777E-05
13        -1.5179E-17     -3.7799E-05     +5.6536E-05     +3.7799E-04
--------------------------------------------------------------
Element Stress:
1         -4.1407E+06     -8.5050E+05     +2.4069E+07     +2.4069E+08
2         +9.5838E+08     -2.4774E+07     +7.0795E+06     +7.0795E+07
3         -8.6217E+06     +9.9253E+05     -5.0795E+05     -1.7834E+06
4         +3.4975E+07     +2.7987E+07     -2.2416E+07     -1.9078E+08
5         +3.0922E+07     -2.0173E+07     +2.7652E+07     -1.9824E+08
6         -4.1407E+06     -8.5050E+05     -2.4069E+07     -2.4069E+08
7         +6.0325E+08     -1.6339E+07     -1.9922E+07     -1.9922E+08
8         -8.6217E+06     +4.8925E+05     +1.0019E+06     +1.7834E+06
9         +2.1726E+07     +5.5422E+06     +3.5427E+07     +2.0034E+08
10        +1.8453E+07     +6.3697E+05     -3.4223E+07     +1.7774E+08
11        -2.4286E-06     +6.8040E+05     -2.1166E+05     -6.8040E+06
12        -7.6328E-07     +4.9554E+05     +7.7761E+05     -4.9554E+06
13        -3.0358E-06     -7.5599E+06     +1.1307E+07     +7.5599E+07
--------------------------------------------------------------
*******分析结果打印结束*********
```

4.8.3　平面应力问题

对于 3 节点三角形单元来讲，由于是常应变单元，在提取单元内部应变和应力值时，不需要设置应变和应力提取位置参数，后处理过程类似于桁架单元，只是不需要额外的坐标变换。而对于 4 节点四边形等参单元，需要在后处理过程中给出额外的参数指定应变和应力的提取位置，这里将应变和应力提取位置放在单元中心处。

下面是 3 节点三角形单元的后处理函数。

```
% ------------------------------------------------------
function Postprocessing()
% ------------------------------------------------------
%后处理过程
% TOT.NU:节点位移
% TOT.RF:节点力
% TOT.SN:单元应变
% TOT.SS:单元应力
%对于不同的单元类型,需修改 for 循环里面的单元系统矩阵的调用
%对于不同的单元类型,需修改应变和应力的提取方法
%对于常应变单元(杆元、三角形单元等),不需要设置应变和应力提取位置参数
%对于非常应变单元(梁元、矩形单元等),需要设置应变和应力提取位置参数
% ------------------------------------------------------
global Node Elem TOT                                %调用全局变量
% ------------------------------------------------------
TOT.NU = reshape(TOT.U,Node.DOF_number,[])';        %提取整体节点位移
TOT.RF = reshape(TOT.K * TOT.U,Node.DOF_number,[])';%提取节点力
TOT.SN = [];TOT.SS = [];
for p = 1:Elem.number
    [K,M,B,S] = ElemKM_P31(p);                      %需根据单元类型进行修改
```

```
    % ------------------------------------------------
    V = zeros(length(Elem.conn(p,2:end)),Node.DOF_number);
    Vtemp = [Node.DOF_number * Elem.conn(p,2:end)]';
    V(:,1:Node.DOF_number) = Vtemp - ([1:Node.DOF_number] - 1);
    V = flipud(V');V = V(:);                            %单元定位向量
    % ------------------------------------------------
%     Elem_U = T * TOT.U(V);                            %单元节点位移,与桁架单元的区别
    Elem_U = TOT.U(V);                                  %单元节点位移
    Elem_epsilon = [B * Elem_U]';Elem_sigma = [S * Elem_U]';
    TOT.SN = [TOT.SN;Elem_epsilon];                     %单元应变
    TOT.SS = [TOT.SS;Elem_sigma];                       %单元应力
end
end
% ------------------------------------------------
```

下面是 4 节点四边形等参单元的后处理函数。

```
% ------------------------------------------------
function Postprocessing()
% ------------------------------------------------
%后处理过程
% TOT.NU:节点位移
% TOT.RF:节点力
% TOT.SN:单元应变
% TOT.SS:单元应力
%对于不同的单元类型,需修改 for 循环里面的单元系统矩阵的调用
%对于不同的单元类型,需修改应变和应力的提取方法
%对于常应变单元(杆元、三角形单元等),不需要设置应变和应力提取位置参数
%对于非常应变单元(梁元、矩形单元等),需要设置应变和应力提取位置参数
% ------------------------------------------------
global Node Elem TOT                                   %调用全局变量
syms ksi eta
% ------------------------------------------------
TOT.NU = reshape(TOT.U,Node.DOF_number,[])';           %提取整体节点位移
TOT.RF = reshape(TOT.K * TOT.U,Node.DOF_number,[])';   %提取节点力
TOT.SN = [];TOT.SS = [];
for p = 1:Elem.number
    [K,M,B,S] = ElemKM_P42(p);                         %需根据单元类型进行修改
    % ------------------------------------------------
    V = zeros(length(Elem.conn(p,2:end)),Node.DOF_number);
    Vtemp = [Node.DOF_number * Elem.conn(p,2:end)]';
    V(:,1:Node.DOF_number) = Vtemp - ([1:Node.DOF_number] - 1);
    V = flipud(V');V = V(:);                           %单元定位向量
    % ------------------------------------------------
    Elem_U = TOT.U(V);                                 %单元节点位移
    Elem_epsilon = [B * Elem_U]';Elem_sigma = [S * Elem_U]';
    TOT.SN = [TOT.SN;Elem_epsilon];                    %单元应变
    TOT.SS = [TOT.SS;Elem_sigma];                      %单元应力
    ksic = 0.5;   etac = 0.5;                          %应变和应力提取位置参数(用户可自行定义)
    TOT.SN = double(subs(TOT.SN,[ksi,eta],[ksic,etac])); %提取点处的应变
    TOT.SS = double(subs(TOT.SS,[ksi,eta],[ksic,etac])); %提取点处的应力
end
end
% ------------------------------------------------
```

4.8.3.1　平面问题三角形单元

与桁架单元类似,平面单元也只需要对第 3 章中所述的符号计算程序进行简单改造即可。所需要修改的地方同样为节点坐标值信息和单元的属性信息。修改后的单元系统矩阵信息函数如下(修改的部分进行了加粗显示):

```
% ----------------------------------------------
function [K,M,B,S] = ElemKM_P31(p)
% ----------------------------------------------
% ElemKM_P31    平面 3 节点三角形单元,对于第 p 个单元,返回其单元信息;
% p: 单元号
% K: 单元刚度矩阵
% M: 单元一致质量矩阵
% B: 应变矩阵
% S: 应力矩阵
% ------------------
% E: 材料弹性模量
% nu: 泊松比
% rou: 材料密度
% h: 平面应力单元厚度
% xi, xj, xk: 节点 x 向坐标值
% yi, yj, yk: 节点 y 向坐标值
% x, y: 物理坐标
% ----------------------------------------------
global Node Elem                              % 调用全局变量
syms x y
% ----------------------------------------------
node = Elem.conn(p,2:end);                    % 提取单元 p 的节点号
xp = Node.geom(node,2);                       % 提取单元 p 节点的 x 坐标
yp = Node.geom(node,3);                       % 提取单元 p 节点的 y 坐标
xi = xp(1);xj = xp(2);xk = xp(3);
yi = yp(1);yj = yp(2);yk = yp(3);
% ----------------------------------------------
E = Elem.prop(p,2);                           % 提取杆元材料弹性模量
nu = Elem.prop(p,3);
rou = Elem.prop(p,4);                         % 提取杆元材料密度
h = Elem.prop(p,5);                           % 提取杆元截面属性
% ----------------------------------------------
% 生成形函数矩阵
ai = xj * yk - xk * yj;
bi = yj - yk;
ci = xk - xj;
aj = xk * yi - xi * yk;
bj0 = yk - yi;
cj = xi - xk;
ak = xi * yj - xj * yi;
bk = yi - yj;
ck = xj - xi;
A = 1/2 * (ai + aj + ak);                     % 三角形面积
% A = 1/2 * (bi * cj - bj0 * ci);             % 备选
Ni = (ai + bi * x + ci * y)/2/A;
Nj = (aj + bj0 * x + cj * y)/2/A;
Nk = (ak + bk * x + ck * y)/2/A;
```

```
N = [Ni,0,Nj,0,Nk,0;...
     0,Ni,0,Nj,0,Nk];                                    %形函数矩阵
% -------------------
%生成应变矩阵
B = OperatorL_P1(N);
% -------------------
%生成应力矩阵
D = E/(1 - nu * nu) * [1,nu,0;nu,1,0;0,0,(1 - nu)/2];
S = D * B;
% -------------------
%生成单元刚度矩阵
K = A * h * B' * D * B;                                  %刚度矩阵
% -------------------
%生成单元质量矩阵
%面积坐标法
M = rou * h * A/12 * [2,0,1,0,1,0;...
     0,2,0,1,0,1;...
     1,0,2,0,1,0;...
     0,1,0,2,0,1;...
     1,0,1,0,2,0;...
     0,1,0,1,0,2];                                       %质量矩阵
% -------------------
end
% ---------------------------------------------------
```

➢ **算例 7：受拉力作用的平面应力矩形板——三角形单元**

如图 4.13 所示的受拉力作用的处于平面应力状态的矩形板。板的长度为 200 mm，宽度为 100 mm，右端 3 个节点处的等效节点载荷均为 1 000 N，左端 3 个节点处为简支边界。板的材料为铝，弹性模量为 70 000 MPa，泊松比为 0.33，板的厚度为 1.2 mm。现需要对该平面结构进行有限元分析，得到板内各点位移、应变和应力状态。

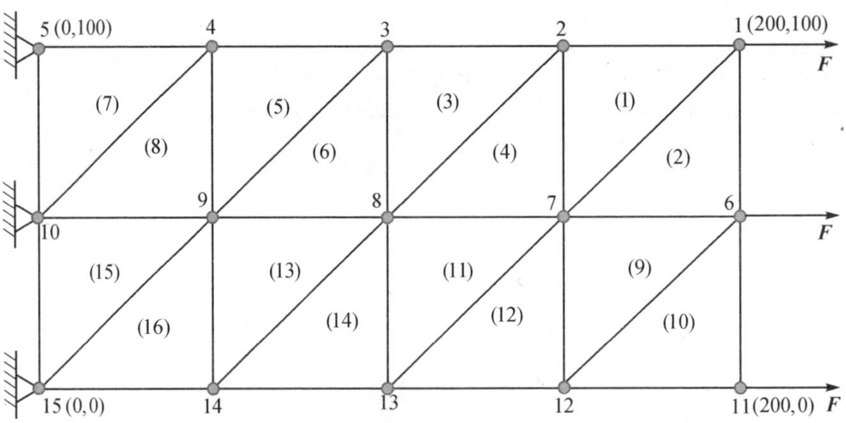

图 4.13 受拉力作用的平面应力矩形板——三角形单元

使用 3 节点三角形网格进行剖分，有限元模型中共包含 15 个节点和 16 个三角形单元，各节点和单元编号如图 4.13 所示，15 号节点设置为全局坐标系原点，则 1 号节点的坐标为(200,100)。其他节点可采用等间距划分，节点坐标值可简单获得。

将以上信息存储在 FEM_model_16Tri. xlsx 中，运行主程序 FEA_S. m，在工作目录下可

以得到两个文本文件，一个是 FEA_model.txt，用来检查模型信息，另一个是 FEA_results.txt，用来查看分析结果。

为清晰起见，这里再次列出 FEM_model_16Tri.xlsx 文件中的具体内容，以帮助用户建立前处理文件。

在 Node_geom 页中，存储节点坐标值信息：

Node	x	y	Node	x	y
1	200	100	9	50	50
2	150	100	10	0	50
3	100	100	11	200	0
4	50	100	12	150	0
5	0	100	13	100	0
6	200	50	14	50	0
7	150	50	15	0	0
8	100	50			

在 Node_load 页，存储节点等效载荷信息：

Node	x	y	Node	x	y
1	1000.00	0.00	9	0.00	0.00
2	0.00	0.00	10	0.00	0.00
3	0.00	0.00	11	1000.00	0.00
4	0.00	0.00	12	0.00	0.00
5	0.00	0.00	13	0.00	0.00
6	1000.00	0.00	14	0.00	0.00
7	0.00	0.00	15	0.00	0.00
8	0.00	0.00			

在 Node_BC 页，存储节点位移边界条件信息：

Node	JX	JY	VX	VY
1	0	0	0	0
2	0	0	0	0
3	0	0	0	0
4	0	0	0	0
5	1	1	0	0
6	0	0	0	0
7	0	0	0	0
8	0	0	0	0
9	0	0	0	0
10	1	1	0	0
11	0	0	0	0
12	0	0	0	0
13	0	0	0	0
14	0	0	0	0
15	1	1	0	0

在 Elem_conn 页，存储单元连接信息：

Element	Node_i	Node_j	Node_k
1	1	2	7
2	1	7	6
3	2	3	8
4	2	8	7
5	3	4	9
6	3	9	8
7	4	5	10
8	4	10	9
9	6	7	12
10	6	12	11
11	7	8	13
12	7	13	12
13	8	9	14
14	8	14	13
15	9	10	15
16	9	15	14

在 Elem_prop 页，存储单元属性信息：

Element	E	nu	rou	h
1	70000	0.33	2.78E−09	1.2
2	70000	0.33	2.78E−09	1.2
3	70000	0.33	2.78E−09	1.2
4	70000	0.33	2.78E−09	1.2
5	70000	0.33	2.78E−09	1.2
6	70000	0.33	2.78E−09	1.2
7	70000	0.33	2.78E−09	1.2
8	70000	0.33	2.78E−09	1.2
9	70000	0.33	2.78E−09	1.2
10	70000	0.33	2.78E−09	1.2
11	70000	0.33	2.78E−09	1.2
12	70000	0.33	2.78E−09	1.2
13	70000	0.33	2.78E−09	1.2
14	70000	0.33	2.78E−09	1.2
15	70000	0.33	2.78E−09	1.2
16	70000	0.33	2.78E−09	1.2

所得到的模型文件信息如下：

```
********打印模型数据***********
-------------------------------------------------------
Node coordinates:
1          +2.0000E+02      +1.0000E+02
2          +1.5000E+02      +1.0000E+02
```

```
3        +1.0000E+02     +1.0000E+02
4        +5.0000E+01     +1.0000E+02
5        +0.0000E+00     +1.0000E+02
6        +2.0000E+02     +5.0000E+01
7        +1.5000E+02     +5.0000E+01
8        +1.0000E+02     +5.0000E+01
9        +5.0000E+01     +5.0000E+01
10       +0.0000E+00     +5.0000E+01
11       +2.0000E+02     +0.0000E+00
12       +1.5000E+02     +0.0000E+00
13       +1.0000E+02     +0.0000E+00
14       +5.0000E+01     +0.0000E+00
15       +0.0000E+00     +0.0000E+00
----------------------------------------------------------
Element connectivity:
1        1        2        7
2        1        7        6
3        2        3        8
4        2        8        7
5        3        4        9
6        3        9        8
7        4        5        10
8        4        10       9
9        6        7        12
10       6        12       11
11       7        8        13
12       7        13       12
13       8        9        14
14       8        14       13
15       9        10       15
16       9        15       14
----------------------------------------------------------
Element material properties:
1        +7.0000E+04     +3.3000E-01     +2.7800E-09     +1.2000E+00
2        +7.0000E+04     +3.3000E-01     +2.7800E-09     +1.2000E+00
3        +7.0000E+04     +3.3000E-01     +2.7800E-09     +1.2000E+00
4        +7.0000E+04     +3.3000E-01     +2.7800E-09     +1.2000E+00
5        +7.0000E+04     +3.3000E-01     +2.7800E-09     +1.2000E+00
6        +7.0000E+04     +3.3000E-01     +2.7800E-09     +1.2000E+00
7        +7.0000E+04     +3.3000E-01     +2.7800E-09     +1.2000E+00
8        +7.0000E+04     +3.3000E-01     +2.7800E-09     +1.2000E+00
9        +7.0000E+04     +3.3000E-01     +2.7800E-09     +1.2000E+00
10       +7.0000E+04     +3.3000E-01     +2.7800E-09     +1.2000E+00
11       +7.0000E+04     +3.3000E-01     +2.7800E-09     +1.2000E+00
12       +7.0000E+04     +3.3000E-01     +2.7800E-09     +1.2000E+00
13       +7.0000E+04     +3.3000E-01     +2.7800E-09     +1.2000E+00
14       +7.0000E+04     +3.3000E-01     +2.7800E-09     +1.2000E+00
15       +7.0000E+04     +3.3000E-01     +2.7800E-09     +1.2000E+00
16       +7.0000E+04     +3.3000E-01     +2.7800E-09     +1.2000E+00
----------------------------------------------------------
Node loads:
1        +1.0000E+03     +0.0000E+00
2        +0.0000E+00     +0.0000E+00
```

```
3          + 0.0000E + 00      + 0.0000E + 00
4          + 0.0000E + 00      + 0.0000E + 00
5          + 0.0000E + 00      + 0.0000E + 00
6          + 1.0000E + 03      + 0.0000E + 00
7          + 0.0000E + 00      + 0.0000E + 00
8          + 0.0000E + 00      + 0.0000E + 00
9          + 0.0000E + 00      + 0.0000E + 00
10         + 0.0000E + 00      + 0.0000E + 00
11         + 1.0000E + 03      + 0.0000E + 00
12         + 0.0000E + 00      + 0.0000E + 00
13         + 0.0000E + 00      + 0.0000E + 00
14         + 0.0000E + 00      + 0.0000E + 00
15         + 0.0000E + 00      + 0.0000E + 00
------------------------------------------------------------
Node boundary conditions:
1        0        0        + 0.0000E + 00      + 0.0000E + 00
2        0        0        + 0.0000E + 00      + 0.0000E + 00
3        0        0        + 0.0000E + 00      + 0.0000E + 00
4        0        0        + 0.0000E + 00      + 0.0000E + 00
5        1        1        + 0.0000E + 00      + 0.0000E + 00
6        0        0        + 0.0000E + 00      + 0.0000E + 00
7        0        0        + 0.0000E + 00      + 0.0000E + 00
8        0        0        + 0.0000E + 00      + 0.0000E + 00
9        0        0        + 0.0000E + 00      + 0.0000E + 00
10       1        1        + 0.0000E + 00      + 0.0000E + 00
11       0        0        + 0.0000E + 00      + 0.0000E + 00
12       0        0        + 0.0000E + 00      + 0.0000E + 00
13       0        0        + 0.0000E + 00      + 0.0000E + 00
14       0        0        + 0.0000E + 00      + 0.0000E + 00
15       1        1        + 0.0000E + 00      + 0.0000E + 00
------------------------------------------------------------
********模型数据打印结束********
结果文件为:
*********打印分析结果*************
------------------------------------------------------------
Node displacement:
1          + 7.2670E - 02      - 8.9872E - 04
2          + 5.2099E - 02      - 1.8723E - 03
3          + 3.3369E - 02      - 3.4562E - 03
4          + 1.5801E - 02      - 4.1979E - 03
5          + 1.2890E - 12      - 4.9594E - 13
6          + 6.5489E - 02      + 4.7467E - 03
7          + 5.0745E - 02      + 4.1090E - 03
8          + 3.3836E - 02      + 2.4084E - 03
9          + 1.6219E - 02      + 6.1939E - 04
10         + 1.0949E - 12      + 5.1454E - 15
11         + 7.7212E - 02      + 1.4239E - 02
12         + 5.5038E - 02      + 9.0063E - 03
13         + 3.6634E - 02      + 7.7877E - 03
14         + 1.8743E - 02      + 5.9008E - 03
15         + 1.2890E - 12      + 4.8565E - 13
------------------------------------------------------------
Node Force:
```

```
1       +1.0000E+03     -2.1599E-13
2       -9.2785E-13     +7.4658E-14
3       +2.7014E-13     -3.1234E-14
4       +1.1274E-13     -9.6631E-16
5       -8.1105E+02     +3.1206E+02
6       +1.0000E+03     +3.7742E-15
7       +6.3801E-12     -1.1405E-12
8       -8.7033E-13     +1.2896E-13
9       -3.4278E-13     +3.9798E-13
10      -1.3779E+03     -6.4752E+00
11      +1.0000E+03     +6.1901E-13
12      -2.3728E-13     +1.3173E-12
13      -4.2480E-13     -6.9786E-13
14      -1.4041E-13     +5.4065E-14
15      -8.1105E+02     -3.0558E+02
--------------------------------------------------------
Element Strain:
1       +4.1143E-04     -1.1963E-04     +4.6551E-05
2       +2.9489E-04     -1.1291E-04     +1.5637E-04
3       +3.7460E-04     -1.1729E-04     +2.2330E-05
4       +3.3817E-04     -1.1963E-04     +6.1093E-05
5       +3.5135E-04     -9.6346E-05     +6.4844E-06
6       +3.5235E-04     -1.1729E-04     +2.6430E-05
7       +3.1603E-04     -1.0022E-14     -8.3958E-05
8       +3.2438E-04     -9.6346E-05     +4.0386E-06
9       +2.9489E-04     -9.7946E-05     -7.3106E-05
10      +4.4349E-04     -1.8984E-04     -1.2981E-04
11      +3.3817E-04     -1.0759E-04     -2.1934E-05
12      +3.6808E-04     -9.7946E-05     -6.1488E-05
13      +3.5235E-04     -1.0563E-04     -1.4705E-05
14      +3.5781E-04     -1.0759E-04     -1.8209E-05
15      +3.2438E-04     -9.6101E-15     +1.2388E-05
16      +3.7486E-04     -1.0563E-04     +6.7532E-05
--------------------------------------------------------
Element Stress:
1       +2.9218E+01     +1.2683E+00     +1.2250E+00
2       +2.0238E+01     -1.2250E+00     +4.1149E+00
3       +2.6386E+01     +4.9684E-01     +5.8762E-01
4       +2.3463E+01     -6.3086E-01     +1.6077E+00
5       +2.5103E+01     +1.5396E+00     +1.7064E-01
6       +2.4638E+01     -7.9853E-02     +6.9552E-01
7       +2.4826E+01     +8.1924E+00     -2.2094E+00
8       +2.2984E+01     +8.4046E-01     +1.0628E-01
9       +2.0626E+01     -4.9604E-02     -1.9238E+00
10      +2.9917E+01     -3.4161E+00     -3.4161E+00
11      +2.3776E+01     +3.1482E-01     -5.7722E-01
12      +2.6375E+01     +1.8476E+00     -1.6181E+00
13      +2.4940E+01     +8.3636E-01     -3.8697E-01
14      +2.5319E+01     +8.2410E-01     -4.7919E-01
15      +2.5481E+01     +8.4089E+00     +3.2599E-01
16      +2.6709E+01     +1.4200E+00     +1.7772E+00
--------------------------------------------------------
*******分析结果打印结束*********
```

4.8.3.2 平面问题四边形等参单元

平面问题四边形等参单元也只需要对第三章中所述的符号计算程序进行简单改造即可。所需要修改的地方同样为节点坐标值信息和单元的属性信息。修改后的单元系统矩阵信息函数如下(修改的部分进行了加粗显示):

```
% ---------------------------------------------------
function [K,M,B,S] = ElemKM_P42(p)
% ---------------------------------------------------
% ElemKM_P42    平面 4 节点矩形等参单元,对于第 p 个单元,返回其单元信息;
% p：单元号
% K：单元刚度矩阵
% M：单元一致质量矩阵
% B：应变矩阵
% S：应力矩阵
% ------------------
% E：材料弹性模量
% nu：泊松比
% rou：材料密度
% h：平面应力单元厚度
% x，y：物理坐标
% ksi，eta：自然坐标
% ---------------------------------------------------
global Node Elem                                    % 调用全局变量
syms ksi eta
% ---------------------------------------------------
node = Elem.conn(p,2:end);                          % 提取单元 p 的节点号
xp = Node.geom(node,2);                             % 提取单元 p 节点的 x 坐标
yp = Node.geom(node,3);                             % 提取单元 p 节点的 y 坐标
% ---------------------------------------------------
E = Elem.prop(p,2);                                 % 提取杆元材料弹性模量
nu = Elem.prop(p,3);
rou = Elem.prop(p,4);                               % 提取杆元材料密度
h = Elem.prop(p,5);                                 % 提取杆元截面属性
% ------------------
% 生成形函数矩阵
Ni = 1/4 * (1 - ksi) * (1 - eta);
Nj = 1/4 * (1 + ksi) * (1 - eta);
Nk = 1/4 * (1 + ksi) * (1 + eta);
Nm = 1/4 * (1 - ksi) * (1 + eta);
NG = [Ni,Nj,Nk,Nm];
N = [Ni,0,Nj,0,Nk,0,Nm,0;...
    0,Ni,0,Nj,0,Nk,0,Nm];                           % 形函数矩阵
% ------------------
% 生成 Jacobi 矩阵
Dxksi = diff(NG,ksi) * xp;
Dyksi = diff(NG,ksi) * yp;
Dxeta = diff(NG,eta) * xp;
Dyeta = diff(NG,eta) * yp;                          % 坐标的偏导数变换
Jacobi = [Dxksi,Dyksi;Dxeta,Dyeta];                 % Jacobi 矩阵
detJ = det(Jacobi);                                 % Jacobi 矩阵行列式值
% ------------------
% 生成应变矩阵
```

```
B = OperatorL_P2(Jacobi,N);
% ------------------
%生成应力矩阵
D = E/(1 - nu * nu) * [1,nu,0;nu,1,0;0,0,(1 - nu)/2];
S = D * B;
% ------------------
%生成单元刚度矩阵
%通过面内 Gauss 积分(对称 4 点)计算刚度矩阵
fk = B' * D * B * detJ;
K = h * GaussintP4(fk,ksi,eta,4);
% ------------------
%生成单元质量矩阵
%通过面内 Gauss 积分(对称 4 点)计算质量矩阵
fm = N' * N * detJ;
M = rou * h * GaussintP4(fm,ksi,eta,4);
% ------------------------------------------------
```

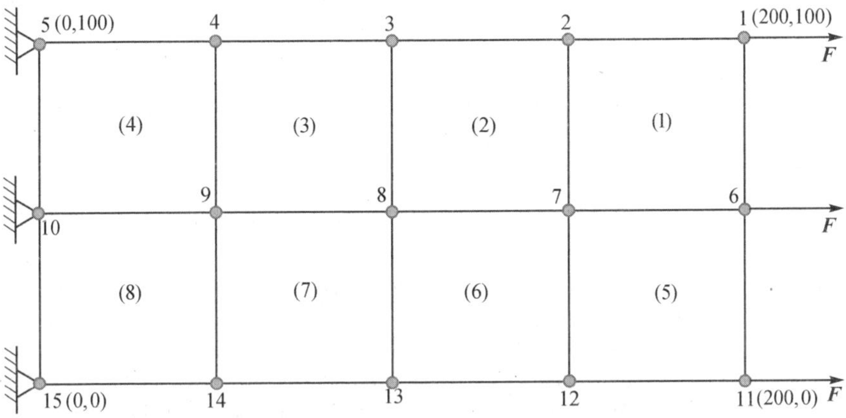

图 4.14　受拉力作用的平面应力矩形板—四边形单元

➢ **算例 8：受拉力作用的平面应力矩形板——四边形单元**

依然考虑图 4.13 所示的受拉力作用的处于平面应力状态的矩形板。板的尺寸、材料、边界、载荷等信息与算例 7 相同。

在使用 4 节点四边形网格进行剖分后，有限元模型中共包含 15 个节点和 8 个四边形单元，各节点和单元编号如图 4.14 所示。若将 15 号节点设置为全局坐标系原点，则 1 号节点的坐标为(200,100)。其他节点可采用等间距划分，节点坐标值可简单获得。

将以上信息存储在 FEM_model_8Quad.xlsx 中，运行主程序 FEA_S.m，在工作目录下可以得到两个文本文件，一个是 FEA_model.txt，用来检查模型信息，另一个是 FEA_results.txt，用来查看分析结果。

模型信息文件如下：

```
********打印模型数据***********
------------------------------------------------
Node coordinates:
1          +2.0000E+02     +1.0000E+02
2          +1.5000E+02     +1.0000E+02
3          +1.0000E+02     +1.0000E+02
```

```
4       +5.0000E+01     +1.0000E+02
5       +0.0000E+00     +1.0000E+02
6       +2.0000E+02     +5.0000E+01
7       +1.5000E+02     +5.0000E+01
8       +1.0000E+02     +5.0000E+01
9       +5.0000E+01     +5.0000E+01
10      +0.0000E+00     +5.0000E+01
11      +2.0000E+02     +0.0000E+00
12      +1.5000E+02     +0.0000E+00
13      +1.0000E+02     +0.0000E+00
14      +5.0000E+01     +0.0000E+00
15      +0.0000E+00     +0.0000E+00
----------------------------------------------------------
Element connectivity:
1       1       2       7       6
2       2       3       8       7
3       3       4       9       8
4       4       5       10      9
5       6       7       12      11
6       7       8       13      12
7       8       9       14      13
8       9       10      15      14
----------------------------------------------------------
Element material properties:
1       +7.0000E+04     +3.3000E-01     +2.7800E-09     +1.2000E+00
2       +7.0000E+04     +3.3000E-01     +2.7800E-09     +1.2000E+00
3       +7.0000E+04     +3.3000E-01     +2.7800E-09     +1.2000E+00
4       +7.0000E+04     +3.3000E-01     +2.7800E-09     +1.2000E+00
5       +7.0000E+04     +3.3000E-01     +2.7800E-09     +1.2000E+00
6       +7.0000E+04     +3.3000E-01     +2.7800E-09     +1.2000E+00
7       +7.0000E+04     +3.3000E-01     +2.7800E-09     +1.2000E+00
8       +7.0000E+04     +3.3000E-01     +2.7800E-09     +1.2000E+00
----------------------------------------------------------
Node loads:
1       +1.0000E+03     +0.0000E+00
2       +0.0000E+00     +0.0000E+00
3       +0.0000E+00     +0.0000E+00
4       +0.0000E+00     +0.0000E+00
5       +0.0000E+00     +0.0000E+00
6       +1.0000E+03     +0.0000E+00
7       +0.0000E+00     +0.0000E+00
8       +0.0000E+00     +0.0000E+00
9       +0.0000E+00     +0.0000E+00
10      +0.0000E+00     +0.0000E+00
11      +1.0000E+03     +0.0000E+00
12      +0.0000E+00     +0.0000E+00
13      +0.0000E+00     +0.0000E+00
14      +0.0000E+00     +0.0000E+00
15      +0.0000E+00     +0.0000E+00
----------------------------------------------------------
Node boundary conditions:
1       0       0       +0.0000E+00     +0.0000E+00
2       0       0       +0.0000E+00     +0.0000E+00
3       0       0       +0.0000E+00     +0.0000E+00
```

```
4        0        0        +0.0000E+00      +0.0000E+00
5        1        1        +0.0000E+00      +0.0000E+00
6        0        0        +0.0000E+00      +0.0000E+00
7        0        0        +0.0000E+00      +0.0000E+00
8        0        0        +0.0000E+00      +0.0000E+00
9        0        0        +0.0000E+00      +0.0000E+00
10       1        1        +0.0000E+00      +0.0000E+00
11       0        0        +0.0000E+00      +0.0000E+00
12       0        0        +0.0000E+00      +0.0000E+00
13       0        0        +0.0000E+00      +0.0000E+00
14       0        0        +0.0000E+00      +0.0000E+00
15       1        1        +0.0000E+00      +0.0000E+00
-----------------------------------------------------------------
*******模型数据打印结束********
```

结果信息文件如下：

```
********打印分析结果***********
-----------------------------------------------------------------
Node displacement:
1          +7.8685E-02      -9.6590E-03
2          +5.3344E-02      -4.1188E-03
3          +3.4709E-02      -5.8747E-03
4          +1.7544E-02      -6.1096E-03
5          +1.9106E-12      -5.2841E-13
6          +6.2431E-02      +5.8716E-16
7          +5.1400E-02      +3.4273E-16
8          +3.4912E-02      +1.5248E-16
9          +1.6297E-02      +3.3331E-17
10         +1.6652E-12      -1.0193E-27
11         +7.8685E-02      +9.6590E-03
12         +5.3344E-02      +4.1188E-03
13         +3.4709E-02      +5.8747E-03
14         +1.7544E-02      +6.1096E-03
15         +1.9106E-12      +5.2841E-13
-----------------------------------------------------------------
Node Force:
1          +1.0000E+03      +3.1392E-13
2          -1.1014E-12      -1.2500E-13
3          -1.0541E-12      -9.5768E-15
4          +4.8831E-13      +4.4548E-15
5          -8.0147E+02      +2.2166E+02
6          +1.0000E+03      +7.7053E-15
7          +2.2429E-13      -2.9592E-13
8          -1.9108E-12      -4.3464E-15
9          +1.0958E-13      +1.0721E-13
10         -1.3971E+03      +7.1908E-13
11         +1.0000E+03      +2.3437E-13
12         +8.9562E-13      +1.1627E-13
13         -1.8752E-13      +6.3863E-15
14         +3.8934E-13      -6.3554E-14
15         -8.0147E+02      -2.2166E+02
-----------------------------------------------------------------
Element Strain:
```

```
1         +2.9217E-04      -1.1008E-04      +8.2737E-05
2         +3.4049E-04      -1.0871E-04      +1.5465E-05
3         +3.6505E-04      -1.2102E-04      +1.8871E-05
4         +3.3218E-04      -3.0548E-05      -2.4312E-05
5         +4.3526E-04      -1.1008E-04      -2.7334E-05
6         +3.6196E-04      -1.0871E-04       3.3025E-05
7         +3.5055E-04      -1.2102E-04      -2.1220E-05
8         +3.4465E-04      -3.0548E-05      +8.5408E-05
-------------------------------------------------------
Element Stress:
1         +2.0098E+01      -1.0731E+00      +2.1773E+00
2         +2.3929E+01      +2.8657E-01      +4.0698E-01
3         +2.5539E+01      -4.3420E-02      +4.9662E-01
4         +2.5302E+01      +6.2113E+00      -6.3978E-01
5         +3.1339E+01      +2.6364E+00      -7.1932E-01
6         +2.5616E+01      +8.4312E-01      -8.6908E-01
7         +2.4400E+01      -4.1924E-01      -5.5843E-01
8         +2.6282E+01      +6.5346E+00      +2.2476E+00
-------------------------------------------------------
*******分析结果打印结束*********
```

由以上算例可以看出，对于简单的问题，手工录入前处理文件较简便。然而，对于较为复杂的结构，剖分得到的网络数目可能会急剧增加，手工录入前处理文件开始变得复杂。此时，可借助其他有限元分析软件的前处理过程，得到节点坐标值信息和单元连接信息。以 ABAQUS 软件的 *.inp 文件和本章中的算例 7 为例，节点坐标值信息的存储方式为

```
*Node
      1,        157.5,          32.5
      2,        107.5,          32.5
      3,         57.5,          32.5
      4,          7.5,          32.5
      5,        -42.5,          32.5
      6,        157.5,         -17.5
      7,        107.5,         -17.5
      8,         57.5,         -17.5
      9,          7.5,         -17.5
     10,        -42.5,         -17.5
     11,        157.5,         -67.5
     12,        107.5,         -67.5
     13,         57.5,         -67.5
     14,          7.5,         -67.5
     15,        -42.5,         -67.5
```

单元连接信息的存储方式为

```
*Element, type=CPS3
1,  1,  2,  7
2,  7,  6,  1
3,  2,  3,  8
4,  8,  7,  2
5,  3,  4,  9
6,  9,  8,  3
7,  4,  5, 10
8, 10,  9,  4
9,  6,  7, 12
```

```
10, 12, 11,  6
11,  7,  8, 13
12, 13, 12,  7
13,  8,  9, 14
14, 14, 13,  8
15,  9, 10, 15
16, 15, 14,  9
```

这些信息可在 inp 文件中找到并轻松复制进 Excel 文件中，并据此作为 Matlab 编程的前处理文件进行有限元分析。

4.8.4 板

矩形板单元的后处理函数与 4 节点四边形等参单元的后处理函数基本相同，只需将单元类型更改为 ElemKM_S41(p)即可。本节仅讨论平面矩形板单元(Kirchhoff 板)。

对第 3 章中所述的符号计算程序进行改造即可得到板单元的单元信息函数。所需要修改的地方同样为节点坐标值信息和单元的属性信息。修改后的单元系统矩阵信息函数如下(修改的部分进行了加粗显示)：

```
% ----------------------------------------------
function [K,M,B,S] = ElemKM_S41(p)
% ----------------------------------------------
% ElemKM_S41    平面 4 节点矩形 Kirchhoff 板单元，对于第 p 个单元，返回其单元信息；
% p：单元号
% K：单元刚度矩阵
% M：单元一致质量矩阵
% B：应变矩阵
% S：应力矩阵
% -------------------
% E：材料弹性模量
% nu：泊松比
% rou：材料密度
% h：板单元厚度
% xi, xj, xk, xm：节点 x 向坐标值
% yi, yj, yk, ym：节点 y 向坐标值
% x, y：物理坐标
% ksi, eta：自然坐标
% ----------------------------------------------
global Node Elem                          % 调用全局变量
syms ksi eta
% ----------------------------------------------
node = Elem.conn(p,2:end);                % 提取单元 p 的节点号
xp = Node.geom(node,2);                   % 提取单元 p 节点的 x 坐标
yp = Node.geom(node,3);                   % 提取单元 p 节点的 y 坐标
% ----------------------------------------------
E = Elem.prop(p,2);                       % 提取杆元材料弹性模量
nu = Elem.prop(p,3);
rou = Elem.prop(p,4);                     % 提取杆元材料密度
h = Elem.prop(p,5);                       % 提取杆元截面属性
% -------------------
% 生成形函数矩阵
a = abs(xp(3) - xp(1))/2;
b = abs(yp(3) - yp(1))/2;
```

```
% --------------------
Ni = 1/8 * (1 - ksi) * (1 - eta) * (2 - ksi - eta - ksi * ksi - eta * eta);
Nix = - 1/8 * b * ( - 1) * (1 - ksi) * (1 - eta) * (1 - eta * eta);
Niy = 1/8 * a * ( - 1) * (1 - ksi) * (1 - eta) * (1 - ksi * ksi);
% --------------------
Nj = 1/8 * (1 + ksi) * (1 - eta) * (2 + ksi - eta - ksi * ksi - eta * eta);
Njx = - 1/8 * b * ( - 1) * (1 + ksi) * (1 - eta) * (1 - eta * eta);
Njy = 1/8 * a * ( + 1) * (1 + ksi) * (1 - eta) * (1 - ksi * ksi);
% --------------------
Nk = 1/8 * (1 + ksi) * (1 + eta) * (2 + ksi + eta - ksi * ksi - eta * eta);
Nkx = - 1/8 * b * ( + 1) * (1 + ksi) * (1 + eta) * (1 - eta * eta);
Nky = 1/8 * a * ( + 1) * (1 + ksi) * (1 + eta) * (1 - ksi * ksi);
% --------------------
Nm = 1/8 * (1 - ksi) * (1 + eta) * (2 - ksi + eta - ksi * ksi - eta * eta);
Nmx = - 1/8 * b * ( + 1) * (1 - ksi) * (1 + eta) * (1 - eta * eta);
Nmy = 1/8 * a * ( - 1) * (1 - ksi) * (1 + eta) * (1 - ksi * ksi);
% --------------------
N = [Ni Nix Niy Nj Njx Njy Nk Nkx Nky Nm Nmx Nmy];   %形函数矩阵
% -------------------
%生成应变矩阵
BNx = - diff(diff(N,ksi),ksi)/a/a;
BNy = - diff(diff(N,eta),eta)/b/b;
BNxy = - 2 * diff(diff(N,ksi),eta)/a/b;
B = [BNx;BNy;BNxy];
% -------------------
%生成应力矩阵
D = E/(1 - nu * nu) * [1,nu,0;nu,1,0;0,0,(1 - nu)/2];
S = D * B;
% -------------------
%生成单元刚度矩阵
K = h^3/12 * int(int(B' * D * B,ksi, - 1,1),eta, - 1,1) * a * b;    %刚度矩阵
% -------------------
%生成单元质量矩阵
M = rou * h * int(int(N' * N,ksi, - 1,1),eta, - 1,1) * a * b;       %质量矩阵
end
% ----------------------------------------------
```

➢ 算例 9：受中心横向力作用的对边简支板

考虑图 4.15 所示的中心受横向力作用的对边简支矩形板。板的面内尺寸为 400×400 mm，厚度为 2 mm。材料为铝，即弹性模量为 70 000 MPa，泊松比为 0.33。在一组对边施加简支边界、中心承受垂直于板面的集中力作用，载荷大小为 $F=86$ N。

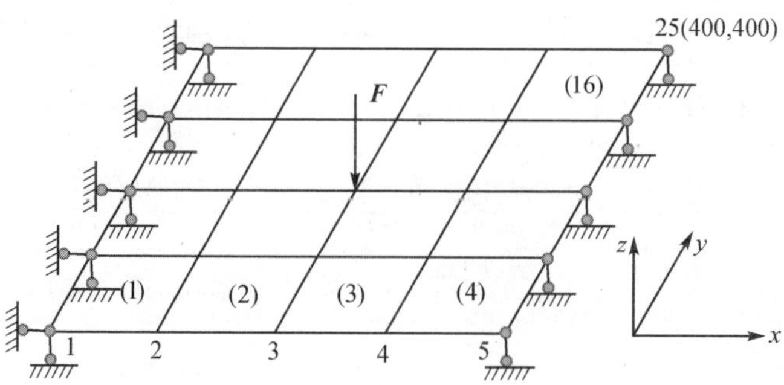

图 4.15　受中心横向力作用的对边简支板

使用 4 节点矩形网格进行等距剖分，有限元模型中共包含 25 个节点和 16 个矩形单元，各节点和单元编号如图 4.15 所示，1 号节点设置为全局坐标系原点，则 25 号节点的坐标为 (400,400)，节点坐标值可简单获得。

将以上信息存储在 FEM_model_16Quad.xlsx 中，运行主程序 FEA_S.m，在工作目录下可以得到两个文本文件，一个是 FEA_model.txt，用来检查模型信息，另一个是 FEA_results.txt，用来查看分析结果。

模型信息文件 FEA_model.txt 的内容如下：

```
********打印模型数据***********
-------------------------------------------------------
Node coordinates:
1     +0.0000E+00    +0.0000E+00    +0.0000E+00
2     +1.0000E+02    +0.0000E+00    +0.0000E+00
3     +2.0000E+02    +0.0000E+00    +0.0000E+00
4     +3.0000E+02    +0.0000E+00    +0.0000E+00
5     +4.0000E+02    +0.0000E+00    +0.0000E+00
6     +0.0000E+00    +1.0000E+02    +0.0000E+00
7     +1.0000E+02    +1.0000E+02    +0.0000E+00
8     +2.0000E+02    +1.0000E+02    +0.0000E+00
9     +3.0000E+02    +1.0000E+02    +0.0000E+00
10    +4.0000E+02    +1.0000E+02    +0.0000E+00
11    +0.0000E+00    +2.0000E+02    +0.0000E+00
12    +1.0000E+02    +2.0000E+02    +0.0000E+00
13    +2.0000E+02    +2.0000E+02    +0.0000E+00
14    +3.0000E+02    +2.0000E+02    +0.0000E+00
15    +4.0000E+02    +2.0000E+02    +0.0000E+00
16    +0.0000E+00    +3.0000E+02    +0.0000E+00
17    +1.0000E+02    +3.0000E+02    +0.0000E+00
18    +2.0000E+02    +3.0000E+02    +0.0000E+00
19    +3.0000E+02    +3.0000E+02    +0.0000E+00
20    +4.0000E+02    +3.0000E+02    +0.0000E+00
21    +0.0000E+00    +4.0000E+02    +0.0000E+00
22    +1.0000E+02    +4.0000E+02    +0.0000E+00
23    +2.0000E+02    +4.0000E+02    +0.0000E+00
24    +3.0000E+02    +4.0000E+02    +0.0000E+00
25    +4.0000E+02    +4.0000E+02    +0.0000E+00
-------------------------------------------------------
Element connectivity:
1     1     2     7     6
2     2     3     8     7
3     3     4     9     8
4     4     5     10    9
5     6     7     12    11
6     7     8     13    12
7     8     9     14    13
8     9     10    15    14
9     11    12    17    16
10    12    13    18    17
11    13    14    19    18
12    14    15    20    19
13    16    17    22    21
14    17    18    23    22
```

```
15      18      19      24      23
16      19      20      25      24
-----------------------------------------------------------------
Element material properties:
1       +7.0000E+04     +3.3000E-01     +2.7800E-09     +2.0000E+00
2       +7.0000E+04     +3.3000E-01     +2.7800E-09     +2.0000E+00
3       +7.0000E+04     +3.3000E-01     +2.7800E-09     +2.0000E+00
4       +7.0000E+04     +3.3000E-01     +2.7800E-09     +2.0000E+00
5       +7.0000E+04     +3.3000E-01     +2.7800E-09     +2.0000E+00
6       +7.0000E+04     +3.3000E-01     +2.7800E-09     +2.0000E+00
7       +7.0000E+04     +3.3000E-01     +2.7800E-09     +2.0000E+00
8       +7.0000E+04     +3.3000E-01     +2.7800E-09     +2.0000E+00
9       +7.0000E+04     +3.3000E-01     +2.7800E-09     +2.0000E+00
10      +7.0000E+04     +3.3000E-01     +2.7800E-09     +2.0000E+00
11      +7.0000E+04     +3.3000E-01     +2.7800E-09     +2.0000E+00
12      +7.0000E+04     +3.3000E-01     +2.7800E-09     +2.0000E+00
13      +7.0000E+04     +3.3000E-01     +2.7800E-09     +2.0000E+00
14      +7.0000E+04     +3.3000E-01     +2.7800E-09     +2.0000E+00
15      +7.0000E+04     +3.3000E-01     +2.7800E-09     +2.0000E+00
16      +7.0000E+04     +3.3000E-01     +2.7800E-09     +2.0000E+00
-----------------------------------------------------------------
Node loads:
1       +0.0000E+00     +0.0000E+00     +0.0000E+00
2       +0.0000E+00     +0.0000E+00     +0.0000E+00
3       +0.0000E+00     +0.0000E+00     +0.0000E+00
4       +0.0000E+00     +0.0000E+00     +0.0000E+00
5       +0.0000E+00     +0.0000E+00     +0.0000E+00
6       +0.0000E+00     +0.0000E+00     +0.0000E+00
7       +0.0000E+00     +0.0000E+00     +0.0000E+00
8       +0.0000E+00     +0.0000E+00     +0.0000E+00
9       +0.0000E+00     +0.0000E+00     +0.0000E+00
10      +0.0000E+00     +0.0000E+00     +0.0000E+00
11      +0.0000E+00     +0.0000E+00     +0.0000E+00
12      +0.0000E+00     +0.0000E+00     +0.0000E+00
13      -8.6000E+01     +0.0000E+00     +0.0000E+00
14      +0.0000E+00     +0.0000E+00     +0.0000E+00
15      +0.0000E+00     +0.0000E+00     +0.0000E+00
16      +0.0000E+00     +0.0000E+00     +0.0000E+00
17      +0.0000E+00     +0.0000E+00     +0.0000E+00
18      +0.0000E+00     +0.0000E+00     +0.0000E+00
19      +0.0000E+00     +0.0000E+00     +0.0000E+00
20      +0.0000E+00     +0.0000E+00     +0.0000E+00
21      +0.0000E+00     +0.0000E+00     +0.0000E+00
22      +0.0000E+00     +0.0000E+00     +0.0000E+00
23      +0.0000E+00     +0.0000E+00     +0.0000E+00
24      +0.0000E+00     +0.0000E+00     +0.0000E+00
25      +0.0000E+00     +0.0000E+00     +0.0000E+00
-----------------------------------------------------------------
Node boundary conditions:
1       1       0       0       +0.0000E+00     +0.0000E+00     +0.0000E+00
2       0       0       0       +0.0000E+00     +0.0000E+00     +0.0000E+00
3       0       0       0       +0.0000E+00     +0.0000E+00     +0.0000E+00
4       0       0       0       +0.0000E+00     +0.0000E+00     +0.0000E+00
5       1       0       0       +0.0000E+00     +0.0000E+00     +0.0000E+00
```

```
6     1     0     0     +0.0000E+00     +0.0000E+00     +0.0000E+00
7     0     0     0     +0.0000E+00     +0.0000E+00     +0.0000E+00
8     0     0     0     +0.0000E+00     +0.0000E+00     +0.0000E+00
9     0     0     0     +0.0000E+00     +0.0000E+00     +0.0000E+00
10    1     0     0     +0.0000E+00     +0.0000E+00     +0.0000E+00
11    1     0     0     +0.0000E+00     +0.0000E+00     +0.0000E+00
12    0     0     0     +0.0000E+00     +0.0000E+00     +0.0000E+00
13    0     0     0     +0.0000E+00     +0.0000E+00     +0.0000E+00
14    0     0     0     +0.0000E+00     +0.0000E+00     +0.0000E+00
15    1     0     0     +0.0000E+00     +0.0000E+00     +0.0000E+00
16    1     0     0     +0.0000E+00     +0.0000E+00     +0.0000E+00
17    0     0     0     +0.0000E+00     +0.0000E+00     +0.0000E+00
18    0     0     0     +0.0000E+00     +0.0000E+00     +0.0000E+00
19    0     0     0     +0.0000E+00     +0.0000E+00     +0.0000E+00
20    1     0     0     +0.0000E+00     +0.0000E+00     +0.0000E+00
21    1     0     0     +0.0000E+00     +0.0000E+00     +0.0000E+00
22    0     0     0     +0.0000E+00     +0.0000E+00     +0.0000E+00
23    0     0     0     +0.0000E+00     +0.0000E+00     +0.0000E+00
24    0     0     0     +0.0000E+00     +0.0000E+00     +0.0000E+00
25    1     0     0     +0.0000E+00     +0.0000E+00     +0.0000E+00
------------------------------------------------------------
*******模型数据打印结束********
结果信息文件 FEA_results.txt 的内容如下：
********打印分析结果************
------------------------------------------------------------
Node displacement:
1      -7.9103E-12     +5.3844E-04     +3.9092E-02
2      -3.5167E+00     +2.7811E-04     +2.7554E-02
3      -4.9667E+00     +2.9347E-05     +6.9401E-16
4      -3.5167E+00     +2.7811E-04     -2.7554E-02
5      -7.9103E-12     +5.3844E-04     -3.9092E-02
6      -9.4214E-12     -3.4266E-04     +4.1080E-02
7      -3.7581E+00     -4.0545E-03     +3.0360E-02
8      -5.4054E+00     -8.5467E-03     +6.8919E-16
9      -3.7581E+00     -4.0545E-03     -3.0360E-02
10     -9.4214E-12     -3.4266E-04     -4.1080E-02
11     -1.2213E-11     -2.1480E-17     +4.3336E-02
12     -4.0425E+00     -1.3428E-15     +3.4990E-02
13     -6.1441E+00     -1.3816E-15     +4.1373E-16
14     -4.0425E+00     -8.7807E-16     -3.4990E-02
15     -1.2213E-11     -1.2945E-18     -4.3336E-02
16     -9.4214E-12     +3.4266E-04     +4.1080E-02
17     -3.7581E+00     +4.0545E-03     +3.0360E-02
18     -5.4054E+00     +8.5467E-03     +1.0315E-16
19     -3.7581E+00     +4.0545E-03     -3.0360E-02
20     -9.4214E-12     +3.4266E-04     -4.1080E-02
21     -7.9103E-12     -5.3844E-04     +3.9092E-02
22     -3.5167E+00     -2.7811E-04     +2.7554E-02
23     -4.9667E+00     -2.9347E-05     +9.6413E-17
24     -3.5167E+00     -2.7811E-04     -2.7554E-02
25     -7.9103E-12     -5.3844E-04     -3.9092E-02
------------------------------------------------------------
Node Force:
1      +4.3646E+00     -1.0914E-12     +1.5427E-12
```

```
2        +3.4088E-13     -1.9410E-12     -5.0249E-12
3        +2.3806E-12     -4.8379E-12     +5.0367E-13
4        +4.9086E-14     +1.4711E-11     +3.2963E-13
5        +4.3646E+00     +2.0022E-12     -3.1010E-12
6        +1.0397E+01     +4.6707E-12     +1.0494E-12
7        +6.0176E-12     +6.7887E-13     +1.7015E-13
8        -2.3063E-12     +2.5686E-12     +1.0537E-12
9        +7.4577E-13     -4.4352E-13     +5.4527E-12
10       +1.0397E+01     +1.1650E-12     +1.2414E-11
11       +1.3477E+01     +2.0788E-12     +3.0877E-13
12       -1.4880E-12     -3.8337E-12     +1.2104E-11
13       -8.6000E+01     -1.0511E-11     +8.3788E-12
14       -2.5148E-12     -5.1749E-12     +1.2090E-11
15       +1.3477E+01     +1.7128E-13     -3.3413E-12
16       +1.0397E+01     -1.2279E-12     +2.5345E-13
17       +3.6338E-13     +2.7552E-14     -1.1515E-12
18       -4.1423E-13     +3.1132E-12     -9.5971E-12
19       +2.2171E-13     +1.0130E-13     +4.0804E-12
20       +1.0397E+01     +1.5351E-13     +1.9093E-12
21       +4.3646E+00     -5.1863E-13     -3.3240E-12
22       -8.3491E-14     +1.7664E-12     -2.4918E-12
23       +1.2194E-13     +4.0870E-12     -1.2255E-12
24       -1.3285E-13     -1.0344E-12     +3.3126E-13
25       +4.3646E+00     -2.5124E-13     -1.4137E-12
--------------------------------------------------------------
Element Strain:
1        -1.6496E-04     +2.2114E-05     +7.0760E-05
2        -3.3109E-04     +6.8310E-05     +4.7067E-05
3        -2.6208E-04     +4.1121E-05     -7.5120E-05
4        -5.3529E-05     +1.1287E-05     -6.2585E-05
5        -1.3174E-04     -4.8337E-05     +5.1138E-05
6        -4.2724E-04     -1.5041E-04     +5.6575E-05
7        -2.4941E-04     -9.3482E-05     -1.0288E-04
8        -4.7057E-05     -1.4970E-05     -2.7401E-05
9        -1.5261E-04     -1.4194E-05     -8.8256E-05
10       -3.7066E-04     +1.9339E-06     -1.0150E-04
11       -2.5969E-04     -1.0069E-05     +1.4780E-04
12       -4.9918E-05     -1.0442E-05     +6.4520E-05
13       -1.6877E-04     +4.7281E-05     -3.6244E-05
14       -3.0851E-04     +8.1994E-05     -4.6328E-06
15       -2.5660E-04     +6.6748E-05     +3.2686E-05
16       -5.7891E-05     +2.3592E-05     +2.8070E-05
--------------------------------------------------------------
Element Stress:
1        -1.2385E+01     -2.5390E+00     +1.8621E+00
2        -2.4238E+01     -3.2167E+00     +1.2386E+00
3        -1.9522E+01     -3.5637E+00     -1.9768E+00
4        -3.9124E+00     -5.0096E-01     -1.6470E+00
5        -1.1602E+01     -7.2121E+00     +1.3457E+00
6        -3.7461E+01     -2.2890E+01     +1.4888E+00
7        -2.2016E+01     -1.3809E+01     -2.7073E+00
8        -4.0846E+00     -2.3958E+00     -7.2108E-01
9        -1.2356E+01     -5.0712E+00     -2.3225E+00
10       -2.9067E+01     -9.4568E+00     -2.6710E+00
```

```
11        -2.0661E+01      -7.5228E+00      +3.8895E+00
12        -4.1920E+00      -2.1143E+00      +1.6979E+00
13        -1.2032E+01      -6.6089E-01      -9.5380E-01
14        -2.2110E+01      -1.5566E+00      -1.2192E-01
15        -1.8427E+01      -1.4085E+00      +8.6015E-01
16        -3.9360E+00      +3.5256E-01      +7.3867E-01
--------------------------------------------------------
*******分 析 结 果 打 印 结 束*********
```

4.8.5　空间问题

对于 4 节点四面体单元，不需要在后处理过程中指定应变和应力的提取位置。而对于 8 节点六面体等参单元，需要在后处理过程中给出额外的参数指定应变和应力的提取位置，因此这里将应变和应力提取位置放在单元中心处。

下面是 8 节点六面体单元的后处理函数 Postprocessing。

```
% ---------------------------------------------
function Postprocessing()
% ---------------------------------------------
%后处理过程
% TOT.NU:节点位移
% TOT.RF:节点力
% TOT.SN:单元应变
% TOT.SS:单元应力
%对于不同的单元类型,需修改 for 循环里面的单元系统矩阵的调用
%对于不同的单元类型,需修改应变和应力的提取方法
%对于常应变单元(杆元、三角形单元等),不需要设置应变和应力提取位置参数
%对于非常应变单元(梁元、矩形单元等),需要设置应变和应力提取位置参数
% ---------------------------------------------
global Node Elem TOT                                %调用全局变量
syms ksi eta zet real
% ---------------------------------------------
TOT.NU = reshape(TOT.U,Node.DOF_number,[])';        %提取整体节点位移
TOT.RF = reshape(TOT.K * TOT.U,Node.DOF_number,[])';%提取节点力
TOT.SN = [];TOT.SS = [];
for p = 1:Elem.number
    [K,M,B,S] = ElemKM_C62(p);                      %需根据单元类型进行修改
    % ---------------------------------------------
    V = zeros(length(Elem.conn(p,2:end)),Node.DOF_number);
    Vtemp = [Node.DOF_number * Elem.conn(p,2:end)]';
    V(:,1:Node.DOF_number) = Vtemp - ([1:Node.DOF_number] - 1);
    V = flipud(V');V = V(:);                        %单元定位向量
    % ---------------------------------------------
    Elem_U = TOT.U(V);                              %单元节点位移
    Elem_epsilon = [B * Elem_U]';Elem_sigma = [S * Elem_U]';
    TOT.SN = [TOT.SN;Elem_epsilon];                 %单元应变
    TOT.SS = [TOT.SS;Elem_sigma];                   %单元应力
    ksic = 0.5;    etac = 0.5;    zetc = 0.5;       %应变和应力提取位置参数
    TOT.SN = double(subs(TOT.SN,[ksi,eta,zet],[ksic,etac,zetc])); %提取点处的应变
    TOT.SS = double(subs(TOT.SS,[ksi,eta,zet],[ksic,etac,zetc])); %提取点处的应力
end
end
% ---------------------------------------------
```

对于 4 节点四面体单元，只需去掉上述程序中关于应力提取位置的语句，并将单元类型修改为 ElemKM_C41 或者 ElemKM_C42 即可。

空间六面体单元的单元信息函数也只需要对第三章中所述的符号计算程序进行简单改造即可。所需要修改的地方同样为节点坐标值信息和单元的属性信息。修改后的单元系统矩阵信息函数如下（修改的部分进行了加粗显示）：

```
% ----------------------------------------------
function [K,M,B,S] = ElemKM_C62(p)
% ----------------------------------------------
% ElemKM_C62    空间 8 节点六面体等参单元，对于第 p 个单元，返回其单元信息；
% p：单元号
% K：单元刚度矩阵
% M：单元一致质量矩阵
% B：应变矩阵
% S：应力矩阵
% ------------------
% E：材料弹性模量
% nu：泊松比
% rou：材料密度
% h：平面应力单元厚度
% x，y：物理坐标
% ksi，eta：自然坐标
% ----------------------------------------------
global Node Elem                              % 调用全局变量
syms ksi eta zet real
% ----------------------------------------------
node = Elem.conn(p,2:end);                    % 提取单元 p 的节点号
xp = [Node.geom(node,2)]';                    % 提取单元 p 节点的 x 坐标
yp = [Node.geom(node,3)]';                    % 提取单元 p 节点的 y 坐标
zp = [Node.geom(node,4)]';                    % 提取单元 p 节点的 z 坐标
% ----------------------------------------------
E = Elem.prop(p,2);                           % 提取材料弹性模量
nu = Elem.prop(p,3);                          % 提取材料泊松比
rou = Elem.prop(p,4);                         % 提取材料密度
% ------------------
% 生成形函数矩阵
N1 = 1/8 * (1 - ksi) * (1 - eta) * (1 - zet);
N2 = 1/8 * (1 + ksi) * (1 - eta) * (1 - zet);
N3 = 1/8 * (1 + ksi) * (1 + eta) * (1 - zet);
N4 = 1/8 * (1 - ksi) * (1 + eta) * (1 - zet);
N5 = 1/8 * (1 - ksi) * (1 - eta) * (1 + zet);
N6 = 1/8 * (1 + ksi) * (1 - eta) * (1 + zet);
N7 = 1/8 * (1 + ksi) * (1 + eta) * (1 + zet);
N8 = 1/8 * (1 - ksi) * (1 + eta) * (1 + zet);
NG = [N1 N2 N3 N4 N5 N6 N7 N8];
I = eye(3);
N = [N1 * I N2 * I N3 * I N4 * I N5 * I N6 * I N7 * I N8 * I];
% ------------------
% 生成 Jacobi 矩阵
Dxksi = diff(NG,ksi) * xp';
Dyksi = diff(NG,ksi) * yp';
Dzksi = diff(NG,ksi) * zp';
Dxeta = diff(NG,eta) * xp';
```

```
Dyeta = diff(NG,eta) * yp';
Dzeta = diff(NG,eta) * zp';
Dxzet = diff(NG,zet) * xp';
Dyzet = diff(NG,zet) * yp';
Dzzet = diff(NG,zet) * zp';
Jacobi = [Dxksi,Dyksi,Dzksi;Dxeta,Dyeta,Dzeta;Dxzet,Dyzet,Dzzet];   % Jacobi 矩阵
detJ = det(Jacobi);                              % Jacobi 行列式值
% ------------------
%生成应变矩阵
B = OperatorL_C2(Jacobi,N);
% ------------------
%生成应力矩阵
c1 = nu/(1 - nu);
c2 = (1 - 2 * nu)/2/(1 - nu);
D = E * (1 - nu)/(1 + nu)/(1 - 2 * nu) * ...
    [1 c1 c1 0 0 0;
    c1 1 c1 0 0 0;
    c1 c1 1 0 0 0;
    0 0 0 c2 0 0;
    0 0 0 0 c2 0;
    0 0 0 0 0 c2];
S = D * B;
% ------------------
%生成单元刚度矩阵
fk = B' * D * B * detJ;
K = GaussintC6(fk,ksi,eta,zet,8);
% ------------------
%生成单元质量矩阵
fm = N' * N * detJ;
M = rou * GaussintC6(fm,ksi,eta,zet,8);
% ---------------------------------------------
```

➤ **算例 10：一端受压力作用的悬臂短梁**

考虑图 4.16 所示的一端受压力作用的悬臂短梁。短梁的长度为 400 mm，宽和高均为 100 mm，材料依然取作铝合金，在短梁左端的 4 个节点上施加球铰约束，即约束节点在 3 个坐标方向的平移自由度。在短梁的右端两个节点上施加垂直于短梁的集中力，集中力大小均为 1 250 N。

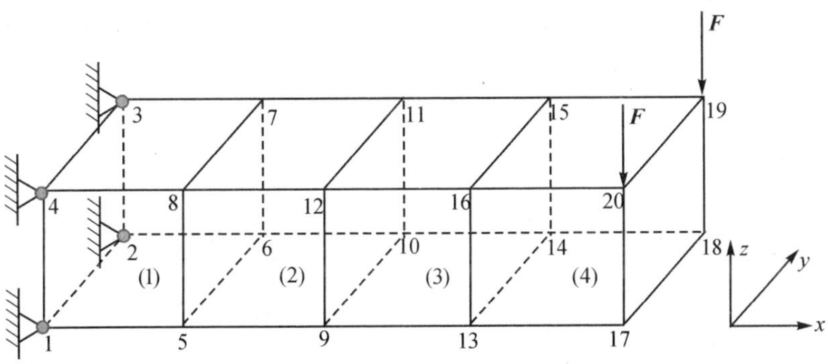

图 4.16　一端受压力作用的悬臂短梁

使用 8 节点六面体网格进行剖分，有限元模型中共包含 20 个节点和 4 个六面体单元，各

节点和单元编号如图 4.16 所示。假设 1 号节点被设置为全局坐标系原点，则 19 号节点的坐标为(400,100,100)。其他节点可采用等间距划分，节点坐标值可简单获得。

将以上信息存储在 FEM_model_4Hex.xlsx 中，运行主程序 FEA_S.m，在工作目录下可以得到两个文本文件，一个是 FEA_model.txt，用来检查模型信息，另一个是 FEA_results.txt，用来查看分析结果。

模型信息文件如下：

```
********打印模型数据***********
-------------------------------------------------------
Node coordinates:
1     +0.0000E+00   +0.0000E+00   +0.0000E+00
2     +0.0000E+00   +1.0000E+02   +0.0000E+00
3     +0.0000E+00   +1.0000E+02   +1.0000E+02
4     +0.0000E+00   +0.0000E+00   +1.0000E+02
5     +1.0000E+02   +0.0000E+00   +0.0000E+00
6     +1.0000E+02   +1.0000E+02   +0.0000E+00
7     +1.0000E+02   +1.0000E+02   +1.0000E+02
8     +1.0000E+02   +0.0000E+00   +1.0000E+02
9     +2.0000E+02   +0.0000E+00   +0.0000E+00
10    +2.0000E+02   +1.0000E+02   +0.0000E+00
11    +2.0000E+02   +1.0000E+02   +1.0000E+02
12    +2.0000E+02   +0.0000E+00   +1.0000E+02
13    +3.0000E+02   +0.0000E+00   +0.0000E+00
14    +3.0000E+02   +1.0000E+02   +0.0000E+00
15    +3.0000E+02   +1.0000E+02   +1.0000E+02
16    +3.0000E+02   +0.0000E+00   +1.0000E+02
17    +4.0000E+02   +0.0000E+00   +0.0000E+00
18    +4.0000E+02   +1.0000E+02   +0.0000E+00
19    +4.0000E+02   +1.0000E+02   +1.0000E+02
20    +4.0000E+02   +0.0000E+00   +1.0000E+02
-------------------------------------------------------
Element connectivity:
1     1     2     3     4     5     6     7     8
2     5     6     7     8     9     10    11    12
3     9     10    11    12    13    14    15    16
4     13    14    15    16    17    18    19    20
-------------------------------------------------------
Element material properties:
1     +7.0000E+04   +3.3000E-01   +2.7800E-09
2     +7.0000E+04   +3.3000E-01   +2.7800E-09
3     +7.0000E+04   +3.3000E-01   +2.7800E-09
4     +7.0000E+04   +3.3000E-01   +2.7800E-09
-------------------------------------------------------
Node loads:
1     +0.0000E+00   +0.0000E+00   +0.0000E+00
2     +0.0000E+00   +0.0000E+00   +0.0000E+00
3     +0.0000E+00   +0.0000E+00   +0.0000E+00
4     +0.0000E+00   +0.0000E+00   +0.0000E+00
5     +0.0000E+00   +0.0000E+00   +0.0000E+00
6     +0.0000E+00   +0.0000E+00   +0.0000E+00
7     +0.0000E+00   +0.0000E+00   +0.0000E+00
8     +0.0000E+00   +0.0000E+00   +0.0000E+00
```

```
9         +0.0000E+00    +0.0000E+00    +0.0000E+00
10        +0.0000E+00    +0.0000E+00    +0.0000E+00
11        +0.0000E+00    +0.0000E+00    +0.0000E+00
12        +0.0000E+00    +0.0000E+00    +0.0000E+00
13        +0.0000E+00    +0.0000E+00    +0.0000E+00
14        +0.0000E+00    +0.0000E+00    +0.0000E+00
15        +0.0000E+00    +0.0000E+00    +0.0000E+00
16        +0.0000E+00    +0.0000E+00    +0.0000E+00
17        +0.0000E+00    +0.0000E+00    +0.0000E+00
18        +0.0000E+00    +0.0000E+00    +0.0000E+00
19        -1.2500E+03    +0.0000E+00    +0.0000E+00
20        -1.2500E+03    +0.0000E+00    +0.0000E+00
---------------------------------------------------------------
Node boundary conditions:
1    1    1    1    +0.0000E+00    +0.0000E+00    +0.0000E+00
2    1    1    1    +0.0000E+00    +0.0000E+00    +0.0000E+00
3    1    1    1    +0.0000E+00    +0.0000E+00    +0.0000E+00
4    1    1    1    +0.0000E+00    +0.0000E+00    +0.0000E+00
5    0    0    0    +0.0000E+00    +0.0000E+00    +0.0000E+00
6    0    0    0    +0.0000E+00    +0.0000E+00    +0.0000E+00
7    0    0    0    +0.0000E+00    +0.0000E+00    +0.0000E+00
8    0    0    0    +0.0000E+00    +0.0000E+00    +0.0000E+00
9    0    0    0    +0.0000E+00    +0.0000E+00    +0.0000E+00
10   0    0    0    +0.0000E+00    +0.0000E+00    +0.0000E+00
11   0    0    0    +0.0000E+00    +0.0000E+00    +0.0000E+00
12   0    0    0    +0.0000E+00    +0.0000E+00    +0.0000E+00
13   0    0    0    +0.0000E+00    +0.0000E+00    +0.0000E+00
14   0    0    0    +0.0000E+00    +0.0000E+00    +0.0000E+00
15   0    0    0    +0.0000E+00    +0.0000E+00    +0.0000E+00
16   0    0    0    +0.0000E+00    +0.0000E+00    +0.0000E+00
17   0    0    0    +0.0000E+00    +0.0000E+00    +0.0000E+00
18   0    0    0    +0.0000E+00    +0.0000E+00    +0.0000E+00
19   0    0    0    +0.0000E+00    +0.0000E+00    +0.0000E+00
20   0    0    0    +0.0000E+00    +0.0000E+00    +0.0000E+00
---------------------------------------------------------------
*******模型数据打印结束********
```

结果信息文件如下：

```
********打印分析结果************
---------------------------------------------------------------
Node displacement:
1         +6.9186E-29    -3.7399E-15    -1.3470E-14
2         +8.1325E-28    +3.7399E-15    -1.3470E-14
3         -7.1955E-14    +2.3201E-14    +1.3470E-14
4         -7.1955E-14    -2.3201E-14    +1.3470E-14
5         +3.3213E-04    +9.1739E-05    +5.7217E-04
6         +3.3213E-04    -9.1739E-05    +5.7217E-04
7         -9.4613E-04    +2.2566E-04    +7.0609E-04
8         -9.4613E-04    -2.2566E-04    +7.0609E-04
9         +6.5812E-04    +7.1573E-05    +2.5495E-03
10        +6.5812E-04    -7.1573E-05    +2.5495E-03
11        -2.0001E-03    +1.8724E-04    +2.6652E-03
12        -2.0001E-03    -1.8724E-04    +2.6652E-03
```

```
13        +9.8251E-04     +7.5764E-05     +5.8871E-03
14        +9.8251E-04     -7.5764E-05     +5.8871E-03
15        -3.0369E-03     +1.9393E-04     +6.0052E-03
16        -3.0369E-03     -1.9393E-04     +6.0052E-03
17        +1.3075E-03     +7.4776E-05     +1.0589E-02
18        +1.3075E-03     -7.4776E-05     +1.0589E-02
19        -4.0764E-03     +1.9255E-04     +1.0707E-02
20        -4.0764E-03     -1.9255E-04     +1.0707E-02
-------------------------------------------------------------
Node Force:
1         -1.2396E-12     +6.4970E+01     +2.3400E+02
2         -1.4262E-11     -6.4970E+01     +2.3400E+02
3         +1.2500E+03     -4.0304E+02     -2.3400E+02
4         +1.2500E+03     +4.0304E+02     -2.3400E+02
5         -3.8921E-13     +2.2689E-13     +5.8185E-14
6         +1.4645E-13     -1.4645E-13     +9.9399E-13
7         +1.3069E-12     -8.5217E-13     -1.4165E-13
8         -5.6940E-13     +4.8751E-13     -4.0212E-13
9         +6.7045E-14     +2.7591E-13     -2.4369E-12
10        -1.9385E-13     -3.3523E-14     -1.0249E-12
11        -1.6568E-12     +7.4728E-13     -2.1565E-13
12        -1.0398E-12     -6.4860E-13     +1.0051E-12
13        +2.2776E-12     -1.4441E-12     +9.9962E-13
14        +2.9578E-12     -1.1388E-12     +4.6756E-12
15        +8.2961E-13     -3.7486E-13     -2.0847E-12
16        +2.5687E-12     -1.5897E-12     +7.5942E-14
17        -2.9497E-13     +7.4972E-13     -1.5188E-13
18        -1.5117E-12     -4.5865E-13     -8.1937E-13
19        -1.2500E+03     -7.4972E-13     +1.8949E-12
20        -1.2500E+03     -1.3603E-12     -1.1426E-11
-------------------------------------------------------------
Element Strain:
1    -6.2657E-06   +2.1946E-06   +1.0044E-06   +7.3154E-07   +1.1902E-06   -2.8609E-06
2    -7.0896E-06   +2.5696E-06   +1.2023E-06   -1.1885E-07   +1.3673E-06   -3.4955E-06
3    -6.9651E-06   +2.5102E-06   +1.1754E-06   +1.9826E-08   +1.3349E-06   -3.3968E-06
4    -6.9839E-06   +2.5183E-06   +1.1787E-06   -3.9154E-09   +1.3396E-06   -3.4123E-06
-------------------------------------------------------------
Element Stress:
1    -4.8643E-01   -4.1153E-02   -1.0380E-01   +1.9251E-02   +3.1322E-02   -7.5286E-02
2    -5.4262E-01   -3.4238E-02   -1.0620E-01   -3.1276E-03   +3.5982E-02   -9.1986E-02
3    -5.3412E-01   -3.5413E-02   -1.0567E-01   +5.2174E-04   +3.5128E-02   -8.9389E-02
4    -5.3548E-01   -3.5361E-02   -1.0587E-01   -1.0304E-04   +3.5252E-02   -8.9798E-02
-------------------------------------------------------------
*******分析结果打印结束*********
```

习　题

4-1　如图 4.17 所示的平面 3 杆桁架，在点 C 处受到大小为 1 200 N 的水平载荷作用，A 点处为固定铰链支座，B 点处为滑动铰链支座。所有桁架杆件的材料都为钢，其弹性模量为 200 GPa，所有单元的截面面积相同，均为 2 300 mm^2，试求解各节点位移、各杆件的应变、应力和轴力等。（提示：计算时请注意单位制的统一）

4－2　如图 4.18 所示的平面 4 杆桁架结构，各杆的弹性模量 E 均为 7.0×10^4 MPa，横截面积 $A=100\ \text{mm}^2$，试求解该结构的节点位移，各杆的单元内力，以及支座处的约束力。

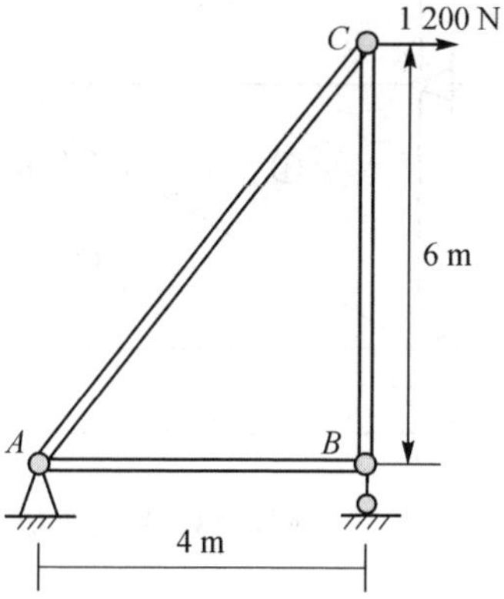

图 4.17　平面 3 杆桁架结构

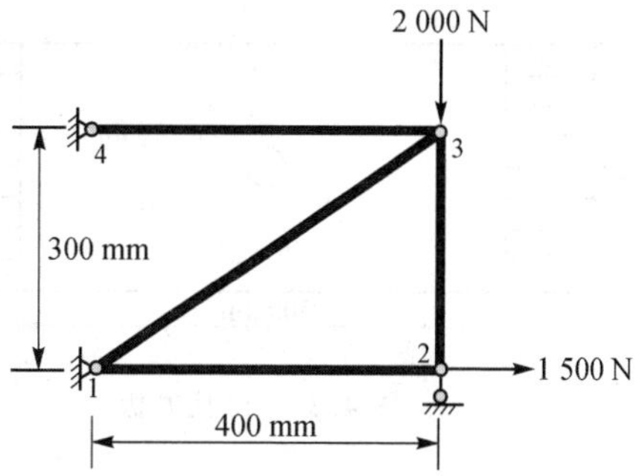

图 4.18　平面 4 杆桁架结构

4－3　如图 4.19 所示为一双跨超静定梁。在右半部分受有均布载荷，请用有限元方法分析该问题，并求各节点的位移以及梁挠度的最大值。梁材料：钢，弹性模量 $E=200$ GPa，截面惯性矩 $I=4\times10^{-6}\ \text{m}^4$。

4－4　图 4.20 所示为一双跨超静定梁。在其上 D 点作用集中载荷 P，试用有限元法分析该问题，求 D 点的挠度和支座处的约束力。梁材料：钢，弹性模量 $E=200$ GPa，泊松比 $\mu=0.3$，截面惯性矩 $I=4*10^{-6}\ \text{m}^4$。载荷：$P=10$ kN。

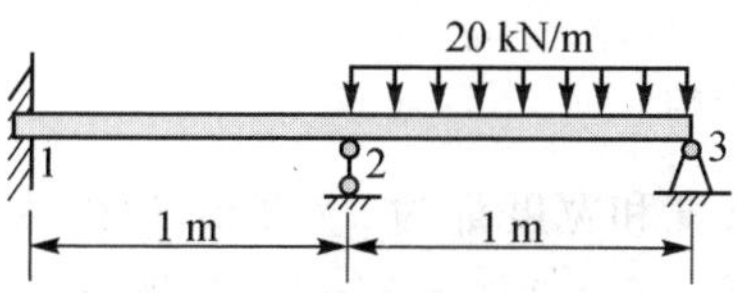

图 4.19　平面双跨超静定梁

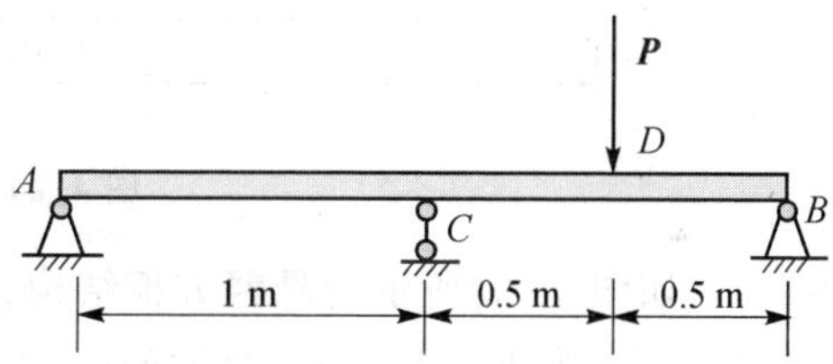

图 4.20　平面双跨超静定梁

4－5　图 4.21 所示的框架结构，其顶端受均布力作用，用有限元方法分析该结构的位移。结构中各个截面的参数都为：$E=3.0\times10^{11}$ Pa，$I=6.5\times10^{-7}\ \text{m}^4$，$A=6.8\times10^{-4}\ \text{m}^2$。

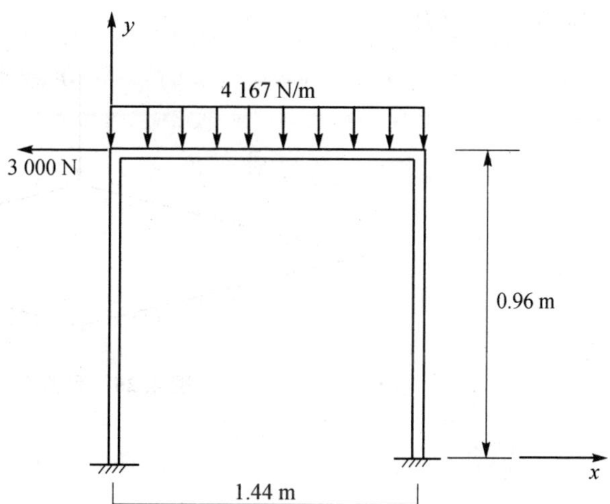

图 4.21　框架结构

4－6　图 4.22 所示带孔方板，长为 300 mm，宽为 120 mm，中间开孔的半径为 10 mm，两端分别承受 1.6 MPa 的均布拉力作用。求小孔附近的应力分布情况。

4－7　如图 4.23 所示的矩形平板，试用有限元方法中的三角形单元对该结构进行分析，结构的材料参数为：

$E=30\times10^4\ N/mm^2$，$t=5$ mm，$\mu=0.25$。试求出节点位移、单元应力和支反力。

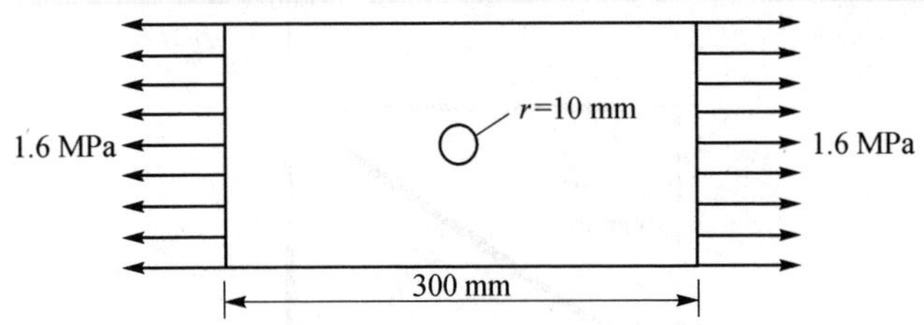

图 4.22　带孔方板

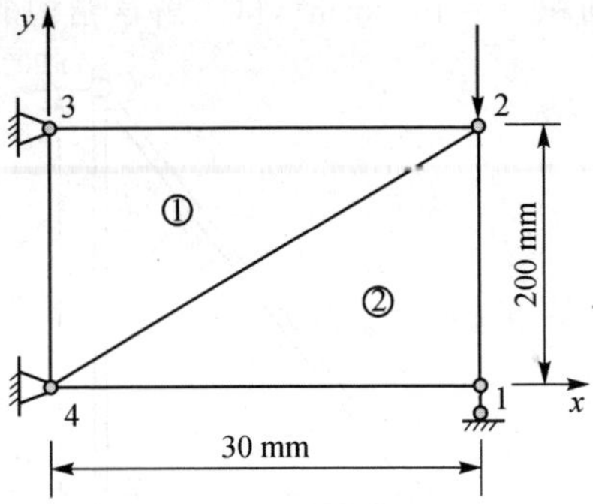

图 4.23　矩形平板

4-8　如图 4.24 所示的悬臂梁结构，长度为 1 000 mm，右端固定，左端作用一集中载荷 P，大小为 2 400 N。悬臂梁的横截面尺寸为 $a=50$ mm，$b=25$ mm。悬臂梁的材料为铝合金，弹性模量为 7.1×10^{10} Pa，泊松比为 0.3。求悬臂梁自由端的位移和固定端的应力。

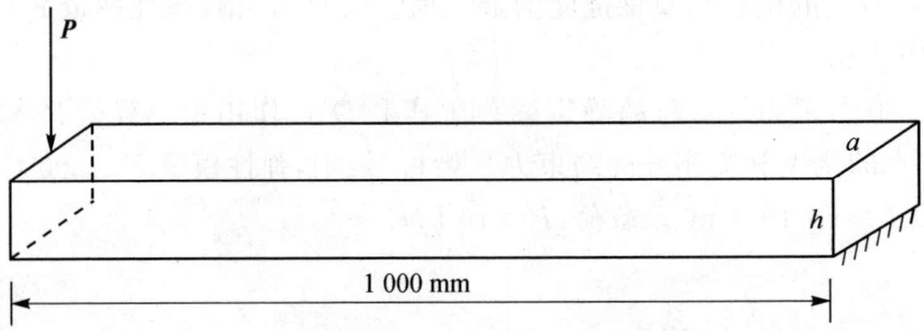

图 4.24　悬臂梁结构

4-9　如图 4.25 所示的悬臂方板结构，该板的长度和宽度都为 $a=2$ m，厚度为 0.05 m，材料的弹性模量为 $E=2.1$ GPa，泊松比 $\mu=0.3$，密度 $\rho=7\ 300\ Kg/m^3$。悬臂方板一端处于固定状态，另一端两个角点处分别作用有集中力 P，大小为 1 350 N。求悬臂方板自由端的位移和固定端的应力。

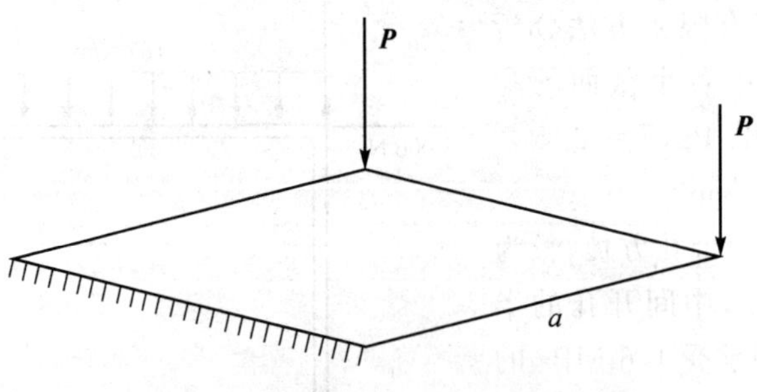

图 4.25　悬臂方板结构

第5章　动力学分析

基于有限元法建立的结构动力学方程为

$$\boldsymbol{M}\ddot{\boldsymbol{q}}(t)+\boldsymbol{C}\dot{\boldsymbol{q}}(t)+\boldsymbol{K}\boldsymbol{q}(t)=\boldsymbol{F}(t) \tag{5.1}$$

与静力学分析方程相比，结构动力学方程增加了惯性力项和阻尼力项，分别使用质量矩阵 $\boldsymbol{M}$ 和阻尼矩阵 $\boldsymbol{C}$ 进行表征。

如第3章中给出的，通过形函数积分得到的单元质量矩阵 $\boldsymbol{M}^e=\int_{\Omega^e}\rho\boldsymbol{N}^{\mathrm{T}}\boldsymbol{N}\,\mathrm{d}\Omega$ 称为一致质量矩阵或协调质量矩阵。这是因为导出它的原理及采用的位移插值函数与单元刚度矩阵的形成是一致的，且质量分布也是按照实际分布情况考虑的。

除此之外，还可以采用集中质量矩阵，这种质量矩阵是简单地假定单元的质量是集中在节点上而得到的对角矩阵。这两种刚度矩阵在实际工程中都可以应用。一般情况下，两者所得结果也相近。单元刚度矩阵积分表达式的被积函数是插值函数导数的平方项，而一致质量矩阵积分表达式中被积函数是插值函数的平方项，因此，在相同精度要求下，质量矩阵可以用较低阶的插值函数，而集中质量矩阵正是这样一种替换方案。

采用集中质量矩阵的优点是可以使计算过程得以简化并有效地降低计算量。此外，对于节点参数中包含转动的单元类型，由于可以在集中质量矩阵中略去转动项，因此还可以使方程的自由度进一步减少。采用集中质量矩阵的困难是对于高阶单元如何将单元的质量合理分配到各个节点上。

与一致质量矩阵相类似，称

$$\boldsymbol{C}^e=\int_{\Omega^e}\mu\boldsymbol{N}^{\mathrm{T}}\boldsymbol{N}\,\mathrm{d}\Omega \tag{5.2}$$

为一致阻尼矩阵或协调阻尼矩阵。它是假定阻尼力正比于质点运动速度的结果，通常将介质阻尼简化为这种情况。这时单元阻尼矩阵比例于单元质量矩阵。

除此，还有比例于应变速度的阻尼，例如由材料内部摩擦引起的结构阻尼，这时的单元阻尼矩阵为

$$\boldsymbol{C}^e=\int_{\Omega^e}\mu\boldsymbol{B}^{\mathrm{T}}\boldsymbol{D}\boldsymbol{B}\,\mathrm{d}\Omega \tag{5.3}$$

此时，单元阻尼矩阵比例于单元刚度矩阵。

另外，还可以将实际结构的阻尼矩阵简化为整体刚度矩阵和质量矩阵的线性组合，即

$$\boldsymbol{C}=\alpha\boldsymbol{M}+\beta\boldsymbol{K} \tag{5.4}$$

这种阻尼称为Rayleigh阻尼。其中，α 和 β 称为Rayleigh阻尼系数，通常需要通过试验测定。

结构动力学分析主要包含两种类型。一种是系统动力特性分析，这是为了更好地理解系统特性而计算的特征指标，如频率、模态和频响函数等；另一种是根据激励类型计算系统响应，通常在时域内进行。本章将对这两种动力学分析类型分别进行介绍。

5.1 动力特性分析

5.1.1 矢量迭代法

矢量迭代法是结构动力特性分析中经常使用的方法之一。矢量迭代法分为逆迭代法和正迭代法两种。逆迭代法向结构的最低频率和振型收敛，而正迭代法向结构的最高频率和振型收敛。一般情况下，不使用正迭代法，一方面是因为在实际工程问题中所感兴趣的是系统的少数低阶特征对，另一方面是因为以结构的有限单元离散化模型为基础计算结构的高阶特征对精度很差。在具体实施矢量迭代法时，可以有各不相同的具体步骤，但它们的基本思想与使用的迭代关系式是相同的。

逆迭代法除了求最小特征值和特征向量外，还可和 Gram-Schmidt（格拉姆-施密特）正交化过程相结合，用来求取最低的几阶特征对。对于第 j 阶特征对的求取，设有初始向量 $\bar{\boldsymbol{x}}_j^{(0)}$ 及其第 $s=1,2,\cdots$ 时迭代公式为

$$\boldsymbol{K}\bar{\boldsymbol{x}}_j^{(s+1)}=\boldsymbol{M}\boldsymbol{x}_j^{(s)} \tag{5.5}$$

清型（即清理模型）是求取了最小特征对之后求其余特征对所必须进行的步骤，其不仅包括特征对求取的迭代初始向量与前 $j-1$ 阶特征向量正交，且每次迭代过程中都要进行正交化处理，不断把前 $j-1$ 阶特征向量从迭代向量中清除掉。由于实际计算的误差，在迭代过程中不可避免地会产生低阶特征向量，因此迭代到最后还是得到最低阶的特征向量，则 Gram-Schmidt 正交化过程如下：

$$\bar{\boldsymbol{x}}_{j+1}^{(0)}=\boldsymbol{x}_{j+1}^{(0)}-\sum_{i=1}^{j}\beta_i\boldsymbol{\phi}_i \tag{5.6}$$

其中

$$\beta_i=\boldsymbol{\phi}_i^{\mathrm{T}}\boldsymbol{M}\boldsymbol{x}_{j+1}^{(0)} \tag{5.7}$$

初始向量选得好与坏，对迭代的效率影响极大。因此，要求初始向量的选择尽可能地接近所求的振型。一种简单的选取方法是将结构的各个自由度简单地考虑为是互不耦合的，即

$$\boldsymbol{K}=\mathrm{diag}\begin{bmatrix}k_{11} & k_{22} & \cdots & k_{nn}\end{bmatrix} \tag{5.8}$$

$$\boldsymbol{M}=\mathrm{diag}\begin{bmatrix}m_{11} & m_{22} & \cdots & m_{nn}\end{bmatrix} \tag{5.9}$$

相应地，式(5.8)与式(5.9)的特征方程为非耦合形式

$$k_{ii}\delta_i=\lambda_i m_{ii}\delta_i\quad(i=1,2,\cdots,n) \tag{5.10}$$

则有 $\lambda_i=k_{ii}/m_{ii}$，$\delta_i=1$。将 λ_i 按照从小到大的顺序排序，设 λ_i 排在第 j 位。

一般选取第一阶初始向量为

$$\boldsymbol{M}\boldsymbol{x}_1^{(0)}=\begin{bmatrix}m_{11} & m_{22} & \cdots & m_{nn}\end{bmatrix}^{\mathrm{T}} \tag{5.11}$$

取第 $j+1$ 阶初始向量为

$$\begin{matrix} & 1 & 2 & \cdots & & i & & \cdots & n \\ \boldsymbol{M}\boldsymbol{x}_{j+1}^{(0)}=[0 & 0 & \cdots & 0 & 1 & 0 & \cdots & 0]^{\mathrm{T}}\end{matrix} \tag{5.12}$$

矢量逆迭代法的计算步骤如下：

① 选取 p 阶初始 n 维矢量 $y_j^{(0)}(j=1,2,\cdots,p)$。

② 对于 $j=1,2,\cdots,p$ 进行循环。

③ 对于 $s=1,2,\cdots$。

④ 计算 $\boldsymbol{K}\bar{\boldsymbol{x}}_j^{(s+1)}=\boldsymbol{y}_i^{(s)}$。

⑤ 计算 $\bar{\boldsymbol{y}}_j^{(s+1)}=\boldsymbol{M}\bar{\boldsymbol{x}}_j^{(s+1)}$。

⑥ 计算近似特征值 $\lambda_j^{(s+1)}=\dfrac{(\bar{\boldsymbol{x}}_j^{(s+1)})^{\mathrm{T}}\boldsymbol{y}_j^{(s)}}{(\bar{\boldsymbol{x}}_j^{(s+1)})^{\mathrm{T}}\bar{\boldsymbol{y}}_j^{(s+1)}}$。

⑦ 如果特征值的精度满足条件 $\left|\dfrac{\lambda_j^{(s+1)}-\lambda_j^{(s)}}{\lambda_j^{(s+1)}}\right|\leqslant\varepsilon$，则终止内循环，计算特征向量 $\boldsymbol{\phi}_j=\dfrac{\bar{\boldsymbol{x}}_j^{(s+1)}}{\left((\bar{\boldsymbol{x}}_j^{(s+1)})^{\mathrm{T}}\bar{\boldsymbol{y}}_j^{(s+1)}\right)^{1/2}}$。

⑧ Gram-Schmidt 正交化，$\bar{\boldsymbol{x}}_{j+1}^{(0)}=\boldsymbol{x}_{j+1}^{(0)}-\sum\limits_{i=1}^{j}\beta_i\boldsymbol{\phi}_i$，其中 $\beta_i=\boldsymbol{\phi}_i^{\mathrm{T}}\boldsymbol{M}\boldsymbol{x}_{j+1}^{(0)}$。

⑨ 否则，计算下次迭代的初始向量 $\boldsymbol{y}_j^{(s+1)}=\dfrac{\bar{\boldsymbol{y}}_j^{(s+1)}}{((\bar{\boldsymbol{x}}_j^{(s+1)})^{\mathrm{T}}\bar{\boldsymbol{y}}_j^{(s+1)})^{1/2}}$。

5.1.2 子空间迭代法

子空间迭代法的基本思想是把逆迭代法和 Ritz 法结合起来，即利用 Ritz 法来缩减自由度，又在计算过程中利用逆迭代法使振型逐步接近其精确值。由于它吸收了两种方法的优点，因而计算效果比较好。经验表明，这是目前解大型结构自振频率和振型最有效方法之一。

对于 n 阶实对称矩阵 $\boldsymbol{M}$ 和 $\boldsymbol{K}$，迭代式为

$$\boldsymbol{K}\boldsymbol{X}_{k+1}=\boldsymbol{M}\hat{\boldsymbol{X}}_k \tag{5.13}$$

式中，$\boldsymbol{X}_{k+1}$ 是 $n\times m$ 阶矩阵，且 $m<n$；$\hat{\boldsymbol{X}}_k$ 是 $\boldsymbol{X}_k$ 关于 $\boldsymbol{M}$ 的正交归一化矩阵。当 $\hat{\boldsymbol{X}}_k$ 的正交归一化矩阵借变换 $\boldsymbol{X}_k$，经 Ritz 缩聚后，有

$$\boldsymbol{M}_k=\boldsymbol{X}_k^{\mathrm{T}}\boldsymbol{M}\boldsymbol{X}_k,\quad \boldsymbol{K}_k=\boldsymbol{X}_k^{\mathrm{T}}\boldsymbol{K}\boldsymbol{X}_k \tag{5.14}$$

分别记缩聚系统$(\boldsymbol{M}_k,\boldsymbol{K}_k)$的特征值矩阵与特征矢量矩阵为 $\boldsymbol{\lambda}_k^*$ 与 $\boldsymbol{P}_k$，有

$$\boldsymbol{K}_k\boldsymbol{P}_k=\boldsymbol{M}_k\boldsymbol{P}_k\boldsymbol{\lambda}_k^* \tag{5.15}$$

式中，$\boldsymbol{\lambda}_k^*$ 是对角矩阵；$\boldsymbol{P}_k$ 是关于 $\boldsymbol{M}_k$ 的正交归一化矩阵。

故在下一步迭代中可取

$$\hat{\boldsymbol{X}}_k=\boldsymbol{X}_k\boldsymbol{P}_k \tag{5.16}$$

需要指出的是，在子空间迭代法中，初始向量的选取也将直接影响到迭代的收敛速度。根据经验和实践，按如下方法选取是比较好的。即初始向量的第 1 列的元素全部置为 1，以后各列按 m_{ii}/k_{ii} 中的大小排序，分别在该顺序对应的位置上置 $1/m_{kk}$，而该列其余元素皆置 0，其中，k 指第 k 个元素最大。

子空间迭代法的基本流程如下：

① 选定初始向量

$$\hat{\boldsymbol{X}}_1=\begin{bmatrix}\boldsymbol{x}_1^{(1)} & \boldsymbol{x}_2^{(1)} & \cdots & \boldsymbol{x}_m^{(1)}\end{bmatrix}$$

② 进行迭代运算

$$\boldsymbol{Y}_k=\boldsymbol{M}\hat{\boldsymbol{X}}_k,\quad \boldsymbol{K}\boldsymbol{X}_{k+1}=\boldsymbol{Y}_k$$

③ 进行 Ritz 方法运算

$$\hat{\boldsymbol{X}}_{k+1}=\boldsymbol{X}_{k+1}\boldsymbol{P}_{k+1}$$

④ 求解新的降解的广义特征值问题

$$\boldsymbol{K}_{k+1}\boldsymbol{P}_{k+1}=\boldsymbol{M}_{k+1}\boldsymbol{P}_{k+1}\boldsymbol{\lambda}_{k+1}$$

其中，$\boldsymbol{M}_{k+1}=\boldsymbol{X}_{k+1}^{\mathrm{T}}\boldsymbol{M}\boldsymbol{X}_{k+1}$；$\boldsymbol{K}_{k+1}=\boldsymbol{X}_{k+1}^{\mathrm{T}}\boldsymbol{K}\boldsymbol{X}_{k+1}$。

⑤ 如果特征值的精度满足要求，则终止循环。计算原特征值问题的特征值和特征向量为

$$\boldsymbol{\lambda}_i\approx\boldsymbol{\lambda}_i^*,\quad \boldsymbol{\psi}_i\approx\boldsymbol{X}_{K+1}\boldsymbol{P}_{k+1,i}$$

MATLAB 提供了专门的函数来计算矩阵的特征值，即 eig 和 eigs。它们既可用于求解标准特征值问题，也可用于求解广义特征值问题。前者一般用来求解维数较小的全部特征值，而后者一般用来获取大型特征值问题的某几个特征对。其调用格式如下：

```
E = eig(K, M)
[V, D] = eig(K, M);
[V, D] = eig(K, M, flag)     flag = 'chol' or 'qz'
[V, D] = eigs(K, M, nummode, SIGMA)     SIGMA = 'SM' or 'LM'
```

5.2 时域动力响应分析

5.2.1 数值积分法

求解结构动力学方程的一种方法是直接积分法。常用的方法有中心差分法、Houbolt 法、Wilson-θ 法、Newmark 法。

直接积分法的基本思路是指在相隔 Δt 的离散点上而不是在任何时刻 t 上都满足运动方程，并且在每一个时间区域内假定位移、速度和加速度的变化规律来得到运动方程的解。

对于有限元法建立的动力学方程

$$\boldsymbol{M}\ddot{\boldsymbol{\delta}}+\boldsymbol{C}\dot{\boldsymbol{\delta}}+\boldsymbol{K}\boldsymbol{\delta}=\boldsymbol{F}\tag{5.17}$$

假定在时间 $t=0$ 时的位移 $\boldsymbol{\delta}_0$、速度 $\dot{\boldsymbol{\delta}}_0$ 和 $\ddot{\boldsymbol{\delta}}_0$ 是已知的。

5.2.1.1 中心差分法

在中心差分法中，加速度和速度用位移表示为

$$\ddot{\boldsymbol{\delta}}_t=\frac{1}{\Delta t}\left(\frac{\boldsymbol{\delta}_{t+\Delta t}-\boldsymbol{\delta}_t}{\Delta t}-\frac{\boldsymbol{\delta}_t-\boldsymbol{\delta}_{t-\Delta t}}{\Delta t}\right)=\frac{1}{\Delta t^2}(\boldsymbol{\delta}_{t-\Delta t}-2\boldsymbol{\delta}_t+\boldsymbol{\delta}_{t+\Delta t})\tag{5.18}$$

$$\dot{\boldsymbol{\delta}}_t=\frac{1}{2\Delta t}(-\boldsymbol{\delta}_{t-\Delta t}+\boldsymbol{\delta}_{t+\Delta t})\tag{5.19}$$

将式(5.18)和式(5.19)代入式(5.17)，可得到由方程 t 时刻的解表示的位移

$$\left(\frac{1}{\Delta t^2}\boldsymbol{M}+\frac{1}{2\Delta t}\boldsymbol{C}\right)\boldsymbol{\delta}_{t+\Delta t}=\boldsymbol{F}_t-\left(K-\frac{2}{\Delta t^2}\boldsymbol{M}\right)\boldsymbol{\delta}_t-\left(\frac{1}{\Delta t^2}\boldsymbol{M}-\frac{1}{2\Delta t}\boldsymbol{C}\right)\boldsymbol{\delta}_{t-\Delta t}\tag{5.20}$$

在开始计算时，式(5.20)中 $\boldsymbol{\delta}_{-\Delta t}$ 需要利用初始条件 $\boldsymbol{\delta}_0$ 和 $\dot{\boldsymbol{\delta}}_0$ 计算。已知式(5.18)、式(5.19)和式(5.20)，有

$$\boldsymbol{\delta}_{-\Delta t}=\boldsymbol{\delta}_0-\Delta t\dot{\boldsymbol{\delta}}_0+\frac{\Delta t^2}{2}\ddot{\boldsymbol{\delta}}_0\tag{5.21}$$

$$\ddot{\boldsymbol{\delta}}_0 = \boldsymbol{M}^{-1}(\boldsymbol{F}_0 - \boldsymbol{C}\dot{\boldsymbol{\delta}}_0 - \boldsymbol{K}\boldsymbol{\delta}_0) \tag{5.22}$$

中心差分法是一种显式的积分格式，其为条件稳定算法，其稳定条件为

$$\Delta t \leqslant \Delta t_{cr} = \frac{T_n}{\pi} \tag{5.23}$$

式中，T_n 是结构系统的最小固有振动周期。

中心差分法的计算步骤可归结如下：

(1) 初始计算

① 形成刚度矩阵 $\boldsymbol{K}$、质量矩阵 $\boldsymbol{M}$ 和阻尼矩阵 $\boldsymbol{C}$。

② 由初始条件 $\boldsymbol{\delta}_0$ 和 $\dot{\boldsymbol{\delta}}_0$，计算 $\ddot{\boldsymbol{\delta}}_0$。

$$\ddot{\boldsymbol{\delta}}_0 = \boldsymbol{M}^{-1}(\boldsymbol{F}_0 - \boldsymbol{C}\dot{\boldsymbol{\delta}}_0 - \boldsymbol{K}\boldsymbol{\delta}_0)$$

③ 选取时间步长 Δt（$\Delta t < \Delta t_{cr}$）计算积分常数。

$$A_0 = \Delta t,\quad A_1 = \frac{\Delta t^2}{2},\quad A_2 = \frac{1}{\Delta t^2},\quad A_3 = \frac{1}{2\Delta t}$$

④ 计算 $\boldsymbol{\delta}_{-\Delta t}$。

$$\boldsymbol{\delta}_{-\Delta t} = \boldsymbol{\delta}_0 - A_0\dot{\boldsymbol{\delta}}_0 + A_1\ddot{\boldsymbol{\delta}}_0$$

⑤ 计算有效质量矩阵 $\overline{\boldsymbol{M}}$。

$$\overline{\boldsymbol{M}} = A_2\boldsymbol{M} + A_3\boldsymbol{C}$$

(2) 对于每一时间步长

① 计算 t 时刻的有效载荷向量 $\overline{\boldsymbol{F}}$。

$$\overline{\boldsymbol{F}}_t = \boldsymbol{F}_t - (\boldsymbol{K} - 2A_2\boldsymbol{M})\boldsymbol{\delta}_t - (A_2\boldsymbol{M} - A_3\boldsymbol{C})\boldsymbol{\delta}_{t-\Delta t}$$

② 求解 $t+\Delta t$ 时刻的位移。

$$\boldsymbol{\delta}_{t+\Delta t} = \overline{\boldsymbol{M}}^{-1}\overline{\boldsymbol{F}}_t$$

③ 计算 t 时刻的加速度和速度。

$$\ddot{\boldsymbol{\delta}}_t = A_2(\boldsymbol{\delta}_{t-\Delta t} - 2\boldsymbol{\delta}_t + \boldsymbol{\delta}_{t+\Delta t})$$

$$\dot{\boldsymbol{\delta}}_t = A_3(-\boldsymbol{\delta}_{t-\Delta t} + \boldsymbol{\delta}_{t+\Delta t})$$

5.2.1.2　Houbolt 法

Houbolt 的积分格式也是一种有限差分格式，加速度和速度的有限差分展开式为

$$\ddot{\boldsymbol{\delta}}_{t+\Delta t} = \frac{1}{\Delta t^2}(2\boldsymbol{\delta}_{t+\Delta t} - 5\boldsymbol{\delta}_t + 4\boldsymbol{\delta}_{t-\Delta t} - \boldsymbol{\delta}_{t-2\Delta t}) \tag{5.24}$$

$$\dot{\boldsymbol{\delta}}_{t+\Delta t} = \frac{1}{6\Delta t}(11\boldsymbol{\delta}_{t+\Delta t} - 18\boldsymbol{\delta}_t + 9\boldsymbol{\delta}_{t-\Delta t} - 2\boldsymbol{\delta}_{t-2\Delta t}) \tag{5.25}$$

在 $t+\Delta t$ 时刻，式(5.17)可表示为

$$\boldsymbol{M}\ddot{\boldsymbol{\delta}}_{t+\Delta t} + \boldsymbol{C}\dot{\boldsymbol{\delta}}_{t+\Delta t} + \boldsymbol{K}\boldsymbol{\delta}_{t+\Delta t} = \boldsymbol{F}_{t+\Delta t} \tag{5.26}$$

将式(5.24)和式(5.25)代入式(5.26)，可得

$$\left(\frac{2}{\Delta t^2}\boldsymbol{M} + \frac{11}{6\Delta t}\boldsymbol{C} + \boldsymbol{K}\right)\boldsymbol{\delta}_{t+\Delta t} = \boldsymbol{F}_{t+\Delta t} + \left(\frac{5}{\Delta t^2}\boldsymbol{M} + \frac{3}{\Delta t}\boldsymbol{C}\right)\boldsymbol{\delta}_t -$$

$$\left(\frac{4}{\Delta t^2}\boldsymbol{M}+\frac{3}{2\Delta t}\boldsymbol{C}\right)\boldsymbol{\delta}_{t-\Delta t}+\left(\frac{1}{\Delta t^2}\boldsymbol{M}+\frac{1}{3\Delta t}\boldsymbol{C}\right)\boldsymbol{\delta}_{t-2\Delta t} \tag{5.27}$$

在式(5.27)中,求解 $\boldsymbol{\delta}_{t+\Delta t}$ 需要已知 $\boldsymbol{\delta}_t$、$\boldsymbol{\delta}_{t-\Delta t}$ 和 $\boldsymbol{\delta}_{t-2\Delta t}$。虽然由初始条件可知 $\boldsymbol{\delta}_0$、$\dot{\boldsymbol{\delta}}_0$ 和 $\ddot{\boldsymbol{\delta}}_0$,但是 $\boldsymbol{\delta}_{\Delta t}$ 和 $\boldsymbol{\delta}_{2\Delta t}$ 需要用其他计算方法确定。

Houbolt 法是一种隐式积分格式,算法是无条件稳定的。

Houbolt 法的计算步骤可归结如下:

(1) 初始计算

① 形成刚度矩阵 $\boldsymbol{K}$、质量矩阵 $\boldsymbol{M}$ 和阻尼矩阵 $\boldsymbol{C}$。

② 由初始条件 $\boldsymbol{\delta}_0$ 和 $\dot{\boldsymbol{\delta}}_0$,计算 $\ddot{\boldsymbol{\delta}}_0$。

$$\ddot{\boldsymbol{\delta}}_0=\boldsymbol{M}^{-1}(\boldsymbol{F}_0-\boldsymbol{C}\dot{\boldsymbol{\delta}}_0-\boldsymbol{K}\boldsymbol{\delta}_0)$$

③ 选取时间步长 Δt,计算积分常数。

$$A_0=\Delta t,\quad A_1=\frac{\Delta t^2}{2},\quad A_2=\frac{1}{\Delta t^2},\quad A_3=\frac{1}{6\Delta t}$$

④ 用中心差分法计算 $\boldsymbol{\delta}_{\Delta t}$ 和 $\boldsymbol{\delta}_{2\Delta t}$。

⑤ 计算有效刚度矩阵 $\bar{\boldsymbol{K}}$。

$$\bar{\boldsymbol{K}}=\boldsymbol{K}+2A_2\boldsymbol{M}+11A_3\boldsymbol{C}$$

(2) 对于每一时间步长

① 计算 $t+\Delta t$ 时刻的有效载荷向量 $\bar{\boldsymbol{F}}$。

$$\bar{\boldsymbol{F}}_{t+\Delta t}=\boldsymbol{F}_{t+\Delta t}+(5A_2\boldsymbol{\delta}_t-4A_2\boldsymbol{\delta}_{t-\Delta t}+A_2\boldsymbol{\delta}_{t-2\Delta t})\boldsymbol{M}+(3A_3\boldsymbol{\delta}_t-9A_3\boldsymbol{\delta}_{t-\Delta t}+2A_3\boldsymbol{\delta}_{t-2\Delta t})\boldsymbol{C}$$

② 求解 $t+\Delta t$ 时刻的位移。

$$\boldsymbol{\delta}_{t+\Delta t}=\bar{\boldsymbol{K}}^{-1}\bar{\boldsymbol{F}}_{t+\Delta t}$$

③ 计算 $t+\Delta t$ 时刻的加速度和速度。

$$\ddot{\boldsymbol{\delta}}_{t+\Delta t}=A_2(2\boldsymbol{\delta}_{t+\Delta t}-5\boldsymbol{\delta}_t+4\boldsymbol{\delta}_{t-\Delta t}-\boldsymbol{\delta}_{t-2\Delta t})$$

$$\dot{\boldsymbol{\delta}}_{t+\Delta t}=A_3(11\boldsymbol{\delta}_{t+\Delta t}-18\boldsymbol{\delta}_t+9\boldsymbol{\delta}_{t-\Delta t}-2\boldsymbol{\delta}_{t-2\Delta t})$$

5.2.1.3 Wilson-θ 法

Wilson-θ 法是线性加速度法的推广。Wilson-θ 法假定加速度从时刻 t 到时刻 $t+\theta\Delta t$ 为线性变化,其中 $\theta\geqslant1$。

若令时间增量为 τ,且 $0\leqslant\tau\leqslant\theta\Delta t$,则由线性加速度假设可知,在 t 到 $t+\theta\Delta t$ 的时间区间内,有

$$\ddot{\boldsymbol{\delta}}_{t+\tau}=\ddot{\boldsymbol{\delta}}_t+\frac{\tau}{\theta\Delta t}(\ddot{\boldsymbol{\delta}}_{t+\theta\Delta t}-\ddot{\boldsymbol{\delta}}_t) \tag{5.28}$$

对式(5.28)积分,得

$$\dot{\boldsymbol{\delta}}_{t+\tau}=\dot{\boldsymbol{\delta}}_t+\ddot{\boldsymbol{\delta}}_t\tau+\frac{\tau^2}{2\theta\Delta t}(\ddot{\boldsymbol{\delta}}_{t+\theta\Delta t}-\ddot{\boldsymbol{\delta}}_t) \tag{5.29}$$

$$\boldsymbol{\delta}_{t+\tau}=\boldsymbol{\delta}_t+\dot{\boldsymbol{\delta}}_t\tau+\frac{1}{2}\ddot{\boldsymbol{\delta}}_t\tau^2+\frac{\tau^3}{6\theta\Delta t}(\ddot{\boldsymbol{\delta}}_{t+\theta\Delta t}-\ddot{\boldsymbol{\delta}}_t) \tag{5.30}$$

于是,在 $t+\theta\Delta t$ 时刻,有

$$\dot{\boldsymbol{\delta}}_{t+\theta\Delta t}=\dot{\boldsymbol{\delta}}_t+\frac{\theta\Delta t}{2}(\ddot{\boldsymbol{\delta}}_{t+\theta\Delta t}+\ddot{\boldsymbol{\delta}}_t) \tag{5.31}$$

$$\boldsymbol{\delta}_{t+\theta\Delta t}=\boldsymbol{\delta}_t+\theta\Delta t\dot{\boldsymbol{\delta}}_t+\frac{\theta^2\Delta t^2}{6}(\ddot{\boldsymbol{\delta}}_{t+\theta\Delta t}+2\ddot{\boldsymbol{\delta}}_t) \tag{5.32}$$

联解式(5.31)和式(5.32)，可得到 $t+\theta\Delta t$ 时刻的加速度和速度分别为

$$\ddot{\boldsymbol{\delta}}_{t+\theta\Delta t}=\frac{6}{\theta^2\Delta t^2}(\boldsymbol{\delta}_{t+\theta\Delta t}-\boldsymbol{\delta}_t)-\frac{6}{\theta\Delta t}(\dot{\boldsymbol{\delta}}_t-2\ddot{\boldsymbol{\delta}}_t) \tag{5.33}$$

$$\dot{\boldsymbol{\delta}}_{t+\theta\Delta t}=\frac{3}{\theta\Delta t}(\boldsymbol{\delta}_{t+\theta\Delta t}-\boldsymbol{\delta}_t)-2\dot{\boldsymbol{\delta}}_t-\frac{\theta\Delta t}{2}\ddot{\boldsymbol{\delta}}_t \tag{5.34}$$

同样考察在 $t+\theta\Delta t$ 时刻的运动方程，式(5.17)可表示为

$$\boldsymbol{M}\ddot{\boldsymbol{\delta}}_{t+\theta\Delta t}+C\dot{\boldsymbol{\delta}}_{t+\theta\Delta t}+\boldsymbol{K}\boldsymbol{\delta}_{t+\theta\Delta t}=\boldsymbol{F}_{t+\theta\Delta t} \tag{5.35}$$

将式(5.33)和式(5.34)代入式(5.35)，可得

$$\left(\frac{6}{\theta^2\Delta t^2}\boldsymbol{M}+\frac{3}{\theta\Delta t}\boldsymbol{C}+\boldsymbol{K}\right)\boldsymbol{\delta}_{t+\theta\Delta t}=\boldsymbol{F}_{t+\theta\Delta t}+\left(2\boldsymbol{M}+\frac{\theta\Delta t}{2}\boldsymbol{C}\right)\ddot{\boldsymbol{\delta}}_t+\left(\frac{6}{\theta\Delta t}\boldsymbol{M}+2\boldsymbol{C}\right)\dot{\boldsymbol{\delta}}_t+\left(\frac{6}{\theta^2\Delta t^2}\boldsymbol{M}+\frac{3}{\theta\Delta t}\boldsymbol{C}\right)\boldsymbol{\delta}_t \tag{5.36}$$

由式(5.36)求解出位移 $\boldsymbol{\delta}_{t+\theta\Delta t}$，代入式(5.33)即可计算 $\ddot{\boldsymbol{\delta}}_{t+\theta\Delta t}$，再代入式(5.28)、式(5.29)和式(5.30)，并令 $\tau=\Delta t$，则有

$$\ddot{\boldsymbol{\delta}}_{t+\Delta t}=\frac{6}{\theta^3\Delta t^2}(\boldsymbol{\delta}_{t+\theta\Delta t}-\boldsymbol{\delta}_t)-\frac{6}{\theta^2\Delta t}\dot{\boldsymbol{\delta}}_t+\left(1-\frac{3}{\theta}\right)\ddot{\boldsymbol{\delta}}_t \tag{5.37}$$

$$\dot{\boldsymbol{\delta}}_{t+\Delta t}=\dot{\boldsymbol{\delta}}_t+\ddot{\boldsymbol{\delta}}_t\Delta t+\frac{\Delta t}{2}(\ddot{\boldsymbol{\delta}}_{t+\Delta t}-\ddot{\boldsymbol{\delta}}_t) \tag{5.38}$$

$$\boldsymbol{\delta}_{t+\Delta t}=\boldsymbol{\delta}_t+\dot{\boldsymbol{\delta}}_t\Delta t+\frac{1}{2}\ddot{\boldsymbol{\delta}}_t\Delta t^2+\frac{\Delta t^2}{6}(\ddot{\boldsymbol{\delta}}_{t+\Delta t}-\ddot{\boldsymbol{\delta}}_t) \tag{5.39}$$

Wilson-θ 法是一种隐式积分方法，当 $\theta\geqslant1.37$ 时，该算法无法稳定，通常计算时取 $\theta=1.4$。Wilson-θ 法的计算步骤可归结如下。

(1) 初始计算

① 形成刚度矩阵 $\boldsymbol{K}$、质量矩阵 $\boldsymbol{M}$ 和阻尼矩阵 $\boldsymbol{C}$。

② 由初始条件 $\boldsymbol{\delta}_0$ 和 $\dot{\boldsymbol{\delta}}_0$，计算 $\ddot{\boldsymbol{\delta}}_0$。

$$\ddot{\boldsymbol{\delta}}_0=\boldsymbol{M}^{-1}(\boldsymbol{F}_0-\boldsymbol{C}\dot{\boldsymbol{\delta}}_0-\boldsymbol{K}\boldsymbol{\delta}_0)$$

③ 选取时间步长 Δt，计算积分常数，取 $\theta=1.4$。

$$A_1=\frac{6}{\theta^2\Delta t^2},\quad A_2=\frac{3}{\theta\Delta t},\quad A_3=\frac{\theta\Delta t}{2}$$

④ 计算有效刚度矩阵 $\overline{\boldsymbol{K}}$。

$$\overline{\boldsymbol{K}}=\boldsymbol{K}+A_1\boldsymbol{M}+A_2\boldsymbol{C}$$

(2) 对于每一时间步长

① 计算 $t+\theta\Delta t$ 时刻的有效载荷向量 $\overline{\boldsymbol{F}}$。

$$\overline{\boldsymbol{F}}_{t+\theta\Delta t}=\boldsymbol{F}_{t+\theta\Delta t}+(A_1\boldsymbol{\delta}_t+2A_2\dot{\boldsymbol{\delta}}_t+2\ddot{\boldsymbol{\delta}}_t)\boldsymbol{M}+(A_2\boldsymbol{\delta}_t+2\dot{\boldsymbol{\delta}}_t+A_3\ddot{\boldsymbol{\delta}}_t)\boldsymbol{C}$$

② 求解 $t+\theta\Delta t$ 时刻的位移。

$$\boldsymbol{\delta}_{t+\theta\Delta t}=\overline{\boldsymbol{K}}^{-1}\overline{\boldsymbol{F}}_{t+\theta\Delta t}$$

③ 计算 $t+\Delta t$ 时刻的加速度、速度和位移。

$$\ddot{\boldsymbol{\delta}}_{t+\Delta t}=\frac{6}{\theta^3\Delta t^2}(\boldsymbol{\delta}_{t+\theta\Delta t}-\boldsymbol{\delta}_t)-\frac{6}{\theta^2\Delta t}\dot{\boldsymbol{\delta}}_t+\left(1-\frac{3}{\theta}\right)\ddot{\boldsymbol{\delta}}_t$$

$$\dot{\boldsymbol{\delta}}_{t+\Delta t}=\dot{\boldsymbol{\delta}}_t+\frac{\Delta t}{2}(\ddot{\boldsymbol{\delta}}_{t+\Delta t}+\ddot{\boldsymbol{\delta}}_t)$$

$$\boldsymbol{\delta}_{t+\Delta t}=\boldsymbol{\delta}_t+\dot{\boldsymbol{\delta}}_t\Delta t+\frac{\Delta t^2}{6}(\ddot{\boldsymbol{\delta}}_{t+\Delta t}+2\ddot{\boldsymbol{\delta}}_t)$$

5.2.1.4 Newmark 法

Newmark 法也可以看成是线性加速度方法的推广。Newmark 法所采用的假设为

$$\dot{\boldsymbol{\delta}}_{t+\Delta t}=\dot{\boldsymbol{\delta}}_t+[(1-\beta)\ddot{\boldsymbol{\delta}}_t+\beta\ddot{\boldsymbol{\delta}}_{t+\Delta t}]\Delta t \tag{5.40}$$

$$\boldsymbol{\delta}_{t+\Delta t}=\boldsymbol{\delta}_t+\dot{\boldsymbol{\delta}}_t\Delta t+\left[\left(\frac{1}{2}-\alpha\right)\ddot{\boldsymbol{\delta}}_t+\alpha\ddot{\boldsymbol{\delta}}_{t+\Delta t}\right]\Delta t^2 \tag{5.41}$$

式中,参数 α 和 β 根据积分的精度和稳定性要求来确定。当 $\alpha=1/6,\beta=1/2$ 时,即为线性加速度方法。当 $\alpha=1/4,\beta=1/2$ 时,为一种平均加速度方法。

由式(5.40)和式(5.41)可解出

$$\ddot{\boldsymbol{\delta}}_{t+\Delta t}=\frac{1}{\alpha\Delta t^2}(\boldsymbol{\delta}_{t+\Delta t}-\boldsymbol{\delta}_t)-\frac{1}{\alpha\Delta t}\dot{\boldsymbol{\delta}}_t-\left(\frac{1}{2\alpha}-1\right)\ddot{\boldsymbol{\delta}}_t \tag{5.42}$$

$$\dot{\boldsymbol{\delta}}_{t+\Delta t}=\dot{\boldsymbol{\delta}}_t+(1-\beta)\Delta t\ddot{\boldsymbol{\delta}}_t+\beta\Delta t\ddot{\boldsymbol{\delta}}_{t+\Delta t} \tag{5.43}$$

将式(5.42)和式(5.43)代入时刻 $t+\Delta t$ 的运动方程

$$\boldsymbol{M}\ddot{\boldsymbol{\delta}}_{t+\Delta t}+\boldsymbol{C}\dot{\boldsymbol{\delta}}_{t+\Delta t}+\boldsymbol{K}\boldsymbol{\delta}_{t+\Delta t}=\boldsymbol{F}_{t+\Delta t}$$

得到

$$\left(\frac{1}{\alpha\Delta t^2}\boldsymbol{M}+\frac{\beta}{\alpha\Delta t}\boldsymbol{C}+\boldsymbol{K}\right)\boldsymbol{\delta}_{t+\Delta t}=\boldsymbol{F}_{t+\Delta t}+\left[\left(\frac{1}{2\alpha}-1\right)M+\frac{\Delta t}{2}\left(\frac{\beta}{\alpha}-2\right)\boldsymbol{C}\right]\ddot{\boldsymbol{\delta}}_t+\left[\frac{1}{\alpha\Delta t}\boldsymbol{M}+\left(\frac{\beta}{\alpha}-1\right)\boldsymbol{C}\right]\dot{\boldsymbol{\delta}}_t+\left(\frac{1}{\alpha\Delta t^2}\boldsymbol{M}+\frac{\beta}{\alpha\Delta t}\boldsymbol{C}\right)\boldsymbol{\delta}_t \tag{5.44}$$

求解式(5.44)得到 $\boldsymbol{\delta}_{t+\Delta t}$,再由式(5.42)和式(5.43)计算 $\ddot{\boldsymbol{\delta}}_{t+\Delta t}$ 和 $\dot{\boldsymbol{\delta}}_{t+\Delta t}$。

Newmark 法是一种隐式积分方法,当 $\beta\geqslant0.50$ 和 $\alpha\geqslant0.25(0.5+\beta)^2$ 时,该算法无条件稳定。

Newmark 法的计算步骤可归结如下。

(1) 初始计算

① 形成刚度矩阵 $\boldsymbol{K}$、质量矩阵 $\boldsymbol{M}$ 和阻尼矩阵 $\boldsymbol{C}$。

② 由初始条件 $\boldsymbol{\delta}_0$ 和 $\dot{\boldsymbol{\delta}}_0$,计算 $\ddot{\boldsymbol{\delta}}_0$。

$$\ddot{\boldsymbol{\delta}}_0=\boldsymbol{M}^{-1}(\boldsymbol{F}_0-\boldsymbol{C}\dot{\boldsymbol{\delta}}_0-\boldsymbol{K}\boldsymbol{\delta}_0)$$

③ 选取时间步长 Δt 和参数 α、β,计算积分常数。

$$\beta\geqslant0.50,\quad \alpha\geqslant0.25(0.5+\beta)^2$$

$$A_1=\frac{1}{\alpha\Delta t^2},\quad A_2=\frac{\beta}{\alpha\Delta t},\quad A_1=\frac{1}{\alpha\Delta t}$$

$$A_4 = \left(\frac{1}{2\alpha} - 1\right),\quad A_5 = \frac{\Delta t}{2}\left(\frac{\beta}{\alpha} - 2\right),\quad A_6 = \left(\frac{\beta}{\alpha} - 1\right)$$

④ 计算有效刚度矩阵 $\bar{\boldsymbol{K}}$。

$$\bar{\boldsymbol{K}} = \boldsymbol{K} + A_1\boldsymbol{M} + A_2\boldsymbol{C}$$

(2) 对于每一时间步长

① 计算 $t+\Delta t$ 时刻的有效载荷向量 $\bar{\boldsymbol{F}}$。

$$\bar{\boldsymbol{F}}_{t+\Delta t} = \boldsymbol{F}_{t+\Delta t} + [A_1\boldsymbol{\delta}_t + A_3\dot{\boldsymbol{\delta}}_t + A_4\ddot{\boldsymbol{\delta}}_t]\boldsymbol{M} + [A_2\boldsymbol{\delta}_t + A_6\dot{\boldsymbol{\delta}}_t + A_5\ddot{\boldsymbol{\delta}}_t]\boldsymbol{C}$$

② 求解 $t+\Delta t$ 时刻的位移。

$$\boldsymbol{\delta}_{t+\Delta t} = \bar{\boldsymbol{K}}^{-1}\bar{\boldsymbol{F}}_{t+\Delta t}$$

③ 计算 $t+\Delta t$ 时刻的加速度、速度。

$$\ddot{\boldsymbol{\delta}}_{t+\Delta t} = \frac{1}{\alpha\Delta t^2}(\boldsymbol{\delta}_{t+\Delta t} - \boldsymbol{\delta}_t) - \frac{1}{\alpha\Delta t}\dot{\boldsymbol{\delta}}_t + \left(\frac{1}{2\alpha} - 1\right)\ddot{\boldsymbol{\delta}}_t$$

$$\dot{\boldsymbol{\delta}}_{t+\Delta t} = \dot{\boldsymbol{\delta}}_t + (1-\beta)\Delta t\ddot{\boldsymbol{\delta}}_t + \beta\Delta t\ddot{\boldsymbol{\delta}}_{t+\Delta t}$$

5.2.1.5　状态空间法

式(5.17)在状态空间的表达式为

$$\dot{\boldsymbol{X}} = \boldsymbol{A}\boldsymbol{X} + \boldsymbol{B} \tag{5.45}$$

其中

$$\boldsymbol{X} = \begin{Bmatrix} \boldsymbol{\delta} \\ \dot{\boldsymbol{\delta}} \end{Bmatrix},\quad \boldsymbol{A} = \begin{bmatrix} 0 & \boldsymbol{I} \\ -\boldsymbol{M}^{-1}\boldsymbol{K} & -\boldsymbol{M}^{-1}\boldsymbol{C} \end{bmatrix},\quad \boldsymbol{B} = \begin{bmatrix} 0 \\ \boldsymbol{M}^{-1}\boldsymbol{F} \end{bmatrix} \tag{5.46}$$

进一步地结合系统的输出方程,系统方程可表示为

$$\begin{cases} \dot{\boldsymbol{X}} = \boldsymbol{A}\boldsymbol{X} + \boldsymbol{B} \\ \boldsymbol{Y} = \boldsymbol{C}_Y\boldsymbol{X} \end{cases} \tag{5.47}$$

控制系统最常用的时域分析方法是,当输入信号为单位阶跃和单位脉冲(冲击)函数时,系统的输出响应分别称为单位阶跃响应和单位冲击响应。在 MATLAB 中,提供了求解连续系统的单位阶跃响应函数 step()、单位冲击响应函数 impulse()、零输入响应函数 initial()及任意输入下的仿真函数 lsim()。

(1) 阶跃响应分析

控制系统工具箱中给出了 step()函数来直接求解线性系统的阶跃响应,其调用格式为

y=step(G,t):变量 t 为向量,由待计算点所在时刻的值组成。

[y,t]=step(G):时间向量 t 由系统模型 G 自动生成。

[y,t,x]=step(G):时间向量 t 由系统模型 G 自动生成,并得出状态变量响应。

step(G):自动绘制系统的阶跃响应曲线。

其中,G 为给定控制系统的 LTI 对象模型。

(2) 脉冲响应分析

控制系统工具箱中给出了 impulse()函数来直接求解线性系统的脉冲响应,其调用格式为

y= impulse (G,t):变量 t 由要计算点所在时刻的值组成的向量。

[y,t]=impulse (G):时间向量 t 由系统模型 G 自动生成。

[y,t,x]=impulse (G):时间向量 t 由系统模型 G 自动生成,并得出状态变量响应。

impulse (G):自动绘制系统的脉冲响应曲线。

(3) 任意输入下的时域响应分析

① 零输入响应:输入 $u(t)\equiv 0$,则 $\tilde{x}(t)=e^{At}x(0)$。

控制系统工具箱中给出了 initial ()函数来求取系统的零输入响应。initial ()函数的调用格式为

y=initial (G,X0)

[y,t,x]=initial (G,X0)

[y,t,x]=initial (G,X0,t)

其中,X0 为系统的初始状态变量。

② 零状态响应:系统的初始状态 $x(0)\equiv 0$,则 $\tilde{x}(t)=\int_0^t e^{A(t-\tau)}Bu(\tau)d\tau$。

控制系统工具箱中给出了 lsim()函数来求取系统的零状态响应,其调用格式为

y=lsim (G,u,t)

③ 一般响应

同样,可以由 lsim()函数求得既有输入、初始状态又不为零的情况下的系统响应,其调用格式为

[y,t,x]=lsim(G,u,t,X0)

其中,要求 t 是一个间隔均匀的时间值列向量,输入 u 的列数与输入变量的数目相同,行数与 t 的行数相同。状态响应用 x 返回,它有 n 列,行数与 t 相同。

5.2.2 振型叠加法

5.2.2.1 无阻尼系统的动力学响应

对于式(5.17)的自由振动方程为

$$\boldsymbol{M}\ddot{\boldsymbol{\delta}}+\boldsymbol{K}\boldsymbol{\delta}=0 \tag{5.48}$$

可假设其解的指数形式为

$$\boldsymbol{\delta}(t)=\boldsymbol{\phi}e^{i\omega t} \tag{5.49}$$

式中,$\boldsymbol{\phi}$ 和 ω 分别为运动的振型和固有频率。将式(5.49)代入式(5.48),可得

$$(-\omega^2\boldsymbol{M}+\boldsymbol{K})\boldsymbol{\phi}e^{i\omega t}=0 \tag{5.50}$$

式(5.50)方程具有非平凡解的条件是$(-\omega^2[\boldsymbol{M}]+[\boldsymbol{K}])$奇异,即

$$|-\omega^2\boldsymbol{M}+\boldsymbol{K}|=|-\lambda\boldsymbol{M}+\boldsymbol{K}|=0 \tag{5.51}$$

式中,$\lambda=\omega^2$。求解式(5.51)可得 n 个特征值 $\omega_1^2,\omega_2^2,\cdots,\omega_n^2$ 和特征向量 $\boldsymbol{\phi}_1,\boldsymbol{\phi}_2,\cdots,\boldsymbol{\phi}_n$。

对于任意两个特征解$(\omega_i^2,\boldsymbol{\phi}_i)$、$(\omega_j^2,\boldsymbol{\phi}_j)$,由式(5.50),有

$$\boldsymbol{K}\boldsymbol{\phi}_i=\omega_i^2\boldsymbol{M}\boldsymbol{\phi}_i,\quad \boldsymbol{K}\boldsymbol{\phi}_j=\omega_j^2\boldsymbol{M}\boldsymbol{\phi}_j \tag{5.52}$$

式(5.52)中的第一式两边左乘 $\boldsymbol{\phi}_j^T$,第二式左乘 $\boldsymbol{\phi}_i^T$ 并利用矩阵 $\boldsymbol{K}$ 和 $\boldsymbol{M}$ 的对称性进行转置,得

$$\boldsymbol{\phi}_j^T\boldsymbol{K}\boldsymbol{\phi}_i=\omega_i^2\boldsymbol{\phi}_j^T\boldsymbol{M}\boldsymbol{\phi}_i,\quad \boldsymbol{\phi}_j^T\boldsymbol{K}\boldsymbol{\phi}_i=\omega_j^2\boldsymbol{\phi}_j^T\boldsymbol{M}\boldsymbol{\phi}_i \tag{5.53}$$

将两式相减得

$$(\omega_i^2-\omega_j^2)\boldsymbol{\phi}_j^{\mathrm{T}}\boldsymbol{M}\boldsymbol{\phi}_i=0 \tag{5.54}$$

于是,可得到振型关于质量矩阵和刚度矩阵的正交性

$$\boldsymbol{\phi}_j^{\mathrm{T}}\boldsymbol{M}\boldsymbol{\phi}_i=\begin{cases}m_i, & i=j\\0, & i\neq j\end{cases} \tag{5.55}$$

$$\boldsymbol{\phi}_j^{\mathrm{T}}\boldsymbol{K}\boldsymbol{\phi}_i=\begin{cases}k_i, & i=j\\0, & i\neq j\end{cases} \tag{5.56}$$

再利用振型关于质量矩阵的正则化,有

$$\boldsymbol{\phi}_j^{\mathrm{T}}\boldsymbol{M}\boldsymbol{\phi}_i=\begin{cases}1, & i=j\\0, & i\neq j\end{cases} \tag{5.57}$$

$$\boldsymbol{\phi}_j^{\mathrm{T}}\boldsymbol{K}\boldsymbol{\phi}_i=\begin{cases}\omega_i, & i=j\\0, & i\neq j\end{cases} \tag{5.58}$$

利用特征向量,可以定义一个坐标变换

$$\delta=\boldsymbol{\Phi}\boldsymbol{\eta} \tag{5.59}$$

其中

$$\boldsymbol{\Phi}=[\boldsymbol{\phi}_1,\boldsymbol{\phi}_2,\cdots,\boldsymbol{\phi}_n] \tag{5.60}$$

$$\boldsymbol{\eta}=\{\eta_1,\eta_2,\cdots,\eta_n\}^{\mathrm{T}} \tag{5.61}$$

分别称为模态矩阵和模态坐标向量。

将式(5.59)代入相应于式(5.17)的无阻尼方程中,可得

$$\boldsymbol{M}\boldsymbol{\Phi}\ddot{\boldsymbol{\eta}}+\boldsymbol{K}\boldsymbol{\Phi}\boldsymbol{\eta}=\boldsymbol{F} \tag{5.62}$$

方程两端左乘 $\boldsymbol{\Phi}^{\mathrm{T}}$,则有

$$\boldsymbol{\Phi}^{\mathrm{T}}\boldsymbol{M}\boldsymbol{\Phi}\ddot{\boldsymbol{\eta}}+\boldsymbol{\Phi}^{\mathrm{T}}\boldsymbol{K}\boldsymbol{\Phi}\boldsymbol{\eta}=\boldsymbol{\Phi}^{\mathrm{T}}\boldsymbol{F} \tag{5.63}$$

由式(5.57)和式(5.58)所给出的正交性,式(5.63)变为

$$\ddot{\boldsymbol{\eta}}+\boldsymbol{\Omega}^2\boldsymbol{\eta}=\boldsymbol{Q} \tag{5.64}$$

其中

$$\boldsymbol{\Omega}^2=\mathrm{diag}\left[\omega_1^2\quad \omega_2^2\quad \cdots\quad \omega_n^2\right],\quad \boldsymbol{Q}=\boldsymbol{\Phi}^{\mathrm{T}}\boldsymbol{F} \tag{5.65}$$

分别称为固有频率矩阵和模态力矩阵。

式(5.63)为一组解耦的方程组,也可写为

$$\ddot{\eta}_i+\omega_i^2\eta_i=f_i,\quad i=1,2,\cdots,n \tag{5.66}$$

式中,f_i 为模态力矩的第 i 行。

式(5.64)的解可由 Duhamel 积分得

$$\eta_i(t)=\eta_i(t_0)\cos\omega_i t+\frac{\dot{\eta}_i(t_0)}{\omega_i}\sin\omega_i t+\frac{1}{\omega_i}\int_{t_0}^{t}\sin\omega_i(t-\tau)f_i(\tau)\mathrm{d}\tau \tag{5.67}$$

当激励力 f_i 为脉冲、阶跃和简谐函数时,上述方程中的卷积积分可直接求出。对于脉冲激励 $f_i(t)=F_{0i}\delta(t)$,$t_0=0$,式(5.67)的解为

$$\eta_i(t)=\eta_i(0)\cos\omega_i t+\frac{\dot{\eta}_i(0)}{\omega_i}\sin\omega_i t+\frac{1}{\omega_i}F_{0i}\sin\omega_i t$$

对于阶跃激励 $f_i(t)=F_{0i}$,$t_0=0$,式(5.67)的解为

$$\eta_i(t)=\eta_i(0)\cos\omega_i t+\frac{\dot{\eta}_i(0)}{\omega_i}\sin\omega_i t+\frac{1}{\omega_i^2}F_{0i}(1-\cos\omega_i t)$$

对于简谐激励 $f_i(t)=F_{0i}\cos\omega t, t_0=0$,式(5.67)的解为

$$\eta_i(t)=\eta_i(0)\cos\omega_i t+\frac{\dot{\eta}_i(0)}{\omega_i}\sin\omega_i t+\frac{F_{0i}}{\omega_i^2}\frac{1}{1-\gamma^2}(\cos\omega t-\cos\omega_i t)$$

式中,$\gamma=\omega/\omega_i$。

对于式(5.67)的初始条件 $\eta_i(0)$、$\dot{\eta}_i(0)$可由原坐标系下的初始条件变换得到。由式(5.59)得,原坐标系下的初始条件可表示为

$$\delta(0)=\boldsymbol{\Phi}\eta(0),\quad \dot{\delta}(0)=\boldsymbol{\Phi}\dot{\eta}(0) \tag{5.68}$$

因而有

$$\eta(0)=\boldsymbol{\Phi}^{\mathrm{T}}\boldsymbol{M}\delta(0),\quad \dot{\eta}(0)=\boldsymbol{\Phi}^{\mathrm{T}}\boldsymbol{M}\dot{\delta}(0) \tag{5.69}$$

当模态坐标下的响应求出后,即可叠加得到实际坐标系下的响应

$$\delta(t)=\boldsymbol{\Phi}\eta(t) \tag{5.70}$$

或

$$\delta_i(t)=\sum_{j=1}^{n}\phi_{ij}\eta_j(t),\quad i=1,2,\cdots,n \tag{5.71}$$

5.2.2.2 有阻尼系统的动力学响应

对于有阻尼的结构系统,运动方程为

$$\boldsymbol{M}\ddot{\boldsymbol{\delta}}+\boldsymbol{C}\dot{\boldsymbol{\delta}}+\boldsymbol{K}\boldsymbol{\delta}=\boldsymbol{F} \tag{5.72}$$

式中,$\boldsymbol{C}$ 为阻尼矩阵。

对于阻尼力正比于结构运动速度的假设,阻尼矩阵的计算式为

$$\boldsymbol{C}^e=\int_{V_e}c\boldsymbol{N}^{\mathrm{T}}\boldsymbol{N}\mathrm{d}v \tag{5.73}$$

式中,c 为阻尼系数,$\boldsymbol{N}$ 为形函数。

结构的阻尼一般难以准确确定,实际应用中常以实测数据由振动过程中结构系统的能量消耗来给出阻尼的近似值,因此阻尼矩阵一般不是直接计算单元的阻尼矩阵,而是直接给出结构的总体阻尼矩阵。实际工程结构的阻尼多是较小的数值,一般采用线性关系

$$\boldsymbol{C}=\alpha\boldsymbol{M}+\beta\boldsymbol{K} \tag{5.74}$$

这样得到的阻尼矩阵 $\boldsymbol{C}$ 称为比例阻尼或 Rayleigh 阻尼。式中,α 和 β 为常数。

比例阻尼的优点是模态向量关于质量矩阵和刚度矩阵的正交性对于自立阻尼仍成立,即

$$\boldsymbol{\phi}_j^{\mathrm{T}}\boldsymbol{C}\boldsymbol{\phi}_i=\begin{cases}c_i, & i=j\\ 0, & i\neq j\end{cases} \tag{5.75}$$

其中,$\boldsymbol{\phi}_j^{\mathrm{T}}\boldsymbol{C}\boldsymbol{\phi}_i$ 为一对角矩阵。

对式(5.72)仍用模态矩阵进行变换,方程变为

$$\ddot{\eta}_i+2\xi_i\omega_i\dot{\eta}_i+\omega_i^2\eta_i=f_i,\quad i=1,2,\cdots,n \tag{5.76}$$

其中

$$\xi_i=\frac{\phi_i^{\mathrm{T}}\boldsymbol{C}\phi_i}{2\omega_i} \tag{5.77}$$

称为阻尼比。

运用 Duhamel 积分，式(5.76)的解为

$$\eta_i(t)=\eta_i(t_0)\mathrm{e}^{-\xi_i\omega_i t}\cos\omega_d t+\frac{\dot{\eta}_i(t_0)+\xi_i\omega_i\eta_i(t_0)}{\omega_d}\mathrm{e}^{-\xi_i\omega_i t}\sin\omega_d t+\frac{1}{\omega_d}\int_{t_0}^{t}\mathrm{e}^{-\xi_i\omega_i(t-\tau)}\sin\omega_d(t-\tau)f_i(\tau)\mathrm{d}\tau \tag{5.78}$$

式中，$\omega_d=\omega_i\sqrt{1-\xi^2}$ 是系统的有阻尼固有频率；ω_i 是系统的无阻尼固有频率。

对于脉冲激励 $f_i(t)=F_{0i}\delta(t)$，$t_0=0$，式(5.78)的解为

$$\eta_i(t)=\eta_i(0)\mathrm{e}^{-\xi_i\omega_i t}\cos\omega_d t+\frac{\dot{\eta}_i(0)+\xi_i\omega_i\eta_i(0)}{\omega_d}\mathrm{e}^{-\xi_i\omega_i t}\sin\omega_d t+\frac{1}{\omega_d}F_{0i}\mathrm{e}^{-\xi_i\omega_i t}\sin\omega_d t$$

对于阶跃激励 $f_i(t)=F_{0i}$，$t_0=0$，式(5.78)的解为

$$\eta_i(t)=\eta_i(0)\mathrm{e}^{-\xi_i\omega_i t}\cos\omega_d t+\frac{\dot{\eta}_i(0)+\xi_i\omega_i\eta_i(0)}{\omega_d}\mathrm{e}^{-\xi_i\omega_i t}\sin\omega_d t+\frac{F_{0i}}{\omega_d^2+\xi_i^2\omega_i^2}\left(1-\mathrm{e}^{-\xi_i\omega_i t}\cos\omega_d t-\frac{\xi_i\omega_i}{\omega_d}\mathrm{e}^{-\xi_i\omega_i t}\sin\omega_d t\right)$$

对于简谐激励 $f_i(t)=F_{0i}\cos\omega(t-t_0)$，$t_0=0$，式(5.78)的解为

$$\eta_i(t)=\eta_i(0)\mathrm{e}^{-\xi_i\omega_i t}\cos\omega_d t+\frac{\dot{\eta}_i(0)+\xi_i\omega_i\eta_i(0)}{\omega_d}\mathrm{e}^{-\xi_i\omega_i t}\sin\omega_d t-X\mathrm{e}^{-\xi_i\omega_i t}\left(\frac{\xi_i\omega_i\cos\psi+\omega\sin\psi}{\omega_d}\sin\omega_d t+\cos\psi\cos\omega_d t\right)+X\cos(\omega t-\psi)$$

其中

$$X=\frac{F_{0i}}{\omega_i^2}\frac{1}{\sqrt{(1-\gamma^2)^2+(2\xi_i\gamma)^2}},\quad \psi=\arctan\frac{2\xi_i\gamma}{1-\gamma^2}$$

初始条件仍为

$$\boldsymbol{\eta}(0)=\boldsymbol{\Phi}^{\mathrm{T}}\boldsymbol{M}\delta(0),\quad \dot{\boldsymbol{\eta}}(0)=\boldsymbol{\Phi}^{\mathrm{T}}\boldsymbol{M}\dot{\delta}(0)$$

系统在实际坐标系下的响应

$$\boldsymbol{\delta}(t)=\boldsymbol{\Phi\eta}(t)$$

或

$$\boldsymbol{\delta}_i(t)=\sum_{j=1}^{n}\phi_{ij}\eta_j(t),\quad i=1,2,\cdots,n$$

5.3　频响函数分析

5.3.1　比例阻尼系统(实模态分析)

对式(5.17)两边进行拉氏变换得

$$(\boldsymbol{M}s^2+\boldsymbol{C}s+\boldsymbol{K})\bar{\boldsymbol{\delta}}(s)=\bar{\boldsymbol{F}}(s) \tag{5.79}$$

式中，$\bar{\boldsymbol{\delta}}(s)$ 和 $\bar{\boldsymbol{F}}(s)$ 分别为 $\boldsymbol{\delta}(t)$ 和 $\boldsymbol{F}(t)$ 的拉氏变换。

由式(5.79)得

$$\bar{\boldsymbol{\delta}}(s)=\boldsymbol{H}_d(s)\bar{\boldsymbol{F}}(s) \tag{5.80}$$

式中，$\boldsymbol{H}_d(s)$为结构的位移传递函数矩阵，其表达式为

$$\boldsymbol{H}_d(s)=(\boldsymbol{M}s^2+\boldsymbol{C}s+\boldsymbol{K})^{-1} \tag{5.81}$$

由于振型的正交性，有

$$\left.\begin{aligned}\boldsymbol{I}&=\boldsymbol{\Phi}^{\mathrm{T}}\boldsymbol{M}\boldsymbol{\Phi}\\ \mathrm{diag}(2\xi_i\omega_i)&=\boldsymbol{\Phi}^{\mathrm{T}}\boldsymbol{C}\boldsymbol{\Phi}\\ \mathrm{diag}(\omega_i^2)&=\boldsymbol{\Phi}^{\mathrm{T}}\boldsymbol{K}\boldsymbol{\Phi}\end{aligned}\right\} \tag{5.82}$$

式中，diag 表示对角矩阵。

由式(5.82)得

$$\left.\begin{aligned}\boldsymbol{M}&=(\boldsymbol{\Phi}^{\mathrm{T}})^{-1}\boldsymbol{\Phi}^{-1}\\ \boldsymbol{C}&=(\boldsymbol{\Phi}^{\mathrm{T}})^{-1}\mathrm{diag}(2\xi_i\omega_i)\boldsymbol{\Phi}^{-1}\\ \boldsymbol{K}&=(\boldsymbol{\Phi}^{\mathrm{T}})^{-1}\mathrm{diag}(\omega_i^2)\boldsymbol{\Phi}^{-1}\end{aligned}\right\} \tag{5.83}$$

将式(5.83)代入式(5.82)得

$$\begin{aligned}\boldsymbol{H}_d(s)&=[(\boldsymbol{\Phi}^{\mathrm{T}})^{-1}\mathrm{diag}(s^2+2\xi_i\omega_i s+\omega_i^2)\boldsymbol{\Phi}^{-1}]^{-1}\\ &=\boldsymbol{\Phi}\mathrm{diag}(1/(s^2+2\xi_i\omega_i s+\omega_i^2))\boldsymbol{\Phi}^{\mathrm{T}}\\ &=\sum_{i=1}^{n}\frac{\boldsymbol{\phi}_i\boldsymbol{\phi}_i^{\mathrm{T}}}{s^2+2\xi_i\omega_i s+\omega_i^2}\end{aligned} \tag{5.84}$$

同样，可由拉氏变换性质得结构初态为静止时的结构速度和加速度的传递函数矩阵，分别为

$$\boldsymbol{H}_v(s)=\sum_{i=1}^{n}\frac{s\boldsymbol{\phi}_i\boldsymbol{\phi}_i^{\mathrm{T}}}{s^2+2\xi_i\omega_i s+\omega_i^2} \tag{5.85}$$

$$\boldsymbol{H}_a(s)=\sum_{i=1}^{n}\frac{s^2\boldsymbol{\phi}_i\boldsymbol{\phi}_i^{\mathrm{T}}}{s^2+2\xi_i\omega_i s+\omega_i^2} \tag{5.86}$$

令 $s=\mathrm{j}\omega(\mathrm{j}=\sqrt{-1})$，可得结构位移、速度和加速度的频响函数矩阵分别为

$$\boldsymbol{H}_d(\omega)=\boldsymbol{H}_d(s)\big|_{s=\mathrm{j}\omega}=\sum_{i=1}^{n}\frac{\boldsymbol{\phi}_i\boldsymbol{\phi}_i^{\mathrm{T}}}{\omega_i^2-\omega^2+\mathrm{j}2\xi_i\omega_i\omega} \tag{5.87}$$

$$\boldsymbol{H}_v(\omega)=\boldsymbol{H}_v(s)\big|_{s=\mathrm{j}\omega}=\sum_{i=1}^{n}\frac{j\omega\boldsymbol{\phi}_i\boldsymbol{\phi}_i^{\mathrm{T}}}{\omega_i^2-\omega^2+\mathrm{j}2\xi_i\omega_i\omega} \tag{5.88}$$

$$\boldsymbol{H}_a(\omega)=\boldsymbol{H}_a(s)\big|_{s=\mathrm{j}\omega}=\sum_{i=1}^{n}\frac{-\omega^2\boldsymbol{\phi}_i\boldsymbol{\phi}_i^{\mathrm{T}}}{\omega_i^2-\omega^2+\mathrm{j}2\xi_i\omega_i\omega} \tag{5.89}$$

位移频响函数矩阵中的任一元素 $H_d^{pq}(\omega)$表示 q 点激励、p 点位移响应的频响函数，其表达式为

$$H_d^{pq}(\omega)=\sum_{i=1}^{n}\frac{\phi_{pi}\phi_{qi}}{\omega_i^2-\omega^2+\mathrm{j}2\xi_i\omega_i\omega} \tag{5.90}$$

位移频响函数 $H_d^{pq}(\omega)$是复函数，可用实部和虚部表示为

$$H_d^{pq}(\omega)=\sum_{i=1}^{n}\phi_{pi}\phi_{qi}\left[\frac{\omega_i^2-\omega^2}{(\omega_i^2-\omega^2)^2+(2\xi_i\omega_i\omega)^2}+\mathrm{j}\frac{-2\xi_i\omega_i\omega}{(\omega_i^2-\omega^2)^2+(2\xi_i\omega_i\omega)^2}\right] \tag{5.91}$$

5.3.2　一般阻尼系统(复模态理论)

一般情况下,存在阻尼力和速度成正比的黏性阻尼,假定阻尼矩阵仍然是对称阵,但不满足比例黏性阻尼。将物理空间中的运动微分方程转移到状态空间中进行描述,可使方程得以解耦。对于式(5.17),若阻尼矩阵不能对角化,为求解这一方程,可引入下列辅助方程:

$$\boldsymbol{M}\dot{\boldsymbol{\delta}} - \boldsymbol{M}\dot{\boldsymbol{\delta}} = 0 \tag{5.92}$$

将式(5.92)与式(5.17)联立,并以矩阵形式表示,可得

$$\begin{bmatrix} \boldsymbol{C} & \boldsymbol{M} \\ \boldsymbol{M} & 0 \end{bmatrix} \begin{Bmatrix} \dot{\boldsymbol{\delta}} \\ \ddot{\delta} \end{Bmatrix} + \begin{bmatrix} \boldsymbol{K} & 0 \\ 0 & -\boldsymbol{M} \end{bmatrix} \begin{Bmatrix} \boldsymbol{\delta} \\ \dot{\boldsymbol{\delta}} \end{Bmatrix} = \begin{Bmatrix} \boldsymbol{F} \\ 0 \end{Bmatrix} \tag{5.93}$$

令 $\tilde{\boldsymbol{\delta}} = \begin{Bmatrix} \boldsymbol{\delta} \\ \dot{\boldsymbol{\delta}} \end{Bmatrix}_{(2n\times 1)}$,称为状态向量。

式(5.93)可改写为

$$\boldsymbol{A}\dot{\tilde{\boldsymbol{\delta}}} + \boldsymbol{B}\tilde{\boldsymbol{\delta}} = \tilde{\boldsymbol{F}} \tag{5.94}$$

式(5.94)称为状态方程,其中

$$\boldsymbol{A} = \begin{bmatrix} \boldsymbol{C} & \boldsymbol{M} \\ \boldsymbol{M} & 0 \end{bmatrix}, \quad \boldsymbol{B} = \begin{bmatrix} \boldsymbol{K} & 0 \\ 0 & -\boldsymbol{M} \end{bmatrix}, \quad \tilde{\boldsymbol{F}} = \begin{Bmatrix} \boldsymbol{F} \\ 0 \end{Bmatrix} \tag{5.95}$$

考察式(5.94)的自由运动时,有

$$\boldsymbol{A}\dot{\tilde{\boldsymbol{\delta}}} + \boldsymbol{B}\tilde{\boldsymbol{\delta}} = 0 \tag{5.96}$$

设式(5.96)的解为

$$\tilde{\boldsymbol{\delta}} = \boldsymbol{\Psi}\mathrm{e}^{\lambda t}, \quad \dot{\tilde{\boldsymbol{\delta}}} = \boldsymbol{\Psi}\lambda\,\mathrm{e}^{\lambda t} \tag{5.97}$$

将式(5.97)代入式(5.96),得

$$(\boldsymbol{A}\lambda + \boldsymbol{B}) \begin{Bmatrix} \boldsymbol{\Psi} \\ \boldsymbol{\Psi}\lambda \end{Bmatrix} = 0 \tag{5.98}$$

求解式(5.98),可得 $2n$ 个复特征值和特征向量,它们分别记为

$$\lambda_1, \lambda_2, \cdots, \lambda_n, \lambda_1^*, \lambda_2^*, \cdots, \lambda_n^*$$

$$\begin{Bmatrix} \boldsymbol{\Psi}_1 \\ \boldsymbol{\Psi}_1\lambda_1 \end{Bmatrix}, \begin{Bmatrix} \boldsymbol{\Psi}_2 \\ \boldsymbol{\Psi}_2\lambda_2 \end{Bmatrix}, \cdots, \begin{Bmatrix} \boldsymbol{\Psi}_n \\ \boldsymbol{\Psi}_n\lambda_n \end{Bmatrix}, \begin{Bmatrix} \boldsymbol{\Psi}_1^* \\ \boldsymbol{\Psi}_1^*\lambda_1^* \end{Bmatrix}, \begin{Bmatrix} \boldsymbol{\Psi}_2^* \\ \boldsymbol{\Psi}_2^*\lambda_2^* \end{Bmatrix}, \cdots, \begin{Bmatrix} \boldsymbol{\Psi}_n^* \\ \boldsymbol{\Psi}_n^*\lambda_n^* \end{Bmatrix}$$

对第 r 阶模态,有

$$\lambda_r, \quad \lambda_r^*, \quad \begin{Bmatrix} \boldsymbol{\Psi}_r \\ \boldsymbol{\Psi}_r\lambda_r \end{Bmatrix}, \quad \begin{Bmatrix} \boldsymbol{\Psi}_r^* \\ \boldsymbol{\Psi}_r^*\lambda_r^* \end{Bmatrix}$$

令

$$\begin{Bmatrix} \boldsymbol{\Psi}_r \\ \boldsymbol{\Psi}_r\lambda_r \end{Bmatrix} = \bar{\boldsymbol{\Psi}}_r, \quad \begin{Bmatrix} \boldsymbol{\Psi}_r^* \\ \boldsymbol{\Psi}_r^*\lambda_r^* \end{Bmatrix} = \bar{\boldsymbol{\Psi}}_r^*$$

不难证明,由式(5.96)得特征向量 $\bar{\boldsymbol{\Psi}}_r$ 具有关于 $\boldsymbol{A}$ 与 $\boldsymbol{B}$ 的加权正交性,即

$$\overline{\boldsymbol{\Psi}}_r^{\mathrm{T}}\boldsymbol{A}\overline{\boldsymbol{\Psi}}_r=\begin{cases}a_r, & (r=s)\\0, & (r\neq s)\end{cases}$$
$$\overline{\boldsymbol{\Psi}}_r^{\mathrm{T}}\boldsymbol{B}\overline{\boldsymbol{\Psi}}_r=\begin{cases}b_r, & (r=s)\\0, & (r\neq s)\end{cases} \tag{5.99}$$

对全部模态而言，模态矩阵为

$$\overline{\boldsymbol{\Psi}}=\begin{bmatrix}\overline{\boldsymbol{\Psi}}_1 & \overline{\boldsymbol{\Psi}}_2 & \cdots & \overline{\boldsymbol{\Psi}}_n\end{bmatrix}$$
$$\overline{\boldsymbol{\Psi}}^*=\begin{bmatrix}\overline{\boldsymbol{\Psi}}_1^* & \overline{\boldsymbol{\Psi}}_2^* & \cdots & \overline{\boldsymbol{\Psi}}_n^*\end{bmatrix}$$

特征矩阵为

$$\begin{bmatrix}\boldsymbol{\Lambda} & \boldsymbol{0}\\ \boldsymbol{0} & \boldsymbol{\Lambda}^*\end{bmatrix}=\begin{bmatrix}\ddots & & & & \\ & \lambda_r & & & \\ & & \ddots & & \\ & & & \lambda_r^* & \\ & & & & \ddots\end{bmatrix},\quad r=1,2,\cdots,n$$

令

$$\boldsymbol{\Phi}=\begin{bmatrix}\overline{\boldsymbol{\Psi}} & \overline{\boldsymbol{\Psi}}^*\end{bmatrix}=\begin{bmatrix}\boldsymbol{\Psi} & \boldsymbol{\Psi}^*\\ \boldsymbol{\Psi\Lambda} & \boldsymbol{\Psi}^*\boldsymbol{\Lambda}^*\end{bmatrix}$$

则对于全部模态而言，正交性条件可由下式表示：

$$\left.\begin{aligned}\boldsymbol{\Phi}^{\mathrm{T}}\boldsymbol{A\Phi}&=\mathrm{diag}\begin{bmatrix}a_1 & \cdots & a_n & a_1^* & \cdots & a_n^*\end{bmatrix}\\ \boldsymbol{\Phi}^{\mathrm{T}}\boldsymbol{B\Phi}&=\mathrm{diag}\begin{bmatrix}b_1 & \cdots & b_n & b_1^* & \cdots & b_n^*\end{bmatrix}\end{aligned}\right\} \tag{5.100}$$

对状态向量 $\tilde{\boldsymbol{\delta}}$ 用复模态坐标进行交换，可得

$$\tilde{\boldsymbol{\delta}}=\begin{Bmatrix}\boldsymbol{\delta}\\ \dot{\boldsymbol{\delta}}\end{Bmatrix}=\begin{bmatrix}\boldsymbol{\Psi} & \boldsymbol{\Psi}^*\\ \boldsymbol{\Psi\Lambda} & \boldsymbol{\Psi}^*\boldsymbol{\Lambda}^*\end{bmatrix}\begin{Bmatrix}\boldsymbol{Q}\\ \boldsymbol{Q}^*\end{Bmatrix} \tag{5.101}$$

式中，$\boldsymbol{Q},\boldsymbol{Q}^*$ 为复模态坐标。

将式(5.101)代入式(5.94)，并左乘 $\begin{bmatrix}\boldsymbol{\Psi} & \boldsymbol{\Psi}^*\\ \boldsymbol{\Psi\Lambda} & \boldsymbol{\Psi}^*\boldsymbol{\Lambda}^*\end{bmatrix}^{\mathrm{T}}$，由式(5.100)的正交性条件可得

$$\begin{bmatrix}a_1 & & & & & \\ & \ddots & & & & \\ & & a_n & & & \\ & & & a_1^* & & \\ & & & & \ddots & \\ & & & & & a_n^*\end{bmatrix}\begin{Bmatrix}\dot{\boldsymbol{Q}}\\ \dot{\boldsymbol{Q}}^*\end{Bmatrix}+\begin{bmatrix}b_1 & & & & & \\ & \ddots & & & & \\ & & b_n & & & \\ & & & b_1^* & & \\ & & & & \ddots & \\ & & & & & b_n^*\end{bmatrix}\begin{Bmatrix}\boldsymbol{Q}\\ \boldsymbol{Q}^*\end{Bmatrix}=\begin{Bmatrix}\boldsymbol{\Psi}^{\mathrm{T}}\boldsymbol{F}\\ \boldsymbol{\Psi}^{*\mathrm{T}}\boldsymbol{F}\end{Bmatrix} \tag{5.102}$$

对于第 r 阶模态，可写成

$$\begin{cases}a_r\dot{q}_r+b_rq_r=\boldsymbol{\Psi}_r^{\mathrm{T}}\boldsymbol{F}\\ a_r^*\dot{q}_r^*+b_r^*q_r^*=\boldsymbol{\Psi}_r^{*\mathrm{T}}\boldsymbol{F}\end{cases} \tag{5.103}$$

式(5.103)的解可由 Duhamel 积分求得

$$q_r = q_{r0} e^{\lambda_r t} + \frac{1}{a_r} \int_0^t e^{\lambda_r (t-\tau)} \boldsymbol{\Psi}_r^{\mathrm{T}} \boldsymbol{F}(\tau) \mathrm{d}\tau \tag{5.104}$$

$$q_r^* = q_{r0}^* e^{\lambda_r^* t} + \frac{1}{a_r^*} \int_0^t e^{\lambda_r^* (t-\tau)} \boldsymbol{\Psi}_r^{*\mathrm{T}} \boldsymbol{F}(\tau) \mathrm{d}\tau \tag{5.105}$$

设初始状态($t=0$)为振动平衡状态,即 $q_{r0}=\dot{q}_{r0}=0$,则系统受迫振动的响应向量可写成

$$\begin{aligned} \boldsymbol{\delta} &= \boldsymbol{\Psi} \boldsymbol{Q} + \boldsymbol{\Psi}^* \boldsymbol{Q}^* = \sum_{r=1}^n \boldsymbol{\Psi}_r q_r + \sum_{r=1}^n \boldsymbol{\Psi}_r^* q_r^* \\ &= \sum_{r=1}^n \left[\frac{\boldsymbol{\Psi}_r \boldsymbol{\Psi}_r^{\mathrm{T}}}{a_r} \int_0^t \mathrm{e}^{\lambda_r (t-\tau)} \boldsymbol{\Psi}_r^{\mathrm{T}} \boldsymbol{F}(\tau) \mathrm{d}\tau + \frac{\boldsymbol{\Psi}_r^* \boldsymbol{\Psi}_r^{*\mathrm{T}}}{a_r^*} \int_0^t \mathrm{e}^{\lambda_r^* (t-\tau)} \boldsymbol{\Psi}_r^{*\mathrm{T}} \boldsymbol{F}(\tau) \mathrm{d}\tau \right] \end{aligned} \tag{5.106}$$

对式(5.106)两边做拉氏变换,得

$$\boldsymbol{\delta}(s) = \sum_{r=1}^n \left(\frac{\boldsymbol{\Psi}_r \boldsymbol{\Psi}_r^{\mathrm{T}}}{a_r} \frac{1}{s-\lambda_r} + \frac{\boldsymbol{\Psi}_r^* \boldsymbol{\Psi}_r^{*\mathrm{T}}}{a_r^*} \frac{1}{s-\lambda_r^*} \right) \boldsymbol{F}(s) \tag{5.107}$$

因此,传递函数矩阵为

$$\boldsymbol{H}(s) = \sum_{r=1}^n \left(\frac{\boldsymbol{\Psi}_r \boldsymbol{\Psi}_r^{\mathrm{T}}}{a_r} \frac{1}{s-\lambda_r} + \frac{\boldsymbol{\Psi}_r^* \boldsymbol{\Psi}_r^{*\mathrm{T}}}{a_r^*} \frac{1}{s-\lambda_r^*} \right) \tag{5.108}$$

则系统的频响函数矩阵为

$$\boldsymbol{H}(\omega) = \sum_{r=1}^n \left(\frac{\boldsymbol{\Psi}_r \boldsymbol{\Psi}_r^{\mathrm{T}}}{a_r (\mathrm{j}\omega - \lambda_r)} + \frac{\boldsymbol{\Psi}_r^* \boldsymbol{\Psi}_r^{*\mathrm{T}}}{a_r^* (\mathrm{j}\omega - \lambda_r^*)} \right) \tag{5.109}$$

其中,q 点激励、p 点位移响应的复模态频响函数可表达为

$$\boldsymbol{H}_{pq}(\omega) = \sum_{r=1}^n \left(\frac{\boldsymbol{\Psi}_{pr} \boldsymbol{\Psi}_{qr}}{a_r (\mathrm{j}\omega - \lambda_r)} + \frac{\boldsymbol{\Psi}_{pr}^* \boldsymbol{\Psi}_{qr}^*}{a_r^* (\mathrm{j}\omega - \lambda_r^*)} \right) \tag{5.110}$$

5.4 MATLAB 编程——动力学分析程序

与静力学分析程序类似,动力学分析程序同样采用主程序调用子函数的架构实现。主程序使用脚本文件编写,各子函数使用函数文件编写。

动力学分析所使用的主程序为

FEA_D. m。

主程序的功能为从前处理文件 XX. xlsx 中读取前处理信息,包括节点位置坐标信息、节点等效载荷信息、节点边界条件信息、单元连接信息和单元属性信息等。之后,将与节点相关的物理量存储在全局结构变量 Node 中,并将与单元相关的物理量存储在全局结构变量 Elem 中。系统中还有另外一个全局结构变量,记为 TOT,用以存储系统矩阵信息。

所用到的子函数主要有 2 个,分别为

Assembly():用以装配整体刚度矩阵和载荷列阵;

Add_BC():用以添加位移边界条件(置大数法);

这些函数均将计算结果直接存储在全局变量中。

当然,在解算过程中,还需要通过子函数的方法调用单元系统矩阵,包括单元刚度矩阵、应变矩阵和应力矩阵等。调用方式为

K=ElemKM_XX(p)

或者

[K,M,B,S]=ElemKM_XX(p)

或者

[K,M,B,S,T]=ElemKM_XX(p)

第一种调用方式适用于只返回单元刚度矩阵的情形;第二种适用于需要提取单元质量矩阵、应变矩阵和应力矩阵的情形;第三种适用于还需要提取单元坐标变换矩阵的情形,例如平面和空间杆、梁问题。根据所分析结构类型的不同,单元系统矩阵的调用方式虽有区别,但可参考第 3 章中的符号计算过程进行简单修改得到。

结构动力学分析过程主要包含两部分内容。第一部分是形成结构整体刚度矩阵、整体质量矩阵和整体阻尼矩阵,第二部分则是根据这些矩阵按照所需的分析类型进行解算。第一部分的系统矩阵形成过程与静力学分析类似,只需对程序稍作修改即可。第二部分则需要根据分析类型的不同编制相应的程序,第二部分的内容将在 5.5 节的算例中介绍。

与静力学分析不同的是,对于动力学问题,求解系统固有频率和振型时,可以不施加任何约束,这样计算得到的固有频率中的前 6 阶应该是接近于零的数值,对应于系统的 6 个刚体位移模态。在求解响应信号时,一般需要合适的约束以保持系统不至于在该激励下产生刚体位移。由于动力学问题的计算量一般都远远大于相同自由度数目的静力学问题,因此能够降低计算量的方法具有更加重要的意义。所以在动力学问题中,一般都采用直接代入法在运动方程中消去约束自由度。在编程中可以不必先完全组装再消去约束自由度,而是可以在组装之前,就先对系统位移进行重新编号,在新的编号中不包括被约束的位移,然后按照新的编号完成组装过程。在动力学问题中引入不为零约束的方法比较复杂,可以参考子结构的相关方法进行。

(1) 主程序

```
% ---------------------------------------------------
%有限元分析通用程序(动力学分析):FEA_D.m
%需要从 XX.xlsx 中读取模型的前处理数据
%装配函数:Assembly()
%添加边界条件函数:Add_BC()
% ---------------------------------------------------
%主程序开始,设置全局变量并读取模型信息
clear;clc;                                          %清除变量,清屏
global Node Elem TOT                                %设置全局变量
[filename,filepath] = uigetfile('*.xlsx','请选择前处理数据文件');
file_path_name = strcat(filepath,filename);         %将文件名称和路径连接
model = importdata(file_path_name);                 %读取模型前处理信息
% ----------------------------
Node.geom = sortrows(model.data.Node_geom,1);       %节点坐标信息
Node.load = sortrows(model.data.Node_load,1);       %节点载荷信息
Node.BC = sortrows(model.data.Node_BC,1);           %节点边界条件信息
Elem.conn = sortrows(model.data.Elem_conn,1);       %单元连接信息
Elem.prop = sortrows(model.data.Elem_prop,1);       %单元属性信息
% ---------------------------------------------------
%统计模型信息
Node.DOF_number = (length(Node.BC(1,:)) - 1)/2;     %节点自由度数目
Node.Coord_number = length(Node.geom(1,:)) - 1;     %节点坐标数目,判断问题维数
```

```
Node.number = length(Node.geom(:,1));                    % 节点总数
Elem.number = length(Elem.conn(:,1));                    % 单元总数
Elem.Node_number = length(Elem.conn(1,2:end));           % 每个单元中的节点数
Elem.Prop_number = length(Elem.prop(1,2:end));           % 每个单元材料属性参数个数
TOT.DOF = Node.number * Node.DOF_number;                 % 系统总自由度数目
Print_model();                                           % 输出模型信息
% ---------------------------------------------------
% 对系统矩阵赋初值
TOT.K = zeros(TOT.DOF);                                  % 系统刚度矩阵
TOT.M = zeros(TOT.DOF);                                  % 系统刚度矩阵
TOT.F = zeros(TOT.DOF,1);                                % 系统载荷列阵
TOT.BC = zeros(TOT.DOF,2);                               % 系统边界条件矩阵
TOT.K_BC = TOT.K;                                        % 施加了边界条件的刚度矩阵
TOT.F_BC = TOT.F;                                        % 施加了边界条件的载荷列阵
TOT.U = zeros(TOT.DOF,1);                                % 系统位移列阵
% ---------------------------------------------------
% 有限元分析解算过程
Assembly();                                              % 装配刚度矩阵和载荷列阵
Add_BC();                                                % 添加边界条件(置大数法)
% ---------------------------------------------------
index = 1 - TOT.BC(:,1);
KBC = TOT.K(find(index),find(index));                    % 删行删列法得到刚度矩阵
MBC = TOT.M(find(index),find(index));                    % 删行删列法得到质量矩阵
% ---------------------------------------------------
```

(2) 装配

```
% ---------------------------------------------------
function Assembly()
% ---------------------------------------------------
% 组装整体刚度矩阵、载荷列阵和边界条件矩阵
% 对于不同的单元类型,须修改 for 循环里面的单元刚度矩阵调用
% ---------------------------------------------------
global Node Elem TOT                                          % 调用全局变量
% ---------------------------------------------------
% 组装整体刚度矩阵
for p = 1:Elem.number
    [Kp,Mp,B,S,D] = ElemKM_T2(p);                             % 须根据单元类型进行修改
    % ---------------------------------------------------
    V = zeros(length(Elem.conn(p,2:end)),Node.DOF_number);
    Vtemp = [Node.DOF_number * Elem.conn(p,2:end)]';
    V(:,1:Node.DOF_number) = Vtemp - ([1:Node.DOF_number] - 1);
    V = flipud(V');V = V(:);                                  % 单元定位向量
    % ---------------------------------------------------
    TOT.K(V,V) = TOT.K(V,V) + Kp;                             % 组装整体刚度矩阵
    TOT.M(V,V) = TOT.M(V,V) + Mp;
end
% ---------------------------------------------------
% 组装载荷列阵
flag_load = Node.load(:,2:end)';
TOT.F = flag_load(:);                                         % 节点载荷列阵
% ---------------------------------------------------
% 组装边界条件矩阵
flag_BC_judge = Node.BC(:,2:Node.DOF_number + 1)';            % 提取判断矩阵
```

```
flag_BC_value = Node.BC(:,Node.DOF_number + 2:end)';      % 提取位移边条(可能非零)
TOT_BC_judge = flag_BC_judge(:);TOT_BC_value = flag_BC_value(:);
TOT.BC = [TOT_BC_judge,TOT_BC_value];                      % 边界条件矩阵
end
% -------------------------------------------------------
```

(3) 施加边界条件

```
% -------------------------------------------------------
function Add_BC()
% 向整体刚度矩阵中添加边界条件信息,同时修改相应的载荷列阵(置大数法)
% -------------------------------------------------------
global TOT                                                  % 调用全局变量
% -------------------------------------------------------
TOT.K_BC = TOT.K;TOT.F_BC = TOT.F;TOT.M_BC = TOT.M;
Alpha = 10^10;                                              % 大数
for i = 1:TOT.DOF
    if TOT.BC(i,1)~ = 0                                     % 判断位移边界条件存在性
       TOT.K_BC(i,i) = Alpha * TOT.K(i,i);                  % 主对角线元素乘大数
       TOT.F_BC(i) = Alpha * TOT.K(i,i) * TOT.BC(i,2);      % 兼容非零位移边界条件
    end
end
end
% -------------------------------------------------------
```

除了上述主程序 FEA_D.m 和 2 个子函数 Assembly()、Add_BC 外,还需要提供单元信息函数 ElemKM_XX(),用以提供具体单元类型的单元刚度矩阵、单元质量矩阵、应变矩阵、应力矩阵和/或坐标变换矩阵等。因具体单元类型不同函数 ElemKM_XX()需要进行适当地修改,与第 4 章中给出的函数完全相同,这里不再列出。在计算时,需要将这些函数和主程序放在同一个文件夹,该文件夹称为当前工作目录。

5.5 数值算例

5.4.1 平面 61 杆桁架的动力特性分析

图 5.1 所示的平面 61 杆桁架,材料特性为:弹性模量 $E=2.1\times10^{11}$ Pa,质量密度为 $\rho=7\ 300\ \text{kg/m}^3$,所有单元的横截面积均为 $1\times10^{-4}\ \text{m}^2$。

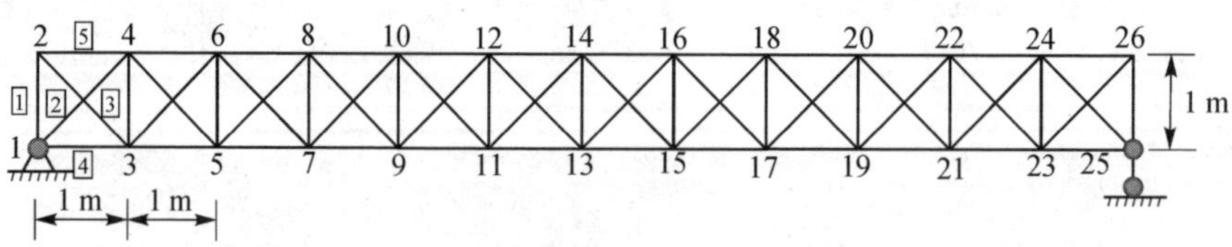

图 5.1 平面 61 杆桁架

将上述信息列于 FEM_model_61bar.xlsx 中,当然也可以是任意的其他文件名。存储时需要将 Excel 文件的各 sheet 进行命名,共分 5 页。

节点坐标值信息存储在 Node_geom 页上,信息如下:

Node	X	Y	Node	X	Y
1	0	0	14	6	1
2	0	1	15	7	0
3	1	0	16	7	1
4	1	1	17	8	0
5	2	0	18	8	1
6	2	1	19	9	0
7	3	0	20	9	1
8	3	1	21	10	0
9	4	0	22	10	1
10	4	1	23	11	0
11	5	0	24	11	1
12	5	1	25	12	0
13	6	0	26	12	1

等效节点载荷信息列于 Node_load 页上，如下所示：

Node	X	Y	Node	X	Y
1	0.00	0.00	14	0.00	0.00
2	0.00	0.00	15	0.00	0.00
3	0.00	0.00	16	0.00	0.00
4	0.00	0.00	17	0.00	0.00
5	0.00	0.00	18	0.00	0.00
6	0.00	0.00	19	0.00	0.00
7	0.00	0.00	20	0.00	0.00
8	0.00	0.00	21	0.00	0.00
9	0.00	0.00	22	0.00	0.00
10	0.00	0.00	23	0.00	0.00
11	0.00	0.00	24	0.00	0.00
12	0.00	0.00	25	0.00	0.00
13	0.00	0.00	26	0.00	0.00

位移边界条件信息列于 Node_BC 页上，如下所示：

Node	JX	JY	VX	VY	Node	JX	JY	VX	VY
1	1	1	0	0	14	0	0	0	0
2	0	0	0	0	15	0	0	0	0
3	0	0	0	0	16	0	0	0	0
4	0	0	0	0	17	0	0	0	0
5	0	0	0	0	18	0	0	0	0
6	0	0	0	0	19	0	0	0	0
7	0	0	0	0	20	0	0	0	0
8	0	0	0	0	21	0	0	0	0
9	0	0	0	0	22	0	0	0	0
10	0	0	0	0	23	0	0	0	0
11	0	0	0	0	24	0	0	0	0
12	0	0	0	0	25	0	1	0	0
13	0	0	0	0	26	0	0	0	0

单元连接信息列于 Elem_conn 页，如下所示：

Element	Node_1	Node_2	Element	Node_1	Node_2	Element	Node_1	Node_2
1	1	2	22	9	12	43	18	19
2	1	4	23	10	11	44	17	19
3	2	3	24	9	11	45	18	20
4	1	3	25	10	12	46	19	20
5	2	4	26	11	12	47	19	22
6	3	4	27	11	14	48	20	21
7	3	6	28	12	13	49	19	21
8	4	5	29	11	13	50	20	22
9	3	5	30	12	14	51	21	22
10	4	6	31	13	14	52	21	24
11	5	6	32	13	16	53	22	23
12	5	8	33	14	15	54	21	23
13	6	7	34	13	15	55	22	24
14	5	7	35	14	16	56	23	24
15	6	8	36	15	16	57	23	26
16	7	8	37	15	18	58	24	25
17	7	10	38	16	17	59	23	25
18	8	9	39	15	17	60	24	26
19	7	9	40	16	18	61	25	26
20	8	10	41	17	18			
21	9	10	42	17	20			

单元属性信息列于 Elem_prop 页上，如下所示：

Element	E	rou	A
1	2.10E+11	7.30E+03	1.00E−04
2	2.10E+11	7.30E+03	1.00E−04
3	2.10E+11	7.30E+03	1.00E−04
4	2.10E+11	7.30E+03	1.00E−04
5	2.10E+11	7.30E+03	1.00E−04
6	2.10E+11	7.30E+03	1.00E−04
7	2.10E+11	7.30E+03	1.00E−04
8	2.10E+11	7.30E+03	1.00E−04
9	2.10E+11	7.30E+03	1.00E−04
10	2.10E+11	7.30E+03	1.00E−04
11	2.10E+11	7.30E+03	1.00E−04
12	2.10E+11	7.30E+03	1.00E−04
13	2.10E+11	7.30E+03	1.00E−04
14	2.10E+11	7.30E+03	1.00E−04
15	2.10E+11	7.30E+03	1.00E−04
16	2.10E+11	7.30E+03	1.00E−04
17	2.10E+11	7.30E+03	1.00E−04
18	2.10E+11	7.30E+03	1.00E−04

续表

Element	E	rou	A
19	2.10E+11	7.30E+03	1.00E−04
20	2.10E+11	7.30E+03	1.00E−04
21	2.10E+11	7.30E+03	1.00E−04
22	2.10E+11	7.30E+03	1.00E−04
23	2.10E+11	7.30E+03	1.00E−04
24	2.10E+11	7.30E+03	1.00E−04
25	2.10E+11	7.30E+03	1.00E−04
26	2.10E+11	7.30E+03	1.00E−04
27	2.10E+11	7.30E+03	1.00E−04
28	2.10E+11	7.30E+03	1.00E−04
29	2.10E+11	7.30E+03	1.00E−04
30	2.10E+11	7.30E+03	1.00E−04
31	2.10E+11	7.30E+03	1.00E−04
32	2.10E+11	7.30E+03	1.00E−04
33	2.10E+11	7.30E+03	1.00E−04
34	2.10E+11	7.30E+03	1.00E−04
35	2.10E+11	7.30E+03	1.00E−04
36	2.10E+11	7.30E+03	1.00E−04
37	2.10E+11	7.30E+03	1.00E−04
38	2.10E+11	7.30E+03	1.00E−04
39	2.10E+11	7.30E+03	1.00E−04
40	2.10E+11	7.30E+03	1.00E−04
41	2.10E+11	7.30E+03	1.00E−04
42	2.10E+11	7.30E+03	1.00E−04
43	2.10E+11	7.30E+03	1.00E−04
44	2.10E+11	7.30E+03	1.00E−04
45	2.10E+11	7.30E+03	1.00E−04
46	2.10E+11	7.30E+03	1.00E−04
47	2.10E+11	7.30E+03	1.00E−04
48	2.10E+11	7.30E+03	1.00E−04
49	2.10E+11	7.30E+03	1.00E−04
50	2.10E+11	7.30E+03	1.00E−04
51	2.10E+11	7.30E+03	1.00E−04
52	2.10E+11	7.30E+03	1.00E−04
53	2.10E+11	7.30E+03	1.00E−04
54	2.10E+11	7.30E+03	1.00E−04
55	2.10E+11	7.30E+03	1.00E−04
56	2.10E+11	7.30E+03	1.00E−04
57	2.10E+11	7.30E+03	1.00E−04
58	2.10E+11	7.30E+03	1.00E−04
59	2.10E+11	7.30E+03	1.00E−04
60	2.10E+11	7.30E+03	1.00E−04
61	2.10E+11	7.30E+03	1.00E−04

写完以上信息后，将文件存储于工作目录，即主程序所在的目录。这里需要注意的是，求解系统的动力特性是不需要输入载荷信息的，但为了使前处理文件保持与静力学分析相同的风格，依然保留了载荷信息页。

求解系统的动力特性，需要求解系统的广义特征值问题。可以直接利用 MATLAB 自带函数 eigs 进行求解，为此，需要在主程序中添加以下字句：

```
% ----------------------------------------------
[eigV,eigD] = eigs(KBC,MBC,10,'SM');          %求解广义特征值问题
frequency = sqrt(diag(eigD))/2/pi;            %前 10 阶特征值
[frequency,indexf] = sort(frequency)
eigV = eigV(:,indexf);
factor = diag(eigV' * MBC * eigV);
eigV = eigV * inv(sqrt(diag(factor)));        %归一化特征向量
% ----------------------------------------------
```

所得结果如表 5.1 所列。

表 5.1 61 杆桁架固有频率(MATLAB)

indexf	frequency	indexf	frequency
1	16.481 5	6	222.251 4
2	54.956 4	7	302.827 8
3	73.746 7	8	337.615 5
4	132.151 8	9	404.004 2
5	193.063 5	10	466.701 9

作为对比，基于 MSC. Patran 构建了 61 杆桁架的有限元模型，如图 5.2 所示。所建立的有限元模型包含 61 个 rod 单元和 26 个节点。

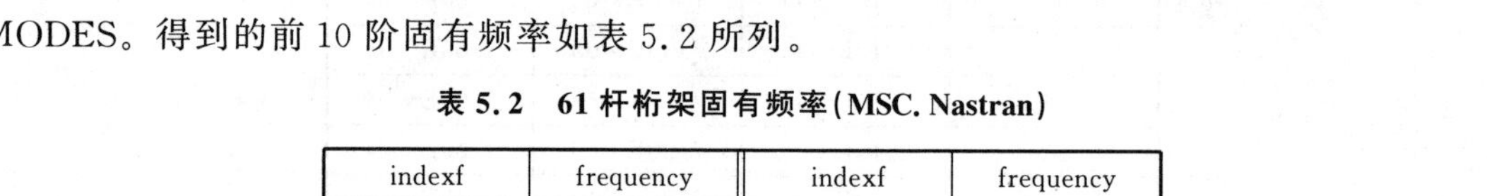

图 5.2 61 杆桁架有限元模型

将所建立的有限元模型提交给 MSC. Nastran 计算，求解序列为 103：NORMAL MODES。得到的前 10 阶固有频率如表 5.2 所列。

表 5.2 61 杆桁架固有频率(MSC. Nastran)

indexf	frequency	indexf	frequency
1	16.351 5	6	209.427
2	54.120 1	7	271.103
3	72.614 5	8	322.084
4	125.433	9	347.635
5	185.514	10	411.374

由表 5.1 和表 5.2 可知，相比 MATLAB 求解得到的固有频率结果，两者的误差比例前三阶控制在 1.53%。随着固有频率阶数的增大，两者的误差比例增大。图 5.3 给出了前 4 阶振型图。

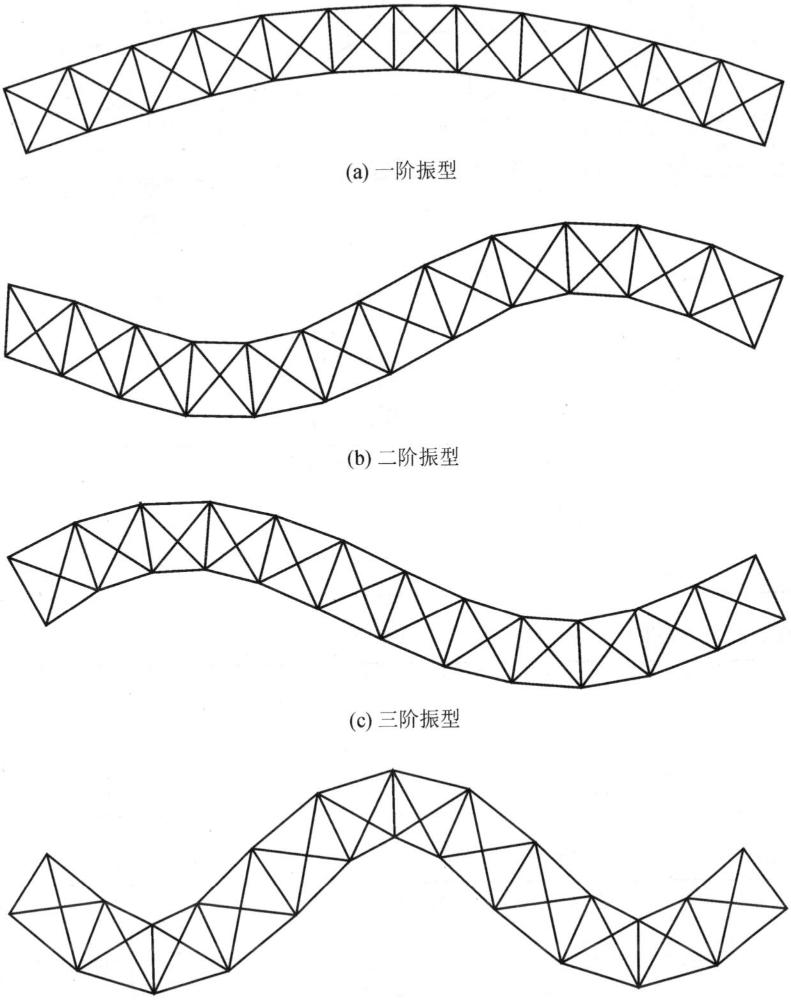

(a) 一阶振型

(b) 二阶振型

(c) 三阶振型

(d) 四阶振型

图 5.3　61 杆桁架前 4 阶振型图

5.4.2　平面 9 杆桁架时域动力响应分析

平面 9 杆桁架的材料特性为：弹性模量 $E=2.0\times10^{11}$ Pa，质量密度 $\rho=7\ 860\ \text{kg/m}^3$，所有单元的横截面积为 $2.5\times10^{-3}\ \text{m}^2$。在节点 4 沿 y 轴正向加有一大小为 200 N 的阶跃力。试计算节点 4 竖直方向的位移随时间的变化。

将上述信息列于 FEM_model_9bar.xlsx 中，当然也可以是任意的其他文件名。存储时需要将 Excel 文件的各 sheet 进行命名，共分 5 页。

节点坐标值信息存储在 Node_geom 页上，信息如下：

Node	X	Y	Node	X	Y
1	0	0	4	8	0
2	4	0	5	8	−3
3	4	−3	6	12	0

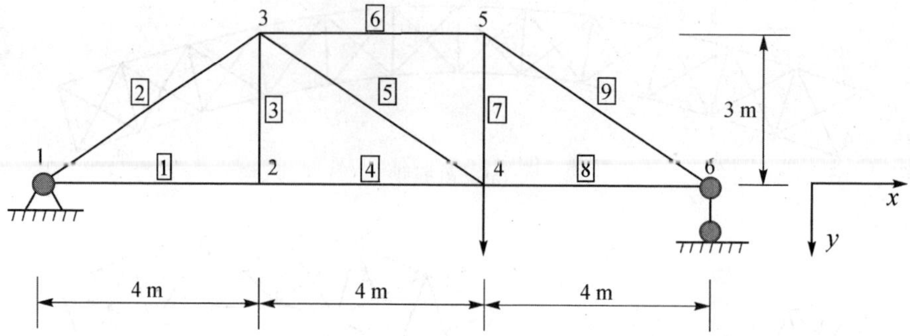

图 5.4　平面 9 杆桁架

等效节点载荷信息列于 Node_load 页上，如下所示：

Node	X	Y	Node	X	Y
1	0.00	0.00	4	0.00	200.00
2	0.00	0.00	5	0.00	0.00
3	0.00	0.00	6	0.00	0.00

位移边界条件信息列于 Node_BC 页上，如下所示：

Node	JX	JY	VX	VY	Node	JX	JY	VX	VY
1	1	1	0	0	4	0	0	0	0
2	0	0	0	0	5	0	0	0	0
3	0	0	0	0	6	0	1	0	0

单元连接信息列于 Elem_conn 页上，如下所示：

Element	Node_1	Node_2	Element	Node_1	Node_2
1	1	2	6	3	5
2	1	3	7	4	5
3	2	3	8	4	6
4	2	4	9	5	6
5	3	4			

单元属性信息列于 Elem_prop 页上，如下所示：

Element	E	rou	A
1	2.00E+11	7.86E+03	2.50E−03
2	2.00E+11	7.86E+03	2.50E−03
3	2.00E+11	7.86E+03	2.50E−03
4	2.00E+11	7.86E+03	2.50E−03
5	2.00E+11	7.86E+03	2.50E−03
6	2.00E+11	7.86E+03	2.50E−03
7	2.00E+11	7.86E+03	2.50E−03
8	2.00E+11	7.86E+03	2.50E−03
9	2.00E+11	7.86E+03	2.50E−03

写完以上信息后，将文件存储于工作目录，即主程序所在的目录。要求解系统的响应信

息,需要在主程序中添加以下字句(状态空间方法):

```
% -------------------------------------------------------
dof = length(KBC);
AG = [zeros(dof) eye(dof); - inv(MBC) * KBC zeros(dof)];
BG = [zeros(dof,1);inv(MBC) * [0 0 0 0 0 1 0 0 0]'];
CG = eye(2 * dof);
DG = 0;
nt = 1500;
dt = 0.0001;
time = 0:dt:(nt * dt);
for i = 1:(nt + 1)
    u(i) = 200;
end
G = ss(AG,BG,CG,DG);
dsp = lsim(G,u,time);
plot(time, dsp(:,6))
xlabel('Time(s)');
ylabel('Tip displ. (m)');
set(gca,'FontSize',16);
print(gcf,'- dmeta','state.emf');
% -------------------------------------------------------
```

所得结果如图 5.5 所示。

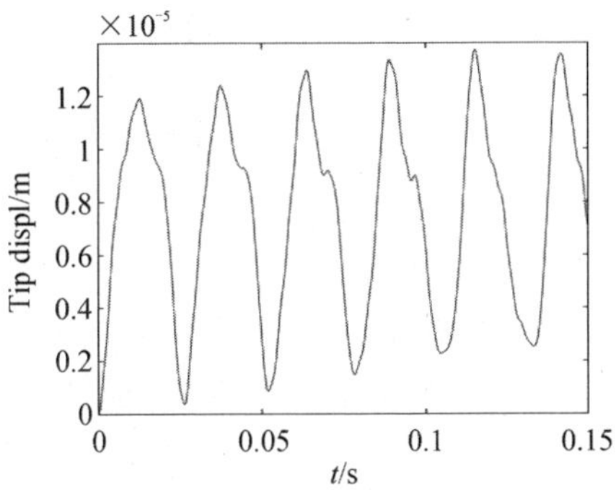

图 5.5　节点 4 竖直方向的位移

习　题

5-1　一个无约束阶梯杆结构如图 5.6 所示,试对该问题的轴向自由振动频率和模态进行分析。两根杆的弹性模量都为 E,质量密度都为 ρ,横截面面积为 $A^{(1)}=2A^{(2)}=2A$。

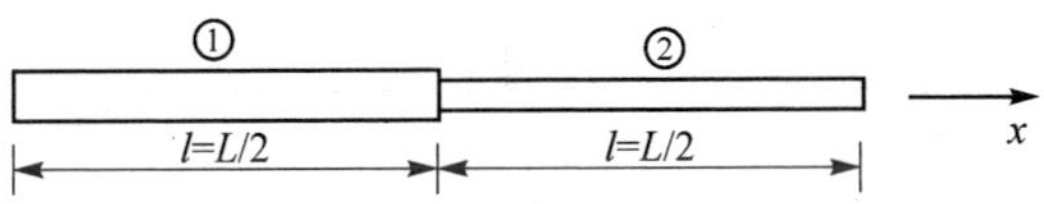

图 5.6　无约束的阶梯杆结构

5-2　与例 5-1 类似,不同之处在于左端有一个约束,如图 5.7 所示。试对该问题的自由振动频率和模态进行分析。

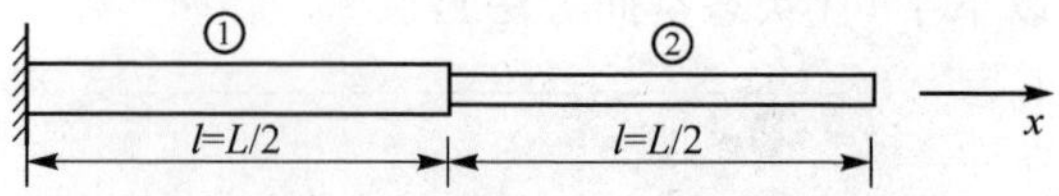

图 5.7 左端固定的阶梯杆结构

5-3 与例 5-2 类似，不同之处在于右端受有一个持续时间为 t_0、大小为 P_0 的外载 $P_0(t)$，如图 5.8 所示。不考虑结构阻尼，试分析该结构的动态响应。

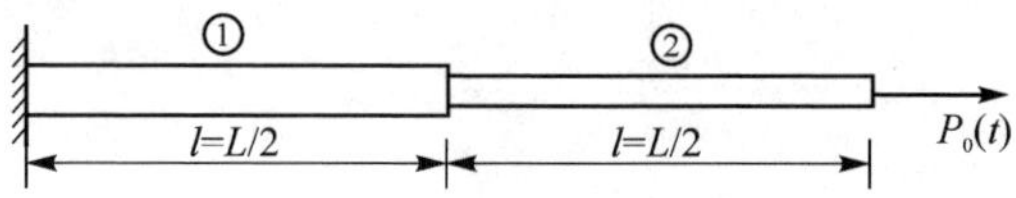

图 5.8 受外载作用的阶梯杆结构

5-4 试求图 5.9 所示杆件沿轴向振动时的自然频率和振型。

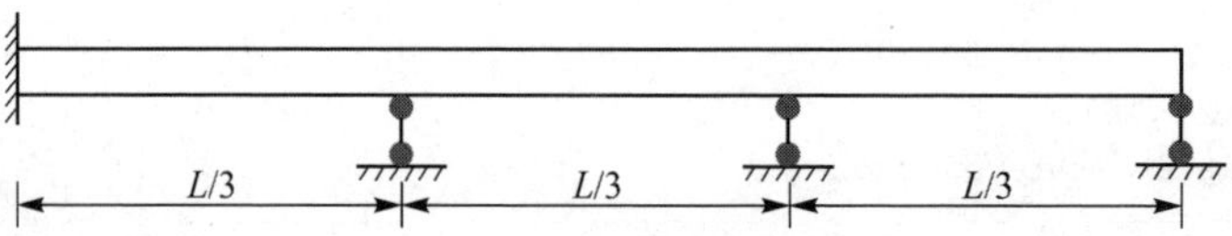

图 5.9 轴向振动的杆件

5-5 对于一个结构，若它的刚度矩阵和质量矩阵分别为

$$\boldsymbol{K}=\begin{bmatrix}2 & -1 & 0\\ -1 & 4 & -2\\ 0 & -2 & 2\end{bmatrix},\quad \boldsymbol{M}=\begin{bmatrix}1 & 0 & 0\\ 0 & 3 & 0\\ 0 & 0 & 1\end{bmatrix}$$

试用解析方法求出该问题的自然频率和振型。

5-6 图 5.10 所示为一个由 7 根杆组成的桁架结构，各杆以铰链的形式连接，结构参数为：跨度 $L=2l=4$ m，高度 $h=2$ m；所有杆件参数为：横截面积 $A=0.001\ \text{m}^2$，密度 $\rho=800\ \text{kg/m}^3$，弹性模量 $E=2.1\times10^{11}$ Pa；载荷为：$P_1=100\sin t\,\text{N}$，$P_2=200\cos t\,\text{N}$。试对该结构分别使用直接积分法和振型叠加法进行动力学分析。

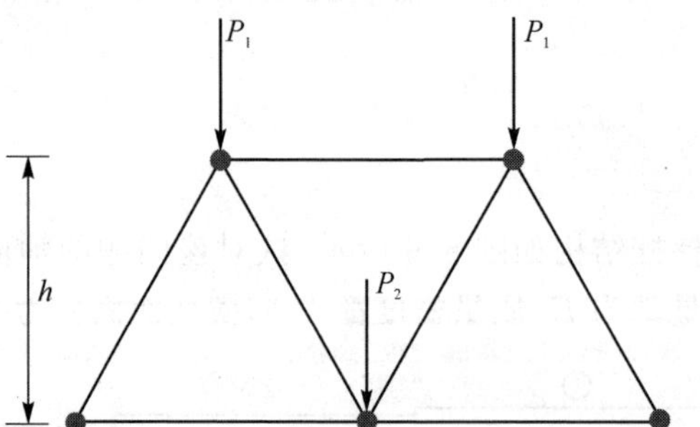

图 5.10 受动态载荷作用的 7 杆桁架结构

第 6 章　热力学分析

热传导问题是日常生活和实际工程中广泛存在的自然现象。只要有温度差存在，就会出现热量的传递，或者只要有热量的输入和输出，就会引起温度的变化。在航空航天、石油化工、动力、核能等许多重要领域中，结构和部件在变温条件下工作时，通常都存在温度应力问题。结构和部件在正常工况下存在稳态温度应力，在启动或关闭过程中还会产生随时间变化的瞬态温度应力。这些温度应力经常占有相当的比重，甚至成为设计和运行中的控制应力，更严重地会引起结构的失效与破坏。例如，2003 年 2 月 1 日美国"哥伦比亚号"航天飞机在返回地球途中，就是由于机械故障使得机身的隔热瓦系统出现问题，从而引起机体的温度迅速升高，造成机毁人亡的惨剧。

结构的形状以及变温条件的复杂性使得依靠传统的解析方法精确地确定温度场往往是不可能的，而有限单元法却是解决上述问题的方便而有效的工具。下面主要针对由热传导来计算温度和由温度来计算应力这两个方面进行讨论。

6.1　传热问题的基本方程

根据 Fourier 传热定律和能量守恒定律，可以建立传热问题的控制方程，即物体的瞬态温度场 $T(x,y,z,t)$ 应满足以下的方程：

$$\frac{\partial}{\partial x}\left(\kappa_x \frac{\partial T}{\partial x}\right)+\frac{\partial}{\partial y}\left(\kappa_y \frac{\partial T}{\partial y}\right)+\frac{\partial}{\partial z}\left(\kappa_z \frac{\partial T}{\partial z}\right)+\rho Q=\rho c_T \frac{\partial T}{\partial t} \tag{6.1}$$

其中，ρ 为材料密度；c_T 为材料比热；κ_x、κ_y、κ_z 分别为沿 x,y,z 方向的热传导系数；$Q(x,y,z,t)$ 为物体内部的热源强度。

传热边界条件有三类，即

第一类 BC(S_1)（称为 Dirichlet 条件，在边界上给定温度值）

$$T(x,y,z,t)=\overline{T}(t),\quad 在 S_1 上 \tag{6.2}$$

第二类 BC(S_2)（称为给定热流密度的 Neumann 条件）

$$\kappa_x \frac{\partial T}{\partial x}n_x+\kappa_y \frac{\partial T}{\partial y}n_y+\kappa_z \frac{\partial T}{\partial z}n_z=\bar{q}_f(t),\quad 在 S_2 上 \tag{6.3}$$

第三类 BC(S_3)（称为给定对流换热的 Neumann 条件）

$$\kappa_x \frac{\partial T}{\partial x}n_x+\kappa_y \frac{\partial T}{\partial y}n_y+\kappa_z \frac{\partial T}{\partial z}n_z=\bar{h}_c(T_\infty-T),\quad 在 S_3 上 \tag{6.4}$$

其中，n_x,n_y,n_z 为边界外法线的方向余弦；$\overline{T}(t)$ 为在边界 S_1 上给定的温度；$\bar{q}_f(t)$ 为在边界 S_2 上的给定热流密度；$\bar{h}_c$ 为物体与周围介质的对流换热系数；T_∞ 为环境温度；t 为时间；物体 Ω 的边界为 $\partial\Omega=S_1+S_2+S_3$。

若该问题的初始条件 IC 为

$$T(x,y,z,t=0)=\overline{T}_0(x,y,z) \tag{6.5}$$

则相应的变分提法为，在满足边界条件式(6.2)～式(6.4)及初始条件式(6.5)的许可温度场中，真实的温度场使以下泛函 I 取极小值，即

$$\min_{T\in\begin{cases}\mathrm{BC}(S_1,S_2,S_3)\\ \mathrm{IC}\end{cases}} I=\frac{1}{2}\int_{\Omega}\left[\kappa_x\left(\frac{\partial T}{\partial x}\right)^2+\kappa_y\left(\frac{\partial T}{\partial y}\right)^2+\kappa_z\left(\frac{\partial T}{\partial z}\right)^2-2\left(\rho Q-\rho c_T\frac{\partial T}{\partial t}\right)T\right]\mathrm{d}\Omega \tag{6.6}$$

在实际问题的处理过程中，边界条件式(6.3)和式(6.4)事先较难满足，因此，可将这两个条件耦合进泛函式(6.6)中，即

$$\min_{T\in\begin{cases}\mathrm{BC}(S_1)\\ \mathrm{IC}\end{cases}} I=\frac{1}{2}\int_{\Omega}\left[\kappa_x\left(\frac{\partial T}{\partial x}\right)^2+\kappa_y\left(\frac{\partial T}{\partial y}\right)^2+\kappa_z\left(\frac{\partial T}{\partial z}\right)^2-2\left(\rho Q-\rho c_T\frac{\partial T}{\partial t}\right)T\right]\mathrm{d}\Omega-$$

$$\int_{S_2}\bar{q}_f(t)T\mathrm{d}A+\frac{1}{2}\int_{S_3}\bar{h}_c(T_\infty-T)^2\mathrm{d}A \tag{6.7}$$

6.2 有限元分析列式

6.2.1 稳态传热问题

对于稳态问题，温度不随时间变化，即

$$\frac{\partial T}{\partial t}=0 \tag{6.8}$$

将物体离散为单元体，即 $\Omega\to\sum\Omega^e$，在单元体 Ω^e 内，与在结构分析中进行单元位移场插值的情况相同，也可根据节点数来确定单元温度场的函数模式，即将单元的温度场 $T^e(x,y,z)$ 表示为节点温度的插值关系，有

$$T^e(x,y,z)=\boldsymbol{N}(x,y,z)\cdot\boldsymbol{q}_T^e \tag{6.9}$$

其中，$\boldsymbol{N}(x,y,z)$ 为形状函数矩阵；$\boldsymbol{q}_T^e$ 为节点温度列阵，即

$$\boldsymbol{q}_T^e=[T_1\quad T_2\quad\cdots\quad T_n]^{\mathrm{T}} \tag{6.10}$$

其中，$T_1\quad T_2\quad\cdots\quad T_n$ 为节点温度值。将式(6.9)代入式(6.7)，并求变分极值，$\dfrac{\partial \boldsymbol{I}}{\partial\boldsymbol{q}_T^e}=\boldsymbol{0}$，则有

$$\boldsymbol{K}_T^e\cdot\boldsymbol{q}_T^e=\boldsymbol{P}_T^e \tag{6.11}$$

其中

$$\boldsymbol{K}_T^e=\int_{\Omega^e}\left[\kappa_x\left(\frac{\partial\boldsymbol{N}}{\partial x}\right)^{\mathrm{T}}\left(\frac{\partial\boldsymbol{N}}{\partial x}\right)+\kappa_y\left(\frac{\partial\boldsymbol{N}}{\partial y}\right)^{\mathrm{T}}\left(\frac{\partial\boldsymbol{N}}{\partial y}\right)+\kappa_z\left(\frac{\partial\boldsymbol{N}}{\partial z}\right)^{\mathrm{T}}\left(\frac{\partial\boldsymbol{N}}{\partial z}\right)\right]\mathrm{d}\Omega+\int_{S_3^e}\bar{h}_c\boldsymbol{N}^{\mathrm{T}}\boldsymbol{N}\mathrm{d}A \tag{6.12}$$

$$\boldsymbol{P}_T^e=\int_{\Omega^e}\rho Q\boldsymbol{N}^{\mathrm{T}}\mathrm{d}\Omega+\int_{S_2^e}\bar{q}_f\cdot\boldsymbol{N}^{\mathrm{T}}\mathrm{d}A+\int_{S_3^e}\bar{h}_cT_\infty\cdot\boldsymbol{N}^{\mathrm{T}}\mathrm{d}\Omega \tag{6.13}$$

式(6.11)叫做单元传热方程，其中，$\boldsymbol{K}_T^e$ 称为单元传热矩阵(heat transfer matrix)；$\boldsymbol{q}_T^e$ 为单元节点温度列阵；$\boldsymbol{P}_T^e$ 为单元节点等效温度载荷列阵。由式(6.12)可以看出，$\boldsymbol{K}_T^e$ 的第一项为单元体内部对传热矩阵所作的贡献，第二项为在 S_3 上由对流热交换条件对传热矩阵所作的贡

献，而式(6.13)中右端的三项分别为内部热源、给定热流、对流热交换所引起的等效温度载荷。

由泛函式(6.7)中的最高阶导数可以看出，传热问题为 C_0 问题，并且温度场为标量场，因此，所构造的有限元分析列式比较简单。

6.2.2 瞬态传热问题

在瞬态传热问题中，单元的温度场将随时间变化，即

$$T^e(x,y,z,t)=\boldsymbol{N}(x,y,z)\cdot\boldsymbol{q}_T^e(t) \tag{6.14}$$

其中，节点温度 $\boldsymbol{q}_T^e(t)$ 是随时间变化的，即

$$\boldsymbol{q}_T^e(t)=[T_1(t)\quad T_2(t)\quad\cdots\quad T_n(t)]^{\mathrm{T}} \tag{6.15}$$

与稳态问题类似，将式(6.14)代入式(6.7)中，并对 $\boldsymbol{q}_T^e(t)$ 求变分极值，得

$$\boldsymbol{C}_T^e\dot{\boldsymbol{q}}_T^e+\boldsymbol{K}_T^e\boldsymbol{q}_T^e=\boldsymbol{P}_T^e \tag{6.16}$$

其中

$$\boldsymbol{C}_T^e=\int_{\Omega^e}\rho c_T\boldsymbol{N}^{\mathrm{T}}\boldsymbol{N}\,\mathrm{d}\Omega \tag{6.17}$$

$$\dot{\boldsymbol{q}}_T^e=\frac{\mathrm{d}}{\mathrm{d}t}\boldsymbol{q}_T^e=\begin{bmatrix}\dfrac{\mathrm{d}T_1}{\mathrm{d}t} & \dfrac{\mathrm{d}T_2}{\mathrm{d}t} & \cdots & \dfrac{\mathrm{d}T_n}{\mathrm{d}t}\end{bmatrix}^{\mathrm{T}} \tag{6.18}$$

而 $\boldsymbol{K}_T^e$ 和 $\boldsymbol{P}_T^e$ 与稳态问题的公式相同，见式(6.12)和式(6.13)。

方程式(6.16)是一组以时间 t 为独立变量的线性常微分方程组，可进一步对时间域进行离散。做法是将时间分成若干个单元，并对时间函数进行节点描述和插值，常用的插值方法有两点插值(循环)公式和三点插值(循环)公式。另外，在计算时还要考虑时间步长的选取，通常可以根据解的稳定性理论来给出一个最大收敛步长的条件。当计算的时间步长不超过该收敛步长时，求解结果是稳定的，即计算误差不会无限增加。

6.2.3 热应力问题

研究物体的热问题包括两个部分：传热问题研究，以确定温度场；热应力问题研究，即在已知温度场的情况下确定应力应变。实际上这两个问题是相互影响和耦合的。但在大多数情况下，传热问题所确定的温度将直接影响物体的热应力，而后者对前者的耦合影响不大。因而可将物体的热问题看成是单向耦合过程，可以分两个过程进行计算，关于传热问题的有限元分析列式前面已做讨论，下面讨论在已知温度分布的前提下所产生的热应力。

(1) 热应力问题中的物理方程

设物体内存在温差的分布 $\Delta T(x,y,z)$，那么它将引起热膨胀，其热膨胀量为 $\alpha_{\mathrm{temp}}\cdot\Delta T(x,y,z)$，$\alpha_T$ 为热膨胀系数；则该物体的物理方程由于增加了热膨胀量(正方向上的温度应变)而变为

$$\left.\begin{aligned}\varepsilon_{xx}&=\frac{1}{E}[\sigma_{xx}-\mu(\sigma_{yy}+\sigma_{zz})]+\alpha_T\cdot\Delta T\\ \varepsilon_{yy}&=\frac{1}{E}[\sigma_{yy}-\mu(\sigma_{xx}+\sigma_{zz})]+\alpha_T\cdot\Delta T\\ \varepsilon_{zz}&=\frac{1}{E}[\sigma_{zz}-\mu(\sigma_{xx}+\sigma_{yy})]+\alpha_T\cdot\Delta T\\ \gamma_{xy}&=\frac{1}{G}\tau_{xy},\ \gamma_{yz}=\frac{1}{G}\tau_{yz},\ \gamma_{zx}=\frac{1}{G}\tau_{zx}\end{aligned}\right\} \tag{6.19}$$

可将式(6.19)写成指标形式

$$\varepsilon_{ij} = D_{ijkl}^{-1}\sigma_{kl} + \boldsymbol{\varepsilon}_{ij}^{0} \tag{6.20}$$

或

$$\sigma_{ij} = D_{ijkl}(\varepsilon_{kl} - \boldsymbol{\varepsilon}_{kl}^{0}) \tag{6.21}$$

其中

$$\boldsymbol{\varepsilon}_{ij}^{0} = [\alpha_T \Delta T \quad \alpha_T \Delta T \quad \alpha_T \Delta T \quad 0 \quad 0 \quad 0]^{\mathrm{T}} \tag{6.22}$$

(2) 虚功原理

热应力问题的物理方程为式(6.21),除此之外,其平衡方程、几何方程以及边界条件与普通弹性问题相同,弹性问题的一般虚功原理为 $\delta U - \delta W = 0$,即

$$\int_{\Omega} \sigma_{ij} \delta \varepsilon_{ij} \mathrm{d}\Omega - \left(\int_{\Omega} \bar{b}_i \delta u_i \mathrm{d}\Omega + \int_{S_p} \bar{p}_i \delta u_i \mathrm{d}A \right) = 0 \tag{6.23}$$

将物理方程(6.21)代入上式,有

$$\int_{\Omega} D_{ijkl}(\varepsilon_{kl} - \varepsilon_{kl}^{0}) \delta \varepsilon_{ij} \mathrm{d}\Omega - \left(\int_{\Omega} \bar{b}_i \delta u_i \mathrm{d}\Omega + \int_{S_p} \bar{p}_i \delta u_i \mathrm{d}A \right) = 0 \tag{6.24}$$

进一步可以写成

$$\int_{\Omega} D_{ijkl} \varepsilon_{kl} \delta \varepsilon_{ij} \mathrm{d}\Omega - \left(\int_{\Omega} \bar{b}_i \delta u_i \mathrm{d}\Omega + \int_{S_p} \bar{p}_i \delta u_i \mathrm{d}A + \int_{\Omega} D_{ijkl} \varepsilon_{kl}^{0} \delta \varepsilon_{ij} \mathrm{d}\Omega \right) = 0 \tag{6.25}$$

式(6.25)为热应力问题的虚功原理。

(3) 有限元分析列式

设单元的节点位移列阵为

$$\boldsymbol{q}^e = [u_1 \quad v_1 \quad w_1 \quad \cdots \quad u_n \quad v_n \quad w_n]^{\mathrm{T}} \tag{6.26}$$

与一般弹性问题有限元分析列式一样,将单元内的力学参量都表达为节点位移的关系,即

$$\boldsymbol{u} = \boldsymbol{N}\boldsymbol{q}^e \tag{6.27}$$

$$\boldsymbol{\varepsilon} = \boldsymbol{B}\boldsymbol{q}^e \tag{6.28}$$

$$\begin{aligned} \boldsymbol{\sigma} &= \boldsymbol{D}(\boldsymbol{\varepsilon} - \boldsymbol{\varepsilon}^0) \\ &= \boldsymbol{D}\boldsymbol{B}\boldsymbol{q}^e - \boldsymbol{D}\boldsymbol{\varepsilon}^0 \\ &= \boldsymbol{S}\boldsymbol{q}^e - \boldsymbol{D} \cdot \alpha_T \Delta T\, [1 \quad 1 \quad 1 \quad 0 \quad 0 \quad 0]^{\mathrm{T}} \end{aligned} \tag{6.29}$$

其中,$\boldsymbol{N}$,$\boldsymbol{B}$,$\boldsymbol{D}$,$\boldsymbol{S}$ 分别为单元的形状函数矩阵、几何矩阵、弹性系数矩阵和应力矩阵,它们都与一般弹性问题中所对应的矩阵完全相同;不同之处在于式(6.29)中含有温度应变的影响,式(6.29)中的最后一项表明温度变化只对正应力有影响,对剪应力没有影响。

对单元的位移式(6.27)和应变式(6.28)求变分(也就是求虚位移和虚应变),有

$$\left.\begin{aligned} \delta \boldsymbol{u} &= \boldsymbol{N} \cdot \delta \boldsymbol{q}^e \\ \delta \boldsymbol{\varepsilon} &= \boldsymbol{B} \cdot \delta \boldsymbol{q}^e \end{aligned}\right\} \tag{6.30}$$

将单元的位移式(6.27)、应变式(6.28)以及虚位移虚应变式(6.30)代入虚功方程(6.25),由于节点位移的变分增量 $\delta \boldsymbol{q}^e$ 具有任意性,消去该项后,有

$$\boldsymbol{K}^e \boldsymbol{q}^e = \boldsymbol{P}^e + \boldsymbol{P}_0^e \tag{6.31}$$

其中

$$\boldsymbol{K}^e = \int_{\Omega^e} \boldsymbol{B}^{\mathrm{T}} \boldsymbol{D} \boldsymbol{B} \mathrm{d}\Omega \tag{6.32}$$

$$\boldsymbol{P}^e = \int_{\Omega^e} \boldsymbol{N}^{\mathrm{T}} \bar{\boldsymbol{b}} \mathrm{d}\Omega + \int_{S_p^e} \boldsymbol{N}^{\mathrm{T}} \bar{\boldsymbol{p}} \mathrm{d}A \tag{6.33}$$

$$\boldsymbol{P}_0^e = \int_{\Omega^e} \boldsymbol{B}^{\mathrm{T}} \boldsymbol{D} \boldsymbol{\varepsilon}^0 \mathrm{d}\Omega \tag{6.34}$$

这里的 $\boldsymbol{P}_0^e$ 也叫做温度等效载荷。和一般弹性问题的有限元列式相比，有限元方程式(6.31)中的载荷端增加了温度等效载荷项$\boldsymbol{P}_0^e$。

6.3　典型例题

6.3.1　构造平面 3 节点三角形传热单元

图 6.1 所示为一由 3 节点组成的平面三角形传热单元，结合以下 3 种情形：

① 无传热边界，即完全为内部单元；

② 如果该单元的 jm 边为第二类传热边界 BC(S_2)时：由 $\bar{q}_f$ 常数来描述；

③ 如果该单元的 jm 边为第三类传热边界 BC(S_3)时：由 $\bar{h}_c$ 常数来描述；

试推导该传热单元的传热矩阵$\boldsymbol{K}_T^e$ 和节点等效温度载荷列阵$\boldsymbol{P}_T^e$。

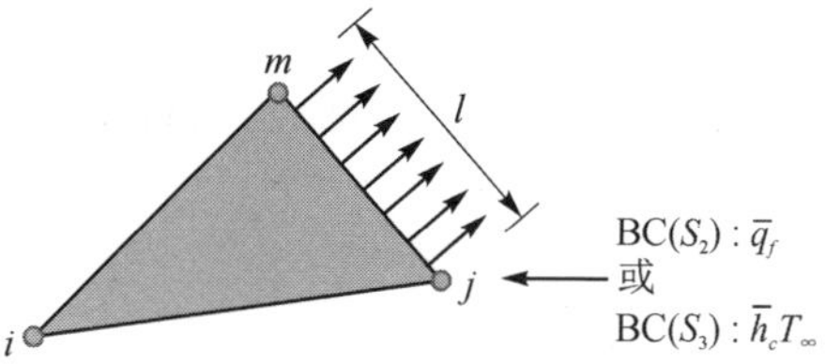

图 6.1　平面 3 节点三角形传热单元

解：该单元的节点温度列阵为

$$\boldsymbol{q}_T^e = [T_i \quad T_j \quad T_m]^{\mathrm{T}} \tag{6.35}$$

根据一般 3 节点三角形单元的插值函数描述，取单元温度场的插值关系为

$$T^e(x,y,z) = N_i T_i + N_j T_j + N_m T_m = \boldsymbol{N} \cdot \boldsymbol{q}_T^e \tag{6.36}$$

其中，形状函数矩阵 $\boldsymbol{N}$ 为

$$\left.\begin{aligned}
&N = [N_i \quad N_j \quad N_m] \\
&N_i = \frac{1}{2A}(a_i + b_i x + c_i y) \\
&a_i = \begin{vmatrix} x_j & y_j \\ x_m & y_m \end{vmatrix} = x_j y_m - x_m y_j \\
&b_i = -\begin{vmatrix} 1 & y_j \\ 1 & y_m \end{vmatrix} = y_j - y_m \\
&c_i = \begin{vmatrix} 1 & x_j \\ 1 & x_m \end{vmatrix} = -x_j + x_m \qquad (i,j,m \text{ 循环})
\end{aligned}\right\} \tag{6.37}$$

下面就几种不同的传热边界，分别计算相应的传热矩阵$\boldsymbol{K}_T^e$ 和节点等效温度载荷列阵$\boldsymbol{P}_T^e$。

① 完全为内部单元(无传热边界)

将形状函数表达式(6.37)代入$\boldsymbol{K}_T^e$ 和$\boldsymbol{P}_T^e$ 的计算公式(6.12)及式(6.13)中(注意这里仅考虑二维问题)，有

$$\boldsymbol{K}_T^e = \frac{\kappa_x}{4A}\begin{array}{c}\begin{array}{ccc} T_i & T_j & T_m \\ \downarrow & \downarrow & \downarrow \end{array}\\ \begin{bmatrix} b_ib_i & b_ib_j & b_ib_m \\ b_jb_i & b_jb_j & b_jb_m \\ b_mb_i & b_mb_j & b_mb_m \end{bmatrix}\end{array} + \frac{\kappa_y}{4A}\begin{array}{c}\begin{array}{ccc} T_i & T_j & T_m \\ \downarrow & \downarrow & \downarrow \end{array}\\ \begin{bmatrix} c_ic_i & c_ic_j & c_ic_m \\ c_jc_i & c_jc_j & c_jc_m \\ c_mc_i & c_mc_j & c_mc_m \end{bmatrix}\end{array} \tag{3.38}$$

$$\boldsymbol{P}_T^e = \begin{bmatrix} \frac{1}{3}\rho QA \\ \frac{1}{3}\rho QA \\ \frac{1}{3}\rho QA \end{bmatrix}\begin{array}{l} \leftarrow T_i \\ \leftarrow T_j \\ \leftarrow T_m \end{array} \tag{6.39}$$

② jm 边为传热边界 BC(S_2)时

将形状函数表达式(6.37)和第二类边界条件式(6.3)代入$\boldsymbol{K}_T^e$ 和$\boldsymbol{P}_T^e$ 的计算公式(6.12)及式(6.13)中(注意这里仅考虑二维问题),有

$$\boldsymbol{K}_T^e = \frac{\kappa_x}{4A}\begin{array}{c}\begin{array}{ccc} T_i & T_j & T_m \\ \downarrow & \downarrow & \downarrow \end{array}\\ \begin{bmatrix} b_ib_i & b_ib_j & b_ib_m \\ b_jb_i & b_jb_j & b_jb_m \\ b_mb_i & b_mb_j & b_mb_m \end{bmatrix}\end{array} + \frac{\kappa_y}{4A}\begin{array}{c}\begin{array}{ccc} T_i & T_j & T_m \\ \downarrow & \downarrow & \downarrow \end{array}\\ \begin{bmatrix} c_ic_i & c_ic_j & c_ic_m \\ c_jc_i & c_jc_j & c_jc_m \\ c_mc_i & c_mc_j & c_mc_m \end{bmatrix}\end{array} \tag{6.40}$$

$$\boldsymbol{P}_T^e = \begin{bmatrix} \frac{1}{3}\rho QA \\ \frac{1}{3}\rho QA + \frac{1}{2}\bar{q}_f l \\ \frac{1}{3}\rho QA + \frac{1}{2}\bar{q}_f l \end{bmatrix}\begin{array}{l} \leftarrow T_i \\ \leftarrow T_j \\ \leftarrow T_m \end{array} \tag{6.41}$$

③ jm 边为传热边界 BC(S_3)时

将形状函数表达式(8.110)和 BC(S_3)式(6.4)代入$\boldsymbol{K}_T^e$ 和$\boldsymbol{P}_T^e$ 的计算公式(6.12)及式(6.13)中(注意这里仅考虑二维问题),有

$$\boldsymbol{K}_T^e = \frac{\kappa_x}{4A}\begin{array}{c}\begin{array}{ccc} T_i & T_j & T_m \\ \downarrow & \downarrow & \downarrow \end{array}\\ \begin{bmatrix} b_ib_i & b_ib_j & b_ib_m \\ b_jb_i & b_jb_j & b_jb_m \\ b_mb_i & b_mb_j & b_mb_m \end{bmatrix}\end{array} + \frac{\kappa_y}{4A}\begin{array}{c}\begin{array}{ccc} T_i & T_j & T_m \\ \downarrow & \downarrow & \downarrow \end{array}\\ \begin{bmatrix} c_ic_i & c_ic_j & c_ic_m \\ c_jc_i & c_jc_j & c_jc_m \\ c_mc_i & c_mc_j & c_mc_m \end{bmatrix}\end{array} + \frac{1}{6}\bar{h}_c l\begin{array}{c}\begin{array}{ccc} T_i & T_j & T_m \\ \downarrow & \downarrow & \downarrow \end{array}\\ \begin{bmatrix} 0 & 0 & 0 \\ 0 & 2 & 1 \\ 0 & 1 & 2 \end{bmatrix}\end{array} \tag{6.42}$$

$$\boldsymbol{P}_T^e = \begin{bmatrix} \frac{1}{3}\rho QA \\ \frac{1}{3}\rho QA + \frac{1}{2}\bar{h}_c T_\infty l \\ \frac{1}{3}\rho QA + \frac{1}{2}\bar{h}_c T_\infty l \end{bmatrix}\begin{array}{l} \leftarrow T_i \\ \leftarrow T_j \\ \leftarrow T_m \end{array} \tag{6.43}$$

6.3.2　四杆结构的温度应力分析

如图 6.2 所示的结构，各个杆的弹性模量和横截面积都为 $E=29.5\times10^4\ \text{N/mm}^2$，$A=100\ \text{mm}^2$，试求解该结构的节点位移、单元应力以及支反力。

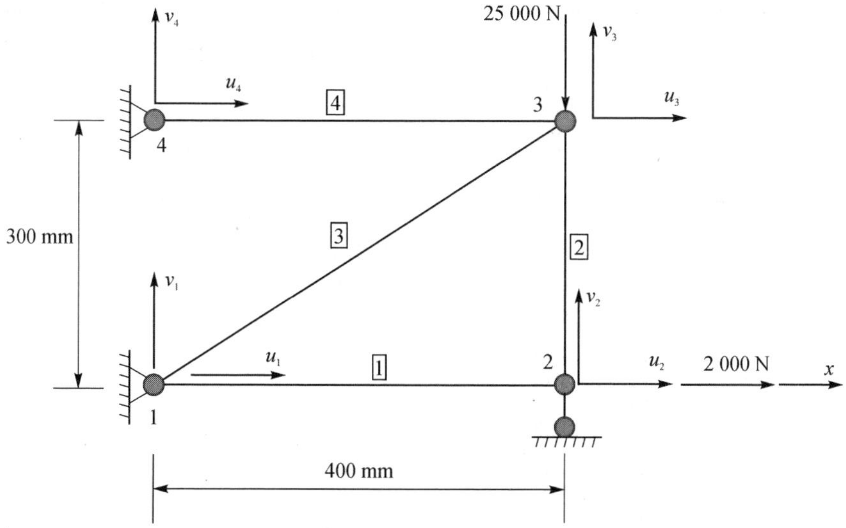

图 6.2　受集中力作用的四杆桁架结构

若桁架结构上不再作用集中载荷，但杆单元 2 和 3 存在升温温度变化 $\Delta T=50$ ℃，如图 6.3 所示。试求解由温度变化引起的各节点位移以及各单元内的应力。热膨胀系数 $\alpha=1/150\ 000$。

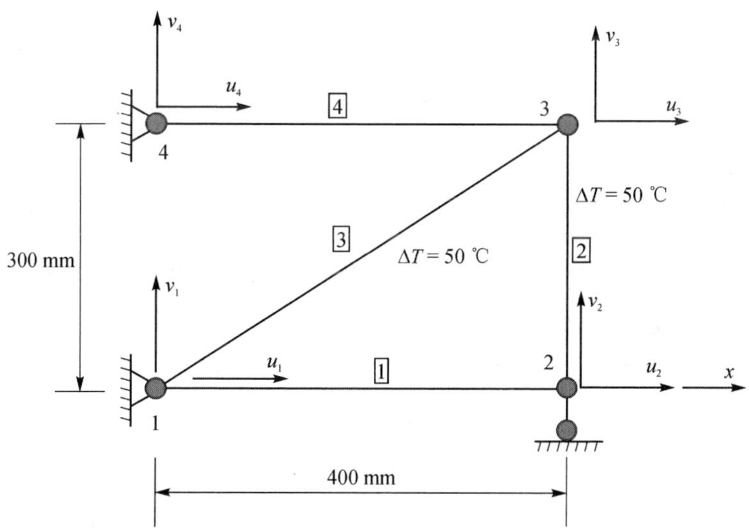

图 6.3　受热载作用的四杆桁架结构

解：对该问题进行有限元分析的过程如下。

(1) 结构的离散化与编号

对该结构进行自然离散，节点编号和单元编号如图 6.2 所示，有关节点和单元的信息见表 6.1～表 6.3。

表 6.1 节点及坐标

节 点	x	y
1	0	0
2	400	0
3	400	300
4	0	300

表 6.2 单元编号及对应节点

单 元	节点编号	
1	1	2
2	3	2
3	1	3
4	4	3

表 6.3 各单元的长度及轴线方向余弦

单 元	l	n_x	n_y
1	400	1	0
2	300	0	−1
3	500	0.8	0.6
4	400	1	0

(2) 各个单元的矩阵描述

由于所分析的结构包括斜杆，所以必须在总体坐标下对节点位移进行表达，所推导的单元刚度矩阵也要进行变换，各单元经坐标变换后的刚度矩阵如下：

$$\boldsymbol{K}^{(1)}=\frac{29.5\times10^4\times100}{400}\begin{bmatrix}1&0&-1&0\\0&0&0&0\\-1&0&1&0\\0&0&0&0\end{bmatrix}\begin{matrix}\leftarrow u_1\\\leftarrow v_1\\\leftarrow u_2\\\leftarrow v_2\end{matrix}\quad(\text{列}:u_1\ v_1\ u_2\ v_2) \tag{6.44}$$

$$\boldsymbol{K}^{(2)}=\frac{29.5\times10^4\times100}{300}\begin{bmatrix}0&0&0&0\\0&1&0&-1\\0&0&0&0\\0&-1&0&1\end{bmatrix}\begin{matrix}\leftarrow u_3\\\leftarrow v_3\\\leftarrow u_2\\\leftarrow v_2\end{matrix}\quad(\text{列}:u_3\ v_3\ u_2\ v_2) \tag{6.45}$$

$$K^{(3)}=\frac{29.5\times10^4\times100}{500}\begin{bmatrix}0.64&0.48&-0.64&-0.48\\0.48&0.36&-0.48&-0.36\\-0.64&-0.48&0.64&0.48\\-0.48&-0.36&0.48&0.36\end{bmatrix}\begin{matrix}\leftarrow u_1\\\leftarrow v_1\\\leftarrow u_3\\\leftarrow v_3\end{matrix}\quad(\text{列}:u_1\ v_1\ u_3\ v_3) \tag{6.46}$$

$$\boldsymbol{K}^{(4)}=\frac{29.5\times10^4\times100}{400}\begin{bmatrix}1&0&-1&0\\0&0&0&0\\-1&0&1&0\\0&0&0&0\end{bmatrix}\begin{matrix}\leftarrow u_4\\\leftarrow v_4\\\leftarrow u_3\\\leftarrow v_3\end{matrix}\quad(\text{columns: } u_4\ v_4\ u_3\ v_3) \tag{6.47}$$

(3) 建立整体刚度方程

将所得到的各个单元刚度矩阵按节点编号进行组装，可以形成整体刚度矩阵，同时将所有节点载荷也进行组装。

刚度矩阵：$\boldsymbol{K}=\boldsymbol{K}^{(1)}+\boldsymbol{K}^{(2)}+\boldsymbol{K}^{(3)}+\boldsymbol{K}^{(4)}$

节点位移：$\boldsymbol{q}=[u_1\quad v_1\quad u_2\quad v_2\quad u_3\quad v_3\quad u_4\quad v_4]^{\mathrm{T}}$

节点力：$\boldsymbol{P}=\boldsymbol{R}+F=[R_{x1}\quad R_{y1}\quad 2\times10^4\quad R_{y2}\quad 0\quad -2.5\times10^4\quad R_{x4}\quad R_{y4}]^{\mathrm{T}}$

其中，(R_{x1},R_{y1})为节点 1 处沿 x 和 y 方向的支反力；R_{y2} 为节点 2 处 y 方向的支反力；(R_{x4},R_{y4})为节点 4 处沿 x 和 y 方向的支反力。

整体刚度方程为

$$\frac{29.5\times10^4\times100}{6\ 000}\begin{bmatrix}22.68&5.76&-15.0&0&-7.68&-5.76&0&0\\5.76&4.32&0&0&-5.76&-4.32&0&0\\-15.0&0&15&0&0&0&0&0\\0&0&0&20.0&0&-20.0&0&0\\-7.68&-5.76&0&0&22.68&5.76&-15.0&0\\-5.76&-4.32&0&-20.0&5.76&24.32&0&0\\0&0&0&0&-15.0&0&15.0&0\\0&0&0&0&0&0&0&0\end{bmatrix}\begin{bmatrix}u_1\\v_1\\u_2\\v_2\\u_3\\v_3\\u_4\\v_4\end{bmatrix}$$

$$=\begin{bmatrix}R_{x1}\\R_{y1}\\F_{x2}\\R_{y2}\\F_{x3}\\F_{y3}\\R_{x4}\\R_{y4}\end{bmatrix}=\begin{bmatrix}R_{x1}\\R_{y1}\\2\times10^4\\R_{y2}\\0\\-2.5\times10^4\\R_{x4}\\R_{y4}\end{bmatrix} \tag{6.48}$$

(4) 边界条件的处理及刚度方程求解

边界条件 BC(u)为 $u_1=v_1=v_2=u_4=v_4=0$，将其代入方程(6.48)中，经简化后得

$$\frac{29.5\times10^4\times100}{6000}\begin{bmatrix}15 & 0 & 0\\ 0 & 22.68 & 5.76\\ 0 & 5.76 & 24.32\end{bmatrix}\begin{bmatrix}u_2\\ u_3\\ v_3\end{bmatrix}=\begin{bmatrix}2\times10^4\\ 0\\ -2.5\times10^4\end{bmatrix} \tag{6.49}$$

对式(6.49)进行求解，有

$$\begin{bmatrix}u_2\\ u_3\\ v_3\end{bmatrix}=\begin{bmatrix}0.2712\\ 0.0565\\ -0.2225\end{bmatrix} \tag{6.50}$$

则所有节点位移为

$$\boldsymbol{q}=[0\quad 0\quad 0.2712\quad 0\quad 0.0565\quad -0.2225\quad 0\quad 0]^{\mathrm{T}} \tag{6.51}$$

(5) 各单元应力计算

$$\sigma^{(1)}=\boldsymbol{E}\cdot\boldsymbol{B}\cdot\boldsymbol{T}\cdot\boldsymbol{q}=\frac{E}{l}[-1\quad 1]\,\boldsymbol{T}\cdot\boldsymbol{q}=\frac{29.5\times10^4}{400}[-1\quad 0\quad 1\quad 0]\begin{bmatrix}0\\ 0\\ 0.2712\\ 0\end{bmatrix}$$

$$=200\ \mathrm{N/mm^2} \tag{6.52}$$

其中，$\boldsymbol{T}$ 为坐标转换矩阵。同理，可求出其他单元应力

$$\sigma^{(2)}=-218.8\ \mathrm{N/mm^2}$$

$$\sigma^{(3)}=52.08\ \mathrm{N/mm^2}$$

$$\sigma^{(4)}=41.67\ \mathrm{N/mm^2}$$

(6) 支反力的计算

将节点位移的结果式(6.51)代入整体刚度方程式(6.48)中，可求出

$$\begin{bmatrix}R_{x1}\\ R_{y1}\\ R_{y2}\\ R_{x4}\\ R_{y4}\end{bmatrix}=\frac{29.5\times10^4\times100}{6\,000}\begin{bmatrix}22.68 & 5.76 & -15.0 & 0 & -7.68 & -5.76 & 0 & 0\\ 5.76 & 4.32 & 0 & 0 & -5.76 & -4.32 & 0 & 0\\ 0 & 0 & 0 & 20.0 & 0 & -20.0 & 0 & 0\\ 0 & 0 & 0 & 0 & -15.0 & 0 & 15.0 & 0\\ 0 & 0 & 0 & 0 & 0 & 0 & 0 & 0\end{bmatrix}\times$$

$$\begin{bmatrix}0\\ 0\\ 0.2712\\ 0\\ 0.0565\\ -0.2225\\ 0\\ 0\end{bmatrix}=\begin{bmatrix}-15\,833.0\\ 3\,126.0\\ 21\,879.0\\ -4\,167.0\\ 0\end{bmatrix}\mathrm{N} \tag{6.53}$$

下面计算由于温度变化引起的等效载荷。

由式(6.34)可知杆单元在局部坐标下的等效温度载荷为

$$\hat{\boldsymbol{P}}_0^e=\int_{\Omega^e}\boldsymbol{B}^{\mathrm{T}}\boldsymbol{D}\boldsymbol{\varepsilon}^0\,\mathrm{d}\Omega$$

$$=\int_l \begin{bmatrix} -\dfrac{1}{l} \\ \dfrac{1}{l} \end{bmatrix} E\cdot\alpha\cdot\Delta T(A\mathrm{d}x)=EA\cdot\alpha\cdot\Delta T\begin{bmatrix}-1\\1\end{bmatrix}\begin{matrix}\leftarrow\delta_i\\\leftarrow\delta_j\end{matrix} \tag{6.54}$$

杆单元的平面坐标转换矩阵为

$$\boldsymbol{T}^e=\begin{bmatrix}\cos(x,\bar{x}) & \cos(x,\bar{y}) & 0 & 0\\ 0 & 0 & \cos(x,\bar{x}) & \cos(x,\bar{y})\end{bmatrix} \tag{6.55}$$

那么,在整体坐标系下的等效温度载荷将为

$$\boldsymbol{P}_0^e=\boldsymbol{T}^{e\mathrm{T}}\hat{\boldsymbol{P}}_0^e=EA\cdot\alpha\cdot\Delta T\begin{bmatrix}-\cos(x,\bar{x})\\-\cos(x,\bar{y})\\\cos(x,\bar{x})\\\cos(x,\bar{y})\end{bmatrix}\begin{matrix}\leftarrow u_i\\\leftarrow v_i\\\leftarrow u_j\\\leftarrow v_j\end{matrix} \tag{6.56}$$

具体地,对于单元$\boxed{2}$,$\cos(x,\bar{x})=0$,$\cos(x,\bar{y})=\dfrac{\pi}{2}$,则

$$\boldsymbol{P}_0^{(2)}=EA\cdot\alpha\cdot\Delta T^{(2)}\begin{bmatrix}0\\-1\\0\\1\end{bmatrix}\begin{matrix}\leftarrow u_2\\\leftarrow v_2\\\leftarrow u_3\\\leftarrow v_3\end{matrix} \tag{6.57}$$

对于单元$\boxed{3}$,$\cos(x,\bar{x})=\dfrac{4}{5}=0.8$,$\cos(x,\bar{y})=\dfrac{3}{5}=0.6$,则

$$\boldsymbol{P}_0^{(3)}=EA\cdot\alpha\cdot\Delta T^{(3)}\begin{bmatrix}-0.8\\-0.6\\0.8\\0.6\end{bmatrix}\begin{matrix}\leftarrow u_1\\\leftarrow v_1\\\leftarrow u_3\\\leftarrow v_3\end{matrix} \tag{6.58}$$

则所形成的总体刚度方程为(处理位移边界条件 BC(u)后)

$$\frac{29.5\times10^6}{6\,000}\begin{bmatrix}15 & 0 & 0\\0 & 22.68 & 5.76\\0 & 5.76 & 24.32\end{bmatrix}\begin{bmatrix}u_2\\u_3\\v_3\end{bmatrix}=\frac{29.5\times10^6\times50}{150\,000}\begin{bmatrix}0\\0.8\\1.6\end{bmatrix} \tag{6.59}$$

由以上方程可以求出$[u_2\quad u_3\quad v_3]^{\mathrm{T}}=[0\quad 0.039\,51\quad 0.122\,2]^{\mathrm{T}}$,整个结构的节点位移为

$$\begin{aligned}q&=[u_1\quad v_1\quad u_2\quad v_2\quad u_3\quad v_3\quad u_4\quad v_4]^{\mathrm{T}}\\&=[0\quad 0\quad 0\quad 0\quad 0.039\,51\quad 0.122\,2\quad 0\quad 0]^{\mathrm{T}}\end{aligned} \tag{6.60}$$

由式(6.29),计算杆单元的应力为

$$\begin{aligned}\sigma^e&=E(\varepsilon-\varepsilon^0)=E\cdot\boldsymbol{B}\cdot\boldsymbol{q}^e-E\varepsilon^0\\&=E\cdot\boldsymbol{B}\cdot\boldsymbol{T}^e\cdot\bar{\boldsymbol{q}}^e-E\varepsilon^0\\&=E\cdot\begin{bmatrix}-\dfrac{1}{l} & \dfrac{1}{l}\end{bmatrix}\begin{bmatrix}\cos(x,\bar{x}) & \cos(x,\bar{y}) & 0 & 0\\0 & 0 & \cos(x,\bar{x}) & \cos(x,\bar{y})\end{bmatrix}\begin{bmatrix}u_i\\v_i\\u_j\\v_j\end{bmatrix}-E\varepsilon^0\end{aligned}$$

$$= \frac{E}{l}\left[-\cos(x,\bar{x}) \quad -\cos(x,\bar{y}) \quad \cos(x,\bar{x}) \quad \cos(x,\bar{y})\right]\begin{bmatrix} u_i \\ v_i \\ u_j \\ v_j \end{bmatrix} - E \cdot \alpha^0 \cdot \Delta T \tag{6.61}$$

6.3.3 无限长平板稳定温度场的有限元分析

图 6.4 为一个无限长平板，其宽度为 0.2 m，热传导系数为 $k=1$ W/m · ℃，左侧介质温度 $T_{1\infty}=100$ ℃，右侧介质温度 $T_{2\infty}=0$ ℃，介质对平板的换热系数 $h_c=20$ W/m · ℃，设该问题无内热源，且为一个稳定传热过程，用有限元法求该平板的温度分布。

解：对该问题进行有限元分析的过程如下。

(1) 结构的离散化与编号

在 y 方向取 $l=0.1$ m 高的截面，划分 4 个三角形单元，单元编号及节点编号如图 6.5 所示，有关节点和单元的信息见表 6.4。

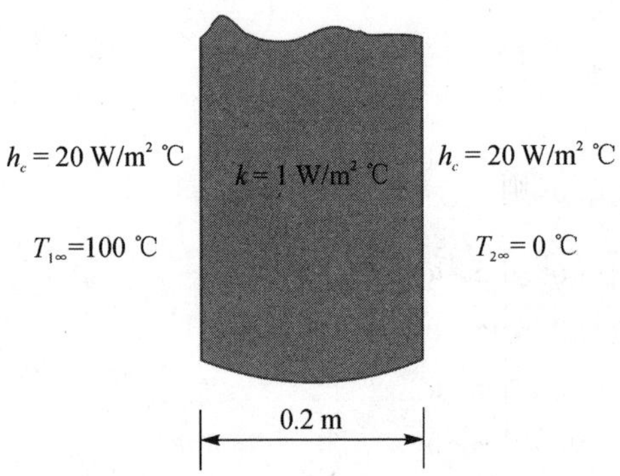

图 6.4　无限长平板的传热问题

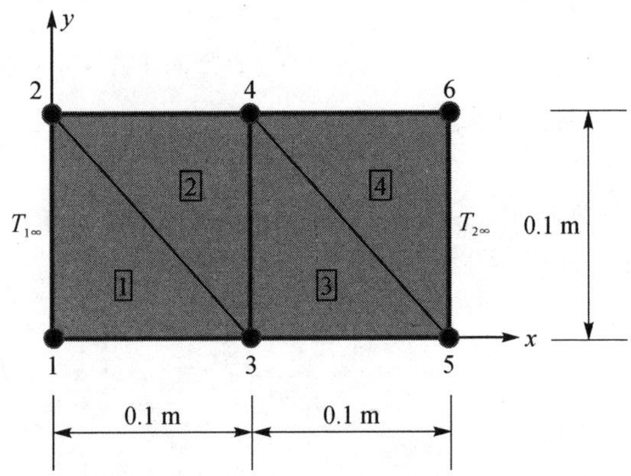

图 6.5　无限长平板传热问题的单元划分及编号

表 6.4　单元编号及节点编号

单　元	节　点	单　元	节　点
1	3 2 1	3	5 4 3
2	2 3 4	4	4 5 6

待求的节点温度列阵为

$$\boldsymbol{q}_T = [T_1 \quad T_2 \quad T_3 \quad T_4 \quad T_5 \quad T_6]^{\mathrm{T}} \tag{6.62}$$

(2) 各个单元的描述

下面分别计算各个单元的传热矩阵 $\boldsymbol{K}_T^e$ 和节点等效温度载荷列阵 $\boldsymbol{P}_T^e$。

单元1是 BC(S_3)边界单元，由式(6.42)和式(6.43)计算 $\boldsymbol{K}_T^e$ 和 $\boldsymbol{P}_T^e$：

$$\begin{array}{c} \quad\quad\quad\quad T_3 \quad\quad\quad T_2 \quad\quad\quad\quad T_1 \\ \quad\quad\quad\quad \downarrow \quad\quad\quad\; \downarrow \quad\quad\quad\quad\; \downarrow \end{array}$$

$$\boldsymbol{K}_T^{(1)} = \begin{bmatrix} 0.5 & 0 & -0.5 \\ 0 & 1.167 & -0.167 \\ -0.5 & -0.167 & 1.667 \end{bmatrix} \begin{array}{l} \leftarrow T_3 \\ \leftarrow T_2 \\ \leftarrow T_1 \end{array} \tag{6.63}$$

$$\boldsymbol{P}_T^{(1)} = \begin{bmatrix} 0 \\ \dfrac{h_c l}{2} T_{1\infty} \\ \dfrac{h_c l}{2} T_{1\infty} \end{bmatrix} = \begin{bmatrix} 0 \\ 100 \\ 100 \end{bmatrix} \begin{array}{l} \leftarrow T_3 \\ \leftarrow T_2 \\ \leftarrow T_1 \end{array} \tag{6.64}$$

对于单元[2],这是内部单元,由式(6.38)和式(6.39)计算 $\boldsymbol{K}_T^e$ 和 $\boldsymbol{P}_T^e$:

$$\begin{array}{c} \quad\quad\quad\quad T_2 \quad\quad\quad T_3 \quad\quad\quad T_4 \\ \quad\quad\quad\quad \downarrow \quad\quad\quad\; \downarrow \quad\quad\quad\; \downarrow \end{array}$$

$$\boldsymbol{K}_T^{(2)} = \begin{bmatrix} 0.5 & 0 & -0.5 \\ 0 & 0.5 & -0.5 \\ -0.5 & -0.5 & 1.0 \end{bmatrix} \begin{array}{l} \leftarrow T_2 \\ \leftarrow T_3 \\ \leftarrow T_4 \end{array} \tag{6.65}$$

$$\boldsymbol{P}_T^{(2)} = [0 \quad 0 \quad 0]^{\mathrm{T}} \tag{6.66}$$

对于单元[3],这是内部单元,

$$\begin{array}{c} \quad\quad\quad\quad T_2 \quad\quad\quad T_3 \quad\quad\quad T_4 \\ \quad\quad\quad\quad \downarrow \quad\quad\quad\; \downarrow \quad\quad\quad\; \downarrow \end{array}$$

$$\boldsymbol{K}_T^{(3)} = \begin{bmatrix} 0.5 & 0 & -0.5 \\ 0 & 0.5 & -0.5 \\ -0.5 & -0.5 & 1.0 \end{bmatrix} \begin{array}{l} \leftarrow T_5 \\ \leftarrow T_4 \\ \leftarrow T_3 \end{array} \tag{6.67}$$

$$\boldsymbol{P}_T^{(3)} = [0 \quad 0 \quad 0]^{\mathrm{T}} \tag{6.68}$$

对于单元[4],这是 BC(S_3)边界单元,

$$\begin{array}{c} \quad\quad\quad\quad T_2 \quad\quad\quad T_3 \quad\quad\quad T_4 \\ \quad\quad\quad\quad \downarrow \quad\quad\quad\; \downarrow \quad\quad\quad\; \downarrow \end{array}$$

$$\boldsymbol{K}_T^{(4)} = \begin{bmatrix} 0.5 & 0 & -0.5 \\ 0 & 1.167 & -0.167 \\ -0.5 & -0.167 & 1.667 \end{bmatrix} \begin{array}{l} \leftarrow T_4 \\ \leftarrow T_5 \\ \leftarrow T_6 \end{array} \tag{6.69}$$

$$\boldsymbol{P}_T^{(4)} = \begin{bmatrix} 0 \\ \dfrac{h_c l}{2} T_{2\infty} \\ \dfrac{h_c l}{2} T_{2\infty} \end{bmatrix} = \begin{bmatrix} 0 \\ 0 \\ 0 \end{bmatrix} \begin{array}{l} \leftarrow T_4 \\ \leftarrow T_5 \\ \leftarrow T_6 \end{array} \tag{6.70}$$

(3) 建立整体有限元分析方程

将各单元的 $\boldsymbol{K}_T^e$ 和 $\boldsymbol{P}_T^e$ 进行对号装配,可以得到整体的传热方程,即

$$\boldsymbol{K}_T\boldsymbol{q}_T=\boldsymbol{P}_T \tag{6.71}$$

其中

$$\boldsymbol{K}_T=\sum_{e=1}^{4}\boldsymbol{K}_T^e \quad \boldsymbol{P}_T=\sum_{e=1}^{4}\boldsymbol{P}_T^e \tag{6.72}$$

具体的整体传热方程如下：

$$\begin{bmatrix} 1.667 & -0.167 & -0.5 & 0 & 0 & 0 \\ -0.167 & 1.667 & 0 & -0.5 & 0 & 0 \\ -0.5 & 0 & 2 & -1 & -0.5 & 0 \\ 0 & -0.5 & -1 & 2 & 0 & -0.5 \\ 0 & 0 & -0.5 & 0 & 1.667 & -0.167 \\ 0 & 0 & 0 & -0.5 & -0.167 & 1.667 \end{bmatrix}\begin{bmatrix} T_1 \\ T_2 \\ T_3 \\ T_4 \\ T_5 \\ T_6 \end{bmatrix}=\begin{bmatrix} 100 \\ 100 \\ 0 \\ 0 \\ 0 \\ 0 \end{bmatrix} \tag{6.73}$$

(4) 边界条件的处理及方程求解

该问题的边界条件为 BC(S_3)，在前面计算单元的相关矩阵时已考虑，因此可直接对方程(6.73)进行求解，得

$$\boldsymbol{q}_T=[T_1 \quad T_2 \quad T_3 \quad T_4 \quad T_5 \quad T_6]^{\mathrm{T}}=[83.35 \quad 83.35 \quad 50 \quad 50 \quad 16.65 \quad 16.65]^{\mathrm{T}} \tag{6.74}$$

而该问题的理论解为

$$[T_1 \quad T_2 \quad T_3 \quad T_4 \quad T_5 \quad T_6]^{\mathrm{T}}=[83.35 \quad 83.35 \quad 50 \quad 50 \quad 16.65 \quad 16.65]^{\mathrm{T}} \tag{6.75}$$

下面就该问题更复杂的传热条件进行讨论。

➢ **讨论 1：如果考虑绝热条件**

该条件等价于令介质对平板的热交换系数 $h_c=0$，将该条件代入到 $\boldsymbol{K}_T^e$ 和 $\boldsymbol{P}_T^e$ 的计算中，同样可以得到以下整体传热方程

$$\begin{bmatrix} 1 & -0.5 & -0.5 & 0 & 0 & 0 \\ -0.5 & 1 & 0 & -0.5 & 0 & 0 \\ -0.5 & 0 & 2 & -1 & -0.5 & 0 \\ 0 & -0.5 & -1 & 2 & 0 & -0.5 \\ 0 & 0 & -0.5 & 0 & 1 & -0.5 \\ 0 & 0 & 0 & -0.5 & -0.5 & 1 \end{bmatrix}\begin{bmatrix} T_1 \\ T_2 \\ T_3 \\ T_4 \\ T_5 \\ T_6 \end{bmatrix}=\begin{bmatrix} 0 \\ 0 \\ 0 \\ 0 \\ 0 \\ 0 \end{bmatrix} \tag{6.76}$$

这是一个齐次方程组，其解为

$$T_1=T_2=T_3=T_4=T_5=T_6=T^c \tag{6.77}$$

其中，T^c 为任意值，即有无穷多个解，其物理意义为孤立的绝热体系可以在任意均匀温度下处于稳定状态。因此，绝热边界条件本身不能唯一确定温度场。

➢ **讨论 2：考虑第一类热边界条件 BC(S_1)**

当平板两侧面的温度为已知，即如果边界节点的温度给定位

$$T_1=T_2=100\ ℃, \quad T_5=T_6=0\ ℃ \tag{6.78}$$

需要求解整个温度场分布，下面给出两种处理方法。

① 转化为 BC(S_3)问题来处理

由边界条件 BC(S_3)可知，如果物体边界与介质的温度相同，即 $T=T_\infty$，则必有 $h_c\to\infty$。在数值计算时，可以采用一个很大的数作为 h_c，如令 $h_c=10^4\ \mathrm{W/m^2\cdot ℃}$，则原问题转化为处理 BC($S_3$)的问题，相应的整体传热方程为

$$\begin{bmatrix} 334.3 & 166.2 & -0.5 & 0 & 0 & 0 \\ 166.2 & 334.3 & 0 & -0.5 & 0 & 0 \\ -0.5 & 0 & 2 & -1 & -0.5 & 0 \\ 0 & -0.5 & -1 & 2 & 0 & -0.5 \\ 0 & 0 & -0.5 & 0 & 334.3 & 166.2 \\ 0 & 0 & 0 & -0.5 & 166.2 & 334.3 \end{bmatrix} \begin{bmatrix} T_1 \\ T_2 \\ T_3 \\ T_4 \\ T_5 \\ T_6 \end{bmatrix} = \begin{bmatrix} 50\,000 \\ 50\,000 \\ 0 \\ 0 \\ 0 \\ 0 \end{bmatrix} \tag{6.79}$$

其解为

$$\boldsymbol{q}_T=[T_1\quad T_2\quad T_3\quad T_4\quad T_5\quad T_6]^{\mathrm T}=[99.95\quad 99.95\quad 50\quad 50\quad 0.05\quad 0.05]^{\mathrm T} \tag{6.80}$$

h_c 值取得愈大，计算结果愈精确，如当 $h_c=10^6\ \mathrm{W/m^2\cdot ℃}$，有结果

$$\begin{aligned}\boldsymbol{q}_T&=[T_1\quad T_2\quad T_3\quad T_4\quad T_5\quad T_6]^{\mathrm T}\\&=[99.999\,5\quad 99.999\,5\quad 50\quad 50\quad 0.000\,5\quad 0.000\,5]^{\mathrm T}\end{aligned} \tag{6.81}$$

② 直接处理 BC(S_1)

对于 BC(S_1)条件，需要在对应的节点赋予指定的温度值，则可在绝热条件下的传热方程(6.76)中，施加给定边界条件式(6.78)，采用乘大数法(如取为 10^8)来进行处理，所得到的方程为

$$\begin{bmatrix} 1\times10^8 & -0.5 & -0.5 & 0 & 0 & 0 \\ -0.5 & 1\times10^8 & 0 & -0.5 & 0 & 0 \\ -0.5 & 0 & 2 & -1 & -0.5 & 0 \\ 0 & -0.5 & -1 & 2 & 0 & -0.5 \\ 0 & 0 & -0.5 & 0 & 1\times10^8 & -0.5 \\ 0 & 0 & 0 & -0.5 & -0.5 & 1\times10^8 \end{bmatrix} \begin{bmatrix} T_1 \\ T_2 \\ T_3 \\ T_4 \\ T_5 \\ T_6 \end{bmatrix} = \begin{bmatrix} 100\times10^8 \\ 100\times10^8 \\ 0 \\ 0 \\ 0 \\ 0 \end{bmatrix} \tag{6.82}$$

同样可以得到满意的结果。

➢ 讨论 3：考虑第二类热边界条件 BC(S_2)

如果已知热流密度 $\bar{q}_f=500\ \mathrm{W/m^2}$，且左侧边界上取正，右侧边界上取负，而避免温度、介质温度和换热系数 h_c 等均为未知，这就是第二类传热边界条件 BC(S_2)。下面来求解该情形下的温度分布。由式(6.40)和式(6.41)计算出相应的 $\boldsymbol{K}_T^e$ 和 $\boldsymbol{P}_T^e$，经组装可得到以下有限元方程：

$$\begin{bmatrix} 1 & -0.5 & -0.5 & 0 & 0 & 0 \\ -0.5 & 1 & 0 & -0.5 & 0 & 0 \\ -0.5 & 0 & 2 & -1 & -0.5 & 0 \\ 0 & -0.5 & -1 & 2 & 0 & -0.5 \\ 0 & 0 & -0.5 & 0 & 1 & -0.5 \\ 0 & 0 & 0 & -0.5 & -0.5 & 1 \end{bmatrix} \begin{bmatrix} T_1 \\ T_2 \\ T_3 \\ T_4 \\ T_5 \\ T_6 \end{bmatrix} = \begin{bmatrix} 25 \\ 25 \\ 0 \\ 0 \\ -25 \\ -25 \end{bmatrix} \tag{6.83}$$

该方程不能得到唯一解，只能给出

$$\left.\begin{aligned} &T_1 = T_2,\quad T_3 = T_4,\quad T_5 = T_6 \\ &T_1 - T_5 = 100,\quad T_3 = \frac{T_1 + T_5}{2} \end{aligned}\right\} \tag{6.84}$$

即平板中的温度呈直线分布，两侧的温差为 100 ℃，这是由于未给定初始温度，所以不能确定温度的绝对数值，该结果和解析解的结果相同。

习　题

6-1　二维稳定传热微分方程为

$$\varphi(T) = \frac{\partial}{\partial x}\left(k\,\frac{\partial T}{\partial x}\right) + \frac{\partial}{\partial y}\left(k\,\frac{\partial T}{\partial y}\right) + Q = 0,\quad \text{在 } \Omega \text{ 内}$$

边界条件为

$$\bar{\varphi}(T) = \begin{cases} T - \overline{T} = 0, & \text{在 } \Gamma_T \text{ 上} \\ k\,\dfrac{\partial T}{\partial n} - \bar{q}_f = 0, & \text{在 } \Gamma_q \text{ 上} \end{cases}$$

其中，T 表示温度；k 是热传导系数；$\overline{T}$ 和 $\bar{q}_f$ 是边界上温度和热流的给定值；n 是有关边界的外法线方向；Q 是热源密度。若近似解取 $\hat{T}(x,y) = \sum_{i=1}^{n} N_i q_i$，其中 q_i 为节点温度，并设 $\hat{T}(x,y)$ 已事先满足所有边界条件。在此情况下，试用加权残值法构造二维传热问题的有限元方程。

6-2　一维传热问题的微分方程为

$$k \cdot \frac{\mathrm{d}^2 T}{\mathrm{d}x^2} + Q = 0$$

温度边界条件为

$$T(x=0) = T_0$$

表面上的热流量和对流条件为

$$k\,\frac{\mathrm{d}T}{\mathrm{d}x} n_x + \bar{h}_c (T - T_\infty) + \bar{q}_f = 0$$

如图 6.6 为一个散热片，属于一个一维热传导问题的常见例子。散热片的一段连接热源(温度为已知)，通过周围表面和端部向外界环境散热。已知外界环境温度为 $T_\infty = 40$ ℃，热传导系数 $k = 70\ \dfrac{\mathrm{W}}{\mathrm{cm}\cdot℃}$，对流换热系数 $\bar{h}_c = 5\ \dfrac{\mathrm{W}}{\mathrm{cm}^2\cdot℃}$，并且 $Q = \bar{q}_f = 0$，试分别使用一个单元和两个单元求该一维散热片的温度分布。

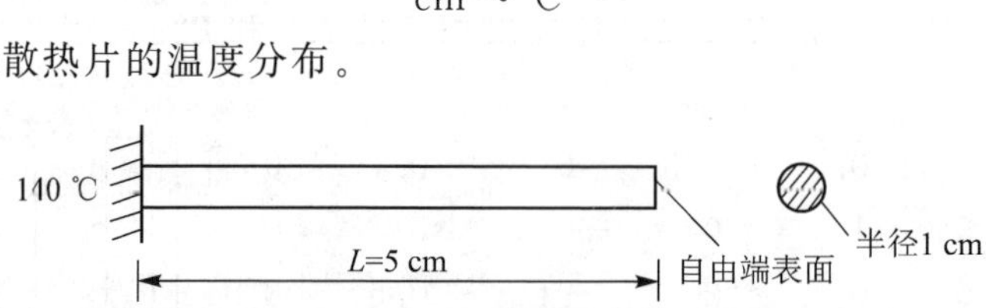

图 6.6　散热片

6-3　求如图 6.7 所示的具有均匀能量产生的方形区域中的温度分布，设在 z 方向没有温度变化。取 $k=30\ \text{W/cm}\cdot℃$，$L=10\ \text{cm}$，$T_\infty=50\ ℃$以及 $Q=100\ \text{W/cm}^2$。

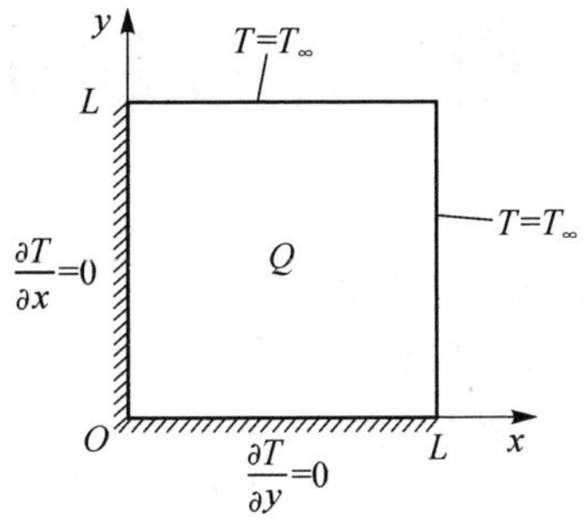

图 6.7　有均匀能量产生的方形区域

6－4　设厚度为 15 cm 的平面墙壁的初始温度分布为 $T(x,t=0)=500\sin\dfrac{\pi x}{L}$，其中 $x=0$ 和 $x=L$ 表示墙壁的两个表面，每一表面的温度保持为零，且随时间增加时，墙壁接近于热平衡。当热扩散率 $\lambda=k/\rho c_T=10\ \text{cm}^2/h$ 时，用有限元法分析墙壁中的温度分布随时间的变化。

6－5　如图 6.8 所示的长为 l 的两端固定的细杆，若杆的温度变化为 ΔT，材料的热膨胀系数为 α_T，试用一个单元来分析该细杆的热应力、全应变 ε 及热应变 ε^0。

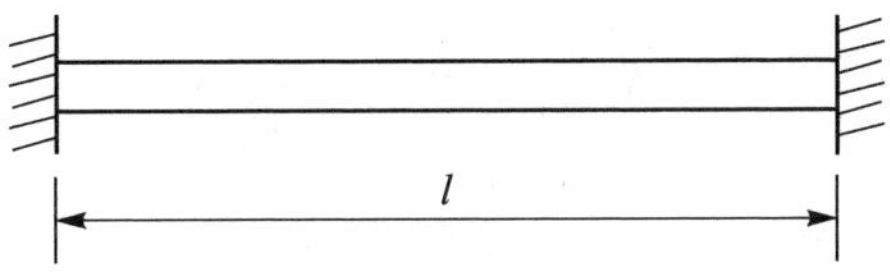

图 6.8　两端固定的细杆

第 7 章　微分刚度和屈曲分析

18 世纪中期，欧拉提出了结构的稳定性问题，现今，欧拉公式理论依然广泛应用于计算无初始缺陷的、弹性中心受压杆的屈曲载荷。关于结构的稳定性问题经历了由静载、弹性到动载、塑性的研究过程。关于稳定性问题的定义众多学者有不同的见解，但是总体来讲，结构的稳定性是研究系统在遭到外界微小干扰时，系统本身是否也发生微小的扰动。若系统本身的扰动状态发生了极大变化，则认为系统发生失稳或屈曲。

7.1　结构屈曲的基本概念和类型

如果结构的载荷达到一定值，并施加较小的增量，结构的平衡状态将发生很大变化，这叫做结构屈曲。此时结构的相应载荷称为临界或屈曲载荷，结构在这一时刻达到承载的临界点或屈曲点，把这种状态叫做临界状态。屈曲平衡状态分为两种，一种叫前屈曲平衡，一种叫后屈曲平衡。前者是结构还未到达临界状态的平衡状态，后者是结构已经到达临界状态后的平衡状态。

结构屈曲存在多样性，导致结构屈曲具有相当程度的复杂性。可以按照以下不同的属性对屈曲进行类型划分：

① 按照结构承载的形式，可以分成静态屈曲和动态屈曲。静态屈曲指的是结构受到静态载荷时造成的屈曲现象；动态屈曲指的是结构受到动态载荷时造成的屈曲现象。一般来说，静态屈曲的发生只与外部载荷分布形式相关；而动态屈曲相比静态屈曲问题则要复杂得多，动态屈曲不仅仅受到外部载荷分布形式影响，还与外载荷作用在结构上持续的时间有关。

② 按照结构发生屈曲时材料的状态，将屈曲分为弹性屈曲、塑性屈曲以及弹塑性屈曲。发生屈曲前后，材料处于弹性状态，称为弹性屈曲；结构在塑性应力作用下的屈曲称为塑性屈曲；在屈曲前，结构处于弹性状态，而在屈曲过程中，一些材料由于扰动变形而进入塑性状态，即屈曲后，材料处于弹塑性状态，称为弹塑性屈曲。

③ 根据结构的屈曲范围，将屈曲类型划分成局部屈曲和整体失稳。结构的局部屈曲与整体失稳通常是同时发生的，也就是说结构屈曲会从局部屈曲逐渐发展成整体失稳，局部屈曲可以引发整体失稳，而整体失稳反过来又会加剧局部屈曲或产生新形式的局部屈曲。

④ 根据屈曲或失稳的不同性质，众多学者对此做了不同的分类。从研究现状看来，对结构的失稳类型还没有形成统一的认识。通常，结构的稳定性可以划分成三种类型：分支型屈曲、极值型屈曲及跳跃失稳。然而，根据结构屈曲后的特征，也可以把稳定性问题划分成两种类型：极值型屈曲和分支型屈曲，其中分支型屈曲又可以划分成不稳定和稳定分支屈曲两类。也有学者认为，一般来说结构稳定性问题分为第一类稳定性问题和第二类稳定性问题，即分支点失稳和极值点失稳，但并不足以涵盖所有问题，因此将弹性稳定性问题划分成三种类型：稳定分叉屈曲、不稳定分叉屈曲以及跳跃屈曲，但是并没有包括弹塑性极值屈曲。同时，也可以把结构的稳定性问题划分成 3 种类型：平衡分岔失稳，即第一类失稳（包括稳定分岔失稳和不

稳定分岔失稳）；极值点失稳，即第二类失稳；跳跃失稳。

上述不同形式的屈曲类型表示结构对载荷和几何缺陷的敏感度有不同的响应。所以，为了得到结构真实极限承载能力的临界载荷，准确识别结构的屈曲类型显得尤为重要。

本章将主要介绍几何非线性的一般公式，以及非线性理论在线性屈曲问题中的应用。

7.2 大位移公式

由虚功原理，结构体上作用的内力和外力的和为

$$\boldsymbol{\psi}(\boldsymbol{q}) = \boldsymbol{F} - \boldsymbol{P} \tag{7.1}$$

式中 $\boldsymbol{q}$ 为节点位移向量，$\boldsymbol{\psi}$ 为作用在 $\boldsymbol{q}$ 上的映射，$\boldsymbol{F}$ 为等效节点内力向量，$\boldsymbol{P}$ 为等效节点载荷向量。当系统处于平衡时，有 $\boldsymbol{\psi}(\boldsymbol{q})=0$，其中

$$\boldsymbol{F} = \int_{\Omega} \bar{\boldsymbol{B}}^{\mathrm{T}} \sigma \mathrm{d}\Omega \tag{7.2}$$

应变矩阵 $\bar{\boldsymbol{B}}$ 反映了非线性应变与节点位移之间的关系

$$\mathrm{d}\boldsymbol{\varepsilon} = \bar{\boldsymbol{B}} \mathrm{d}\boldsymbol{q} \tag{7.3}$$

应变矩阵又可以分为线性和非线性两个部分

$$\bar{\boldsymbol{B}} = \boldsymbol{B}_L + \boldsymbol{B}_{NL} \tag{7.4}$$

由广义坐标的变化而引起的 ψ 的变化为

$$\mathrm{d}\psi = \mathrm{d}\boldsymbol{F} = \int_{\Omega} \mathrm{d}\bar{\boldsymbol{B}}^{\mathrm{T}} \sigma \mathrm{d}\Omega + \int_{\Omega} \bar{\boldsymbol{B}}^{\mathrm{T}} \mathrm{d}\sigma \mathrm{d}\Omega \tag{7.5}$$

式中的应力分量是根据未变形的结构确定的，应力分量的增量为

$$\mathrm{d}\sigma = C\mathrm{d}\varepsilon = C\bar{\boldsymbol{B}}\mathrm{d}\boldsymbol{q} = \boldsymbol{C}(\boldsymbol{B}_L + \boldsymbol{B}_{NL})\mathrm{d}\boldsymbol{q} \tag{7.6}$$

式中，C 为局部切线刚度矩阵。将式(7.6)代入式(7.5)，得到

$$\mathrm{d}\boldsymbol{F} = (\boldsymbol{K}_L + \boldsymbol{K}_R + \boldsymbol{K}_\sigma)\mathrm{d}\boldsymbol{q} = \boldsymbol{K}_T \mathrm{d}\boldsymbol{q} \tag{7.7}$$

这里 $\boldsymbol{K}_T$ 为切线刚度矩阵，并有

$$\left.\begin{aligned} \boldsymbol{K}_L &= \int_{\Omega} \boldsymbol{B}_L^{\mathrm{T}} \boldsymbol{E} \boldsymbol{B}_L \mathrm{d}\Omega \\ \boldsymbol{K}_R &= \int_{\Omega} (\boldsymbol{B}_L^{\mathrm{T}} \boldsymbol{E} \boldsymbol{B}_{NL} + \boldsymbol{B}_{NL}^{\mathrm{T}} \boldsymbol{E} \boldsymbol{B}_L + \boldsymbol{B}_{NL}^{\mathrm{T}} \boldsymbol{E} \boldsymbol{B}_{NL}) \mathrm{d}\Omega \\ \boldsymbol{K}_\sigma &= \int_{\Omega} \mathrm{d}\boldsymbol{B}_{NL}^{\mathrm{T}} \sigma \mathrm{d}\Omega \end{aligned}\right\} \tag{7.8}$$

其中，$\boldsymbol{K}_L$ 为单元的线性刚度矩阵；$\boldsymbol{K}_R$ 包括线性初始位移矩阵和二次大位移矩阵等；$\boldsymbol{K}_\sigma$ 为和应力水平有关的对称矩阵。这些矩阵称为几何矩阵的微分刚度矩阵。

7.3 非线性应变位移关系

总的非线性 Lagrangian 应变为

$$\left.\begin{aligned}
\varepsilon_x &= \frac{\partial u}{\partial x} + \frac{1}{2}\left[\left(\frac{\partial u}{\partial x}\right)^2 + \left(\frac{\partial v}{\partial x}\right)^2 + \left(\frac{\partial w}{\partial x}\right)^2\right] \\
\varepsilon_y &= \frac{\partial v}{\partial y} + \frac{1}{2}\left[\left(\frac{\partial u}{\partial y}\right)^2 + \left(\frac{\partial v}{\partial y}\right)^2 + \left(\frac{\partial w}{\partial y}\right)^2\right] \\
\varepsilon_z &= \frac{\partial w}{\partial z} + \frac{1}{2}\left[\left(\frac{\partial u}{\partial z}\right)^2 + \left(\frac{\partial v}{\partial z}\right)^2 + \left(\frac{\partial w}{\partial z}\right)^2\right]
\end{aligned}\right\} \tag{7.9}$$

$$\left.\begin{aligned}
\gamma_{xy} &= \frac{\partial u}{\partial y} + \frac{\partial v}{\partial x} + \left[\frac{\partial u}{\partial x}\frac{\partial u}{\partial y} + \frac{\partial v}{\partial x}\frac{\partial v}{\partial y} + \frac{\partial w}{\partial x}\frac{\partial w}{\partial y}\right] \\
\gamma_{yz} &= \frac{\partial u}{\partial z} + \frac{\partial w}{\partial y} + \left[\frac{\partial u}{\partial y}\frac{\partial u}{\partial z} + \frac{\partial v}{\partial y}\frac{\partial v}{\partial z} + \frac{\partial w}{\partial y}\frac{\partial w}{\partial z}\right] \\
\gamma_{zx} &= \frac{\partial w}{\partial x} + \frac{\partial u}{\partial z} + \left[\frac{\partial u}{\partial z}\frac{\partial u}{\partial x} + \frac{\partial v}{\partial z}\frac{\partial v}{\partial x} + \frac{\partial w}{\partial z}\frac{\partial w}{\partial x}\right]
\end{aligned}\right\} \tag{7.10}$$

采用矩阵符号可得

$$\boldsymbol{\varepsilon} = \boldsymbol{\varepsilon}_L + \boldsymbol{\varepsilon}_{NL} \tag{7.11}$$

式中，$\boldsymbol{\varepsilon}_L$ 为线性应变集，$\boldsymbol{\varepsilon}_{NL}$ 为考虑位二阶移梯度的非线性应变集。在通常的位移近似假定下，线性应变可以用广义坐标表示为

$$\boldsymbol{\varepsilon}_L = \boldsymbol{B}_L\boldsymbol{q} \tag{7.12}$$

而非线性项为

$$\boldsymbol{\varepsilon}_{NL} = \frac{1}{2}\boldsymbol{A}\boldsymbol{g} \tag{7.13}$$

式中，$\boldsymbol{g}$ 为位移梯度矢量

$$\boldsymbol{g} = \begin{bmatrix} a_x \\ a_y \\ a_z \end{bmatrix} \tag{7.14}$$

这个矢量的分量为

$$\boldsymbol{a}_x = \begin{bmatrix} \dfrac{\partial u}{\partial x} \\ \dfrac{\partial v}{\partial x} \\ \dfrac{\partial \omega}{\partial x} \end{bmatrix}, \quad \boldsymbol{a}_y = \begin{bmatrix} \dfrac{\partial u}{\partial y} \\ \dfrac{\partial v}{\partial y} \\ \dfrac{\partial \omega}{\partial y} \end{bmatrix}, \quad \boldsymbol{a}_z = \begin{bmatrix} \dfrac{\partial u}{\partial z} \\ \dfrac{\partial v}{\partial z} \\ \dfrac{\partial \omega}{\partial z} \end{bmatrix} \tag{7.15}$$

而矩阵 $\boldsymbol{A}$ 可表达为

$$\boldsymbol{A} = \begin{bmatrix} \boldsymbol{a}_x^{\mathrm{T}} & 0 & 0 \\ 0 & \boldsymbol{a}_y^{\mathrm{T}} & 0 \\ 0 & 0 & \boldsymbol{a}_z^{\mathrm{T}} \\ \boldsymbol{a}_y^{\mathrm{T}} & \boldsymbol{a}_x^{\mathrm{T}} & 0 \\ 0 & \boldsymbol{a}_z^{\mathrm{T}} & \boldsymbol{a}_y^{\mathrm{T}} \\ \boldsymbol{a}_z^{\mathrm{T}} & 0 & \boldsymbol{a}_x^{\mathrm{T}} \end{bmatrix} \tag{7.16}$$

引入常用的形函数，可将 $\boldsymbol{g}$ 表达为

$$\boldsymbol{g} = \boldsymbol{G}\boldsymbol{q} \tag{7.17}$$

这里形函数为

$$
\boldsymbol{G}=\begin{bmatrix}
\frac{\partial N_1}{\partial x}[I_{3\times 3}] & \frac{\partial N_2}{\partial x}[I_{3\times 3}] & \cdots & \frac{\partial N_n}{\partial x}[I_{3\times 3}] \\
\frac{\partial N_1}{\partial y}[I_{3\times 3}] & \frac{\partial N_2}{\partial y}[I_{3\times 3}] & \cdots & \frac{\partial N_n}{\partial y}[I_{3\times 3}] \\
\frac{\partial N_1}{\partial z}[I_{3\times 3}] & \frac{\partial N_2}{\partial z}[I_{3\times 3}] & \cdots & \frac{\partial N_n}{\partial y}[I_{3\times 3}]
\end{bmatrix} \tag{7.18}
$$

由方程(7.8)的最后一式，可得初应力刚度为

$$
\boldsymbol{K}_\sigma \mathrm{d}\boldsymbol{q}=\int_\Omega \mathrm{d}\boldsymbol{B}_{NL}^{\mathrm{T}}\boldsymbol{\sigma}\,\mathrm{d}\Omega=\int_\Omega \boldsymbol{G}^{\mathrm{T}}\mathrm{d}\boldsymbol{A}^{\mathrm{T}}\boldsymbol{\sigma}\,\mathrm{d}\Omega \tag{7.19}
$$

式中

$$
\mathrm{d}\boldsymbol{A}^{\mathrm{T}}\boldsymbol{\sigma}=\begin{bmatrix}
\mathrm{d}\boldsymbol{a}_x & 0 & 0 & \mathrm{d}\boldsymbol{a}_y & 0 & \mathrm{d}\boldsymbol{a}_z \\
0 & \mathrm{d}\boldsymbol{a}_y & 0 & \mathrm{d}\boldsymbol{a}_x & \mathrm{d}\boldsymbol{a}_z & 0 \\
0 & 0 & \mathrm{d}\boldsymbol{a}_z & 0 & \mathrm{d}\boldsymbol{a}_y & \mathrm{d}\boldsymbol{a}_x
\end{bmatrix}\begin{bmatrix}\sigma_x \\ \sigma_x \\ \sigma_x \\ \tau_{xy} \\ \tau_{yz} \\ \tau_{zx}\end{bmatrix}
$$

$$
=\boldsymbol{M}\mathrm{d}\boldsymbol{g}=\boldsymbol{MG}\mathrm{d}\boldsymbol{q} \tag{7.20}
$$

以及

$$
\boldsymbol{M}=\begin{bmatrix}
\sigma_x[I_{3\times 3}] & \tau_{xy}[I_{3\times 3}] & \tau_{xz}[I_{3\times 3}] \\
\tau_{xy}[I_{3\times 3}] & \sigma_y[I_{3\times 3}] & \tau_{yz}[I_{3\times 3}] \\
\tau_{xz}[I_{3\times 3}] & \tau_{yz}[I_{3\times}] & \sigma_z[I_{3\times 3}]
\end{bmatrix} \tag{7.21}
$$

因此有

$$
\boldsymbol{K}_\sigma=\int_\Omega \boldsymbol{G}^{\mathrm{T}}\boldsymbol{MG}\,\mathrm{d}\Omega \tag{7.22}
$$

7.4　棱形杆的几何刚度

图 7.1 表示了棱形梁变形后的中性轴，按照一般的梁理论，考虑大变形后的棱形梁轴向应变为

$$
\varepsilon_x=\frac{\mathrm{d}u}{\mathrm{d}x}-z\frac{\mathrm{d}^2 w}{\mathrm{d}x^2}+\frac{1}{2}\left(\frac{\mathrm{d}w}{\mathrm{d}x}\right)^2 \tag{7.23}
$$

与线性项比较，式(7.23)多出$\frac{\mathrm{d}w}{\mathrm{d}x}$的平方项。用前面的符号，有

$$
\left.\begin{aligned}
\boldsymbol{\varepsilon}_L&=\frac{\mathrm{d}u}{\mathrm{d}x}-z\frac{\mathrm{d}^2 w}{\mathrm{d}x^2} \\
\boldsymbol{\varepsilon}_{NL}&=\frac{1}{2}\left(\frac{\mathrm{d}w}{\mathrm{d}x}\right)^2=\frac{1}{2}\boldsymbol{Ag}
\end{aligned}\right\} \tag{7.24}
$$

其中

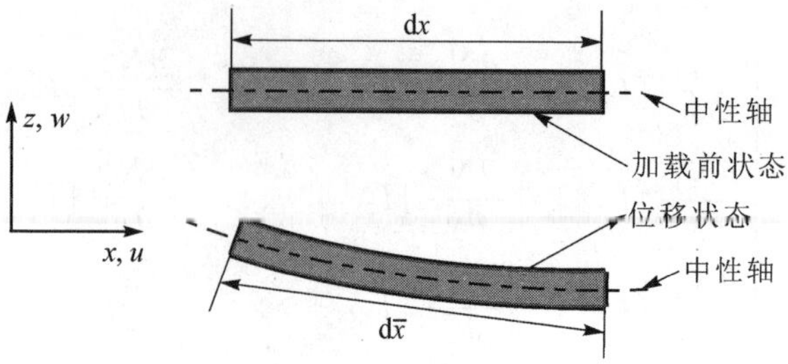

图 7.1 梁的位移

$$\left.\begin{aligned}\boldsymbol{g} &= \begin{bmatrix}0 & 0 & \dfrac{\mathrm{d}w}{\mathrm{d}x}\end{bmatrix}^{\mathrm{T}} \\ \boldsymbol{A} = \boldsymbol{a}_x^{\mathrm{T}} &= \begin{bmatrix}\dfrac{\mathrm{d}u}{\mathrm{d}x} & \dfrac{\mathrm{d}v}{dx} & \dfrac{\mathrm{d}w}{\mathrm{d}x}\end{bmatrix}\end{aligned}\right\} \tag{7.25}$$

可以证明,下列形函数对于梁单元是适用的:

$$\boldsymbol{N} = [(1-3\xi^2+2\xi^3) \quad (1-2\xi+\xi^2)x \quad (3\xi^2-2\xi^3) \quad (\xi^2-\xi)x] \tag{7.26}$$

采用上述形函数,可以得到几何刚度矩阵与线性刚度矩阵(注意:未包括剪切项)

$$\boldsymbol{K}_\sigma = \frac{F_x}{30L}\begin{bmatrix}36 & 3L & -36 & -3L \\ 3L & 4L^2 & -3L & L^2 \\ -36 & -3L & 36 & 3L \\ -3L & L^2 & 3L & 4L^2\end{bmatrix} \tag{7.27}$$

$$\boldsymbol{K}_L = \frac{2EI}{L^3}\begin{bmatrix}6 & 3L & -6 & 3L \\ 3L & 2L^2 & -3L & L^2 \\ -6 & -3L & 6 & -3L \\ 3L & L^2 & -3L & 2L^2\end{bmatrix} \tag{7.28}$$

7.5 板弯曲的几何刚度矩阵

在梁单元的分析中,可以看到横向位移与薄膜应变的关系。大位移的效果就反应在弯曲与薄膜作用的耦合上。同样的效应也将反映在板的中面拉伸对于横向位移的影响上。利用与梁的弯曲问题同样的方法,可以得到板的参考曲面的应变与位移的关系

$$\left.\begin{aligned}\varepsilon_x^0 &= \frac{\partial u}{\partial x} - z\frac{\partial^2\omega}{\partial x^2} + \frac{1}{2}\left(\frac{\partial\omega}{\partial y}\right)^2 \\ \varepsilon_y^0 &= \frac{\partial v}{\partial y} - z\frac{\partial^2\omega}{\partial y^2} + \frac{1}{2}\left(\frac{\partial\omega}{\partial y}\right)^2 \\ \gamma_{xy}^0 &= \frac{\partial v}{\partial x} + \frac{\partial u}{\partial y} - 2z\frac{\partial^2\omega}{\partial x\partial y} + \frac{\partial\omega}{\partial x}\frac{\partial\omega}{\partial y}\end{aligned}\right\} \tag{7.29}$$

参考曲面的应变和曲率,可以分为线性和非线性两部分

$$\left.\begin{aligned}\boldsymbol{\varepsilon}^0 &= \boldsymbol{\varepsilon}_L^0 + \boldsymbol{\varepsilon}_{NL}^0 \\ \boldsymbol{\chi} &= \boldsymbol{\chi}_L\end{aligned}\right\} \tag{7.30}$$

$$\boldsymbol{\varepsilon}_{NL}^{0} = \begin{bmatrix} \dfrac{1}{2}\left(\dfrac{\partial \omega}{\partial x}\right)^{2} \\ \dfrac{1}{2}\left(\dfrac{\partial \omega}{\partial y}\right)^{2} \\ \left(\dfrac{\partial \omega}{\partial x}\right)\left(\dfrac{\partial \omega}{\partial y}\right) \end{bmatrix} \tag{7.31}$$

将应变和应力定义为

$$\boldsymbol{\varepsilon} = \begin{bmatrix} \boldsymbol{\varepsilon}_{m} \\ \boldsymbol{\varepsilon}_{b} \end{bmatrix} = \begin{bmatrix} \begin{Bmatrix} \varepsilon_{x}^{0} \\ \varepsilon_{y}^{0} \\ \gamma_{xy}^{0} \end{Bmatrix} \\ \begin{Bmatrix} \chi_{x} \\ \chi_{y} \\ \chi_{xy} \end{Bmatrix} \end{bmatrix} \tag{7.32}$$

$$\boldsymbol{\sigma} = \begin{bmatrix} \boldsymbol{\sigma}_{m} \\ \boldsymbol{\sigma}_{b} \end{bmatrix} = \begin{bmatrix} \begin{Bmatrix} n_{x} \\ n_{y} \\ n_{xy} \end{Bmatrix} \\ \begin{Bmatrix} m_{x} \\ m_{y} \\ m_{xy} \end{Bmatrix} \end{bmatrix} \tag{7.33}$$

类似地,可将位移场和广义节点位移表达为薄膜和弯曲分量

$$\left.\begin{aligned} \boldsymbol{u} &= \begin{bmatrix} \boldsymbol{u}_{m} \\ \boldsymbol{u}_{b} \end{bmatrix} = \begin{bmatrix} \begin{Bmatrix} u \\ v \end{Bmatrix} \\ \{\omega\} \end{bmatrix} \\ \boldsymbol{q} &= \begin{bmatrix} \boldsymbol{q}_{m} \\ \boldsymbol{q}_{b} \end{bmatrix} \end{aligned}\right\} \tag{7.34}$$

将位移场用单元形函数及广义节点位移表示为

$$\left.\begin{aligned} \boldsymbol{u}_{m} &= [N_{u} \quad N_{v} \quad 0]\,\boldsymbol{q} \\ \boldsymbol{u}_{b} &= [0 \quad 0 \quad N_{\omega}]\,\boldsymbol{q} \end{aligned}\right\} \tag{7.35}$$

然后得出线性和非线性应变矩阵为

$$\boldsymbol{B}_{L} = \begin{bmatrix} B_{m} & 0 \\ 0 & B_{b} \end{bmatrix}, \quad \boldsymbol{B}_{NL} = \begin{bmatrix} 0 & B_{\omega} \\ 0 & 0 \end{bmatrix} \tag{7.36}$$

式中

$$\boldsymbol{B}_{m} = \begin{bmatrix} \dfrac{\partial}{\partial x}[N_{u}] \\ \dfrac{\partial}{\partial y}[N_{v}] \\ \dfrac{\partial}{\partial x}[N_{v}] + \dfrac{\partial}{\partial y}[N_{u}] \end{bmatrix}, \quad \boldsymbol{B}_{b} = \begin{bmatrix} -\dfrac{\partial^{2}}{\partial x^{2}}[N_{\omega}] \\ -\dfrac{\partial^{2}}{\partial y^{2}}[N_{\omega}] \\ -2\dfrac{\partial^{2}}{\partial x \partial y}[N_{\omega}] \end{bmatrix} \tag{7.37}$$

以及

$$
\boldsymbol{B}_w = \begin{bmatrix} \dfrac{\partial \omega}{\partial x}\dfrac{\partial}{\partial x}[N_w] \\ \dfrac{\partial \omega}{\partial y}\dfrac{\partial}{\partial y}[N_w] \\ \dfrac{\partial \omega}{\partial x}\dfrac{\partial}{\partial y}[N_w] + \dfrac{\partial \omega}{\partial y}\dfrac{\partial}{\partial x}[N_w] \end{bmatrix} \tag{7.38}
$$

利用应变-位移关系，得到刚度矩阵：

$$
\boldsymbol{K}_0 = \int_\Omega \begin{bmatrix} \boldsymbol{B}_m^{\mathrm{T}}\boldsymbol{E}_m\boldsymbol{B}_m & 0 \\ 0 & \boldsymbol{B}_b^{\mathrm{T}}\boldsymbol{E}_b\boldsymbol{B}_b \end{bmatrix} \mathrm{d}\Omega \tag{7.39}
$$

$$
\boldsymbol{K}_1 = \int_\Omega \begin{bmatrix} 0 & \boldsymbol{B}_m^{\mathrm{T}}\boldsymbol{E}_m\boldsymbol{B}_w \\ \boldsymbol{B}_w^{\mathrm{T}}\boldsymbol{E}_m\boldsymbol{B}_m & 0 \end{bmatrix} \mathrm{d}\Omega \tag{7.40}
$$

$$
\boldsymbol{K}_2 = \int_\Omega \begin{bmatrix} 0 & 0 \\ 0 & \boldsymbol{B}_w^{\mathrm{T}}\boldsymbol{E}_m\boldsymbol{B}_w \end{bmatrix} \mathrm{d}\Omega \tag{7.41}
$$

$$
\boldsymbol{K}_\sigma = \int_\Omega \begin{bmatrix} 0 & 0 \\ 0 & \boldsymbol{R} \end{bmatrix} \mathrm{d}\Omega \tag{7.42}
$$

式中，$\boldsymbol{K}_R = \boldsymbol{K}_1 + \boldsymbol{K}_2$，并有

$$
\begin{aligned} \boldsymbol{R} = {} & n_x \frac{\partial}{\partial x}[N_w]\frac{\partial}{\partial x}[N_w] + n_y \frac{\partial}{\partial y}[N_\omega]\frac{\partial}{\partial y}[N_w] + \\ & n_{xy}\left(\frac{\partial}{\partial x}[N_w]\frac{\partial}{\partial y}[N_w] + \frac{\partial}{\partial y}[N_w]\frac{\partial}{\partial x}[N_w]\right) \end{aligned} \tag{7.43}
$$

7.6 屈曲分析

线性稳定性分析也称为屈曲分析，是和分枝载荷的计算以及模态形状有关的问题，是结构常见的失效模式之一。例如，当细长柱体在端部承受渐增的压力 P 作用时，在外力达到某一临界值 P_c 以前，柱体产生均匀的压应变，超过该临界值，结构呈现不稳定现象，变形急剧增大，最后导致整体结构的失效。结构产生屈曲的临界载荷称为屈曲载荷，结构屈曲变形的形状称为屈曲模式。

对短柱而言，在载荷未达到屈曲以前，结构已经达到屈服应力，此时结构力学行为主要受应力主宰。按照欧拉理论，长柱的细长比(L/K)（L：柱长；K：柱截面回转半径）超过临界细长比$(L/K)_{cr}$，结构行为将受屈曲主宰，即屈曲为结构最可能的失效模式，此时结构屈曲分析就具有了特殊的意义。当然，欧拉屈曲应力是按弹性理论推导的，并不适用于塑性结构，故柱的实际屈曲载荷与细长比的关系如图 7.2 中的虚线所示，对短柱而言，欧拉屈曲理论误差较大，但长柱屈曲理论值与实验值则相当吻合。

稳定性分析分为两个不同的阶段，第一阶段中，将在结构上施加一组外载荷，然后计算相应的内力。在第二阶段中，应用第一阶段得到的内力计算微分刚度矩阵，然后进行稳定性分析。

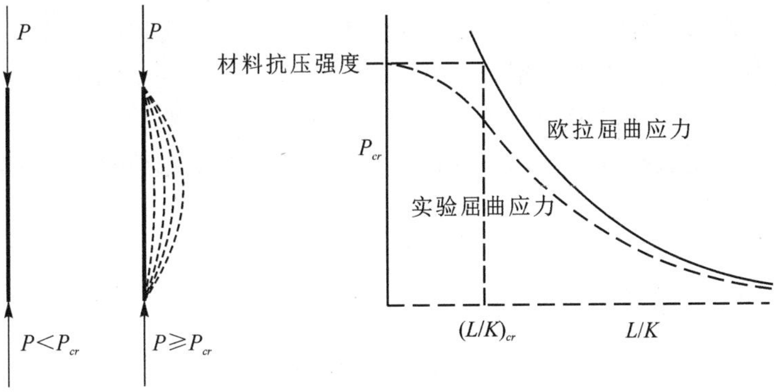

图 7.2　欧拉屈曲应力与实验屈曲应力

7.6.1　第一阶段——线性静力分析

在第一阶段中，屈曲或模态分析的第一个子工况为求解下列线性方程组的线性静力分析。

$$\boldsymbol{K}_0\boldsymbol{u}=\boldsymbol{P}^* \tag{7.44}$$

其中，$\boldsymbol{P}^*$ 为参考状态的静载荷。参考状态的解为

$$\boldsymbol{u}^*=\boldsymbol{K}_0^{-1}\boldsymbol{P}^* \tag{7.45}$$

利用参考状态的位移，能够确定参考状态的应变，应力和应变梯度。

7.6.2　第二阶段——屈曲分析

在线性屈曲问题中，将寻求满足下列方程的参数 λ：

$$(\boldsymbol{K}_0+\lambda\boldsymbol{K}_G)\boldsymbol{u}=0 \tag{7.46}$$

式中，$\boldsymbol{K}_G$ 为几何刚度矩阵，对于初始稳定状态有

$$\boldsymbol{K}_G=\boldsymbol{K}_\sigma \tag{7.47}$$

若使用 NASTRAN 软件进行屈曲分析，需调用屈曲求解序列 105，解出方程(7.46)的参数 λ 后，将参考载荷乘以屈曲载荷因子 λ，即可得到屈曲载荷。

用求解序列 105 确定屈曲载荷时，要求两个子工况。第一个子工况，施加静力载荷以确定生成微分刚度矩阵的内力。

第二个子工况，用第一个子工况得到的内力生成微分刚度矩阵。在这个子工况中，必须包括工况控制命令 STATSUB，命令的值即为第一个子工况的工况编号。另外，在第二个子工况用 Lanczos 特征值求解器确定屈曲载荷，所以必须包括 METHOD 工况控制命令，以便从模型数据中选择 EIGRL 来确定屈曲载荷参数。

7.7　考虑微分刚度的固有模态和频率

考虑微分刚度的固有模态和频率问题类似于静态屈曲问题，但是求取的解不再是静屈曲载荷，而是确定在静态预载荷下的固有频率和模态形状。求解过程也分为两个阶段。第一阶段求载荷作用下的静力解，第二阶段求静载荷作用下的结构模态。

如果外载荷达到屈曲载荷，那么结构的刚度将变为 0。如果绘制固有频率和载荷参数之间的函数曲线，可以发现当固有频率为 0 时，载荷参数就等于屈曲载荷。

采用求解序列 103 确定固有频率时，需要两个子工况。第一个子工况中结构承受静载荷，第二个子工况必须包括 STATSUB 工况控制命令，命令的值即为第一子工况的编号。另外，在第二子工况中还需要包括 METHOD 工况控制命令，用以选择模型数据中定义的提取固有频率和模态的特征值算法。

7.8 线性屈曲算例

7.8.1 简支细长杆的屈曲

考虑图 7.3 所示的简支-滑支梁。

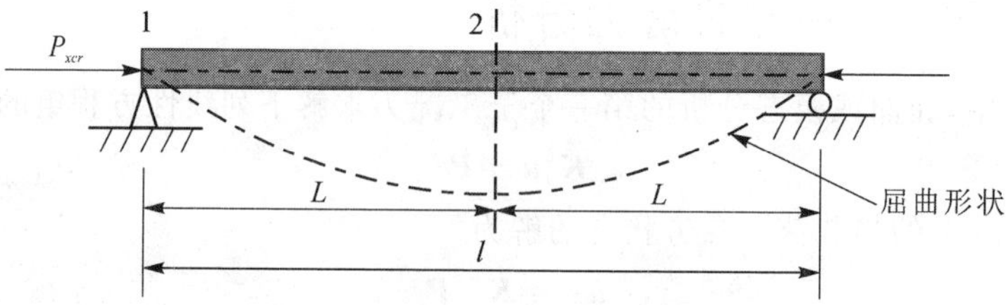

图 7.3 简支-滑支梁在轴向载荷下的屈曲

利用对称性条件和梁的边界条件，载荷和长度为

$$w_1=\theta_2=0,\quad F_x=-P_{xcr},\quad L=l/2$$

特征值问题的特征方程必须满足非零解条件：

$$\left(\frac{96EI}{l^3}-\frac{12P_{xcr}}{5l}\right)\left(\frac{8EI}{l}-\frac{12P_{xcr}l}{5}\right)-\left(\frac{24EI}{l^2}-\frac{P_{xcr}}{10}\right)^2=0 \tag{7.48}$$

解出屈曲载荷

$$P_{xcr}=9.94\,\frac{EI}{l^2} \tag{7.49}$$

这个结果与欧拉屈曲载荷 $\pi^2\dfrac{EI}{l^2}$ 的相对误差为 0.7%。

为了验证这个结果，用一根长度为 1 m 的矩形截面梁，弹性模量为 7.0×10^{10} Pa，截面惯性矩为 $8.333\times10^{-10}\ \text{m}^{-4}$，截面面积为 0.000 1 m^2。参考载荷取为 $P_{\text{ref}}=1\,000$ N，作用在 $x=1$ m 端。位移约束为 $x=0$ 时，$u_x=0$，$u_y=0$，以及 $x=10$ 时，$u_y=0$。

本例采用 MSC. Patran 创建有限元模型，共分为 40 个单元。定义材料及单元属性以后，选择分析参数，分析类型为屈曲：BUCKLING，要求 10 阶特征值。图 7.4 是模态 1－5 阶的形状。

7.8.2 矩形板的屈曲

有不少著作讨论过矩形板的屈曲问题，求得一些特殊的边界条件和载荷下的分析解，为数值解和精确解的比较奠定了良好的基础。

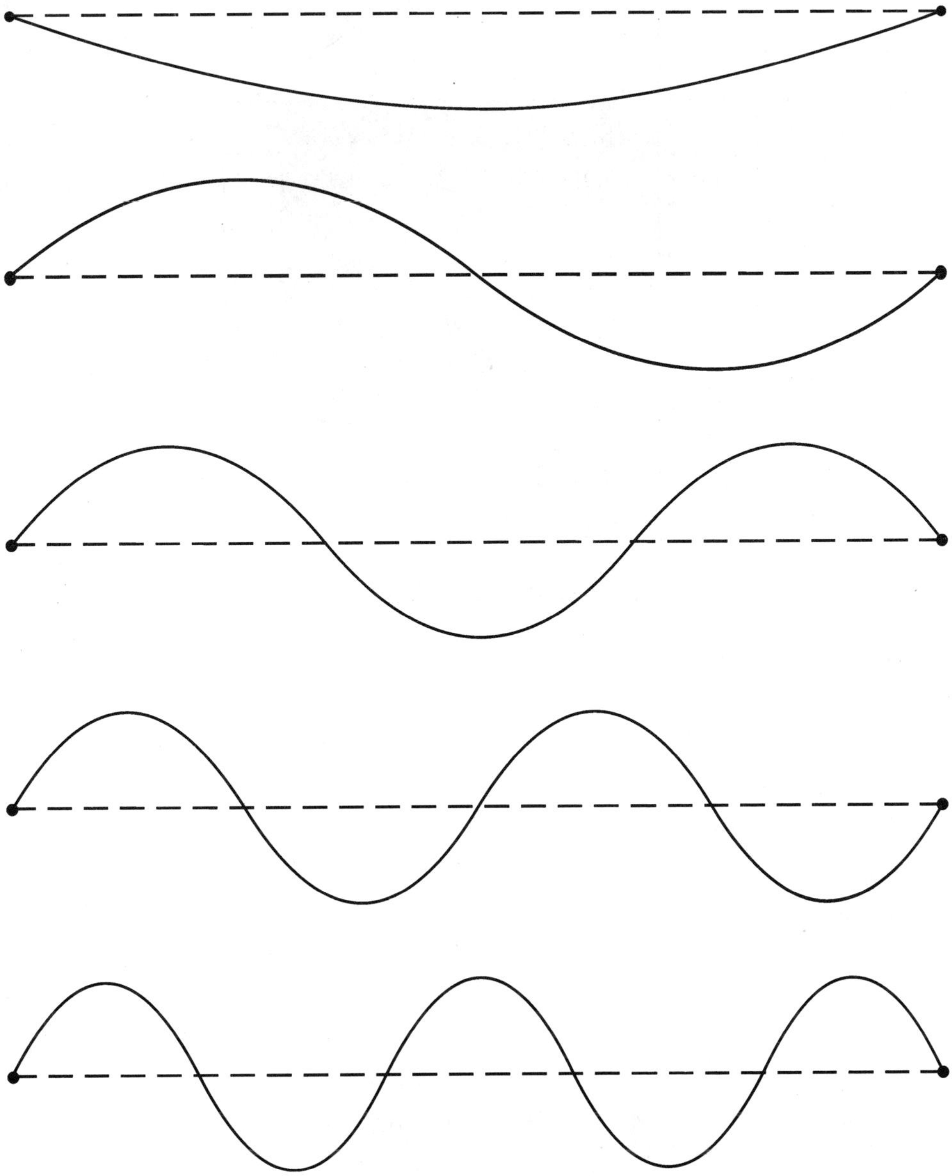

图 7.4　简支细长杆的屈曲

图 7.5 所示的矩形板，其大小为 $a=b=1$ m，$t=0.01$ m，材料的弹性模型为 $E=2.0\times10^8$ kN/m^2，泊松比为 0.3。

板的临界载荷为

$$P_{cr}^{anal}=k\,\frac{\pi^2 D}{b^2}=\lambda_{cr}^{anal}P^* \tag{7.50}$$

式中

k：屈曲载荷因子；

$D=\dfrac{Et^3}{12(1-v^2)}$：板的弯曲刚度；

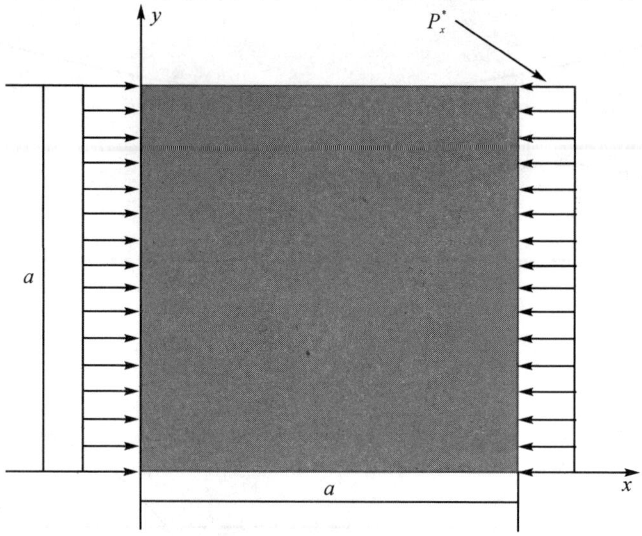

图 7.5 简支-自由-滑支-自由方板的屈曲

v:泊松比;

E:弹性模量;

b:y 方向长度;

t:板的厚度;

λ_{cr}^{anal}:无量纲载荷参数;

P^*:载荷参数。

在单向压缩情况下,屈曲系数为

$$k_{anal}=\left(\frac{m}{\mu}+\frac{n^2}{m}\mu\right)^2 \tag{7.51}$$

式中,m、n 分别为屈曲模式在 x、y 方向的半波数;$\mu=a/b$ 为长宽比。在单向压缩情况下,y 方向半波数 $n=1$ 时,当 $\mu=1$,$m=1,2,3$ 的屈曲载荷银子分别为 $k=4$、6.25 和 11.11。

用 MSC. Patran 创建板的有限单元模型,剖分为 10×10 的网格。位移边界条件为

$$u_x=u_y=u_z=\theta_x=\theta_z=0,\quad x=0$$

$$u_z=\theta_x=\theta_z=0,\quad x=1$$

$$u_z=\theta_y=\theta_z=0,\quad y=0,y=1$$

注意,边界 $y=0$ 和 $y=1$ 的节点上 u_y 没有约束。所建立的有限元模型如图 7.6 所示。

在这种情况下,加载后得到单向压缩应力状态。外载荷加在右边界节点上,由给定的数据,计算出参考载荷为

$$P^*=\frac{\pi^2 D}{b^2}=180.75\ \text{kN} \tag{7.52}$$

这个载荷将作用在 11 个节点上,两个角节点的力为 $P^*/2$,而 9 个中间节点的力为 P^*。

通过 MSC. Nastran 求解以后,由结果文件. f06 中可以看到前三阶特征值和理论解十分接近。下面为部分计算结果,所加载荷为参考载荷的 10 倍。图 7.7 是模态 1—4 阶的形状。

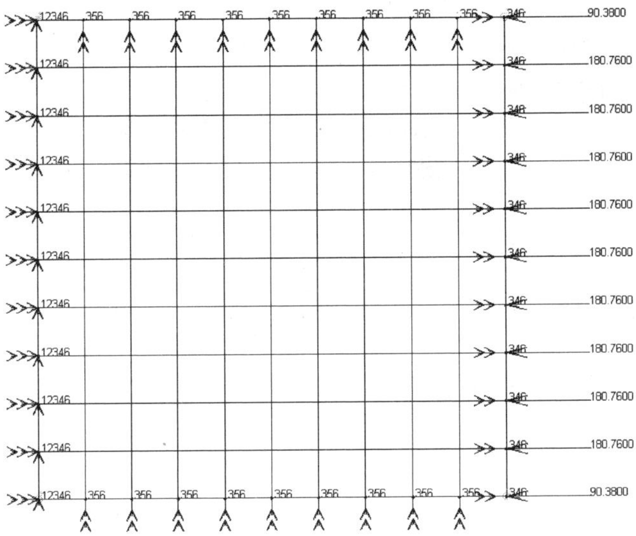

图 7.6　方板的有限元模型

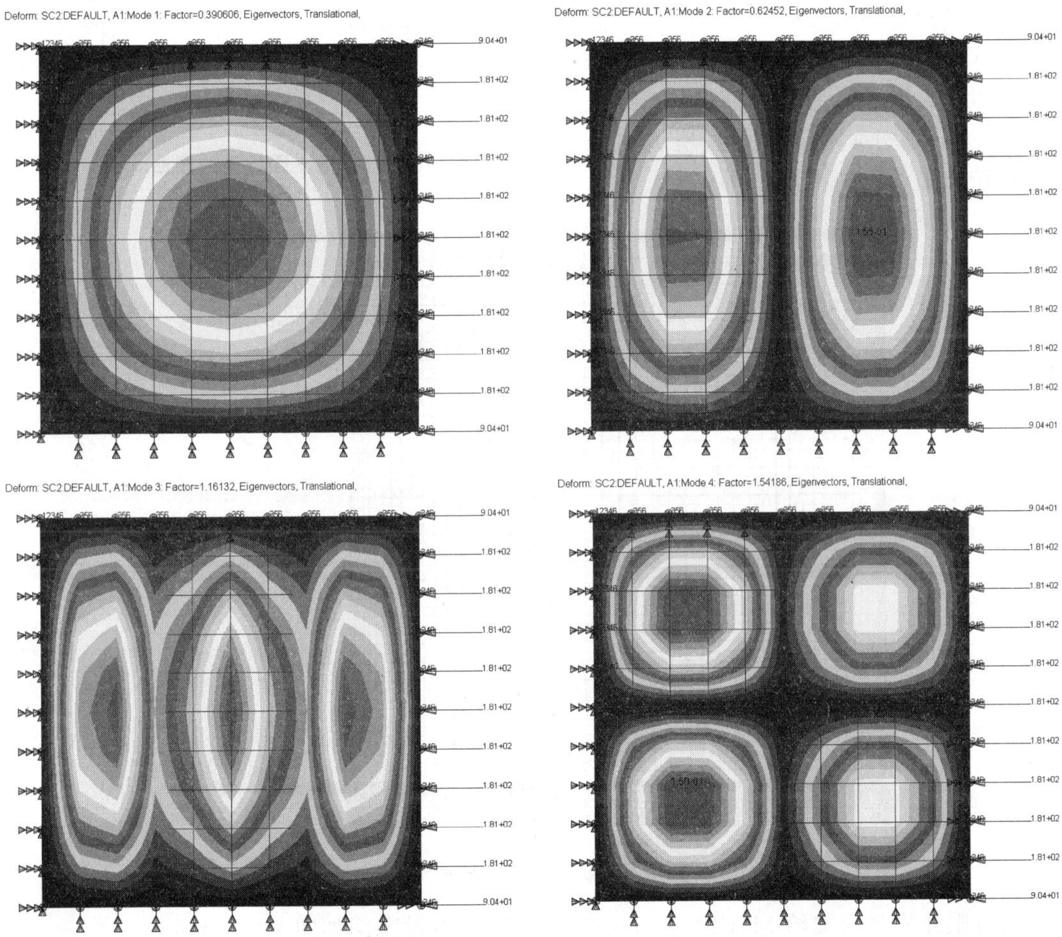

图 7.7　矩形板的屈曲

REAL EIGENVALUES			
MODE NO.	EXTRACTION ORDER	EIGENVALUE	分析解的值
1	1	3.906063E−01	0.40
2	2	6.245196E−01	0.625
3	3	1.161320E+00	1.111
4	4	1.541864E+00	

7.8.3 柱壳的屈曲

图 7.8 所示的圆柱壳，上下两端简支，承受外压力作用，求壳的屈曲载荷。

壳的厚度为 0.005 08 m，材料性能为 $E=1\times10^{7}$ Pa，$\nu=0.3$。

边界条件为：

上边界：$z=L, u_r=\theta_z=0$；

下边界：$z=0, u_z=u_r=\theta_z=0$。

用 MSC. Patran 创建有限元模型，如图 7.9 所示。沿圆柱壳周向划分了 100 个单元，沿轴向划分了 60 个单元，所施加的参考载荷为 1.0 MPa。

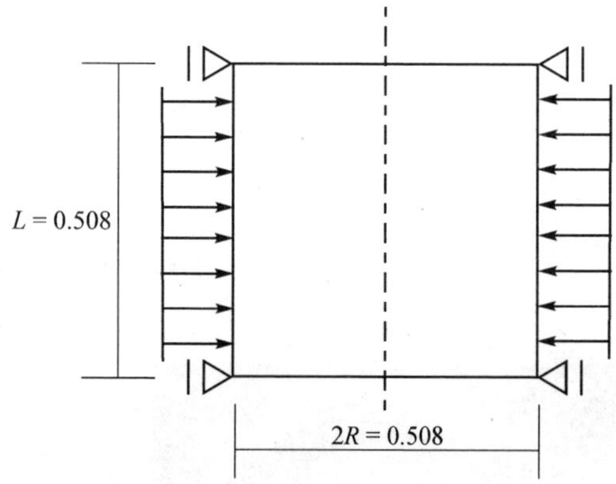

图 7.8 简支圆柱壳的屈曲

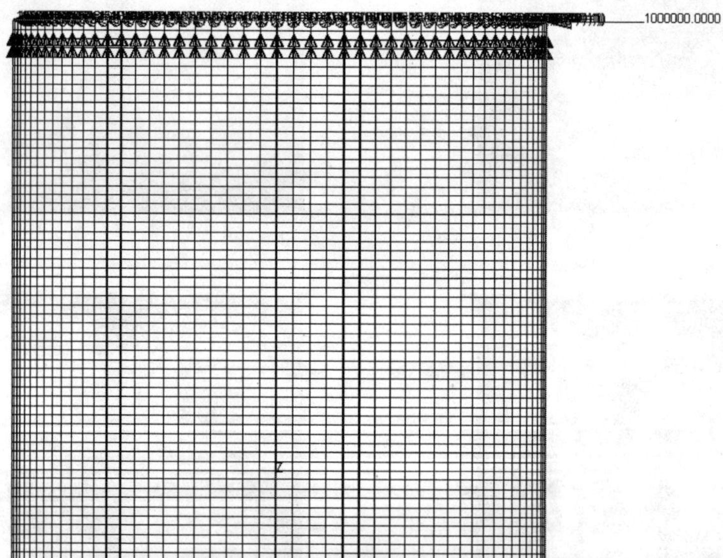

图 7.9 圆柱壳的有限元模型

将有限元模型提交给 MSC. Nastran 进行计算，所得模态图如图 7.10 所示。

计算结果表明，圆柱壳的临界压力约为 2.178 MPa，沿圆周方向产生 10 个半波，长度方向产生一个半波。

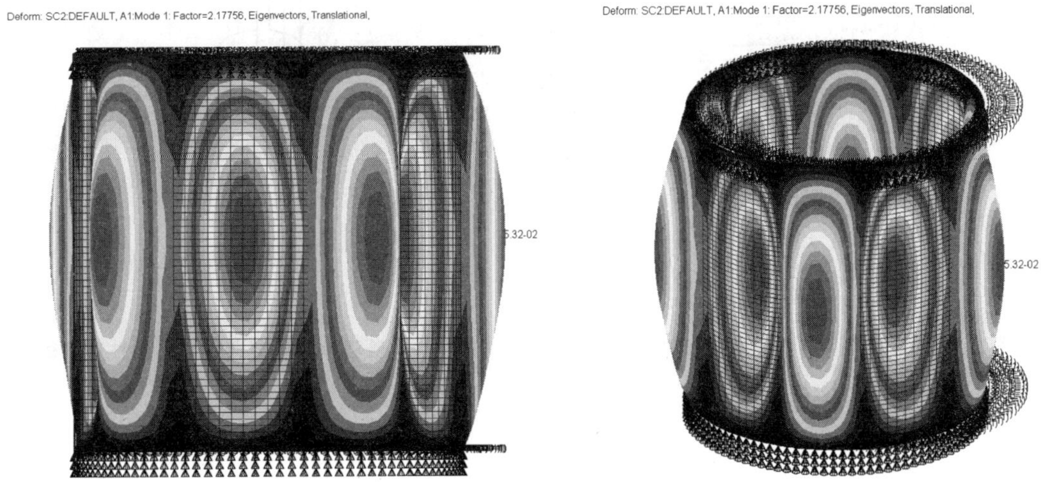

图 7.10　圆柱壳的屈曲

习　题

7-1　如图 7.11(a)所示的矩形轴结构，材料为钢，弹性模量为 200 GPa，泊松比为 0.3，轴高为 3 m，截面尺寸如图 7.11(b)所示。当上端自由，下端固定时，求该轴的前 5 阶特征值和屈曲模态。(可借助有限元分析软件求解)

7-2　与例 7-1 类似，不同之处在于矩形轴的上端简支，下端固定，如图 7.12 所示。求该轴的前 5 阶特征值和屈曲模态。(可借助有限元分析软件求解)

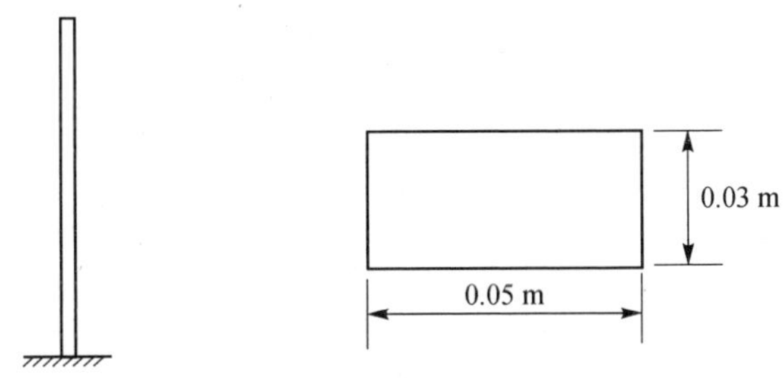

(a) 矩形轴　　(b) 截面尺寸

图 7.11　上端自由的矩形轴结构模型

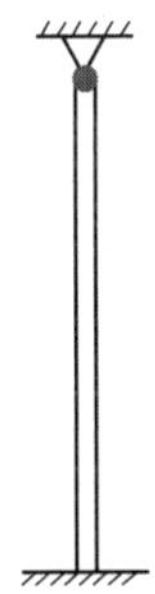

图 7.12　上端简支的矩形轴结构模型

7-3　与例 7-1 类似，不同之处在于矩形轴的上端能水平移动，下端固定，如图 7.13 所示。求该轴的前 5 阶特征值和屈曲模态。(可借助有限元分析软件求解)

7-4　如图 7.14 所示的圆钢管的直径为 30 mm，壁厚为 0.01 mm，长度为 100 mm，一端完全固定，另一端进行强制性位移加载，使截面上受到 500 N 集中压力的作用，试分析钢管的前 6 阶特征值和屈曲模态。(可借助有限元分析软件求解)

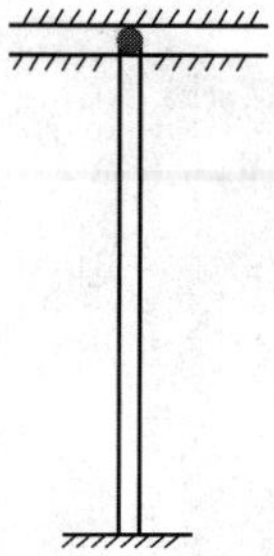

图 7.13　上端能水平移动的矩形轴结构模型

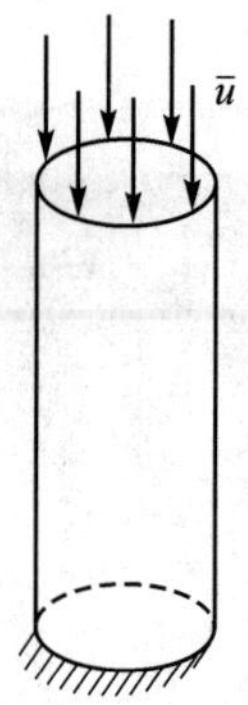

图 7.14　受强制位移载荷作用的圆柱形钢管

第8章　不确定性分析

工程物理系统多同时受到不同种类不确定性的影响，如材料性质、几何特性、边界条件和载荷分布等，可使用随机变量或者区间变量对不确定性进行量化，而系统的响应可表示为多元随机变量或区间变量的函数。现有的不确定性传播算法在一维问题中已取得一定的进展，但对于多维不确定性问题，则往往存在实验数据难以获得、计算精度差或者计算量难以承受的问题，故多元不确定量的高效高精度传播算法是当前研究的一个热点。

常用的多元函数随机传播分析方法是将响应函数在不确定量的中值处进行 Taylor 展开，之后利用矩法求得所需要的统计量。根据所展开的不同阶数，可得到相应的矩法计算公式。基于 Taylor 展开的矩方法使用了响应函数关于不确定量的灵敏度，而灵敏度的解析表达式通常是难以获得的，在工程问题中常以差分代替微分来获得灵敏度的数值解，而数值不稳定性是高维灵敏度函数数值计算的难点，故通常只使用一阶展开方法和二阶展开方法，而这往往达不到工程计算所需要的精度。另外，Monte Carlo 方法也是处理不确定性的一种常用算法。这种方法对不确定性量所在的空间生成大量的样本点，分别计算各样本点处的函数值，之后进行响应函数统计量的计算。虽然目前已发展了多种样本点抽样方法，可有效地提高计算效率，但对于工程问题来说，其计算量仍然是难以承受的，所以这种方法通常只用于对其他方法的校核。还有，近年来快速发展起来的广义多项式混沌方法在处理较低维数问题时具有相当的吸引力，但研究表明，这种方法在处理高维不确定性问题时，大量数目的展开项将使得计算效率严重下降。

鉴于上述方法存在的弊端，我们期望对高维问题进行降维或者分解处理。多元函数的积分弱形式可将响应函数在积分意义上近似等效地转化为一系列一元函数的线性组合。在此基础上，我们发展出了一种求解多元随机函数统计量的一维算法，并给出了适用于工程问题计算的配点型随机传播分析方法。这种方法是一种非梯度算法，并可根据配点的数目提高计算精度。这里配点型的说法是指所提出的方法，除了使用名义值点的信息外，还需要在域内其他位置进行配点。

另外，当使用区间变量对系统不确定性进行量化时，作为一般性的要求，工程师希望得到一个包含精确响应区间的足够“紧”的近似区间。但事实上，基于一阶 Taylor 展开的区间分析方法]所给出的区间界限往往过于粗糙，不能够很好地指导设计分析工作。究其原因，是因为 Taylor 展开是一种利用幂级数在某点处近似目标函数，在展开点附近，级数收敛很快，但随着区间的增大，级数收敛得很慢，如果要达到预定的精确度，展开式的项数必然要取得相当多。若只将级数展开至一阶，近似函数与目标函数在整个区间上的差别将很大，这导致了基于一阶 Taylor 展开的区间分析方法所给出的近似响应区间界值与精确响应区间界值相差较大。

利用函数的 Taylor 展开进行区间分析，事实上是利用了函数逼近方法，即用简单函数以某种规则近似复杂函数，并用近似函数的区间界值代替真实响应函数的区间界值。借鉴这种思想，在吸收 Taylor 展开“点”逼近方法不足的基础上，提出一种在整个区间上逼近目标响应函数的传播分析方法，这种方法利用了第一类 Chebyshev 正交多项式最佳平方逼近目标函数的性质，需要在不确定变量所在区间内配置高斯积分点，故称为配点型区间传播分析方法。

8.1 基于 Taylor 展开的随机传播分析方法

考虑包含不确定量 $\boldsymbol{H}=\{H_1,H_2,\cdots,H_N\}$ 的物理系统，这里 N 为不确定参数的个数。这些不确定量往往可看作是一种输入形式，并通过系统的响应 $u(\boldsymbol{H})$ 反映出来。当使用随机变量描述这些不确定量时，工程上一般要求考察响应函数的均值和方差。

假设系统响应 $u(\boldsymbol{H})$ 对随机向量 $\boldsymbol{H}$ 足够光滑，则响应统计矩可通过将响应函数 $u(\boldsymbol{H})$ 在随机向量均值 $\boldsymbol{H}^c$ 处展开得到，考虑展开至 4 阶的 Taylor 级数，有

$$
\begin{aligned}
u(\boldsymbol{H})=&u(\boldsymbol{H}^c)+\sum_{p=1}^{N}\frac{\partial u(\boldsymbol{H}^c)}{\partial H_p}\Delta H_p+\frac{1}{2!}\sum_{p=1}^{N}\sum_{q=1}^{N}\left(\frac{\partial u^2(\boldsymbol{H}^c)}{\partial H_p\partial H_q}\right)\Delta H_p\Delta H_q+\\
&\frac{1}{3!}\sum_{p=1}^{N}\sum_{q=1}^{N}\sum_{s=1}^{N}\left(\frac{\partial u^3(\boldsymbol{H}^c)}{\partial H_p\partial H_q\partial H_s}\right)\Delta H_p\Delta H_q\Delta H_s+\\
&\frac{1}{4!}\sum_{p=1}^{N}\sum_{q=1}^{N}\sum_{s=1}^{N}\sum_{t=1}^{N}\left(\frac{\partial u^4(\boldsymbol{H}^c)}{\partial H_p\partial H_q\partial H_s\partial H_t}\right)\Delta H_p\Delta H_q\Delta H_s\Delta H_t+O(\Delta\boldsymbol{H}^5)
\end{aligned}
\tag{8.1}
$$

式中，上标 'c' 代表随机量的均值；下标 'p,q,s,t' 为向量分量的指针；$\Delta H_p=H_p-H^c$；$O(\Delta\boldsymbol{H}^5)$表示该式具有 5 阶残差。假设各随机变量之间是相互独立的，则可使用下面两式分别表示响应 $u(\boldsymbol{H})$的均值和方差

$$
\begin{aligned}
E[u(\boldsymbol{H})]=&u(\boldsymbol{H}^c)+\frac{1}{2}\sum_{p=1}^{N}\frac{\partial^2 u(\boldsymbol{H}^c)}{\partial H_p^2}\sigma_{H_p}^2+\frac{1}{6}\sum_{p=1}^{N}\frac{\partial^3 u(\boldsymbol{H}^c)}{\partial H_p^3}\gamma_{H_p}\sigma_{H_p}^3+\\
&\frac{1}{24}\sum_{p=1}^{N}\frac{\partial^4 u(\boldsymbol{H}^c)}{\partial H_p^4}\Gamma_{H_p}\sigma_{H_p}^4+\frac{1}{8}\sum_{p=1}^{N}\sum_{q=1}^{N}\frac{\partial^4 u(\boldsymbol{H}^c)}{\partial H_p^2\partial H_q^2}\sigma_{H_p}^2\sigma_{H_q}^2+O(\sigma_{\boldsymbol{H}}^5)
\end{aligned}
\tag{8.2}
$$

$$
\begin{aligned}
\sigma^2[u(\boldsymbol{H})]=&\sum_{p=1}^{N}\frac{\partial u(\boldsymbol{H})}{\partial H_p}\sigma_{H_p}^2+\sum_{p=1}^{N}\frac{\partial u^2(\boldsymbol{H})}{\partial H_p^2}\frac{\partial u(\boldsymbol{H})}{\partial H_p}\gamma_{H_p}\sigma_{H_p}^3+\\
&\sum_{\substack{p,q=1\\p\neq q}}^{N}\frac{\partial u^3(\boldsymbol{H})}{\partial H_p^2\partial H_q}\frac{\partial u(\boldsymbol{H})}{\partial H_q}\sigma_{H_p}^2\sigma_{H_q}^2+\frac{1}{2}\sum_{\substack{p,q=1\\p\neq q}}^{N}\left(\frac{\partial u^2(\boldsymbol{H})}{\partial H_p\partial H_q}\right)^2\sigma_{H_p}^2\sigma_{H_q}^2+\\
&\frac{1}{3}\sum_{p=1}^{N}\frac{\partial u^3(\boldsymbol{H})}{\partial H_p^3}\frac{\partial u(\boldsymbol{H})}{\partial H_p}\Gamma_{H_p}\sigma_{H_p}^4+\\
&\frac{1}{4}\sum_{p=1}^{N}\left(\frac{\partial u^2(\boldsymbol{H})}{\partial H_p^2}\right)^2(\Gamma_{H_p}-1)\sigma_{H_p}^4+O(\sigma_{\boldsymbol{H}}^5)
\end{aligned}
\tag{8.3}
$$

式中，$E[^*]$表示期望算子；$\sigma^2[^*]$表示方差算子；偏度 γ_{H_p} 和峰度 Γ_{H_p} 分别定义为

$$
\gamma_{H_p}=\frac{E[(H_p-E[H_p])^3]}{\sigma_{H_p}^3}
\tag{8.4}
$$

$$
\Gamma_{H_p}=\frac{E[(H_p-E[H_p])^4]}{\sigma_{H_p}^4}
\tag{8.5}
$$

由式(8.2)和式(8.3)可知，响应函数的统计量与其在中值点处对各随机量的灵敏度有关。事实上，这种方法的主要计算量在于对这些灵敏度的计算。因为随着变量增多和所展开的阶数的增加，Taylor 展开的右端项将会变得非常冗长。又因工程问题中往往难以获得响应函数的

解析表达，通常是使用差商代替微商，但这种做法在处理高阶灵敏度时会出现数值不稳定性现象。所以，一般只取前 2 阶展开式进行计算。

由于 1 阶方法只需 1 次形成刚度矩阵，也只需求 1 次刚度矩阵的逆，因此效率较高。但由于忽略了二阶以上的高次项，使得 1 阶方法对随机变量的变异性有所限制，一般要求 1 阶方法中随机变量的变异系数小于 0.2。

为了提高对多维随机系统的分析处理能力，需发展高效高精度的计算方法。由于人们对单自由度问题研究较为充分，且在数学模型的建立上也更具优势，所以，若能将多元随机函数的统计量计算建立在对一元函数的分析计算基础上，势必能够在一定精度要求内简化分析模型，提高计算效率。为此，下节将首先引入多元函数在积分意义上的等效弱形式。

8.2　配点型随机传播分析方法

8.2.1　多元函数积分的等效弱形式

考虑一个连续可微的实值函数

$$u(\boldsymbol{h})=u(h_1,h_2,\cdots,h_N) \tag{8.6}$$

式中，$h_i\in[h_i^-,h_i^+]\subset\Omega$，$i=1,2,\cdots N$，$N$ 为正整数，Ω 为一超长方体形成的凸域，且有 $\Omega\subseteq N\Re$。域 Ω 的中心点记为 $\boldsymbol{h}^c=(h_1^c,h_2^c,\cdots,h_N^c)$，半径记为 $\boldsymbol{h}^r=(h_1^r,h_2^r,\cdots h_N^r)$，则有

$$\boldsymbol{h}^c=\frac{\boldsymbol{h}^+ +\boldsymbol{h}^-}{2},\quad \boldsymbol{h}^r=\frac{\boldsymbol{h}^+ -\boldsymbol{h}^-}{2} \tag{8.7}$$

其分量形式为

$$h_i^c=\frac{h_i^+ +h_i^-}{2},\quad h_i^r=\frac{h_i^r -h_i^-}{2},\quad i=1,2,3,\cdots,N \tag{8.8}$$

设函数 $u(\boldsymbol{h})$ 在中心点 $\boldsymbol{h}^c$ 处具有收敛的 Taylor 展开式

$$u(\boldsymbol{h})=u(\boldsymbol{h}^c)+\left(\sum_{i=1}^N(h_i-h_i^c)\frac{\partial}{\partial h_i}\right)u(\boldsymbol{h}^c)+\frac{1}{2!}\left(\sum_{i=1}^N(h_i-h_i^c)\frac{\partial}{\partial h_i}\right)^2u(\boldsymbol{h}^c)+$$
$$\frac{1}{3!}\left(\sum_{i=1}^N(h_i-h_i^c)\frac{\partial}{\partial h_i}\right)^3u(\boldsymbol{h}^c)+\frac{1}{4!}\left(\sum_{i=1}^N(h_i-h_i^c)\frac{\partial}{\partial h_i}\right)^4u(\boldsymbol{h}^c)+\cdots \tag{8.9}$$

根据式(8.9)，可近似计算函数 $u(\boldsymbol{h})$ 在凸域 Ω 上的积分

$$I[u(\boldsymbol{h})]=\int_\Omega u(\boldsymbol{h})\mathrm{d}\Omega=\int_{h_N^-}^{h_N^+}\cdots\int_{h_1^-}^{h_1^+}u(h_1,h_2,\cdots,h_N)\mathrm{d}h_1\cdots\mathrm{d}h_N \tag{8.10}$$

为方便计算，引入线性变换

$$\left.\begin{aligned}&h_i=\frac{h_i^+ +h_i^-}{2}+\frac{h_i^+ -h_i^-}{2}x_i=h_i^c+h_i^rx_i,\quad i=1,2,\cdots,N\\&x_i\in[-1,1],\quad i=1,2,\cdots,N\end{aligned}\right\} \tag{8.11}$$

将超长方体域 Ω 映射为单位超正方体域 Γ，并记

$$y(\boldsymbol{x})=u(\boldsymbol{h}^c+\boldsymbol{h}^rx) \tag{8.12}$$

则 Taylor 展开式(8.9)转化为

$$y(\boldsymbol{x})=y(\boldsymbol{0})+\left(\sum_{i=1}^N x_i\frac{\partial}{\partial x_i}\right)y(\boldsymbol{0})+\frac{1}{2!}\left(\sum_{i=1}^N x_i\frac{\partial}{\partial x_i}\right)^2y(\boldsymbol{0})+$$

$$\frac{1}{3!}\left(\sum_{i=1}^{N}x_i\frac{\partial}{\partial x_i}\right)^3 y(\mathbf{0})+\frac{1}{4!}\left(\sum_{i=1}^{N}x_i\frac{\partial}{\partial x_i}\right)^4 y(\mathbf{0})+\cdots \tag{8.13}$$

定义 $I[^*]$为对函数的域内积分，则

$$I[y(x)]=\int_{\Gamma}y(x)\mathrm{d}\Gamma \tag{8.14}$$

为 $y(x)$在域 Γ 上的积分。引入关系式

$$I[x_1^{m_1}x_2^{m_2}\cdots x_N^{m_N}]=\int_{-1}^{1}\int_{-1}^{1}\cdots\int_{-1}^{1}x_1^{m_1}x_2^{m_2}\cdots x_N^{m_N}\mathrm{d}x_1\mathrm{d}x_2\cdots\mathrm{d}x_N=0 \tag{8.15}$$

式中，变量 m_k 为自变量 x_k 的阶数，且有 $m_k\geqslant 0, m_k\subset\mathbb{Z}, k=1,2,\cdots,N$。式(8.15)成立，当且仅当集合$\{m_k,k=1,2,\cdots,N\}$中至少有一个元素为奇数。将式(8.13)代入式(8.14)，并利用式(8.15)进行简化，可得

$$I[y(x)]=I[y(0)]+\frac{1}{2!}\sum_{i=1}^{N}\frac{\partial^2 y(0)}{\partial x_i^2}I[x_i^2]+\frac{1}{4!}\sum_{i=1}^{N}\frac{\partial^4 y(0)}{\partial x_i^4}I[x_i^4]+\frac{1}{2!2!}\sum_{\substack{i,j=1\\ i<j}}^{N}\frac{\partial^4 y(0)}{\partial x_i^2\partial x_j^2}I[x_i^2x_j^2]+\cdots \tag{8.16}$$

另一方面，取函数

$$\tilde{y}(\boldsymbol{x})=\sum_{i=1}^{N}y(0,\cdots,x_i,\cdots,0)-(N-1)y(0) \tag{8.17}$$

将函数式(8.17)在零点处进行 Taylor 展开并进行积分，利用关系式(8.15)，得

$$I[\tilde{y}(x)]=I[y(0)]+\frac{1}{2!}\sum_{i=1}^{N}\frac{\partial^2 y(0)}{\partial x_i^2}I[x_i^2]+\frac{1}{4!}\sum_{i=1}^{N}\frac{\partial^4 y(0)}{\partial x_i^4}I[x_i^4]+\cdots \tag{8.18}$$

使用 $I[\tilde{y}(x)]$作为 $I[y(x)]$的近似函数，可得残差估计

$$R(x)=I[y(x)]-I[\tilde{y}(x)]=\frac{1}{2!2!}\sum_{\substack{i,j=1\\ i<j}}^{N}\frac{\partial^4 y(0)}{\partial x_i^2\partial x_j^2}I[x_i^2x_j^2]+\cdots \tag{8.19}$$

由式(8.19)可知，使用近似函数积分 $I[\tilde{y}(x)]$代替函数积分 $I[y(x)]$后，所得到的残差为 4 阶小量。在工程问题中，一般只须将响应函数展开至 1－2 阶，即可获得满意的数值精度，所以，函数式(8.17)可在上述的积分形式下近似等效于 $y(\boldsymbol{x})$。

对于在凸域 Ω 上定义的函数 $u(\boldsymbol{h})$，可将式(8.17)进行拓展得到函数 $u(\boldsymbol{h})$在积分弱形式下的近似函数表达

$$\tilde{u}(\boldsymbol{h})=\tilde{u}(h_1,\cdots,h_N)=\sum_{i=1}^{N}u(h_1^c,\cdots,h_{i-1}^c,h_i,h_{i+1}^c,\cdots,h_N^c)-(N-1)u(h_1^c,\cdots,h_N^c) \tag{8.20}$$

为方便，记 $u^c=u(h_1^c,\cdots,h_N^c)$，$\tilde{u}_i=u(h_1^c,\cdots,h_{i-1}^c,h_i,h_{i+1}^c,\cdots,h_N^c)$，$i=1,\cdots,N$，则式(8.20)可重写为

$$\tilde{u}(\boldsymbol{h})=\tilde{u}(h_1,\cdots,h_N)=\sum_{i=1}^{N}\tilde{u}_i-(N-1)u^c \tag{8.21}$$

式中，$\tilde{u}_i$ 为响应函数 $u(\boldsymbol{H})$的第 i 个分解函数。

由式(8.20)和式(8.21)可知，可以使用 N 个单变量函数的线性组合在弱积分意义上近似评估含 N 个变量多元函数的特性，例如极值分布、统计特性等，而现代发展起来的数学工具对

单变量问题的研究深度和计算精度都远远高于多变量函数。下面将基于多元函数积分的等效弱形式提出适用于求解多维随机系统响应统计量的配点型随机传播分析方法。

8.2.2　随机参数系统期望和方差的确定

考虑一个包含随机性的物理系统，使用随机变量 H_i，$(i=1,2,\cdots,N)$ 对这种不确定性进行描述，随机性的来源既可以是结构系统的材料性质、几何特性所引起的，也可以是由于载荷的随机分布性所引起的。将系统中各随机变量进行组装，得到随机向量

$$\boldsymbol{H}=(H_1,\cdots,H_N)^{\mathrm{T}} \tag{8.22}$$

考察随机响应 $u(\boldsymbol{H})$ 的期望值和方差，有

$$E[u(\boldsymbol{H})]=\int_{\Omega}u(\boldsymbol{H})f(\boldsymbol{H})\mathrm{d}\boldsymbol{H} \tag{8.23}$$

$$\sigma^2[u(\boldsymbol{H})]=\int_{\Omega}(u(\boldsymbol{H})-E[u(\boldsymbol{H})])^2f(\boldsymbol{H})\mathrm{d}\boldsymbol{H}=E[(u(\boldsymbol{H})-E[u(\boldsymbol{H})])^2] \tag{8.24}$$

式中，$f(\boldsymbol{H})$ 为随机向量 $\boldsymbol{H}$ 的联合概率分布密度。若随机变量 $(H_1,\cdots,H_N)$ 相互独立，且存在边缘概率分布密度函数 $f_{H_i}(h_1^c,\cdots,h_N)$，$i=1,\cdots,N$，则有

$$f(\boldsymbol{H})\equiv f(h_1,\cdots,h_N)=f_{H_1}(h_1)\cdots f_{H_N}(h_N) \tag{8.25}$$

基于随机变量的独立性假设式(8.25)，下面将分别给出随机响应函数期望和方差的一元表示形式。

基于积分运算与求和运算的可交换性，并简记 $f(h_i)=f(h_1^c,\cdots,h_i,\cdots,h_N^c)$，可得到响应函数期望值的表示形式为

$$\begin{aligned}E[u(\boldsymbol{H})]&=\int_{\Omega}u(\boldsymbol{H})f(\boldsymbol{H})\mathrm{d}\boldsymbol{H}=\int_{\Omega}u(h_1,\cdots,h_N)f(h_1,\cdots,h_N)\mathrm{d}h_1\cdots\mathrm{d}h_N\\&=\int_{\Omega}\left(\sum_{i=1}^{N}\tilde{u}_if(h_i)-(N-1)u^cf(\boldsymbol{H}^c)\right)\mathrm{d}h_1\cdots\mathrm{d}h_N=E\left[\sum_{i=1}^{N}\tilde{u}_i\right]-(N-1)u^c\\&=\sum_{i=1}^{N}E[\tilde{u}_i]-(N-1)u^c\end{aligned} \tag{8.26}$$

定义 $\mu_u=E[u(\boldsymbol{H})]$，$\mu_{\tilde{u}_i}=E[\tilde{u}_i(H_i)]$，则有

$$\mu_u=\sum_{i=1}^{N}\mu_{\tilde{u}_i}-(N-1)u^c \tag{8.27}$$

即多元响应函数 $u(H_1,\cdots,H_N)$ 的一阶原点矩可使用 N 个一元函数的线性组合进行近似代替。

方差的一元表示形式可借鉴响应函数期望的一元化过程，为此，需定义过渡函数

$$g(\boldsymbol{H})=(u(\boldsymbol{H})-E[u(\boldsymbol{H})])^2 \tag{8.28}$$

进行与式(8.26)同样的推导过程，有

$$\sigma^2[u(\boldsymbol{H})]=E[g(\boldsymbol{H})]=E\left[\sum_{i=1}^{N}\tilde{g}_i\right]-(N-1)g^c=\sum_{i=1}^{N}E[\tilde{g}_i]-(N-1)g^c \tag{8.29}$$

式中，$\tilde{g}_i$ 和 g^c 的定义分别与 $\tilde{u}_i$ 和 u^c 类似。从而有

$$\tilde{g}_1=(\tilde{u}_1-\mu_u)^2=\tilde{u}_1^2-2\tilde{u}_1\mu_u+\mu_u^2$$
$$\tilde{g}_2=(\tilde{u}_2-\mu_u)^2=\tilde{u}_2^2-2\tilde{u}_2\mu_u+\mu_u^2$$
$$\cdots$$
$$\tilde{g}_N=(\tilde{u}_N-\mu_u)^2=\tilde{u}_2^2-2\tilde{u}_2\mu_u+\mu_u^2 \tag{8.30}$$

将式(8.30)中的各子式相加并取均值运算，得

$$E\left[\sum_{i=1}^{N}\tilde{g}_i\right]=\sum_{i=1}^{N}E[\tilde{u}_i^2]+2\mu_u\sum_{i=1}^{N}\mu_{\tilde{u}_i}+N\mu_u^2 \tag{8.31}$$

根据 $\tilde{u}_i$ 的方差定义 $\sigma^2[\tilde{u}_i]=E[\tilde{u}_i^2]-\mu_{\tilde{u}_i}^2$，式(8.31)可重写为

$$\begin{aligned}E\left[\sum_{i=1}^{N}\tilde{g}_i\right]&=\sum_{i=1}^{N}(\sigma^2[\tilde{u}_i]+\mu_{\tilde{u}_i}^2)-2\mu_u\sum_{i=1}^{N}\mu_{\tilde{u}_i}+N\mu_u^2\\&=\sum_{i=1}^{N}\sigma^2[\tilde{u}_i]+\sum_{i=1}^{N}(\mu_{\tilde{u}_i}^2-2\mu_u\mu_{\tilde{u}_i}+\mu_u^2)\\&=\sum_{i=1}^{N}\sigma^2[\tilde{u}_i]+\sum_{i=1}^{N}(\mu_{\tilde{u}_i}^2-2\mu_u\mu_{\tilde{u}_i}+\mu_u^2)\\&=\sum_{i=1}^{N}\sigma^2[\tilde{u}_i]+\sum_{i=1}^{N}(\mu_{\tilde{u}_i}-\mu_u)^2\end{aligned} \tag{8.32}$$

将式(8.32)所得结果代入式(8.29)，将 g^c 进行替换，并记 $\sigma_u^2=\sigma^2[u(\boldsymbol{H})]$ 和 $\sigma_{\tilde{u}_i}^2=\sigma^2[\tilde{u}_i]$，最终得

$$\sigma_u^2=\sum_{i=1}^{N}\sigma_{\tilde{u}_i}^2+\sum_{i=1}^{N}(\mu_{\tilde{u}_i}-\mu_u)^2-(N-1)(u^c-\mu_u)^2 \tag{8.33}$$

式(8.27)和式(8.33)即为多元随机函数期望值和方差的一元表示形式。

由式(8.27)和式(8.33)不难看出，要确定随机响应函数的期望值和方差值，需分别确定随机响应函数的第 i 个一元分解函数 $\tilde{u}_i$，$i=1,\cdots,N$ 的均值和方差。

8.2.3 随机参数系统高阶矩的确定

将式(8.26)中的响应函数 u 替换为 u^m，则可得响应函数 u 的 m 阶原点矩为

$$E[u^m]=\sum_{i=1}^{N}E[(\tilde{u}^m)_i]-(N-1)(u^m)^c \tag{8.34}$$

式中，$(\tilde{u}^m)_i$ 为响应函数 u^m 的第 i 个一元分解函数；$(u^m)^c$ 为响应函数 u^m 的中值，交换分解运算和乘方运算的次序，有

$$(\tilde{u}^m)_i=(\tilde{u})_i^m=(\tilde{u}_i)^m,\quad (u^m)^c=(u^c)^m \tag{8.35}$$

则响应函数 u 的 m 阶原点矩可表示为

$$E[u^m]=\sum_{i=1}^{N}E[(\tilde{u}_i)^m]-(N-1)(u^c)^m \tag{8.36}$$

可见响应函数 u 的第 m 阶原点矩可用其一元分解函数的第 m 阶原点矩的线性组合表示。

类似地，改变式(8.28)中函数 g 的定义，可得响应函数的 m 阶中心矩为

$$E[(u-E[u])^m]=\sum_{i=1}^{N}\sum_{k=0}^{m}\frac{m!}{k!(m-k)!}(\mu_{\tilde{u}_i}-\mu_u)^{n-k}E[(\tilde{u}_i-\mu_{\tilde{u}_i})^k]-(N-1)(u^c-\mu_u)^m \tag{8.37}$$

可见响应函数第 m 阶中心矩可用一元分解函数的前 m 阶中心距的线性组合表示。

现考察一阶中心矩，令 $m=1$，有

$$E[(u-E[u])^m]=\sum_{i=1}^{N}\sum_{k=0}^{m}\frac{m!}{k!(m-k)!}(\mu_{\tilde{u}_i}-\mu_u)^{m-k}E[(\tilde{u}_i-\mu_{\tilde{u}_i})^k]-(N-1)(u^c-\mu_u)^m$$

$$=\sum_{i=1}^{N}(\mu_{\tilde{u}_i}-\mu_u)-(N-1)(u^c-\mu_u)$$

$$=\sum_{i=1}^{N}\mu_{\tilde{u}_i}-(N-1)u^c-\mu_u \tag{8.38}$$

因为随机变量的一阶中心矩为 0，所以有

$$\sum_{i=1}^{N}\mu_{\tilde{u}_i}-(N-1)u^c-\mu_u=0 \tag{8.39}$$

由式(8.27)可知式(8.39)成立。

8.2.4 配点方案

当分解函数 $\tilde{u}_i(h_i)$ 和概率密度函数 $f(h_i)$ 具有解析表达式时，可通过定义直接进行积分，得到 $\tilde{u}_i(h_i)$ 的数字特征。然而工程问题中的响应函数的解析表达式通常是难以获得的，此时需使用数值积分方法。为此，可在随机变量定义域内进行配点，得到下面的数值积分格式

$$\mu_{\tilde{u}_i}=\int_{\Gamma}u(h)f(h)\mathrm{d}h=\sum_{j=1}^{NP}\bar{w}_i^j\tilde{u}_i(\bar{h}_i^j) \tag{8.40}$$

$$\sigma_{\tilde{u}_i}^2=\int_{\Gamma}(\tilde{u}_i-\mu_{\tilde{u}_i})^2f(h_i)\mathrm{d}h_i=\sum_{j=1}^{NP}\bar{w}_i^j(\tilde{u}_i(\bar{h}_i^j)-\mu_{\tilde{u}_i})^2 \tag{8.41}$$

式中 $\bar{h}_i^j, j=1,2\cdots;NP$ 为第 i 个分解函数在 h_i 所在区间内的第 j 个配点，NP 为配点的个数；$\bar{w}_i^j$ 为相应的权重因子。由式(8.40)可知，权重因子与配点的数目和位置是相关的，需根据具体的分布进行确定。下面通过 Taylor 展开系数相等的方法得到权重因子和配点的关系式，为此首先将第 j 个配点处的函数值 $\tilde{u}_i(\bar{h}_i^j)$ 在 h_i 中值点 h_i^c 处展开，得

$$\tilde{u}_i(\bar{h}_i^j)=\tilde{u}_i(h_i^c)+\sum_{k=1}^{\infty}\frac{\partial^k\tilde{u}_i(h_i^c)}{\partial h^k}\frac{1}{k!}(\bar{h}_i^j-h_i^c)^k,\quad j=1,\cdots,NP \tag{8.42}$$

将式(8.42)代入式(8.40)，可得

$$\mu_{\tilde{u}_i}=\sum_{j=1}^{NP}\bar{w}_i^j\left(\tilde{u}_i(h_i^c)+\sum_{k=1}^{\infty}\frac{\partial^k\tilde{u}_i(h_i^c)}{\partial h^k}\frac{1}{k!}(\bar{h}_i^j-h_i^c)^k\right)$$

$$=\sum_{j=1}^{NP}\bar{w}_i^j\tilde{u}_i(h_i^c)+\sum_{k=1}^{\infty}\sum_{j=1}^{NP}\frac{\partial^k\tilde{u}_i(h_i^c)}{\partial h^k}\frac{1}{k!}\bar{w}_i^j(\bar{h}_i^j-h_i^c)^k \tag{8.43}$$

然后，将 $\tilde{u}_i(h_i)$ 也在中值点 h_i^c 处展开，得

$$\tilde{u}_i(h_i)=\tilde{u}_i(h_i^c)+\sum_{k=1}^{\infty}\frac{\partial^k\tilde{u}_i(h_i^c)}{\partial h^k}\frac{1}{k!}(h_i-h_i^c)^k \tag{8.44}$$

两边取均值，得

$$\mu_{\tilde{u}_i}=\tilde{u}_i(h_i^c)+\sum_{k=1}^{\infty}\frac{\partial^k\tilde{u}_i(h_i^c)}{\partial h^k}\frac{1}{k!}E[(h_i-h_i^c)^k] \tag{8.45}$$

对比式(8.43)和式(8.45)，可知

$$\sum_{j=1}^{NP}\bar{w}_i^j(\bar{h}_i^j-h_i^c)^k=E[(h_i-h_i^c)^k],\quad k=0,1,2,\cdots,\infty \tag{8.46}$$

式(8.46)即为从分解函数 $\tilde{u}_i$ 期望值导出的权重因子集 $\{\bar{w}_i^j\}$ 与配点位置集 $\{\bar{h}_i^j\}$ 的关系式。另外,可从方差式导出相同的权重因子集 $\{\bar{w}_i^j\}$ 与配点位置集 $\{\bar{h}_i^j\}$ 的关系式,只不过需要令过渡函数

$$\tilde{g}_i(h_i)=(\tilde{u}_i(h_i)-\mu_{\tilde{u}_i})^2 \tag{8.47}$$

再将 $\tilde{g}_i(h_i)$ 在中值点 h_i^c 处进行 Taylor 展开。

当 $k=NP-1$ 时,式(8.46)转化为一个封闭的代数方程组,将其写成矩阵形式为

$$\begin{bmatrix}1 & 1 & \cdots & 1\\ \bar{h}_i^1-h_i^c & \bar{h}_i^2-h_i^c & \cdots & \bar{h}_i^{NP}-h_i^c\\ \vdots & \vdots & & \vdots\\ (\bar{h}_i^1-h_i^c)^{NP-1} & (\bar{h}_i^2-h_i^c)^{NP-1} & \cdots & (\bar{h}_i^{NP}-h_i^c)^{NP-1}\end{bmatrix}\begin{bmatrix}\bar{w}_i^1\\ \bar{w}_i^2\\ \vdots\\ \bar{w}_i^{NP}\end{bmatrix}=\begin{bmatrix}1\\ E[h_i-h_i^c]\\ \vdots\\ E[(h_i-h_i^c)^{NP-1}]\end{bmatrix} \tag{8.48}$$

式(8.48)简写为

$$\bar{\boldsymbol{A}}_i\bar{\boldsymbol{w}}_i=\boldsymbol{B}_i \tag{8.49}$$

式中,$\bar{\boldsymbol{A}}_i$ 为式(8.4)中的矩阵,表示配点 $\bar{h}_i^j$ 与中心点的位置关系;$\bar{\boldsymbol{w}}_i$ 为代求的权重因子列向量;$\boldsymbol{B}_i$ 为随机变量 h_i 前($NP-1$)阶中心矩形成的列向量。对于对称的随机分布来说,当 k 为奇数,有 $E[(h_i-h_i^c)^k]=0$。由式(8.49),可将权重因子列向量表示为显示格式

$$\bar{\boldsymbol{w}}_i=\bar{\boldsymbol{A}}_i^{-1}\boldsymbol{B}_i \tag{8.50}$$

并记

$$\tilde{\boldsymbol{u}}_i=[\tilde{u}_i(\bar{h}_i^1),\cdots,\tilde{u}_i(\bar{h}_i^{NP})]^{\mathrm{T}} \tag{8.51}$$

$$\tilde{\boldsymbol{g}}_i=[(\tilde{u}_i(\bar{h}_i^1)-\mu_{\tilde{u}_i})^2,\cdots,(\tilde{u}_i(\bar{h}_i^{NP})-\mu_{\tilde{u}_i})^2]^{\mathrm{T}} \tag{8.52}$$

将式(8.40)和式(8.41)写成向量点乘形式,并将式(8.50)分别代入,可得

$$\mu_{\tilde{u}_i}=\tilde{\boldsymbol{u}}_i^{\mathrm{T}}\bar{\boldsymbol{A}}_i^{-1}\boldsymbol{B}_i \tag{8.53}$$

$$\sigma_{\tilde{u}_i}^2=\tilde{\boldsymbol{g}}_i^{\mathrm{T}}\bar{\boldsymbol{A}}_i^{-1}\boldsymbol{B}_i \tag{8.54}$$

式(8.53)和式(8.54)为使用配点方法得到的第 i 个分解函数 $\tilde{u}_i$ 的期望值和方差值。在求出所有分解函数 $\tilde{u}_i$ 的期望值和方差值后,将其代入式(8.27)和式(8.33),即可评估响应函数 $u(\boldsymbol{H})$ 的期望值和方差值。

下面考察 $NP=3$ 时的情形,并注意到随机变量的一阶中心距为 0,二阶中心距为方差,可得

$$\begin{bmatrix}1 & 1 & 1\\ \bar{h}_i^1-h_i^c & \bar{h}_i^2-h_i^c & \bar{h}_i^3-h_i^c\\ (\bar{h}_i^1-h_i^c)^2 & (\bar{h}_i^2-h_i^c)^2 & (\bar{h}_i^3-h_i^c)^2\end{bmatrix}\begin{bmatrix}\bar{w}_i^1\\ \bar{w}_i^2\\ \bar{w}_i^3\end{bmatrix}=\begin{bmatrix}1\\ 0\\ \sigma_{h_i}^2\end{bmatrix} \tag{8.55}$$

求解式(8.55)可得

$$\bar{w}_i^1=\frac{\bar{h}_i^2\bar{h}_i^3-(\bar{h}_i^2+\bar{h}_i^3)\mu_{h_i}+\sigma_{h_i}^2+\mu_{h_i}^2}{(\bar{h}_i^2-\bar{h}_i^1)(\bar{h}_i^3-\bar{h}_i^1)}$$

$$\bar{w}_i^2=\frac{\bar{h}_i^3\bar{h}_i^1-(\bar{h}_i^3+\bar{h}_i^1)\mu_{h_i}+\sigma_{h_i}^2+\mu_{h_i}^2}{(\bar{h}_i^3-\bar{h}_i^2)(\bar{h}_i^1-\bar{h}_i^2)}$$

$$\bar{w}_i^3=\frac{\bar{h}_i^1\bar{h}_i^2-(\bar{h}_{i1}^1+\bar{h}_i^2)\mu_{h_i}+\sigma_{h_i}^2+\mu_{h_i}^2}{(\bar{h}_i^1-\bar{h}_i^3)(\bar{h}_i^2-\bar{h}_{i3}^3)} \tag{8.56}$$

由式(8.56)可知，当 $NP=3$ 时，权重系数的求解只使用了随机变量的均值和方差，这与一般工程问题中所给定的已知条件相符。

由式(8.48)可知，当配点较多时，矩阵 $\bar{\mathbf{A}}_i$ 的条件数 $\text{cond}(\bar{\mathbf{A}}_i)$将会变得非常差，这对于矩阵求逆运算是非常不利的，须深入考察权重因子的性质以优化计算权重因子的过程，所以下面将给出权重因子的一个重要性质。

命题：设 h_1 和 h_2 分别为定义在区间$[h_1^-,h_1^+]$和$[h_2^-,h_2^+]$上的具有相同分布类型的随机变量。在 h_1 域上配置积分点集$\{\bar{h}_1^j\}$，在 h_2 域上配置积分点集$\{\bar{h}_2^j\}$，若对不同的 j，恒有关系式$(\bar{h}_1^j-h_1^c)/h_1^r=(\bar{h}_2^j-h_2^c)/h_2^r$ 成立，则两区间配点集所属的权重集相同。

证明：由式(8.46)中的分量形式可分别得

$$\sum_{j=1}^{NP}\bar{w}_1^j(\bar{h}_1^j-h_1^c)^k=E[(h_1-h_1^c)^k],\quad k=0,1,2,\cdots,\infty \tag{8.57}$$

$$\sum_{j=1}^{NP}\bar{w}_2^j(\bar{h}_2^j-h_2^c)^k=E[(h_2-h_2^c)^k],\quad k=0,1,2,\cdots,\infty \tag{8.58}$$

将式(8.57)两端同时除以区间半径 h_1^r，也同时将式(8.58)两端除以区间半径 h_2^r，根据数学期望的性质，有

$$\sum_{j=1}^{NP}\bar{w}_1^j\left(\frac{\bar{h}_1^j-h_1^c}{h_1^r}\right)^k=E\left[\left(\frac{h_1-h_1^c}{h_1^r}\right)^k\right],\quad k=0,1,2,\cdots,\infty \tag{8.59}$$

$$\sum_{j=1}^{NP}\bar{w}_2^j\left(\frac{\bar{h}_2^j-h_2^c}{h_2^r}\right)^k=E\left[\left(\frac{h_2-h_2^c}{h_2^r}\right)^k\right],\quad k=0,1,2,\cdots,\infty \tag{8.60}$$

由于$\dfrac{h_1-h_1^c}{h_1^r}$与$\dfrac{h_2-h_2^c}{h_2^r}$均为定义在$[-1,1]$区间上的同类型的随机变量，故有

$$E\left[\left(\frac{h_1-h_1^c}{h_1^r}\right)^k\right]=E\left[\left(\frac{h_2-h_2^c}{h_2^r}\right)^k\right] \tag{8.61}$$

又因为$\dfrac{\bar{h}_1^j-h_1^c}{h_1^r}=\dfrac{\bar{h}_2^j-h_2^c}{h_2^r}$，所以有

$$\bar{w}_1^j=\bar{w}_2^j,\quad j=1,2,\cdots,NP \tag{8.62}$$

得证.

上述权重因子的性质具有两层含义：

① 一般区间上权重因子的求解可归一化为在$[-1,1]$区间上进行求解；

② 对于同类型的随机变量，若所取配点的型式相同，则配点集相同。

根据这两个性质，可对权重因子的计算做出进一步的简化。例如，考虑在两个区间$[h_1^-,h_1^+]$和$[h_2^-,h_2^+]$上服从均匀分布的随机变量 H_1 和 H_2，若均进行相同数目的均匀配点，则两

者的配点集相同，且等于区间[−1，1]上具有相同配点型式的配点集。

为使用方便，可将服从某种分布类型的随机变量的权重因子进行列表。附录 A 中给出均匀分布和高斯分布这两种重要分布在不同配点型式下的权重因子列表，对于高斯分布的积分区间取为$[\mu-6\sigma,\mu+6\sigma]$。

8.2.5 计算精度和计算量分析

相比于其他随机传播分析方法(随机配置方法，Monte Carlo 仿真)，所提出的配点型随机传播分析方法具有很高的计算效率。当使用 NP 个配点时，其计算量为 $N\times NP$ 次确定性函数计算。并且，若每一个维度上均在中值处设置了配点，则计算量减少为 $N\times(NP-1)+1$ 次确定性函数计算。图 8.1 给出了配点型随机传播分析方法(CRAM)与基于 Taylor 展开方法和随机配置方法(SC)的计算量比较(对数图)，图中 SC 与 CRAM 方法在每一维度上均采用 10 个配点。由图 8.1 可知，基于 Taylor 的方法计算量最小，CRAM 其次，而 SC 方法随着不确定性数目的增加计算量呈级数级递增，而基于 Taylor 展开的方法和 CIAM 的计算量均为随机参数数目的线性函数。

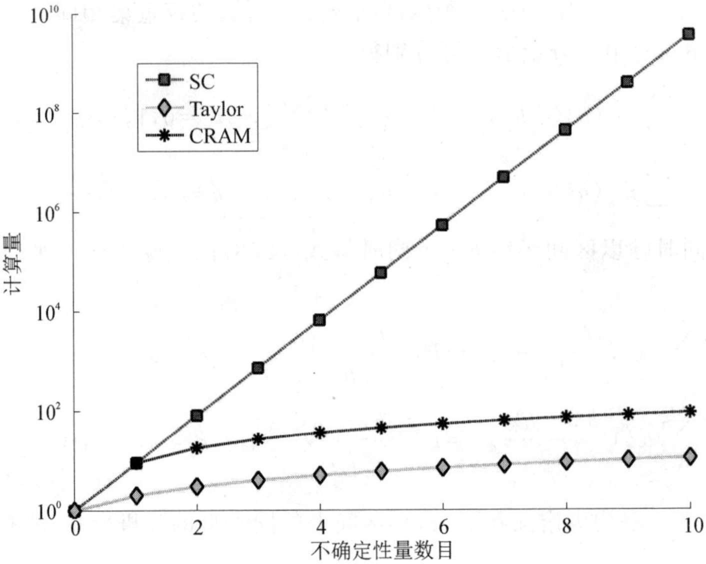

图 8.1 CRAM 与基于 Taylor 展开方法和 SC 方法的计算量比较

配点型随机传播分析方法的公式推导过程是基于 Taylor 展开的，故其在响应函数的收敛半径内有效，使用响应函数的解析表达式进行积分可达到 4 阶精度。使用配点对响应函数进行数值积分时，积分精度依赖于配点的个数和配点位置，增加配点的数目可提高积分精度，当配点均匀分布且个数为 NP 时，理论上可使$(NP-1)$阶的多项式积分是准确的，即算法具有$(NP-1)$精度。另外，对于可获得任意样本点处函数值的物理模型，为进一步提高计算精度，建议将配点设置为高斯积分点，对式(8.40)和式(8.41)进行高斯积分，这样积分精度可达到$(2NP-1)$阶。

配点型随机传播分析方法可用来解决工程中两类重要的问题。首先，工程问题中随机变量的准确概率密度函数，甚至分布类型，通常都是难以获得的，只能通过实验给出随机变量的前几阶矩，这在使用其他随机传播方法时会带来相当的困难。由式(8.46)可知，要计算权重因子和配点位置，只需要知道随机变量的前($NP-1$)阶矩，而不受随机变量分布类型的限制。另一方面，对于一个大型工程问题，可能只测得少数的几组实验数据，而这几组实验数据所在的实验点往往并非是按照一定规律分布的，如何更为高效地利用已有的实验数据是工程中所关心的一个重要问题。由式(8.46)可知，配点型随机传播分析方法对配点的位置并没有严格的规定，可将实验数据所在的样本点安排为配点。

8.3　基于 Taylor 展开的区间传播分析方法

前面介绍了当使用随机变量描述系统不确定性时的传播分析方法。然而，随机性模型输入的概率分布密度函数通常是难以精确获得的，甚至分布类型都是难以确定的，此时若使用假设的概率密度分布，将会得到不可信的统计量[105]。若不知道不确定性函数的确切分布，但却可估计不确定参数所在的区间，此时可使用区间变量模型描述系统的不确定性。这就需要发展相应的区间传播分析方法以考察区间变量对系统响应的影响。真实响应函数 $u(\boldsymbol{h})$通常是区间变量 $\boldsymbol{h}$ 的非线性函数，难以获得真正的解集，所以区间分析方法的目的是找到一个包含解集的最小区间 $u^I(\boldsymbol{h})$。为此，可将 $u(\boldsymbol{h})$在区间向量 $\boldsymbol{h}$ 的中点向量 $\boldsymbol{h}^c$ 处进行一阶 Taylor 展开，得

$$u(\boldsymbol{h})=u(\boldsymbol{h}^c)+\sum_{i=1}^{N}\frac{\partial u(\boldsymbol{h}^c)}{\partial h_i}(h_i-h_i^c) \tag{8.63}$$

要根据式(8.63)估计 $u(\boldsymbol{h})$的区间界值，需要求出系统响应 $u(\boldsymbol{h})$在中值向量 $\boldsymbol{h}^c$ 处的灵敏度，而这对于工程问题来说，一般可利用差分代替微分的方式进行。根据自然区间扩张定理[148]和区间数相等的充分必要条件，可以得到一阶近似响应函数的上界和下界

$$u^-(\boldsymbol{h}^I)=u(\boldsymbol{h}^c)-\sum_{i=1}^{N}\left|\frac{\partial u(\boldsymbol{h}^c)}{\partial h_i}\right|(h_i^c-h_i^-) \tag{8.64}$$

$$u^+(\boldsymbol{h}^I)=u(\boldsymbol{h}^c)+\sum_{i=1}^{N}\left|\frac{\partial u(\boldsymbol{h}^c)}{\partial h_i}\right|(h_i^+-h_i^c) \tag{8.65}$$

由于 $h_i^c-h_i^-=h_i^+-h_i^c$ 为第 i 个变量区间端点到中值的距离，记为 h_i^r，称为区间半径向量，利用 h_i^r，可将式(8.64)和式(8.65)改写为

$$u^-(\boldsymbol{h}^I)=u(\boldsymbol{h}^c)-\sum_{i=1}^{N}\left|\frac{\partial u(\boldsymbol{h}^c)}{\partial h_i}\right|h_i^r \tag{8.66}$$

$$u^+(\boldsymbol{h}^I)=u(\boldsymbol{h}^c)+\sum_{i=1}^{N}\left|\frac{\partial u(\boldsymbol{h}^c)}{\partial h_i}\right|h_i^r \tag{8.67}$$

式(8.66)和式(8.67)为根据一阶 Taylor 展开得到的区间界值估计，只具有 1 阶精度。为找到真实响应函数精确界限更好的近似，可发展基于高阶 Taylor 展开的区间分析方法。基于 Taylor 展开的区间分析方法最明显的优点在于简单高效，仅需要计算名义值点处的响应函数值和响应函数关于各不确定性变量的灵敏度，在系统中不确定性变量个数为 N 时，一阶方法仅需要进行 $N+1$ 次确定性问题规模的分析即可估计响应函数的界值。

在节省计算量的同时，基于 Taylor 展开方法的缺点也是明显的。首先，其所估计的区间界值与真实响应函数的界值相比，即使响应函数是单调的，也往往出现一个边界估计过盈，而

另一个边界估计不足的现象，并且一般来说对非单调函数的界值估计效果更差，这与使用区间分析方法“寻找包含真实响应函数的尽量紧的区间界值”的思想不符。由于一阶 Taylor 展开对函数在整个区间上的逼近不够准确，这使得所确定的区间界限仅是对真实区间的一种“粗糙”的评估，在一般情况下并不能保证一定能将真实响应的区间界限包含进去，这造成了根据一阶 Taylor 展开得到的响应区间界限设计的结构并不真正的安全。另一方面，在求解系统矩阵关于不确定参数的灵敏度时，工程中往往以差商代替微商，但由于数值微商本身具有难以估计的计算误差，这种误差将传播到计算结果并在所估计的响应区间界值上得以反映。基于高阶 Taylor 展开的区间分析方法虽然在计算精度上稍有提高，但其计算高阶灵敏度的计算代价和数值微商误差的传播致使这种方法并不实用。所以，基于 Taylor 展开的区间分析方法依然流于低精度的一阶估计。

8.4 配点型区间传播分析方法

8.4.1 空间近似曲面的导轨生成方法

空间曲面的生成需根据空间曲线的型式进行确定，不失一般性，这里考虑包含两个自变量的具有四个顶点的空间曲面的生成方式。在工程结构作图中，生成这种曲面主要有两种方式，一种是已知曲面的四条边而围成一个曲面，另外一种则是已知两条曲线，将其中的一条沿另外一条进行划动而生成曲面。这里称第二种曲面生成方式为导轨生成方法。使用这种方法只需两条不同的曲线即可确定一个曲面，如图 8.2 所示。

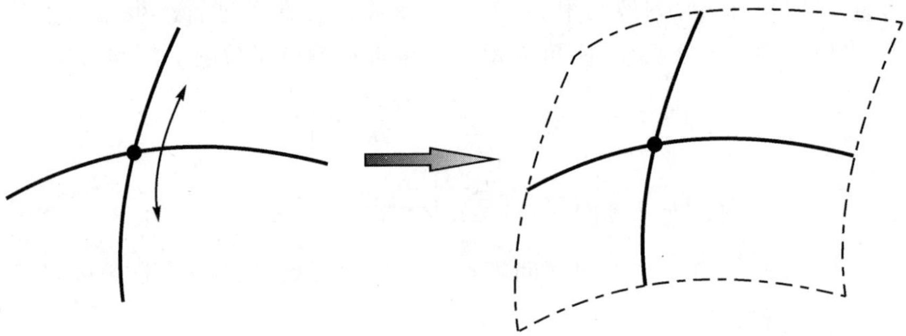

图 8.2 空间曲面的导轨生成方法

现考察这种曲面的生成机理，为方便，将曲面的定义域进行归一化处理，即两个自变量的变化范围均为[−1,1]。任取曲面上一点为 $u(h_1^*,h_2^*)$，则其在两条主轴 $u(h_1,0)$ 和 $u(0,h_2)$ 上的投影分别为 $u(h_1^*,0)$ 和 $u(0,h_2^*)$。由于是沿导轨进行滑动，曲线上点的空间位置保持不变，当使用 $u(h_1,0)$ 作为导轨时，有

$$u(h_1^*,h_2^*)-u(0,h_2^*)=u(h_1^*,0)-u(0,0) \tag{8.68}$$

同样，当使用 $u(0,h_2)$ 作为导轨时，有

$$u(h_1^*,h_2^*)-u(h_1^*,0)=u(0,h_2^*)-u(0,0) \tag{8.69}$$

由式(8.68)和式(8.69)，均有

$$u(h_1^*,h_2^*)=u(h_1^*,0)+u(0,h_2^*)-u(0,0) \tag{8.70}$$

不难将式(8.70)推广到 N 维一般区间时的情形，有

$$u(h_1^*,\cdots,h_N^*)=\sum_{i=1}^{N}\tilde{u}_i(h_i^*)-(N-1)u^c \tag{8.71}$$

则近似曲面可表示为

$$u(h_1,\cdots,h_N)=\sum_{i=1}^{N}\tilde{u}_i(h_i)-(N-1)u^c \tag{8.72}$$

由式(8.72)可以看到，使用导轨方法生成的近似曲面与使用多元函数积分的近似等效形式相符，下面将根据该近似曲面给出区间参数系统的响应界值评估。

8.4.2　区间参数系统响应界值的两种评估形式

Taylor 展开的逼近方式是在不确定性变量所定义的超长方体的中心处求解响应函数值及响应函数关于各不确定性变量的梯度值，并以此确定一个曲面逼近真实响应面。换言之，基于 Taylor 展开的区间有限元法只使用名义值点处的信息来评估函数在整个区间内的变化情况。考察式(8.63)所表示的一阶 Taylor 展开，可知其为穿过名义值的 N 条直线所确定的超平面，不妨称这 N 条直线为展开式的“主轴”，而更高阶项的 Taylor 展开式为对主轴函数值的修正。不失一般性，考察 $N=1$ 时的情形，如图 8.3 所示，明显可见，基于 1 阶 Taylor 展开的所评估的上界值 u_T^+ 要小于真实上界值 u^+，而下界值 u_T^- 也小于真实的下界值 u^-，即区间$[u_T^-,u_T^+]$与区间$[u^-,u^+]$之间的包含关系不成立。

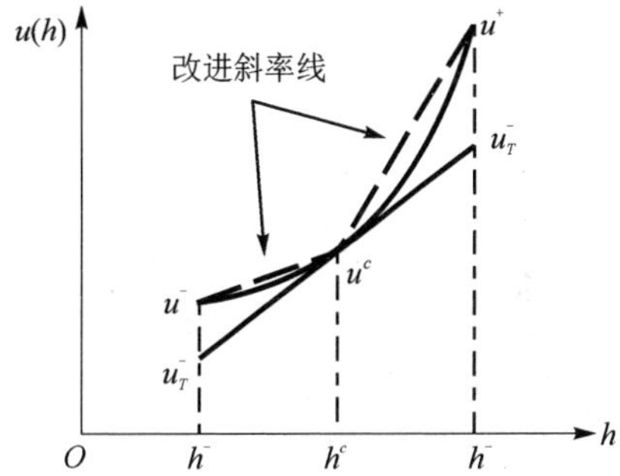

图 8.3　1 阶 Taylor 展开逼近的改进格式

为了使 1 阶 Taylor 展开式能够更准确地评估真实响应的界值，这里给出一种改进的评估格式。对于 $N=1$ 时的情形，若已通过其他数值方法得到真实响应函数的最大值 $u^{\max}$ 和最大值点 $h^{\max}$，以及最小值 $u^{\min}$ 和最小值点 $h^{\min}$，则可构造一种改进的斜率线方法，使得 1 阶 Taylor 展开式能够精确地评估真实响应函数的上下界。为此，改变响应函数 $u(h)$ 的 1 阶 Taylor 展开式为

$$u^+=u^c+\frac{u^{\max}-u^c}{h^{\max}-h^c}(h^{\max}-h^c)=u^{\max} \tag{8.73}$$

$$u^-=u^c+\frac{u^{\min}-u^c}{h^{\min}-h^c}(h^{\min}-h^c)=u^{\min} \tag{8.74}$$

式(8.73)和式(8.74)对于 1 维情况是显然满足的。

现将其拓展到具有 N 个区间变量的情形。若已知响应函数关于各区间变量的最大值集 $\{\tilde{u}_i^{\max}\}$ 和最小值集 $\{\tilde{u}_i^{\min}\}$，由式(8.71)可知，近似曲面上任一点处的值可由主轴线上点的线性组合得到，所以有

$$u^+=\max[u]=\max\left[\sum_{i=1}^{N}\tilde{u}_i(h_i)-(N-1)u^c\right]=\sum_{i=1}^{N}\max[\tilde{u}_i(h_i)]-(N-1)u^c \tag{8.75}$$

$$u^-=\min[u]=\min\left[\sum_{i=1}^{N}\tilde{u}_i(h_i)-(N-1)u^c\right]=\sum_{i=1}^{N}\min[\tilde{u}_i(h_i)]-(N-1)u^c \tag{8.76}$$

而 $\tilde{u}_i^{\max}=\max[\tilde{u}_i(h_i)]$，$\tilde{u}_i^{\min}=\min[\tilde{u}_i(h_i)]$，得

$$u^+=\sum_{i=1}^{N}\tilde{u}_i^{\max}-(N-1)u^c \tag{8.77}$$

$$u^-=\sum_{i=1}^{N}\tilde{u}_i^{\min}-(N-1)u^c \tag{8.78}$$

式(8.77)和式(8.78)是基于对1阶 Taylor 展开的修正基础上，故称其为"改进 Taylor 展开格式"。

另外，根据式(8.71)还可以构造另外一种近似格式。对于1维情形，函数的区间界值可用它的最大值点和最小值点精确给出，即

$$u^+=u(h^{\max}) \tag{8.79}$$

$$u^-=u(h^{\min}) \tag{8.80}$$

现将其拓展到具有 N 个区间变量的情形。式(8.77)和式(8.78)还可改写为

$$u^+=\sum_{i=1}^{N}\max[\tilde{u}_i(h_i)]-(N-1)u^c=\sum_{i=1}^{N}\tilde{u}_i(h_i^{\max})-(N-1)u^c \tag{8.81}$$

$$u^-=\sum_{i=1}^{N}\min[\tilde{u}_i(h_i)]-(N-1)u^c=\sum_{i=1}^{N}\tilde{u}_i(h_i^{\min})-(N-1)u^c \tag{8.82}$$

式中，$\{h_i^{\max}\}$ 和 $\{h_i^{\min}\}$ 分别为最大值点集和最小值点集，其分布情况仅与各一元分解函数有关，此时可使用最大值点集 $\{h_i^{\max}\}$ 和最小值点集 $\{h_i^{\min}\}$ 对响应函数直接进行界值评估，而不再使用一元分解函数的值，从而有

$$u^+=u(h_1^{\max},\cdots,h_N^{\max}) \tag{8.83}$$

$$u^-=u(h_1^{\min},\cdots,h_N^{\min}) \tag{8.84}$$

式(8.83)和式(8.84)给出的评估方案使用响应函数自身计算得到，即其所评估的界限值一定是可以达到的，是一种"最紧"的区间界，故称其为"最紧区间界格式"。这种格式的适用范围为响应函数关于变量 h_i 的最值点不受其他变量的影响。由于工程问题通常研究不确定性对响应函数的一种摄动，在有限的区间域内不致引起函数内部结构的改变，所以"最值点不变假设"通常都是可以满足的，该方法在工程问题中的实际应用也证明了这一点。值得指出的是，大多数区间分析方法(顶点法，灵敏度方法，基于1阶 Taylor 展开的方法等)均依赖响应函数的单调性，对于响应函数关于各区间变量单调的情形，所提出的"最紧区间界格式"将给出精确解。

式(8.77)～式(8.78)和式(8.83)～式(8.84)分别给出了两种多元函数区间界值的评估方案，均是将多元函数的区间界值一元化为求解分解函数 $\tilde{u}_i(h_i)$ 的最大值 $\tilde{u}_i^{\max}$ 和最小值 $\tilde{u}_i^{\min}$，以及最大值点 $h_i^{\max}$ 和最小值点 $h_i^{\min}$。工程问题中响应函数的解析表达式是难以得到的，为此，下面将通过配点方法求得分解函数 $\tilde{u}_i(h_i)$ 的区间界值。

8.4.3 配点方案

基于 Taylor 展开的区间传播分析方法只使用名义值点处的信息来评估函数在整个区间内的变化情况。而事实上，除了名义值点处的信息，不确定性变量区间内的其他点的信息也是可以利用的。除了使用 Taylor 级数展开对响应函数进行近似，还可寻求其他的近似方法对响应函数在整个不确定性参数所在的区间上进行更好的描述。用简单函数 $p(x)$ 去近似一个给定区间 $[a,b]$ 上的连续函数 $u(x)$，是函数逼近所研究的问题。最佳平方逼近是函数逼近中最

重要的一种。对一般的基底$\{\varphi_1,\varphi_2,\cdots,\varphi_n\}$，当 n 稍大时，求解法方程的计算量很大，且容易形成病态矩阵，致使结果不可靠。使用正交函数系所构成的正交基底可避免上述弊端。函数的 Chebyshev 多项式展开常用作函数在整个区间的近似计算，有“最经济展开”的称号。利用第一类 Chebyshev 多项式对响应函数进行逼近时，需要计算展开式的系数，可通过在不确定性变量所在区间内配置高斯积分点，进而利用 Gauss-Chebyshev 求积公式得到。

基于上述分析，提出了基于 Chebyshev 第一类多项式逼近的配点型区间传播分析方法以求解上节中所要求的$\tilde{u}_i(h_i)$的区间界值。为此，将$\tilde{u}_i(h_i)$进行变量替换，转化为定义在区间$[-1,1]$上的函数$\tilde{u}_i(x)$，其 r 阶最佳平方逼近多项式记为$P_r^s(x)$，再根据$P_r^s(x)$关于 x 的导函数在闭区间$[-1,1]$上寻找最大值点$x_i^{\max}$和最小值点$x_i^{\min}$，之后进行变量的逆变换得到最大值点$h_i^{\max}$和最小值点$h_i^{\min}$，以及区间上界$u_i(h_i^{\max})$和区间下界$u_i(h_i^{\min})$。

为此，引入第一类 Chebyshev 多项式

$$T_n(x)=\cos(n\arccos x),\quad -1\leqslant x\leqslant 1 \tag{8.85}$$

式中，n 为非负整数。Chebyshev 多项式系$\{T_n(x)\}$是区间$[-1,1]$上带权$\dfrac{1}{\sqrt{1-x^2}}$的正交多项式系，且满足递推关系

$$\begin{aligned}&T_0(x)=1\\&T_1(x)=x\\&T_{n+1}(x)=2xT_n(x)-T_{n-1}(x),\quad (n=1,2,\cdots)\end{aligned} \tag{8.86}$$

取$C[-1,1]$的一个子空间$H_r=\mathrm{Span}\{T_0,T_1,\cdots,T_r\}$，则$P_r(x)\in H_r$，并有

$$P_r(x)=\frac{a_0}{2}+\sum_{j=1}^{r}a_jT_j(x) \tag{8.87}$$

式中

$$a_0=\frac{2}{\pi}\int_{-1}^{1}\frac{\tilde{u}_i(x)}{\sqrt{1-x^2}}\mathrm{d}x,\quad a_j=\frac{2}{\pi}\int_{-1}^{1}\frac{\tilde{u}_i(x)T_j(x)}{\sqrt{1-x^2}}\mathrm{d}x,\quad j=1,2,\cdots,r \tag{8.88}$$

根据 Gauss-Chebyshev 求积公式

$$a_0=\frac{2}{\pi}\int_{-1}^{1}\frac{\tilde{u}_i(x)}{\sqrt{1-x^2}}\mathrm{d}x\approx\sum_{k=1}^{q}A_k\tilde{u}_i(x_k) \tag{8.89}$$

$$a_j=\frac{2}{\pi}\int_{-1}^{1}\frac{\tilde{u}_i(x)T_j(x)}{\sqrt{1-x^2}}\mathrm{d}x\approx\sum_{k=1}^{q}A_k\tilde{u}_i(x_k)T_j(x_k),\quad j=1,2,\cdots,r \tag{8.90}$$

式中，求积节点x_k，$k=1,2,\cdots,q$ 为$T_q(x)$的零点，表示为

$$x_k=\cos\frac{2(q-k)+1}{2q}\pi,\quad k=1,2,\cdots,q \tag{8.91}$$

A_k 为求积系数，表示为

$$A_k=\int_{-1}^{1}\frac{T_q(x)}{\sqrt{1-x^2(x-x_k)T_q'(x_k)}}\mathrm{d}x=\frac{\pi}{q},\quad k=1,2,\cdots,q \tag{8.92}$$

将式(8.92)代入式(8.89)和式(8.90)，可得

$$a_0=\frac{2}{q}\sum_{k=1}^{q}\tilde{u}_i(x_k) \tag{8.93}$$

$$a_j=\frac{2}{q}\sum_{k=1}^{q}\tilde{u}_i(x_k)T_j(x_k),\quad j=1,2,\cdots,r \tag{8.94}$$

将式(8.93)和式(8.94)代入式(8.97)可得

$$P_r(x)=\frac{1}{q}\sum_{k=1}^{q}\tilde{u}_i(x_k)+\frac{2}{q}\sum_{j=1}^{r}\sum_{k=1}^{q}\tilde{u}_i(x_k)T_j(x_k)T_j(x) \tag{8.95}$$

使用向量记法重写式(8.95)为矩阵形式

$$\boldsymbol{P}_r(x)\approx\frac{2}{q}[\tilde{u}_i(x_1),\cdots,\tilde{u}_i(x_q)]\begin{bmatrix}1/2 & T_1(x_1) & T_2(x_1) & \cdots & T_r(x_1)\\ 1/2 & T_1(x_2) & T_2(x_2) & \cdots & T_r(x_2)\\ 1/2 & \vdots & \vdots & & \vdots\\ 1/2 & T_1(x_q) & T_2(x_q) & \cdots & T_r(x_q)\end{bmatrix}\begin{bmatrix}T_0(x)\\ T_1(x)\\ T_2(x)\\ \vdots\\ T_r(x)\end{bmatrix} \tag{8.96}$$

记

$$\boldsymbol{U}=[\tilde{u}_i(x_1),\cdots,\tilde{u}_i(x_q)] \tag{8.97}$$

$$\mathrm{T}=\begin{bmatrix}1/2 & T_1(x_1) & T_2(x_1) & \cdots & T_r(x_1)\\ 1/2 & T_1(x_2) & T_2(x_2) & \cdots & T_r(x_2)\\ 1/2 & \vdots & \vdots & & \vdots\\ 1/2 & T_1(x_q) & T_2(x_q) & \cdots & T_r(x_q)\end{bmatrix} \tag{8.98}$$

$$\mathrm{T}(x)=[1\quad T_1(x)\quad T_2(x)\quad\cdots\quad T_r(x)]^{\mathrm{T}} \tag{8.99}$$

并记

$$\mathbf{A}=\frac{2}{q}\boldsymbol{UT} \tag{8.100}$$

则 $P_r(x)$可以方便地表示为

$$P_r(x)=\frac{2}{q}\boldsymbol{UTT}(x)=\boldsymbol{AT}(x) \tag{8.101}$$

为找到各分量 P_r 的极值点，对式(8.101)关于 x 求导并令导函数为零，有

$$P'_r(x)\approx\boldsymbol{AT}'(x)=0 \tag{8.102}$$

求解式(8.102)的根，并联合 $P_r(-1)$和 $P_r(1)$，根据连续函数在闭区间上的最大最小值定理，可得逼近函数式最大值点和最小值点，分别设为 $x_i^{\max}$ 和 $x_i^{\min}$，其对应的响应函数的最大值点为 $h_i^{\max}$，最小值点为 $h_i^{\min}$。

式(8.102)给出了判断响应函数最大值点和最小值点的基本计算格式。为方便应用，这里给出一种特殊情况下对最值点快速判断方法。对于式(8.97)给出的函数值序列，若其具有某种单调性，可跳过上述判断最值点分布的基本计算格式，而对最值点进行直接判读。其原因是根据拟合函数的性质，原函数的单调性也将会在拟合结果中得以体现。此时，利用基本计算格式进行判断后的最值点也同样将出现在区间的端点。这一点在工程问题计算中尤为重要，这是因为所关心的响应函数经常会是不确定量的单调函数。

8.4.4 计算精度和计算量分析

Chebyshev 多项式的截断项数 r 和高斯积分点数 q 的取值与该方法的计算精度有关。当

r 为奇数时，取 $q=(r+1)/2$ 可使截断误差为零；当 r 为偶数时，取 $q=(r+2)/2$ 可以使截断误差为零。科学计算中一般选用高斯十点法，即取 $q=10$，则可以得到相当高精度的积分结果，一般工程问题中取 $q=3\sim5$ 即可获得满意的积分精度。

由式(8.101)可知，使用配点型区间传播分析方法进行分析时，需要计算 $\boldsymbol{U}$ 阵和 $\boldsymbol{T}$ 阵。$\boldsymbol{U}$ 阵的计算需要对响应所在的系统进行分析计算得到，当区间变量共有 N 个时，共需要对原系统进行 $N\times q$ 次分析计算。当选定了求积节点后，$\boldsymbol{T}$ 阵即为一个 $q\times(r+1)$ 维的确定性矩阵，其计算代价可以忽略。由此可见，这种区间传播分析方法的主要计算量为求解目标函数在高斯积分点处的函数值。当 q 值确定后，所需的计算量也基本确定。图 8.4 给出了配点型区间传播分析方法(CIAM)与基于 Taylor 展开方法和顶点方法(EP)的计算量比较(对数图)。由图 8.4 可知，基于 Taylor 的方法计算量最小。在区间变量数目小于 6 时，EP 的计算量要小于 10 配点 CIAM 的计算量。但是，EP 的计算量将随着随机量的增加而呈指数递增形式，而 CIAM 的计算量则呈线性增长方式。

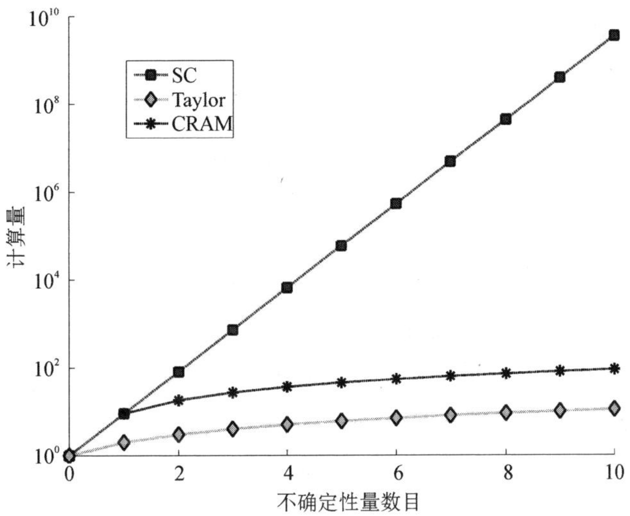

图 8.4 CIAM 与基于 Taylor 展开方法和顶点法的计算量比较

8.5 不同量化模型之间的比较

对物理系统的不确定性描述使用了两种不同的量化模型，并分别得到了不同模型下响应函数的近似表达。当使用随机变量描述不确定性时，得到了系统响应的矩统计量，而当使用区间变量进行描述时，得到的是响应函数的上界和下界值。两种描述方式所得到的结果从性质上来讲是无法进行比较的，但是却可以通过深入的量化分析得到一些有意义的结果。

因为物理系统是客观存在的，不因所使用的数学工具不同而发生性质改变，所以两种描述方法之间必然存在一定的联系。使用随机变量对不确定性进行描述，是建立在人们对该不确定性长期的观察和大量的试验基础上的，即获得了该随机变量的准确的概率密度分布函数。当人们无法确知这种概率密度函数时，只能做出一种“无奈”的选择，从而使用区间变量对不确定性进行描述。此时，可以根据少量样本点的分析和专家意见给出具有一定可信度水平 α 的截集。当对 α 的要求提高时，所评估的区间界值也随之增大。例如对于高斯分布而言，当可信度水平为 99.73%时，可使用 3σ 法则对区间界值进行评估，当可信度水平要求为 99.99%时，则需要使用 4σ 法则。

对于一个包含不确定性的物理系统，人们自然想了解更多的关于不确定性自身和不确定性对系统响应的影响。当已知随机变量的确切分布时，可通过配点型随机传播分析方法得出响应的矩，但这并不能完全地刻画响应所服从的分布，人们希望能够进一步"确认"响应的分布。另一方面，如果人们知道了响应的分布类型，并在假定的随机变量分布前提下得到了矩统计量，则人们希望能够"验证"所假定的前提是否正确。这种"确认"与"验证"的过程可通过区间分析方法的分析结果进行，如下：

① 已知随机输入的概率密度函数，记为 $f(h)$，通过选定 α 截集得到用于区间算法的输入变量 h^I，之后分别通过各自的传播算法得到响应量 $\{\mu(u),\sigma^2(u)\}$ 和 $[u^-,u^+]$，此时考察响应 u 应近似服从的分布类型，这个过程可通过试探方式进行，例如对于下面两种分布类型，有

均匀分布：

$$(u^- + u^+)/2 = \tilde{\mu}(u),\quad (u^- - u^+)^2/12 = \tilde{\sigma}^2(u) \tag{8.103}$$

高斯分布：

$$[u^-, u^+] = [\tilde{\mu} - n\tilde{\sigma}, \tilde{\mu} + n\tilde{\sigma}] \tag{8.104}$$

式中，$\tilde{\mu}(u)$ 和 $\tilde{\sigma}^2(u)$ 分别为根据响应上下界所确定的响应的均值和方差；n 为通过 α 截集得到的标准差倍数。

② 若通过一定的手段获得了响应函数的分布类型，则可通过与"确认"过程相似的方法来验证所使用的随机变量分布类型是否正确。

由以上分析过程可知，处理不确定性的两种方法为更深入研究系统的性质提供了一条途径，也可作为验证与确认(V&V)模型的参考的方法。

8.6　数值算例

为验证所提出的方法是否有效，给出下面的数值算例，并对各方法进行比较。在 8.6 节中的各个算例中，若不加以说明，则使用下面的符号代表相应方法所得的结果：

TRAM：　基于 1 阶 Taylor 展开的随机传播分析方法
MC：　Monte Carlo 仿真方法
CRAMA：配点型随机传播分析方法(解析表达式解)
CRAM3：配点型随机传播分析方法(3 个配点)
CRAM5：配点型随机传播分析方法(5 个配点)
CRAM7：配点型随机传播分析方法(7 个配点)
CRAM8：配点型随机传播分析方法(9 个配点)
TIAM：　基于 1 阶 Taylor 展开的区间传播分析方法
EP：　顶点法
CIAMT：基于改进 Taylor 展开格式的配点型区间传播分析方法
CIAME：基于最紧区间界格式的配点型区间传播分析方法

测试算例(随机传播分析方法)：

算例 1：

$$u(h_1,h_2,h_3)=3h_1^2-h_1h_2+h_1h_3+h_3^3 \tag{8.105}$$

考虑下面 4 种工况：

工况① $h_1\sim U[1,5]$，$h_2\sim U[2,4]$，$h_3\sim U[3,5]$；

工况② h_1,h_2,h_3 均服从正态分布，均值分别为 $\mu_{h_1}=3$，$\mu_{h_2}=3$，$\mu_{h_3}=4$，变异系数 $c_v=0.1$；

工况③ 变异系数 $c_v=0.2$，其余与②中条件相同；

工况④ 变异系数 $c_v=0.3$，其余与②中条件相同。

对高斯分布进行计算时，采用 6σ 规则进行截断，即在$[\mu-6\sigma,\mu+6\sigma]$范围内执行数值积分。MC 仿真次数设置为 10 000 次，收敛性误差水平设置为 1.0E−10。

表 8.1　随机传播分析方法结果比较(测试算例 1)

统计量		精确解	TRAM	MC	CRAM3	CRAM5	CRAM7	CRAM9	CRAMA
均　匀	均　值	102.00	94	101.76	102.00	102.00	102.00	102.00	102.00
	方　差	37.39	36.76	37.49	36.33	36.95	36.95	36.95	36.95
高　斯 $c_v=0.1$	均　值	96.19	94	95.91	96.19	96.19	96.19	96.19	96.19
	方　差	21.56	21.20	21.63	22.41	21.54	21.54	21.54	21.54
高　斯 $c_v=0.2$	均　值	102.76	94	102.79	102.76	102.76	102.76	102.76	102.76
	方　差	45.25	42.40	45.61	51.57	45.01	45.06	45.06	45.06
高　斯 $c_v=0.3$	均　值	113.71	94	113.07	113.71	113.71	113.71	113.71	113.71
	方　差	73.04	63.60	73.54	92.43	72.06	72.45	72.45	72.45

由表 8.1 可知，TRAM 的均值评估由于只使用名义值点出的值，因此其精度是最差的。在高斯分布中，随着随机变量变异系数 c_v 的增大，TRAM 的误差逐渐增大，当 $c_v=0.3$ 时，所得结果已经超出适用范围。由图 8.5 可知，对 CRAM 方法关于配点数目的收敛性测试表明，随着配点数目的增多，CRAM 逐渐收敛到 CRAMA 所得的结果。而 CRAMA 方法的方差响应与精确解有微小的差别，这是由于函数的截断误差造成的，无法通过增多配点的数目而进一步缩小这个误差。从数据上来看，均匀配置的 CRAM3 方法精度稍差，这是因为 3 个均匀配点的配置方法只能达到 2 阶精度，而测试函数却是 3 阶的，而 5 配点的情形几乎与 CRAMA 方法所得结果相同，这也证实了均匀的 NP 配点方法所能达到的精度为($NP-1$)阶。5 配点以上的 CRAM 方法所得结果与 MC 仿真方法所得结果精度相当，但却极大程度地节省了计算量。

算例 2：

$$u(h_1,h_2,h_3)=\frac{100\sin h_1\sin h_2}{1+\cos^2 h_3} \tag{8.106}$$

同样考虑下面 4 种工况：

① $h_1\sim U[0,\pi/2]$，$h_2\sim U[\pi/2,\pi]$，$h_3\sim U[\pi,3\pi/2]$；

② h_1,h_2,h_3 均服从正态分布，均值分别为 $\mu_{h_1}=\pi/4$，$\mu_{h_2}=3\pi/4$，$\mu_{h_3}=5\pi/4$，变异系数为 $c_v=0.1$；

③ 变异系数 $c_v=0.2$，其余与②中条件相同；

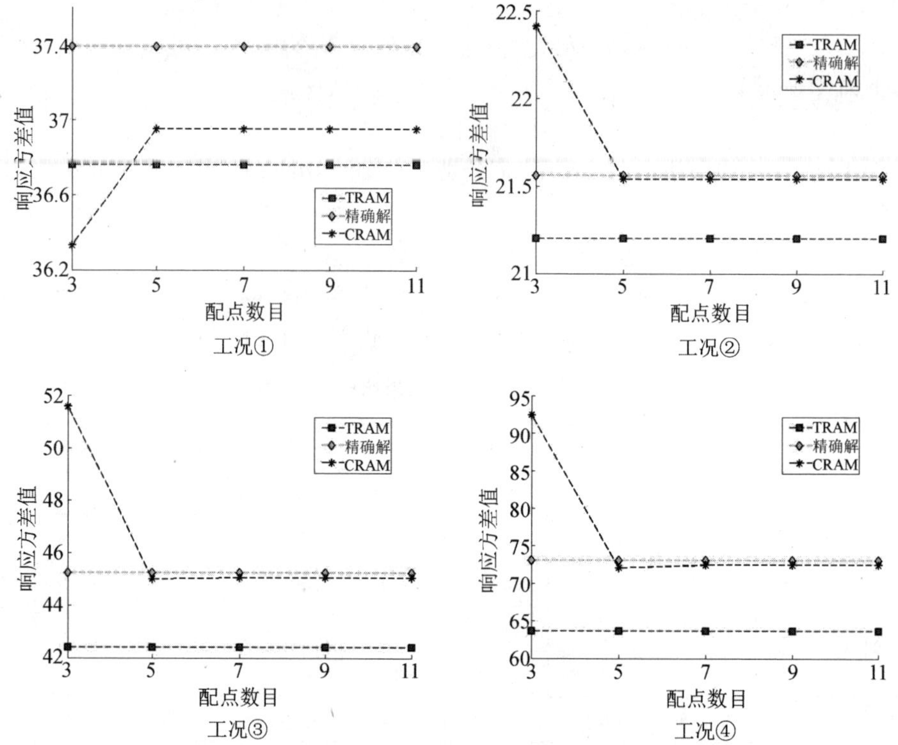

图 8.5 不同工况下 CRAM 方差的收敛性结果与 TRAM 和 MC 的比较

④ 变异系数 $c_v=0.3$，其余与②中条件相同。

表 8.2 随机传播分析方法结果比较(测试算例 2)

统计量		精确解	TRAM	MC	CRAM3	CRAM5	CRAM7	CRAM9	CRAMA
均 匀	均 值	28.66	33.33	28.32	29.18	28.69	28.69	28.71	28.71
	方 差	22.46	23.63	22.40	23.05	22.49	22.35	22.40	22.40
高 斯 $c_v=0.1$	均 值	—	33.33	33.74	32.56	33.45	33.74	33.74	33.73
	方 差	—	12.03	11.32	8.57	10.71	11.17	11.08	11.06
高 斯 $c_v=0.2$	均 值	—	33.33	31.18	30.27	29.43	30.25	31.24	31.43
	方 差	—	24.06	18.38	15.66	15.65	16.80	18.17	18.34
高 斯 $c_v=0.3$	均 值	—	33.33	26.68	27.03	26.27	25.30	25.29	27.07
	方 差	—	36.09	24.44	20.08	23.30	22.27	22.27	24.35

表 8.2 中的虚线部分表示难以获得该函数均值和方差的精确解，为了对比，这里使用 MC 方法所得结果作为标准。由表 8.2 和图 8.6 可知，TRAM 的均值评估精度是最差的，方差估计也随着随机变量变异系数 c_v 的增大逐渐变得不适用。CRAM3 方法的计算精度较差，而更多配点数目的方法在前三种情况下均可给出更高的精度，并收敛于 CRAMA 方法的结果。值得感兴趣的是，在 $c_v=0.3$ 时，计算结果并没有随着配点数目的增多而更接近于 MC 方法的计算结果。分析其中的原因，发现此时的均值为 $5\pi/4$，标准差为 $1.5\pi/4$，而在 6σ 规则进行计算

时其值域超出了一个周期的取值范围。此时，Taylor 展开的精度已严重下降，配点型方法也只能逼近 4 阶精度的 Taylor 展开，所以难以通过提高配点的数目进一步提升计算精度。

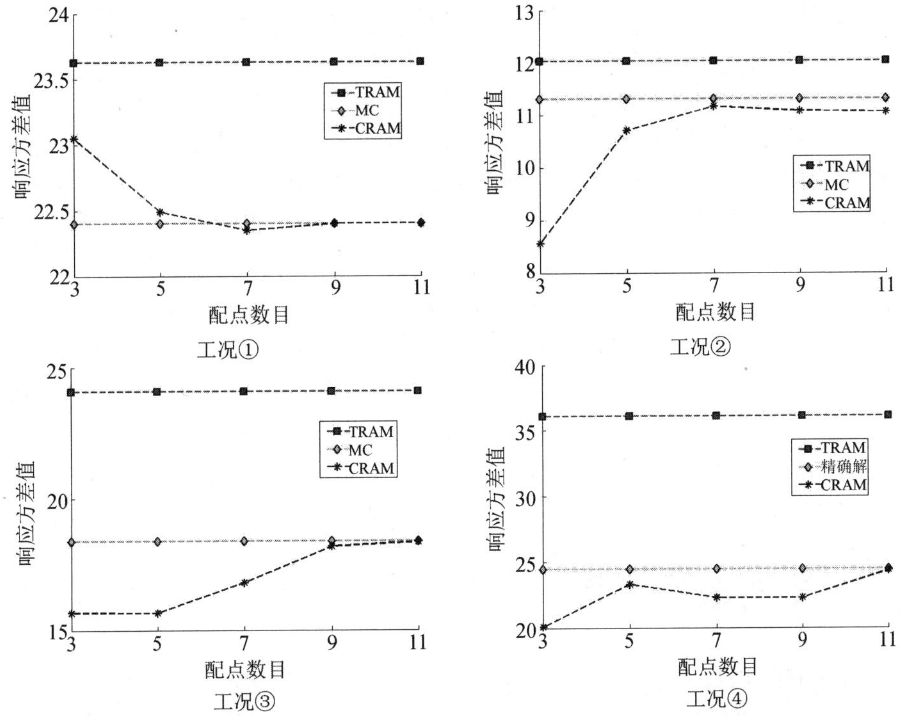

图 8.6　不同工况下 CRAM 方差的收敛性结果与 TRAM 和 MC 的比较

测试算例(区间传播分析方法)：

算例 1：

$$u(h_1,h_2,h_3)=3h_1^2-h_1h_2+h_1h_3+h_3^3 \tag{8.107}$$

设 $h_1^I=[1,5]$，$h_2^I=[2,4]$，$h_3^I=[3,5]$。

表 8.3　区间传播分析方法结果比较

界　值	精确解	TIAM	EP	CIAMT	CIAME
下界值	29.00	2.00	29.00	25.00	29.00
上界值	215.00	186.00	215.00	211.00	215.00

由表 8.3 可知，EP 和 CIAME 均给出了与精确解相同的区间界限，而 CIAMT 方法对上下界评估的精度稍差，但高于 TIAM 方法所评估的界值区间精度。

算例 2：

$$u(h_1,h_2,h_3)=\frac{100\sin(h_1)\sin(h_2)}{1+\cos^2(h_3)} \tag{8.108}$$

设 $h_1^I=[0,\pi/2]$，$h_2^I=U[\pi/2,\pi]$，$h_3^I=[\pi,3\pi/2]$。

由表 8.4 可知，EP 和 CIAME 均给出了与精确解相同的区间界限，而 TIAM 和 CIAMT 所给出的结果均不能满足要求。

表 8.4 区间传播分析方法结果比较

界 值	精确解	TIAM	EP	CIAMT	CIAME
下界值	0.00	−36.48	0.00	−41.67	0.00
上界值	100.00	103.15	100.00	77.61	100.00

当系统的不确定性使用区间变量描述时，所提出的配点型区间传播分析方法的两种求解格式均能够给出响应界值的合理估计。当不确定量位于小区间时，CIAMT 格式能够给出比 TIAM 更好的评估结果，而当不确定量位于较大区间时，CIAMT 格式的评估结果与 TIAM 一样开始失效。而 CIAME 方法只使用近似曲面的最值点评估真实响应函数的界值，从而避免了引入一元分解函数造成的误差，所以其精度在各种方法中最高，能够给出几乎精确的界值评估结果。所提方法不需要计算目标函数对不确定性变量的灵敏度，是一种非梯度算法。需采用 Gauss-Chebyshev 求积公式计算一元分解函数正交展开式的系数，故计算目标函数在高斯点的取值是该方法的主要工作量，最多需对系统进行 N * NP 次分析。

基于不同的假设，两种描述不确定性传播的方法分别得到了相应的分析结果，这对深入了解所研究系统的特性提供了一种途径，可作为模型验证与确认(V&V)的一种可选方法。

8.7 配点型有限元方法

在确定性工程结构计算中，有限单元法占主要地位。若考虑结构的不确定性因素，则需要在有限单元法确定性计算的基础上，发展能够将不确定性信息引入的新方法。随机有限元方法和区间有限元方法正是这种需求的产物。

随机有限元的统计方法需要克服计算效率低下带来的困难，而常用的非统计方法包括基于 Taylor 展开的随机有限元、摄动随机有限元、基于 Neumann 展开的随机有限元、谱随机有限元和最大熵随机有限元方法等。在这些方法中，除了计算精度最低的 1 阶 Taylor 展开的方法外，其他方法在面临高维度随机场分析时，均会出现模型处理上的困难。并且这些方法均需要对系统矩阵进行操作，属于侵入性方法，因此在方法的使用上存在一定的困难，需要经过二次开发才能使用现有的高效高精度的确定性有限元分析程序。所以发展高效高精度的非侵入性方法是随机有限元的发展趋势。

区间有限元法应用于无法得到结构参数可靠概率信息的情况，目前在混凝土结构、木质结构、地质力学、复合材料结构和生物力学等多种领域中处于重要地位。区间有限元法的目的是寻求结构响应的上界和下界，并使用这些结果指导设计过程。这种设计方法被称为最差工况设计，具有一定的保守性，但在工程结构设计中尤其是航空航天结构设计中可提供更为安全的设计信息。现有的区间有限元法的障碍主要是区间运算的扩张问题，而我们的目的正是得到足够“紧”的解区间。高维问题的计算效率也是某些区间算法的主要障碍，例如顶点组合方法，当结构系统包含 20 个区间变量时，则需要进行上百万次的确定性分析，对于大型工程机构来说，这种计算量是难以承受的。

可以通过引入配点型随机传播分析方法和配点型区间传播分析方法，分别将其与有限元法相结合而得到配点型随机有限元法和配点型区间有限元法的求解格式。这两种方法都是一维算法，相比其他方法来讲，计算效率有很大提高。并且值得指出的是，这两种方法都是非侵入性算法，可高效利用现有确定性有限元分析程序。

以静力分析问题为例，工程结构有限元控制方程的矩阵形式为

$$\boldsymbol{K}(\boldsymbol{h})\boldsymbol{u}(\boldsymbol{h})=\boldsymbol{Q}(\boldsymbol{h}) \tag{8.109}$$

式中，$\boldsymbol{K}\in\boldsymbol{R}^{n\times n}$；$\boldsymbol{Q}\in\boldsymbol{R}^{n}$；$\boldsymbol{u}\in\boldsymbol{R}^{n}$；$\boldsymbol{h}\in\boldsymbol{R}^{n}$，$\boldsymbol{h}$ 为系统参数向量，例如材料性质、几何性质、载荷和其他诸如热的外场作用[150]。工程实际中，通常存在难以获得系统参数的精确值，或者某些参数存在本质上的不确定性的问题。此时可根据掌握变量信息的多少分别使用随机模型、模糊模型和区间模型进行描述。本书则主要考虑随机模型和区间模型。

若存在大量的数据信息足以支持获得不确定性量的概率密度分布函数 $f(\boldsymbol{h})$，则随机有限元法的目的是给出响应变量的期望值和方差

$$E[\boldsymbol{u}(\boldsymbol{H})]=\int_{\Omega}\boldsymbol{u}(\boldsymbol{h})f(\boldsymbol{h})\mathrm{d}\boldsymbol{h} \tag{8.110}$$

$$\sigma^2[\boldsymbol{u}(\boldsymbol{H})]=\int_{\Omega}\{\boldsymbol{u}(\boldsymbol{h})-E[\boldsymbol{u}(\boldsymbol{H})]\}^2 f(\boldsymbol{h})\mathrm{d}\boldsymbol{h} \tag{8.111}$$

一般情况下，式中 $\boldsymbol{H}$ 形成了一个随机场，若要执行式(8.110)的积分，则需要对随机场进行离散。但高维度的随机场将给积分式带来难以克服的困难，所以随机有限元法的一个重要课题是如何执行或者避免式(8.110)和式(8.111)的积分。

若没有足够的信息支持所假设的概率密度分布函数，则结果会引起相当大的误差。此时给出参数的上界和下界的估计是可行的，即使得不确定性量满足

$$h_i^-\leqslant h_i\leqslant h_i^+,\quad i=1,2,\cdots,m \tag{8.112}$$

根据区间数学中的记法，将约束条件式(8.112)写为

$$\boldsymbol{h}\in\boldsymbol{h}^I\subset R^m \tag{8.113}$$

式中，$\boldsymbol{h}^I=[\boldsymbol{h}^-,\boldsymbol{h}^+]=[h_1^-,h_1^+]\times[h_2^-,h_2^+]\times\cdots\times[h_m^-,h_m^+]$；$\boldsymbol{h}$ 为区间参数向量；h_i 为区间参数变量。

通常情况下，在式(8.113)所确定的约束条件下直接求解方程组式(8.109)的解集非常困难。解集合 Φ 是一个很复杂的区域，可以表示为

$$\Phi=\{\boldsymbol{u}:\boldsymbol{u}\in\boldsymbol{R}^n,\boldsymbol{K}(\boldsymbol{h})\boldsymbol{u}(\boldsymbol{h})=\boldsymbol{Q}(\boldsymbol{h}),\boldsymbol{h}\in\boldsymbol{h}^I\} \tag{8.114}$$

区间有限元分析的目的是找到一个最小包含 Φ 的超长方体 $\boldsymbol{u}^I(\boldsymbol{h})$，并称 $\boldsymbol{u}^I(\boldsymbol{h})$ 为式(8.109)在式(8.113)所示约束条件下的区间界。

目前，基于1阶 Taylor 展开的随机有限元法(TSFEM)发展较为成熟，其基本求解格式需要使用到偏微分计算。以有限元静力分析为例，其控制方程为式(8.109)，整体刚度矩阵可表示为

$$\boldsymbol{K}=\sum\iiint_{\Omega e}\boldsymbol{B}^{\mathrm{T}}\boldsymbol{D}\boldsymbol{B}\,\mathrm{d}v \tag{8.115}$$

式中，$\boldsymbol{B}$ 为形变矩阵；$\boldsymbol{D}$ 为材料弹性矩阵。在计算出节点位移 $\boldsymbol{u}$ 后，可由下式求得应力列阵：

$$\boldsymbol{S}=\boldsymbol{D}\boldsymbol{B}\boldsymbol{u} \tag{8.116}$$

设基本随机变量为 $\boldsymbol{H}=(H_1,H_2,\cdots,H_N)^{\mathrm{T}}$，将位移 $\boldsymbol{u}$ 在均值点 $\boldsymbol{H}^c$ 处一阶 Taylor 级数展开，并在两边同时取均值，得

$$E[\boldsymbol{u}(\boldsymbol{H})]=\boldsymbol{K}^{-1}(\boldsymbol{H}^c)\boldsymbol{Q}(\boldsymbol{H}^c) \tag{8.117}$$

结点位移 $\boldsymbol{u}$ 的方差可由下式计算：

$$\sigma^2[\boldsymbol{u}(\boldsymbol{H})]\approx\sum_{i=1}^{N}\sum_{j=1}^{N}\left.\frac{\partial\boldsymbol{u}(\boldsymbol{H})}{\partial H_i}\right|_{\boldsymbol{H}=\boldsymbol{H}^c}\cdot\left.\frac{\partial\boldsymbol{u}(\boldsymbol{H})}{\partial H_j}\right|_{\boldsymbol{H}=\boldsymbol{H}^c}\mathrm{Cov}(H_i,H_j) \tag{8.118}$$

式中，$\mathrm{Cov}(H_i,H_j)$为随机变量 H_i 和 H_j 的协方差，且有

$$\frac{\partial \boldsymbol{u}}{\partial H_i}=\boldsymbol{K}^{-1}\left(\frac{\partial \boldsymbol{Q}}{\partial H_i}-\frac{\partial \boldsymbol{K}}{\partial H_i}\boldsymbol{u}\right),\quad i=1,2,\cdots,N \tag{8.119}$$

将应力矩阵在均值点处 Taylor 展开，也有与上面类似的表达式。可见，TSFEM 关键在于对有限元方程式直接进行偏微分计算，计算出有限元输出量对随机变量的梯度，故该法也称直接偏微分法或梯度分析法。由于一阶 TSFEM 只需形成一次刚度矩阵，也只需求解一次刚度矩阵的逆，因此效率较高。但由于忽略了二阶以上的高次项，使 TSFEM 对随机变量的变异性有所限制，一般要求一阶 TSFEM 随机变量的变异系数小于 0.3。

8.7.1 配点型随机有限元

8.7.1.1 算法分析

随机有限元的目的是求解式(8.109)中响应函数 $u(\boldsymbol{h})$的期望值和方差。对于工程结构来说，获得响应函数关于随机变量的解析函数是不现实的，但随机变量取某一具体实现时的响应函数值却是可以通过确定性有限元分析方法计算出来的。所以一个可行的办法是在随机变量可行域 Ω 内对式(8.110)和式(8.111)实施数值积分以获得响应函数的均值和方差。

工程问题中通常包含较多的随机变量数目，致使随机变量的可行域 Ω 具有很高的维数。要在全域内生成样本点并进行数值积分势必会造成难以承受的计算量。事实上，这种计算量是按照维数的幂函数方式增长的。例如，对于包含 10 个随机变量的问题，在每个维度上配置 5 个积分点，则总的配点数目将近百万！这也正是目前随机配置方法仍然需要改进的地方之一。为了降低计算量，在对高维域内的随机函数进行近似时，一般采用生成 2 次及高次响应面或者使用 Kriging 模型的方法。这种方法对于非线性程度较低，域半径较小的问题适用，但在处理非线性程度较强或者大域问题时仍会出现困难。

多元函数的近似一元化形式为计算多元函数积分的近似值提供了一种新的计算途径，使得对高维问题的处理简化为 N 个一维问题。同样将这种思想应用到随机有限元分析中，可使得传统的随机有限元分析的计算量大为降低，并可保证 4 阶计算精度。

之前推导使用的响应函数 $u(\boldsymbol{h})$为标量函数，在结构有限元分析中，通常我们需要得到随机位移场和应力场，此时，每个结点的位移均是不确定量 $\boldsymbol{h}$ 的函数，这里应用向量记法将所有节点位移向量组装起来，记为 $\boldsymbol{u}(\boldsymbol{h})$，则其满足式(8.109)。要使用配点型随机有限元法，需要对 $\tilde{\boldsymbol{u}}_i(h_i)$进行计算，这里 $\tilde{\boldsymbol{u}}_i(h_i)$指的是固定其他变量取名义值，而只有第 i 个变量 h_i 发生变化时的各结点位移响应向量。此时由式(8.109)可得

$$\boldsymbol{K}(h_i)\tilde{\boldsymbol{u}}_i(h_i)=\boldsymbol{Q}(h_i) \tag{8.120}$$

可将位移向量表示成显式形式为

$$\tilde{\boldsymbol{u}}_i(h_i)=\boldsymbol{K}^{-1}(h_i)\boldsymbol{Q}(h_i) \tag{8.121}$$

在变量 h_i 所在区间$[h_i^-,h_i^+]$内进行配点，配点集记为$\{\bar{h}_i^j,j-1,\cdots,NP\}$，将第 j 个配点代入式(8.121)，可利用有限元分析方法求得此时的位移向量为

$$\tilde{\boldsymbol{u}}_i(\bar{h}_i^j)=\boldsymbol{K}^{-1}(\bar{h}_i^j)\boldsymbol{Q}(\bar{h}_i^j),\quad j=1,2,\cdots,NP \tag{8.122}$$

令 j 从 1 遍历到 NP，形成位移点阵记作 $\tilde{\boldsymbol{U}}_i(h_i)$，根据式(8.53)，可得

$$\boldsymbol{\mu}_{\tilde{u}_i}=\tilde{\boldsymbol{U}}_i^{\mathrm{T}}\bar{\boldsymbol{A}}_i^{-1}\boldsymbol{B}_i \tag{8.123}$$

式中,矩阵 $\bar{\boldsymbol{A}}_i$ 和向量 $\boldsymbol{B}_i$ 的定义与式(8.49)相同。根据式(8.27),可得位移向量的期望

$$\boldsymbol{\mu}_u = \sum_{i=1}^{N} \boldsymbol{\mu}_{\tilde{u}_i} - (N-1)\boldsymbol{u}^c \tag{8.124}$$

而向量 $\tilde{\boldsymbol{u}}_i(h_i)$ 各元素方差形成的向量可表示为

$$\sigma_{\tilde{u}_i}^2 = \tilde{\boldsymbol{G}}_i^{\mathrm{T}} \bar{\boldsymbol{A}}_i^{-1} \boldsymbol{B}_i \tag{8.125}$$

式中,矩阵 $\tilde{\boldsymbol{G}}_i = [(\tilde{\boldsymbol{u}}_i(\bar{h}_i^1) - \boldsymbol{\mu}_{\tilde{u}_i})^2, \cdots, (\tilde{\boldsymbol{u}}_i(\bar{h}_i^{NP}) - \boldsymbol{\mu}_{\tilde{u}_i})^2]^{\mathrm{T}}$。由式(8.123)~式(8.125)得到位移向量各元素的方差向量为

$$\sigma_u^2 = \sum_{i=1}^{N} \sigma_{\tilde{u}_i}^2 + \sum_{i=1}^{N} (\boldsymbol{\mu}_{\tilde{u}_i} - \boldsymbol{\mu}_u)^2 - (N-1)(\boldsymbol{u}^c - \boldsymbol{\mu}_u)^2 \tag{8.126}$$

式中,$\boldsymbol{u}^c$ 为随机变量取中值时的结构位移响应向量。

从表面上来看,在对每个化简后的一维问题进行计算时,需要每次在配点 $\bar{h}_i^j$ 处重新生成系统的刚度矩阵 $\boldsymbol{K}(\bar{h}_i^j)$,这是一种计算量的增长。但因为所提出的配点型随机有限元分析方法最多需要进行 $N \times NP$ 次确定性系统分析,这种计算量在解决工程问题时要远远小于其他类型的配点方法,所以,重新生成刚度矩阵所带来的计算量是可以承受的。

虽然每次在配点 $\bar{h}_i^j$ 处重新生成系统的刚度矩阵 $K(\bar{h}_i^j)$ 带来了额外的计算量,但这么做可有效地提高计算精度。这是因为对于不同的配点集,重新生成相应的刚度矩阵,可避免刚度矩阵的不协调使用而带来的近似误差。基于 Taylor 展开的随机有限元法、摄动随机有限元法和 Neumann 展开随机有限元法等均是使用均值处的刚度矩阵,并对其他位置的刚度矩阵使用 1 阶或者 2 阶小量进行调整。这个过程本身带来了模型误差,是无法通过增加确定性有限元程序的计算精度来弥补的。但若使用重新生成的刚度矩阵直接求解响应函数在矩阵附近的解,相当于响应解关于中心点的展开项数目为无穷多个,是精确满足的,所以这种方法将不会因为刚度矩阵的不协调性而带来模型误差。若确定性有限元模型的计算结果足够精确,所引起的系统误差仅存在于对多元函数积分的一元化过程,而这个过程是具有 4 阶精度的,完全可以满足计算精度的要求。

另外,值得指出的是,这种方法可以完全做到是非侵入性的。因为相比于其他算法而言,这种配点算法将调用确定性有限元程序计算该配点处的函数值,而不是需要在中值处的刚度矩阵上进行改进以获得域内其他位置的刚度矩阵。

8.7.1.2　算法步骤与流程

对于考虑随机参数的工程结构有限元模型,使用配点型随机有限元方法需要执行以下步骤:

① 对多维随机场进行一元化,生成 N 个一维随机场;

② 对每个随机场 H_i,根据随机变量 H_i 的分布和截集水平 α_i,确定配点所在的区间范围 $[h_i^-, h_i^+]$;

③ 根据精度需要选定所需配点的数目和类型,如均匀配点或按 Gauss 方式配点,并按照式(8.50)计算配点处的权重集 $\{\bar{w}_i^j\}$;

④ 对第 i 个随机变量的每个配点,调用确定性有限元分析程序,生成相应的刚度矩阵和载荷列阵,并计算位移响应集 $\{\boldsymbol{u}(\bar{h}_i^j)\}$;

⑤ 使用得到权重集和响应集根据式(8.123)计算第 i 个位移响应的期望值 $\mu_{\tilde{u}_i}$;

⑥ 循环执行步骤②～⑤，使得指标 i 遍历从 1 到 N 的所有值，使用期望表达式(8.124)评估真实位移响应向量的期望值 $\boldsymbol{\mu}_u$；

⑦ 根据式(8.125)计算各分解位移向量 $\tilde{\boldsymbol{u}}_i(h_i)$ 的方差向量；

⑧ 使用位移响应的期望值 $\boldsymbol{\mu}_u$ 和分解位移向量的方差向量，并根据式(8.126)计算真实响应向量元素的方差向量。

将上述计算步骤绘成流程图，如图 8.7 所示。

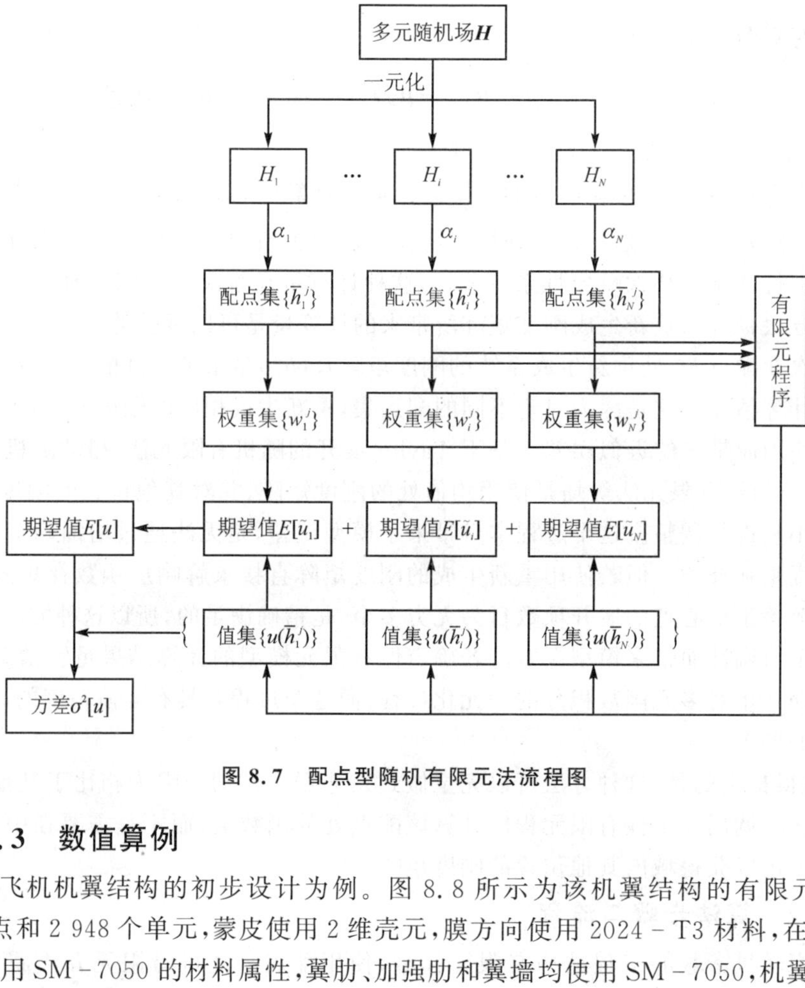

图 8.7 配点型随机有限元法流程图

8.7.1.3 数值算例

以某型飞机机翼结构的初步设计为例。图 8.8 所示为该机翼结构的有限元模型，包含 1 226 个节点和 2 948 个单元，蒙皮使用 2 维壳元，膜方向使用 2024 - T3 材料，在弯曲和剪切方向考虑使用 SM - 7050 的材料属性，翼肋、加强肋和翼墙均使用 SM - 7050，机翼长桁和框使用一维杆元，材料为 SM - 7050。所使用两种材料的属性列于表 8.5。计算模型在翼根处采用固支约束，载荷条件使用飞行工况下的 CFD 计算结果。该机翼结构的确定性有限元分析结果示于图 8.9(a)(位移-位移响应云图)和图 8.9(b)(应力-位移响应云图)。

由确定性有限元分析结果可知，某型飞机机翼结构最大 Z 向位移出现在翼尖处，为 1 139.37 mm，最大应力出现在翼根处，为 264.76 MPa。

现考虑所使用材料弹性模量的随机性和翼肋、墙等的几何随机性。所使用的随机量为 $\boldsymbol{H}=\{E_1,E_2,t_1,t_2,t_3,t_4\}$。其中 t_1 和 t_2 分别为普通翼肋和加强翼肋厚度；t_3 和 t_4 分别为靠近翼根和翼尖处的翼墙厚度。这里设随机变量 H_i 均服从正态分布，即 $H_i \sim N(\mu_{H_i},\sigma_{H_i}^2)$，这里 $\mu_{E_1}=71\ 000$，$\mu_{E_2}=72\ 400$，$\mu_{t_1}=1$，$\mu_{t_2}=5$，$\mu_{t_3}=10$，$\mu_{t_4}=4$，而 $\sigma_{H_i}=c_v\mu_{H_i}$，式中 c_v 为随机

变量的变异系数。采用 7 个 Gauss 配点的方法进行计算，并考察翼尖处位移响应和翼根部应力响应的均值和方差。

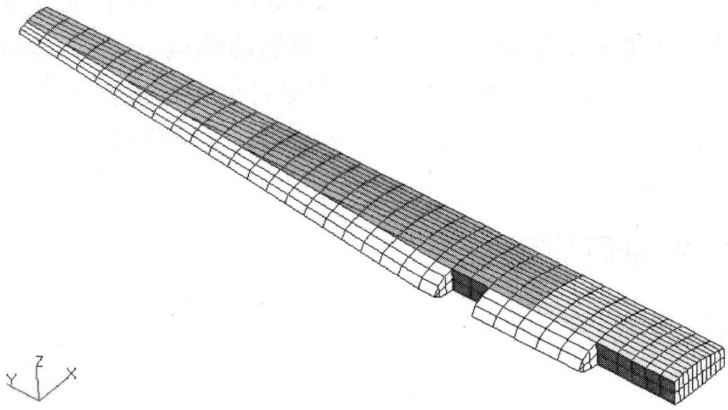

图 8.8 某型飞机机翼结构初步设计

表 8.5 某型飞机机翼结构设计所用材料

材料名称	密度/(tone・mm^{-3})	弹性模量/MPa	泊松比	破坏极限/MPa
SM-7050	2.823E-9	71 000	0.33	586
2024-T3	2.77E-9	72 400	0.33	407

考察变异系数 $c_v=0.1$ 时的情形，采用 6σ -原则确定积分区间。将随机有限元分析结果和确定性分析结果均示于表 8.6 中。对于不同的变异系数，重复执行上面的分析过程，可得到在不同变异系数下的翼尖位移和翼根响应的均值、方差以及标准差。为便于比较，将所得数据列于表 8.7。

表 8.6 配点型随机有限元分析结果与确定性分析结果的比较($c_v=0.1$)

物理量	确定性结果	期望值		方 差		标准差	
		CRAM	MC	CRAM	MC	CRAM	MC
翼尖位移 d/mm	1 139.4	1 145.5	1 147.0	6 813.2	6 624.3	82.542	81.394
翼根应力 s/MPa	264.76	265.14	266.02	526.78	542.89	22.952	23.300

表 8.7 响应函数统计量随变异系数的变化

物理量	c_v	0.025	0.05	0.075	0.1	0.125	0.15
翼尖位移	期 望	1 139.8	1 140.9	1 142.8	1 145.5	1 149.0	1 153.4
	方 差	417.15	1 675.2	3 794.6	6 813.2	10 802.0	15 947.0
	标准差	20.424	40.929	61.600	82.542	103.93	126.28
翼根应力	期 望	264.79	264.85	264.97	265.14	265.35	265.63
	方 差	32.098	128.95	292.27	526.78	834.69	1 241.3
	标准差	5.665 5	11.356	17.096	22.952	28.891	35.232

由表 8.7 可知，考虑随机性的有限元分析结果的期望值比只考虑变量中值时所得的确定性分析结果更大，并且响应的变异系数也随着不确定输入变异系数的增大而不断增大。对于多变量的问题，工程上一般认为响应是接近于高斯分布的。这样，响应的变化范围可以使用 k 倍的标准差进行截断，这里 k 的取值一般为 3。截断后的响应下界将远远低于按照确定性条件计算的响应结果。由此可见，按照材料属性、几何条件的中值进行飞行器结构设计是偏危险的，考虑随机性的结构设计方案可使人们清楚了解随机性对响应结果的影响程度，从而给出更为安全的设计结果。

8.7.2 配点型区间有限元

8.7.2.1 算法分析

当使用区间变量 $\boldsymbol{h}^I$ 描述系统不确定性量时，系统的位移响应界值通过式(8.127)确定：

$$\boldsymbol{u}(\boldsymbol{h}^I)=\boldsymbol{K}^{-1}(\boldsymbol{h}^I)\boldsymbol{Q}(\boldsymbol{h}^I) \tag{8.127}$$

使用“改进 Taylor 展开格式”对 $\boldsymbol{u}(\boldsymbol{h}^I)$进行界值评估，有

$$\boldsymbol{u}^+=\sum_{i=1}^{N}\max[\boldsymbol{K}^{-1}(\boldsymbol{h}_i)\boldsymbol{Q}(\boldsymbol{h}_i)]-(N-1)\boldsymbol{K}^{-1}(\boldsymbol{h}^c)\boldsymbol{Q}(\boldsymbol{h}^c) \tag{8.128}$$

$$\boldsymbol{u}^-=\sum_{i=1}^{N}\min[\boldsymbol{K}^{-1}(\boldsymbol{h}_i)\boldsymbol{Q}(\boldsymbol{h}_i)]-(N-1)\boldsymbol{K}^{-1}(\boldsymbol{h}^c)\boldsymbol{Q}(\boldsymbol{h}^c) \tag{8.129}$$

同样，使用“最紧区间界格式”对 $\boldsymbol{u}(\boldsymbol{h}^I)$进行界值评估，有

$$\boldsymbol{u}^+=\sum_{i=1}^{N}\boldsymbol{K}^{-1}(\boldsymbol{h}_i^{\max})\boldsymbol{Q}(\boldsymbol{h}_i^{\max})-(N-1)\boldsymbol{K}^{-1}(\boldsymbol{h}^c)\boldsymbol{Q}(\boldsymbol{h}^c) \tag{8.130}$$

$$\boldsymbol{u}^-=\sum_{i=1}^{N}\boldsymbol{K}^{-1}(\boldsymbol{h}_i^{\min})\boldsymbol{Q}(\boldsymbol{h}_i^{\min})-(N-1)\boldsymbol{K}^{-1}(\boldsymbol{h}^c)\boldsymbol{Q}(\boldsymbol{h}^c) \tag{8.131}$$

在式(8.128)～式(8.129)中，需要求解 $\tilde{\boldsymbol{u}}_i(\boldsymbol{h}_i)=\boldsymbol{K}^{-1}(\boldsymbol{h}_i)\boldsymbol{Q}(\boldsymbol{h}_i)$的最大值和最小值，而在式(8.130)～式(8.131)中，需要求解 $\tilde{\boldsymbol{u}}_i(\boldsymbol{h}_i)=\boldsymbol{K}^{-1}(\boldsymbol{h}_i)\boldsymbol{Q}(\boldsymbol{h}_i)$的最大值点和最小值点。这两个问题均可通过在 $\boldsymbol{h}_i$ 所在的区间内进行高斯配点并对 $\tilde{\boldsymbol{u}}_i(\boldsymbol{h}_i)$进行高精度逼近得到。

8.7.2.2 算法步骤与流程

对于考虑区间参数的飞行器结构有限元模型，使用配点型区间有限元方法需要执行以下步骤：

① 将问题所在的域一元化处理为 N 个区间变量；

② 对于每个区间 h_i^I，根据 Chebyshev 多项式的零点进行配点，生成配点集$\{\bar{h}_i^j\}$；

③ 对第 i 个区间变量的每个配点，调用确定性有限元分析程序，生成相应的刚度矩阵和载荷列阵，并计算位移响应集$\{\boldsymbol{u}(\bar{h}_i^j)\}$；

④ 求解第 i 个一元分解函数的最值分布情况。首先需要对位移响应集$\{\boldsymbol{u}(\bar{h}_i^j)\}$进行单调性测试以减少计算量并提高计算精度，若位移响应集单调，取端点值为最值，反之则须进一步求解代数方程得到极值点，并联合端点处的值进行判定；

⑤ 循环执行步骤②～④，使得指标 i 遍历从 1 到 N 的所有值；

⑥ 根据式(8.128)～式(8.129)或式(8.130)～式(8.131)对响应函数进行界值评估。

将上述计算步骤绘成流程图，如图 8.9 所示。

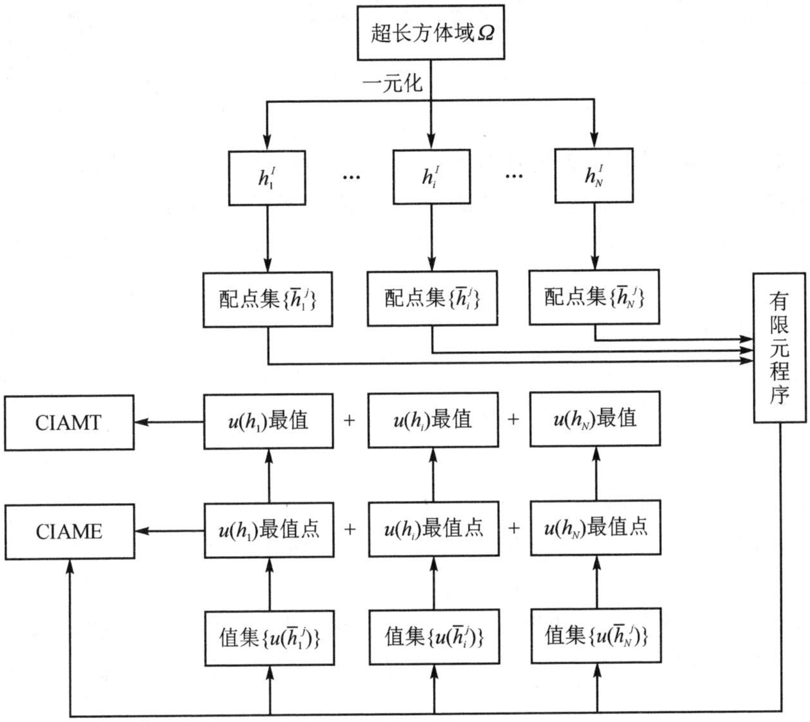

图 8.9　配点型区间有限元法流程图

8.7.2.3　数值算例

(1) 受中心扭矩作用的简支梁

考察如图 8.10 所示的简支梁，该梁在中心处受到大小为 m 的扭矩作用，梁的弹性模量为 E，矩形截面宽为 b，高为 h，全梁长 L。材料弹性模量 E 和载荷值 m 将作为被讨论的对象，其他结构参数的取值参照表 8.8。

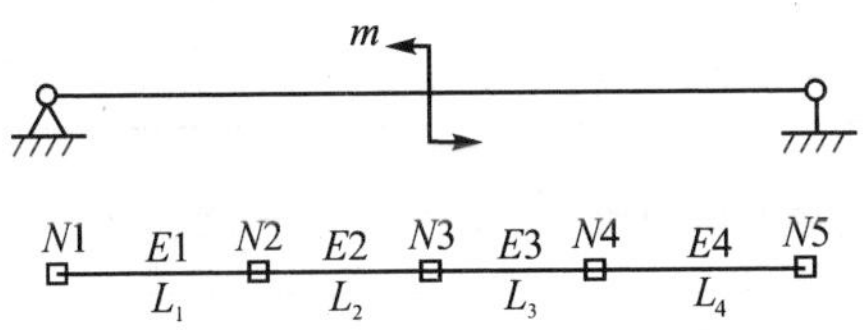

图 8.10　受中心扭矩作用的简支梁及其有限元模型

表 8.8　梁的结构参数

参　数	b/mm	h/mm	L/mm
数　值	3	5	1 000

该问题存在解析解，挠度和转角分别设为 $v(x)$ 和 $\theta(x)$，有

$$\left.\begin{aligned} v(x) &= \frac{mx}{24EIL}(L^2-4x^2), & 0\leqslant x\leqslant \frac{L}{2} \\ \theta(x) &= v'(x), & 0\leqslant x\leqslant \frac{L}{2} \end{aligned}\right\} \tag{8.132}$$

将全梁划分为 4 个直梁单元，共 5 个节点。为减小网格离散带来的计算误差，在 $v(x)$ 的

极值点和梁中心分别配置节点。$v(x)$的极值点为 $x_1=\frac{\sqrt{3}L}{6}$ 和 $x_2=L-x_1$，故 $L_1=L_4=\frac{\sqrt{3}}{6}L$，$L_2=L_4=\left(\frac{1}{2}-\frac{\sqrt{3}}{6}\right)L$。

下面分 3 种工况进行讨论，并将用顶点组合法(Endpoints)、基于一阶 Taylor 展开的区间分析方法(TIAM)和配点型区间分析方法(CIAME)所得的结果做比较，分别列于表 8.9、表 8.10 和表 8.11。由于结点 1、3 和 5 处的竖向位移和结点 2、4 的转角位移均为 0，表中只列出了非零位移值。

工况①：E 为区间变量，$E_0=210\ 000$ MPa，$\Delta E_0=0.1E_0$，$m=100\ 000$ N×mm；

工况②：E 为区间变量，$E_0=210\ 000$ MPa，$\Delta E_0=0.3E_0$，$m=100\ 000$ N×mm；

工况③：E 为区间变量，$E_0=210\ 000$ MPa，$\Delta E_0=0.3E_0$，$m=100\ 000\sin x^I$ N×mm，$x^I=[1,3]$。

工况①和工况②均为响应函数是不确定性变量单调函数的例子。从表 8.9 和表 8.10 可以看出，TIAM 存在一个边界估计过盈，而另一个边界存在估计不足的现象。并且随着不确定性参数区间范围的增大，由 TIAM 得到的响应界值误差也增大。而顶点组合方法和 CIAM 能够给出响应函数的精确界值。工况③考察了响应函数是不确定性参数非单调函数的情形，顶点组合法和 TIAM 得到的结果误差都很大，而由 CIAME 得到的结果与精确解几乎没有差别。

表 8.9 工况①下三种方法所得界值与精确值的比较

节 点	名义值	精确解		EP		TIAM		CIAME	
		上 界	下 界	上 界	下 界	上 界	下 界	上 界	下 界
1	−0.634 9	−0.577 2	−0.705 5	−0.577 2	−0.705 5	−0.571 4	−0.698 4	−0.577 2	−0.705 5
2	−122.19	−111.08	−135.77	−111.08	−135.77	−109.97	−134.41	−111.08	−135.77
3	1.269 8	1.410 9	1.154 4	1.410 9	1.154 4	1.396 8	1.142 9	1.410 9	1.154 4
4	122.19	135.77	111.08	135.77	111.08	134.41	109.97	135.77	111.08
5	−0.634 9	−0.577 2	−0.705 5	−0.577 2	−0.705 5	−0.571 4	−0.698 4	−0.577 2	−0.705 5

表 8.10 工况②下三种方法所得界值与精确值的比较

节 点	名义值	精确解		EP		TIAM		CIAME	
		上 界	下 界	上 界	下 界	上 界	下 界	上 界	下 界
1	−0.634 9	−0.488 4	−0.907 0	−0.488 4	−0.907 0	−0.444 4	−0.825 4	−0.488 4	−0.907 0
2	−122.19	−93.99	−174.56	−93.99	−174.56	−85.53	−158.85	−93.99	−174.56
3	1.269 8	1.814 1	0.976 8	1.814 1	0.976 8	1.650 8	0.888 9	1.814 1	0.976 8
4	122.19	174.56	93.99	174.56	93.99	158.85	85.53	174.56	93.99
5	−0.634 9	−0.907 0	−0.488 4	−0.907 0	−0.488 4	−0.444 4	−0.825 4	−0.907 0	−0.488 4

表 8.11　工况③下三种方法所得界值与精确值的比较

节　点	名义值	精确解		EP		TIAM		CIAME	
		上　界	下　界	上　界	下　界	上　界	下　界	上　界	下　界
1	−0.577 3	−0.068 9	−0.907 0	−0.068 9	−0.763 2	−0.139 9	−1.014 8	−0.068 9	−0.907 0
2	−111.11	−13.26	−174.59	−13.26	−146.89	−26.93	−195.29	−13.26	−174.59
3	1.154 7	1.814 1	0.137 8	1.526 5	0.137 8	2.029 5	0.279 8	1.814 1	0.137 8
4	111.11	174.56	13.26	146.89	13.26	195.29	26.93	174.56	13.26
5	−0.577 3	−0.068 9	−0.907 0	−0.068 9	−0.763 2	−0.139 9	−1.014 8	−0.068 9	−0.907 0

(2) 某型飞机机翼静力分析

考虑某型飞机机翼模型，所使用材料弹性模量的不确定性和翼肋、墙等的几何不确定性使用区间变量进行描述，记为 $\boldsymbol{h}^I=\{E_1^I,E_2^I,t_1^I,t_2^I,t_3^I,t_4^I\}$。为方便，定义

$$c_{vi}^I=h_i^r/h_i^c \tag{8.133}$$

为第 i 个变量的区间变异系数。这里取 $E_1^c=71\ 000,E_2^c=72\ 400,t_1^c=1,t_2^c=5,t_3^c=10,t_4^c=4$，采用 7 个配点方案考察翼尖处位移响应和翼根部应力响应的界值。

取 $c_{vi}^I=0.1$，将确定性分析结果和区间传播分析结果一起列于表 8.12。表 8.13 列出了在不同区间变异系数下的区间有限元结果。图 8.11 给出了翼尖位移响应和翼根应力响应关于区间变异系数的变化趋势。由表 8.12 可知，EP 和 CIAME 所给出的界值评估结果相同，而 TIAM 和 CIAMT 只给出了近似的界值，且 CIAMT 的精度比 TIAM 的精度要高。由表 8.13 和图 8.11 可知，翼尖位移和翼根应力响应的界值随着变异系数的增大而增大，且图 8.11 显示出翼尖位移的增长速度并不是变异系数的线性函数。

表 8.12　区间有限元分析结果与确定性分析结果比较 $c_v^I=0.1$

物理量	确定性结果	EP		TIAM		CIAMT		CIAME	
		上　界	下　界	上　界	下　界	上　界	下　界	上　界	下　界
d/mm	1 139.4	1 274.3	1 029.2	1 260.1	1 018.6	1 267.1	1 023.8	1 274.3	1 029.2
s/MPa	264.76	299.84	231.95	298.49	231.03	299.10	231.16	299.84	231.95

表 8.13　响应函数统计量随变异系数的变化(CIAME)

物理量	c_v	0.05	0.1	0.15	0.2	0.25	0.3
d/mm	上　界	1 203.3	1 274.3	1 353.8	1 443.4	1 544.9	1 661.2
	下　界	1081.6	1029.2	981.3	937.47	897.18	860.02
s/MPa	上　界	282.00	299.84	318.33	337.53	358.27	380.33
	下　界	248.09	231.95	216.31	201.12	186.37	172.01

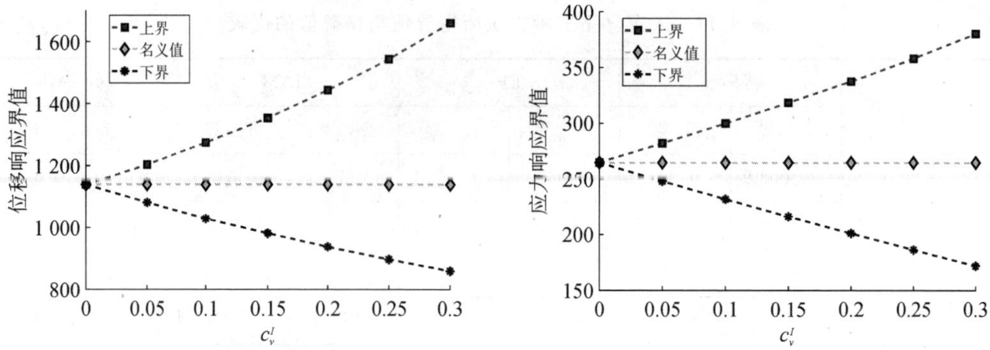

(a) 翼尖位移响应界值　　(b) 翼根应力响应界值

图 8.11　响应的区间界值

8.8　区间参数结构在随机过程激励下的传播分析

自然环境作用于工程结构上的一些重要动力激励，例如地震地面运动、阵风和波浪等在进行结构分析时一般将其描述为随机过程[151]。在随机力学的框架下，已发展出一些方法来描述随机激励下结构系统的随机响应，尤其是，结构随机响应能按照概率观点进行完全定义。另外，假如线性系统受到高斯随机过程激励，那么响应也将是高斯的。在这种情况下，随机响应的概率特性可在时域中使用均值向量和协方差函数矩阵描述，也可在频域中使用均值向量和功率谱密度函数矩阵描述。

工程中另外一类重要的不确定性是结构参数的变差，例如几何属性、材料属性和边界条件等。经常使用两种不同观点描述不确定性源，即概率方法和非概率方法。在概率方法中，结构参数被描述为随机变量，而随机响应一般可通过 3 种方法预测：统计方法(MC)、随机有限元方法和谱方法。尽管概率方法可成功地处理不确定性，然而这仅在可给出属性变差的准确概率密度函数的基础上。若不能得到不确定性参数充足的信息而仅知道其界值时，可使用非概率方法对响应界值进行评估，例如凸模型、模糊集理论和区间分析方法。根据区间分析方法，结构参数的变差被描述为一个有界的区间。而目前发展起来的区间摄动法和基于一阶 Taylor 展开的方法因其具有简单的数学格式而被广泛采用。

至今，区间分析方法已被用来计算在确定性激励下的结构静动力响应问题，而对于随机过程激励下的区间参数结构的响应这一更能真实反映工程结构特点的问题还没有作更多的研究。在工程结构设计中，使用区间变量描述结构参数并将其与载荷的随机性相结合，将给出更为高效的设计方案。本章的目的是获得区间参数结构在随机过程激励下自功率谱密度函数和方差函数的界值估计。两个数值算例(地震中的建筑物模型、连续大气紊流中的机翼模型)验证了所提出方法的有效性。

8.8.1　问题描述

考虑具有 n 自由度动力系统的广义运动微分方程

$$\boldsymbol{M}\ddot{\boldsymbol{u}}(t)+\boldsymbol{C}\dot{\boldsymbol{u}}(t)+\boldsymbol{K}\boldsymbol{u}(t)=\boldsymbol{F}(t) \tag{8.134}$$

式中，$\boldsymbol{u}(t)=(u_i(t))$，$\dot{\boldsymbol{u}}(t)=(\dot{u}_i(t))$和 $\ddot{\boldsymbol{u}}(t)=(\ddot{u}_i(t))$分别为位移，速度和加速度向量；$\boldsymbol{M}=$

(m_{ij})，$\boldsymbol{C}=(c_{ij})$和$\boldsymbol{K}=(k_{ij})$分别为系统质量矩阵，阻尼矩阵和刚度矩阵。它们均依赖于结构参数向量$\boldsymbol{h}=(h_i)$并可分别表示为

$$\boldsymbol{M}=\boldsymbol{M}(\boldsymbol{h})=(m_{ij}(\boldsymbol{h})),\quad \boldsymbol{C}=\boldsymbol{C}(\boldsymbol{h})=(\boldsymbol{C}_{ij}(\boldsymbol{h})),\quad \boldsymbol{K}=\boldsymbol{K}(\boldsymbol{h})=(\boldsymbol{K}_{ij}(\boldsymbol{h})) \tag{8.135}$$

式中，$\boldsymbol{h}=(h_i)$为1个N-维向量。$\boldsymbol{F}(t)=(f_i(t))$是一个随机载荷向量，没有确定的表达形式，但却具有已知的功率谱密度函数$\boldsymbol{S}_{FF}(\omega)=(\boldsymbol{S}_{f_if_j}(\omega))$。这样，式(8.134)可重写为

$$\boldsymbol{M}(\boldsymbol{h})\ddot{\boldsymbol{u}}(\boldsymbol{h},t)+\boldsymbol{C}(\boldsymbol{h})\dot{\boldsymbol{u}}(\boldsymbol{h},t)+\boldsymbol{K}(\boldsymbol{h})\boldsymbol{u}(\boldsymbol{h},t)=\boldsymbol{F}(t) \tag{8.136}$$

工程中常见的情形是无法得到足够的信息以支撑结构参数的概率分布特性，根据区间数学的思想，可以假定不确定向量属于一个有界的区间，如

$$\boldsymbol{h}\in\boldsymbol{h}^I=[\boldsymbol{h}^-,\boldsymbol{h}^+] \tag{8.137}$$

式中，$\boldsymbol{h}^+$和$\boldsymbol{h}^-$分别为结构参数向量$\boldsymbol{h}$的上界向量和下界向量。

一般来讲，所有满足动力学方程(8.136)的响应所形成的集合Γ是复杂的。在区间数学的意义上，目标转化为求解自功率谱密度函数和方差函数的上界和下界，即

$$S^I_{u_iu_i}(\omega)=[S^-_{u_iu_i}(\omega),S^+_{u_iu_i}(\omega)]=(S^I_i(\omega)),\quad i=1,2,\cdots,n \tag{8.138}$$

$$\sigma^I_{u_i}(t)=[\sigma^-_{u_i}(t),\sigma^+_{u_i}(t)]=(\sigma^I_i(t)),\quad i=1,2,\cdots,n \tag{8.139}$$

式中，ω为角频率。

8.8.2　虚拟激励方法

对于具有随机过程输入的确定性结构系统，多输入多输出系统响应函数的功率谱矩阵可以表示为

$$\boldsymbol{S}_{uu}(\omega)=\boldsymbol{H}^*(\omega)\boldsymbol{S}_{FF}(\omega)\boldsymbol{H}^{\mathrm{T}}(\omega) \tag{8.140}$$

式中，$\boldsymbol{H}(\omega)$为频率传递函数矩阵；上标'$*$'和'T'分别为共轭算子和转置算子。尽管式(8.140)在工程应用中非常常用，但却需要在很多离散频点处进行两次矩阵相乘运算。对于大型工程结构问题来说，这将导致很低的计算效率。为此，引入模态叠加方法和虚拟激励方法以提高计算效率。可构造如下虚拟响应向量：

$$\tilde{\boldsymbol{u}}(\omega,t)=\sum_{j=1}^{q}\gamma_j\boldsymbol{H}_j(\omega)\boldsymbol{\phi}_j\sqrt{S_{g_j}(\omega)}\,\mathrm{e}^{\mathrm{i}\omega t} \tag{8.141}$$

式中，上标'$\sim$'代表虚拟量；q为截断的模态阶数；γ_j和$\boldsymbol{\phi}_j$分别为第j阶模态因子和模态向量；而$g_j(t)$是载荷向量$\boldsymbol{F}(t)$分量的线性组合。基于式(8.141)可得

$$\boldsymbol{S}_{\mathrm{uu}}(\omega)=\tilde{\boldsymbol{u}}^*\tilde{\boldsymbol{u}}^{\mathrm{T}}=\left(\sum_{j=1}^{q}\gamma_j\boldsymbol{H}_j(\omega)\boldsymbol{\phi}_j\sqrt{S_{g_j}(\omega)}\right)^*\left(\sum_{k=1}^{q}\gamma_k\boldsymbol{H}_k(\omega)\boldsymbol{\phi}_k\sqrt{S_{g_k}(\omega)}\right)^{\mathrm{T}} \tag{8.142}$$

当且仅当$q=n$时，式(8.142)与式(8.140)已被证明是等价的。虚拟激励法避免了两次求和的计算代价并转换随机振动问题为一个确定性振动问题。要获得功率谱矩阵仅需进行一次向量乘法。虚拟激励法可极大地提高计算效率，并可被应用到大型复杂结构的计算。本章将在下面的章节中使用虚拟激励法求解随机统计量问题。

8.8.3　平稳随机激励下的区间传播分析方法

8.8.3.1　基于Taylor展开的区间传播分析方法

当结构系统包含使用区间向量$\boldsymbol{h}$描述的不确定性时，虚拟动态响应式(8.141)和相应的功率谱函数可被重写为

$$\tilde{u}(h,\omega,t)=\sum_{j=1}^{q}\gamma_j(h)\boldsymbol{H}_j(h,\omega)\boldsymbol{\phi}_j(h)\sqrt{S_{g_j}(\omega)}\,\mathrm{e}^{\mathrm{i}\omega t} \tag{8.143}$$

$$\boldsymbol{S}_{\mathrm{uu}}(\omega)=\left(\sum_{j=1}^{q}\gamma_j\boldsymbol{H}_j(\boldsymbol{h},\omega)\boldsymbol{\phi}_j(\boldsymbol{h})\sqrt{S_{g_j}(\omega)}\right)^*\left(\sum_{k=1}^{q}\gamma_k H_k(\boldsymbol{h},\omega)\boldsymbol{\phi}_k(\boldsymbol{h})\sqrt{S_{g_k}(\omega)}\right)^{\mathrm{T}} \tag{8.144}$$

在所关心的频点上固定频率 $\omega=\omega_c$，式(8.144)仅为区间向量 $\boldsymbol{h}$ 的函数，即

$$\mathrm{S}_{\mathrm{uu}}(\omega)=\left(\sum_{j=1}^{q}\gamma_j\boldsymbol{H}_j(\boldsymbol{h},\omega_c)\boldsymbol{\phi}_j(\boldsymbol{h})\sqrt{S_{g_j}(\omega_c)}\right)^*\left(\sum_{k=1}^{q}\gamma_k H_k(\boldsymbol{h},\omega_c)\boldsymbol{\phi}_k(\boldsymbol{h})\sqrt{S_{g_k}(\omega_c)}\right)^{\mathrm{T}} \tag{8.145}$$

将式(8.145)中的分量 $S_i(\boldsymbol{h},\omega_c)=S_{u_iu_i}(\boldsymbol{h},\omega_c)$在区间向量 $\boldsymbol{h}$ 的中值点 $\boldsymbol{h}^c$ 处进行 1 阶 Taylor 展开，得

$$S_i(\boldsymbol{h},\omega_c)=S_i(\boldsymbol{h}^c,\omega_c)+\sum_{k=1}^{N}\frac{\partial S_i(\boldsymbol{h},\omega_c)}{\partial h_k}\delta h_k,\quad i=1,2,\cdots,n \tag{8.146}$$

式中

$$\delta h_k\in\Delta h_k^I=[-\Delta h_k,\Delta h_k],\quad k=1,2,\cdots,N \tag{8.147}$$

通过使用区间数学中的区间扩张原理，可获得自功率谱函数的区间为

$$S_i^I(h,\omega_c)=S_i(h^c,\omega_c)+\sum_{k=1}^{N}\left|\frac{\partial S_i(h^c,\omega_c)}{\partial h_k}\right|\Delta h_k^I,\quad i=1,2,\cdots,n \tag{8.148}$$

运用区间运算，可得到自功率谱函数的上界和下界为

$$S_i^+(h,\omega_c)=S_i(\boldsymbol{h}^c,\omega_c)+\sum_{k=1}^{N}\left|\frac{\partial S_i(\boldsymbol{h}^c,\omega_c)}{\partial h_k}\right|\Delta h_k,\quad i=1,2,\cdots,n \tag{8.149}$$

$$S_i^-(h,\omega_c)=S_i(\boldsymbol{h}^c,\omega_c)-\sum_{k=1}^{N}\left|\frac{\partial S_i(\boldsymbol{h}^c,\omega_c)}{\partial h_k}\right|\Delta h_k,\quad i=1,2,\cdots,n \tag{8.150}$$

通过式(8.149)和式(8.150)，可得到自功率谱函数在任何所关心频点 ω_c 处的近似区间估计界值。值得注意的是，要得到式(8.149)和式(8.150)所表示的自功率谱区间界值，需求解自功率谱函数在区间向量中值 $\boldsymbol{h}^c$ 处的灵敏度。工程中一种可选的方法是使用差分代替微分，即

$$\frac{\partial S_i(\boldsymbol{h}^c,\omega_c)}{\partial h_k}=\frac{S_i(\boldsymbol{h}^c+\delta^k\boldsymbol{h}^c,\omega_c)-S_i(\boldsymbol{h}^c,\omega_c)}{\delta^k\boldsymbol{h}^c},\quad i=1,2,\cdots,n \tag{8.151}$$

式中，$\delta^k\boldsymbol{h}^c$ 为对向量 $\boldsymbol{h}^c$ 第 k 个分量的摄动，并且分量 $S_i(\boldsymbol{h}^c,\omega_c)$和 $S_i(\boldsymbol{h}^c+\delta^k\boldsymbol{h}^c,\omega_c)$均可通过求解确定性结构参数系统得到。将式(8.151)代入式(8.149)和式(8.150)，可得到所关心频点处自功率谱函数的界值估计，有

$$S_i^+(h,\omega_c)=S_i(\boldsymbol{h}^c,\omega_c)+\sum_{k=1}^{N}\left|\frac{S_i(\boldsymbol{h}^c+\delta^k\boldsymbol{h}^c,\omega_c)-S_i(\boldsymbol{h}^c,\omega_c)}{\delta^k\boldsymbol{h}^c}\right|\Delta h_k,\quad i=1,2,\cdots,n \tag{8.152}$$

$$S_i^-(h,\omega_c)=S_i(\boldsymbol{h}^c,\omega_c)-\sum_{k=1}^{N}\left|\frac{S_i(\boldsymbol{h}^c+\delta^k\boldsymbol{h}^c,\omega_c)-S_i(\boldsymbol{h}^c,\omega_c)}{\delta^k\boldsymbol{h}^c}\right|\Delta h_k,\quad i=1,2,\cdots,n \tag{8.153}$$

基于 1 阶 Taylor 展开的区间分析方法虽然简单，使用方便，但其计算精度却不高。为此，在 8.8.3.2 小节中将引入配点型区间传播分析方法的两种评价形式以便更为精确地评估自功

率谱函数在所关心频点处的上下界值。

8.8.3.2　配点型区间传播分析方法

本节将分别引入两种配点型传播分析方法对式(8.142)所表示的功率谱矩阵进行区间变量的传播分析。

将"改进 Taylor 展开格式"中的响应变量使用自功率谱函数进行替换,可得到自功率谱响应函数的上界和下界的估计值为

$$S_i^+(\boldsymbol{h},\omega_c)=\sum_{j=1}^{N}S_{i,j}^{\max}(h_j,\omega_c)-(N-1)S_i^c,\quad i=1,2,\cdots,n \tag{8.154}$$

$$S_i^-(\boldsymbol{h},\omega_c)=\sum_{j=1}^{N}S_{i,j}^{\min}(h_j,\omega_c)-(N-1)S_i^c,\quad i=1,2,\cdots,n \tag{8.155}$$

式中

$$S_{i,j}^{\max}(h_j,\omega_c)=\max(S_i(h_1^c,\cdots,h_j,\cdots,h_N^c,\omega_c)),\quad i=1,2,\cdots,n \tag{8.156}$$

$$S_{i,j}^{\min}(h_j,\omega_c)=\min(S_i(h_1^c,\cdots,h_j,\cdots,h_N^c,\omega_c)),\quad i=1,2,\cdots,n \tag{8.157}$$

$$S_i^c=S_i(h_i^c,\cdots,h_N^c),\quad i=1,2,\cdots,n \tag{8.158}$$

若要得到式(8.154)和式(8.155)评估的自功率谱响应函数区间上界和下界,需要计算式(8.156)和式(8.157)中所表示的一元函数 $S_{i,j}(h_j,\omega_c)$ 的最大值和最小值。

另外,若将所要确定上下值界的自功率谱函数代入配点型区间传播分析中的"最紧区间界值格式",可得到自功率谱响应函数的另外一种界值表示形式

$$S_i^+(\boldsymbol{h},\omega_c)=S_i(h_1^{\max},\cdots,h_j^{\max},\cdots,h_N^{\max}),\quad i=1,2,\cdots,n \tag{8.159}$$

$$S_i^-(\boldsymbol{h},\omega_c)=S_i(h_1^{\min},\cdots,h_j^{\min},\cdots,h_N^{\min}),\quad i=1,2,\cdots,n \tag{8.160}$$

式中

$$h_j^{\max}=\{h_j:\max[S_i(h_1^c,\cdots,h_j,\cdots,h_N^c,\omega_c)]\},\quad j=1,2,\cdots,N \tag{8.161}$$

$$h_j^{\mathrm{mim}}=\{h_j:\min[S_i(h_1^c,\cdots,h_j,\cdots,h_N^c,\omega_c)]\},\quad j=1,2,\cdots,N \tag{8.162}$$

即要得到使用式(8.159)和式(8.160)表示的功率谱响应函数的区间界值,需要确定一元函数 $S_{i,j}(h_j,\omega_c)$ 的最大值点 $h_j^{\max}$ 和最小值点 $h_j^{\min}$。

所以,应用"改进 Taylor 展开格式"和"最紧区间界格式"的区间传播分析方法确定响应函数的上下界的一个共同的问题是求解一元函数 $S_{i,j}(h_j,\omega_c)$ 的最值分布情况。对于工程问题,$S_{i,j}(h_j,\omega_c)$ 的解析表达式是难以得到的,但 $S_{i,j}(h_j,\omega_c)$ 在固定 $h_j=h_j^*$ 时的函数值却可以通过确定性分析计算得到,此时,需要在区间变量 $h_j^I=[h_j^-,h_j^+]$ 中引入配点集 $\{\bar{h}_j^p\}$,从而计算得到函数 $S_{i,j}(h_j,\omega_c)$ 在配点集 $\{\bar{h}_j^p\}$ 上的值集 $\{S_{i,j}(\bar{h}_j^p,\omega_c)\}$。

8.8.3.3　方差函数的确定

当确定了响应函数的功率谱密度后,可以通过式(8.163)积分得到方差的表达式

$$\sigma_i^2(t)=\frac{1}{2\pi}\int_{-\infty}^{\infty}S_i(\omega)\mathrm{d}\omega=\frac{1}{\pi}\int_0^{\infty}S_i(\omega)\mathrm{d}\omega=\frac{1}{4\pi}\int_0^{\infty}G_i(\omega)\mathrm{d}\omega \tag{8.163}$$

式中,$G_i(\omega)=2S_i(\omega)$ 为工程中常用的单边功率谱密度函数。

上面分别使用不同的区间传播分析方法给出了在频点 $\omega=\omega_c$ 处自功率谱函数 S_i 界值评估的 3 种不同格式,本节假定已知了响应函数的功率谱密度,有

$$S_i^I(\boldsymbol{h},\omega_c)=[S_i^-(\boldsymbol{h},\omega_c),S_i^+(\boldsymbol{h},\omega_c)] \tag{8.164}$$

则方差函数可通过将式(8.164)中的上界和下界代入式(8.163)中进行积分得到。为此,设频率截断点为 $\omega=\pm\omega_t$,为提高数值积分精度,同样使用 Gauss 求积公式得到方差函数的上下界值。作变换

$$\omega=\frac{-\omega_t+\omega_t}{2}+\frac{\omega_t-(-\omega_t)}{2}z=\omega_t z \tag{8.165}$$

则有

$$\sigma_i^{2+}=\frac{\omega_t}{2\pi}\int_{-1}^{1}S_i^{+}(\boldsymbol{h},\omega_t z)\mathrm{d}z \tag{8.166}$$

$$\sigma_i^{2-}=\frac{\omega_t}{2\pi}\int_{-1}^{1}S_i^{-}(\boldsymbol{h},\omega_t z)\mathrm{d}z \tag{8.167}$$

在区间[−1,1]内配置高斯积分点,可完成式(8.166)和式(8.167)中的积分,得到方差函数的上界值和下界值,从而有

$$\sigma_i^{2I}=[\sigma_i^{2-},\sigma_i^{2+}] \tag{8.168}$$

8.8.3.4 数值算例

(1) 地震激励下的建筑物模型

地震激励下建筑物的响应一直是工程界所极为关心的问题。由于地震运动的本质是随机性的,建筑物模型的响应需要通过随机振动的方法进行描述。本节考虑如图 8.12 所示的受到平稳随机激励的简化建筑物模型,模型中各参数设置为除了 $m_n=0.5m$, $k_1=2k$ 外,均有 $m_i=m$, $k_i=k$,阻尼系数 c_i 可通过设置 Reyleigh 阻尼系数 $\alpha=0.1$,$\beta=0.2$ 得到。随机过程 $f(t)$的功率谱密度函数取为 Kanai-Tajimi 格式,有

$$S_{xx}(\omega)=\frac{1+4(\zeta_g\omega/\omega_g)^2}{(1-\omega^2/\omega_g^2)^2+4(\zeta_g\omega/\omega_g)^2}S_0 \tag{8.169}$$

式中,$\omega_g=19.07\ \mathrm{s^{-1}}$,$\zeta_g=0.544$,$S_0=0.157\,4\ \mathrm{m^2s^{-3}}$,如图 8.13 所示。

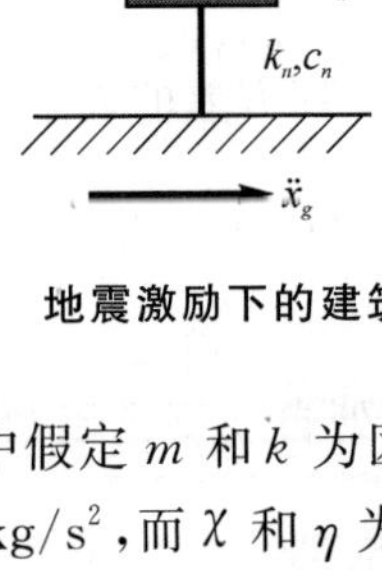

图 8.12 地震激励下的建筑物模型

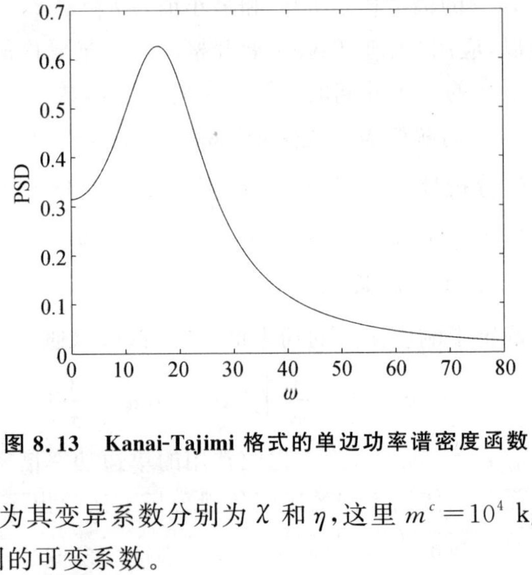

图 8.13 Kanai-Tajimi 格式的单边功率谱密度函数

本例中假定 m 和 k 为区间参数,并认为其变异系数分别为 χ 和 η,这里 $m^c=10^4$ kg,$k^c=1.4\times10^7\ \mathrm{kg/s^2}$,而 χ 和 η 为定义区间范围的可变系数。

图 8.14(a)、图 8.14(b)分别给出了在工况 $\chi=0.1,\eta=0$ 和工况 $\chi=0,\eta=0.1$ 下 m_1 的功率谱密度函数的比较，而图 8.14(c)、图 8.14(d)则分别给出了在工况 $\chi=0.1,\eta=0.1$ 和工况 $\chi=0.2,\eta=0.2$ 时的界值比较。可以看出，两种方法所得结果没有包含关系，在功率谱密度函数的主能量域，CIAM 得到的界值要高于 TIAM 给出的界值，而相反的情况出现在低能量域。并且从图 8.14 可以看出，当变量数目和所在的区间范围较窄时，使用两种方法所评估的上下界值差别很小，但随着变量数目的增长，这种差别不断增大，如图 8.14(c)～图 8.14(d)所示。并且，如图 8.14(d)所示，TIAM 可能会得到无物理意义的界值。

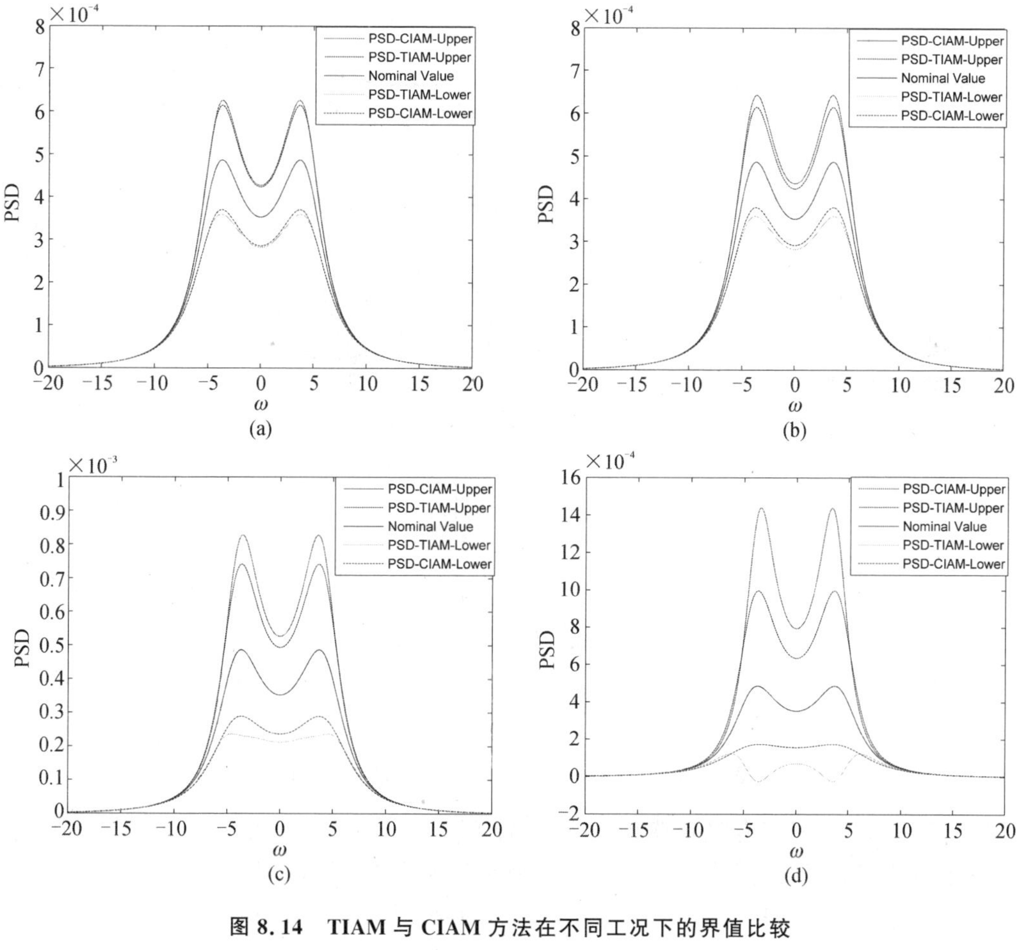

图 8.14　TIAM 与 CIAM 方法在不同工况下的界值比较

为验证 CIAM 的正确性，使用优化方法计算了响应的上下界值，图 8.15(a)～图 8.15(b)分别给出了在工况 $\chi=0.1,\eta=0.1$ 和工况 $\chi=0.2,\eta=0.2$ 时的界值比较，可以看出，CIAM 所得结果与优化方法所得结果界值符合很好。

图 8.16(a)～图 8.16(b)分别给出了在工况 $\chi=0,\eta:0\to0.2$ 和工况 $\chi:0\to0.2,\eta=0$ 下不同方法所得方差界值的比较，可以看出，TIAM 所得结果位于名义值两侧的对称位置，而 CIAM 所得结果却体现了系统的非线性性质。

(2) 连续大气湍流激励下的机翼响应

阵风激励在飞行器设计中具有重要作用，连续型阵风在数学上可处理为平稳随机过程。

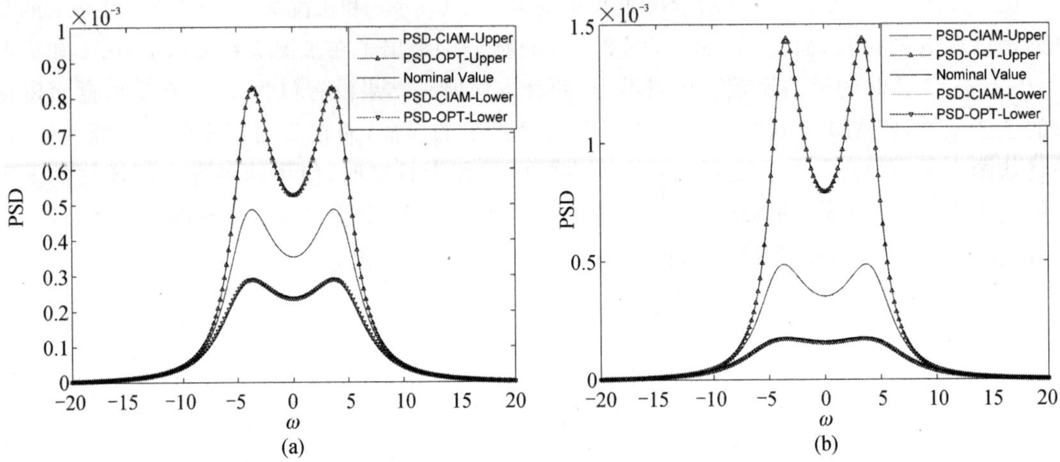

图 8.15　CIAM 方法与优化方法在不同工况下所得界值的比较

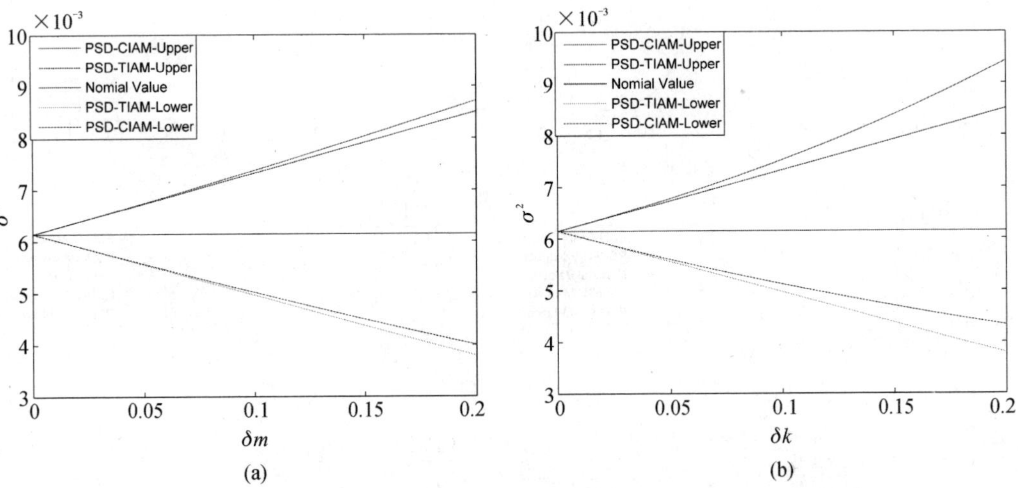

图 8.16　TIAM 与 CIAM 方法所得方差的比较

这里考虑简化的平直机翼有限元模型，如图 8.17 所示。连续大气湍流中的垂直阵风速度使用 Dryden 单边功率谱密度进行描述，如图 8.18 所示。为简便计算，仅考虑由瞬态气动力产生的平动位移，引入气动弹性效应以考虑阵风的影响，为此，引入了 Theodorsen 气动力理论以计算瞬态气动力。材料的弹性模量 E 和蒙皮厚度 t 被选为区间变量，分别具有均值 $E^c=70\ 000$ MPa 和 $t^c=3$ mm，其他参数列于表 8.14 中。这里 ρ_a 和 ρ_m 分别为空气密度和机翼材料密度，V 为飞行速度，Ls 为阵风尺度，L 为半翼展长，α，β 为 Reyleigh 阻尼系数。

表 8.14　气动弹性系统参数表

$\rho_a/(\mathrm{kg\cdot m^{-3}})$	$\rho_m/(\mathrm{kg\cdot m^{-3}})$	$V/(\mathrm{m\cdot s^{-1}})$	Ls/m	L/m	α	β
1.225	7 800	200	1 000	23.2	0.002	0.002

图 8.19(a)～图 8.19(b)分别展示了两种方法在工况 $\chi=0.1$，$\eta=0.1$ 和工况 $\chi=0.2$，$\eta=0.2$ 下的结果比较。从图 8.19 可以看出，TIAM 方法所评估的上下界值分布在名义值两

侧的对称位置,而 CIAM 方法所得区间界值却体现了系统关于不确定性量的非线性性质。

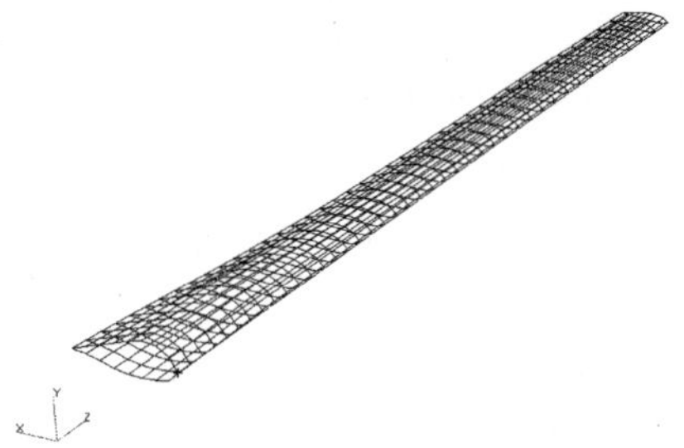

图 8.17　平直机翼有限元模型

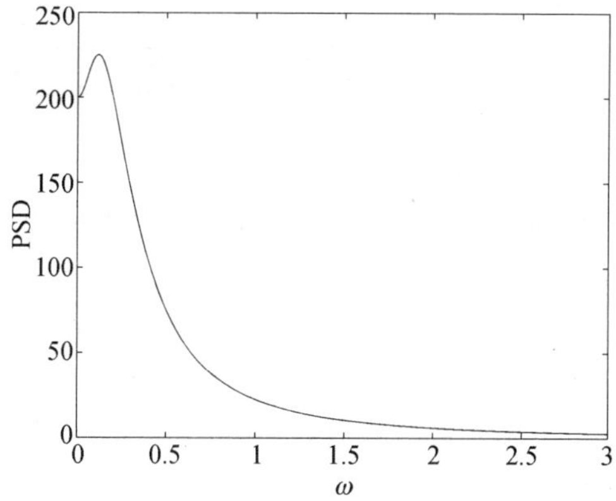

图 8.18　Dryden 单边功率谱

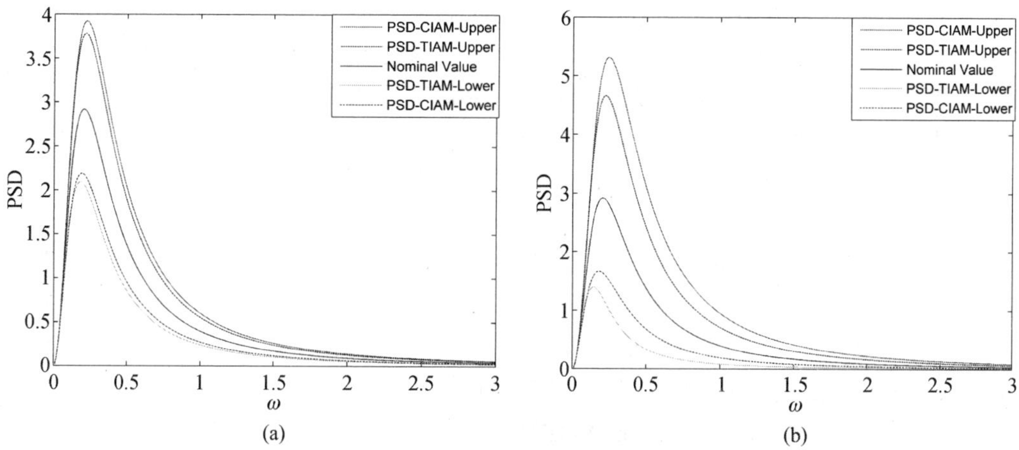

图 8.19　TIAM 与 CIAM 在不同工况下的结果比较

本章研究了区间参数工程结构在平稳随机激励下的响应统计量。使用虚拟激励方法将随机过程激励的问题转化为确定性激励问题,使用区间分析方法处理结构区间参数影响下的响应。基于 Taylor 展开的区间传播分析方法仅适用于小区间假设,而 CIAM 方法引入非梯度算法求解响应统计量的界值,能够突破 TIAM 的应用范围并提高结构的计算精度。主要的计算代价是求解目标函数在 Chebyshev 多项式零点处的值。与优化结果相比,CIAME 能够达到很高的计算精度但计算代价却低得多。

第9章 气动弹性分析

为降低能源需求，高空长航时无人机通常采用大展弦比方案以追求高的升阻比。然而，随着翼展的增大，机翼结构固有频率会发生相应的降低，呈现出“长且柔”的特点。一方面这将导致大展弦比无人机通常具有较低的颤振速度，且翼尖容易发生扭转颤振。当飞行任务改变导致飞行速度增加时，例如被追击时，机翼较低的颤振速度将成为其成功逃脱的限制因素。另一方面，由于无人机结构形式的特殊性，常采用空中投放的方式进行起飞作业，较长的翼展会对装载空间提出很高的要求，尤其是无人机在需要完成集群作业时，单次投放的无人机数量会受到空间限制。此时，一种解决方案是通过结合适当的铰链几何结构，在飞行过程中将大展弦比机翼进行折叠和展开一定的角度以期获得更好的飞行和操纵性能。

大展弦比机翼设计方案因其良好的气动性能一直受到商用飞机和长航时无人机的重视。然而，大展弦比机翼给飞机带来大的升力的同时，也将承受由于飞行环境的不稳定性所带来的危害。一种典型的飞行载荷工况是机翼受到垂直翼面的突风作用，这将会在机翼上产生额外的环量升力而引起机翼结构的振动，从而对飞机结构强度、疲劳以及乘坐品质带来重要影响。另一方面，机翼大的翼展可能会与相对狭窄的跑道和机库大门相冲突，从而造成地面操作的困难。

本章将基于弯扭组合梁元构建大展弦比等剖面多段折叠翼的结构动力学模型，并根据修正的片条理论得到有限翼展升力面的气动力，最后引入 $V-g$ 法得到多段折叠翼的颤振速度和颤振频率。现有文献主要考察的是折叠翼尖后机翼在突风作用下的响应问题。在此基础上，本文发展了一种适用性更强的多段折叠方案，即将机翼分成若干段，各翼段之间可同时相对折叠，从而形成不同的折叠方式。显然，此种折叠方案兼容了折叠翼尖方式，并使得机翼的折叠过程具有更强的灵活性，本章将以此考察其在离散突风载荷下的响应问题。

9.1 大展弦比等剖面多段折叠翼几何模型

考虑如图9.1所示的等剖面多段折叠翼，其共分为 n 段，其中第 k 段的长度记为 L_k，折叠角记为 η_k，$k=1,2,\cdots,n$。

在机翼根部建立全局坐标系 $Oxyz$，并在第 k 段机翼上建立局部坐标系 $O_kx_ky_kz_k$，其中局部坐标系坐标原点 O_k 置于第 k 段机翼左端面上，x_k 轴与 x 轴平行，y_k 轴与 y 轴夹角为 η_k。在飞行过程中，根据任务需求将机翼各段沿 x_k 轴进行折叠，各段机翼上弹性轴弯曲变形记为 $w(y_k)$，沿 z_k 轴正向为正。各段机翼截面绕弹性轴的俯仰角记为 $\alpha(y_k)$，迎风抬头为正。机翼的横截面积为 A，弯曲刚度和扭转刚度分别为 EI 和 GJ，由于机翼是等剖面的，所以这3个参数为常数。其中的一个翼型剖面如图9.1(b)所示。弹性轴离机翼半弦线的距离为 $\bar{a}b$，b 为机翼的半弦长，$\bar{a}$ 表示弹性轴到机翼半弦线的距离占半弦长的百分比，弹性轴在半弦线后时 $\bar{a}>0$。x_α 是机翼重心线到弹性轴的距离，重心在弹性轴之后为正。对等剖面多段折叠翼进行颤振计算时，在结构方面将机翼简化为分段梁式模型，如图9.1(c)所示。显然，当 $\eta_k=0$，$k=$

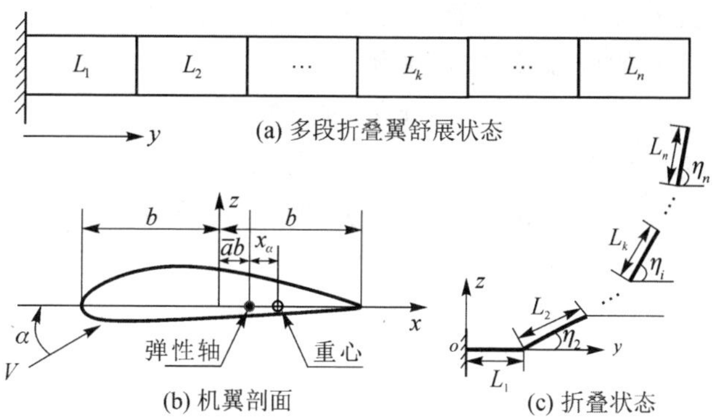

图 9.1　等剖面多段折叠翼

1,2,…,n 时,多段折叠翼退化为传统平直机翼。

与舒展状态相比,机翼进行折叠后其整体刚性会发生较大改变,且结构几何形状的改变造成气动力的重新分布,可以预料机翼的颤振特性将发生较大的改变。所以,有必要对等剖面多段折叠翼的颤振特性进行研究,以保证飞机结构的安全性。

9.2　基于弯扭组合梁元的结构动力学模型

9.2.1　局部坐标系中的弯扭组合梁元

基于有限元法对折叠翼的分段梁式结构模型进行离散,作用在梁单元上的载荷既包括面内横向气动升力,还包括气动力对弹性轴产生的气动力矩。这实际上是一个空间梁元问题,然而,在平面一般梁元的基础上再叠加扭转自由度也可模拟弯扭载荷共同作用下的梁式模型。在局部坐标系中,叠加了轴向位移和扭转角的平面直梁单元每个节点的自由度有 4 个,包括轴向位移 v、横向挠度 w、面内转角 θ 和扭转角 α,如图 9.2 所示。

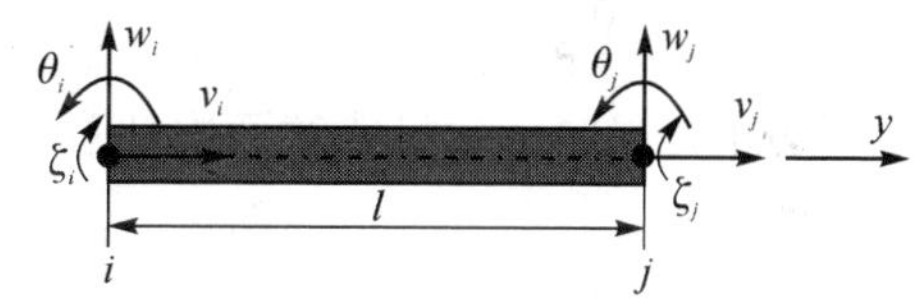

图 9.2　局部坐标系中的弯扭直梁单元

在图 9.2 所示的局部坐标系中,第 k 段机翼上的弯扭组合直梁单元的长度为 l,记 $\delta=[v,w,\theta,\alpha]^{\mathrm{T}}$ 为节点自由度向量,则节点 i 和 j 处的位移向量分别为 δ_i 和 δ_j,节点位移列阵 $\boldsymbol{u}_k^e$ 为

$$\boldsymbol{u}_k^e=[v_i \quad w_i \quad \theta_i \quad \alpha_i \quad v_j \quad w_j \quad \theta_j \quad \alpha_j]^{\mathrm{T}} \tag{9.1}$$

局部坐标系中,弯扭组合梁元的势能为

$$U=\frac{1}{2}\int_0^l \left[EA\left(\frac{\partial v}{\partial y_i}\right)^2+EI\left(\frac{\partial^2 w}{\partial y_i^2}\right)^2+GJ\left(\frac{\partial \alpha}{\partial y_i}\right)^2\right]\mathrm{d}y_i \tag{9.2}$$

式中,E 为弹性模量;G 为剪切模量;A 为梁元的横截面积;I 为截面惯性矩;J 为截面极惯性矩;EA、EI 和 GJ 整体分别称为抗拉(压)刚度、抗弯刚度和抗扭刚度。

对于梁元的弯曲变形,选取 2 节点 Hermite 单元,其弯曲位移模式为

$$w=\boldsymbol{N}_w\cdot\boldsymbol{w}^e=[N_{w1},N_{w2},N_{w3},N_{w4}]\cdot[w_i,\theta_i,w_j,\theta_j]^{\mathrm{T}} \tag{9.3}$$

式中,$N_{w1}=1-3\xi^2+2\xi^3$;$N_{w2}=(\xi-2\xi^2+\xi^3)l$;$N_{w3}=3\xi^2-2\xi^3$;$N_{w4}=(\xi^3-\xi^2)l$;$\xi=y_i/l$ 为

单元内的自然坐标，且有 $0\leqslant\xi\leqslant1$。而对于梁元的轴向变形和扭转变形，选取基于一维 Lagrange 插值多项式表示的位移模式，分别为

$$v=\boldsymbol{N}_v\boldsymbol{v}^e,\quad \alpha=\boldsymbol{N}_\alpha\boldsymbol{\alpha}^e \tag{9.4}$$

式中，$\boldsymbol{N}_v=\boldsymbol{N}_\alpha=[N_1,N_2]=[1-\xi,\xi]$；$\boldsymbol{v}^e=[v_i,v_j]^{\mathrm{T}}$；$\boldsymbol{\alpha}^e=[\alpha_i,\alpha_j]^{\mathrm{T}}$。

将式(9.3)和式(9.4)代入式(9.2)，弯扭梁元的势能可重写为

$$U=\frac{1}{2}\boldsymbol{u}^{e\mathrm{T}}\boldsymbol{K}_k^e\boldsymbol{u}^e \tag{9.5}$$

式中，单元刚度矩阵 $\boldsymbol{K}_k^e$ 为

$$\boldsymbol{K}_k^e=\begin{bmatrix}\frac{EA}{l} & 0 & 0 & 0 & -\frac{EA}{l} & 0 & 0 & 0\\ 0 & \frac{12EI}{l^3} & \frac{6EI}{l^2} & 0 & 0 & -\frac{12EI}{l^3} & \frac{6EI}{l^2} & 0\\ 0 & \frac{6EI}{l^2} & \frac{4EI}{l} & 0 & 0 & -\frac{6EI}{l^2} & \frac{2EI}{l} & 0\\ 0 & 0 & 0 & \frac{GJ}{l} & 0 & 0 & 0 & -\frac{GJ}{l}\\ -\frac{EA}{l} & 0 & 0 & 0 & \frac{EA}{l} & 0 & 0 & 0\\ 0 & -\frac{12EI}{l^3} & -\frac{6EI}{l^2} & 0 & 0 & \frac{12EI}{l^3} & -\frac{6EI}{l^2} & 0\\ 0 & \frac{6EI}{l^2} & \frac{2EI}{l} & 0 & 0 & -\frac{6EI}{l^2} & \frac{4EI}{l} & 0\\ 0 & 0 & 0 & -\frac{GJ}{l} & 0 & 0 & 0 & \frac{GJ}{l}\end{bmatrix} \tag{9.6}$$

另外，图 9.1(b)所示机翼截面中任意一点的速度为

$$z\ \frac{\partial\alpha}{\partial t}i+\left(\frac{\partial w}{\partial t}-(x-\bar{a}b)\ \frac{\partial\alpha}{\partial t}\right)\boldsymbol{k} \tag{9.7}$$

忽略弯扭梁元轴线方向的变形速度，其动能为

$$\begin{aligned}T&=\frac{1}{2}\int_0^l\iint\rho\left[\left(\frac{\partial w}{\partial t}-(x-\bar{a}b)\ \frac{\partial\alpha}{\partial t}\right)^2+z^2\left(\frac{\partial\alpha}{\partial t}\right)^2\right]\mathrm{d}x\,\mathrm{d}z\,\mathrm{d}y\\&=\frac{1}{2}\int_0^l\left[m\left(\frac{\partial w}{\partial t}\right)^2-2S_\alpha\ \frac{\partial w}{\partial t}\ \frac{\partial\alpha}{\partial t}+I_\alpha\left(\frac{\partial\alpha}{\partial t}\right)^2\right]\mathrm{d}y\end{aligned} \tag{9.8}$$

式中，$S_\alpha=\iint\rho(x-\bar{a}b)\,\mathrm{d}x\,\mathrm{d}z=mx_\alpha$ 为单位展长机翼对弹性轴的质量静矩；ρ 为机翼的体密度；m 为单位长度机翼的质量；$I_\alpha=\iint\rho\left[(x-\bar{a}b)^2+z^2\right]\mathrm{d}x\,\mathrm{d}z=mr_\alpha^2$ 是单位展长机翼对弹性轴的质量惯性矩；r_α 是机翼对弹性轴的回转半径。

同样将式(9.3)和式(9.4)代入式(9.8)，则弯扭梁元的动能可重写为

$$T=\frac{1}{2}\dot{\boldsymbol{u}}^{e\mathrm{T}}\boldsymbol{M}_k^e\dot{\boldsymbol{u}}^e \tag{9.9}$$

式中，弯扭组合梁元的质量矩阵 $\boldsymbol{M}_k^e$ 为

$$
\boldsymbol{M}_k^e=\begin{bmatrix}
0 & 0 & 0 & 0 & 0 & 0 & 0 & 0 \\
0 & \frac{156ml}{420} & \frac{22ml^2}{420} & \frac{7S_a l}{20} & 0 & \frac{54ml}{420} & \frac{-13ml^2}{420} & \frac{3S_a l}{20} \\
0 & \frac{22ml^2}{420} & \frac{4ml^3}{420} & \frac{S_a l^2}{20} & 0 & \frac{13ml^2}{420} & \frac{-3ml^3}{420} & \frac{S_a l^2}{30} \\
0 & \frac{7S_a l}{20} & \frac{S_a l^2}{20} & \frac{I_a l}{3} & 0 & \frac{3S_a l}{20} & \frac{-S_a l^2}{30} & \frac{I_a l}{6} \\
0 & 0 & 0 & 0 & 0 & 0 & 0 & 0 \\
0 & \frac{54ml}{420} & \frac{13ml^2}{420} & \frac{3S_a l}{20} & 0 & \frac{156ml}{420} & \frac{-22ml^2}{420} & \frac{7S_a l}{20} \\
0 & \frac{-13ml^2}{420} & \frac{-3ml^3}{420} & \frac{-S_a l^2}{30} & 0 & \frac{-22ml^2}{420} & \frac{4ml^3}{420} & \frac{-S_a l^2}{20} \\
0 & \frac{3S_a l}{20} & \frac{S_a l^2}{30} & \frac{I_a l}{6} & 0 & \frac{7S_a l}{20} & \frac{-S_a l^2}{20} & \frac{I_a l}{3}
\end{bmatrix} \tag{9.10}
$$

第 k 段机翼上非定常气动力所做的虚功为

$$
\delta W_a=\int_0^l (L\delta w+T_a\delta\alpha)\,\mathrm{d}y \tag{9.11}
$$

式中，L 为单位展长二元机翼所受气动力，向上为正，对弹性轴的气动力矩 T_a 则以迎风抬头为正。基于片条理论，在每一个气动片条中，使用片条中部截面的气动升力 $L^{(k)}$ 和气动力矩 $T_a^{(k)}$ 以得到整个片条上的气动升力和气动力矩。由于所选取的气动片条与弯扭梁元的划分方式一致，则片条中部截面与弯扭梁元的中点重合。由 Theodorsen 非定常气动力理论可知，气动升力 $L^{(k)}$ 和气动力矩 $T_a^{(k)}$ 与梁元中点处的挠度 w_k 和扭转角 α_k 有关，而挠度 w_k 和扭转角 α_k 又分别与节点位移 w_i、w_j 和 α_i、α_j 有关，这种关系将在形成梁元上的气动力矩阵时进一步讨论。将式(9.3)和式(9.4)代入式(9.11)，可得

$$
\begin{aligned}
\delta W_a&=L^{(k)}\int_0^l \boldsymbol{N}_w\,\mathrm{d}y\delta\boldsymbol{w}^e+T_a^{(k)}\int_0^l \boldsymbol{N}_a\,\mathrm{d}y\delta\boldsymbol{\alpha}^e\\
&=\frac{l}{12}[0,6L^{(k)},lL^{(k)},6T_a^{(k)},0,6L^{(k)},-lL^{(k)},6T_a^{(k)}]\delta\boldsymbol{u}^e\\
&=\boldsymbol{Q}_k^{e\mathrm{T}}\delta\boldsymbol{u}^e
\end{aligned} \tag{9.12}
$$

式中，$\boldsymbol{Q}_k^e$ 为弯扭梁元上的单元力向量，可写为两个向量按对应元素相乘的形式为

$$
\boldsymbol{Q}_k^e=\boldsymbol{Q}_c^e\odot\boldsymbol{Q}_a^e \tag{9.13}
$$

式中，⊙代表两个向量按照对应元素相乘，将 $\boldsymbol{Q}_c^e$ 和 $\boldsymbol{Q}_a^e$ 分别称为载荷系数向量和载荷向量，分别为

$$
\boldsymbol{Q}_c^e=\frac{l}{12}[0\quad 6\quad l\quad 6\quad 0\quad 6\quad -l\quad 6]^{\mathrm{T}} \tag{9.14}
$$

$$
\boldsymbol{Q}_a^e=[0\quad L^{(k)}\quad L^{(k)}\quad T_a^{(k)}\quad 0\quad L^{(k)}\quad L^{(k)}\quad T_a^{(k)}]^{\mathrm{T}} \tag{9.15}
$$

由式(9.6)、式(9.10)和式(9.12)，忽略结构阻尼，可得第 k 段机翼上局部坐标系中弯扭梁元的有限元方程

$$\boldsymbol{M}_k^e \ddot{\boldsymbol{u}}_k^e + \boldsymbol{K}_k^e \boldsymbol{u}_k^e = \boldsymbol{Q}_k^e \tag{9.16}$$

9.2.2 模态坐标系下的多段折叠翼动力学方程

将第 k 段机翼上局部坐标系中的节点位移 $\boldsymbol{u}_k^e$ 变换至全局坐标系 $Oxyz$ 中，记为 $\bar{\boldsymbol{u}}_k^e$，并存在坐标变换关系

$$\boldsymbol{u}_k^e = \boldsymbol{T}_k^e \cdot \bar{\boldsymbol{u}}_k^e \tag{9.17}$$

式中

$$\boldsymbol{T}_k^e = \begin{bmatrix} \boldsymbol{\lambda} & 0 \\ 0 & \boldsymbol{\lambda} \end{bmatrix}, \quad \boldsymbol{\lambda} = \begin{bmatrix} \cos\eta_k & \sin\eta_k & 0 & 0 \\ -\sin\eta_k & \cos\eta_k & 0 & 0 \\ 0 & 0 & 1 & 0 \\ 0 & 0 & 0 & \cos\eta_k \end{bmatrix} \tag{9.18}$$

相应地，将第 k 段机翼上弯扭组合梁元的单元刚度矩阵、单元质量矩阵和单元载荷列阵均变换至全局坐标系下，有 $\bar{\boldsymbol{K}}_k^e = \boldsymbol{T}_k^{eT} \cdot \boldsymbol{K}_k^e \cdot \boldsymbol{T}_k^e$，$\bar{\boldsymbol{M}}_k^e = \boldsymbol{T}_k^{eT} \cdot \boldsymbol{M}_k^e \cdot \boldsymbol{T}_k^e$ 和 $\bar{\boldsymbol{Q}}_k^e = \boldsymbol{T}_k^{eT} \cdot \boldsymbol{Q}_k^e$。将机翼上所有弯扭组合梁单元的系统矩阵进行组装，可得到多段折叠翼整体结构的动力学方程为

$$\bar{\boldsymbol{M}}\ddot{\bar{\boldsymbol{u}}}(t) + \bar{\boldsymbol{K}}\bar{\boldsymbol{u}}(t) = \bar{\boldsymbol{Q}} \tag{9.19}$$

式中，$\bar{\boldsymbol{K}} = \sum \bar{\boldsymbol{K}}_k^e$；$\bar{\boldsymbol{M}} = \sum \bar{\boldsymbol{M}}_k^e$；$\bar{\boldsymbol{Q}} = \sum \bar{\boldsymbol{Q}}_k^e$；符号 $\sum(\cdot)$ 代表按单元进行组装。

对机翼根部施加约束，并进行模态分析得到振型矩阵 $\boldsymbol{\Phi}$。采用模态截断法，仅引入较低的前 r 阶固有频率和振型参与气动弹性计算，记截断后的振型矩阵为

$$\boldsymbol{\Phi}^* = [\boldsymbol{\phi}^{(1)} \quad \boldsymbol{\phi}^{(2)} \quad \cdots \quad \boldsymbol{\phi}^{(r)}] \tag{9.20}$$

主坐标列阵为

$$\boldsymbol{u}_\mathrm{p}^* = [u_{\mathrm{p}1} \quad u_{\mathrm{p}2} \quad \cdots \quad u_{\mathrm{p}r}]^\mathrm{T} \tag{9.21}$$

则 $\bar{\boldsymbol{u}}$ 可近似地表示为截断后的 r 阶模态的线性组合

$$\bar{\boldsymbol{u}} = \boldsymbol{\Phi}^* \boldsymbol{u}_\mathrm{p}^* \tag{9.22}$$

在方程(9.19)两端同时乘以 $\boldsymbol{\Phi}^{*\mathrm{T}}$，可得到模态坐标系下的多段折叠翼整体结构动力学方程

$$\boldsymbol{M}_\mathrm{p}^* \ddot{\boldsymbol{u}}_\mathrm{p}^* + \boldsymbol{K}_\mathrm{p}^* \boldsymbol{u}_\mathrm{p}^* = \boldsymbol{\Phi}^{*\mathrm{T}} \bar{\boldsymbol{Q}} \tag{9.23}$$

式中，$\boldsymbol{M}_\mathrm{p}^*$ 和 $\boldsymbol{K}_\mathrm{p}^*$ 为解耦的质量矩阵和刚度矩阵。

9.3 颤振计算

对于等剖面大展弦比机翼，在空气动力学方面近似采用片条理论或修正的片条理论可得到有限翼展升力面的气动力。所以，可将机翼沿展向划分为若干气动片条，将作用在每一个片条上的气动力视为二维气动力。在进行气动弹性分析时，需要在结构和空气动力之间提供相互连接的途径，通常是将结构响应数据和空气动力数据通过样条插值实现相互传递。为方便起见，不失一般性地，可将空气动力片条划分规则与机翼结构弯扭梁元划分规则取为一致。如此，作用在每一个弯扭梁元上的气动载荷可视为是均匀分布的，可通过式(9.12)将气动升力和气动扭矩分配到弯扭梁元上的节点上。假设机翼和空气的相对速度为 V，空气密度为 ρ_a，根据 Theodorsen 非定常气动力理论，单位展长机翼所受的气动力为

$$L = \pi\rho_a b^2 [\ddot{h} + V\dot{\alpha} - ba\ddot{\alpha}] + 2\pi\rho_a VbC(k)[V\alpha - \dot{h} + b(1/2 - a)\dot{\alpha}] \tag{9.24}$$

$$T_\alpha = \pi\rho_a b^2 [b\bar{a}\ddot{h} - Vb(1/2-\bar{a})\dot{\alpha} - b^2(1/8+\bar{a}^2)\ddot{\alpha}] +$$
$$2\pi\rho_a Vb^2(\bar{a}+1/2)C(k)[V\alpha - \dot{w} + b(1/2-\bar{a})\dot{\alpha}] \tag{9.25}$$

式中，h 为机翼的沉浮位移，向下为正；α 为机翼攻角，抬头为正；$C(k)$ 为 Theodorsen 函数，以下简记为 C，变元 $k=\omega b/V$ 为折合频率；ω 为机翼作简谐运动的角频率。

在弯扭梁元的局部坐标系中，沉浮位移 h 向下为正，而机翼弯曲变形 w 向上为正，所以上面的气动力公式中的 h 应用 $-w$ 代替，而机翼梁元节点的扭转自由度 α 与攻角一致。所以，式(9.15)中的 $L^{(k)}$ 和 $T_\alpha^{(k)}$ 分别为

$$L^{(k)} = \pi\rho_a b^2[-\ddot{w}_k + V\dot{\alpha}_k - b\bar{a}\ddot{\alpha}_k] + 2\pi\rho_a VbC[V\alpha_k - \dot{w}_k + b(1/2-\bar{a})\dot{\alpha}_k] \tag{9.26}$$

$$T_\alpha^{(k)} = \pi\rho_a b^2[-b\bar{a}\ddot{w}_k - Vb(1/2-\bar{a})\dot{\alpha}_k - b^2(1/8+\bar{a}^2)\ddot{\alpha}_k] +$$
$$2\pi\rho_a Vb^2(\bar{a}+1/2)C[V\alpha_k - \dot{w}_k + b(1/2-\bar{a})\dot{\alpha}_k] \tag{9.27}$$

根据式(9.3)和式(9.4)，式(9.26)和式(9.27)中的 w_k 和 α_k 为

$$w_k = \boldsymbol{N}_w(1/2)\cdot\boldsymbol{w}^e,\quad \alpha_k = \boldsymbol{N}_\alpha(1/2)\cdot\boldsymbol{\alpha}^e \tag{9.28}$$

于是，式(9.15)可重写为矩阵形式

$$\boldsymbol{Q}^e = -\pi\rho_a b^2\boldsymbol{A}_2^e\ddot{\boldsymbol{u}}^e - \pi\rho_a bV\boldsymbol{A}_1^e\dot{\boldsymbol{u}}^e - \pi\rho_a bV^2\boldsymbol{A}_0^e\boldsymbol{u}^e \tag{9.29}$$

式中

$$\boldsymbol{A}_2^e = \boldsymbol{Q}_c^e \odot [\boldsymbol{0},\boldsymbol{D2L},\boldsymbol{D2L},\boldsymbol{D2T},\boldsymbol{0},\boldsymbol{D2L},\boldsymbol{D2L},\boldsymbol{D2T}]^{\mathrm{T}}$$
$$\boldsymbol{A}_1^e = \boldsymbol{Q}_c^e \odot [\boldsymbol{0},\boldsymbol{D1L},\boldsymbol{D1L},\boldsymbol{D1T},\boldsymbol{0},\boldsymbol{D1L},\boldsymbol{D1L},\boldsymbol{D1T}]^{\mathrm{T}}$$
$$\boldsymbol{A}_0^e = \boldsymbol{Q}_c^e \odot [\boldsymbol{0},\boldsymbol{D0L},\boldsymbol{D0L},\boldsymbol{D0T},\boldsymbol{0},\boldsymbol{D0L},\boldsymbol{D0L},\boldsymbol{D0T}]^{\mathrm{T}}$$

这里

$$\boldsymbol{D2L} = [0,1/2,l/8,\bar{a}b/2,0,1/2,-l/8,\bar{a}b/2]^{\mathrm{T}}$$
$$\boldsymbol{D2T} = [0,\bar{a}b/2,\bar{a}bl/8,b^2c_1/2,0,\bar{a}b/2,-\bar{a}bl/8,b^2c_1/2]^{\mathrm{T}}$$
$$\boldsymbol{D1L} = [0,C,lC/4,-bVc_2/2,0,C,-lC/4,-bVc_2/2]^{\mathrm{T}}$$
$$\boldsymbol{D1T} = bV[0,Cc_4,lCc_4/4,bc_3/2,0,Cc_4,-lCc_4/4,bc_3/2]^{\mathrm{T}}$$
$$\boldsymbol{D0L} = [0,0,0,-V^2C,0,0,0,-V^2C]^{\mathrm{T}}$$
$$\boldsymbol{D0T} = [0,0,0,-bV^2Cc_4,0,0,0,-bV^2Cc_4]^{\mathrm{T}}$$

且有系数 $c_1=(\bar{a}^2+1/8)$，$c_2=1+C(k)-2\bar{a}C(k)$，$c_3=0.5-\bar{a}-0.5C(k)+2\bar{a}^2C(k)$ 和 $c_4=0.5+\bar{a}$。

将式(9.29)代入式(9.16)，可得第 k 段机翼在局部坐标系中的有限元方程为

$$\boldsymbol{M}_k^e\ddot{\boldsymbol{u}}_k^e + \boldsymbol{K}_k^e\boldsymbol{u}_k^e = -\pi\rho_a b^2\boldsymbol{A}_{2k}^e\ddot{\boldsymbol{u}}_k^e - \pi\rho_a bV\boldsymbol{A}_{1k}^e\dot{\boldsymbol{u}}_k^e - \pi\rho_a bV^2\boldsymbol{A}_{0k}^e\boldsymbol{u}_k^e \tag{9.30}$$

根据坐标变化式(9.18)，将式(9.30)变换至全局坐标系下，并将各单元的系数矩阵进行组装得到系统整体系数矩阵 $\bar{\boldsymbol{M}}$、$\bar{\boldsymbol{K}}$、$\bar{\boldsymbol{A}}_2$、$\bar{\boldsymbol{A}}_1$ 和 $\bar{\boldsymbol{A}}_0$，这里气动力矩阵 $\bar{\boldsymbol{A}}_2$、$\bar{\boldsymbol{A}}_1$ 和 $\bar{\boldsymbol{A}}_0$ 的组装方式与刚度矩阵 $\bar{\boldsymbol{K}}$ 和质量矩阵 $\bar{\boldsymbol{M}}$ 相同。取较低的前 r 阶固有频率和模态 $\boldsymbol{\Phi}^*$ 参与计算，记模态坐标系下的气动力矩阵 $\boldsymbol{A}_{2\mathrm{p}}^* = \boldsymbol{\Phi}^{*\mathrm{T}}\bar{\boldsymbol{A}}_2\boldsymbol{\Phi}^*$、$\boldsymbol{A}_{1\mathrm{p}}^* = \boldsymbol{\Phi}^{*\mathrm{T}}\bar{\boldsymbol{A}}_1\boldsymbol{\Phi}^*$ 和 $\boldsymbol{A}_{0\mathrm{p}}^* = \boldsymbol{\Phi}^{*\mathrm{T}}\bar{\boldsymbol{A}}_0\boldsymbol{\Phi}^*$，则式(9.30)所列的气动弹性方程可改写为

$$\boldsymbol{M}_{\mathrm{p}}^*\ddot{\boldsymbol{u}}_{\mathrm{p}}^* + \boldsymbol{K}_{\mathrm{p}}^*\boldsymbol{u}_{\mathrm{p}}^* = -\pi\rho_a b^2\boldsymbol{A}_{2\mathrm{p}}^*\ddot{\boldsymbol{u}}_{\mathrm{p}}^* - \pi\rho_a bV\boldsymbol{A}_{1\mathrm{p}}^*\dot{\boldsymbol{u}}_{\mathrm{p}}^* - \pi\rho_a bV^2\boldsymbol{A}_{0\mathrm{p}}^*\boldsymbol{u}_{\mathrm{p}}^* \tag{9.31}$$

当飞行速度等于颤振速度时，机翼作简谐运动。根据确定颤振速度的 $V-g$ 法，令 $\boldsymbol{u}_{\mathrm{p}}^* = \tilde{\boldsymbol{u}}e^{\mathrm{i}\omega t}$，并引入人工结构阻尼，则机翼的颤振方程可写为

$$\frac{1+\mathrm{i}g}{\omega^2}\boldsymbol{K}_{\mathrm{p}}^{*}\tilde{\boldsymbol{u}}=(\boldsymbol{M}_{\mathrm{p}}^{*}+\boldsymbol{A}_{\mathrm{p}}^{*}(k))\tilde{\boldsymbol{u}} \tag{9.32}$$

式中

$$\begin{aligned}\boldsymbol{A}_{\mathrm{p}}^{*}(k)&=\pi\rho_a b^2\boldsymbol{A}_{2\mathrm{p}}^{*}-\frac{\mathrm{i}}{\omega}\pi\rho_a bV\boldsymbol{A}_{1\mathrm{p}}^{*}-\frac{1}{\omega^2}\pi\rho_a bV^2\boldsymbol{A}_{0\mathrm{p}}^{*}\\&=\pi\rho_a b^2\boldsymbol{A}_{2\mathrm{p}}^{*}-\frac{\mathrm{i}\pi\rho_a b^2}{k}\boldsymbol{A}_{1\mathrm{p}}^{*}-\frac{\pi\rho_a b^3}{k^2}\boldsymbol{A}_{0\mathrm{p}}^{*}\end{aligned} \tag{9.33}$$

由颤振方程得到特征值为

$$\lambda=\frac{1+\mathrm{i}g}{\omega^2}=\lambda_{\mathrm{Re}}+\mathrm{i}\lambda_{\mathrm{Im}} \tag{9.34}$$

进一步得到

$$\omega=\frac{1}{\sqrt{\lambda_{\mathrm{Re}}}},\quad g=\frac{\lambda_{\mathrm{Im}}}{\lambda_{\mathrm{Re}}},\quad V=\frac{b}{k\sqrt{\lambda_{\mathrm{Re}}}} \tag{9.35}$$

9.4 颤振计算数值算例

考察一个等剖面三段式折叠机翼，其完全舒展状态时为一大展弦比机翼，如图 9.3 所示，其物理参数如表 9.1 所列，进行颤振计算时取空气密度为 1.225 $\mathrm{kg/m^3}$。取前 2 阶弯曲模态(固有频率分别为：3.069 28 Hz、19.236 2 Hz)和前 2 阶俯仰模态(固有频率分别为：45.782 7 Hz、137.348 Hz)参与计算，将该等剖面大展弦比机翼的颤振计算结果绘于图 9.4。

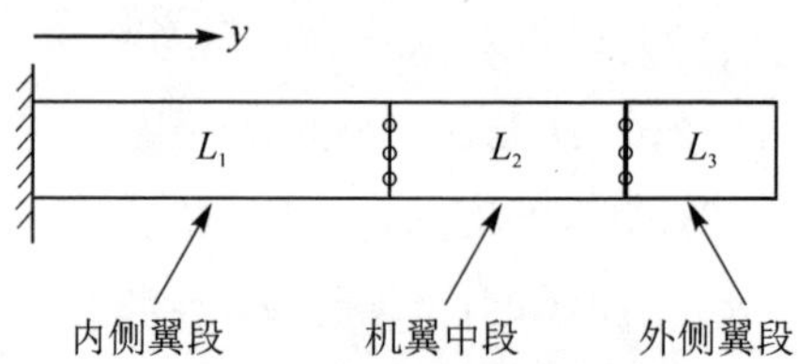

图 9.3 等剖面三段式折叠机翼

表 9.1 大展弦比机翼的物理参数

物理参数	值
半弦长	$b=0.025$ m
机翼半展长	$L=0.432$ m
单位展长质量	$m=0.2$ kg/m
弹性轴位置	$\bar{a}=0$
截面重心到弹性轴之间的距离	$x_a=1.693\times10^{-3}$ m
质量惯性矩	$I_a=4.838\times10^{-5}$ kg * m^2
垂直弯曲刚度	$EI=2.096\times10^{-1}$ N * m^2
扭转刚度	$GJ=3.028\times10^{-1}$ N * m^2

由图 9.4 可知，该机翼颤振现象出现在第 1 阶俯仰模态上，颤振速度 $V_{\mathrm{F0}}=35.22$ m/s，颤振频率 $f_{\mathrm{F0}}=24.29$ Hz。

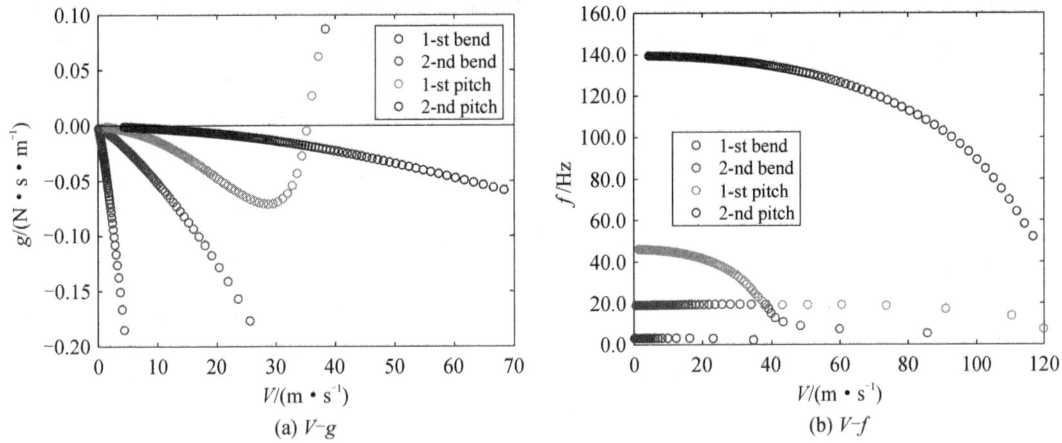

图 9.4　颤振计算结果

9.4.1　多段折叠翼固有频率特征

机翼折叠后，结构固有频率可能会发生大的变化，在原有的颤振速度下机翼从气流中获取的能量将不能维持其简谐振动的要求，所以折叠后机翼的固有频率对颤振速度有重要影响。另一方面，机翼在折叠后，折叠部分机翼的升力将随着折叠角的增大而减小，当折叠角增至90°时，折叠部分机翼不再产生升力。而当折叠角进一步增大时，其气动特性将是复杂的，并可能会引起升力面的反效。所以，为保证翼面的可操纵性，在本文的工作中，对各段机翼折叠角的范围进行限制，即令 $\eta_i \in [0°, 90°)$，这意味着各段机翼只能向上折叠且折叠角要小于 90°。

约束机翼根部，由模态坐标系下的多段折叠翼整体结构动力学方程式(9.23)可知，机翼的固有频率为

$$f_i = \frac{\sqrt{K_{pi}^*/M_{pi}^*}}{2\pi} \quad i = 1, 2, \cdots, r \tag{9.36}$$

以三段式折叠翼为例，约束机翼折叠角向量为 $\eta = [0, \eta_2, \eta_3]^T$，翼段长度向量为 $L = L/3 \times [1, 1, 1]^T$ 时，三段式折叠翼的前 3 阶固有频率随折叠角的变化如图 9.5 所示。

在图 9.5 中，折叠角 η_2 由 0°角开始，每隔 15°均匀变化至 75°，而折叠角 η_3 则由 0°角间隔 10°均匀变化至 80°。由图 9.5(a)可知，机翼的 1 阶固有频率 f_1 随着折叠角 η_2 和 η_3 的变化呈现出非线性变化的趋势。当 η_2 较小(小于 30°)时，f_1 随着 η_3 的增大而单调递增，且 η_2 值越小，f_1 的增长速度越快，至 η_3 为 80°时，f_1 达到 5.240 5 Hz，相比舒展状态机翼增长了 70.74%。而当 η_2 较大(大于 45°)时，η_2 越大则 f_1 也越大，且 f_1 随着折叠角 η_3 的增大会呈现先减小而后再增大的趋势。有意思的是，机翼 1 阶固有频率曲线簇在 η_3 为 45°附近表现为“谷”。具体地，当两段机翼的折叠角均为 45°时，f_1 的值为 3.301 8 Hz，仅比舒展状态机翼增长 7.58%。也就是说，单段机翼大的折叠角对其 1 阶固有频率的影响更为显著。

由图 9.5(b)可知，当 η_2 不大于 60°时，机翼 2 阶固有频率 f_2 随 η_3 的增长呈递减趋势，且 η_2 越大 f_2 也越大。然而，这一现象在 η_2 达到 75°时发生了根本性的变化，在 η_3 为 0°时，f_2 的值低于 η_2 为 45°时的值，之后随着 η_3 的增长而快速变化，至 40°时达到 27.608 7 Hz。而随着 η_3 的进一步增大，f_2 开始减小，其规律与其他折叠角情形相同。

由图 9.5(c)可知，当 η_3 为 0°时，f_3 随着 η_2 的增大而减小，这一现象在 η_2 小于 30°时并不明显，但当 η_2 超过 45°时，f_3 开始急剧降低。随着 η_3 的增大，f_3 曲线簇开始聚集并集中在 50 Hz 附近。

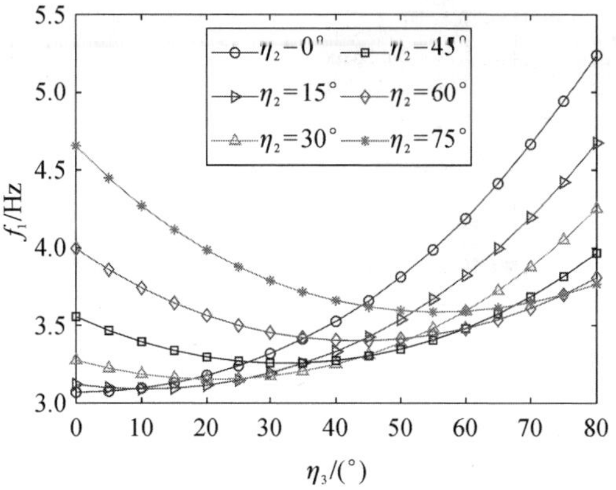

(a) 基频随折叠角的变化

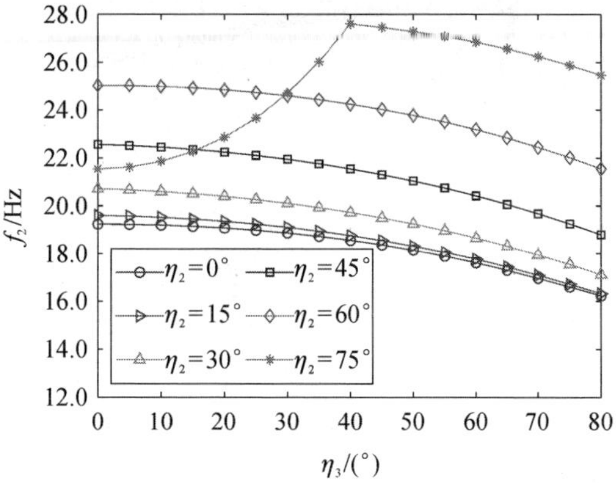

(b) 第2阶频率随折叠角的变化

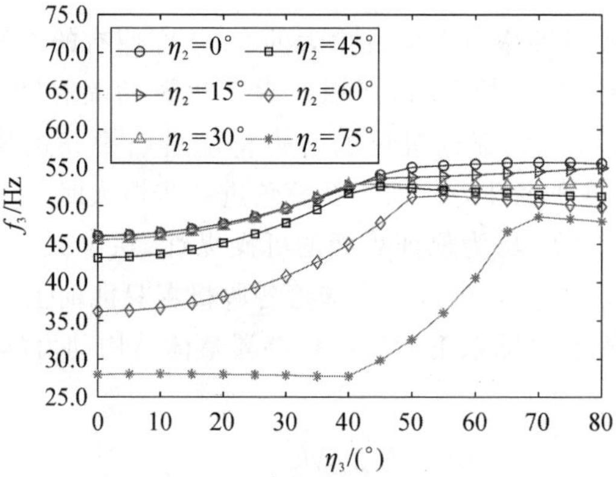

(c) 第3阶频率随折叠角的变化

图 9.5　机翼结构前 3 阶频率随折叠角的变化

由图 9.5 可知，机翼结构的前 3 阶固有频率均在一定程度上呈现出非线性的增长规律，这是由于弯扭组合梁元在发生折叠时，单元刚度矩阵和单元质量矩阵需要经过坐标变换才能组装进整体刚度矩阵和整体质量矩阵。而坐标变换矩阵里面包含了折叠角的正弦或余弦值，若将坐标变换矩阵看作关于折叠角的函数矩阵，则该函数矩阵为一簇随折叠角非线性变化的曲线。另一方面，图 9.5 中折叠后机翼的固有频率相比未折叠状态具有一定程度的提高，这是由于大展弦比机翼总是呈现出较“柔”的特征，将机翼折叠后，大展弦比机翼在长度方向变短，提高了机翼结构的整体刚性。

9.4.2　折叠翼颤振计算

考虑两种不同折叠方式的机翼，如图 9.6 所示。两种情况下机翼的折叠角向量分别为 [0°,0°,60°]和[0°,60°,0°]，第 1 种情况主要反映了翼尖折叠对机翼颤振带来的影响，而第 2 种情况则主要考察折叠角沿 y 向后移给机翼颤振速度和颤振频率带来的影响。为此，将第 1 种

配置下的 $V-g$ 图和 $V-f$ 图绘于图 9.7，而将第 2 种配置下的 $V-g$ 图和 $V-f$ 图绘于图 9.8。

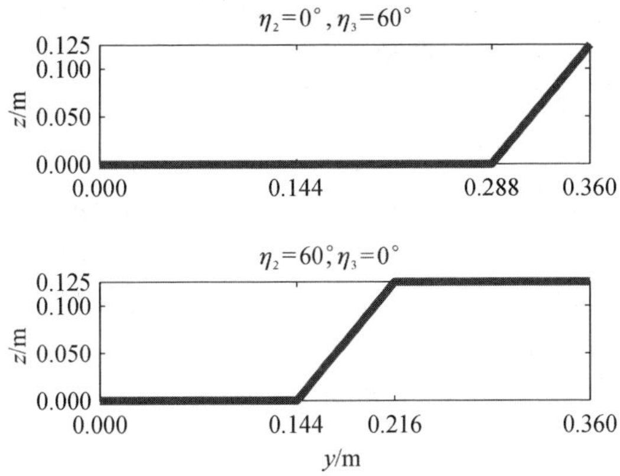

图 9.6　两种不同折叠方式的机翼

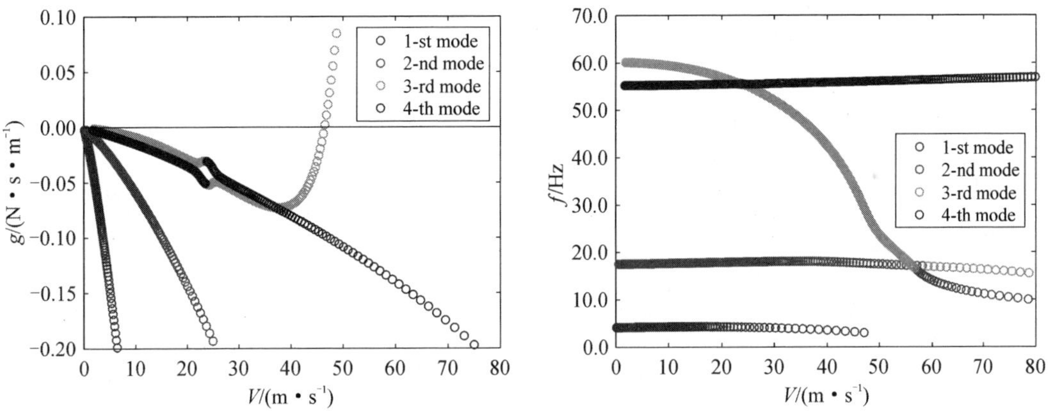

(a) V-g图　　(b) V-f图

图 9.7　第 1 种折叠方式下的 $V-g$ 图和 $V-f$ 图

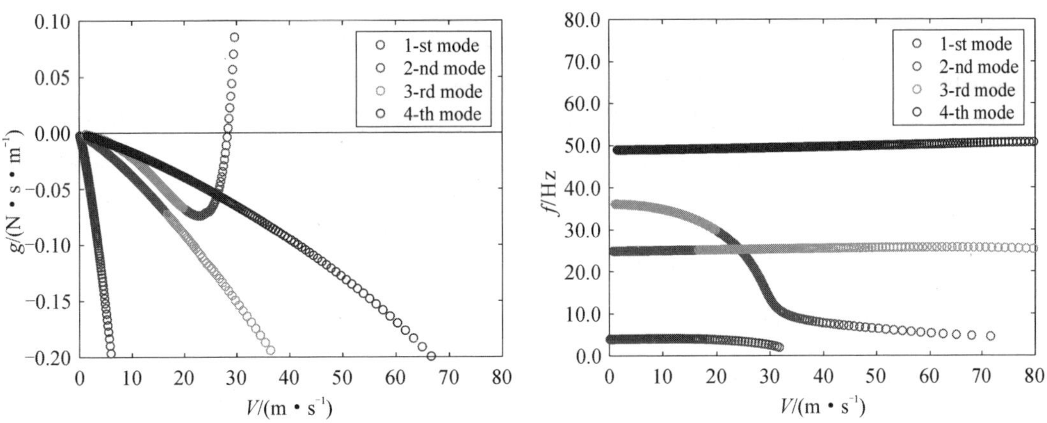

(a) V-g图　　(b) V-f图

图 9.8　第 2 种折叠方式下的 $V-g$ 图和 $V-f$ 图

由图 9.7(a)可知，折叠角向量为[0°,0°,60°]的机翼颤振速度为 46.43 m/s，较未折叠前机翼的颤振速度(35.22 m/s)提高了 11.21 m/s，提高比例达到了 31.83%。同时，由图 9.7(b)可知，在该颤振速度下，机翼对应的颤振频率为 30.95 Hz，同样较未折叠前机翼的颤振频率 24.29 Hz 提高了 6.66 Hz，提高比例为 27.42%。由此可见，折叠翼尖对机翼颤振速度和颤振频率的提高具有积极意义。

然而，当机翼折叠角向量为[0°,60°,0°]时，机翼的颤振模态从第 3 阶的俯仰模态迁移至第 2 阶弯曲模态，致使颤振速度和颤振频率都发生了相应的下降，颤振速度和颤振频率分别为 28.28 m/s 和 17.92 Hz。也就是说，当将机翼中部进行折叠而保持翼尖平直时，机翼易发生颤振模态跳转而使得颤振速度和颤振频率下降。

为了更深入地考察折叠角 η_2 和 η_3 对机翼颤振速度和颤振频率的影响性规律，令机翼翼尖折叠角 η_3 从 0°均匀变化至 80°，而 η_2 从 0°间隔 15°绘制颤振速度和颤振频率的变化曲线，如图 9.9 所示。

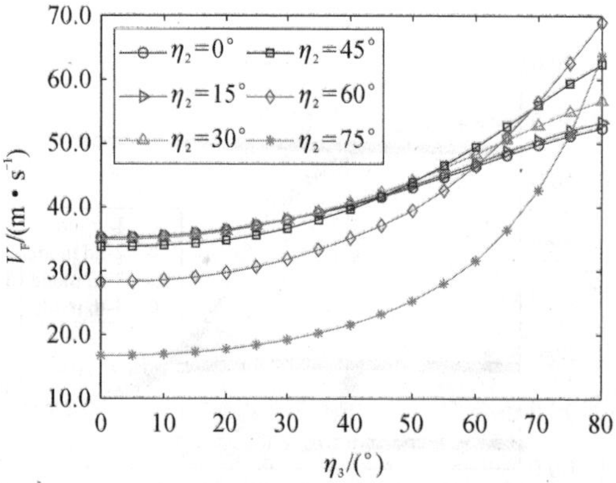

(a) 颤振速度随折叠角的变化曲线

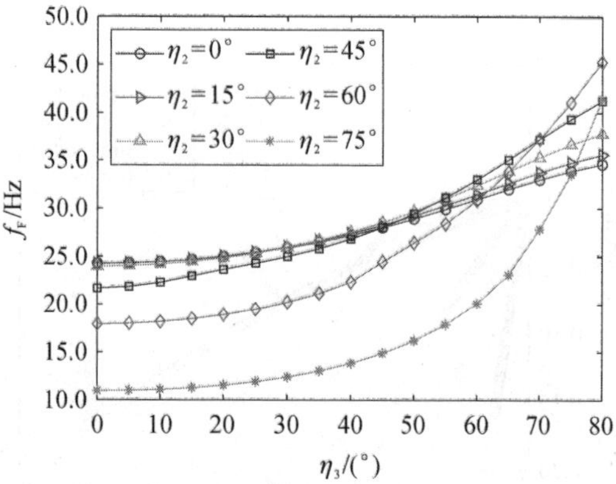

(b) 颤振频率随折叠角的变化曲线

图 9.9 颤振速度和颤振频率随折叠角的变化曲线

由图 9.9 可知，颤振速度和颤振频率随折叠角 η_2 和 η_3 的变化规律基本相同。当折叠角 η_3 较小时，折叠角 η_2 越大，机翼颤振速度和颤振频率越小，并且这种递减的趋势是非均匀的。当 η_2 不大于 30°时，颤振速度和颤振频率对 η_2 的变化不敏感，而当 η_2 大于 45°时，颤振速度和颤振频率随 η_2 的下降速度不断增大。

另外，随着翼尖折叠角 η_3 的增大，机翼颤阵速度和颤振频率均呈现递增趋势。而 η_2 越大，机翼颤阵速度和颤振频率的增速越大。当 η_2 和 η_3 均较大时，机翼颤振速度和颤振频率也具有较大的数值。这相当于是将折叠翼尖带来的增益效果向机翼中段进行了扩展。

9.4.3 折叠段数对颤振速度的影响

本节在各段机翼均匀折叠的情况下考虑折叠段数对颤振速度的影响性规律。记第 n 段机翼的折叠角为 η_n，则第 i 段机翼的折叠角为

$$\eta_i = \frac{i-1}{n-1} \times \eta_n, \quad i = 2,3,\cdots,n \tag{9.37}$$

当 η_n 分别为 80°、60°和 40°时，将机翼的颤振速度和颤振频率随机翼段数 n 的变化曲线绘于图 9.10。

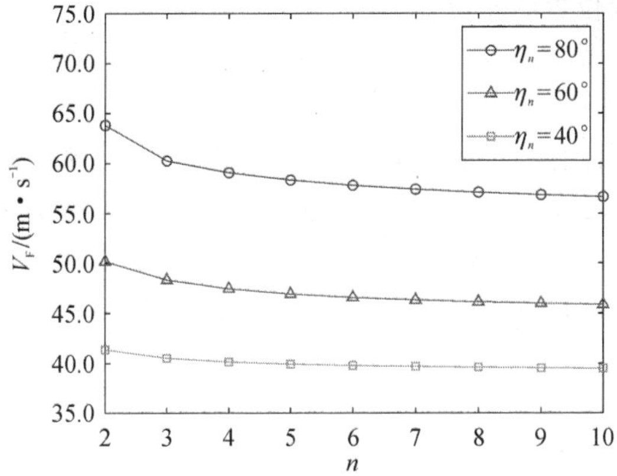

(a) 颤振速度随折叠段数的变化曲线

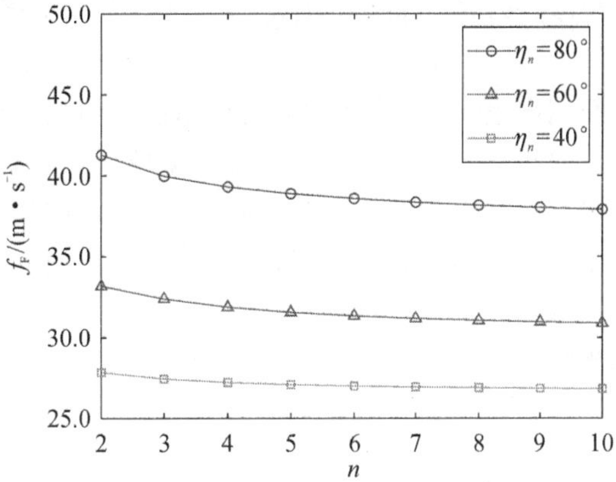

(b) 颤振频率随折叠段数的变化曲线

图 9.10　颤振速度和颤振频率随折叠段数的变化曲线

由图 9.10(a)可以看出,机翼颤振速度随着机翼段数 n 的增大而减小。当翼梢处折叠角为 80°时,颤振速度从 $n=2$ 时的 63.8 m/s 减小至 $n=10$ 的 56.7 m/s。并且,曲线斜率在 n 为 2 或 3 时较大,在大于 3 后曲线斜率变化较小。也就是说,在机翼段数大于 3 时,机翼段数对颤振速度的影响并不明显。另外,随着最大折叠角 η_n 的减小,机翼颤振速度明显下降。在 η_n 为 60°时,2 段机翼的颤振速度下降为 50.17 m/s,而在 η_n 为 40°时,则下降为 41.36 m/s。由图 9.10(b)可知,机翼颤振频率随折叠段数的变化规律与颤振速度的变化规律基本相同。

由此可见,当翼尖最大折叠角固定时,机翼的颤振速度随折叠段数的增加而减小,但减小的幅度并不明显。当仅有两段机翼时,虽然可获得较高的颤振速度,但两段之间过大的折叠角可能会引起气动方面的问题,同时在结构设计方面也会面临更大的困难(例如折叠开缝问题)。虽多段折叠机翼的颤振速度下降并不明显,但可降低对折叠翼气动和结构设计方面的要求。

9.5　多段折叠翼突风响应分析

9.5.1　基于片条理论的梁元气动力修正

多段折叠机翼在遭遇垂直突风场时,由于折叠角的存在,机翼受到的气动力将明显区别于传统平直机翼。二维翼型在遭遇垂直突风场时的非定常气动力 $L(t)$ 由非环量升力 $L_{n-c}(t)$、环量升力 $L_c(t)$ 和突风引起的升力 $L_g(t)$ 3 部分组成,即

$$L(t)=L_{n-c}(t)+L_c(t)+L_g(t) \tag{9.38}$$

在处理不可压缩流中机翼做任意运动所受的非定常气动力时,非环量升力描述了惯性效应,记为

$$L_{n-c}(t)=\pi\rho_a b^2\left[-\ddot{w}+V\dot{\alpha}-b\bar{a}\ddot{\alpha}\right] \tag{9.39}$$

式中,ρ_a 为空气密度,α 为机翼攻角,抬头为正。环量升力

$$\begin{aligned}L_c(t)=&-2\pi\rho_a Vbw_{3c/4}(t_0)\phi_w[V(t-t_0)/b]-\\&2\pi\rho_a Vb\int_{t_0}^{t}\frac{\mathrm{d}w_{3c/4}(\tau)}{\mathrm{d}\tau}\phi_w[V(t-\tau)/b]\mathrm{d}\tau\end{aligned} \tag{9.40}$$

这里 $\phi_w(\sigma)$ 是 Wagner 函数，$w_{3c/4}(t)$ 为 3/4 弦线位置的非定常下洗

$$w_{3c/4}=\dot{w}-V\alpha-b(1/2-\bar{a})\dot{\alpha} \tag{9.41}$$

一般情况下，若系统被认为是初始静止情况，则当 $t_0=0$ 时，有 $w_{3c/4}(t_0)=0$。

对于局部坐标系中的弯扭直梁单元，当梁元的轴线与全局坐标系的夹角为 η_k 时，突风载荷将分为两个部分，一部分为垂直于翼面的气流，这部分气流将产生环量升力；另一部分为平行于翼面的气流，该展向流动的气流对翼面的升力并无明显贡献。所以，在大展弦比折叠翼的突风载荷计算中，将忽略展向流动气流对升力的影响，对折叠部分的气动力进行修正，得到局部坐标系中由突风引起的升力

$$L_g(t)=\cos\eta_k\times 2\pi\rho_a Vb\int_0^t\frac{\mathrm{d}w_g(\tau)}{\mathrm{d}\tau}\phi_g[V(t-\tau)/b]\mathrm{d}\tau \tag{9.42}$$

式中，$w_g(t)$ 为离散突风函数，且假定从突风达到机翼前缘时开始计算时间，即 $w_g(0)=0$；$\phi_g(\sigma)$ 为 Küssner 函数，且有 $\phi_g(0)=0$ 的条件成立。由于不可压流中环量升力和突风升力都作用在 1/4 弦长处，绕弹性轴的俯仰力矩为

$$T_a=-\pi\rho_a b^2[b\bar{a}\ddot{w}+Vbc_2\dot{\alpha}+b^2c_1\ddot{\alpha}]+(L_c+L_g)bc_3 \tag{9.43}$$

将气动片条中线 k 处二维翼型的升力和俯仰力矩转化为弯扭梁元上的分布载荷集度，则有

$$L^{(k)}=\pi\rho_a b^2(-\ddot{w}_k+V\dot{\alpha}_k-b\bar{a}\ddot{\alpha}_k)+2\pi\rho_a Vb\int_0^t[-\ddot{w}_k+V\dot{\alpha}_k+bc_2\ddot{\alpha}_k]\phi_w[V(t-\tau)/b]\mathrm{d}\tau+$$

$$2\pi\rho_a Vb\cos\eta_k\int_0^t\frac{\mathrm{d}w_g(\tau)}{\mathrm{d}\tau}\phi_g[V(t-\tau)/b]\mathrm{d}\tau \tag{9.44}$$

$$\begin{aligned}T_a^{(k)}=&\pi\rho_a b^2[-b\bar{a}\ddot{w}_k-Vbc_2\dot{\alpha}_k-b^2c_1\ddot{\alpha}_k]+\\&2\pi\rho_a Vb^2c_3\int_0^t[-\ddot{w}_k+V\dot{\alpha}_k+bc_2\ddot{\alpha}_k]\phi_w[V(t-\tau)/b]\mathrm{d}\tau+\\&2\pi\rho_a Vb^2c_3\cos\eta_k\int_0^t\frac{\mathrm{d}w_g(\tau)}{\mathrm{d}\tau}\phi_g[V(t-\tau)/b]\mathrm{d}\tau\end{aligned} \tag{9.45}$$

式中，$c_1=1/8+\bar{a}^2$；$c_2=1/2-\bar{a}$；$c_3=1/2+\bar{a}$。由此，可以得到作用在第 k 段梁元上的载荷列阵为

$$\boldsymbol{Q}_k^e=-\pi\rho_a b^2(\boldsymbol{A}_2^e\ddot{\boldsymbol{u}}^e+\boldsymbol{A}_1^e\dot{\boldsymbol{u}}^e)-2\pi\rho_a Vb\int_0^t(\boldsymbol{B}_2^e\ddot{\boldsymbol{u}}^e+\boldsymbol{B}_1^e\dot{\boldsymbol{u}}^e)\phi_w[V(t-\tau)/b]\mathrm{d}\tau+$$

$$2\pi\rho_a Vb\cos\eta_k\int_0^t\frac{\mathrm{d}w_g(\tau)}{\mathrm{d}\tau}\phi_g[V(t-\tau)/b]\mathrm{d}\tau\boldsymbol{C}_0^e \tag{9.46}$$

式中

$\boldsymbol{A}_2^e=\boldsymbol{Q}_c^e\odot[\boldsymbol{0},\boldsymbol{D2Ln},\boldsymbol{D2Ln},\boldsymbol{D2Tn},\boldsymbol{0},\boldsymbol{D2Ln},\boldsymbol{D2Ln},\boldsymbol{D2Tn}]^{\mathrm{T}}$

$\boldsymbol{A}_1^e=\boldsymbol{Q}_c^e\odot[\boldsymbol{0},\boldsymbol{D1Ln},\boldsymbol{D1Ln},\boldsymbol{D1Tn},\boldsymbol{0},\boldsymbol{D1Ln},\boldsymbol{D1Ln},\boldsymbol{D1Tn}]^{\mathrm{T}}$

$\boldsymbol{B}_2^e=\boldsymbol{Q}_c^e\odot[\boldsymbol{0},\boldsymbol{D2Lc},\boldsymbol{D2Lc},\boldsymbol{D2Tc},\boldsymbol{0},\boldsymbol{D2Lc},\boldsymbol{D2Lc},\boldsymbol{D2Tc}]^{\mathrm{T}}$

$\boldsymbol{B}_1^e=\boldsymbol{Q}_c^e\odot[\boldsymbol{0},\boldsymbol{D1Lc},\boldsymbol{D1Lc},\boldsymbol{D1Tc},\boldsymbol{0},\boldsymbol{D1Lc},\boldsymbol{D1Lc},\boldsymbol{D1Tc}]^{\mathrm{T}}$

$\boldsymbol{C}_0^e=\boldsymbol{Q}_c^e\odot[0,1,1,bc_3,0,1,1,bc_3]^{\mathrm{T}}\cos\eta_k$

这里“⊙”代表向量按元素相乘，并且有

$\boldsymbol{Q}_c^e=l/12\times[0\quad 6\quad l\quad 6\quad 0\quad 6\quad -l\quad 6]^{\mathrm{T}}$

$\boldsymbol{D2Ln}=[0,1/2,l/8,b\bar{a}/2,0,1/2,-l/8,b\bar{a}/2]^{\mathrm{T}}$

$\boldsymbol{D2Tn}=[0,b\bar{a}/2,b\bar{a}l/8,b^2c_1/2,0,b\bar{a}/2,-b\bar{a}l/8,b^2c_1/2]^{\mathrm{T}}$

$\boldsymbol{D1Ln}=[0,0,0,-V/2,0,0,0,-V/2]^{\mathrm{T}}$

$\boldsymbol{D1Tn}=[0,0,0,bVc_2/2,0,0,0,bVc_2/2]^{\mathrm{T}}$

$\boldsymbol{D2Lc}=[0,1/2,l/8,-bc_2/2,0,1/2,-l/8,-bc_2/2]^{\mathrm{T}}$

$\boldsymbol{D2Tc}=[0,bc_3/2,blc_3/8,-b^2c_2c_3/2,0,bc_3/2,-blc_3/8,-b^2c_2c_3/2]^{\mathrm{T}}$

$\boldsymbol{D1Lc}=[0,0,0,-V/2,0,0,0,-V/2]^{\mathrm{T}}$

$\boldsymbol{D1Tc}=[0,0,0,-bVc_3/2,0,0,0,-bVc_3/2]^{\mathrm{T}}$

由此，可得到局部坐标系中弯扭梁元受到分布气动力的运动微分方程为

$$\boldsymbol{M}^e\ddot{\boldsymbol{u}}^e+\boldsymbol{K}^e\boldsymbol{u}^e=-\pi\rho_a b^2(\boldsymbol{A}_2^e\ddot{\boldsymbol{u}}^e+\boldsymbol{A}_1^e\dot{\boldsymbol{u}}^e)-2\pi\rho_a Vb\int_0^t(\boldsymbol{B}_2^e\ddot{\boldsymbol{u}}^e+\boldsymbol{B}_1^e\dot{\boldsymbol{u}}^e)\phi_w[V(t-\tau)/b]\mathrm{d}\tau+$$
$$2\pi\rho_a Vb\int_0^t\frac{\mathrm{d}w_g(\tau)}{\mathrm{d}\tau}\phi_g[V(t-\tau)/b]\mathrm{d}\tau\boldsymbol{C}_0^e \tag{9.47}$$

将式(9.47)所示的局部坐标系中的单元刚度方程按单元进行组装，并变换至模态坐标系下进行求解，当仅取弯扭梁元前 r 阶模态参与运算时，弯扭梁元运动方程变为

$$\begin{aligned}\boldsymbol{M}_{\mathrm{p}}^*\ddot{\boldsymbol{u}}_{\mathrm{p}}^*+\boldsymbol{K}_{\mathrm{p}}^*\boldsymbol{u}_{\mathrm{p}}^*=&-\pi\rho_a b^2(\boldsymbol{A}_{2\mathrm{p}}^*\ddot{\boldsymbol{u}}_{\mathrm{p}}^*+\boldsymbol{A}_{1\mathrm{p}}^*\dot{\boldsymbol{u}}_{\mathrm{p}}^*)-\\&2\pi\rho_a Vb\int_0^t(\boldsymbol{B}_{2\mathrm{p}}^*\ddot{\boldsymbol{u}}_{\mathrm{p}}^*+\boldsymbol{B}_{1\mathrm{p}}^*\dot{\boldsymbol{u}}_{\mathrm{p}}^*)\phi_w[V(t-\tau)/b]\mathrm{d}\tau+\\&2\pi\rho_a Vb\int_0^t\frac{\mathrm{d}w_g(\tau)}{\mathrm{d}\tau}\phi_g[V(t-\tau)/b]\mathrm{d}\tau C_{0\mathrm{p}}^*\end{aligned} \tag{9.48}$$

式中，$\boldsymbol{A}_{2\mathrm{p}}^*$、$\boldsymbol{A}_{1\mathrm{p}}^*$、$\boldsymbol{B}_{2\mathrm{p}}^*$、$\boldsymbol{B}_{1\mathrm{p}}^*$ 和 $\boldsymbol{C}_{0\mathrm{p}}^*$ 为模态坐标系下的气动力系数矩阵。

9.5.2 突风响应计算

引入无量纲时间变量 $\hat{\tau}=Vt/b$，并引入分部积分公式，则积分微分方程式(9.48)可重写为

$$\begin{aligned}\frac{V^2}{b^2}\boldsymbol{M}_{\mathrm{p}}^*\boldsymbol{u}_{\mathrm{p}}^{*\prime\prime}+\boldsymbol{K}_{\mathrm{p}}^*\boldsymbol{u}_{\mathrm{p}}^*=&-\pi\rho_a V^2(\boldsymbol{A}_{2\mathrm{p}}^*\boldsymbol{u}_{\mathrm{p}}^{*\prime\prime})-\pi\rho_a bV(\boldsymbol{A}_{1\mathrm{p}}^*\boldsymbol{u}_{\mathrm{p}}^{*\prime})-\\&2\pi\rho_a V\int_0^{\hat{\tau}}(V\boldsymbol{B}_{2\mathrm{p}}^*\boldsymbol{u}_{\mathrm{p}}^{*\prime\prime}+b\boldsymbol{B}_{1\mathrm{p}}^*\boldsymbol{u}_{\mathrm{p}}^{*\prime})\phi_w(\hat{\tau}-\sigma)\mathrm{d}\sigma+\\&2\pi\rho_a Vb\int_0^{\hat{\tau}}w_g(\sigma)\phi_g'(\hat{\tau}-\sigma)\mathrm{d}\sigma\boldsymbol{C}_{0\mathrm{p}}^*\end{aligned} \tag{9.49}$$

对该式两端进行 Laplace 变换，得

$$\begin{aligned}\frac{V^2}{b^2}\boldsymbol{M}_{\mathrm{p}}^*\tilde{p}^2\boldsymbol{u}_{\mathrm{p}}^*(\tilde{p})+\boldsymbol{K}_{\mathrm{p}}^*\boldsymbol{u}_{\mathrm{p}}^*(\tilde{p})=&-\pi\rho_a V^2(\boldsymbol{A}_{2\mathrm{p}}^*\tilde{p}^2\boldsymbol{u}_{\mathrm{p}}^*(\tilde{p}))-\pi\rho_a bV(\boldsymbol{A}_{1\mathrm{p}}^*\tilde{p}\boldsymbol{u}_{\mathrm{p}}^*(\tilde{p}))-\\&2\pi\rho_a V^2\boldsymbol{B}_{2\mathrm{p}}^*\tilde{p}^2\boldsymbol{u}_{\mathrm{p}}^*(\tilde{p})\phi_w(\tilde{p})-2\pi\rho_a bV\boldsymbol{B}_{1\mathrm{p}}^*\tilde{p}\boldsymbol{u}_{\mathrm{p}}^*(\tilde{p})\phi_w(\tilde{p})+\\&2\pi\rho_a bVw_g(\tilde{p})\tilde{p}\phi_g(\tilde{p})\boldsymbol{C}_{0\mathrm{p}}^*\end{aligned} \tag{9.50}$$

式中，$\tilde{p}$ 为 Laplace 变量。$\phi_w(\tilde{p})$ 和 $\phi_g(\tilde{p})$ 分别为 Wagner 函数和 Küssner 函数的 Laplace 变换，变换中应用了零初始条件，以及卷积的 Laplace 变换公式。在 Laplace 域内，可由上式解出 $\boldsymbol{u}_{\mathrm{p}}^*(\tilde{p})$ 为

$$\boldsymbol{u}_{\mathrm{p}}^*(\tilde{p})=\boldsymbol{G}^{-1}2\pi\rho_a bV\boldsymbol{C}_{0\mathrm{p}}^*w_g(\tilde{p})\phi_g(\tilde{p}) \tag{9.51}$$

式中

$$G=\frac{V^2}{b^2}M_{\mathrm{p}}^*\tilde{p}+K_{\mathrm{p}}^*/\tilde{p}+\pi\rho_a V^2\left[A_{2\mathrm{p}}^*+2B_{2\mathrm{p}}^*\phi_w(\tilde{p})\right]\tilde{p}+\pi\rho_a bV\left[A_{1\mathrm{p}}^*+2B_{1\mathrm{p}}^*\phi_w(\tilde{p})\right] \tag{9.52}$$

在式(9.51)中，虽然 M_{p}^*、K_{p}^* 为对角矩阵，但与气动力相关的矩阵 $A_{2\mathrm{p}}^*$、$A_{1\mathrm{p}}^*$、$B_{2\mathrm{p}}^*$ 和 $B_{1\mathrm{p}}^*$ 一般来说并不是对称的，要想精确求解 $u_{\mathrm{p}}^*(\tilde{p})$ 难度较大。通常，当仅取机翼弯曲和扭转的少数几个低阶模态参与计算时，气动弹性系统矩阵具有较低的阶数，可通过符号运算手段对式(9.51)进行求解。当所参与的模态阶数较多时，式(9.51)的符号解将难以获得，此时可通过数值计算和拟合的手段获得 $u_{\mathrm{p}}^*(\tilde{p})$ 的多项式近似表达。将不同突风模型的 Laplace 变换式代入式(9.51)，整理可得 $u_{\mathrm{p}}^*(\tilde{p})$ 的具体表达式。对 $u_{\mathrm{p}}^*(\tilde{p})$ 进行 Laplace 逆变换，可以得到 $u_{\mathrm{p}}^*(\hat{\tau})$，即

$$u_{\mathrm{p}}^*(\hat{\tau})=L^{-1}\left[u_{\mathrm{p}}^*(\tilde{p})\right] \tag{9.53}$$

同时，注意到 $\ddot{u}_{\mathrm{p}}^*=(V^2/b^2)u_{\mathrm{p}}^{*\prime\prime}(\hat{\tau})$ 及零初始条件，可以得到

$$\ddot{u}_{\mathrm{p}}^*=\frac{V^2}{b^2}L^{-1}\left[\tilde{p}^2u_{\mathrm{p}}^*(\tilde{p})\right] \tag{9.54}$$

求得 $u_{\mathrm{p}}^*(\hat{\tau})$ 和 $\ddot{u}_{\mathrm{p}}^*(\hat{\tau})$ 后，折叠翼各点处的位移响应和加速度响应可表示为

$$u=\Phi^{*\mathrm{T}}u_{\mathrm{p}}^* \tag{9.55}$$

$$\ddot{u}=\Phi^{*\mathrm{T}}\ddot{u}_{\mathrm{p}}^* \tag{9.56}$$

机翼翼根处的力矩包括沉浮弯曲力矩和俯仰扭转力矩，这些力矩可通过将折叠机翼各单元上的作用力(包括气动力和惯性力)对翼根取矩并求和得到。在全局坐标系中，作用在梁元上的载荷(包括惯性力)可由弯扭梁元节点位移及单元刚度矩阵表示，即

$$\begin{aligned}\bar{K}^e\bar{u}^e=&-\bar{M}^e\ddot{\bar{u}}^e-\pi\rho_a b^2(\bar{A}_2^e\ddot{\bar{u}}^e+\bar{A}_1^e\dot{\bar{u}}^e)-\\&2\pi\rho_a Vb\int_0^t(\bar{B}_2^e\ddot{\bar{u}}^e+\bar{B}_1^e\dot{\bar{u}}^e)\phi_w[V(t-\tau)/b]\mathrm{d}\tau+\\&2\pi\rho_a Vb\int_0^t\frac{\mathrm{d}w_g(\tau)}{\mathrm{d}\tau}\phi_g[V(t-\tau)/b]\mathrm{d}\tau\bar{C}_0^e\end{aligned} \tag{9.57}$$

式中，$\bar{K}^e$、$\bar{M}^e$、$\bar{A}_2^e$、$\bar{A}_1^e$、$\bar{B}_2^e$、$\bar{B}_1^e$ 和 $\bar{C}_0^e$ 分别为全局坐标系下机翼梁元结构和气动力系数矩阵。翼根处的沉浮弯曲力矩可表示为

$$M_{\mathrm{root}}=\sum_e T^{e\mathrm{T}}C_M\bar{K}^e\bar{u}^e \tag{9.58}$$

式中，$C_M=[0,y_i,0,0,0,y_j,0,0]$，这里 y_i 和 y_j 分别为第 k 段梁元两个节点的 y 向坐标。在每一个梁元中，作用在梁元两端节点上的等效弯矩之和为 0，所以不需要再考虑各梁元节点处的等效弯矩。类似地，翼根处的俯仰扭转力矩可表示为

$$T_{\mathrm{root}}=\sum_e T^{e\mathrm{T}}C_T\bar{K}^e\bar{u}^e \tag{9.59}$$

式中，$C_T=[0,0,0,-l/2,0,0,0,l/2]$。

9.6 突风响应数值算例

近地面无人机易受到离散锐边突风的影响。现考察一个在舒展状态下为等剖面三段式的

折叠翼，其具有明显的弹性主轴，在翼根处固支约束，另一端自由，如图 9.11 所示。假设内侧翼段、机翼中段和外侧翼段长度占机翼长度比值分别为 ξ_1、ξ_2 和 ξ_3，在初始设计时有 ξ_1∶ξ2∶ξ_3＝0.5∶0.3∶0.2，在舒展状态时各翼段的折叠角为 $\eta_1=\eta_2=\eta_3=0$。

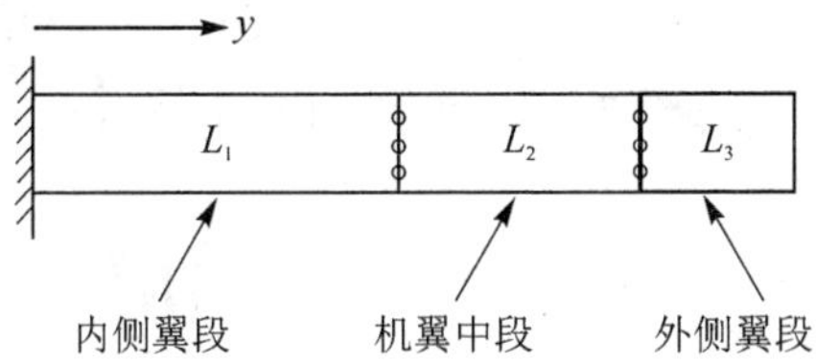

图 9.11　近地面无人机三段式折叠翼

机翼的物理参数如表 9.2 所列。当机翼以 $V=70$ m/s 的速度进入速度幅值 w_0 为 20 m/s 的锐边突风时，根据 9.5.2 节给出的公式计算机翼在舒展状态下的响应。计算时取空气密度为 $\rho_a=1.225$ kg/m^3。相比气动力阻尼，结构阻尼的影响是比较小的，因此在数值计算中忽略了系统的结构阻尼。

表 9.2　机翼结构物理参数

物理参数	值
半弦长/m	$b=0.16$
机翼半展长/m	$L=3.2$
单位展长质量/(kg・m^{-1})	$m=4.0$
弹性轴位置	$\bar{a}=0$
重心到弹性轴距离/m	$x_a=1.693\times10^{-2}$
质量惯性矩/(kg^{-1}・m^{-2})	$I_a=1.0838\times10^{1}$
垂直弯曲刚度/Nm^2	$EI=1\times10^5$
扭转刚度/Nm^2	$GJ=1.028\times10^5$

对图 9.11 所示的无人机三段式折叠翼进行有限元网格划分，分别将机翼内侧翼段、机翼中段和外侧翼段均匀剖分为 10、6 和 4 个弯扭组合梁元，气动片条的取法与梁元的划分方法一致。取机翼前 2 阶弯曲模态(固有频率分别为：8.639 58 Hz、54.147 2 Hz)和前 2 阶俯仰模态(固有频率分别为：7.608 73 Hz、22.826 2 Hz)参与计算，分别给出了翼尖加速度响应和翼根弯扭矩响应，如图 9.12 和图 9.13 所示。

由图 9.12(a)可知，翼尖的最大线加速度约为 $40g$，出现在机翼刚进入锐边突风时，之后翼尖的线加速度开始振荡衰减。在 $\hat{\tau}=200$ 时(机翼前缘进入锐边突风的时间约为 0.457 s)，翼尖线加速度近乎衰减为 0。而由图 9.12(b)可知，翼尖的最大俯仰加速度也在机翼刚进入锐边突风时达到最大，约为 12 rad/s^2，之后开始振荡衰减，但要低于翼尖线加速度的衰减速度。

由图 9.13(a)可知，在突风速度 w_0 为 20 m/s 时，翼根弯矩峰值接近 11 500 Nm，并最终稳定在 8 000 Nm 左右。可见，由于机翼弹性产生的附加动态弯矩的峰值约为 3 500 Nm。由图 9.13(b)可知，翼根扭矩峰值约为 1 075 Nm，出现的时间与弯矩峰值出现的时间基本相同，并逐渐衰减，衰减速度要小于翼根弯矩的衰减速度。

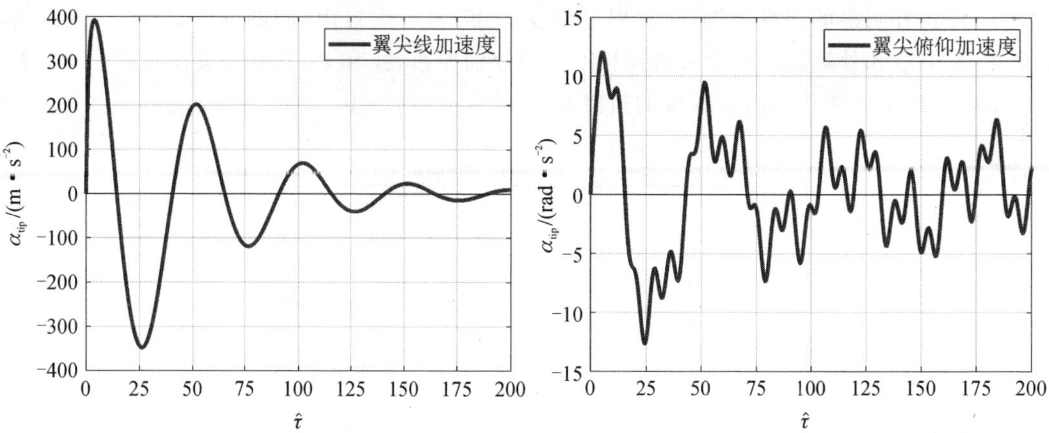

(a) 翼尖线加速度随时间变化　　(b) 翼尖俯仰加速度随时间变化

图 9.12　翼尖加速度随时间变化

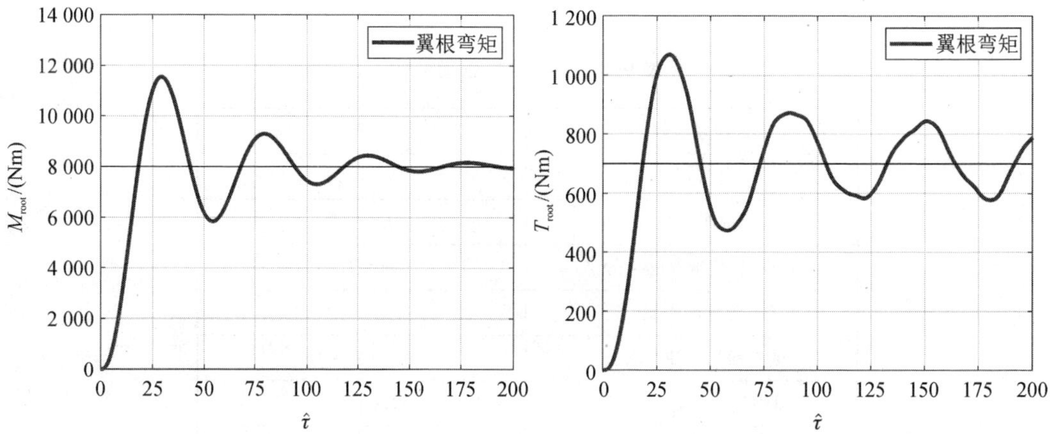

(a) 翼根弯矩响应随时间变化　　(b) 翼根扭矩响应随时间变化

图 9.13　翼根弯矩和扭矩随时间变化

9.6.1　弯曲和俯仰频率特征

机翼折叠后，结构固有频率会发生大的变化，受到突风激励后的响应也相应改变。需要注意到的是，机翼在折叠后，折叠部分机翼的升力将随着折叠角的增大而减小，当折叠角增至90°时，折叠部分机翼不再产生升力。而当折叠角进一步增大时，会引起升力面的反效。所以，为保证翼面的可操纵性，对各段机翼折叠角的范围进行限制，即令 $\eta_k \in [0°, 90°)$。当固定机翼内侧翼段的折叠角为 0 时，则三段式折叠翼折叠角向量可表示为 $\eta = [0, \eta_2, \eta_3]^T$，将其前 2 阶俯仰频率和前两阶弯曲频率随折叠角的变化绘于图 9.14。在图 9.14 中，折叠角 η_2 由 0°角开始，每隔 15°均匀变化至 75°，而折叠角 η_3 则由 0°角间隔 10°均匀变化至 80°。

由图 9.14 可知，机翼的前 2 阶俯仰频率和弯曲频率均随折叠角 η_2 和 η_3 的变化呈现出非线性变化的趋势。在图 9.14(a)的左半部分中，当 η_2 较小(小于 60°)时，1 阶俯仰频率曲线密集分布，而在 $\eta_2 = 75°$时，俯仰频率突降，最小为 4.72 Hz。在图 9.14(a)的右半部分，随着 η_3 的持续增大，原来在曲线簇下方的曲线开始迅速增至曲线簇上方。当 $\eta_2 = 75°$，$\eta_3 = 80°$时，

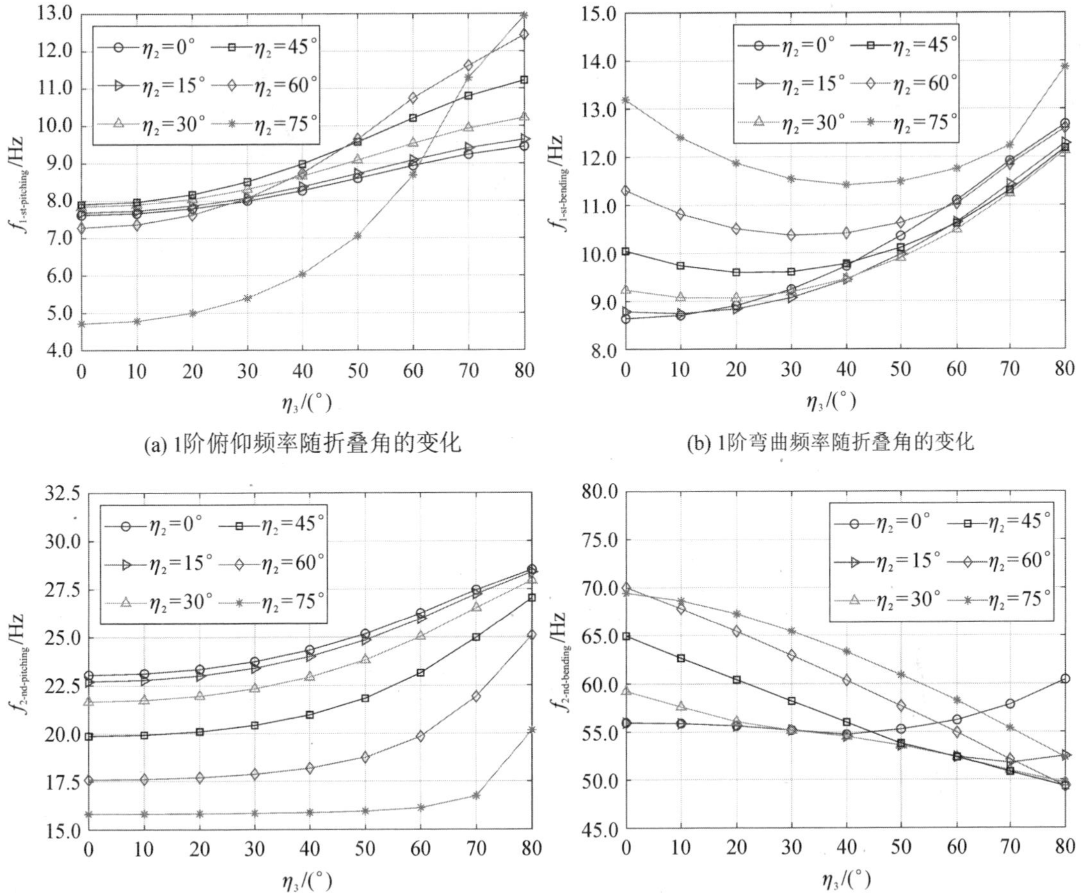

(a) 1阶俯仰频率随折叠角的变化　(b) 1阶弯曲频率随折叠角的变化

(c) 2阶俯仰频率随折叠角的变化　(d) 2阶弯曲频率随折叠角的变化

图 9.14　前 2 阶俯仰频率和弯曲频率随折叠角的变化

1 阶俯仰频率为 12.94 Hz，相比未折叠状态提高了 49.77%。在图 9.14(b)中，当 η_2 较小(小于 45°)时，1 阶弯曲频率随 η_3 呈单调递增趋势，而随着 η_2 的增大，这种趋势变为先减再增。当固定 η_3 时，1 阶弯曲频率基本上随 η_2 单调递增。并且，1 阶弯曲频率曲线簇的聚集点在 $\eta_3=70°$附近。由图 9.14(c)可知，2 阶俯仰频率曲线簇呈分散状态，并随着 η_2 和 η_3 的增大而增大。而由图 9.14(d)可知，2 阶弯曲频率曲线簇非线性特征明显，当 η_2 较小(小于 30°)时，频率曲线尾端出现上扬趋势。而随着 η_2 的增大，频率曲线基本上开始单调下降。有意思的是，当 $\eta_2=60°$时，2 阶弯曲频率呈现出直线下降的形态。

9.6.2　折叠方式对突风响应的影响

考虑 3 种不同折叠方式对突风响应的影响，如图 9.15 所示。第 1 种为正向折叠方式，即机翼外段的折叠角大于机翼中段的折叠角，这里取 $\eta_1=30°$，$\eta_2=60°$；第 2 种为反向折叠方式，取 $\eta_1=60°$，$\eta_2=30°$；第 3 种为折叠翼尖方式，取 $\eta_1=0°$，$\eta_2=60°$。

将机翼 3 种不同折叠方式的响应分析结果与舒展状态下的响应分析结果进行了对比，翼尖线加速度和俯仰加速度的分析结果绘于图 9.16，而将翼根的弯矩和扭矩响应对比分析结果示于图 9.17。

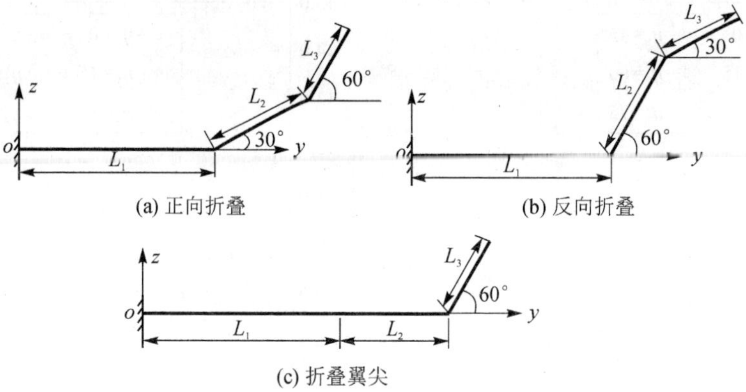

(a) 正向折叠　(b) 反向折叠

(c) 折叠翼尖

图 9.15　机翼 3 种不同折叠方式

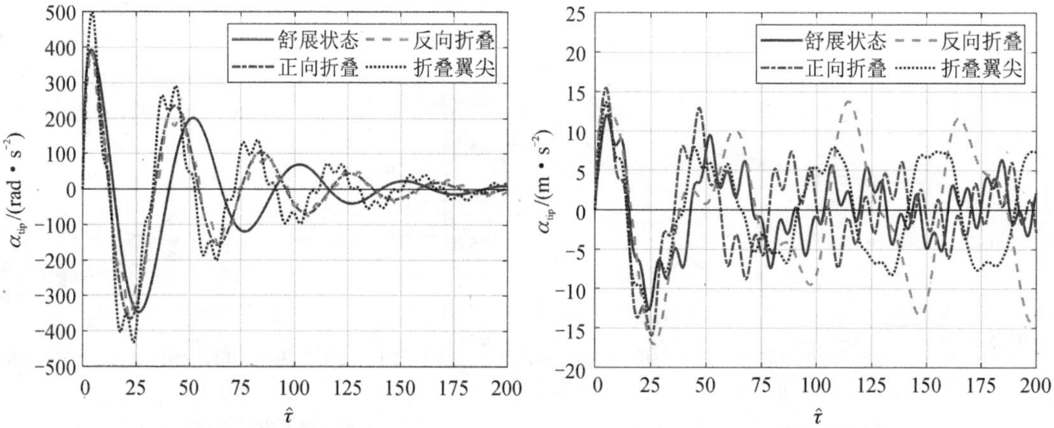

(a) 翼尖线加速度响应对比　(b) 翼尖俯仰加速度响应对比

图 9.16　翼尖加速度响应对比

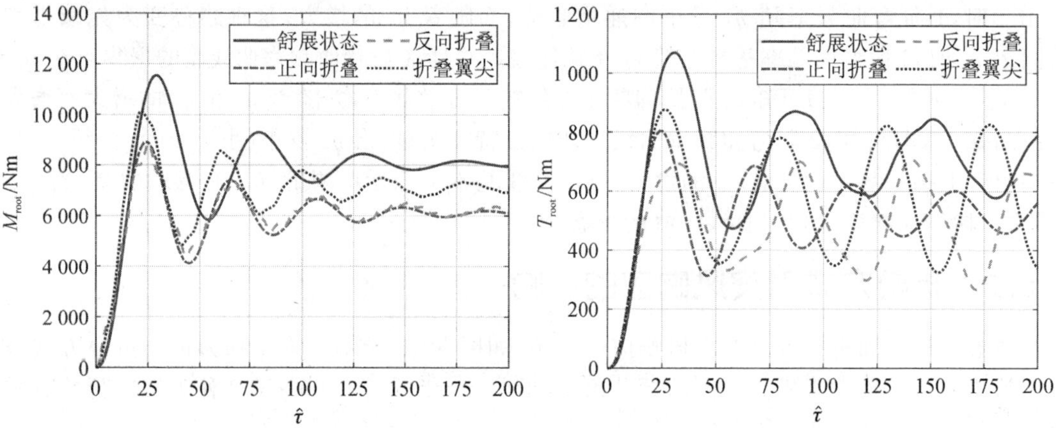

(a) 翼根弯矩响应对比　(b) 翼根扭矩响应对比

图 9.17　翼根弯矩和扭矩响应对比

由图 9.16 可知，相比舒展状态，折叠状态下的翼尖加速度响应（包括线加速度响应和俯仰加速度响应）并没有明显地减小，甚至要高于舒展状态。相比而言，正向折叠方式的加速度响应结果与舒展状态相当，折叠翼尖方式具有最大的翼尖线加速度，而反向折叠方式具有最大俯仰加速度响应。

由图 9.17(a)可以看出，3 种不同折叠方式下的机翼对于翼根弯矩响应均有明显的减缓效应。相较而言，折叠翼尖方式的翼根弯矩要大于正向折叠和反向折叠方式，而后两者对于翼根弯矩的减缓效应几乎相同，弯矩峰值减小了约 3 800 nm，减缓效应达到 29.69%。而由图 9.17(b)可知，3 种不同折叠方式对于翼根扭矩同样存在一定的减缓效应。折叠翼尖方式会让翼根扭矩存在振荡状态，衰减缓慢。反向折叠方式对翼根扭矩峰值的减缓效应明显，但同样存在衰减缓慢的问题。相比而言，正向折叠的方式可有效减小翼根扭矩响应，扭矩峰值减缓了约 280 nm，达到 25.93%，同时衰减最快。

对比 3 种不同折叠方式的突风响应可知，折叠翼尖方式表现不突出，甚至还会出现加剧突风效应的情况。反向折叠方式对翼尖线加速度和翼根弯矩响应有好的减缓效应，但对翼尖俯仰加速度和翼根扭矩响应的减缓效应不佳。而正向折叠方式对翼尖线加速度、翼尖俯仰加速度、翼根弯矩和翼根扭矩响应的减缓效应方面均表现良好。

9.6.3　响应峰值随折叠角的变化规律

为进一步考察无人机折叠翼在不同折叠角度下的突风响应情况，将机翼翼尖线加速度、翼尖俯仰加速度响应的最大值随时间的变化绘于图 9.18，而将翼根弯矩和翼根扭矩响应的最大值随时间的变化绘于图 9.19。在图 9.18 和图 9.19 中，折叠角 η_2 由 0°角开始，每隔 15°均匀变化至 75°，而折叠角 η_3 则由 0°角间隔 10°均匀变化至 80°。

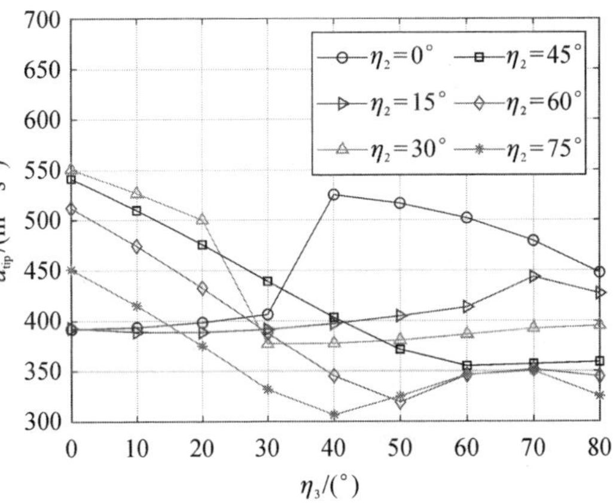

(a) 翼尖线加速度响应最大值对比

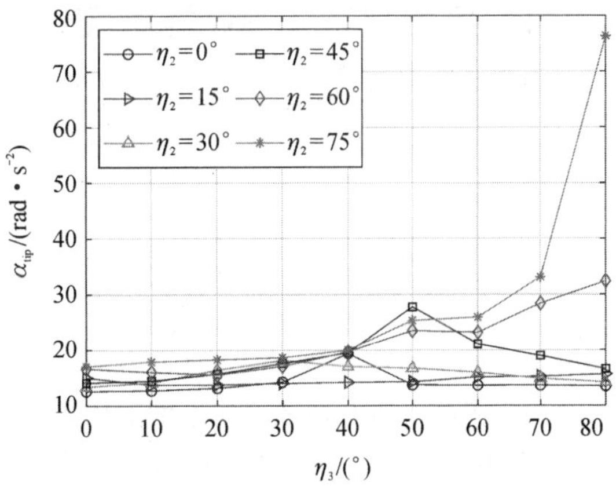

(b) 翼尖俯仰加速度响应最大值对比

图 9.18　翼尖加速度响应对比

由图 9.18(a)可知，翼尖线加速度随折叠角的变化范围约为 30～55 g，具有最佳减缓效果的折叠角向量 $\eta=[0,75°,40°]^T$，是一种反向折叠形式。当 η_2 大于 45°，且 η_3 大于 30°时，对翼尖线加速度都具有良好的减缓效果。最差的情况出现在 η_2 为 30°，η_3 为 0°时，和 η_2 为 0°，η_3 为 40°时。由图 9.18(b)可知，在 η_3 小于 40°时，翼尖俯仰加速度曲线是密集的，之后开始出现分散趋势，在 η_3 为 50°，翼尖俯仰加速度的最大值出现在 η_2 为 45°的曲线上。随着 η_3 的进一步增大，η_2 为 45°的曲线开始递减，但 η_2 为 60°和 75°的曲线开始递增。

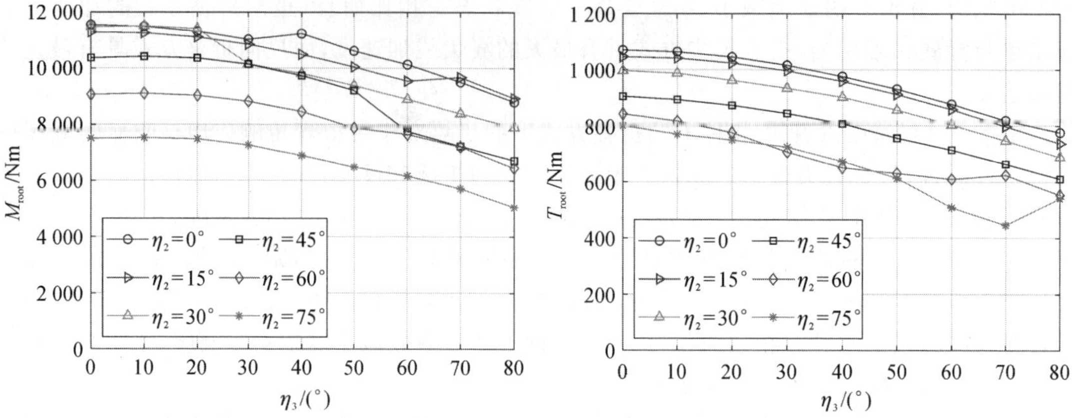

(a) 翼根弯矩响应最大值对比　　(b) 翼根扭矩响应最大值对比

图 9.19　翼根弯矩和扭矩响应最大值对比

由图 9.19(a)可知，翼根弯矩响应的最大值随折叠角的改变呈现较为规律的变化。这种变化是随着折叠角 η_2 和 η_3 的增大，翼根弯矩响应的最大值均呈下降趋势，减缓效应最理想的折叠角向量为 $\eta=[0,75°,80°]^{\mathrm{T}}$，是一种正向折叠方式。在这个折叠角下的翼根弯矩峰值为 5 000 N·m 左右，相比舒展状态机翼的翼根弯矩下降了 60.94%。由图 9.19(b)可以看出，翼根扭矩响应峰值也随着折叠角 η_2 和 η_3 的增大而减小，但 η_2 为 60°和 75°的两条曲线存在交叉，最小峰值扭矩出现在折叠角向量为 $\eta=[0,75°,70°]^{\mathrm{T}}$ 时，是一种反向折叠形式。在这个折叠角下的翼根扭矩峰值为 450 N·m 左右，相比舒展状态机翼的翼根扭矩峰值下降近 58.33%。

9.6.4　折叠翼在 1-cos 类型突风下的响应

在评价飞行品质和飞控系统设计时广泛使用 1-cos 突风模型，有

$$w_g(x,\hat{\tau})=\begin{cases}0, & \hat{\tau}<\dfrac{x}{b}\\ \dfrac{W_g}{2}\left(1-\cos\dfrac{2\pi(x-b\hat{\tau})}{\lambda}\right), & \dfrac{x}{b}\leqslant\hat{\tau}\leqslant\dfrac{x+\lambda}{b}\\ 0, & \hat{\tau}>\dfrac{x+\lambda}{b}\end{cases}\tag{9.60}$$

式中，x 为固结于飞行器或机翼上的随体坐标；W_g 为突风速度幅值；λ 为突风尺度，其为一个正的常数值。对式(9.60)进行 Laplace 变换，得到

$$w_g(x,\widetilde{p})=\frac{2\pi^2b^2W_g\mathrm{e}^{-\frac{\widetilde{p}(x+\lambda)}{b}}\left(-1+\mathrm{e}^{\frac{\widetilde{p}\lambda}{b}}\right)}{4\pi^2b^2\widetilde{p}+\lambda^2\widetilde{p}^3}\tag{9.61}$$

在使用时，x 的取值与机翼进入突风的时间有关。一般地，可取 $x=0$，从而将突风模型施加于弯扭梁元。根据商用飞机的认证规范(EASA CS-25)，典型的 1-cos 突风波长在 9～107 m 之间，在实践中，典型值为 $12.5c_{\mathrm{ref}}$，本例中取突风波长 λ 为 9 m，突风速度幅值 W_g 为 20 m/s。

考虑将折叠角向量为 $\eta=[0,45°,80°]^{\mathrm{T}}$ 情形下的机翼突风响应与舒展状态下的进行对比，翼尖线加速度和俯仰加速度响应分析结果列于图 9.20，翼根弯矩和扭矩分析结果列于图 9.21。

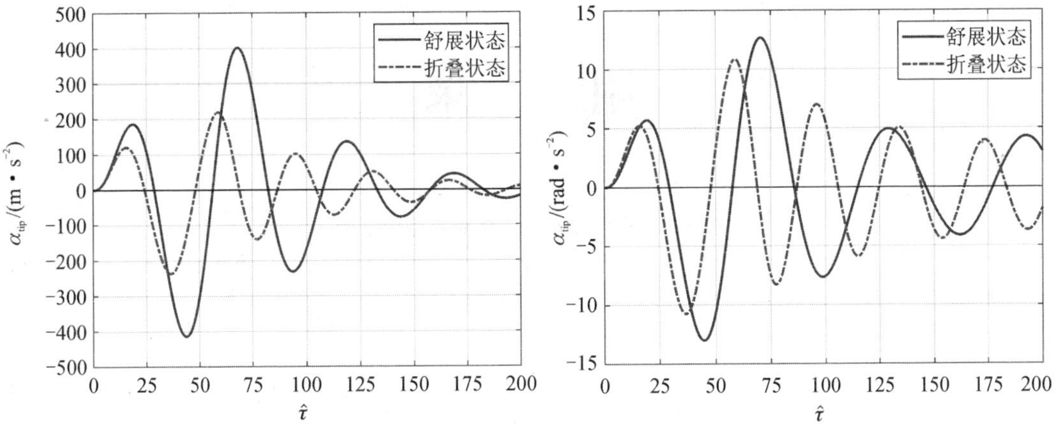

(a) 翼尖线加速度响应对比　　(b) 翼尖俯仰加速度响应对比

图 9.20　翼尖加速度响应对比

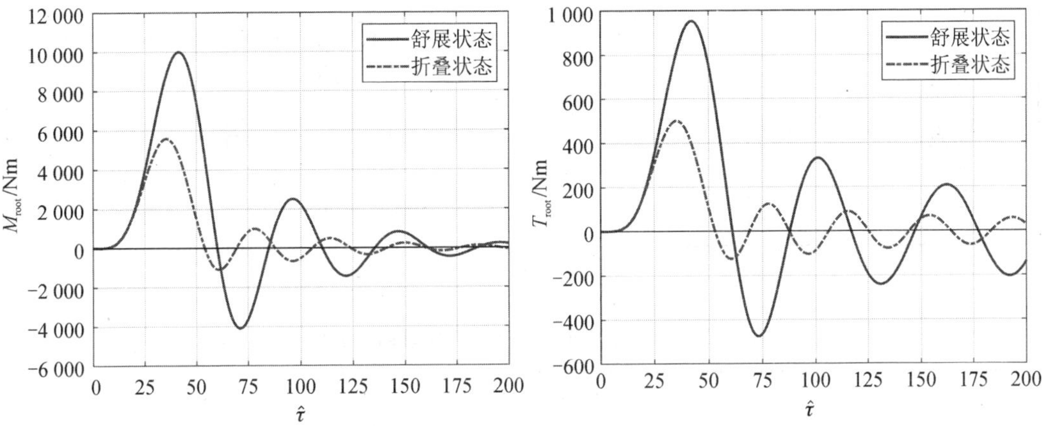

(a) 翼根弯矩响应对比　　(b) 翼根扭矩响应对比

图 9.21　翼根弯矩和扭矩响应对比

由图 9.20(a)可知，与锐边突风的情形相比，在突风速度幅值同样为 20 m/s 时，舒展状态下的翼尖线加速度峰值也约为 $40g$，不过加速度响应曲线出现峰值的时刻发生了变化，不再是刚进入突风就急剧增至峰值，而是在一个振动周期(约 $70\hat{\tau}$，即 0.16 s)后达到峰值。之后，线加速度曲线开始衰减为 0。当机翼处于折叠状态且折叠角向量为 $\eta=[0,45°,80°]^T$ 时，翼尖处的线加速度峰值约为 $22g$，相比舒展状态减缓了约 45%。线加速度峰值大小出现的时间约为 $58\hat{\tau}$，即 0.13 s，振动周期缩短，振动频率增加。由图 9.20(b)可以看出，折叠角的存在对翼尖俯仰加速度同样具有减缓效果，峰值减缓了约 15.38%。

由图 9.21(a)可知，在舒展状态下，翼根弯矩响应曲线的峰值约为 10 000 nm，相比锐边阵风情形减小了约 21.88%，并且，1 - cos 突风响应峰值出现的时间也晚于锐边阵风。在折叠状态下，翼根弯矩响应曲线的峰值约为 5 500 nm，减缓效应约为 45%。在两种状态下，翼根弯矩响应曲线均随着时间衰减并趋于 0，并且，折叠状态下的机翼弯矩响应曲线具有更快的衰减速度。由图 9.21(b)可知，翼根扭矩响应曲线的形态与弯矩响应曲线类似，峰值减缓效果约为 48.98%。

附　　录

附表 1　均匀分布均匀配点权重因子表

NP	x^j	w^j	NP	x^j	w^j
1	0	1.0	7	±0.75	0.486 772 486 8
2	±0.333 333 333 3	0.5		±0.5	−1.009 523 809 5
3	±0.5	0.666 666 666 7		±0.25	2.323 809 524 1
	0	−0.333 333 333 3		0	−2.602 116 402 3
4	±0.6	0.458 333 333 3	8	±0.777 777 777 8	0.398 883 928 6
	±0.2	0.041 666 666 7		±0.555 555 555 6	−0.625 669 642 9
5	±0.666 666 666 7	0.55		±0.333 333 333 3	1.108 705 357 1
	±0.333 333 333 3	−0.7		±0.111 111 111 1	−0.381 919 642 9
	0	1.3	9	±0.8	0.445 877 425 0
6	±0.714 285 714 3	0.424 305 555 6		±0.6	−1.288 580 246 9
	±0.428 571 428 6	−0.314 583 333 3		±0.4	3.675 044 091 7
	±0.142 857 142 9	0.390 277 777 8		±0.2	−6.070 326 278 7
				0	7.475 970 017 6

附表 2　均匀分布高斯配点权重因子表

NP	x^j	w^j	NP	x^j	w^j
1	0	1.0	7	±0.949 107 912 3	0.064 742 483 1
2	±0.577 350 269 2	0.5		±0.741 531 185 6	0.139 852 695 7
3	±0.774 596 669 2	0.277 777 777 8		±0.405 845 151 4	0.190 915 025 3
	0	0.444 444 444 4		0	0.208 979 591 8
4	±0.861 136 311 6	0.173 927 422 6	8	±0.960 289 856 5	0.050 614 268 1
	±0.339 981 043 6	0.326 072 577 4		±0.796 666 477 4	0.111 190 517 2
5	±0.906 179 845 9	0.118 463 442 6		±0.525 532 409 9	0.156 853 322 9
	±0.538 469 310 1	0.239 314 335 2		±0.183 434 642 5	0.181 341 891 7
	0	0.284 444 444 5	9	±0.968 160 239 5	0.040 637 194 2
6	±0.932 469 514 2	0.085 662 246 2		±0.836 031 107 3	0.090 324 080 3
	±0.661 209 386 5	0.180 380 786 5		±0.613 371 432 7	0.130 305 348 2
	±0.238 619 186 1	0.233 956 967 3		±0.324 253 423 4	0.156 173 538 5
				0	0.165 119 677 5

附表 3　高斯分布均匀配点权重因子表

NP	x^j	w^j	NP	x^j	w^j
1	0	1.0	7	±0.75	0.000 182 889 4
2	±0.333 333 333 3	0.5		±0.5	0.005 075 481 0
3	±0.5	0.055 555 551 4		±0.25	0.200 274 277 0
	0	0.888 888 895 2		0	0.588 934 703 2
4	±0.6	−0.019 097 225 3	8	±0.777 777 777 8	−0.000 032 051 9
	±0.2	0.519 097 224 4		±0.555 555 555 6	0.002 357 508 4
5	±0.666 666 666 7	−0.002 604 173 3		±0.333 333 333 3	0.071 244 775 6
	±0.333 333 333 3	0.135 416 683 9		±0.111 111 111 1	0.426 429 766 9
	0	0.734 374 976 9	9	±0.8	0.000 000 452 7
6	±0.714 285 714 3	0.001 232 753 9		±0.6	0.000 791 706 5
	±0.428 571 428 6	0.018 871 176 5		±0.4	0.026 605 209 7
	±0.142 857 142 9	0.479 896 068 6		±0.2	0.233 683 241 5
				0	0.477 840 588 0

附表 4　高斯分布高斯配点权重因子表

NP	x^j	w^j	NP	x^j	w^j
1	0	1.0	7	±0.949 107 912 3	0.002 542 316 1
2	±0.577 350 269 2	0.5		±0.741 531 185 6	−0.013 296 379 3
3	±0.774 596 669 2	0.023 148 146 4		±0.405 845 151 4	0.114 807 745 0
	0	0.953 703 705 2		0	0.791 892 638 5
4	±0.861 136 311 6	−0.070 138 764 8	8	±0.960 289 856 5	−0.006 189 522 0
	±0.339 981 043 6	0.570 138 763 9		±0.796 666 477 4	0.023 452 665 7
5	±0.906 179 845 9	−0.006 578 608 3		±0.525 532 409 9	−0.047 545 680 3
	±0.538 469 310 1	0.066 532 311 8		±0.183 434 642 5	0.530 282 535 7
	0	0.880 092 591 1	9	±0.968 160 239 5	−0.001 028 240 7
6	±0.932 469 514 2	0.019 190 943 1		±0.836 031 107 3	0.004 502 348 6
	±0.661 209 386 5	−0.079 352 465 2		±0.613 371 432 7	−0.013 427 592 2
	±0.238 619 186 1	0.560 161 521 1		±0.324 253 423 4	0.159 383 011 1
				0	0.701 140 944 3

参考文献

[1] 王勖成，邵敏. 有限单元法基本原理和数值方法[M]. 北京：清华大学出版社，1997.

[2] 孔祥谦. 热应力有限单元法分析[M]. 上海：上海交通大学出版社，1999.

[3] 曾攀. 有限元分析及应用[M]. 北京：清华大学出版社，2004.

[4] 张永昌. MSC. Nastran 有限元分析理论基础与应用[M]. 北京：科学出版社，2004.

[5] 徐斌，高跃飞，余龙. MATLAB 有限元结构动力学分析与工程应用[M]. 北京：清华大学出版社，2009.

[6] 曾攀. 工程有限元方法[M]. 北京：科学出版社，2010.

[7] 杨超. 飞行器气动弹性原理[M]. 北京：北京航空航天大学出版社，2011.

[8] 邱志平，王晓军. 航空航天结构中的有限元方法[M]. 北京：北京航空航天大学出版社，2012.

[9] Szabo B，Babuska I. 有限元分析的数学建模.校核与验证[M]. 谢宗蕻，等译. 北京：航空工业出版社，2013.

[10] 邱志平，王晓军，许孟辉. 工程结构不确定优化设计[M]. 北京：科学出版社，2013.

[11] Chandrupatla T R，Belegundu A D. 工程中的有限元方法[M]. 曾攀，译. 北京：机械工业出版社，2014.

[12] Logan D L. 有限元方法基础教程(国际单位制版)[M]. 张荣华，译. 5 版. 北京：电子工业出版社，2014.

[13] Rodden W P. 气动弹性力学理论与计算[M]. 万志强，译. 北京：航空工业出版社，2014.

[14] 周博，薛世峰. 基于 Matlab 的有限元法与 ANSYS 应用[M]. 北京：科学出版社，2015.

[15] 熊芬芬，杨树兴，刘宇，等. 工程概率不确定性分析方法，北京：科学出版社，2015.

[16] 赵永辉，黄锐. 高等气动弹性力学与控制[M]. 北京：科学出版社，2015.

[17] Smith I M，Griffiths D V，Margetts L. 有限元方法编程[M]. 张新春，译. 5 版. 北京：电子工业出版社，2017.

[18] 姜潮，韩旭，谢慧超. 区间不确定性优化设计理论与方法[M]. 2 版. 北京：科学出版社，2017.

[19] 陈孝珍. 弹性力学与有限元[M]. 郑州：郑州大学出版社，2017.

[20] 殷之平，谢伟. 航空结构有限元分析——基于 ABAQUS 的有限元分析[M]. 西安：西北工业大学出版社，2017.

[21] 孙旭峰. 计算结构力学与有限元法基础[M]. 北京：中国建材工业出版社，2018.

[22] 刘继红，李连升. 考虑多源不确定性的多学科可靠性设计优化[M]. 武汉：华中科技大学出版社，2018.

[23] 李立新. 工程有限元法基本原理[M]. 杭州：浙江大学出版社，2019.

[24] 戴宏亮，周加喜. 工程有限元及数值计算[M]. 武汉：华中科技大学出版社，2019.

[25] 郭吉坦，薛齐文. 有限元法与 MATLAB 程序设计[M]. 北京：机械工业出版社，2019.
[26] 梁清香. 有限元原理与程序可视化设计[M]. 北京：清华大学出版社，2019.
[27] Khennane A. MATLAB 和 Abaqus 有限元分析理论与应用[M]. 江文强，译. 北京：电子工业出版社，2020.
[28] 孙伟，汪博，李朝峰，等. 机械结构有限元法与计算机辅助分析[M]. 北京：科学出版社，2020.
[29] 辛春亮，薛再清，涂建，等. 有限元分析常用材料参数手册[M]. 北京：机械工业出版社，2020.
[30] 方鹏亚，李树豪，文振华. 基于区间不确定性的多学科可靠性设计优化方法[M]. 北京：航空工业出版社，2020.
[31] 王云海. 飞机有限元基础理论与方法[M]. 北京：北京航空航天大学出版社，2021.
[32] 段静波，杨森，张忠源，等. 大展弦比飞行器气动弹性分析的传递函数方法[M]. 北京：电子工业出版社，2021.
[33] 谢丹. 非线性壁板颤振[M]. 北京：科学出版社，2021.
[34] 杨超，吴志刚，谢长川. 气动弹性设计基础[M]. 3 版. 北京：北京航空航天大学出版社，2021.
[35]韩昌瑞，孙伟，张玉华. 有限元分析与方法[M]. 北京：科学出版社，2022.
[36]李世芸，肖正明. 弹性力学及有限元[M]. 北京：机械工业出版社，2022.
[37]周博，薛世峰，林英松. 有限元法与 MATLAB——理论、体验与实践[M]. 杭州：浙江大学出版社，2022.